MÉLANGES

DE BIOGRAPHIE

ET D'HISTOIRE

PAR

ANT. DE LANTENAY

MEMBRE CORRESPONDANT DES ACADÉMIES DE METZ ET DE DIJON

———◄►———

BORDEAUX

LIBRAIRIE FERET ET FILS

15, Cours de l'Intendance, 15

—

M DCCC LXXXV

MÉLANGES

DE BIOGRAPHIE ET D'HISTOIRE

MÉLANGES

DE BIOGRAPHIE

ET D'HISTOIRE

PAR

ANT. DE LANTENAY

MEMBRE CORRESPONDANT DES ACADÉMIES DE METZ ET DE DIJON

Contentus paucis lectoribus.

(HORAT., *Satir.*, I, x, 74.)

BORDEAUX

LIBRAIRIE FERET ET FILS

15, Cours de l'Intendance, 15

M DCCC LXXXV

MÉLANGES

DE BIOGRAPHIE ET D'HISTOIRE

I

LES COMBATS DE SOULAC ET DE SAINT-VIVIEN

RACONTÉS PAR DES TÉMOINS OCULAIRES

(1622)

Le numéro XXXI des manuscrits de Peiresc, à la bibliothèque de Carpentras, est composé de pièces réunies par l'ardent collectionneur de Provence touchant les troubles suscités en France par les huguenots pendant les années 1621 à 1628 (1). Parmi les documents contenus dans le second volume (f. 217-219) de ce précieux recueil, il en est un qui m'a paru intéressant pour l'histoire de Bordeaux : c'est une copie de la *Lettre de M. de Mullet, sieur de Volusan, Conseiller du Roy en la Cour de Parlement de Bourdeaux, Intendant de la justice et police ès-compagnies des gens de guerre envoyés au païs de Médoc pour le service du Roy et deffences dud. païs sous l'authorité de lad. Cour, escripte à Mons. le premier president.*

D'un autre côté, la Bibliothèque nationale (Lb³⁶ 1914 A) possède sur la même expédition une plaquette in-8°. de 13 pages intitulée : *Heureux exploits du sieur de Saincte-Croix D'Ornano, en Medoc, sur les rebelles ; avec la Lettre dudit sieur de Saincte-Croix à Monsieur le premier President de Bourdeaux. A Paris, jouxte la copie impri-*

---

(1) On en peut voir le détail dans le *Catalogue descriptif et raisonné des manuscrits de la bibliothèque de Carpentras,* par C.-G.-A. LAMBERT; Carpentras, 1862, t. II, p. 180-186.

1

mée à Bourdeaux par Simon Millanges, imprimeur ordinaire du Roy. M. D C. XXII.

M. Tamizey de Larroque avait pris la peine de copier cette brochure, et il se proposait de la publier dans une de ses *Plaquettes Gontaudaises* si recherchées des curieux et des délicats, avec une introduction et des notes « abondantes et savoureuses » comme il sait les faire ; mais, apprenant que je m'occupais de la guerre du Médoc et de Sainte-Croix D'Ornano, il m'a spontanément et très gracieusement envoyé sa copie, me cédant tous ses droits sur elle avec une générosité aussi inépuisable que le fonds d'où il tire tant de choses intéressantes, et qu'on surnommera certainement quelque jour le *Fonds Gontaudais.* La pièce venue de ce fonds complète ou prépare si bien celle du fonds Peiresc, que je n'ai pas eu le courage de la refuser, espérant que mes lecteurs s'uniraient à moi pour remercier l'auteur d'un don si opportun.

Les faits renfermés dans ces documents ne sont pas entièrement inconnus. On les trouve dans le *Mercure François* (1), dans Dupleix (2), dans D. Devienne (3), dans O'Reilly (4), mais en substance seulement, et dépouillés de ces petits détails que néglige avec raison la grande histoire, et dont se montrent très friands les curieux d'aujourd'hui. Toutefois, avant de reproduire le récit des combats donnés à Soulac et à Saint-Vivien en 1622, il ne sera pas hors de propos de dire brièvement ce qui précéda et amena ces actions sanglantes. Je m'attacherai presque littéralement au *Mercure François* comme à l'auteur le plus ancien et que les historiens postérieurs n'ont guère fait que résumer.

Le 22 janvier 1622, les Rochelais firent une descente dans l'île d'Argenton située à l'embouchure de la Garonne, y construisirent un fort et commencèrent à exercer leurs ravages le long des rivières de l'Isle et de Dordogne. Apprenant cela et voyant la Guyenne sans gouverneur depuis le décès du duc de Mayenne, M. de Gourgues (5) proposa et fit agréer au Parlement de Bordeaux dont il était premier président, que l'on armerait le peuple de la campagne qui serait placé

(1) *Mercure François*, t. VIII; Paris, 1624, p. 418-424.
(2) *Histoire de Louis XIII*, par Scipion Dupleix; Paris, 1635, in-folio, p. 305-307.
(3) D. Devienne, *Histoire de la ville de Bordeaux*; Bordeaux, 1771, t. I, p. 214-216.
(4) O'Reilly, *Histoire complète de Bordeaux*, t. II, 1re partie, p. 420-422.
(5) Marc-Antoine de Gourgues, fils d'Ogier de Gourgues et de Finette d'Apremont, marié en premières noces avec Marie Séguier et en secondes avec Olive de Lestonnac,

sous la conduite de quelques gentilshommes et officiers, et que l'on ferait tous les préparatifs nécessaires pour la défense du pays.

Bientôt, c'est-à-dire le 5 de février, Fabas (1), que l'assemblée générale de La Rochelle avait nommé chef des églises réformées de la Basse-Guyenne au delà de la Garonne, Fabas, dis-je, fait « avec nombre de vaisseaux la descente de son infanterie, cavalerie et artillerie à Soulac ; il emporte le bourg d'emblée et assiège l'église, laquelle lui fut rendue dans vingt-quatre heures par les habitants qui la gardoient. »

Informé de cet évènement, le premier président mande au capitaine La Salle, qu'il avait envoyé défendre l'île de Casaus, proche du bec d'Ambès, d'aller au secours de Soulac et de Lesparre « dont les habitans commençoient à desmesnager, ne croyant pas pouvoir deffendre leur ville ni le château. » La Salle, aidé quelques jours après par D'Ornano Sainte-Croix (2), que le Parlement avait choisi

remplaça de Nesmond dans la charge de premier Président au Parlement de Bordeaux dont il défendit les droits et prérogatives contre le duc d'Épernon. Sur cet homme illustre qui, selon Girard lui-même, secrétaire du duc, « a laissé une très belle mémoire de sa vie, et passe dans l'esprit de tous ceux qui l'ont vu pour un des grands hommes qu'ils aient eus pour chef » (*Histoire de la vie du duc d'Épernon;* Paris, 1730, t. IV, p. 480), voir *Marci Antonii Gourguei in supremo Burdigalensium Senatu principis Parentalia in collegio Burdigalensi Societatis Jesu celebrata, productore Leonardo Alamny ejusdem societatis sacerdote; Burdigalæ, apud P.* de La Court, 1629, in-4° de 204 pages. On voit par le titre et mieux encore par le contenu de ce volume que le P. Alamny n'a été que l'éditeur de morceaux composés en prose latine ou en vers latins par quatre élèves du collège de la Madeleine en l'honneur de son principal bienfaiteur. Le P. Alamny (*Allemaius*, en latin, selon Colin [*Lemovici multiplici eruditione illustres...* Lemovicis, 1660, p. 61]; *Allemais,* selon la *Biographie des hommes illustres de l'ancienne province du Limousin* [Limoges, 1854, t. I, p. 11-12]; *Alemay,* selon la *Bibliothèque des écrivains de la Compagnie de Jésus)* naquit à La Croisille, étudia au collège de Limoges, exerça longtemps dans la Compagnie de Jésus la charge de professeur de rhétorique et celle de préfet des études, et mourut à Bordeaux le 9 avril 1650. — *Le premier Président de Gourgues, sa vie et son temps; Discours prononcé* (à l'audience solennelle de rentrée de la Cour de Bordeaux) le 3 novembre 1860, par M. Ch. Daguilhon, avocat-général; Bordeaux, 1860, in-8° de 28 pages. — *Le premier Président de Gourgues et le duc d'Épernon,* par Louis de Villepreux; Paris, 1870, in-8° de 103 pages.

(1) Sur Jean de Fabas, vicomte de Castets, mort le 29 juillet 1654, voir Anatole Barthélemy, *Les deux Fabas,* dans la Bibliothèque de l'École des Chartes, 2e série, t. II, p. 545-546.

(2) Pierre D'Ornano, fils d'Alphonse D'Ornano, maréchal de France, gouverneur de Guyenne, était frère aîné de Jean-Baptiste D'Ornano, également maréchal. Abbé de Sainte-Croix de Bordeaux dès 1607, il fut maître de camp du régiment du duc d'Orléans. Il épousa Hilaire de Lupé, fille d'Hector de Lupé, baron de Tingros, seigneur de Saint-Martin et de Sansac (Anselme, *Histoire généalogique,* 3e édit.

pour commander aux troupes, arrêta le cours des armes de Fabas,
et, en diverses rencontres, tua et prit quelques ennemis. De son côté,
Fabas fit travailler « à la construction d'un fort proche l'église de
Soulac, pilla et brûla les logements situés entre Soulac et Lesparre,
et mit garnison dans l'église de Grayan. »

Aussitôt D'Ornano Sainte-Croix lève en toute diligence une compagnie de quarante cavaliers, prête serment avec eux « devant les
sieurs de Volusan et de Verteuil, conseillers au Parlement, commissaires députés pour la justice et la police ès-compagnies des gens
de guerre envoyés au pays de Médoc, » et, le 21 mars, il arrive
à Lesparre.

Paris, 1733, t. VII, p. 392). C'est à sa qualité d'abbé de Sainte-Croix qu'il dut d'être
appelé par ses contemporains Sainte-Croix D'Ornano ou D'Ornano Sainte-Croix.
Écoutons Gaufreteau dans sa *Chronique bordeloise* (Bordeaux, 1878, t. II, p. 108, 109)
sur l'année 1620 (pour 1622) : « La ville de Bourdeaus ayant heu advis que Fabas-
Castets, l'un des arcboutants de La Rochelle e des huguenots, estoit descendu à Soulac
et s'y fortifioit pour de là courir e ravager le Médoc, voire mesmes jusques aux
portes de la ville, assemble les troupes soubs la conduicte D'Ornano, fils du feu
mareschal, qu'on appelloit l'abbé de Saincte-Croix, jeune seigneur vaillant, courageux,
hardy et sage, lequel va trouver l'ennemi qui fut chassé très glorieusement e qui se
sauva ignominieusement par la fuite, et s'il n'eut heu toujours des cheveaux prests
pour eschapper, il n'y a point de doubte qu'il n'eut esté pris, e payé, par la division
de la teste et de son corps, la peyne de sa temerité et de son crime. »

En 1629 (et non en 1632, comme le disent les auteurs du *Gallia*, t. II, col. 866,
et Du Tems, t. II, p. 245), Pierre D'Ornano résigna son abbaye en faveur de Jacques
Desaigues, prieur de Corsan au diocèse de Condom, licencié en décrets, qui fut
nommé par Urbain VIII le 28 juin 1629, et prit possession le 6 décembre de la même
année *(Registres des insinuations)*. Le nouvel abbé était chanoine du Chapitre
métropolitain de Saint-André de Bordeaux, lequel, en ce temps-là, avait pour doyen
un conseiller au Parlement de Bordeaux, nommé aussi Jacques Desaigues, avec
lequel il a été quelquefois confondu (*Gallia christiana*, t. II, col. 858, mais non 866 ;
Du Tems, *Le Clergé de France*, t. I, p. 241 et 245). Mais ce sont deux personnages
bien distincts. En effet, Jacques Desaigues, abbé de Sainte-Croix, « permuta en 1642
(ou 1640) pour l'abbaye de Cadouin : » il vivait donc à cette époque. Or Jacques
Desaigues, doyen du chapitre, était mort neuf ans auparavant, le 8 décembre 1633,
comme on le voit dans les *Actes du Chapitre de Saint-André*, à cette date. La
conséquence est inévitable : donc Jacques Desaigues, abbé de Sainte-Croix, n'est pas
Jacques Desaigues, doyen du chapitre. Mais Jacques Desaigues, abbé de Sainte-Croix,
était chanoine de Saint-André, car on lit dans les mêmes *Actes*, au mardi 5 avril 1633 :
« Attendu le long temps que M. Desaigues, cy-devant *chanoine* en cette église et *à
présent abbé de Sainte-Croix*, a servi ladite chanoine, le Chapitre lui accorde droit
de séance dans le chœur, toutesfois et quantes qu'il lui plaira y venir, de même
qu'il avoit lorsqu'il se seroit démis de ladite chanoinie ; comme aussi le Chapitre
octroye pareil privilège à chacun de Messieurs qui se démettront de leurs chanoinies,
les ayant servies vingt ans consécutifs. »

Quels furent, à partir de ce jour, les « heureux exploits du sieur de Sainte-Croix D'Ornano sur les rebelles », c'est ce que l'on va voir.

Heureux exploits du sieur de Sainte-Croix d'Ornano
en Médoc, sur les rebelles.

« Les compagnies de gens de pied, levées pour le service du Roy par ordonnance de la Cour de Parlement de Bordeaux, estant près de L'Esparre, ont faict divers forts pour empescher les progrez des ennemis, le passage des ponts de Soulac et à L'Esparre, et encores qu'elles ne fussent assistées de cavallerie necessaire pour repousser celle du sieur de Favas, ci-devant deputé general de ceux de la Religion pretendue reformée près Sa Majesté, maintenant colonel de leur cavalerie, et pour faire des courses et entreprises sur les ennemis, mesme en pays le plus favorable qui puisse estre à la cavallerie, tant pour estre plainier et descouvert, qu'à cause de quantité de marets et ruisseaux, dont il est arrousé : neantmoins ils ont faict divers legers combats contre les ennemis, faict demeurer les uns sur la place, les autres prins ; faict laisser le butin qu'ils avoient prins sur les nostres, mesme les cloches de l'église Sainct-Vivian, qu'ils avoient devalées (1) et chargées sur des charrettes, de valeur de plus de cinq cens escus, bruslant une chaluppe chargée de butin à la veue des ennemis. Et depuis le sieur Largimatie, capitaine d'une compagnie de gens de pied, avec quelques carabins à cheval, tua dix des ennemis qui alloient à la picorée, en prinst sept, et huict ou dix chevaux.

« Le vingt-deuxiesme du mois de mars, les dictes compagnies de gens de pied contraignirent aussi les ennemis d'abandonner le moulin de Sersins (2), dans lequel ils s'estoient fortifiez, et se retirans ils le bruslèrent, comme aussy celuy du sieur de Tastes (3).

(1) *Devaler*, de *devallare*, vieux mot qui signifie *descendre*.

(2) La seigneurie des *Sercins* ou, comme portent les anciens titres, des *Sarsins* terme qui est une contraction du mot *Sarrasins*, était située dans la paroisse de Saint-Pierre de Vensac (BAUREIN, *Variétés bordeloises;* Bordeaux, 1784, t. II, p. 32, 33).

(3) « Il existe, écrivait Baurein, dans la paroisse de Vensac, une maison noble appelée de Tastes, placée près le chenal du Gua, entourée de douves et fortifiées de trois tours où l'on voit des crenaux. Cette maison appartient à Mademoiselle De Verthamon. » (*Variétés bordeloises,* édit. citée, t. II, p. 35.)

1.

« Le vingt-troisiesme, le sieur de Saincte-Croix, général des trouppes, prist resolution avec les sieurs de la Sale, d'Espalais, Largimatie, et baron d'Arez, d'aller saluer les ennemis jusques dans leur fort de Soulac, et pour cet effect partit le soir de L'Esparre, prist le chemin des marets, pour n'estre descouvert. Arrivez à Soulac, d'abord ils tuent là premiere sentinelle, nostre infanterie force la premiere barricade, se meslant avec les ennemis, qui se retiroient aux autres barricades, et de là dans l'église qui est grandement fortifiée, outre qu'elle estoit très bonne. Les nostres en tuèrent deux cens cinquante sur la place, prindrent prisonniers douze des plus apparens, et entre iceux, le baron de Savignac, qui estoit avec charge dans Montauban lors du siège (1), douze bons chevaux, et à l'instant envoient sommer l'église de Grayan très forte, et dans laquelle il y avoit deux cens hommes : tandis que les nostres repaissent à Sainct-Vivian, ils ont advis que les ennemis abandonnent Grayan. Le sieur de Saincte-Croix accourt avec sa cavallerie, et les ayant rencontrez, donne si courageusement sur eux, qu'il en tue la plus grande partie, et prend le reste prisonniers. Voilà le premier exploit qu'ont fait les trouppes, depuis qu'elles sont joinctes, et bien qu'en nombre inferieur à celles des ennemis. »

Lettre du sieur de Saincte-Croix D'Ornano
à Monsieur le premier President de Bourdeaux.

« MONSIEUR,

« Depuis vous avoir escrit, estant à cheval pour aller à ce moulin, dont les ennemis estoient saisis, je sçeus qu'ils avoient prins l'espouvante, et qu'ilz s'en estoient allez. Je me résolus en mesme temps de faire une cavalcade un peu longue, comme je fis, partant de L'Esparre à cinq heures du soir, je m'en allay droict dans Soulac, où je

(1) Très probablement « le baron de Savignac d'Eynesse, gentilhomme protestant du Périgord, celui-là même qui, en 1621, à Gensac, assassina le seigneur de Pardaillan (Arnaud d'Escodéca, baron de Boisse). Voir les *Mémoires* du marquis de Castelnau, à la suite des *Mémoires* du duc de La Force, t. IV, p. 307. » (Note de M. Tamizey de Larroque dans les *Archives historiques de la Gironde*, t. XVII, p. 520, 521). Ailleurs (*Plaquettes Gontaudaises* nº 6 : *Récit de l'assassinat du sieur de Boisse Pardaillan et de la prise de Monheurt...* ; Paris et Bordeaux, 1880, in-8º, p. 55, note 27), ayant encore à parler du baron de Savignac, M. Tamizey de Larroque déclare n'avoir trouvé « nulle part la plus petite notice sur ce personnage, » ce qui dispense de recherches ultérieures.

fis donner soixante mousquetaires en deux troupes, commandées par
les sieurs d'Espalais, sergent major, Lesmazes et Tastes, lieutenans
de deux compagnies, et fis un gros du reste, soustenu de la cavallerie.
A l'entrée nos gens emportèrent d'abord leur barricade, et nous ren-
dismes maistre *(sic)* du bourg, où nous tuasmes deux cens cinquante
hommes, entre autres le sieur d'Albreuse, lieutenant des gens d'armes
du sieur de Favas, et son fils, sans en perdre un des nostres, ny blessé
que le sieur d'Espalais, frère du sieur de La Sale, qui a deux coups
d'espée (mais cela ne sera rien), et leur emmenasmes dix-huict à vingt
chevaux, et cinq ou six de tuez des meilleurs qu'ils eussent, et douze
prisonniers, dont Savignac en est un, Verdery qui trahit Caumont,
et deux autres des confidans de Favas. Cela faict, le jour venu, je
retire mes gens, et mis l'infanterie et cavallerie à mille pas de leur
fort, pour voir s'ils en vouloient taster. Ils en firent mine, avec cent
cinquante hommes de pieds *(sic)* qu'ils firént sortir et sept ou huict
chevaux. Mais de nous oser approcher de plus près que de la portée
du mousquet, c'est ce qu'ils n'osèrent. Voyant cela, je m'en allay
tambour battant et trompettes plus de demy lieue à leur veue, sans
qu'ils osassent quitter l'ombre de leur fort. Je m'en allay à Grajan,
église où ils estoient très bien fortifiez, comme on vous avoit mandé
il y a long temps, et où il y pouvoit avoir deux cens mousquetaires,
lesquels nous voyans la teste baissée à eux, prindrent tellement l'espouvante, qu'ils quittèrent la dicte église, et se jettèrent dans un
marets, qui est entre Soulac et cette église, marets grandement
fascheux pour la cavallerie : neantmoins nous poussasmes apres, où
nous en tuasmes la plus grande partie, entre autres le capitaine
Charron, qui commandoit au dict Grajan, et prismes le reste prisonnier, sauf quelques-uns qui se sauvèrent dans des lieux où la
cavallerie ne pouvoit aborder. Voilà tout ce que nous avons fait
jusques à present, qui est tout ce qui se pouvoit faire sans canon. S'il
vous plaist de m'en envoyer, et trois cens hommes de pied que vous
pouvez faire lever à Bourdeaux dans trois jours, je vous promets
Favas dans huict. Je vous supplie que j'aye bientost de vos nouvelles,
et me croyez,

« Monsieur,

« Vostre tres humble et obeissant serviteur,

« D'ORNANO.

« De Soulas *(sic),* ce 24 jour de mars 1622. »

*Lettre de M. de Mullet, sieur de Volusan, Conseiller du Roy en la
cour du Parlement de Bourdeaux, Intendant de la justice et police
ès-compagnies des gens de guerre envoyés au pays de Medoc pour le
service du Roy et deffences dud. pays sous l'authorité de lad. cour,
escripte à mons. le premier President.*

« Monsieur,

« Vous avés appris par les lettres de Mons. de Sainte-Croix et par
celles que vous ay escript, comme le dernier de mars, sur les neuf
heures du matin, le dit sieur de Sainte-Croix avec sa cavallerie se
rendit à Soulac à la portée du mousquet du fort que les rebelles et
ennemys du Roy y ont basti, fit brusler le moulin quy seul restoict
aux dits ennemys pour mouldre les grains qu'ils ont volés, dans
lequel il print quelques armes et farines, et ensuitte fist brusler une
chaluppe chargée de vivres quy estoit dans ung canal d'eau non guères
eslogné desdits moulin et fort. Pendant ceste execution, la trouppe
demeura en bataille ; neantmoins aulcuns s'escartèrent de la trouppe,
et, desfiant le sieur de Fabas et ses compagnons, firent plusieurs
passades sans qu'aucun d'iceulx se mit en debvoir de faire quelque
exploict d'armes. Bien parut un gros à l'aile d'ung bois taillis dans
lequel, à la faveur de leur fort, ung nombre de mousquetaires fut
jetté, et de là firent plusieurs salves de mousquetades sans pourtant
blesser aulcun homme ne cheval. Pendant ce temps, mon frere de
Verteuil (1) et moy accompagnasmes Mons. de Sainte-Croix près du
fort pour recognoistre l'estat d'icelluy, et l'ennemy ne voulant joindre,
ne sortir de sa tanière, la retraitte fut faicte en fort bon ordre dans
Lesparre distant de cinq grandes lieues, ne pouvant repaistre aultre
part faulte de fourage et aultres comodités dont les rebelles se sont
emparés ou [qu'ils ont] bruslé long temps avant que la cavallerie
aye esté envoyée dans le païs. D'où vous jugerez, Monsieur, que les
entreprises sur les chemins sont tres difficiles et bien penibles.

« Le sieur de Fabas picqué de la rude camisade (2) que Mons. de
Saincte-Croix luy avoict donné dès son arrivée dans le bourg de Soulac, luy ayant tué cinquante bons hommes, emmené douze prisonniers,

(1) Lancelot de Mullet, abbé de Saint-Pierre de Verteuil en Médoc, dont je parlera i
plus longuement dans une note à part.

(2) *Camisade* (de *camisia,* chemise), attaque faite pendant la nuit ou de grand
matin par des gens de guerre pour surprendre l'ennemi.

vingt chevaux, et ravagé le bourg, sans qu'aucun aye esté blessé que le sieur de Sainct-Palais, sergent major, legerement de deux coups d'espée, chose presque hors d'exemple, sollicita ceux de Royan de luy envoyer un renfort de gens, lesquels en nombre de six vingts hommes d'eslite des trouppes qui sont dans Royan, conduits par le baron de Saint-Seurin, commandant dans Royan soubs Mons. de Soubize, et de deux cens cinq[uan]te soldats des meilleurs qu'ils eussent sur leurs vaisseaux, arriverent led. jour dernier de mars au Verdon, et de la furent trouver ledit sieur de Fabas, lequel, ne voulant laisser attiedir la fureur du soldat, partit du fort de Soulac le lende-main, premier de ce mois, accompaigné dudit baron de Saint-Seurin, et avec quarante maistres, sept cens hommes de pied bien armés, une moiene de bronze, trois trompettes, plusieurs tambours, et enseignes desployées, pensant espouvanter nos troupes, arriva avant le jour, le second du courant, à Saint-Vivien, distant de deux lieux de Soulac, esperant d'emporter d'emblée ce pauvre bourg ja bruslé par eux, bien peu fortiffié et sulement remparé de quelques baricades par les sieurs de La Salle, Largimatie et Dares, ou ils se sont logés sans aulcunes comodités, avec partie de leurs compaignons, pour incomoder de plus près les rebelles, le reste ayant esté mis dans l'église de Grayan, au Gua (1) et aultres passages. L'attaque feust si furieuse que le tinta-marre des coups de pierre et de mousquets fut porté par le vent de nord dans Lesparre, ce quy donna subject à Mons. de Saincte-Croix de monter soudain à cheval avec cinq[uan]te maistres sans trompette, daultant que l'ayant envoyé le jour presedant vers le sieur de Fabas, il (celui-ci) le retint expres pour nous envoyer la novelle de la deffaicte vaine et imaginaire des nostres, ainsy que les prisonniers nous ont raporté. Hastant donc et doublant le pas, nostre gros de cavalerie parut d'assez loing, le païs estant plat et descouvert, ce quy fit rallier les ennemys, et puis bellement retirer ; ce qu'apercevant Mons. de Saincte-Croix, estant tousjours à la teste de la trouppe, il tascha de les joindre, et, ayant coupé chemin à une trouppe de l'infantérie pour l'empescher de se rallier avec l'aultre gros, il les chargea si rudemant et brusquemant qu'à peyne ung seul eschapa ; et sy nous eussions eu le renffort des gens de pied que nous esperions de Bourdeaux, nous eussions faict ung effort memorable, ou bien sy nostre infanterie

(1) Le Gua est un hameau situé tout près du ruisseau de ce nom, dans la paroisse de Vensac.

logée dans le·dit Saint-Vivien nous eut peu descouvrir et recognoistre,
quoique harassée de six heures de combat, elle eut neantmoins servy
à remporter la victoire toute entière, car ils se sont retirés en grand
desordre et plus viste que le pas, ayant laissé esgorger leurs gens
sans oser tourner la teste pour les deffendre, tellement qu'ayant couru
quelque temps apres eux, revenus au champ de bataille, nous avons
conté six vingts et cinq des ennemys morts, dont la plus part sem-
bloist estre gens de condition, entre lesquels ont esté recogneus par
les prisonniers les sieurs de La Sicardière, gentilhomme Xaintongeois,
tué par M. Lacroix Maron, lieutenant de M. de Saincte-Croix, La
Vigerie, Fieuvay, Despalangues, Gascon et autres capitaines. Mons. de
Saincte-Croix donna la vie à Isaac de La Peyrère, de Bourdéaux (1),
au capitaine La Tour et à ung Gombaut, frere de l'advocat du Roy de
Xaintes ou de l'assessur (l'assesseur), lequel est decedé par après de
ses blessures, et les autres menés prisonniers à Lesparre.

« Nous n'avons peu sçavoir le nombre des blessés que les ennemis
ont ramené, que nous croyons estre plus grand que celuy des morts ;
et de nostre cousté, pour tout, nous n'avons perdu que deux soldats
de la compaignie de Mons. de La Salle, et luy blessé de deux mousquetades, l'une dans la main senestre, et l'aultre aux rains, quy n'a
faict que glisser ; et en la campagne, le mareschal de Mons. de
Saincte-Croix a esté tué et ung aultre par les nostres. Nous avons
besoing d'un bon chirurgien, et vous suplie de l'envoyer prompte-
mant pour adsister et penser ce brave et genereux capitaine, quoy
que ceulx d'icy n'estiment ses plaies dangereuses. Mons. de Saint-
Palais n'a laissé, nonobstant ses blessures, de bien faire avec lesdits
sieurs Darès et Largimatie. Mons. de Saincte-Croix se porta si brusquemant, que son cheval de prix et de valeur luy fut tué par divers

---

(1) Connaissait-on cette particularité de la vie du célèbre auteur des *Præa-
damitæ*, lequel avait alors vingt-huit ans? La présomption est pour la négative, car
il n'en est fait aucune mention dans l'opuscule suivant où l'on trouvera tous les
renseignements désirables sur Isaac de La Peyrère et sur ses ouvrages : *Plaquettes
Gontaudaises n° 2 : Quelques lettres inédites d'Isaac de La Peyrère à Boulliau,
publiées avec une notice, des notes et un appendice par Philippe Tamizey de
Larroque;* Paris et Bordeaux, 1878, in-8° de 50 pages. — Autre question. La présence
d'Isaac de La Peyrère aux combats du Médoc en 1622 ne rend-elle pas vraisemblable
l'assertion de M. Paul Louisy dans la *Nouvelle Biographie générale*, savoir, que
La Peyrère « commanda une compagnie au siège de Montauban » en 1621? Il est vrai
que, parmi ses contemporains, nul n'a jamais dit qu'il ait été militaire, mais il est
vrai aussi que sa relation de la *Bataille de Lenss* (Paris, 1649) a bien l'air d'être
d'un homme du métier.

coups de mousquets, et luy porté par terre, d'où aussy tost il se releva, l'espée à la main, avec plus de vigueur et courage (1) ; estant remonté, donna dans les esquadrons ; comme aussy le cheval du sieur de Sitran fut tué, et ceux des sieurs Descurat, Chaillou et Tausin blessés, et le sieur Lagraulet de Marguaux blessé au gras de la jambe d'une mousquetade.

« Nous avons loué Dieu de cest heureux succès, et admirant le peu de perte des nostres et telle tempeste et gresle des mousquetades, coups de piques et pistollets, recognoissons ingenuemant que Dieu veut venger et punir les sacrileges et impietés commises par les rebelles, lesquels ont rompu et brisé avec mille risées et ignominies les crucifix et autres images saintes et venerables dans les églises de Notre-Dame de Soulac, Saint-Vivien et Grayan, après avoir bruslé les deux dernieres et les maisons desdits bourgs, et desolé tous les lieux ou ils ont mis le pied, et se servant tant du grand courage du chef que de la generosité de sa compaignie et des sieurs de Sitran, Mons, Danglu-des, baron de Blanquefort, Descurat, Montaudon, Rivière et autres volontaires, a voulu humilier le courage felon des rebelles (2). Je doibs, Monsieur, ce tesmoignage à la valeur de Mons. de Saincte-Croix et de tous ses braves cavalliers, desquels il est assisté, et ne vous en escripts pas comme spectateur seulemant. J'estimeray tousjours ma vie bien employée pour la cause de Dieu et le service du Roy, et vous supliant de nous donner le moien de faire plus grand progrès et l'ordre sur ce que je vous ay proposé par mes precedantes, et sur l'envoy des prisonniers, je demeureray à tousjours,

« Monsieur,

« Vostre tres humble et tres hobeissant serviteur,

« DE VOLUSAN.

« A l'Esparre, le 2 d'avril 1622. »

(1) Le *Mercure François* raconte la chose un peu différemment. Il dit que D'Ornano, « estant armé de toutes pièces, fut aydé par un des ennemys à se relever, qui pour récompense luy demanda la vie » (p. 425).

(2) Le *Mercure* dit de même et encore plus explicitement : « Ces deux combats furent si heureux aux Bourdelois, que plusieurs jugerent que c'estoit une visible punition sur les soldats Rochelois des sacrileges et profanations par eux commises ; ayant foulé aux pieds le Sainct-Sacrement, brisé et traicté ignominieusement les crucifix et saintes images dans l'église de Saint-Vivien, de Nostre-Dame de Grayan et de Soulac en laquelle autrefois il s'estoit faict beaucoup de miracles » (p. 426).

II

LANCELOT DE MULLET, ABBÉ DE VERTEUIL

J'ai promis une note sur Lancelot de Mullet; j'exécute ma promesse.

L'abbé Du Tems le fait abbé de Verteuil en 1606 (1); mais, « d'après les actes conservés aux archives départementales » de la Gironde et qu'a vus M. J. Delpit (2), Lancelot était déjà abbé « en 1605 ». Les registres d'insinuations nous permettent de mettre fin à ces incertitudes, et de dire que le Pape Clément VIII nomma Lancelot à l'abbaye de Saint-Pierre de Verteuil par une bulle datée de Rome *octavo calendas maii, anno nono,* c'est-à-dire le 24 avril 1600, et qu'il prit possession le 30 juin suivant (3).

En combattant les rebelles qui ruinèrent presque entièrement son monastère, Lancelot, alors revêtu du caractère sacerdotal, encourait les censures et irrégularités décrétées par les canons contre les clercs qui portent les armes et vont à la guerre. Sur sa demande, Grégoire XV lui accorda un rescrit à l'effet de se faire absoudre des peines ecclésiastiques, *quas,* dit le bref du Pape, *ob necem hœreticorum perduellium in ecclesias plebanas diœcesis Burdigalensis sœvientium, contraxit, dùm bello interfuit.* En conséquence, le 16 janvier 1623, Lancelot reçut l'absolution que lui donna le délégué du Pape devant lequel il comparut en personne: ce délégué était Jacques Miard, prêtre, licencié en droit canon, chanoine de l'Église métropolitaine de

(1) *Le Clergé de France,* t. II, p. 259.
(2) *Un Curé Bordelais, recueil de Mazarinades publiées sur Louis Bonnet, curé de Sainte-Eulalie de Bordeaux, réimprimées avec notes par Jules Delpit;* Sauveterre de Guyenne, 1881, in-8°, p. 101.
(3) Archives de l'archevêché, *Registre des insinuations,* année 1600, fol. 1 et 2. Peut-être l'erreur de Du Tems doit-elle être regardée comme une faute d'impression, le *6* ayant été mis pour un *0.*

Saint-André de Bordeaux, archidiacre de Cernès, protonotaire apostolique et vicaire général du cardinal de Sourdis (1).

Quelques années plus tard, Louis de Salignac, évêque de Sarlat, résigna son évêché en faveur de l'abbé de Verteuil. Le Roi avait consenti à la résignation, et Lancelot avait été préconisé à Rome par le Pape. Néanmoins, Louis de Salignac révoqua sa résignation : il y eut procès, et Lancelot de Mullet obtint d'abord du Grand Conseil une décision favorable à sa cause. Mais l'évêque résignataire présenta requête au Conseil privé du Roi, le 24 juillet 1626, et, par un décret du 29 janvier 1627, Louis de Salignac fut remis en possession de son siège, sur ce fondement que Lancelot, bien que préconisé, n'avait pas encore reçu la collation de l'évêché de Sarlat (2).

Lancelot de Mullet, qui était conseiller du Roi en son conseil d'État et privé, eut, en 1643, un autre démêlé, non pas avec un évêque, mais avec Pierre Caron, docteur en théologie, archidiacre de Fronsac, et vicaire général d'Henri de Sourdis, alors archevêque de Bordeaux. S'autorisant d'une bulle d'Alexandre III à l'abbé de Verteuil, Lancelot avait donné par écrit à Jean Duboscq, prieur claustral de Saint-Pierre de Verteuil, « licence et approbation d'administrer les sacrements dans toutes les églises dépendantes de la dite abbaye. » L'abbé fut cité par le vicaire général et invité à produire la bulle sur laquelle il fondait son droit. La citation, d'après un acte de Pierre Caron, du 14 janvier 1643, fut reçue d'une façon assez peu révérencieuse, et Lancelot répondit « qu'un appel comme d'abus en feroit raison, et qu'il n'étoit point justiciable des vicaires généraux. » Néanmoins il lui fut défendu, sous peine d'excommunication, « de donner aucune approbation pour administrer les sacrements en ce diocèse jusqu'à ce qu'il ait fait apparoir de son privilège. » L'abbé de Verteuil produisit, paraît-il, une bulle d'Alexandre III qui figure au dossier de cette affaire, mais, après l'avoir lue, je doute fort qu'elle ait convaincu les vicaires généraux (3).

Dans le même temps, ils avaient jugé nécessaire d'envoyer un second vicaire à Notre-Dame d'Ambez, annexe de Saint-Pierre d'Ambarès, dont Lancelot était curé. Ce second vicaire ne put trouver à se loger, et, s'étant présenté à De Mullet, celui-ci « lui auroit répondu qu'il

(1) Archives de l'archevêché, *Registres des collations*.
(2) *Gallia christiana*, t. II, col. 1528 ; Du Tems, t. II, p. 622.
(3) Archives de l'archevêché.

perdroit plutôt mil escus et la vie que de souffrir qu'il y eut deux
vicaires en la dite paroisse, et que si quelqu'un s'ingéroit dans la dite
charge sans son commandement, que la rivière étoit proche... » Ce
n'était là probablement qu'une plaisanterie ou une boutade un peu
forte dont il n'y avait pas trop à s'effrayer. L'affaire cependant fut
portée au Conseil du Roi qui, par un arrêt du 24 octobre 1643, ordonna
de citer Caron à comparaître devant le Parlement (1). J'ignore quelle
fut l'issue de ce singulier procès.

En 1647, Lancelot de Mullet résigna la cure de Saint-Pierre
d'Ambarès, avec son annexe d'Ambez, à Jean-Louis de Mullet,
du diocèse de Bordeaux, conseiller en la Cour et aux requêtes du
Palais. Les provisions de Rome sont datées du 4 octobre de la même
année 1647; elles furent visées le 19 décembre suivant, après que
l'élu eut été « examiné par le théologal qui l'a trouvé capable », dit
le *Registre des actes de la Congrégation*. Jean-Louis n'était alors que
simple tonsuré. L'année suivante 1648, le 26 août, il demanda aux
vicaires capitulaires qui gouvernaient le diocèse de Bordeaux pendant
la vacance du siège, des lettres dimissoires à l'effet de recevoir les
ordres mineurs et les ordres sacrés. « A esté ordonné, dit encore le
Registre cité, qu'au préalable il réformera ses cheveux, manches et
habit clérical et vaquera aux exercices spirituels, et après lui seront
délivrées les dites lettres dimissoires. »

Lancelot de Mullet résigna-t-il aussi en même temps son abbaye
de Verteuil? Très probablement oui, car, dans un cahier conservé aux
archives de l'archevêché et qui a pour titre : *Attestationes de vitâ et
moribus ad obtinenda beneficia Romana, sede vacante,* on lit une série
de dépositions concernant un neveu de Lancelot, nommé Jean-Jacques
de Mullet qui est dit *clericus Burdigalensis, de proximo ad abbatiam
Sancti-Petri de Vertolio authoritate apostolicâ promovendus.* D'après
les témoins qui déposent sous la foi du serment, Jean-Jacques était fils
de Pierre de Mullet, seigneur de Quinsac, conseiller au Parlement de
Bordeaux, et de Catherine D'Ouzon (2) de Bourran. Il eut pour ancêtres,

---

(1) Archives de l'archevêché.
(2) D'après le *Nobiliaire de Guyenne et de Gascogne* (par J. de Bourrousse de
Laffore ; Paris, 1860, t, I, p. 380), l'orthographe de cette famille est d'Ouzon, et *Catherine* était fille de Jacques II de Bourran, nommé conseiller du Roi au Parlement de
Bordeaux le 1er octobre 1585, et ensuite président de la première Chambre des
enquêtes de la cour. Le *Nobiliaire* a ignoré le mariage de Catherine avec Pierre
de Mullet.

du côté maternel, Jacques d'Ouzon de Bourran, président au Parlement de Bordeaux; du côté paternel, pour aïeul, Jacques-Arnauld de Mullet, conseiller du Roi en son Conseil privé, et président au Parlement de Bordeaux, et, pour bisaïeul, Romain de Mullet, aussi conseiller du Roi en son Conseil privé et procureur général au même Parlement.

Parmi les déposants, je trouve Louis Bonnet, curé de Sainte-Eulalie de Bordeaux (1), lequel, pour montrer qu'il parle de science certaine, affirme que les parents de l'élu sont ses paroissiens; que, depuis plusieurs années, il fréquente la maison de Pierre de Mullet, et qu'il y a souvent traité avec son très pieux frère, *cum piissimo fratre ejus,* Lancelot de Mullet, abbé de Verteuil (que l'on ne dit pas mort et que l'on semble supposer vivant); enfin qu'il a souvent visité le très célèbre, *celeberrimum virum,* Denys de Mullet, seigneur de la Tour, conseiller du Roi en son Conseil privé, et avocat général au Parlement de Bordeaux, oncle dudit Jean-Jacques de Mullet. Entre les autres témoins, je remarque Emmanuel de Taranque, conseiller au Parlement de Bordeaux; Jean Dubernet, également conseiller au même Parlement, qui loue le courage de Lancelot de Mullet à combattre les hérétiques qui ravageaient le Médoc et détruisaient les églises; et enfin Denis de Vielbans, avocat au Parlement de Bordeaux, qualifié par les vicaires généraux recevant les dépositions de *vir eruditissimus et facundissimus,* épithètes bien justifiées, la première du moins, par l'ouvrage que publia ce jurisconsulte en 1673, et qu'il dédia à Henri de Béthune, archevêque de Bordeaux (2).

Tous ces témoignages étaient recueillis le 9 août 1647. Le futur abbé de Verteuil avait alors seize ans commencés : jusque-là, il avait étudié chez les Jésuites de Bordeaux où sa piété l'avait fait admettre dans la Congrégation de la Sainte-Vierge, et il allait entrer en philosophie ou en avait déjà commencé l'étude.

Ce jeune homme mourut-il avant l'expédition de ses bulles? Ici encore l'affirmative est très probable. Ce qui est absolument certain,

---

(1) Oserai-je bien, après l'intéressante notice publiée par la *Revue catholique de Bordeaux,* promettre encore une petite *note* complémentaire sur le célèbre curé de Sainte-Eulalie?

(2) *Traité de toutes les matières bénéficiales par forme d'histoire...*; Bordeaux, 1673, in-4º de 322 pages. — On a encore du même! *Miroir des familles dans lequel chaque particulier tant des Ecclésiastiques que de la Noblesse et du Tiers-Estat pourra voir et reconnoître le rang qu'il doit tenir,* etc.; Bordeaux, 1675, in-4º de 150 pages.

c'est que, dès le 9 mai de l'année suivante 1648, de nouvelles dépositions étaient reçues touchant un nouveau candidat à l'abbaye de Verteuil. Il se nommait Michel Girard, et je me réserve d'en parler plus tard un peu longuement.

Le second jour de septembre de l'année 1648, il prit en personne possession de l'abbaye de Saint-Pierre de Verteuil, à lui conférée par une bulle du Pape Innocent X, donnée à Rome près Sainte-Marie-Majeure, *anno Incarnationis Dominicæ Mill^{mo} sexcentesimo quadragesimo octavo, quinto nonas julii, Pontificatus nostri anno quarto* (7 juillet 1648). Dans cette bulle, transcrite en entier sur le Registre des insinuations (1), on lit ces paroles que je cite textuellement : « Cùm... sicut accepimus, monasterium Sancti-Petri de Vertolio, ordinis sancti Augustini canonicorum regularium, Burdigalensis diœcesis, quod quondam Lancelotus de Mullet, clericus, in commendam ad sui vitam ex concessione apostolicâ, *dùm viveret,* obtinebat, commenda hujusmodi *per obitum dicti Lanceloti qui extrà romanam curiam debitum naturæ persolvit,...* modò vacaverit et vacet ad præsens, » etc.

De ces actes authentiques contenus dans un registre authentique, il résulte :

1° Que Lancelot de Mullet, abbé de Verteuil, était certainement mort le 3 juillet 1648, et même quelque temps auparavant;

2° Que Du Tems a tort de ne donner à Michel Girard la qualité d'abbé de Verteuil qu'« en 1650 » (t. II, p. 259) ;

3° Qu'il n'y a point eu d'abbé intermédiaire entre Lancelot de Mullet et Michel Girard, celui-ci ayant succédé immédiatement au premier, et, par conséquent, Jean-Jacques de Mullet, neveu de Lancelot, ne fut jamais abbé commendataire de Verteuil ;

4° Enfin, et de ce que Lancelot de Mullet, abbé de Verteuil, avait cessé de vivre en 1648, il suit rigoureusement qu'il n'est pas l'auteur du *Jugement du* Curé Bourdelois *pour servir à l'Histoire des mouvements de Bordeaux,* ouvrage qui ne parut et ne put être composé qu'en 1651, quelques semaines au plus tôt après la mort de Louis Bonnet, arrivée le 19 décembre 1650.

Mais, dira peut-être quelque lecteur citant un témoin bien digne de foi, « une des deux copies de cette pièce trouvées dans les papiers de l'abbé Desbiey, porte en toutes lettres le nom de l'auteur de ce

(1) Registre des insinuations de l'année 1648, fol. 788.

remarquable pamphlet : c'est Lancelot de Mullet, abbé de Verteuil (1). » Ce témoignage est formel, et probablement d'un contemporain : que peut-on désirer de plus ? — Une chose, au moins,
l'existence de l'auteur présumé ; car on pourra toujours, imitant le
raisonnement de l'agneau de la fable, dire de Lancelot, par rapport au
pamphlet de 1651 : « Comment l'aurait-il fait s'il était déjà mort ? »
Et l'argument demeurera sans réplique. Sans doute encore, l'erreur
commise par le contemporain est une erreur heureuse pour nous,
puisque nous lui devons quatre pages de M. J. Delpit sur Lancelot
de Mullet et sur sa famille ; mais le problème bibliographique qui a
pour objet l'auteur du *Jugement du* Curé Bourdelois reste aussi
tout entier, et, selon toute apparence, il continuera longtemps encore
à exercer la patience et la sagacité des plus courageux et des plus
habiles bibliographes (2).

III

ÉTIENNE DE MULLET DE VOLUSAN

DOYEN DU CHAPITRE SAINT-ANDRÉ DE BORDEAUX

Ce qu'on vient de lire sur quelques membres de la famille de
Mullet, m'amène tout naturellement à dire quelques mots de celui
qui, pendant près de vingt ans, fut à la tête du Chapitre métropolitain
de Bordeaux.

Étienne de Mullet, seigneur de Volusan, eut pour père Gabriel de

---

(1) *Un Curé bordelais...*, p. 86, 101.
(2) Cet article était composé par l'imprimeur, lorsque le très obligeant
M. Roborel de Climens m'a communiqué une note tirée d'un acte passé par
Ferrand, notaire à Bordeaux, le 11 mai 1654. D'après cette pièce, Jean-Louis de
Mullet, — celui probablement auquel Lancelot résigna, en 1647, sa cure d'Ambarès, —
était fils de Pierre de Mullet, sieur de Cayssac, conseiller du Roi en la cour et com-
missaire aux requêtes. Jean-Louis porte aussi, dans cet acte, le titre de sieur de
Cayssac, et ceux de conseiller du Roi, commissaire aux requêtes, chanoine de Saint-
André et archidiacre de Blaye. J'ajoute que Jean-Louis figurait encore avec le titre
de conseiller à la chambre des requêtes sur la *Liste des membres de la Cour,*

2

Mullet et pour mère Jeanne Forcade, comme nous l'apprenons par ses lettres de tonsure, datées du vendredi des quatre-temps après la Pentecôte, 9 juin 1624, jour où le cardinal François de Sourdis, archevêque de Bordeaux, l'admit dans le clergé. Ainsi que la plupart de ses parents, Étienne de Mullet appartenait à la magistrature ; il était conseiller au Parlement de Bordeaux (1). L'exercice de sa charge l'avait, plus d'une fois, mis dans le cas de porter des sentences de mort, et par conséquent d'encourir l'irrégularité dite *ex defectu lenitatis*. Cependant, et sans en avoir obtenu dispense, il s'était fait ou laissé nommer au prieuré séculier de Sainte-Catherine de Lherbault, près de Lesparre, en Médoc, ainsi qu'à un autre bénéfice simple n'exigeant pas la résidence, savoir, à la chapellenie dite de Benoict, dans l'église paroissiale de Nérigean, située dans l'Entre-deux-Mers. Le bénéficier en perçut également et tout aussi illicitement les revenus, jusqu'au jour où Alexandre VII le releva de son irrégularité, par un bref daté de Rome, le 9 août 1655, et fulminé par les vicaires généraux, le 29 décembre suivant, avec la condition expresse apposée par le Pape, que le conseiller clerc au Parlement de Bordeaux s'abstiendrait entièrement à l'avenir de juger dans les causes criminelles (2). Mais il ne s'abstint pas de siéger au parlement, et, sur le tableau des membres de la Cour formé le 13 novembre 1655, Étienne Mullet de Volusan est inscrit comme conseiller à la première chambre des enquêtes, d'où il passa à la Grand'Chambre, en 1670 au plus tard, et y resta jusqu'à sa mort.

Ce n'était pas seulement pour régulariser sa position passée et présente vis-à-vis de l'Église, qu'il avait eu recours au Saint-Siège ; c'était aussi pour se mettre en état de recevoir licitement les ordres

---

dressée le 13 novembre 1665, mais son nom n'était déjà plus sur celle du 12 novembre 1670. D'autre part, un registre des baptêmes de Saint-André de Bordeaux contient, à la date du « dimanche 22 d'octobre 1617, » l'acte suivant : « Jehan, fils légitime et naturel de Mʳ Mᵉ Pierre de Mullet, Sʳ de Quinsac, conseiller du Roy en la cour, et de damoiselle Catherine Douzon de Bourran, filheul de Mʳ Mᵉ Jehan Douzon de Bourran, conseiller du Roy en ladicte cour, et président aux requettes du Palais, et de damoiselle Catherine de Mullet, filhe de Mʳ Mᵉ Denis de Mullet, sʳ de la Tour, Conseiller du Roy et advocat general en ladicte cour, nasquit le 3 du dict moys, environ les 7 heures du soir. Sainte Eulaye. »

(1) Parmi les élèves du collège des Jésuites de Bordeaux, admis ou élus à quelque dignité dans la congrégation de la Sainte-Vierge, aux mois de mai et d'août 1637, je trouve Jean et Étienne de Volusan, tous deux en humanités ; c'étaient vraisemblablement des parents d'Étienne de Mullet.

(2) Archives de l'Archevêché, *Registre des collations*.

auxquels il voulait être promu et dont il devait bientôt exercer les fonctions. En effet, le 1ᵉʳ août 1655 (1), c'est-à-dire, huit jours avant celui où la dispense d'irrégularité était accordée à Rome, Messieurs du Chapitre métropolitain de Saint-André étant assemblés capitulairement, fut élu, en qualité de doyen, « Étienne de Mullet, sieur de Volusan, conseiller du Roy en la Cour de Parlement de Bordeaux, clerc tonsuré du présent diocèse ; » et en même temps fut « ordonné qu'il se fera promouvoir aux ordres sacrés dans six mois prochains, pendant lequel temps le Chapitre lui permet de se placer au haut siège du chœur ; et ledit délai passé, ne lui sera permis ; et que, jusques à ce qu'il soit en résidence rigoureuse, il ne pourra faire la pointe, suivant les usages et règlements du Chapitre qui seront exécutés selon leur forme et teneur (2). »

Cependant au bout de quinze mois révolus, le nouveau doyen n'était pas encore prêtre. D'après les *Actes capitulaires,* le mardi 7 novembre 1656, « Monsieur le doyen est venu au Chapitre, et a dit qu'il eût bien désiré avoir pu se mettre en état pour assister aux exercices de piété qui ont été pratiqués aux chapitres généraux, mais que, outre que la dignité du sacerdoce mérite qu'il s'y prépare, ses affaires ne lui ont pas permis de se faire encore promouvoir, ce qu'il espère néanmoins faire au plus tôt, et a remercié le Chapitre des grâces qu'il lui a continuées ; auquel (doyen) le sieur (d'Allaire) archidiacre de Cernès a dit que, comme le premier dans chaque ordre doit servir de règle et d'exemple à tout ce qui est après lui, le Chapitre attend de sa vertu et de sa piété qu'il remplira dignement les obligations que lui impose la dignité qu'il possède dans cette église, par des effets conformes aux bonnes intentions qu'il témoigne avoir pour la gloire de Dieu, pour le bien et l'honneur du Chapitre. » Il me semble difficile de trouver, — comme l'a fait, dernièrement, l'auteur d'une note sur Mullet de Volusan (3), — de trouver, dis-je, une *adjuration,* c'est-à-dire un commandement, une sommation solennelle, dans la *réponse* courtoise de l'archidiacre de Cernès. J'ajoute que ces paroles, prononcées le 7 novembre 1656, n'auraient pu l'être « *le 13 juillet 1655* », comme on le dit encore ; car, à cette dernière date, Mullet de Volusan n'était pas encore doyen, ni par conséquent « le premier » du Chapitre.

(1) Et non 1650, comme le disent Du Tems et M. Fisquet, à la suite du *Gallia.*
(2) *Actes capitulaires de Saint-André,* date citée.
(3) *Revue catholique de Bordeaux,* année 1882, Jérôme Lopès, p. 69.

Environ cinq mois avant le jour où il faisait les excuses que nous venons de rapporter, savoir, le samedi 10 juin de la même année 1656, Étienne de Mullet s'était présenté au Chapitre pour être reçu en résidence rigoureuse. « La résidence rigoureuse des chanoines, écrivait Lopès, commence au jour de saint Barnabé, le onzième de juin, et dure une année entière, pendant laquelle ils sont obligés d'assister à tous les offices, afin de bien apprendre ce qui s'y pratique, sans avoir qu'un mois de congé, et, jusqu'à ce qu'ils soient dans l'année de leur *rigoureuse,* ils ne participent point aux gros fruits qui se partagent à tous les autres chanoines. Celui qui commence sa résidence rigoureuse se présente, aux premières vêpres de la fête de saint Barnabé, à celui qui préside au chœur, avec le greffier du Chapitre, et lui demande acte de ce qu'il se présente à sa rigoureuse, et s'oblige à même temps de fonder en cette église un anniversaire et donner pour cet effet la somme nécessaire, en cas qu'il demeure chanoine l'espace de trois ans, et nomme une caution solvable pour cet anniversaire (1). »

Sur ce point, aucune différence entre le doyen et les chanoines du Chapitre Saint-André ; comme eux aussi, il avait une prébende, une part aux distributions manuelles égale à la leur, et une semaine pendant laquelle il nommait aux bénéfices qui venaient à vaquer ; mais il jouissait de prérogatives spéciales, que Lopès a passées sous silence et qui nous sont révélées par les *Actes capitulaires,* principalement par ceux du 23 juillet 1706 et du 6 novembre 1725. Voici à peu près ce qu'on y lit : « Le doyen de l'Église Saint-André en est la première dignité, et le chef après M. l'archevêque. A l'église, M. l'archevêque ayant sa chaise placée au haut du chœur, le doyen, depuis un temps immémorial, en a une décanale, placée au côté droit au fond du chœur, à la tête du Chapitre. Pendant toute l'année, que M. l'archevêque soit présent ou qu'il soit absent, cette place est distinguée et ornée d'un dossier violet, et au devant, d'un tapis de même couleur, ainsi que de deux carreaux également violets, l'un pour mettre sous les genoux et l'autre sous les coudes (2). Après le doyen,

(1) *L'Église Métropolitaine et Primatiale Saint-André de Bourdeaux ;* Bordeaux, 1668, in-4º, pages 313, 314.

(2) Il ne faudrait cependant pas conclure de là que le doyen de Saint-André portât des habits d'autre couleur que la noire. Voici la réponse que le Chapitre de Bordeaux faisait, le 31 août 1688, à celui de l'église métropolitaine de Tours, qui l'avait consulté sur ce point : « Nous faisons foi et attestons à tous ceux qu'il appartiendra, que messieurs les doyens de notre église ne portent jamais de robe ni de soutane rouge, à cause de leur dignité de doyen, soit à l'église, soit ailleurs, dans

et du même côté, sont placés le premier et le second archidiacres, tandis que le troisième archidiacre est à la première place du côté gauche. Au sermon, à cause de l'usage des églises de Bordeaux, de placer la chaire du prédicateur au milieu des deux chœurs, M. l'archevêque, le doyen et le premier et le second archidiacres sont tous placés du même côté droit, tandis que le troisième archidiacre tient la première place du côté gauche (1). A cause de sa dignité, le doyen préside à toutes les assemblées du Chapitre. De plus, il a le droit d'officier, en l'absence de l'archevêque, à toutes les grandes fêtes et dans toutes les actions publiques ; et, lorsqu'il officie, il est encensé, dans sa chaise ordinaire du chœur, de trois coups d'encensoir, par les deux chanoines assistants qui sont en chappe comme lui, mais placés aux chaises basses et au-dessous de celle de M. le doyen (2). »

Nous ne suivrons pas Étienne de Mullet présidant, trop rarement peut-être, les paisibles assemblées des chanoines (3), ou officiant

aucune action particulière ni cérémonie publique, pour quelque occasion que ce soit, non plus que tous les autres Messieurs les dignités et chanoines de notre dite église ; et que, tant les dits sieurs doyens qu'autres dignités et chanoines de notre dite église, ne portent en la dite église que la soutane noire, à tous les offices de la dite église, pour solennels qu'ils soient, et la robe noire en toutes les assemblées auxquelles ils ont droit d'assister. »

(1) Pour obtenir la dignité d'archidiacre dans l'église de Bordeaux, il fallait être prêtre ou en âge d'être promu au sacerdoce, et être gradué en théologie (*Actes capitulaires de Saint-André,* 11 décembre 1714). D'après l'assemblée capitulaire du 20 octobre 1716, « les archidiacres et autres dignités de cette église, qui ne sont pas chanoines réels et effectifs, n'entrent et n'ont aucune voix délibérative dans le Chapitre. Ils y sont seulement appelés une fois l'année pendant les chapitres généraux de la Fête de tous les Saints, où le président du Chapitre leur fait un discours et exhortation pour bien remplir leur ministère, après quoi ils se retirent. Lesdits archidiacres et dignités, qui ne sont point chanoines effectifs, ne donnent point la bénédiction au prédicateur et n'assistent pas à l'installation de MM. les archevêques, non plus qu'au feu qui se fait tous les ans, la veille de la fête de saint Jean, à la grand'place Saint-André, où le Chapitre seul, en robes de palais, est en droit d'assister. Les archidiacres et autres dignités, qui ne sont pas chanoines effectifs, sont en droit d'assister aux actions publiques, comme obsèques de nos Rois, et *Te Deum,* etc., et occupent les places dues et attribuées à leurs dignités. »

(2) Cependant, « lorsque les chanoines ou autres entrent dans le chœur ou en sortent, et lorsqu'on va lire l'épître ou faire les encensements du chœur, on ne fait point de salut particulier au doyen, et il est d'usage qu'on salue les deux côtés du chœur, également et sans distinction (*Actes capitulaires,* 9 février 1713). « Le doyen n'est point chargé de confesser, ni d'administrer les sacrements aux chanoines malades, à moins qu'il ne soit commis et député par le Chapitre à cet effet. » (*Ibid.,* 19 mai 1718).

(3) Si, comme le dit l'auteur de la note citée plus haut, Mullet de Volusan « fut un des plus illustres doyens » qu'ait eus le Chapitre Saint-André, son assistance régulière aux assemblées capitulaires ne me paraît pas avoir été le côté le plus brillant de sa vie.

dans certaines circonstances solennelles, par exemple, au service célébré pour la Reine-Mère ou aux obsèques d'Henri de Béthune, ou bien haranguant le maréchal d'Albret lors de son entrée solennelle dans la ville de Bordeaux; mais, entre les *évènements* capitulaires auxquels il fut mêlé, j'en choisirai deux qui me paraissent plus intéressants et moins connus.

Le jeudi 17 septembre 1665, Dominique Bernada, prêtre, docteur en théologie, archiprêtre de Loupiac, comme procureur de son frère Charles Bernada, clerc tonsuré du présent diocèse (1), représenta que celui-ci était pourvu de la chanoinie possédée ci-devant par Armand de Béthune, récemment nommé à l'évêché du Puy, provision visée par l'archevêque de Bordeaux le 12 août précédent; et, comme d'ailleurs Charles Bernada avait, à Paris, signé le formulaire d'Alexandre VII touchant les propositions de Jansénius, il demandait à être installé dans la personne de son représentant. « Lecture faite de ladite signature (2), le promoteur représenta qu'elle contenait une délégation insolite et contraire aux droits et privilèges du Chapitre dans ces termes, *committatur ARCHIEPISCOPO BURDIGALENSI seu ojus officiali,* au lieu que jusqu'à présent, il a toujours été mis, *committatur* ORDINARIO, laquelle clause comprend généralement tous ceux qui sont collateurs *ordinaires,* comme le Chapitre, qui est, de tout temps, en droit et possession d'ordonner les visas de chanoinie de cette église; que ce changement ne peut procéder que d'une surprise manifeste faite à Sa Sainteté par la suppression et réticence du droit et possession du Chapitre, collateur ordinaire des chanoinies de cette église, à laquelle (Sainteté) si on eût donné à connaître le droit et possession du Chapitre, on ne peut douter qu'elle ne lui eût adressé cette commission en la manière accoutumée. » Faisant droit à la requête de son promoteur, le Chapitre déclara n'y avoir lieu de procéder à la réception et installation requise par ledit Bernada, « lequel fera réformer, si bon lui semble, la signature par lui présen-

---

(1) Dominique et Charles Bernada, fils d'un médecin, furent admis ensemble dans la classe de sixième au collège des Jésuites de Bordeaux, le 6 février 1643. Le premier était alors âgé de dix ans, le second en avait neuf. (Archives départementales de la Gironde: Jésuites, *Livre des admissions.*) Charles Bernada devint doyen de Saint-Émilion, et mourut en 1702.

(2) En droit canonique, on appelle *signature* de grâce, une écriture en papier, faite par le Pape ou par son délégué, sans l'apposition d'aucun sceau, laquelle contient en résumé la supplique de celui qui impètre le bénéfice et la concession qui en est faite par le Pape.

tée, ainsi qu'il verra bon être ordonné ; » néanmoins le Chapitre décrète que le syndic se pourvoira, pour la réparation de cette innovation, par toutes les voies de droit, et avec tout le respect dû à Sa Sainteté.

De son côté, Dominique Bernada présenta requête au Parlement, et dès le 19 septembre 1665, surlendemain du jour où le Chapitre avait refusé de l'installer, il obtint arrêt « portant que les parties viendraient plaider, au premier jour juridique après la Saint-Martin, et cependant que, sans préjudice du droit d'icelles, du consentement de M. le procureur-général du Roi, ledit sieur Bernada serait reçu par le Chapitre. » Dominique Bernada patienta cependant quelques mois encore, et ne notifia cet arrêt au Chapitre, que le jeudi, 4 février 1666. « Sur quoi, le Chapitre, — sans entendre déroger ni préjudicier au droit et possession en laquelle il est de donner les visas des chanoinies, et protestant de se pourvoir par les voies et remèdes de droit contre l'innovation de ladite clause, — ordonne qu'il sera tout présentement procédé à l'installation du sieur Bernada, archiprêtre de Benauges, comme procureur dudit Charles Bernada, son frère. »

Semblable incident eut lieu quelques mois plus tard, quand il fut question d'installer le nommé Geay, acolythe du diocèse de La Rochelle et neveu de Mathurin Sauvestre, qui lui avait résigné sa chanoinie et prébende. La même clause ayant été insérée dans la signature datée du 5 septembre 1665, le Chapitre protesta de nouveau et promit de se pourvoir ; toutefois, il s'en tint là et procéda sans retard à l'installation de l'élu, néanmoins, en insérant dans l'acte des réserves signées du doyen, Étienne de Mullet de Volusan (1). Ce furent les mêmes protestations et les mêmes promesses de se pourvoir, restant toujours à l'état de théorie, lorsqu'il s'agit de l'installation de Pierre Gueymus, le vendredi 8 juin 1668.

En 1671, le 12 avril, François de Borgia, troisième Général de la Compagnie de Jésus, fut mis au nombre des saints par le pape

---

(1) « Quamvis plurimùm nos moverit insuetæ apud nos hujus clausulæ novitas,... atque ideo petitæ in vim hujusmodi signaturæ installationis protelandæ locus foret, donec S. Pontifex juris nostri à SS. PP. prædecessoribus suis authenticè probati certior factus, antiquam, novâ expunctâ, clausulam restitui juberet,... attamen ob reverentiam Sedis Apostolicæ, cujus fuimus semper filii devotissimi et illius aures pro antiqui juris nostri conservatione humiliter pulsare decrevimus,... te... in fratrem et canonicum.,. admittimus. — DE MULLET DE VOLUSAN. »

Clément X. L'année suivante, les Jésuites de Bordeaux voulurent
célébrer solennellement cette canonisation, et comme « ces pères,
suivant la remarque de la *Chronique bourdeloise,* font toujours les
choses avec beaucoup d'ordre et d'éclat (1), » ils prièrent le Chapitre
Saint-André de vouloir bien concourir à la pompe de la cérémonie.
Voici comment la chose fut exécutée :

« Le vendredi 6 mai (1672), » disent les *Actes capitulaires,* « entre
cinq et six heures du soir, arrivèrent dans cette église les écoliers du
collège des Pères Jésuites, divisés en compagnies, avec plusieurs des
dits Pères, la grand'cloche sonnant à leur arrivée, l'orgue du chœur
jouant, et le Chapitre étant en corps, en surplis, à la première marche
du grand autel ; et traversèrent lesdits écoliers par les portes des
deux aisles du chœur devant ledit Chapitre, jusqu'à la dernière
compagnie qui portait les trois étendards (ou tableaux du saint) pour
être bénis. Un de cette compagnie les présenta à M. le doyen avec
une harangue latine, à laquelle il fut aussitôt répondu en latin par le
sᵣ doyen. Ensuite de quoi il bénit les étendards avec la bénédiction
accoutumée qui est à la fin du Pontifical ; on chanta un motet en
musique du prince ; M. le doyen dit l'oraison au coin de l'épître, et
les étendards furent délaissés auprès du grand autel.

« Et advenant le septième jour du samedi, arrivèrent processionnellement en cette église, sur les cinq heures du soir, les compagnies
desdits écoliers, en suite desquels venaient les Pères Jésuites en
surplis, et leur provincial avec des recteurs et supérieurs de leurs
maisons, tant de la ville que de toute la province. Le Chapitre les
reçut au-devant de la porte du chœur, entendit la harangue prononcée en français par le P. Verdier, provincial de ladite Compagnie, à
laquelle (harangue) M. le doyen ayant répondu, le Chapitre entra
dans le chœur, et se rangea à ses places des deux côtés. Ensuite
entrèrent lesdits Pères Jésuites qui se placèrent aux hautes et basses
places du chœur, aux deux côtés. Le *Te Deum* fut entonné par M. le
doyen et continué en musique ; après quoi, le sᵣ doyen, étant à sa
place, dit l'oraison de la Très Sainte Trinité, en actions de grâces,
l'oraison du Saint, et la troisième pour le Roi ; et lesdits pères se
retirèrent en procession, remportant les étendards, hormis un qui fut
laissé en cette église pour être arboré au chœur. M. le Gouverneur
(maréchal d'Albret) et MM. les Jurats, qui avaient assisté à l'arrivée

---

(1) *Chronique bourdeloise,* édit. de 1703, page 3.

à cette cérémonie, suivirent la procession. » Elle se rendit à l'église de la maison professe, où, le lendemain dimanche, commença la solennité qui dura huit jours.

Chez des hommes qui font profession de cultiver les belles-lettres, une solennité religieuse ne va pas sans solennité littéraire. Au collège de la Madeleine, les Jésuites firent représenter une tragédie à l'honneur du Saint (1). De plus, on composa à sa louange plusieurs poèmes latins et français que les Jésuites réunirent dans un volume dédié au Parlement de Bordeaux (2).

De son côté, le P. Adam racontait la vie du saint dans un petit volume, où il n'omit pas de rappeler ce qui arriva à Bordeaux, lorsque François de Borgia y passa, en 1571, accompagnant le cardinal Alexandrin, que son oncle, le Pape saint Pie V, envoyait vers les princes chrétiens, afin de les exhorter à former une ligue pour s'opposer aux efforts des Turcs qui venaient de s'emparer du royaume de Chypre. Ce fait étant sans doute peu connu des Bordelais, je le rapporterai ici dans les termes mêmes dont se sert le P. Adam.

« M. Ferron, président au Parlement, ayant logé le saint dans sa maison qui était à la rue *Neuve* (3), les domestiques observèrent que tout le temps qu'il demeurait en sa chambre, il était ou en prière ou prosterné contre terre; et comme cela se répandit dans la ville, un avocat de la religion prétendue réformée trouva le moyen de l'épier durant une nuit. Il se mit derrière une tapisserie de la chambre qu'on a toujours appelée depuis ce temps-là, *Chambre de Jésus* ou *des Jésuites,* et il remarqua qu'après que ce saint homme se fut retiré, il se mit à genoux, et pria Dieu durant trois heures, et qu'ensuite il se servit du coussin du lit qu'il mit sur le plancher et se coucha dessus;

(1) *Chronique bourdeloise,* loc. cit.

(2) *Sanctus Franciscus Borgia è Gandiæ Duce Societatis Jesu Præpositus generalis ab Aquitana Societat. ejusdem provincia vario carminum genere celebratus, ad solemnem canonizationis gratulationem;* Burdigalæ, apud Simonem Boë, 1672, in-4º de 68 pages.

(3) Bernadau qui, dans son *Viographe bordelais* (Bordeaux, 1844, p. 258-263), parle assez longuement des personnages remarquables nés ou morts ou domiciliés dans la rue *Neuve,* ne dit absolument rien de la très ancienne maison, *antiquissimis ædibus* (selon les auteurs de la dédicace citée plus haut), du président Ferron, non plus que de la *Chambre de Jésus* ou *des Jésuites.* Il est vrai que la *Chronique bourdeloise* (édit. de 1672, p. 81) et après elle l'auteur des *Vies des saints du diocèse de Bordeaux,* affirment que François de Borgia « logea chez M. de Lange, conseiller au Parlement, personnage savant et catholique fort zélé. »

et en suite d'un peu de sommeil, il se leva, et remettant tout en sa place, il continua son oraison avec un torrent de larmes, et bien avant dans le jour. Cet avocat en fut si sensiblement touché... qu'il fit abjuration de son hérésie, et rentra dans la communion de l'Église.

« Au reste, ajoute le P. Adam, M. de Baulon, conseiller au Parlement, fut si ravi de l'entretien qu'il eut avec ce grand saint, qu'il s'offrit à lui pour fonder un collège des Jésuites à Bordeaux ; le saint l'accepta avec joie (1), prévoyant les grands biens que ces pères pourraient faire dans une si grande et si célèbre ville ; ils comptent déjà cent ans (1672) de leurs emplois par l'éducation de la eunesse en la piété et aux belles et saintes lettres ; et ne manqueront jamais de respect pour MM. de la Cour de Parlement, se souvenant qu'un de ses présidents eut la bonté de loger dans sa maison ce grand saint qui passait par Bordeaux, et qu'un de ses conseillers lui offrit la fondation d'un collège pour ses enfants, afin qu'ils eussent le moyen d'y éterniser leurs services (2). » Ces services, hélas! ne devaient pas être éternels ! On sait comment les *enfants* de François de Borgia, qui enseignaient à Bordeaux, furent traités moins de cent ans plus tard (1762) par son Parlement (3), et comment ils l'ont été encore de nos jours et sous nos yeux... Mais laissons les tristesses du XIXe, et même du XVIIIe siècle, pour revenir au XVIIe.

Henri de Béthune, archevêque de Bordeaux, étant mort le 11 mai 1680, quelques jours après, le jeudi 16 du même mois, le Chapitre procéda à l'élection des vicaires généraux capitulaires. Tous les chanoines ayant donné successivement leurs suffrages « de vive voix », le doyen, Étienne de Mullet, fut « unanimement élu et nommé pour le premier vicaire général, et pour le second, M. Lopès,

(1) On voit par là que « François de Borgia, passant à Bordeaux, » fit plus que « *consolider* l'institution naissante » (*Revue catholique de Bordeaux;* année 1881, *Jérôme Lopès*, page 570) : il concourut positivement à sa création même.

(2) *Abrégé de la vie de saint François de Borgia*, par le P. Adam, de la Compagnie de Jésus ; Bourdeaux, 1672, in-8°, pag. 148-150. L'ouvrage est approuvé par le P. Mercure Verdier, provincial.

(3) Il est tout particulièrement triste de voir l'avocat-général Pierre-Jules Dudon, auteur du *Compte-rendu des constitutions des Jésuites*, qui servit de base à l'arrêt de proscription, oublier que trois membres au moins de son honorable famille avaient récemment appartenu ou appartenaient peut-être encore à la Compagnie de Jésus, et avaient fait leurs premiers vœux à Bordeaux, savoir: Blaise Dudon, le 5 septembre 1696 ; François Dudon, le 1er novembre 1697 ; et un autre François Dudon, né le 20 février 1733, qui se lia à la Compagnie le 2 octobre 1751.

théologal, pour le troisième, M. Combabessouze (1), et pour le quatrième, M. Gueymus (2), par la pluralité des suffrages. »

Environ deux ans plus tard, le 24 mars 1682, d'après une pièce datée de ce jour, et conservée à Langon chez M. Goua, Étienne de Mullet, « alors à La Réole et atteint d'une grave maladie, résigna tous ses bénéfices en faveur de Jean Luc d'Arche, diacre et docteur en théologie, moyennant une pension de deux mille livres et la jouissance d'une moitié de la maison qu'il possédait à La Réole (3). » Les bénéfices résignés comprenaient trois cures, un prieuré séculier et sept chapellenies (on n'y voit pas figurer les deux bénéfices dont Mullet de Volusan avait été pourvu avant d'être doyen), ainsi que le canonicat et décanat de Saint-André ; mais, selon les *Actes capitulaires* et une procuration donnée, le 30 mars, au chanoine Jean de Laborie, de Mullet résigna son doyenné *purement et simplement*. Le mercredi, 1er avril 1682, Jean de Laborie notifia cette résignation au Chapitre, et celui-ci, le même jour, élut Jean Luc d'Arche, qui fut installé le *trois* du même mois, « sur la démission, dit l'*Acte capitulaire* de ce jour, de *feu* Monsieur de Volusan, ci-devant doyen. » C'est donc entre le 30 mars et le *trois* avril de l'année 1682, qu'il faut

---

(1) Le 27 mai 1664, Nicolas Combabessouze, prêtre du diocèse d'Agen et bachelier en théologie, avait été nommé chanoine par le Chapitre Saint-André à la place laissée vacante par la mort de Nicolas Bourgeois. En 1692, il résigna sa chanoinie et prébende à Joseph Despujols, prêtre du diocèse de Bordeaux et curé de la paroisse de Soulignac en Benauges, qui fut installé le 22 avril de la même année.

(2) Pierre Gueymus naquit à Bordeaux, sur la paroisse Sainte-Colombe. Son père, Jean Gueymus, avait été élève du collège de la Madeleine, et admis le 23 novembre 1626 dans la Congrégation de la Sainte-Vierge ; sa mère se nommait Marie Pichet. Pierre reçut la tonsure dans l'église paroissiale de Saint-Remi de Bordeaux, des mains de Guillaume Le Boux, évêque de Dax, le samedi avant le dimanche de la Passion, 25 mars 1662, en même temps que le futur évêque de Bazas (1684), Jacques-Joseph de Gourgue, fils de Jean de Gourgue, président au Parlement, et de Marie Larcher, demeurant sur la paroisse Saint-Éloi. Gueymus fut installé chanoine de Saint-André, le vendredi 8 juin 1668, sur la résignation que fit en sa faveur son oncle Pierre Frapereau, lequel, « à raison de son grand âge, ne pouvait continuer ses services comme il avait fait par le passé. » Le nouveau chanoine était encore simple clerc. C'est seulement quelques années après qu'il reçut les ordres : les quatre moindres lui furent conférés par l'archevêque de Bordeaux, dans la chapelle de son palais, le 1er dimanche de carême 1674 ; le sous-diaconat et le diaconat par Guillaume de Boissonnade, évêque de Bazas, au mois de mars de la même année ; et enfin la prêtrise, aussi par Guillaume de Boissonnade, en mars ou avril 1678. Pierre Gueymus fut enterré le 1er octobre 1682, et remplacé par Lazare Brenot, lequel fut installé le mardi 6 du même mois.

(3) *Archives historiques de la Gironde*, t. xv, p. 580.

placer la mort d'Étienne de Mullet, et non « le 9 avril », ainsi que l'a
écrit l'auteur de la note déjà citée.

Avant d'entrer dans les ordres, le doyen avait contracté mariage,
et après sa mort il laissa un fils qui fut son héritier. C'est ce qui
résulte clairement de ce passage des *Actes capitulaires :* « Jeudi 17 février 1689 : Le Chapitre donne pouvoir à Messieurs Lopès, théologal,
et Dussault, syndic, de recevoir de Monsieur de Volusan, conseiller
du Roy et président au Parlement de Guienne, comme *fils* et héritier
de feu Monsieur de Volusan, conseiller du Roy en ladite cour et grand'-
chambre d'icelle, et *doyen dudit Chapitre,* la somme de huit cent dix
livres, savoir, six cents livres pour la fondation anniversaire fondée
en cette église par ledit feu sieur de Volusan, par son codicille du
vingt-neuf mars mil six cent quatre-vingt-deux, reçu par Seguin,
notaire royal de La Réole, et deux cent dix livres pour les arrérages
de la rente d'icelle qui a couru depuis le décès dudit feu Sr de Volusan
jusques à présent. »

Ce fils d'Étienne de Mullet, nommé Denis-Joseph, et appelé aussi,
après la mort de son père, seigneur de Volusan, figure en effet
comme conseiller à la Tournelle sur la *Liste des Chambres de la Cour
de Parlement de Bordeaux* pour l'année 1683-1684, et comme conseiller
à la seconde chambre des enquêtes sur la liste de 1685-1686. En 1688
au plus tard, il était second président de cette dernière chambre.
C'est probablement lui qui épousa, le 18 janvier 1673, Marie-Élisabeth
Le Berthon, fille de Marc-Antoine Le Berthon, seigneur d'Aiguille,
et de dame Marie-Salomon (1). C'est vraisemblablement lui encore qui,
« en 1690, » bien qu'il habitât alors la rue des Trois-Conils, possédait
la maison qui faisait « le coin de la rue du Puits-de-Bagnecap et de
la ruelle de Trompillon, » appelée aujourd'hui rue de *Mulet* (2). Il
vivait encore et exerçait la charge de président au mois de novembre 1707 ;
mais comme on ne trouve plus son nom, ni celui d'aucun de Mullet,
sur les tableaux de 1710, 1711 et 1712, il faut, ce semble, en conclure
que, dès la première de ces époques, le juge de la terre avait comparu
à son tour devant le Dieu qui juge les justices même.

Je terminerai ce travail en donnant, d'après les *Actes capitulaires,*
une liste des doyens qui ont succédé à de Mullet de Volusan, plus
complète dans ses détails et plus précise dans ses dates que celle

---

(1) Note tirée des archives de Vayres et communiquée par M. Leo Drouyn.
(2) *Bordeaux vers 1450,* par Leo Drouyn, 1876, in-4°, p. 300.

de Du Tems, copiée, quelquefois trop fidèlement, par l'auteur de *la France pontificale*, M. Fisquet (1).

Jean-Luc d'Arche, fils de Jean d'Arche et de Madeleine de Thibaud, demeurant sur la paroisse Saint-Remi de Bordeaux, reçut la tonsure au mois d'avril 1666 (2). Environ deux ans après, le 5 août 1668, il était admis dans la congrégation de la Sainte-Vierge, au collège des Jésuites de Bordeaux. Le 29 janvier 1677, il obtenait des lettres dimissoires pour recevoir les quatre ordres moindres et le sous-diaconat: il était alors chez les Oratoriens, au séminaire de Saint-Magloire à Paris, où sans doute il faisait ses études théologiques. Le diaconat lui fut conféré à la Trinité de 1681. Il était docteur en théologie, et abbé de Notre-Dame de la Roue, au diocèse d'Angers. Il prit possession de l'archevêché de Bordeaux, le 11 juillet 1720, au nom et comme procureur de Mgr de Paulmy d'Argenson. Jean-Luc d'Arche fut doyen du Chapitre Saint-André jusqu'en 1732.

Son successeur, Guillaume d'Arche, ne garda cette dignité que jusqu'en 1745. Il était né à Bordeaux en 1702. Baurein dit qu'il a laissé « la mémoire d'un des plus dignes personnages qui aient rempli la dignité de doyen, soit par l'intégrité de ses mœurs, soit par sa rare modestie, soit par la réunion, en sa personne, des vertus ecclésiastiques. » En 1745, il fut élevé sur le siège de Bayonne, « qu'il édifia également par l'exercice et l'éclat de ses vertus pastorales (3). » Cette gloire épiscopale du Chapitre Saint-André doit être ajoutée à celles dont Lopès fait l'énumération au chapitre premier de la troisième partie de son histoire. Guillaume d'Arche mourut le

---

(1) Du Tems, *Le Clergé de France*, t. ii, p. 241 ; Fisquet, page 609, 610. — Puisque je suis en train de rectifier ou de compléter les deux annalistes du clergé, auxquels il faut ajouter le *Gallia christiana*, je ferai quelques remarques sur quelques doyens antérieurs à Étienne de Mullet: François de Ferron fut reçu doyen le 10 juin 1521; Macanan fut élu le 15 décembre 1524, et non en 1525; Antoine de Châteauneuf fut installé le 1er août 1538.

Le dimanche, 8 avril 1601, Léon de La Guyonnie donna, par procureur, sa démission pure et simple de la charge de doyen, et le Chapitre élut aussitôt Jacques Desaigues, alors trésorier de Saint-André, lequel fut reçu le lendemain lundi, 9 avril 1601.

Celui-ci se démit, à son tour, le 5 juin 1631, en faveur de son neveu Henri d'Arche, qui fut nommé par Urbain VIII le 10 juillet 1631 ; mais, pour des raisons que j'exposerai ailleurs, il ne fut installé que le samedi 5 novembre 1633. Du Tems dit 1603 ; c'est une faute d'impression que M. Fisquet a reproduite, mais qui n'avait pas été commise par les auteurs du *Gallia*.

(2) Il avait un frère nommé François d'Arche, qui fut aussi tonsuré en mars 1674.

(3) *Variétés Bordeloises*; Bordeaux, 1785, t. iv, p. 92.

13 octobre 1774. On a de lui: *Instruction pastorale sur la juridiction ecclésiastique*, in-12 de 95 pages. Elle est datée du 15 juin 1764.

« Le jeudi, deux septembre 1745, fut dit que M. Gabriel Barthelemy de Basterot a été canoniquement pourvu par le Pape de la dignité de doyen, avec le canonicat y attaché, ensemble de la maison en dépendante, sur la résignation à lui faite par M. l'abbé d'Arche, à présent évêque de Bayonne, qui en étoit le dernier titulaire, suivant les bulles de provision obtenues de Benoît XIV et datées du vingt-sept juillet 1745. » En conséquence, et le même jour, Basterot fut reçu et installé doyen de Saint-André. Il mourut le 19 mars 1759, vers une heure après-midi, et il fut enterré le lendemain dans la chapelle de l'Annonciation de la Vierge « qui est dans l'aile du côté gauche du chœur de cette église » et qu'il avait fait réédifier du consentement du Chapitre. En 1718, il avait été nommé abbé de Lisle.

Pour remplacer le défunt, on fit choix, le 24 mars 1759, de Joseph François Lecomte, archidiacre de Blaye, qui fut installé le 24 avril suivant. Il mourut le lundi, 3 septembre 1764, à Gradignan, dans la maison de Lestonnac, appartenant à M. de Galatheau, son neveu, et on l'enterra le lendemain, dans l'église Saint-André, chapelle de l'Annonciation.

Le 6 septembre 1764, le Chapitre, à l'unanimité, élut Godefroy de Guyonnet de Monbalen, archidiacre de Blaye, qui fut installé aussitôt après, le même jour. Il était déjà « docteur de la maison et société de Navarre (30 mars 1746), abbé de Calers (1751) au diocèse de Rieux, et vicaire général de Bordeaux. » En 1765, il devint abbé commendataire de l'abbaye de Faise, au diocèse de Bordeaux, et en 1773, il permuta le décanat pour l'archidiaconé de Médoc, avec

François-René-Joseph-Pierre du Myrat, prêtre, chanoine et archidiacre de Médoc. La permutation fut approuvée par le Pape, le 10 mai 1773, et du Myrat fut installé comme doyen le 7 juin de la même année (1). Étant encore chanoine, il fut chargé de prononcer l'oraison funèbre de Marie Leczinsky, au service que l'on célébra dans la cathédrale de Bordeaux, le 7 septembre 1768, et il « s'en acquitta dignement, » selon une *Description de la cérémonie et pompe funèbre*, qui fut imprimée dans le temps (in-4° de 7 pages), ainsi que

(1) Le lendemain, 8 juin 1773 Jean-François-Hugues Du Tems était nommé chanoine *de comitatu* du Chapitre Saint-André, par Mgr Mériadeck de Rohan, archevêque de Bordeaux.

le discours de l'orateur (1). Celui-ci mourut, le 30 mars 1774, dans sa maison décanale.

Le même jour, « à cause des circonstances urgentes, » le Chapitre élut, à l'unanimité, Jean-André-Nicolas-Marie du Myrat, « prêtre du diocèse de Bordeaux et curé de la paroisse de Saint-Vincent de Preignac, frère du feu sieur doyen, » qui fut installé le lendemain. Baptisé le 1er mars 1736 et ordonné prêtre le 22 décembre 1760, le nouveau doyen était docteur en théologie. Il abdiqua ensuite le décanat pour devenir vicaire général du diocèse.

Le dernier doyen du Chapitre Saint-André avant la Révolution fut N. de Camiran qui, selon M. Fisquet, « refusa le serment exigé par la constitution civile du Clergé, et à l'époque du Concordat, fut pourvu par Mgr d'Aviau d'un canonicat titulaire. »

IV

GILBERT GRYMAUD

CHANOINE THÉOLOGAL DE SAINT-ANDRÉ DE BORDEAUX

Gilbert Grymaud (2), fils de Claude Grymaud, naquit à Saint-Haon, près de Roanne-en-Forez, au diocèse de Lyon. Il reçut la tonsure à Lyon, dans le couvent des Carmes, des mains de Robert Berthelot, évêque auxiliaire de l'archevêque Albert de Bellièvre. «-Le lieu de sa naissance l'avait rendu fort familier dans la maison de

---

(1) *Oraison funèbre de très haute, très puissante et très excellente princesse Marie Leczinski Reine de France et de Navarre, prononcée à Bordeaux le 7 de septembre 1768, dans l'Église Métropolitaine et Primatiale Saint-André, par M. l'abbé du Myrat, chanoine et premier archidiacre de ladite Église, vicaire général de Monseigneur l'Archevêque et chancelier de l'Université de ladite ville de Bordeaux;* A Bordeaux, chez Simon de La Court, fils, 1768, in-8° de 56 pages.

(2) Telle est l'orthographe constamment employée par Grymaud dans sa signature autographe; je n'ai pas cru pouvoir en adopter d'autre.

M. de Chenevoux, frère du P. Cotton, Jésuite (1) ; et ce père, étant
bien informé de la vertu de cet ecclésiastique, le donna à Madame de
Sourdis » (2), qui le choisit pour son confesseur, et fit, sous sa
direction, de grands progrès dans la piété. A la mort de la marquise
de Sourdis, son fils, le cardinal archevêque de Bordeaux, qui avait
aussi pu apprécier le mérite de Gilbert, l'attacha à sa personne et
l'admit dans sa famille épiscopale (3).

Le 10 janvier 1613, Grymaud fut nommé chanoine théologal de
Saint-André, à la place de Daniel Martin décédé, et il prit possession
le premier jour de juin suivant (4). A la première de ces deux dates,
le nouveau théologal n'était encore que bachelier en théologie :
l'année suivante 1614, il fut reçu licencié le 28 janvier, et créé
docteur le 28 avril, après avoir suivi régulièrement les cours pendant
dix ans consécutifs, et avoir subi un examen rigoureux, *prævio
examine rigoroso et decennio rité et continuè peracto,* disent les lettres
testimoniales (5). Les cours dont il est ici question étaient ceux du
collège de Navarre, fondé en 1304 par Jeanne de Navarre et par son
mari Philippe-le-Bel (6), et illustré par les élèves et les docteurs
célèbres qui sortirent de son sein, entre lesquels il suffira de nommer
Henri III, alors qu'il était duc d'Anjou, Henri IV avant qu'il fût roi
de France, les cardinaux Pierre d'Ailly, Gilles Deschamps, Richelieu,
les évêques Nicolas Oresme, Jacques-Bénigne Bossuet, le chancelier
Gerson, et deux Bordelais, Pierre Chapelas et Pierre Darbo (7).

(1) « Le château de Chenevoux était situé à trois kilomètres au nord de la place
de Néronde, au milieu des vastes forêts dont le reste forme encore aujourd'hui un
des plus beaux domaines de la commune. » (Prat, *Recherches historiques et
critiques sur la Compagnie de Jésus en France, du temps du P. Coton;*
Lyon, 1876, t. I, p 4.)

(2) Notice sur Gilbert Grymaud, en tête de la *Liturgie Sacrée.*

(3) *Joannis Launoii Regii Navarræ Collegii Historia* ; Parisiis, 1677, in-4o,
p. 1065.

(4) Grymaud ne vint donc pas « dans la Guyenne, avec Mgr Henry de Sourdis, »
comme on l'a dit récemment (*Revue catholique de Bordeaux,* année 1881, *Jérôme
Lopès,* p. 604). Ce prélat n'entra à Bordeaux, en qualité d'archevêque, que le
lundi 2 décembre 1630, et dès 1628, Grymaud avait prononcé, dans la cathédrale,
l'oraison funèbre de son prédécesseur.

(5) *Registre des Insinuations,* années 1607 et suiv., fo 290.

(6) Les bâtiments de ce collège sont devenus ceux de l'École Polytechnique.

(7) Pierre Darbo fit ses études littéraires à Saumur, chez les Oratoriens. Il entra
même dans leur congrégation, mais il en sortit au bout de quelque temps pour se
rendre à Paris. Là il se consacra à l'instruction des neveux de l'archevêque de
Bordeaux. En même temps il étudiait la Théologie au Collège de Navarre, où il
était reçu docteur en 1644, et devenait membre de la *Société* de ce collège. Pendant

Grymaud posséda aussi la cure de Saint-Laurent-en-Médoc, en vertu de lettres datées du 13 septembre 1617 (1).

Par son éloquence naturelle et par sa science dans le droit canonique, il était digne des emplois auxquels il avait été élevé, et il s'acquitta avec un zèle égal de toutes ses fonctions. Celles de théologal occupaient la meilleure partie de son temps, car quelques années avant que Grymaud fût décoré de ce titre, les chanoines de Saint-André avaient décrété, en assemblée capitulaire, que « le théologal fera les leçons (de théologie) trois jours de la semaine, le mardi, jeudi et samedi, à une heure après midi, et prêchera tous les dimanches à ladite heure, auxquelles leçons seront tenus d'assister tous Messieurs (les chanoines) avec la robe et le bonnet, comme aussi les dimanches aux prédications (2). » Sa réputation comme orateur s'étendit même au loin, car il prêcha l'Avent de 1619 et le Carême de 1620 à Fontenay-le-Comte, au diocèse de Maillezais (3).

On a dit que l'archevêque de Bordeaux fit Grymaud « d'abord théologal de son église, et puis son Official, et ensuite son grand Vicaire » (4). Je doute fort de l'exactitude du second et surtout du

qu'il parcourait la carrière théologique, un religieux dominicain, nommé Jean Biarot, prit pour sujet de sa *Mincure ordinaire*, les articles de la *Secunda Secundæ* de la Somme de saint Thomas, et s'engagea par conséquent à soutenir la proposition du second article de la douzième question, où le Docteur Angélique avance que, si un prince est excommunié pour cause d'apostasie, ses sujets sont aussitôt et par le fait même déliés de leur serment de fidélité. Darbo qui n'était encore que bachelier, attaqua vivement cette thèse : on s'échauffa beaucoup de part et d'autre, et l'Acte eut bien de la peine à s'achever au milieu du tumulte des argumentateurs. Le bruit en étant parvenu aux oreilles du Parlement, le Procureur et les avocats du roi portèrent plainte à la Faculté de Théologie, qui résolut d'expulser Jean Biarot de son sein. *Abstractus est, pulsus, expunctus in perpetuum*, dit le régaliste Launoi, lequel ajoute que, dans cette circonstance, Darbo donna un exemple digne d'être proposé à l'imitation de la postérité. Après avoir brillamment conquis dans les disputes publiques le titre de Maître en Théologie, Pierre Darbo revint dans son pays, à Bordeaux, où il mourut, peu de temps après son retour, de mort subite, pendant qu'il vaquait au ministère de la prédication. On a de lui : *Discours funèbre sur la mort de Madame Henriette d'Escoubleau de Sourdis, coadjutrice de Madame l'abbesse de Mont-Martre, composé par le sieur Darbo;* Paris, Antoine de Sommaville et Augustin Courbé, 1643, in-8° de 71 pages. Le privilège du Roi, signé Conrart, est du 29 mai 1643.

(1) *Registre des Insinuations*, 1619, f° 171.
(2) *Actes capitulaires de Saint-André*, 15 juillet 1604.
(3) *Actes capitulaires de Saint-André*, 28 janvier 1690.
(4) Cette assertion du premier biographe de Grymaud (Notice en tête de la *Liturgie sacrée*) a été reproduite par Launoi, par Moréri (art. *Grymaud*) et par le P. Richard (*Dict. des sciences ecclésiastiques*, art. *Grymaud*). Les mêmes

3

troisième point, n'en ayant aperçu aucune trace (1). Ce que l'on n'a pas dit et ce qui est pourtant indubitable, c'est que Grymaud fut « professeur en théologie dans l'Université de Bordeaux », ou « *in Academia Burdigalensi sacrarum litterarum professor* »; car il ajoute lui-même ce titre à celui de « chanoine théologal de l'Église métropolitaine de Bordeaux », ou de « *Burdigalensis ecclesiastes* », dans deux approbations qu'il donna, l'une le 5 mai 1640 à l'ouvrage de Jacques Piers, intitulé *Brevis atque dilucida in Joannem introductio* (*Burdigalæ,* 1643, in-8°), l'autre, le 16 mars 1641, à la *Paraphrase sur les Lamentations du prophète Hiérémie, pour servir d'entretien aux âmes dévotes pendant la semaine sainte,* du P. Félix Dumas, récollet.

Le cardinal de Sourdis ayant convoqué, en 1624, un concile provincial à Bordeaux, le Chapitre Saint-André, par délibération du 26 septembre, députa, pour y assister en son nom, Jacques Desaigues, doyen, Pierre Peyrissac, archidiacre de Blaye, Gilbert Grymaud et Pierre Moysset. Selon Philippe Drouyn, dans son *Dictionnaire* inédit *des Théologiens* (2), « on assure que Grymaud a eu la meilleure part aux décrets de ce concile, et que c'est lui qui en a fait la rédaction » (3).

Lorsque le cardinal de Sourdis eut rendu le dernier soupir, le 8 février 1628, le théologal fut chargé de prononcer son oraison funèbre. Il la fit imprimer au mois de mai suivant, et la dédia au frère du défunt, à Henri de Sourdis, alors évêque de Maillezais, qui succéda au cardinal sur le siège métropolitain de Bordeaux (4).

auteurs disent également que « ce fut Grymaud qui *fulmina* l'excommunication du duc d'Épernon » en 1633, et qu'il se retira dans sa famille « peu de temps après » avoir prononcé l'oraison funèbre du cardinal de Sourdis. On verra bientôt ce qu'il y a de vrai et ce qu'il y a d'inexact dans toutes ces assertions. Parmi les vies manuscrites laissées par Joseph Grandet, on trouve une notice sur Grymaud; c'est mot pour mot celle de la préface de la *Liturgie sacrée,* avec une date fausse en plus.

(1) Au mois d'avril 1642, l'Official de Bordeaux était de Maleret, lequel faisait partie de la Congrégation de l'archevéché, avec les vicaires généraux, Grymaud, théologal, de Cruseau, curé de Saint-Rémi, Fonteneil, chanoine de Saint-Seurin, le P. Rousseau, jésuite, le P. Gardien de l'Observance, le P. Félix, récollet, le P. Cheron, prieur des Carmes.

(2) Bibliothèque nationale, *Manuscrits,* fonds français, n° 22846, p. 98 et 99 du t. XI.

(3) J'ai trouvé, en dehors des archives de Bordeaux, et recueilli sur ce concile plusieurs documents inédits et intéressants, qui ne tarderont pas beaucoup, je l'espère, à voir le jour.

(4) *Oraison funèbre de feu Monseigneur le cardinal de Sourdis, Archevesque*

En 1629, la peste désolant la cité bordelaise, le Parlement, afin d'obtenir la cessation du fléau, fit à la Très Sainte-Vierge, le 14 août, un vœu par lequel il s'engageait à « aller chaque année en robe rouge devant l'autel dédié à Dieu en son honneur dans la nef de l'église métropolitaine Saint-André, le jour et fête de son Assomption, y célébrer le saint sacrifice de la Messe solennellement, et ouïr la prédication (1). » Ce fut pour Grymaud l'occasion de publier, touchant la dévotion des Bordelais à la Très Sainte-Vierge et particulièrement à Notre-Dame de la Nef, un volume fort intéressant et plein de recherches, qu'il dédia au Parlement de Bordeaux. « Ce petit ouvrage que j'ose vous offrir, dit-il, est un surgeon de votre zèle à la dévotion de la Vierge Sainte en votre Église de Saint-André ; car le vœu solennel que vous y rendîtes, il y aura un an à la feste prochaine de l'Assomption, qui fut si exemplaire pour la piété et si efficace pour le salut public, s'imprima dès lors si vivement en ma pensée, que depuis une bien legere sollicitation de

de Bourdeaux et Primat d'Aquitaine, par G. Grymaud, Foresien, prestre, Docteur en théologie de la Faculté de Paris, chanoine theologal de l'Église de Bourdeaux; A Bourdeaus, par Pierre de La Court, imprimeur de mondit seigneur ; 1628, in-8° de 80 pages. — J'ignore entièrement, — ce qui, à la vérité, ne prouve que mon ignorance, — sur quoi l'on se fonde pour dire que « les traditions d'éloquence se conservèrent dans la famille » de Grymaud. On ajoute, il est vrai, que « quatre-vingt-sept ans plus tard, un autre abbé Grimaud, curé de Saint-Michel, fit dans l'Église Saint-André le panégyrique de Louis XIV. » (Revue cathol. de Bordeaux, année 1881, Jérôme Lopès, p. 607.) Mais le curé de Saint-Michel dont il est ici question s'appelait Grimauld, comme porte le frontispice de son discours, et non Grimaud. A-t-on quelque preuve d'une parenté proche entre cet Antoine Grimauld qui prononça, en 1715, l'Oraison funèbre de Louis XIV, et Gilbert Grymaud qui prononça, en 1628, l'Oraison funèbre du cardinal de Sourdis?

(1) Lopès (L'Église métropolitaine Saint-André, p. 44) a donné le texte entier de cet arrêt. Voir aussi, sur ce fléau, qui ne finit qu'en 1631, Chronique bourdeloise, édit. de 1672, p. 32, 36. — A cette occasion, je citerai un passage des Actes capitulaires de Saint-André, que je recommande à ceux qui croiraient encore à la fainéantise de nos anciens chanoines : « 11 septembre 1631 : Durant le temps de peste, le premier son de la cloche, pour matines, commencera à cinq heures du matin, et le dernier finira à six heures précisément, à laquelle heure matines commenceront, sans tirer à consequence ny desroger à l'estatut ancien et coutume observée en ladite église. » La peste ayant cessé, quelques-uns, paraît-il, auraient désiré voir persévérer cet état de choses, sous prétexte d'hiver; mais, le 3 novembre 1632, « ayant été proposé qu'il seroit expédient, à cause de l'hiver, de commencer matines doresnavant jusques au carême prenant, à six heures, le chapitre, eue délibération, a ordonné, comme autrefois, que matines seront commencées précisément, à cinq heures, suivant l'ancienne coutume, et qu'il ne sera plus parlé de cette affaire. »

quelques âmes pieuses m'a faict resoudre d'en laisser à la posterité
ce tesmoignage, que le lustre de vostre pourpre à present faict
esclore (1). »

Grymaud travailla aussi sur les reliques des Saints vénérées dans
l'église Saint-André, mais on ne voit pas bien quelle était la nature,
ni quel fut le résultat de son étude. Voici le passage des *Actes capitu-*
laires qui y fait allusion : « Sur ce que ledit Grymaud, théologal,
demande l'ouverture du tombeau de saint Macaire, pour en prendre
quelque instruction ou mémoire sur l'*Œuvre* qu'il a commencée pour
la commémoration des saintes reliques qui sont en ladite église, le
Chapitre ordonne que le tombeau sera ouvert par M. l'archidiacre de
Cernès, Mosnier et Grymaud commis à cet effet (2). »

Dans le déplorable différend du duc d'Épernon avec Henri de
Sourdis, en 1633, le théologal de Saint-André fut deux fois chargé
de porter la parole au nom de la députation des ecclésiastiques et des
religieux. La première fois, — c'était le 30 octobre, — il représenta
au Gouverneur que Naugas, son lieutenant des gardes, avait encouru
l'excommunication à cause de sa conduite envers l'archevêque, et il
pria le duc d'employer son autorité et de montrer son zèle pour la
religion en procurant l'amendement et la conversion des coupables,
afin de prévenir la *dénonciation* de la peine par eux encourue. La
seconde fois, le 11 novembre, Grymaud demanda justice, au Parlement, de l'attentat commis la veille par le duc d'Épernon lui-
même contre la personne de l'archevêque (3). Celui-ci chargea
également le théologal d'aller à Paris préparer les esprits en sa
faveur, et voir les prélats qui devaient se réunir en assemblée

---

(1) *Traicté de la devotion et miracles de Nostre-Dame en l'Église Saint-André*
de Bordeaux, dedié à la Cour de Parlement, par G. Grimaud, Forezien, prestre-
Chanoine théologal de la mesme Église; A Bordeaux, par Pierre de La Court;
1630, in-12 de 510 pages, plus trois feuillets de liminaires, avec frontispice gravé
par Lasne. Le livre de Grymaud a fourni les quarante-deux premières pages de la
Notice sur la statue miraculeuse anciennement vénérée dans l'Église Prima-
tiale Saint-André de Bordeaux, sous le vocable de Notre-Dame de la Nef, et
rétablie dans la même Église le 11 avril 1869, jour du 50e anniversaire de
la première Messe du Souverain-Pontife Pie IX; deuxième édition ; Bordeaux,
librairie de Notre-Dame d'Aquitaine, 1869, in-18 de 72 pages. Feu M. Chabannes,
archiprêtre de la Primatiale, est l'auteur de cet opuscule. (*L'Aquitaine,*
25 avril 1869, pag. 615.)

(2) *Actes capitulaires,* mardi 5 août 1631.

(3) Les deux discours de Grymaud ont été insérés dans les *Mémoires du Clergé,*
t. VII, p. 1160-1163, et 1188-1191.

pour examiner ce que l'on prierait le roi de faire dans cette grave circonstance (1).

Cinq jours après la mort d'Henri de Sourdis, arrivée le 18 juin 1645, le Chapitre métropolitain, par acte daté du 26 du même mois, élut pour vicaires capitulaires Henri d'Arche, doyen, Jacques d'Allaire, archidiacre de Cernès, Gilbert Grymaud et Pierre Frapereau, bachelier en Droit canon. Mais l'année suivante, Grymaud ayant été « obligé de faire voyage en son pays pour pourvoir à ses affaires domestiques, » il résigna sa chanoinie théologale, ainsi que les fonctions d'administrateur et de prieur du séminaire Saint-Raphaël, fonctions qu'il remplissait depuis l'année 1640, c'est-à-dire depuis qu'Eustache Gault, son prédécesseur, avait été nommé à l'évêché de Marseille (2).

De retour dans son pays natal, Grymaud y donna l'exemple de toutes les vertus, particulièrement de la charité envers les pauvres et les gens du peuple, soulageant leurs misères corporelles et spirituelles, et se plaisant à les instruire et à résoudre leurs difficultés et leurs doutes. Tout le temps qu'il ne consacrait pas à ces exercices de zèle ou aux devoirs de la piété, il l'employait à la composition de son ouvrage sur la liturgie, lequel cependant ne parut qu'après sa mort.'

Vers la fin de sa vie, il fit son testament et partagea tous ses biens, qui étaient assez considérables, en deux parts : la première et la meilleure fut pour les Pères de la Compagnie de Jésus du collège de Roanne, à la seule condition que, chaque année, un d'entre eux irait prêcher la station du Carême à Saint-Haon, sa patrie; la seconde partie de ses biens fut réservée à ses parents, auxquels « il fit, dit son premier biographe, des légats selon leur condition, les avertissant qu'ils n'avaient pas sujet de trouver mauvais qu'il eût partagé

(1) Je raconterai tout cela avec plus de développements dans un ouvrage spécial, où figureront plus de cinquante documents inédits, quelques-uns fort importants, d'autres d'un piquant intérêt, tous restés entièrement inconnus à M. de Villepreux, qui a cependant mis à profit et bien exploré les archives de l'archevêché, et dont le Mémoire a été couronné par l'Académie des Sciences, Belles-Lettres et Arts de Bordeaux.

(2) Le 17 avril 1646, les vicaires-généraux capitulaires nommèrent à la charge de prieur du séminaire, Legras, prêtre, Docteur en théologie, qui, « depuis plusieurs années qu'il réside en ce diocèse, a par ses prédications, instructions et autres exercices de piété, donné des preuves de sa capacité, doctrine et piété. » Mais Legras ayant déclaré ne pouvoir accepter, on le remplaça par Gilles Dubourgdieu, prêtre, Docteur en théologie, bénéficier de l'Église paroissiale Saint-Projet. (Actes de l'archevêché, le siège vacant.; Archives départementales de la Gironde, série G., n° 14.)

l'Église plus avantageusement qu'eux ; puisque, quand il n'y aurait point d'autre raison, il faisait en ce point un acte de justice, rendant à l'Église ce qu'il avait reçu d'elle, au lieu qu'il ne pouvait leur faire part de ses biens que par une pieuse libéralité. Il ajoute qu'il a dû par gratitude choisir plutôt le collège de Roanne qu'aucun autre, parce qu'il devait tout son avancement au Père Cotton, frère de M. de Chenevoux, fondateur de cette maison. »

Le pieux et libéral testateur mourut en 1655 selon Launoi (1), en 1656 selon Philippe Drouyn, en 1665 selon le P. Hurter. Cette dernière date me paraît la plus probable. En effet, le libraire, qui publia la *Liturgie sacrée,* dit, dans la dédicace de ce livre, que l'auteur l'en « a fait le dépositaire », avec recommandation de le dédier à Camille de Neufville, archevêque de Lyon, ajoutant que ce prélat a « estimé l'auteur et l'a favorisé de son amitié et de sa protection. » D'un autre côté, parmi les Docteurs qui ont approuvé l'ouvrage, les 21 et 24 novembre 1665, et qui même selon l'auteur de la dédicace, « ont eu le soin de le revoir, » l'un, le docteur Arroy, dit « que ce serait faire injustice au public, si étant un *posthume* de l'auteur, il demeurait dans les ténèbres de son décès (2) ; » l'autre, le P. Jean Robé, de l'Ordre des Frères-Prêcheurs, le juge « de telle importance » qu'il croit « nécessaire de le donner au public », et qu'il

(1) La date de MDCLV, telle qu'on la lit dans Launoi, est probablement pour MDCLXV, et il faut sans doute appliquer ici ce que Niceron dit de la *Regiæ Navarri Collegii historia :* « Cette histoire est curieuse... C'est dommage qu'il y ait tant de fautes d'impression dans les *dates.* » (*Mémoires,* t. XXXII, p. 132.)

(2) Arroy fait de Grymaud un docteur de Sorbonne ; on a vu qu'il était docteur de Navarre. Bésian Arroy a composé plusieurs ouvrages dont on verra la liste dans la *Biographie universelle* de Michaud. Il faut y ajouter le suivant : *Le prince instruit en la Philosophie en François, contenant ses quatre parties...* par Messire *Bésian Arroy, Docteur de Sorbonne et Théologal de Lyon.* A Lyon, chez Pierre Guillimin, 1671, in fol. de 470 pages. La préface en est fort curieuse, et je voudrais pouvoir en donner ici quelques extraits. L'auteur y dit qu'il est « âgé de quatre-vingts ans passés, » et qu'il a « commencé d'étudier en philosophie en l'âge de vingt, en Espagne, en France, et particulièrement en l'Université de Paris, qui est la seule éminente et incomparable en toutes ses Facultés, et singulièrement en celle de Philosophie. » Puis, après avoir exposé les motifs par lesquels il a « esté mû de faire cette Philosophie françoise, qui n'est pas embarrassée de citations, mais tissue de raisonnements les plus faciles, » il ajoute : « Tu verras, amy lecteur, quelle censure tu pourras donner à ma Philosophie, si tu la lis : je ne l'ay point composée pour la tenir dans mon cabinet, et pour la porter sur mon dos, comme Ésope faisait le pain en déménageant ; *je ne veux point estre ny le libraire ni le marchand de mon livre,* ny le charrier de ville en ville pour le débiter ; tu le trouveras là où son titre t'en donnera l'adresse. » — A la bonne heure ! Voilà au moins un auteur qui se respecte et qui a le sentiment de sa dignité..... !

« exhorte le libraire d'en hâter l'impression ». Cependant, le livre ne parut qu'en 1666, et le libraire ne se plaint d'aucun retard apporté à sa publication. Tout cela semble peu conciliable avec les dates de 1655 ou de 1656, mais s'accorde fort bien avec celle de 1665.

Quoi qu'il en soit, l'ouvrage parut sous ce titre : *La Liturgie sacrée où toutes les parties et cérémonies de la Sainte Messe sont expliquées avec leurs Mystères et Antiquités; ensemble diverses Résolutions au sujet de la mémoire pour les Trépassés qui se fait à la messe; divisée en trois parties, avec un traité particulier de l'Eau-bénite, du Pain-bénit, des Processions et des Cloches; par Messire Gilbert Grimaud, Prestre, Docteur en Théologie de la Faculté de Paris, et chanoine Théologal de l'Église Métropolitaine de Bordeaux* (1). Robert Sala dit que Grymaud est le premier qui ait traité de la liturgie en langue vulgaire (2); mais il est dans l'erreur, car dès 1611, Claude Villette avait publié *Les Raisons des offices et cérémonies qui se font en l'Église catholique, apostolique et romaine*. Les auteurs qui, depuis Grymaud, ont écrit sur le même sujet, se sont plu à le citer avec éloge. D. de Vert lui reproche, à la vérité, de s'attacher trop aux raisons mystiques (3); mais on reproche avec beaucoup plus de raison à D. de Vert d'être lui-même trop littéral, c'est-à-dire trop *naturaliste*. Benoît XIV, dans son *De sacrificio Missæ,* renvoie souvent son lecteur à la *Liturgie sacrée.* D. Guéranger l'appelle un ouvrage excellent (4); c'est la traduction du mot de Zaccaria, « *egregium opus* (5), » répété par le P. Hurter (6).

(1) A Lyon, chez Antoine Jullieron, imprimeur ordinaire du clergé et de la ville, rue Raisin, à l'enseigne des deux vipères; 1666, in-4° de 176-178 pages, sans les liminaires et la table. Le privilège du Roi est daté du 22 septembre 1666. Il s'étend aussi à une « traduction latine, » que le libraire, y est-il dit, « a fait faire »; mais je doute fort qu'elle ait été jamais imprimée. Douze ans après, on fit, à Paris, une autre édition du texte original, où le style fut un peu retouché, les trois parties divisées de façon à faire trois volumes à peu près égaux, et le titre modifié comme il suit: *La Liturgie sacrée, où l'Antiquité, les Mystères et les Cérémonies de la Sainte Messe sont expliquées, ensemble diverses Résolutions au sujet de la mémoire des Trépassés; avec un Traité de l'Eau-bénite, du Pain-bénit, des Processions et des Cloches...,* par Messire Gilbert Grimaud..., à Paris, chez Augustin Besoigne, dans la Grand'Salle du Palais, vis-à-vis la Cour des Aides, 1678, 3 in-12 de 316, 326 et 324 pages, sans compter les liminaires et les tables de chaque volume. « Cette édition achevée d'imprimer le 1er juillet 1678. »

(2) *Joannis Bona Rerum Liturgicarum libri duo, cum notis Roberti Sala;* Augustæ Taurinorum, 1747, t. I, p. LXXVIII.

(3) *Explication des Cérémonies de l'Eglise;* Paris, 1713, t. III, p. 104.

(4) D. Guéranger, *Institutions liturgiques;* Paris, 1841, t. II, p. 141.

(5) Zaccaria, *Bibliotheca Ritualis;* Romæ, 1776, t. II, art. *Grimaud.*

(6) Hurter, *Nomenclator litterarius;* Œniponte, t. II, p. 260.

V

HIÉROME LOPÈS

CHANOINE THÉOLOGAL DE SAINT-ANDRÉ DE BORDEAUX

———

Le successeur de Gilbert Grymaud, dans la chanoinie théologale de Saint-André, fut Hiérome Lopès.

M. l'abbé Callen, Chanoine honoraire et Professeur d'Éloquence sacrée à la Faculté de Théologie de Bordeaux, a déjà consacré au célèbre théologal une longue et intéressante notice qu'il ne m'appartient plus de louer, depuis qu'elle l'a été par d'éminents personnages, aussi distingués par le talent que vénérables par le caractère auguste dont ils sont revêtus (1). Aussi, je ne viens pas redire moins bien ce qui a été dit en fort bons termes : je me propose uniquement d'exposer quelques détails biographiques et bibliographiques échappés aux recherches de l'habile écrivain et de ses excellents collaborateurs, afin d'apporter à son œuvre ma part de ce « bienveillant concours » auquel il a lui-même fait appel dès le début. On verra d'ailleurs que, laissant à d'autres le rôle de critique, je me borne à celui d'un modeste suppléant, et que je ne suis qu'un humble glaneur, venant après et bien loin derrière les moissonneurs.

Hiérome Lopès (2) naquit à Bordeaux, sur la paroisse Saint-Projet, le 9 septembre 1617, de François Lopès, Docteur en médecine, et d'Izabeau Mendès. Il fut baptisé, le 18 du même mois, dans l'église cathédrale de Saint-André, comme nous l'apprend un registre baptistaire découvert aux archives départementales par M. Roborel de Climens, où se lit l'acte suivant, annoncé déjà, mais non encore publié par M. l'abbé Callen : « Lundy, 18 septembre 1617. Hiérome, fils légitime et naturel de Monsieur Mᵉ Françoys Loppes, docteur médecin de la presant ville et de damoiselle Isabeau Mendes, filheul de Pierre

---

(1) Voir *Revue catholique de Bordeaux*, années 1881 et 1882.
(2) Dans son testament olographe, daté du 4 février 1692, il écrit son nom *Hiérome*. Il signe tantôt *Lopes* et tantôt *Lopès* : je suis l'orthographe adoptée communément de nos jours, laquelle est conforme à la prononciation usitée.

Lopes et de damoiselle Monique Dyes, nasquit le 9 du presant moys envyron les deux heures du soir. Saint-Projet. »

Je conjecture que ce Pierre Lopès, parrain de Hiérome, était son frère aîné (1), lequel fit, le 31 mars1677, un testament dans lequel il déclare avoir deux frères, Antoine et Hiérome, et trois sœurs, Marie, Françoise et Catherine, habituées en Hollande, « ne sachant le nom des autres, s'il y en a aucunes vivantes (2). » Il mourut le 3 juillet 1677. Une religieuse de l'Annonciade de Bordeaux, qui l'avait beaucoup connu et paraît avoir reçu de Dieu des grâces toutes particulières, dans son autobiographie inédite, a écrit sur Pierre Lopès les lignes suivantes :

« Le 3 juillet (1677), M. de Lopez, médecin, mourut un samedi matin, sur les dix heures. C'étoit une personne qui avoit beaucoup de bonté et de confiance en moi, et j'avois aussi de l'attache pour lui, particulièrement pour son salut. Il fut enterré dans notre église, devant le saint sépulcre, comme il avoit demandé avec instance. J'eus assurance de son salut, et que ses peines dans le Purgatoire s'étoient de beaucoup amoindries pour les grandes peines et les grands maux qu'il avoit soufferts dans sa maladie, et pour les grands actes de contrition, de foi, de confiance et d'amour qu'il avoit continuellement faits. Une autre fois, il me fut montré qu'il devoit ressentir le Purgatoire parce qu'il en avoit douté, et qu'il seroit adouci parce qu'il l'avoit craint, et que, les vendredis et samedis, il auroit grand soulagement, cela à cause de la dévotion qu'il avoit marquée pour la

---

(1) D'après un testament de François Lopès, du 16 mai 1623, Pierre était son « fils aîné ».

(2) Archives départem., *Minutes de Ferrand*. Selon l'ordre d'énumération suivi dans ce testament, Antoine Lopès, « résidant en Hollande et Flandre, » était le cadet de Pierre et l'aîné de Hiérome, qui auraît été ainsi le troisième des *fils* de François Lopès. La même chose est confirmée par l'acte contenant le partage de la succession de ce dernier, partage qui eut lieu en 1667, après la mort de la « demoiselle Mendès », laquelle avait survécu à son mari et avait eu la jouissance de tous les biens (Arch. départem., *Minutes de Ferrand*, année 1667, p. 1461). « Hiérosme Lopès, Chanoine théologal en l'église Saint-André, » y figure au troisième rang, après « Pierre Lopès, professeur du roi en la faculté de médecine de Bordeaux, » et « Antoine Lopès, marchand. » D'après le même acte, ils avaient eu un frère nommé François, médecin, et décédé en la ville de Paris, laissant un fils qui portait le même nom et exerçait au même lieu la même profession. Guy Patin fait mention de ce frère de Hiérome dans une lettre datée du 1er août 1656 (*Lettres*, édit. Réveillé-Parise ; Paris, 1846, t. II, p. 248). Il vivait encore en 1660, et j'aurai occasion de parler de lui et de ses rapports avec le théologal, dans un travail complémentaire de celui-ci.

Passion et Sépulture de Notre-Seigneur; ce qui fera qu'il participera
à tous les sacrifices et dévotions qui se feront à cet autel, ces deux
jours de la semaine. Il me fut dit que les affronts et médisances qu'il
avoit soufferts jusques à la mort, sans les rendre, lui augmenteroient
de beaucoup sa gloire dans le Ciel (1). »

Hiérome fit ses études au collège des Jésuites de Bordeaux. Par sa
piété, il mérita d'être admis dans la congrégation de la Sainte-Vierge,
et d'être élu *conseiller* le 26 janvier 1631, le même jour où l'on nomma
assistant Jean Amelin, que je ferai connaître plus loin.

Après avoir achevé son cours de philosophie dans ce même collège
sous le P. Clugnac, Lopès reçut le grade de maître ès-arts, du consentement unanime de l'Université, sur la présentation de Jean de
La Pierre, régent de la Faculté des Arts, dans une assemblée générale tenue en cet effet en l'église métropolitaine Saint-André, le 17 du
mois de juillet de l'année 1634. Le 23 avril 1636, Jean de La Roche,
prorecteur de l'Université, attestait que le même Lopès, maître
ès-arts, avait étudié durant cinq ans, *per quinquennium,* dans l'Université de Bordeaux (2).

On sait déjà qu'il fut tonsuré le premier jour du mois de mai 1630,
n'étant alors âgé que de treize ans, par Claude Gelas, évêque d'Agen.
Le seize du même mois, il fut pourvu du prieuré séculier de Saint-
Barthélemy d'Orbignac, situé dans le territoire de l'église paroissiale
de Saint-Julien de Born, au diocèse de Bordeaux, et ce prieuré lui
servit de titre clérical quand il reçut le sous-diaconat. En 1692, il
résigna ce bénéfice entre les mains du Pape, qui en gratifia Martial
Joseph d'Essenaut, clerc du diocèse de Bordeaux, et Lopès pria le
Souverain-Pontife de lui accorder sur ce bénéfice une pension annuelle
de 75 livres tournois, payable à Noël, jusqu'à la fin de sa vie.

Henri de Sourdis, archevêque de Bordeaux, lui conféra les quatre
ordres moindres dans l'église Saint-André, le samedi avant Pâques,
15 avril 1634; et le samedi des quatre-temps de décembre 1640, Lopès
fut ordonné sous-diacre dans l'église des religieuses bénédictines de
Bordeaux, par François Fouquet, évêque de Bayonne. Ayant obtenu

_____

(1) *Abrégé des grâces et miséricordes dont Dieu a favorisé la vénérable Mère
Anne Darriet, religieuse de l'Ordre de l'Annonciade, décédée à Bordeaux, en
odeur de sainteté, le sixième du mois de may mil sept cent deux, âgée de
soixante-dix-huit ans.* (Bibliothèque de la ville de Bordeaux; *Manuscrits,* n. 64,
in-4°, pag. 346, 347.)

(2) *Registres des Insinuations,* p. 538.

dispense des interstices, il fut promu au diaconat, le samedi des quatre-temps après la Pentecôte, 25 mai 1641, par l'évêque d'Aire, Gilles Boutaut, qui, en 1629, avait prêché à la cathédrale Saint-André l'octave du Très Saint-Sacrement.

Le samedi 1er février 1642, Lopès comparaissait en personne devant Jacques Miard, vicaire général du diocèse de Bordeaux, afin, selon le langage employé par les *Actes capitulaires de Saint-André,* de faire *insinuer ses nom et cognom,* formalité nécessaire pour être éligible à l'une des chanoinies qui viendraient à vaquer dans le Chapitre. Toutefois, c'est seulement quatre ans plus tard, le 19 juillet 1646, que Lopès occupa, parmi les chanoines de Saint-André, la place laissée vacante par Gilbert Grymaud qui avait résigné en sa faveur la chanoinie théologale dont il avait été pourvu (1).

Presque aussitôt après, les vicaires généraux capitulaires qui gouvernaient le diocèse de Bordeaux, pendant la vacance du siège, s'adjoignirent le nouveau théologal, en le nommant examinateur de la *Congrégation.* Ce mot désignait alors ce que l'on appelle aujourd'hui *Conseil archiépiscopal:* les *examinateurs,* comme leur titre l'indique, y étaient chargés spécialement d'examiner ceux qui se présentaient, soit pour recevoir les ordres, soit pour être approuvés afin d'entendre les confessions. La première congrégation à laquelle assista Lopès eut lieu le 7 novembre 1646.

Henri de Béthune, devenu archevêque de Bordeaux, lui témoigna la même confiance. A la première congrégation qu'il présida, après son arrivée dans la ville métropolitaine, le mercredi 12 mai 1649, on voit Lopès siéger en son rang parmi les examinateurs (2); et six ans plus tard, c'est-à-dire au mois de septembre 1655, sur le point de se rendre à l'Assemblée générale du clergé qui devait avoir lieu à Paris, Henri de Béthune, faisant une ordonnance pour nommer et continuer les examinateurs de sa congrégation, inscrivait Lopès en tête de la liste (3).

Il fit plus encore. « Les statuts de l'Université de Bordeaux portant en termes exprès qu'un des docteurs régents sera pris dans la maison de l'archevêque, *erit unus doctor regens domûs archiepiscopalis,* » l'ar-

---

(1) *Actes capitul. de Saint-André,* 19 juillet 1646.
(2) *Premier registre des Actes de la congrégation de l'examen de l'archev. de Bordeaux, soubs Mgr Henry de Béthune, commençant le 15 septembre 1645;* Archives de l'archevêché.
(3) Archives de l'archevêché, *Regestum collationum,* t. XXX, p. 345.

chevêque de Bordeaux présenta Lopès « aux recteur et chancelier de
l'Université, afin qu'il fût appelé à remplir la place de professeur en
théologie qu'occupait Gilbert Grymaud quelques années auparavant. » En conséquence, « le 3 juillet 1649, M. Hiérome Lopès, prêtre,
chanoine théologal de l'église métropolitaine, fut reçu par MM. les
Docteurs de l'Université de Bordeaux et agrégé à leur corps, et admis
à la chaire que ci-devant possédoit M. Gilbert Grymaud, aussi
théologal de ladite église, vacante par la démission dudit sieur Grymaud (1). » Enfin, en 1654, un religieux de l'Ordre des Augustins
ayant avancé en chaire des propositions suspectes de jansénisme,
Lopès reçut d'Henri de Béthune la mission d'instruire l'affaire, de
concert avec Paignon, curé de la paroisse Saint-Pierre de Bordeaux.

Après la mort du Prélat, Lopès fut élu second vicaire capitulaire,
et il devint ensuite, avec M. d'Allaire, vicaire général de Louis
d'Anglure de Bourlemont, successeur d'Henri de Béthune. Les lettres
conférant ces pouvoirs au théologal sont datées du 29 avril 1682, et
de Paris, où l'archevêque de Bordeaux prenait part, en prélat *entièrement dévoué à la cour* (2), à la trop célèbre Assemblée du clergé, et
s'y montrait si différent de ce qu'avait paru, à l'Assemblée de Mantes
en 1641, son courageux et orthodoxe prédécesseur, lequel n'était
alors que simple évêque de Maillezais, et dont je raconterai bientôt
la longue et belle vie.

En même temps qu'il remplissait les fonctions de vicaire général
du diocèse, Lopès était supérieur du couvent des Ursulines de Bordeaux, et je le vois présider, en cette qualité, une élection de supérieure, au commencement du mois d'août 1683.

Parmi les personnages avec lesquels Lopès fut plus intimement lié,
il faut citer l'abbé de Maniban, que, dans son testament, il appelle
son « bon ami », et auquel, en souvenir de cette bonne amitié, il
lègue un bel exemplaire de la Bible d'Anvers en trois volumes. Lopès
nous apprend lui-même qu'il fréquentait beaucoup la maison de
Maniban. Aussi rendit-il un témoignage aussi favorable qu'éclairé,
lorsque l'on informa sur la vie et les mœurs de son ami, après que le
Roi l'eut nommé abbé du monastère de Notre-Dame de Chastres, de

(1) *Premier cayer des Actes de l'archev. de Bourdeaux soubs Mgr Henry de
Béthune, commençant du 15 sept. 1648;* Archives de l'archevêché.

(2) Voir, sur les antécédents de Louis d'Anglure de Bourlemont, archevêque de
Bordeaux, *Recherches historiques sur l'Assemblée de 1682,* par Charles Gérin,
Paris, 2ᵉ édition, 1870, p. 248-250.

l'Ordre de Saint-Augustin, situé à une lieue de Cognac, au diocèse de Saintes. C'était au mois de décembre de l'année 1675 (1).

On a écrit, dans les *Comptes-rendus de la Commission des monuments historiques de la Gironde* (2), que Lopès vivait encore en 1695. C'est une erreur démentie par l'Acte capitulaire de Saint-André du jeudi 6 mai 1694, d'après lequel Lopès était mort le 29 avril précédent. On l'enterra le lendemain, qui était un vendredi, dans l'église cathédrale de Saint-André, devant la chaire de la nef.

Il me reste, conformément aux exigences de la science biographique moderne, à donner la liste bibliographique des ouvrages de Hiérome Lopès.

1. *Oraison funèbre pour la feue Reine Mère. Anne d'Autriche, prononcée dans l'Église Métropolitaine et Primatiale Saint-André de Bordeaux, le 27 Mars 1666, par M. Lopes, Chanoine Théologal de ladite Église, et Docteur Régent en Théol. dans l'Université de Bordeaux;* à Bordeaux, par G. de La Court, imprimeur ordinaire du Roy, de Monseigneur l'Archevêque et de l'Université; 1666, in-4° de 31 pages. Cette oraison funèbre fut plus tard insérée dans le recueil des *Sermons* de Lopès.

2. *L'Église Métropolitaine et Primatiale Saint-André de Bourdeaux, où il est traité de la Noblesse, Droits, Honneurs et Prééminences de cette Église; avec l'Histoire de ses Archevesques, et le Pouillé des Bénéfices du Diocèze; par Mr Me Hierosme Lopes, Chanoine Théologal de cette Église, et Docteur Régent en Théologie dans l'Université de Bourdeaux;* à Bourdeaux, par G. de La Court, imprimeur ordinaire du Roy, de Monseigneur l'Archevesque et de l'Université; 1668, in-4° de 412 pages, sans les liminaires.

(1) Archives de l'archevêché, *Regestum collationum*, 1674, f°s 82 et suiv. Lancelot Joseph de Maniban, clerc du diocèse de Bordeaux, était alors maître ès-arts. Il avait étudié au collège de la Madeleine, chez les Pères Jésuites, où nous le voyons élu congréganiste le 10 mai 1654, et conseiller le 21 août suivant. Sa mère se nommait Marie de La Vie, et son père, Guy de Maniban, était Conseiller du Roi en son Conseil privé et Président de la Cour des Aides de Bordeaux. Selon le *Gallia christiana* (t. II, col. 1133), il fut élu abbé en 1697; selon Du Tems (t. II, p. 388), il fut « nommé le 1er novembre 1673. » La vérité, je crois, est entre ces deux extrêmes, mais plus près de ce dernier; car les dépositions furent légalisées et confirmées par Henri de Béthune le 15 décembre 1675 : il est naturel de penser que l'élection fut approuvée par le Pape, l'année suivante, en 1676, et que Lancelot ne tarda pas beaucoup à prendre possession de son abbaye. Mais fit-il partie du « Chapitre » de Saint-André, ainsi que l'affirme M. l'abbé Callen (*Revue cath. de Bordeaux*, année 1882, p. 140)? Il y a de très fortes raisons d'en douter.

(2) Dixième année, p. 50.

3. *Sermons choisis pour divers jours et festes de l'année, avec quelques autres discours, prononcés par V. M. M. Hiérome Lopes, chanoine théologal de l'Église de Bourdeaux, et professeur en Théologie dans l'Université de cette ville;* à Bourdeaux, par G. de La Court, imprimeur ordinaire du Roy (sans date) ; 2 in-8° de 539 et 711 pages, sans les liminaires et les tables. L'approbation, signée *D'Allaire, chanoine, archidiacre de l'église de Bourdeaux,* et *Cruseau, curé de Saint-Remy,* est du 29 mai 1676. C'est sans doute aussi en cette année que parurent les sermons, qui sont dédiés à Henri de Béthune.

M. l'abbé Callen en a parlé fort longuement : il l'a fait à la fois en critique exercé dans ce genre de littérature et en historien des églises de la ville de Bordeaux. Sous ce dernier rapport, il y aurait bien des remarques à faire : je me bornerai à une seule. « Les promeneurs de luxe qui sillonnent chaque soir les allées de Tourny » éprouveraient, je crois, quelque difficulté, — même en leur supposant une ouïe très fine, — à « écouter le panégyrique de sainte Catherine de Sienne, prêché par le théologal, *le 4 mai 1670,* dans le couvent des Dominicaines », ou Catherinettes de Bordeaux. Le *4 mai 1670,* en effet, il y avait environ six ans qu'elles avaient quitté leur premier couvent, dont « la chapelle était située entre les rues *Mautrec* et de *Londres,* sur l'emplacement occupé aujourd'hui par l'*Hôtel du Commerce,* en face de l'église Notre-Dame (1), » et qu'elles s'étaient transportées dans leur nouveau couvent, situé au faubourg Saint-Seurin, et dont le terrain est aujourd'hui couvert par le bel établissement des Sourdes-Muettes (2). La preuve en est dans une ordonnance signée de la main même d'Henri de Béthune, conservée aux archives de l'archevêché de Bordeaux, et que je transcris ici parce qu'elle est inédite et qu'elle intéresse l'histoire des Catherinettes de notre ville :

« Henri, par la miséricorde de Dieu, etc. Sur le rapport à Nous faict par Mᵉ Jean de Fonteneil, Nostre Grand Archidiacre et Grand Vicaire, que la clousture préparée à recevoir les religieuses de Sainte-Catherine de Sienne est en bon estat et les murailles suffisamment élevées pour cet effet; Nous avons permis et permettons à la Supérieure et toutes les religieuses dudit Ordre Sainte-Catherine qui sont encore dans la maison qu'elles ont habitée jusques icy dans cette

---

(1) Leo Drouyn, *Bordeaux vers 1450 ;* Bordeaux, 1873, in-4°, p. 358.
(2) C'est de ce couvent des Catherinettes, que la rue *Thiac* avait pris son premier nom de *rue des Religieuses.*

ville, voyre leur *ordonnons* et enjoignons de se transporter demain, de grand matin, dans la maison et couvent préparés pour les recevoir, et situés dans le bourg Saint-Seurin ; à ces fins, qu'elles seront conduites dans des carrosses fermés et clos, par les sieurs de Metivier, presbtre, Dublineau leur confesseur, et Sandreau leur chapelain à ce par nous destiné, comme aussy par d'honnestes dames de piété ; sy donnons pouvoir au dit sieur Sandreau de célébrer la sainte Messe dans la chambre à ce destinée et marquée par Nostre dit Grand Vicaire par provision, jusques à ce que la chapelle soit entièrement bastie ; sy ordonnons que quand on célébrera dans ladite chambre, pendant la messe seulement, et quand le confesseur ouyra les religieuses en confession, on appliquera une porte amovible, trouée et percée au milieu pour pouvoir communier et se confesser, et ce fait, ladite porte amovible sera ostée ; et d'autant que les bastimens dudit couvent et maison nouvelle ne sont encore parachevés, Nous ordonnons qu'on y travaillera incessamment, et à ces fins, que les maistres architecte, massons et manœuvres et autres ouvriers nécessaires pourront entrer dans ladite closture, jusques à ce que tous les bastiments soient en leur perfection ; comme aussy permettons aux tourières de loger dans ladite closture jusques à ce que leur logement soit en estat ; voulons que Nostre présente soit leue par la supérieure ou soubsprieure à sa communauté. Donné à Bordeaux, *le 28 août 1664.*

« HENRY, *archevêque de Bourdeaux.* »

4. *Oraison funèbre à l'honneur de feu Monseigneur Messire Henry de Béthune, Archevêque de Bourdeaux, Primat d'Aquitaine, prononcée le 25 mai 1680, par V. M. M. Hiérôme Lopes, chanoine theologal de l'église de Bourdeaux, professeur en theologie et un des Vicaires généraux, le siège vaquant;* à Bourdeaux, par G. de La Court, imprimeur du Roy et de feu Monseigneur l'Archevêque ; 1680, in-4° de 24 pages.

5. *Discours panégyrique à la mort de la Reyne Marie-Thérèse d'Autriche, prononcé par V. M. M. Hiérôme Lopes, chanoine theologal de l'église de Bourdeaux, professeur en theologie, et Vicaire général de Monseigneur l'Archevêque, le 2 septembre 1683;* à Bourdeaux, chez la veuve de Guillaume de La Court, imprimeur du Roy, de Monseigneur l'Archevêque et de l'Université ; 1683, in-4° de 26 pages. — « M. de Lopès, estant monté en chaire, prononça l'Oraison funèbre avec beaucoup de succès, » dit une *Relation de ce qui s'est passé* (en l'église de

Saint-André) *au sujet de la mort de la Reyne* (1). La *Gazette de France* fit aussi mention de cette Oraison funèbre dans son numéro du 2 octobre 1683.

5. Lopès composa encore quelques mémoires apologétiques dont je parlerai une autre fois, et un petit écrit fort curieux, dont personne jusqu'ici, à ma connaissance du moins, n'a fait mention. Je ne l'ai vu dans aucune de nos riches archives, départementales, municipales, archiépiscopales ; il n'existe certainement ni à la bibliothèque de la ville, ni à celle du grand Séminaire de Bordeaux, ni très probablement dans aucune bibliothèque d'amateur bordelais. Quoique imprimé, et à Bordeaux même, l'ouvrage ne fut vraisemblablement pas mis dans le commerce, et telle est sans doute la cause de sa rareté plus qu'excessive. D'ailleurs il est anonyme, et à moins de connaître la pièce authentique qui dévoile le nom de l'auteur, il est impossible, vu surtout le genre de la composition, de savoir ou même de soupçonner qu'elle est de Lopès. Cependant j'ai eu, dans un de mes voyages littéraires, la bonne fortune de rencontrer l'une et l'autre : il m'a même été fort gracieusement accordé d'en prendre copie, et, s'il plaît à Dieu, je ne tarderai pas beaucoup à publier cet intéressant et presque introuvable opuscule.

Pour ne pas trop allonger ce chapitre, je me suis strictement renfermé dans la partie la plus aride et la plus ingrate de ce supplément à la biographie de Lopès. Ainsi, je n'ai rien dit de sa conduite dans l'approbation donnée aux *Provinciales* et dans une autre affaire plus exclusivement dogmatique, plus grave encore, et qui eut bien plus de retentissement ; je n'ai pas parlé non plus de la suppression des cours et de leur rétablissement dans la Faculté de Théologie de Bordeaux : mais je reviendrai bientôt, et dans ce volume même, sur ces divers points et sur d'autres qui y confinent : car, sans tomber en d'ennuyeuses redites, ni toucher en rien aux *Pièces justificatives* dont M. l'abbé Callen a promis et dont tout le monde attend la publication, il y a là encore plus d'une lacune à combler, plus d'un jugement erroné à réformer, et plus d'un document important à faire connaître au public bordelais.

_____

(1) On trouvera plus loin cette *Relation* inédite, laquelle est bien plus complète que celle des *Actes capitulaires de Saint-André,* éditée par le biographe de Lopès.

VI

LE GALLICANISME

A L'UNIVERSITÉ DE BORDEAUX
(1663)

Pendant les regrettables démêlés de la Cour de France avec celle de Rome au sujet de l'affaire des Corses (1), « Louis XIV entreprit de faire attaquer l'autorité du Pape au Parlement de Paris et en Sorbonne. A l'occasion de quelques thèses favorables au Saint-Siège et soutenues devant elle, la Faculté de Théologie de Paris reçut l'ordre de donner une déclaration doctrinale sur les mêmes questions qui furent encore débattues dans l'assemblée de 1682; et, le 8 mai 1663, elle alla solennellement, conduite par l'archevêque de Paris, proviseur de Sorbonne, présenter à Louis XIV six propositions qui sont l'esquisse des quatre articles (2). »

Cette déclaration, arrachée à une partie seulement de la Faculté et contre laquelle protestèrent plusieurs de ses membres (3), fut enregistrée au Parlement de Paris le 30 mai 1663; et, le 4 août suivant,

---

(1) Quiconque voudra connaître la *vérité vraie* sur ce point d'histoire, devra lire ce qu'en a écrit, à diverses reprises, M. Charles Gérin, juge au tribunal civil de la Seine : 1º *Recherches historiques sur l'Assemblée du Clergé de France de 1682 ;* 2º édit., Paris, 1870, p. 1-16; — 2º *L'affaire des Corses en 1662-1664,* dans la *Revue des questions historiques,* t. X, p. 66-147 ; — 3º *L'ambassade de Créquy à Rome et le traité de Pise* (1662-1664), *ibid.,* t. XXVIII, p. 78-151.

(2) Ch. GÉRIN, *Recherches...,* p. 19. Voir aussi les pages 16-35, ainsi que l'*Appendice* A (p. 518-542) ; BOUIX, *La Vérité sur la Faculté de Théologie de Paris,* dans la *Revue des sciences ecclésiastiques,* t. VIII, p. 97-125, 208-235, 413-432 ; et *Tractatus de Papâ,* t. I, p. 597 et suiv.

(3) On me pardonnera si je remarque, en passant, que, dans cette circonstance, les docteurs appartenant à la Compagnie de Saint-Sulpice eurent le courage de voter *contre,* et furent mis au nombre de ceux « qui ont mal agi en cette rencontre » par les confidents du ministre Colbert. Ceux-ci, parmi les « communautés ou compagnies à craindre en cette occasion, » placèrent en seconde ligne « celle de Saint-Sulpice, où, disaient-ils, l'on élève, à la vérité, des ecclésiastiques dans un esprit d'une parfaite régularité, mais on assure que *tout y est extrême pour l'autorité du Pape.* » (Voir les auteurs cités dans la note précédente.)

Louis XIV ordonna que les propositions qui y étaient contenues seraient « lues, publiées et enregistrées » dans tous les Parlements et dans toutes les Universités du royaume, « faisant très expresses inhibitions et défenses à tous bacheliers, licenciés, docteurs et autres personnes de quelque qualité et condition » qu'elles fussent « de soutenir, défendre, lire et enseigner, directement ni indirectement, ès écoles publiques ni ailleurs, aucunes propositions contraires à celles de la déclaration de la Faculté de Théologie, ni d'en faire aucun écrit, sous peine de punition exemplaire ; et aux syndics des Universités et aux docteurs qui présideront aux Actes, de souffrir qu'il soit rien inséré de contraire dans aucunes thèses, à peine d'en répondre en leurs noms, et d'être procédé contre eux extraordinairement (1). »

Lorsque l'Université de Bordeaux fut mise en demeure d'obéir aux ordres du roi, elle était en délicatesse avec la Cour. Deux ans environ auparavant, c'est-à-dire le 6 juin 1660, la Faculté de Théologie de Bordeaux avait déclaré exemptes d'*hérésie* les *Lettres provinciales* de Pascal, ainsi que les *Notes* de Nicole caché sous le nom de Wendrock. Cette déclaration, toute l'Université l'avait faite sienne ; car le jour où elle fut signée des trois professeurs en théologie, François Arnal, Jean-Baptiste Gonet et Hiérome Lopès, les membres des autres Facultés, convoqués en assemblée, avaient décidé que ladite déclaration serait consignée dans les *Actes* et les archives de l'Université (2). Cependant, quelques mois après, quatre évêques et neuf docteurs de la Faculté de Paris, « après avoir diligemment examiné le dit livre, » déclarèrent à leur tour, « que les hérésies de Jansénius condamnées par l'Église y sont contenues et défendues..., ce qui est si manifeste, ajoutent-ils, que si quelqu'un le nie, il faut nécessairement ou qu'il n'ait pas lu ledit livre, ou qu'il ne l'ait pas entendu, ou ce qui pis est, qu'il ne croie pas hérétique ce qui est condamné comme hérétique par le Souverain-Pontife, par l'Église gallicane et par la sacrée Faculté de Paris (3). » En conséquence, le 23 septembre,

(1) D'ARGENTRÉ, *Collectio judiciorum...*; *Lutetiæ Parisiorum*, 1755, t. III, p. 93.

(2) A la suite des *Motifs pour faire voir que l'arrest du 5 novembre 1660, qui interdit les professeurs en théologie de l'Université de Bordeaux, a esté rendu par surprise* (in-4° de 8 pages), on trouve le texte latin de la déclaration du 6 juin 1660, et immédiatement après les signatures des trois docteurs, on lit ces mots : « *Eadem die convocati Patres Academici censuerunt hoc professorum theologorum decretum in actâ et monumenta Universitatis esse referendum.* »

(3) *Histoire des cinq propositions de Jansénius*, par Dumas ; Liège, 1699, t. I, p. 251, 252. Par ces paroles, la Faculté de Paris paraissait bien clairement viser la déclaration de la Faculté de Bordeaux.

il était intervenu un « *Arrest du Conseil d'Estat portant que le livre intitulé : Ludovici Montaltii litteræ provinciales, sera lacéré et bruslé par les mains de l'exécuteur de la haute justice,* puis *la sentence du lieutenant civil donnée* » (le 8 octobre 1660) « *en conséquence dudit Arrest* (1), » sentence qui fut exécutée le 14 du mois, à la Croix du Tiroir, lieu où se faisaient ces sortes d'exécutions. Enfin, le 5 novembre 1660, pour punir les professeurs de Bordeaux qui avaient approuvé un pareil livre, le roi leur avait fait « très expresses inhibitions et deffenses de faire aucune leçon de théologie dans ladite Université de Bourdeaux, ni ailleurs » (2) ; et, quoique trois ans se fussent écoulés depuis la suspension de ces cours, ils n'avaient pas encore été rétablis (3).

Il fallait rappeler ces détails pour mettre le lecteur à même de se faire une idée exacte de l'embarras où dut se trouver l'Université de Bordeaux, lorsqu'elle se vit placée en face des articles proposés ou plutôt imposés par le roi. D'un côté, refuser de les signer, c'était résister ouvertement à Louis XIV, déjà mécontent de l'Université, et ajourner pour longtemps, peut-être pour toujours, le rétablissement des cours dans la Faculté de Théologie ; souscrire aux six propositions, c'était, d'autre part, se mettre en contradiction avec la vraie doctrine, s'engager, contre sa conscience peut-être, à soutenir ce que l'on regardait à tout le moins comme faux et erroné ; c'était ajouter à une première erreur une seconde erreur beaucoup plus grave, car l'*approbation* donnée aux *Provinciales* en 1660 n'était qu'une approbation *négative,* et même à son degré le plus bas, *nil* HÆRESI (et non pas CENSURA, *falsitatis, temeritatis,* etc.) *dignum* (4) ; tandis que l'approbation demandée en 1663 était une approbation *positive* et, s'il est permis de parler ainsi, une approbation *active*. De quelque côté que

(1) C'est le titre d'une plaquette, in-4° de 11 pages, imprimée en 1660, à Paris, *par les imprimeurs ordinaires du roi,* et où se trouve aussi le *Procès-verbal d'exécution, avec l'avis et jugement des prélats et autres docteurs de la sacrée Faculté de Théologie de Paris, qui ont examiné ledit livre.*

(2) D. DEVIENNE, *Histoire de la ville de Bordeaux,* t. II, p. 142.

(3) Je démontrerai bientôt par un document authentique, où l'on verra toutes les démarches faites en vue d'obtenir le rétablissement des cours dans la Faculté de Théologie de Bordeaux, que le pouvoir d'enseigner ne fut rendu aux professeurs que bien plus tard, et même plusieurs années après l'année 1664.

(4) Les professeurs le faisaient eux-mêmes remarquer dans les *Motifs* cités plus haut. « Ils n'ont pas loué ledit livre, » disaient-ils, « ils ne l'ont pas *approuvé,* ils ne l'ont pas exempté des notes de témérité, de scandale, et autres dont il étoit accusé ; mais ils ont simplement dit qu'ils n'y avoient point trouvé d'*heresie : Nullam in eo hæresim a nobis repertam fuisse declaramus,* » p. 4.

se tournât l'Université, elle ne rencontrait donc que des écueils : faute *politique* si elle refusait de souscrire, faute doctrinale et *théologique* si elle adhérait authentiquement à la déclaration : « *Utrinque syrtes!* »

Quelle fut sa conduite, quelle fut aussi celle du Parlement de Bordeaux, dans cette grave et solennelle circonstance? Un contemporain, « personne fort considérable de Bordeaux, » qui dit avoir appris tous les détails de cette affaire du recteur même de l'Université, les a consignés dans une lettre qu'il écrivit à un de ses amis, alors à Paris, au commencement du mois de février de l'année 1664 : je n'ai rien de mieux à faire que de lui laisser la parole. En le lisant, on s'apercevra bien vite qu'il paraît peu sympathique aux Jésuites ; mais on verra bien vite aussi, — car j'ai affaire à un lecteur orthodoxe et instruit, — que leur réputation n'a pas à en souffrir.

« Soudain que la dernière des vôtres du 20 du mois de janvier me fut rendue, je me mis en devoir de m'informer de ce que vous me mandiez. Ces déclarations de la Sorbonne sur les six propositions contenues dans icelles, et la déclaration du Roi sur ce sujet ayant été envoyées au Parlement au mois d'août dernier (1663), elles furent enregistrées le 20 dudit mois, ensuite imprimées et publiées, conformément à la Déclaration du Roi. Ledit arrêt d'enregistrement ayant été signifié à l'Université, et lesdites déclarations ayant été données au Recteur, il convoqua l'assemblée des Docteurs, en laquelle le Père Camain, Jésuite, assista (1) ; et l'affaire ayant été mise en délibération, tous

---

(1) Le P. Michel Camain reçut le sous-diaconat, à Bordeaux, en février 1613, et la prêtrise, le Samedi-Saint de la même année, en même temps que le P. Jérôme Baiole, auteur de plusieurs ouvrages de piété. Ensemble aussi ils furent admis au quatrième vœu, à Bordeaux, par le P. Cotton, provincial, le 10 juillet 1632. On conserve aux Archives départementales de la Gironde (carton *Université*), un petit cahier où j'ai lu les lignes que voici : « Trouvé dans les registres de l'Université que le P. Michel Camain, professeur de Théologie du collège, fut reçu Docteur en la faculté de Théologie à l'Université de Bordeaux, *à la place* du R. P. Lantillac, le 22 avril 1640 ». (*Livre pour escrire diverses choses qui concernent l'Université, et surtout les présentations que fait le professeur jésuite*). — Le P. Ignace Lantillac avait fait le quatrième vœu des profès, à Bordeaux, le 20 avril 1614, entre les mains du P. Jacques Demoncq, provincial. — Je trouve encore dans le *Livre* cité plus haut un usage fort curieux, bon à consigner ici : « A la réception (au doctorat) du P. Antoine Dupin, professeur de Théologie du collège des Jésuites, le 14 novembre 1689..., l'on a donné quatorze boîtes d'anis d'une livre chacune, pour douze docteurs et deux bedeaux, et quatorze paires de gants d'hommes et cinq de femmes... Il n'y a que les femmes des Docteurs qui sont mariés qui en ont : » naturellement!

furent d'avis de souscrire aux dites déclarations, et d'en dresser l'acte, hors le Jésuite qui s'y opposa ; et entre autres raisons, mit en avant le danger qu'il y avoit de recevoir de telles déclarations en un temps que les Jansénistes avoient excité tant de troubles dans l'Église, et que si l'on procédoit à souscrire à la dite décision, cela leur donneroit encore plus de sujet de caviller (chicaner). Et quoiqu'il lui fût répondu par le Recteur de l'Université, qu'il ne s'agissoit pas du Jansénisme, et qu'il avoit appris dans le Droit, que *fatuus erat judex qui ultrà petita quærebat;* qu'il n'étoit question que de recevoir la volonté du Roi pour la conservation de ses droits et de son royaume, reconnus de tout temps lui appartenir, par la diminution desquels l'on devoit craindre à présent les mêmes malheurs que ceux qui lui étoient autrefois arrivés, le Père jésuite persista dans ses oppositions, nonobstant quoi on passa par l'avis des autres Docteurs, et fut ordonné que l'on souscriroit à la dite déclaration, et que l'acte en seroit dressé. Le Jésuite n'ayant pu réussir dans l'assemblée, crut que, par des pratiques, il pourroit éloigner l'exécution ; et après que l'acte eut été dressé, et qu'il n'y avoit qu'à souscrire, il proposa que, sur la délibération qui avoit été faite, le Recteur avoit fait dresser un acte contraire aux sentiments et aux avis des Docteurs, et qu'il n'avoit été ordonné de la façon qu'il l'avoit fait écrire. Sur quoi le Recteur remontra aux docteurs qu'il n'étoit plus question des Déclarations ; qu'il s'agissoit maintenant de l'honneur de leurs assemblées ; que le dit P. Camain l'accusoit de mauvaise foi dans l'exécution des délibérations de la Compagnie, et que, pour sa justification, il les interpelloit seulement de vouloir se souvenir de leurs avis. Ce discours se fit avec plusieurs allégations des entreprises des Jésuites, des Thèses du P. Hérault, et de diverses autres propositions pernicieuses soutenues par les Jésuites, qui avoient été condamnées et brûlées. Enfin l'assemblée finit contre le Jésuite, et l'acte fut souscrit de tous, hors le Jésuite qui le refusa. J'ai appris tout ce particulier que je vous écris, du Recteur de l'Université, qui étoit en ce temps, lequel j'ai voulu voir, et m'enquérir de lui de tout ce qui se passa sans aucun déguisement (1). »

Le décret de l'Université était conçu en ces termes (2) :

« L'an du Seigneur 1663, le 20 de septembre, l'Université étant

(1) *Œuvres d'Antoine Arnauld,* t. XXII, p. 377-378.

(2) « Anno Domini 1663, die vigesima mensis septembris, habitis Academiæ comitiis, Dominus De Maures, Rector, proposuit Facultatem Theologicam Parisien-

assemblée, M. de Maurès, Recteur, proposa que la Faculté de Théologie de Paris avoit, depuis peu, déclaré son sentiment au Roi très chrétien sur certaines opinions contraires aux droits et aux libertés de l'Église Gallicane, et l'avoit renfermé en six propositions, que le Roi, par sa Déclaration, avoit ordonné être publiées et enregistrées dans tous les tribunaux civils et dans toutes les Universités, savoir :

« 1° Que ce n'est point la doctrine de la Faculté, que le Pape ait aucune autorité sur le temporel du Roi ; qu'au contraire elle a toujours résisté, même à ceux qui n'ont voulu lui attribuer qu'une puissance indirecte ;

« 2° Que c'est la doctrine de la Faculté, que le Roi ne reconnoît, et n'a d'autres supérieurs au temporel que Dieu seul ; que c'est son ancienne doctrine, de laquelle elle ne se départira jamais ;

« 3° Que c'est la doctrine de la même Faculté, que les sujets du Roi lui doivent tellement la fidélité et l'obéissance, qu'ils n'en peuvent être dispensés sous quelque prétexte que ce soit ;

« 4° Que la même Faculté n'approuve point, et qu'elle n'a jamais approuvé aucune proposition contraire à l'autorité du Roi, ou aux véritables libertés de l'Église Gallicane, et aux canons reçus dans le Royaume ; par exemple, que le Pape puisse déposer les évêques contre la disposition des mêmes canons ;

« 5° Que ce n'est pas la doctrine de la Faculté, que le Pape soit au-dessus du Concile général ;

sem nuper apud Regem christianissimum mentem suam aperuisse circâ quasdam opiniones juribus et libertatibus ecclesiæ Gallicanæ adversas, remque totam propositionibus sex confecisse, quæ Regio edicto promulgari, omniumque tûm tribunalium civilium, tûm Academiarum Actis consignari jubentur : quarum quidem propositionum tenor sequitur :

« 1° Non esse doctrinam Facultatis quòd Summus Pontifex aliquam in temporalia Regis christianissimi auctoritatem habeat. Imò Facultatem semper obstitisse etiam iis qui indirectam tantummodò esse illam authoritatem voluerunt;

« 2° Esse doctrinam Facultatis ejusdem quòd Rex christianissimus nullum omnino agnoscit nec habet in temporalibus superiorem præter Deum, eamque suam esse antiquam doctrinam, a quâ nunquàm recessura est;

« 3° Doctrinam Facultatis esse, quòd subditi fidem et obedientiam Regi christianissimo itâ debent ut ab iis nullo prætextu dispensari possint;

« 4° Doctrinam Facultatis esse, non probare nec unquàm probâsse propositiones ullas Regis christianissimi authoritati aut germanis ecclesiæ gallicanæ libertatibus et receptis in regno canonibus contrarias; verbi gratiâ, quòd Summus Pontifex possit deponere Episcopos adversùs eosdem canones;

« 5° Doctrinam Facultatis non esse quòd Summus Pontifex sit suprâ concilium œcumenicum;

« 6° Que ce n'est pas la doctrine ou un dogme de la Faculté, que le Pape soit infaillible, lorsqu'il n'intervient aucun consentement de l'Église.

« L'Université ayant pris les avis, a ordonné que les dites propositions seroient mises dans ses Registres. Et de plus, elle défend, par le droit qu'elle en a, à tous Bacheliers, Licenciés et Docteurs quelconques, comme aussi aux Principaux des collèges, de rien enseigner de contraire, ou en public ou en particulier ; de ne le point proposer à soutenir et ne point permettre qu'on l'enseigne ou qu'on le soutienne, à veine d'être privé de tous les degrés et de tous les honneurs de l'Université. Elle défend aussi à tous les imprimeurs, comme elle a déjà fait ci-devant, d'imprimer aucunes thèses qui n'aient été signées par le Recteur. Et afin que ce Décret soit connu de tout le monde, nous ordonnons qu'il soit signifié à tous les Principaux des collèges, et à tous ceux qu'il appartiendra, et affiché aux portes des collèges. Fait à Bordeaux, le jour et an que dessus. Le Révérend Père Michel Camain, de la Société de Jésus, a refusé de souscrire, et ceux-ci ont souscrit : M. de Maures, Recteur ; Arnal ; F. Jean-Baptiste Gonet ; F. André Touton ; Brassier, professeur ès Droits ; Delpech, professeur ès Droits ; Tanesse, professeur ès Droits ; Lopès, professeur en médecine ; Cazauviel ; *Lopès,* syndic de l'Université ; et le scribe, Derocques. »

On remarquera que, parmi les signataires, ne figure pas le chancelier, qui était toujours le grand archidiacre du Médoc, et qui se

---

« 6° Non esse doctrinam vel dogma Facultatis, quòd Summus Pontifex, nullo accedente ecclesiæ consensu, sit infallibilis.

« Rogatis hûc de re sententiis, Academia decrevit in acta Academica esse referendas hujusmodi propositiones, ac pro suo jure vetat et prohibet omnibus Baccalaureis, Licentiatis, ac Doctoribus quibuscumque, necnon collegiorum moderatoribus, ne quid contrarium publicè vel privatìm prælegant, doceant, propugnandumve proponant, prælegi, doceri, propugnarive patiantur ; secùs qui fecerint, omnibus gradibus et honoribus Academicis indigni habeantur ; typographis vero omnibus sicut et aliàs, prohibet ne prælo ullas Theses mandent, nisi Rectoris subscriptione fuerint munitæ ; utque omnibus notum sit istud præsens Decretum, collegiorum moderatoribus, ac cæteris omnibus quorum interest, intimari præcipimus, ac præ foribus collegiorum affigi. Datum Burdigalæ die et anno quibus suprà. Reverendus Pater Michaël Camain, Societatis Jesu, noluit subscribere : subscripserunt vero : D. de Maures, Rector ; Arnal ; F. Joannes Baptista Gonet ; F. Andreas Touton ; Brassier, Juris utriusque professor ; Delpech, Juris utriusque professor ; Tanesse, Juris utriusque professor ; Lopes, Iatrices professor ; Cazauviel ; Lopes, Academiæ syndicus ; et ego,

« *De Mandato Universitatis,*

« DEROCQUES, *scriba.* »

nommait alors Fonteneil; mais nous trouvons là toutes les Facultés
dont se composait l'Université de Bordeaux : — 1º la Faculté de *Théologie*, avec ses quatre professeurs, le prêtre séculier, Hiérome Lopès,
chanoine théologal, remplissant, à cette époque, les fonctions de
syndic (1), et les trois religieux ses collègues, savoir, le carme André
Touton, l'augustin Arnal, et le dominicain Jean-Baptiste Gonet (2); —
2º la Faculté de *Droit* et ses trois professeurs, Brassier, Guillaume
Delpech, âgé de soixante-trois ans, qui, en 1648, se disait avocat au
Parlement de Bordeaux (3), et Tanesse, qui devint, en 1665, recteur de

(1) On appelait autrefois *syndic*, — d'un mot grec qui signifie *défenseur*, — celui
qui était chargé de gérer les affaires extérieures d'un corps, par exemple, d'un
chapitre, d'une abbaye, d'une université, et plus spécialement de soutenir devant
les tribunaux les droits et les intérêts de la communauté dont il était le mandataire
choisi à cette fin.

(2) Le P. Gonet enseignait la théologie depuis l'année 1650. En 1671, le Chapitre
des Dominicains de la province de Toulouse, tenu à Béziers, le choisit pour provincial. Étant sorti de charge, au bout de quatre ans, il revint à Bordeaux; mais la douleur qu'il éprouva, en l'année 1677, lorsqu'il vit détruire l'ancien couvent du Chapelet
pour agrandir le Château-Trompette, fit que, l'année suivante, il se retira à Béziers.
sa patrie, où il s'occupa à réviser ses ouvrages, et où il mourut le 24 janvier 1681,
âgé d'environ soixante-cinq ans (*Echard, Scriptores Ordinis Prædicatorum*
t. II, p. 692). Après son élection comme provincial, le 4 janvier 1671, le P. Gonet
pria l'Université de Bordeaux de recevoir comme professeur, en son lieu et place, le
P. Jean-Baptiste Maderan, né dans le Médoc, et entré, jeune encore, chez les Dominicains. Celui-ci occupa la chaire de théologie pendant plus de vingt ans, parlant
et écrivant avec plus de pureté et d'élégance, dit le P. Échard, qu'il n'est ordinaire
aux théologiens scolastiques. Son cours de théologie, qui forme cinq volumes in-4º,
était conservé avant la Révolution chez les Dominicains, et il est aujourd'hui parmi
les manuscrits de la Bibliothèque municipale de Bordeaux, sous le nº 154. C'est un
supplément au *Clypeus Theologiæ Thomisticæ* du P. Gonet, lequel, ainsi que
nous l'apprend le P. Maderan dans une courte préface, se proposait de composer
les traités de théologie morale qui manquent à son Cours, lorsqu'il fut surpris par
la mort. L'ouvrage du P. Maderan a pour titre : *Supplementum Clypei Theologiæ Thomisticæ, sive Dissertationes morales de officiis justitiæ, quibus resolvuntur selecti casus conscientiæ juxta doctrinam D. Thomæ, ex sacris canonibus,
sententiis sanctorum Patrum, et theologicis rationibus comprobatam et explanatam*. Le P. Maderan mourut le 24 décembre 1709 (Cf. Échard, *Scriptores...*
t. II, p. 774).

(3) Dans une attestation de bonne vie et mœurs pour Joseph de Secondat, nommé
abbé de Notre-Dame de Cadouin, au diocèse de Sarlat. C'était au mois de juillet 1648.
Joseph de Secondat, fils de Jean-Baptiste-Gaston de Secondat, seigneur de Montesquieu, conseiller au Parlement de Bordeaux, et d'Anne Dubernet, n'était alors âgé
que de treize ans. Il faisait ses études au collège des Jésuites de Bordeaux, et avait
reçu la tonsure. Ses bulles ne furent données que le 1er octobre 1652, et il ne prit
possession que le 11 juillet 1654. En 1660, il permuta son abbaye contre celle de
Font-Guillem, au diocèse de Bazas. Nommé abbé de Faise, au diocèse de Bordeaux,
en 1662, il ne prit possession que le 31 décembre 1666. En 1724, il se démit en

l'Université ; — 3° la Faculté des *Arts,* ayant pour professeurs Cazauviel et Maurès, alors recteur (1) ; — enfin, 4° la Faculté de *Médecine,* représentée par Pierre Lopès, frère aîné de Lopès le théologal.

Tout commentaire sur cet acte regrettable serait ici superflu : mes lecteurs connaissent tous la définition du Concile du Vatican touchant l'infaillibilité du Pape ; ils savent par conséquent que le sixième article qu'ils viennent de lire, dégagé de sa forme captieuse, « *ce n'est pas la doctrine de la Faculté,* » est aujourd'hui une hérésie. Mieux vaut, avant de finir, leur montrer l'Université de Bordeaux à un point de vue plus avantageux pour elle, et, s'il en était besoin, la réhabiliter dans leur estime. C'est mon intime persuasion que, malgré ses faiblesses ou ses erreurs, notre Université ne crut jamais la foi directement engagée ou compromise dans ses décisions, pas plus en 1660 qu'en 1663. En 1660, elle se trompa sur cette question de fait : « Les propositions hérétiques de Jansénius sont-elles contenues ou soutenues dans les *Provinciales* et dans les *Notes* de leur traducteur ? » Après avoir « lu et examiné » le livre « durant plus d'un mois, » ils crurent trouver « que le dit livre réprouvoit et condamnoit formellement et en termes exprès les cinq propositions de Jansénius condamnées par le Saint-Siège, et n'ont point vu qu'aucune de ces propositions, ni aucun dogme hérétique y fussent établis (2). » De plus, deux ans auparavant, le 28 février 1658, l'Université de Bordeaux avait reçu avec une parfaite soumission, et du consentement de tous ses docteurs, les bulles des papes Innocent X et Alexandre VII décidant la double question de droit et de fait dogmatique, de l'*héréticité* des propositions de Jansénius, entendues au sens de leur auteur. Ils avaient même fait « un décret par lequel ils avoient résolu de ne

faveur de son neveu, appelé comme lui, Joseph Secondat de Montesquieu (Archives de l'Archevêché ; Du Tems).

(1) Jean Maurès, qui fut aussi professeur de Droit canonique et civil dans l'Université, et official de l'Archevêque de Bordeaux, devint, en 1672, prieur commendataire de Saint-Pierre de La Réole, sur la résignation de son oncle alors mourant, et appelé également Jean Maurès. Celui-ci, dans sa souscription au Formulaire d'Alexandre VII, le 13 août 1665, se dit « chapelain de la chapelle d'Ayran, diocèse de Bourdeaux, prieur commendataire du prieuré Saint-Pierre de La Reolle, diocese de Bazats, prieur de Virazel, diocèse d'Agen, et prieur de Vailhourles, diocèse de Rhodez. » Jean Maurès neveu mourut en 1699, et eut pour successeur dans la commende de La Réole, François Armand de Lorraine, de l'illustre famille de ce nom (D. Maupel, *S. Petri de Regula Regalis Prioratûs Historico-chronologica synopsis,* manuscrit).

(2) *Motifs pour faire voir,* page 3.

donner aucun degré à ceux qui seront suspects de jansénisme, ou qui voudront mettre en dispute quelques-unes des dites propositions (1). » En 1665, deux ans après la fatale adhésion aux six articles, le Formulaire d'Alexandre VII était également souscrit par tous les membres de l'Université de Bordeaux, qui tous déclarèrent alors se soumettre sincèrement et de cœur aux Constitutions d'Innocent X et d'Alexandre VII, et condamner les propositions de Jansénius, telles que les Souverains-Pontifes les avaient condamnées. Au bas de cet acte authentique, déposé dans le temps et conservé aujourd'hui encore aux archives de l'archevêché de Bordeaux, on lit les signatures *autographes* de tous les noms cités plus haut, augmentés de ceux du chancelier de l'Université, et de Brethous, professeur ès droits. (Le P. Michel Camain qui n'y figure pas, souscrivit le Formulaire avec les Pères du collège des Jésuites où il enseignait.) Cette humble déférence, cette soumission pure et simple, en matière doctrinale, aux décisions du Saint-Siège, n'est-elle pas une forte raison de penser que, si les fameux articles de 1663 avaient été portés à Rome et s'ils en étaient revenus flétris et censurés par le Pape, avant d'être présentés à la signature de l'Université de Bordeaux, celle-ci l'eût obstinément refusée, et eût condamné avec le Pape le gallicanisme et les six propositions de la Faculté de Paris, comme elle condamnait avec le Pape le jansénisme et les cinq propositions de Jansénius? Oui, je ne crains pas de l'affirmer, dans l'état actuel de la doctrine, si la France était encore un royaume et notre ancienne Université encore debout, ou le roi *très chrétien* ne porterait pas le décret du 4 août 1663, ou nos anciens Docteurs sauraient montrer un courage à la hauteur des circonstances, et, s'il le fallait, sacrifieraient leur chaire et leur vie même plutôt que de pécher contre la foi, se souvenant de ce beau mot de Tertullien : « La foi ne connaît point de nécessité, puisqu'il n'y a parmi les fidèles qu'une seule nécessité, qui est celle de ne pécher pas : « *Non admittit status fidei necessitates ; nulla est necessitas delinquendi, quibus una est necessitas non delinquendi* (2). »

(1) *Motifs*, page 5.
(2) Tertull., *De Coronâ militis*, cap. xi.

VII

RÉTABLISSEMENT DES COURS

DANS LA FACULTÉ DE THÉOLOGIE DE BORDEAUX

(1669)

Dom Devienne et tous ceux qui, avant lui, ont touché ce point de l'histoire bordelaise, s'accordent à dire que les cours de Théologie, suspendus dans l'Université de Bordeaux, le 5 novembre 1660, à la suite de sa déclaration touchant l'orthodoxie des *Lettres Provinciales* de Pascal, traduites par Nicole, furent rétablis « deux ans après », en l'année 1662 (1). D'autres gardent là-dessus un profond silence, ou laissent entendre que la restitution du pouvoir d'enseigner la théologie était, en 1664, un fait accompli.

Evidemment, aucun de ces auteurs, soit anciens, soit modernes, n'a vu l'*Arrest du Conseil d'Estat portant le rétablissement de l'exercice de la Faculté de Théologie en l'Université de Bourdeaux* (2) ; car, ils y auraient lu, imprimé en toutes lettres, que cet arrêt fut « fait au Conseil d'Estat du Roy, le quinzième jour de may *mil six cens soixante-neuf*, » et que l'ordre de l'exécuter fut « donné » par le roi, le même jour, et l'an de son règne « le vingt-septième » commençant, puisque Louis XIV était parvenu à la couronne le 14 mai 1643 (3).

Importante par sa conclusion, cette pièce ne l'est pas moins par les

---

(1) D. Devienne, *Histoire de la ville de Bordeaux*, t. II, p. 142. Quant aux autres ouvrages, tant imprimés que manuscrits, auxquels je fais ici allusion, ils seront cités dans mon article sur l'affaire des *Provinciales*.

(2) A Bourdeaux, par G. de La Court, imprimeur du Roy, de Monseigneur l'Archevesque et de l'Université ; MDCLXIX, in-4o de 7 pages. Cet acte est aux Archives départementales de la Gironde, série II, cartons, pièces non classées.

(3) La chose est confirmée par une lettre que Brassier, prorecteur de l'Université, écrivait en 1668, à Matthieu Orlandi, Général des Carmes, alors à Paris, où il était venu visiter les couvents de son Ordre. Brassier y dit qu'il y a près de huit ans, *fermé octo anni sunt*, que l'Université de Bordeaux a fait parvenir au Conseil du roi ses plaintes sur la supppression des cours, et il ajoute qu'elle a délégué le P. André Touton, l'un des professeurs suspendus, pour aller de nouveau supplier le roi de rendre à la Faculté le droit d'enseigner.

considérants qui la précèdent, car ils résument avec ordre et précision les démarches faites et les pièces produites dans cet intéressant épisode de l'histoire de notre Université. Aussi ce document, à la fois très rare et très inconnu, m'a-t-il paru bon à conserver. Je reproduis fidèlement le texte de l'édition originale imprimée, sans autres modifications qu'une ponctuation un peu meilleure, et la division en alinéas des membres d'une phrase dont la longueur atteint les dimensions par trop respectables de quatre pages in-4°.

ARREST DU CONSEIL D'ESTAT

PORTANT LE RESTABLISSEMENT DE L'EXERCICE DE LA FACULTÉ DE THÉOLOGIE EN L'UNIVERSITÉ DE BOURDEAUX

Extrait des registres du Conseil d'Estat.

Veu par le Roy estant en son Conseil,

Le Placet qui luy a esté presenté par l'Université de Bordeaux, tendant à ce qu'il plaise à Sa Majesté d'ordonner le restablissement des lectures publiques de Theologie en la dite Université, dont l'exercice a esté interdit par deux Arrests dudit Conseil, des 5 novembre 1660 et 13 février 1662; au bas duquel placet est le renvoy que Sa Majesté en a fait au sieur de Morengis, Conseiller ordinaire en ses Conseils, et l'un des commissaires establis pour la reformation et reglement des Universitez (1);

Lesdits Arrests des 5 novembre 1660 et 13 fevrier 1662, portans ladite interdiction, et que les titres en vertu desquels lesdites lectures de Théologie ont été faites, seront representez;

Autre Arrest du Conseil privé du 11 octobre audit an 1662, rendu sur la Requeste des Recteur, Chancelier, et autres suppots de ladite Université, presentées aux fins dudit restablissement, et à ce qu'il pleust à Sa Majesté, en attendant qu'elle eust agreable de pourvoir d'un fonds certain et suffisant pour la nourriture et entretien de

---

(1) Le 24 octobre 1666, Louis XIV donna une *Commission à Monsieur le premier Président (de Lamoignon), Monsieur le Président de Longueil, Messieurs di Refuge, Saintot, de Saveuse*, etc., *pour procéder à la réformation de l'Université de Paris* (Paris, 1667; in-4° de 6 pages) : nouvelle preuve que l'*Arrest portant le restablissement de l'exercice de la Faculté de Théologie en l'Université de Bourdeaux* est bien postérieur à l'année 1662. Voir, sur ce projet de réforme conçu par Louis XIV, JOURDAIN, *Histoire de l'Université de Paris au XVIIᵉ et au XVIIIᵉ siécle;* Paris, 1862-1866, p. 228-230.

quatre Professeurs qui font lesdites lectures publiques de Theologie en ladite Université, leur permettre de recevoir les modiques contributions à eux ordonnées, sous le bon plaisir de Sa Majesté, par Arrest du Parlement de Bordeaux du 20 avril 1655, qui a été aussi representé avec l'Arrest du Conseil du 20 octobre ensuivant, qui en suspend l'execution ; sur laquelle requeste, il est ordonné qu'auparavant que de faire droict sur les fins d'icelle, le Procureur general du Parlement de Thoulouse envoyera un certificat de l'usage et pratique de l'Université de ladite ville, à l'instar de laquelle celle de Bordeaux a esté establie, touchant la maniere d'y admettre et instituer les Professeurs Royaux en Theologie, et le nombre d'iceux, outre les conventuels, pour, le tout rapporté et veu au Conseil, estre ordonné ce que de raison ;

Ledit certificat du 6 novembre de ladite année 1662, par lequel les sieurs de Pins et de Maniban, Advocats generaux audit Parlement de Thoulouse, certifient et attestent qu'outre le nombre des Professeurs en Theologie conventuels, il y en a trois autres de ladite Faculté de Theologie, qui sont gagez par Sa Majesté, lesquels sont éleus à la pluralité des voix et suffrages de ladite Université, après des disputes publiques, et qu'ils lisent publiquement par eux ou par leurs substituts ;

Autre requeste presentée par lesdits Recteur, Chancelier et autres suppôts de ladite Université, par laquelle ils énoncent les titres de son érection, et soutiennent que le rapport et la conformité de l'Université de Bordeaux avec celle de Thoulouse doit se prendre des termes de la Bulle de son érection, qui ordonne que les mesmes facultez, comme de Theologie Droict Canon et Civil, Medecine et autres qui sont en l'Université de Thoulouse, seront en celle de Bourdeaux, ensemble le mesme droict et pouvoir de conferer les degrez de Bachelier, Licencié et Docteur, la maniere d'examiner ceux qui se presentent pour les degrés, et finalement le droict et pouvoir que les Graduez acquièrent, en vertu de leurs grades, de lire, enseigner et disputer en ladite Université et autres lieux convenables ; mais que ce rapport et cette conformité ne doivent pas estre estendus à ce qui s'est fait en l'une ou en l'autre de ces Universitez depuis leur érection, ny à la maniere que chacune en son particulier s'est prescrite pour enseigner, ny pour la quantité des lecteurs, ces choses devant estre reglées suivant le besoin et l'estat des lieux ; et quant à l'usage de l'Université de Thoulouse, où les élections se font à la pluralité des voix et suffrages

après les disputes publiques, que cela ne doit pas estre tiré à consequence pour celle de Bourdeaux, puisque cet usage n'a esté introduit
en ladite Université de Thoulouse, que depuis quatre-vingts ans ou
environ, que Sa Majesté a attribué des gages aux Lecteurs en Theologie de ladite Université ; ce qui n'ayant pas esté fait en faveur de
ceux de l'Université de Bourdeaux, elle ne peut pas estre assujettie à
d'autres lois que celles portées par les titres de son institution ; outre
que son usage est conforme à ceux des plus célèbres Universitez du
Royaume ;

Et finalement, qu'il est d'une necessité indispensable de faire des
lectures publiques de Theologie dans ladite Université de Bordeaux,
puisque par l'Ordonnance de Blois, il est expressément porté, *que
tous les ans, en chacune Université, seront faits Principes, et Lectures
ordinaires en chacune des Facultez, dont elle est fournie, autrement sera
interdite la promotion des degrez en la Faculté de laquelle les Principes
n'auront point esté faits, ni les lectures ordinaires continuées* (1) ;

La Bulle de l'érection et fondation de ladite Université de Bourdeaux,
du Pape Eugene IIII de l'an 1441 (2) ;

Lesdites Lettres de confirmation de ladite Bulle du Roy Louis XI,
du mois de mars 1472 ;

Deux extraicts des Statuts de ladite Université de l'an 1481, contenant les noms des docteurs destinés pour faire les lectures publiques
de Theologie et les sujets qu'ils doivent traiter en ladite année ;

Copie du decret de ladite Université de Bordeaux du 28 de fevrier 1658,

---

(1) Article LXVIII de l'Ordonnance de Blois, donnée par Henry III, en 1579. Ici le
mot *Principes*, signifie « l'entrée qu'on fait de la lecture de quelque livre dont la
proposition se fait publiquement pour être faite et confirmée à tel jour et à telle
heure », selon la définition, assez peu élégante, qu'en donne Guy Coquille dans son
commentaire sur ladite *Ordonnance (Œuvres de Maistre Guy-Coquille* ; Bordeaux, 1703, t. I, p. 487).

(2) Tous les Bordelais qui connaissent l'histoire de leur pays savent assurément
que l'Université de Bordeaux fut érigée par Eugène IV, à *l'instar* de celle de
Toulouse ; mais savent-ils aussi bien que cette grâce fut accordée à la demande d'un
carme de la province de Toulouse, nommé Jean Say, savant professeur en théologie,
lequel avait été député vers le Pape à cette fin par la ville de Bordeaux ? Telle est
cependant la raison pour laquelle l'Université tenait toutes ses assemblées dans le
couvent des Grands Carmes, *in æde Carmelitarum*, comme portent souvent les
actes. C'est là qu'elle célébrait ses messes solennelles, là qu'elle faisait ses élections,
prenait ses délibérations et conférait les grades académiques. Néanmoins, on n'y
faisait d'autres cours que ceux de théologie ; et même le carme, le dominicain,
l'augustin et le prêtre séculier étaient seuls à y enseigner, le professeur jésuite
enseignant dans le collège de la Madeleine. Cf. *Bibliotheca carmelitana notis
criticis et Dissertationibus illustrata* ; Aureliæ, 1752, t. II, col. 789.

par lequel elle déclare qu'elle reçoit, avec une parfaite soumission, et d'un commun consentement de tous ses Docteurs, les Constitutions des Papes Innocent X et Alexandre VII sur les differents de doctrine nouvellement survenus ;

Le certificat des Maire et Jurats de Bordeaux, portant attestation de l'utilité des lectures publiques de Théologie en ladite Ville, et des grands fruicts qui en reviennent ;

Ouy le rapport des sieurs de Morengis et Boucherat (1) ;

Et tout considéré ;

LE ROY ESTANT EN SON CONSEIL, a Ordonné et Ordonne que, conformement à la Bulle du Pape Eugene IIII de l'an 1441, et aux Lettres Patentes du Roy Louis XI confirmatives d'icelle, du mois de mars 1472, les lectures de Theologie seront continuées en ladite Université de Bordeaux en la manière accoutumée, et comme auparavant lesdits Arrests du Conseil des 20 octobre 1655, 5 Novembre 1660, et 13 fevrier 1662.

Fait au Conseil d'Estat du Roy, SA MAJESTÉ Y ESTANT, tenu à Saint-Germain en Laye, le quinzième jour de May mil six cent soixante-neuf. Signé, PHELYPEAUX.

LOUIS, PAR LA GRACE DE DIEU, ROY DE FRANCE ET DE NAVARRE, A nos Chers et bien-Amez les Recteur, Chancelier, Professeurs et Docteurs en Theologie de l'Université de Bordeaux, et tous autres qu'il appartiendra, Salut. Par Arrest de nostre Conseil d'Estat, dont l'extraict est cy-attaché sous le contre-scel de nostre Chancellerie, ayant, pour les causes y contenues, Ordonné que les Lectures publiques de Theologie seront continuées en ladite Université, en la manière accoutumée ; Nous vous MANDONS ET ORDONNONS par ces presentes signées de nostre main, que ledit Arrest vous ayez à executer selon sa forme et teneur. De ce faire vous donnons pouvoir, autorité, commission et mandement special. Commandons au premier nostre Huissier ou Sergent sur ce requis, de signifier ledit Arrest à tous que besoin sera,

---

(1) Louis Boucherat, né à Paris, le 19 août 1616, fut successivement Conseiller au Parlement, Maître des requêtes, Intendant de Guienne, de Languedoc, de Picardie, de Champagne. Conseiller d'État, trois fois Commissaire du Roy aux états de Languedoc, dix fois aux états de Bretagne, membre du Conseil royal des Finances, et enfin, Chancelier de France, le 1er novembre 1685. Il mourut à Paris, « dans son hôtel, rue Saint-Louis au Marais, le mercredi 2 septembre 1699, à cinq heures du soir, âgé de quatre-vingt-trois ans et quatorze jours » (Dictionnaire critique de Biographie et d'Histoire, par A. Jal; Paris, 1872, p. 257).

et faire pour l'execution d'iceluy, tous Exploicts necessaires, sans
demander autre permission : CAR TEL EST NOSTRE PLAISIR.

Donné à Saint-Germain en Laye, le quinzième jour de May, l'an de
grâce mil six cents soixante-neuf, et de nostre regne le vingt-septième.
Signé, Louis. Par le Roy, PHELYPEAUX. Et scellé.

VIII

JEAN AMELIN

UN CURÉ DE LA MAJESTAT SAINT-ANDRÉ AU XVII° SIÈCLE

Jean Amelin était fils de Joel Amelin et de Judith de Montgaillard,
qui tous deux, en 1643, demeuraient sur la paroisse de Saint-Pierre
de Gimosac, prieuré-cure de l'ancien archiprêtré d'Arvert, au diocèse
de Saintes. C'est là, selon toute apparence, que Jean naquit, au mois
de juillet 1613. Il étudia à Bordeaux, au collège des Jésuites, où nous
le voyons admis parmi les congréganistes de la Sainte-Vierge le
16 novembre 1626, nommé lecteur le 28 novembre 1627, conseiller le
3 décembre 1628, et de nouveau le 6 mai 1629, enfin assistant, le
26 janvier 1631.

Jacques Raoul, évêque de Saintes, lui conféra la tonsure, dans la
chapelle de son Palais épiscopal, le samedi des quatre-temps de
l'Avent, 19 décembre 1643 (1). Amelin avait alors trente ans.
J'ignore à quelle époque, en quel lieu et de qui il reçut les Ordres.
Tout ce que je sais, c'est que dans l'assemblée capitulaire du jeudi
1er mars 1646, le Chapitre de Saint-André, en lui donnant acte de ce
qu'il a fait insinuer « son nom et cognom », le qualifie « de prêtre
gradué nommé. »

En 1653, il fut pourvu de la vicairie perpétuelle de l'église cathédrale Saint-André de Bordeaux et installé le vendredi 12 décembre

_____

(1) Les lettres de tonsure de Jean Amelin furent insinuées à Bordeaux le 25 janvier 1644. Peut-être est-ce l'époque à laquelle il fut agrégé au diocèse de Bordeaux.

de cette même année (1). Voici le procès-verbal de cette installation, tel qu'on le lit dans les *Actes capitulaires:* « Du vendredi 12 décembre 1653. M. l'archidiacre de Cernès (d'Allaire), ayant représenté que Mᵉ Jehan Amelin, prêtre du présent diocèse, bachelier en théologie, a été pourvu par Notre Saint-Père le Pape de la vicairie perpétuelle de la Majestat de cette Église, laquelle signature ledit Jehan Amelin lui a mise en mains, en date *Romæ tertio nonas octobris anno decimo* » (5 octobre 1653), « avec le visa sur ce obtenu de M. d'Arche, vicaire général de Monseigneur l'Archevêque de Bordeaux, Primat d'Aquitaine, donné le 22 novembre 1653..... que ledit Amelin est à la porte, prie le Chapitre de lui permettre l'entrée du chœur et l'exercice de ses fonctions, et le recevoir à prêter le serment accoutumé être rendu par les vicaires perpétuels de la Majestat; lequel étant entré, après avoir été revêtu d'un surplis par ledit sieur archidiacre de Cernès, ayant mis sa main dextre sur la poitrine, a promis et juré de reconnoître le Chapitre pour son supérieur, et de faire tout ce à quoi les vicaires perpétuels de la Majestat sont tenus et obligés de faire, tout ainsi qu'ont fait ses prédécesseurs; et lui a été permis d'entrer au chœur et de faire ses fonctions en ladite église. De quoi lui a été octroyé acte. (Signé) *Amelin.* »

Cette entrée en fonction et surtout le serment qui l'accompagnait, indiquent déjà le rôle dépendant et subordonné du vicaire perpétuel du Chapitre; mais, si le lecteur veut bien parcourir avec moi les *Actes capitulaires,* il saura mieux encore ce qu'était « *un curé de la Majestat Saint-André au* XVIIᵉ *siècle.* » Autant que possible, je citerai le texte même des actes, afin de conserver à ce petit tableau la couleur du temps.

(1) Les autres cures unies au Chapitre Saint-André, dans la ville de Bordeaux, étaient les cures de Saint-Pierre, de Sainte-Colombe, de Saint-Siméon, de Saint-Éloi, de Saint-Projet et de Sainte-Eulalie. Lorsqu'une de ces cures venait à vaquer, le Chapitre, ou plus exactement le chanoine qui était de semaine, la pourvoyait d'un titulaire que l'on désignait sous le nom de vicaire perpétuel. On l'appelait *vicaire,* parce qu'il exerçait les fonctions curiales à la place du Chapitre qui retenait le titre de *curé primitif* et les gros fruits du bénéfice, se contentant, en général, d'assigner au vicaire une portion congrue; *perpétuel,* parce que ces vicaires étaient inamovibles et révocables seulement dans certains cas déterminés par le droit, différant en cela des vicaires *temporaires,* qui étaient chargés pour un temps de desservir une paroisse, et qui pouvaient être révoqués *ad nutum.* En 1647, les vicaires perpétuels dépendant du Chapitre Saint-André ayant pris le titre de *curés* dans les permissions, attestations et autres actes qu'ils donnaient par écrit, le Chapitre leur défendit de prendre d'autre qualité que celle de *vicaire perpétuel,* « à telles peines que de droit. » (*Actes capitulaires,* jeudi 23 mai 1647.)

« Le vicaire perpétuel n'est point chanoine. Il a sa place au bas
du chœur » (26 juillet 1696), c'est-à-dire « dans les basses formes, à
la tête des prébandiers » (16 juillet 1748), et immédiatement après
« l'Aumosnier qui a la cure de Cestas, à deux lieues de la ville, et
qui néantmoins, pour faire sa résidence à sa cure, n'a pas coutume
de venir en cette église (1). » Cependant, le vicaire du Chapitre n'a pas
le droit de porter l'aumusse, bien que « les autres vicaires perpétuels
des paroisses de cette ville la portent, du consentement exprès du
Chapitre (2), d'une couleur, à la vérité, bien différente de celle des
chanoines, ne leur étant permis de porter d'aumusse que de peau de
veau et de chevreau » (26 juillet 1696). Encore y a-t-il une différence
dans la manière de la porter. « Sur la requeste présentée par maistre
Jehan de La Chiesse, vicaire perpétuel de Saint-Éloi, tendant aux
fins de porter l'aumusse dans ladite église et chaire d'icelle, le
Chapitre permet audit La Chiesse, et aux vicaires perpétuels des
églises de Bordeaux dépendant du Chapitre, de porter sur le bras
l'aumusse faite de peaux de chevriers rouges et doublées de peaux
d'aigneaux ou chevreaux noires, sans qu'ils la puissent porter sur la
teste » (27 novembre 1601). Cette dernière manière de porter l'aumusse
était, en effet, propre aux chanoines. « Suivant les ordonnances précédentes, et aux peines portées par icelles, tous Messieurs, en célébrant
la grand'messe les jours de dimanche et autres fêtes de commandement, porteront l'aumusse sur la tête, suivant la coutume ancienne »
(16 décembre 1608).

La partie de la cathédrale laissée au curé de Saint-André pour
l'exercice de ses fonctions curiales était la « chapelle de Saint-
Martin » (14 août 1625) « qui est dans les ailes du chœur, et que le
Chapitre lui a assignée à cet effet » (16 juillet 1748). Il lui « est
enjoint de dire chaque dimanche la messe paroissiale, faire le prône,
et publier tous mandemens, annonces, mariages, qui lui seront présentés, comme aussi de se faire assister à la messe et aux baptêmes
par un clerc portant surplis » (11 mars 1627); mais « il n'est ni dans
le droit, ni dans l'usage de se servir de la chaire du Chapitre pour

---

(1) Lopès, L'Église métropolitaine... Saint-André; Bordeaux, 1668, in-4°, p. 319.

(2) « Les chanoines sont en droit, possession et usage de porter l'aumusse, non
seulement dans toutes les églises de la ville, mais même dans toutes celles du diocèse, lorsqu'ils y vont comme particuliers ou députés pour faire quelque fonction.
Comme aussi pas un chanoine des églises collégiales ou d'abbaye séculière ou régulière ne peut porter l'aumusse dans l'église métropolitaine, ni dans les autres de la
ville, sans une permission expresse du Chapitre. » (Actes capitul., 3 février 1719.)

faire ses instructions ; il n'a pas même de chaire particulière à cette
fin ; et il paroit *même* qu'il n'y a jamais eu de dispute à ce sujet »
(16 juillet 1748) : argument tout à fait décisif dans la matière.

On sera moins étonné de l'exiguïté du local accordé aux paroissiens
du curé de Saint-André pour l'exercice du culte, lorsqu'on saura que
« la paroisse du vicaire perpétuel de l'Église métropolitaine Saint-
André de la ville de Bordeaux est d'une très petite étendue, n'y ayant
que trois ou quatre maisons, auprès de l'église, qui en dépendent »
(26 juillet 1696). Le successeur d'Amelin dans la cure de la Majestat,
à la date du 27 avril 1703, déclarait son « détroit si petit » qu'il
n'avoit « que cent cinquante communians ou environ. »

Un ministère, déjà si restreint au point de vue du territoire, l'était
encore sous le rapport des sujets qui y avaient leur habitation. « Les
sacremens sont administrés aux dignités, chanoines et autres titulaires de l'église par les députés du Chapitre ou autres prêtres
approuvés, le vicaire perpétuel n'ayant aucun droit, ni possession de
les administrer aux uns ni aux autres, et ne retirant aucun émolument des fonctions curiales qui se font par le Chapitre ou ses députés »
(26 juillet 1696). Ce droit du Chapitre va même encore plus loin : car
« il administre par ses députés les sacremens aux chanoines et autres
bénéficiers et habitués de ladite église » lorsqu'ils sont « malades, en
quelque part de la ville qu'ils se trouvent, même dans le territoire de
l'église collégiale (Saint-Seurin), et en cas qu'ils viennent à y mourir,
il fait la levée du corps, sans que les curés ou chapitre de la collégiale
s'en mêlent aucunement » (15 mai 1704). En un mot et en style juridique, le Chapitre a, en quelque sorte, un droit *réel* sur la *personne* de
ceux qui font partie *essentielle* ou *naturelle* de son corps.

La principale et plus importante fonction du curé de la Majestat
consiste dans l'administration du saint baptême. « Il y a treize
paroisses dans la ville, et il n'y a de fonts baptismaux que dans
Saint-André et dans l'église paroissiale de Sainte-Croix de la même
ville. Le vicaire perpétuel de Saint-André administre le sacrement de
baptême à tous ceux qui se présentent, » ou sont présentés, pour le
recevoir. « Toutes les chandelles provenant des baptêmes, même (du
baptême) des enfants nés dans la paroisse, sont à la fabrique de
l'église, dont les revenus s'administrent par les soins d'un chanoine
que le Chapitre nomme chaque année. Pour toute part aux chandelles,
le vicaire perpétuel a vingt-quatre livres en argent ou vingt-quatre
livres de cire, à son choix, qu'il reçoit du chanoine fabriqueur. Il n'a

aucune portion congrue, ni prémice; tout son revenu consiste au
point du chœur des choristes, — où il a sa présence comme un d'eux
en servant, à moins qu'il ne soit occupé à ses fonctions curiales, —
et dans l'honoraire qu'on lui donne en argent, aux baptêmes, étant
d'usage que le parrain et la marraine donnent l'un à *(sic)* l'autre
quelques pièces d'argent. Il jouit du droit d'expédition des extraits
baptistaires, dans lesquels il se donne la qualité de *Curé de la Majestat
Saint-André,* ainsi que dans tous les autres actes qu'il signe, dans
lesquels le Chapitre n'est présent, ni par lui (même), ni par ses commissaires, auquel cas il (le curé de la Majestat) n'a que la qualité de
vicaire perpétuel. Le Chapitre lui donne la rétribution pour sa messe,
lorsqu'il la dit, à l'exception de celles qu'il dit pour sa paroisse. Il
jouit d'une maison presbytérale qui, outre son logement, lui donne
quelque revenu. » (26 juillet 1696.)

La plupart de ces dispositions étaient contenues dans la déclaration
donnée, juste un an auparavant (26 juillet 1695), par le curé de la
Majestat, lequel s'exprimait ainsi : « Je soussigné, recteur de la
Majestat Saint-André de Bourdeaux, déclare n'avoir ni portion congrue, ni pension, ni revenu fixe, mais seulement le simple casuel des
baptêmes, n'ayant que très rarement et par hasard des mariages ou
des mortuaires, toutes les maisons de ma paroisse étant canoniales et
mon détroit trop petit, n'y ayant qu'un seul clerc tonsuré qui ne soit
titulaire ou officier du Chapitre, lequel s'appelle M. de Lavigerie, fils
de famille et mineur, la légitime duquel ne m'est pas connue. Fait à
Bourdeaux, ce 26 juillet 1695 ; *Rest,* recteur de la Majestat Saint-
André de Bourdeaux (1). »

On a vu plus haut que, en 1696, la part revenant au curé de Saint-
André sur les *chandelles* données aux baptêmes administrés par lui
était fixée à vingt-quatre livres en cire ou en argent. Il n'en était
probablement pas de même en 1603 ; car ce qui devait lui « être donné
pour faire sa charge » fut alors l'objet d'un débat fort sérieux entre
le Chapitre et le vicaire perpétuel, nommé Thomas Lissac (2), lequel
porta l'affaire devant le Parlement. Appelé à donner son avis sur « la
requête présentée à ladite Cour par ledit Lissac le 21 août » (1603),
le Chapitre répondit par une consultation insérée dans ses *Actes.*

---

(1) Archives de l'archevêché, autographe.
(2) Thomas Lissac, fils de Gaudence Lissac, naquit à Saint-Angel, au diocèse de
Limoges, aujourd'hui de Tulle, et fut tonsuré, le 10 juin 1568, par Henri de La
Marthonie, évêque de Limoges.

Elle est une description trop curieuse des mœurs canoniales de ce temps-là, pour que je ne la reproduise pas à peu près intégralement.

Le Chapitre dit donc, pour ce qui regarde « les considérations mentionnées en la requête dudit Lissac, qu'il ne lui peut être dû aucune portion des chandelles, comme aussi ses prédécesseurs n'en ont jamais eu ; car en ce qui concerne l'administration des sacrements à ceux qui sont dans le détroit de la vicairie du sieur Lissac, sa vicairie perpétuelle est de si petite étendue, qu'il est fort rarement occupé à porter le saint Sacrement aux malades de sa paroisse, n'ayant pour tous paroissiens que la maison de l'archevêque, et une ou deux autres au plus joignant la sienne, tout le surplus de la Sauveté et cloistré Saint-André étant de la paroisse de Notre-Dame de la Place ; il est vrai que, depuis quelques mois, à cause de l'union faite de ladite paroisse de Notre-Dame de la Place à l'Église Saint-Projet, le Chapitre lui (avoit) donné charge d'administrer les sacremens aux serviteurs et domestiques des doyens et chanoines demeurant en la Sauveté ; mais avec tout cela (!) ledit Lissac n'a été occupé que deux fois seulement à porter le saint Sacrement depuis deux ans et demi qu'il est pourvu dudit bénéfice, et les chandelles qui sont offertes aux baptêmes ne sont propres pour ce regard ; d'autant qu'elles ne pourroient être portées allumées hors ladite église, et faut, pour ce regard, se servir de flambeaux, lesquels ordinairement sont fournis par ceux qui emploient ledit Lissac, et qui demandent que le saint Sacrement soit porté ; et en leur défaut ledit Lissac en trouvera en la trésorerie de ladite église.

« Quant au second point de la requête, concernant le renouvellement du Saint-Sacrement, il n'est aussi besoin bailler aucunes chandelles audit Lissac, d'autant que le Chapitre a pourvu que le Saint-Sacrement sera renouvelé tous les dimanches au grand autel par celui qui dira la grand'messe. Pour la célébration des messes particulières, ledit Lissac, qui est du bas chœur, se devroit contenter comme les autres habitués en icelle, tant du haut que du bas chœur, auxquels le Chapitre fournit ornements, calices, hosties, vin et bougie pour la célébration des messes particulières ; que si quelqu'un a volonté d'avoir chandelles, c'est aux dépens d'un chacun. Quant à la bénédiction de l'eau, ledit Lissac la doit faire tous les samedis avant vêpres ; mais il faut si peu de temps à cette cérémonie, qu'il ne devroit mettre cela en compte, étant certain qu'une chandelle de demi quart de livre serait suffisante pour toute une année.

« Pour le cinquième, qui est pour dire son office, ledit Lissac étant le premier du bas chœur et prenant les distributions ordinaires et extraordinaires comme les autres, est obligé de se trouver au chœur à Matines et autres heures canoniales pour dire son office, dans lequel, quand il est besoin de luminaire, le secrestain de la dite église est tenu d'en fournir; au moyen de quoi si ledit Lissac veut faire son devoir, il lui est satisfait pour ce regard entièrement. S'il n'assiste au service, les jours sont assez grands pour dire son office sans chandelle, et quand il le voudra dire de nuit en sa maison, il n'est pas raisonnable que les chandelles destinées pour le luminaire de l'église et pour le service public en icelle, lui soient baillées pour ses usages privés et particuliers.

« Quant au sixième article concernant les chandelles qu'il demande pour fournir aux baptêmes des enfants pour lesquels on ne porte point de chandelles, cela ne doit venir en aucune considération, d'autant que c'est chose qui n'arrive que rarement; car, quoi qu'il die, il n'y a si pauvre qui ne porte chandelle d'une façon ou d'autre, sinon que ce soit quelque mendiant, ou femme accouchée à l'hôpital, ou enfant exposé; encore ceux qui procurent le baptême y pourvoient d'ordinaire. Il n'y a non plus d'apparence que les chandelles des baptêmes lui servent pour venir de son logis à l'église, quand il est appelé la nuit pour faire quelque baptême, ce qui advient fort peu souvent. d'autant qu'en ce cas il faut qu'il se serve de chandelle ordinaire.

« Néanmoins, » — car le Chapitre veut être conciliant et il se croyait sans doute généreux, — « ledit Chapitre est d'avis, sous le bon plaisir de la Cour, que pour satisfaire et donner quelque contentement audit Lissac, ledit secrestain ou ses commis baillent tous les mois audit Lyssac quatre chandelles de cire jaune ou blanche, telles qu'elles seront offertes aux baptêmes; et parce que communément, les chandelles qui sont offertes sont du poids de demi livre, que lesdites chandelles soient de ce poids, déduit ce qui pourra avoir été consumé de ces chandelles pendant la célébration du baptême; lesquelles chandelles seront délivrées audit Lissac par le secrestain ou ses commis, chaque premier jour du mois, à l'issue de la grand'messe, en présence de celui qui aura présidé au chœur ledit jour, pour faire cesser les contestations qui pourroient advenir sur la délivrance des dites chandelles; et moyennant ce, commandement et défense doivent être faites audit Lyssac de retenir aucunes chandelles par ses mains, suivant les arrêts du 27 avril 1575. »

Quels hommes avisés et profondément *pratiques,* que ces chanoines de 1603, et quel heureux temps que celui où la question de quelques onces de chandelle occupait et peut-être passionnait un Chapitre, un Parlement, la population d'une ville, autant et plus que ne ferait de nos jours la question d'Orient ou celle de Tunisie! Quoi qu'il en soit d'ailleurs, la demande faite en justice par le vicaire perpétuel prouve au moins que celui qui plaidait ainsi, non pas, à la vérité, *pro focis,* mais *pro luminibus,* n'était pas, — on me permettra ce mauvais jeu de mots, — n'était pas, dis-je, dans une position bien *brillante.* Assurément, il y a aujourd'hui en France plus d'un succursaliste, même en dehors de nos grandes villes, qui, s'il ne considérait que ses intérêts humains, refuserait d'échanger son poste contre celui de l'ancien curé de l'église Cathédrale et Métropolitaine, ou Majestat de Saint-André de Bordeaux. On n'y trouvait à gagner ni beaucoup d'honneurs, ni beaucoup d'argent. Et cependant ceux qui le remplirent furent parfois des hommes de grand mérite, des écrivains estimables, des Docteurs en Théologie, et des Docteurs formés à l'école et aux rudes exercices de nos anciennes universités.

Amelin fut tout cela. Deux ans après sa nomination à la vicairie perpétuelle de Saint-André, Henri de Béthune, archevêque de Bordeaux, le *continuait* dans les fonctions d'*examinateur* de sa congrégation (septembre 1655), et Amelin ajoutait à cette qualité celle de *substitut du promoteur,* lorsque, dix ans après, il signait avec tous ses collègues le Formulaire d'Alexandre VII. Dans la souscription qu'il donna séparément au même Formulaire, il se dit *Docteur en Théologie,* ainsi que dans l'ouvrage qu'il publia en 1668, sous ce titre : *Éloges du Sainct-Sacrement et de la Sainte Vierge, disposez en méditations pour tous les jeudys et samedys de l'année, par Mre Jean Amelin, prestre, Docteur en Theologie et Curé de la Majestat de l'Église Métropolitaine et Primatiale Saint-André de Bourdeaux* (1). Ces divers éloges sont disposés par ordre alphabétique, et, à la fin de chacune des deux parties, l'auteur les résume, sous forme de *Bouquet spirituel,* en

(1) A Bourdeaux, par G. de La Court, imprimeur de Monseigneur l'Archevêque ; 1668, in-12 de 186 pages pour la première partie, et de 182 pour la seconde, sans les liminaires, avec cette épigraphe : « *Christus carne cibat, Virgo nos ubere lactat.* » L'ouvrage est approuvé par Fonteneil, grand archidiacre (27 octobre 1667) ; par Michel de Camain, théologien de la Compagnie de Jésus, Docteur Regent en l'Université de Bordeaux ; François Cosso, aussi théologien de la même Compagnie (25 octobre 1667) ; et enfin par Henri de Béthune (20 novembre 1667), archevêque de Bordeaux.

quelques vers français qui valent mieux que sa prose (1). Pour donner
un échantillon de celle-ci, je citerai quelques passages de la dédicace
du livre, où l'on rencontre quelques détails historiques intéressants.
L'auteur s'adresse à Henri de Béthune, archevêque de Bordeaux et
Primat d'Aquitaine, et il s'exprime en ces termes :

« S'il n'est jamais permis d'exposer le Saint-Sacrement sur un
autel à la vue du peuple sans un ordre exprès de son prélat, bien
que, par ma charge, je sois en droit de porter cet auguste mystère
jusque dans votre Palais archiépiscopal, de le recevoir même assez
souvent, et de le remettre en vos sacrées mains dans nos plus saintes
cérémonies, j'ai cru que je ne pouvais, ni ne devais l'exposer à la vue
de tous les siècles, sous tant d'éloges, comme en autant de soleils,
sans demander le congé et la protection de Votre Grandeur, pour
mettre de nouveau en lumière ces noms adorables du Très Saint-
Sacrement de l'Autel et des titres vénérables de la Mère de Dieu. Je
ne pouvais moins faire que d'employer le nom de votre illustre famille
et l'éclat de votre dignité, puisque nous vous vénérons comme le
premier ministre de l'Eucharistie en cette province, élevé depuis plus
de trente-huit ans au sommet du Sacerdoce (2), où, parmi les grands
sacrificateurs, vous faites dans un degré plus éminent que le commun des prêtres, de votre sacrée bouche, sur les autels, celui-là
même que Notre-Dame conçut dans son sein virginal.

« Ce petit ouvrage que je viens de composer à l'ombre de votre
palais (3), aux heures que les affaires de vos Cours ecclésiastiques et

(1) Voici les premiers vers du *Bouquet spirituel à la Sainte Vierge, composé
de ses éloges :*

Nous vénérons de cœur vos grandeurs non pareilles,
Arche du Dieu vivant, *Abîme* de merveilles,
Aurore du grand jour, la *Bouche* des savants,
Imprenable *Château, Couronne* des vaillants,
Colombe sans nul fiel, *Directrice* des âmes,
Dame de la pitié et la Dame des Dames, » etc.

(2) Henri de Béthune fut sacré évêque de Maillezais, diocèse de la province ecclésiastique de Bordeaux, le 6 janvier 1630. Il y avait donc bien, en 1668, trente-huit
ans qu'il était « élevé au sommet du sacerdoce. »

(3) Le palais archiépiscopal était alors contigu à la cathédrale, « appuyé contre la
face latérale nord de l'église Saint-André, à l'ouest de l'ancienne porte royale, con-
tournant l'angle nord-ouest » (Lamothe, *Compte-rendu des travaux de la Commission des monuments historiques de la Gironde, pendant l'année 1848-1849,*
p. 14), tel que le décrivait Lopès (*L'Église métropolitaine Saint-André,* in 4°,
p. 28, 29) l'année même (1668) où Amelin écrivait sa dédicace, tel enfin que l'a représenté M. Leo Drouyn (*Archives historiques de la Gironde,* t. VIII, p. 463, 464),
d'après un plan de 1672.

mes fonctions m'ont donné quelque relâche, est sur le point de sortir et de rentrer; de sortir du cabinet d'un Théologien pour paraître en public, et de rentrer d'abord dans les oratoires des mystiques. Il ne fera jamais la première démarche sans votre licence, puisque vous êtes ici notre premier Docteur et le juge nécessaire des matières de foi et de piété, à qui il appartient de confirmer les vérités, de condamner les erreurs, de retrancher le superflu, et d'ajouter ce qui manque, ou pour la doctrine ou pour les mœurs. Pour rentrer dans le cabinet mystique de l'oraison, il implore le secours de vos bons exemples et de vos bénédictions, afin qu'il soit utile aux vrais adorateurs du Saint Sacrement et aux dévots de la Sainte Vierge...

« Si ce petit travail réussit, vous verrez, Monseigneur, qu'avoir soin du bien public de votre clergé et de procurer la gloire de Notre-Seigneur, ou dans ses Mystères ou dans le culte de sa Mère, ne sont pas des choses incompatibles dans un même sujet, puisque, depuis quelques années, je vaque au premier autant que je puis et en la manière qu'il plaît à Votre Grandeur, et que je me sens obligé au second office par mon caractère et par ma vocation qui m'a attaché au sanctuaire de cette grande église (qui est la première de votre diocèse et de votre province), où le Saint-Sacrement ne fut jamais plus adoré, ni la Vierge plus honorée qu'elle est à présent dans sa dévote chapelle de la Nef. Quand je ne ferois autre chose que de mettre un peu de bois au feu de ces deux grandes dévotions, qui sont comme les deux grands luminaires du monde mystique, je demeure pleinement satisfait. »

Amelin n'était pas seulement auteur, il était encore censeur et approbateur d'ouvrages. Le 26 janvier 1662, il avait approuvé la *Réfutation du livre d'Asimont, ministre de la religion prétendue réformée à Bergerac, par Jean Chivon, prêtre et bachelier en Théologie;* et le 26 juillet 1672, il donna également son approbation à un livre du P. Anselme Buatié, religieux récollet, qui appartenait à une bonne famille de Bordeaux (1).

---

(1) *Exercices spirituels pour la retraite de huit jours, contenant vingt-cinq méditations composées par le Père Anselme Buatié, prédicateur Recolé de la province de Guyenne;* à Bourdeaux, par G. de La Court (sans date), in-8° de 400 pages sans les liminaires. — Le P. Anselme Buatié ne figure pas dans la *Bibliotheca universa Franciscana,* non plus que François Buatié, auteur de l'ouvrage intitulé: *Paraphrase choisie entre les pensées des Pères de l'Église sur le Miserere, par le R. P. François Buatyé, Lecteur de la Sacrée Théologie, et ancien custode de la province des Recollets de Guyenne;* à Bayonne, chez P. Fauvet 1707, in-8° de 272 pages. — Anselme et François étaient frères. « De sept enfants

Vers la fin de l'année 1688, le vicaire perpétuel de Saint-André, sentant probablement ses forces décliner, — il avait alors soixante-quinze ans, — donna sa démission en faveur de Giraud Rest, prêtre du diocèse d'Agen, bachelier en théologie, et déjà prébendier de l'Église Saint-André de Bordeaux. Les lettres de provisions, expédiées de Rome en date du 27 novembre 1688, furent visées par l'archevêque de Bordeaux le 8 janvier 1689. Dès le lendemain, qui était un dimanche, Rest, après avoir été annoncé, comme successeur d'Amelin, au Chapitre assemblé dans la salle capitulaire, entra « revestu d'un surplis, attendu qu'il était déjà bénéficier dans cette église, » et il fit le serment ordinaire (1).

Amelin vécut encore près de quatre années qu'il employa à se préparer à la mort. Il mourut effectivement le 6 août 1692. Sa sépulture eut lieu le lendemain, et dans l'acte qu'il en rédigea, son successeur, qui avait pu le connaître et apprécier son mérite, inséra un éloge qui, pour être court, n'en est pas moins complet. Voici l'acte entier, tiré du *Livre des baptêmes et sépultures de l'Église Saint-André,* déposé aux archives municipales de Bordeaux :

« Du jeudy, 7 août 1692. — Mr Me Jean Amelin, prêtre, Docteur en Théologie, et ancien curé de la présente Église, decedé dans la communion des fidelles, muni de tous les sacremens, âgé de septante-huit ans et onze mois, ayant dignement rempli cette cure pendant trente et cinq ans, a été enseveli dans cette église au milieu de la nef, entre les fonds baptismaux et la chapelle de Nostre-Dame (2). L'office a esté fait par Mr Me René de Pontac, chanoine de céans, docteur de Sorbonne. — REST, *curé de la Majestat Saint-André.* »

qu'ils étaient, l'aîné mourut en odeur de sainteté dans l'Ordre des Minimes, deux (Anselme et François) servirent Dieu dans l'Ordre des Récollets, un autre dans celui des Feuillants, l'aînée des filles se fit carmélite *(Lettre nécrologique de la mère Marie-Angélique Buatié);* enfin Marie-Angélique Buatié entra au couvent de la Visitation Sainte-Marie de Bordeaux, où elle mourut le 2 janvier 1704, âgée de soixante-treize ans, dont cinquante-quatre passés en religion, parmi les sœurs choristes.

(1) *Actes capitulaires de Saint-André,* 9 janvier 1689.

(2) Quelques lignes de Lopès serviront à délimiter cet emplacement. « Au milieu de la Nef, » dit-il, « et contre la muraille du cloistre, est la chapelle de Notre-Dame. Du mesme costé, tirant vers le chœur, ont esté elevez deux autels, l'un soubs le nom de Saint-Jean-l'Évangéliste, l'autre [sous celui] de Sainte-Anne... Vis-à-vis de cette chapelle de Nostre-Dame, est une grand porte de l'Église, qu'on nomme la Porte royale... Dans la même Nef, vis-à-vis de la chapelle Saint-Jean, sont placez les fonts Baptismaux. » *(L'Église métropolitaine Saint-André,* in-4°, p. 26, 27.)

IX

LOUIS BONNET

(1604-1650)

Louis Bonnet était fils d'un ancien secrétaire du prince de Condé, gouverneur de Guyenne. — On sait qu'il naquit à Poitiers; mais en quelle année? Est-ce, comme on le dit communément, vers « 1595? » Louis Bonnet fournit les éléments de la réponse dans sa déposition touchant la vie et les mœurs de Jean-Jacques de Mullet, dont nous avons parlé dans notre notice sur Lancelot de Mullet; car, avant de la signer, il a lui-même rempli l'espace laissé en blanc par le secrétaire pour indiquer l'âge du témoin, et, de sa propre main, devant les mots, *annos natus,* il a écrit très nettement et très lisiblement le nombre « 43. » C'était au mois d'août 1647: ce qui oblige à placer la naissance de Louis Bonnet en 1604, et réduit la durée de sa vie à quarante-six ans au lieu de cinquante-cinq, sa mort étant arrivée à la fin de l'année 1650.

Il fut admis dans la congrégation de l'Oratoire, nous ne savons en quelle année; « mais, » dit D. Devienne, « ne trouvant point dans cette congrégation ce qui convenoit à son caractère, il la quitta, et vint offrir ses services au *cardinal* de Sourdis. Il entra dans les démêlés de cet archevêque avec le Parlement, et publia divers écrits dans lesquels il avançoit des propositions contraires à l'autorité royale, et qui furent jugées scandaleuses et séditieuses » (1). De ces deux assertions également dénuées de preuve, la seconde paraît peu vraisemblable, et la première est absolument fausse. En effet, le cardinal de Sourdis mourut le 8 février 1628 (2); Louis Bonnet avait alors tout au plus

(1) D. Devienne, *Histoire de la ville de Bordeaux,* t. I, p. 434.
(2) Et non 1629, comme une erreur de typographie le fait dire à M. J. Delpit. (*Un curé Bordelais; recueil de Mazarinades publiées sur Louis Bonnet, Curé de Sainte-Eulalie de Bordeaux;* Sauveterre-de-Guyenne, 1881, in 8°, p. 92.) A la page 136 de ce volume, il y a également une autre très légère faute d'impression, qui probablement existait déjà sur le premier imprimé. L'auteur de l'*Apologie*

vingt-quatre ans : or, employer pour une pareille lutte un tel auxiliaire, c'était, à la vérité, opposer au Parlement un champion bien
précoce sans doute, mais aussi bien jeune (1). D'un autre côté, les
listes de l'ancien Oratoire nous montrent, en l'année 1641, le P. Bonnet
à la tête de la maison de Marseille, avec le titre de supérieur, et par
conséquent, de membre de la congrégation (2). Comment d'ailleurs
en douter devant la pièce autographe que le R. P. Ingold vient de
découvrir? C'est une attestation de prix donné à un élève de troisième
du collège de Marseille, le 10 septembre 1642; elle est écrite en
entier de la main du P. Bonnet; au commencement, il y prend le
titre de *moderator collegii Massiliensis,* et à la fin celui de « *presbyter
orat. Dni Jesu.* » On lit également cette même qualification, « père de
l'Oratoire de Jésus, » au bas d'une lettre, écrite, en 1641, par le
P. Bonnet, à Henri de Sourdis, archevêque de Bordeaux, alors retiré
« dans les Jésuites de Carpentras (3), » à cause de la disgrâce qu'il
avait encourue après la défaite, devant Tarragone, le 21 août 1641,
de la flotte qu'il commandait (4).

pour le Parlement de Bordeaux, citant un mot d'un célèbre docteur de Sorbonne,
dit cette « parole digne certainement de la Chaise où il parle avec tant d'approbation. » Cette majuscule du mot *chaise* pourrait, en effet, dérouter le lecteur qui,
à ce moment, aurait oublié le vers de Martine dans les *Femmes savantes* (Acte V
scène IV) :

> Les savants ne sont bons que pour prêcher en *chaise,*

et la note d'Auger sur ce vers : « *Chaise* n'est point une erreur de Martine. Autrefois on appelait ainsi ce que nous nommons aujourd'hui *chaire,* on disait: *une
chaise de prédicateur,* de régent. »

(1) On m'objectera peut-être que, dès 1628, Louis Bonnet, publiait, à Paris et en
latin, un éloge funèbre de Marguerite Veny d'Arbouze, abbesse du Val-de-Grâce,
morte le 17 août 1626. Je réponds en demandant si Louis Bonnet, de l'Oratoire,
était, en 1628, avocat au Parlement de Paris; car telle est la qualité que prend
l'auteur de cet écrit dont le titre est indiqué beaucoup trop sommairement par la
Bibliothèque de la France (t. I, n. 14798), mais que je donnerai ici en entier,
d'après l'exemplaire de la Bibliothèque Nationale (Ln²⁷, n. 524) : *Beatæ Marga-
ritæ Arbouziæ à Sanctâ Gertrude Vallis Gratiæ et aliarum cœnobiticarum
familiarum Restauratricis Panegyricus. Illustrissimo D. D. Michaeli Marillaco
summo Galliarum Jurispræfecto et nomophylaci inscriptus; authore Ludovico
Bonnet,* IN SUPREMA PARISIENSI CURIA PATRONO : *Parisiis, apud Joannem Moreau,
viâ Jacobeâ, sub signo Globi cælestis ;* 1628, in-12 de 165 pages, avec portrait de
Marguerite d'Arbouze. Le permis d'imprimer est daté du mois d'avril 1628.

(2) Ici et plus loin, tout ce que je tire des archives de l'Oratoire, je le tiens du
R. P. Ingold, qui vient de nous donner la fin, si impatiemment attendue, de son
Essai de Bibliographie Oratorienne.

(3) Lettre d'Henri de Sourdis à Charpentier, secrétaire du cardinal de Richelieu,
du 24 septembre 1641. Cf. *Archives historiques de la Gironde,* t, II, p. 215.

(4) *Correspondance de Henri d'Escoubleau de Sourdis, archevêque de Bor-*

Cette lettre de l'oratorien à l'archevêque de Bordeaux témoigne, comme l'a fort bien dit M. J. Delpit, « de la confiance de celui-ci et du dévouement de celui-là. » Le P. Bonnet y dit qu'il préfèrera toujours « à toutes sortes d'emplois, l'honneur du service » de l'archevêque. Aussi Henri de Sourdis se l'attacha-t-il en lui donnant la cure ou vicairie perpétuelle de Sainte-Eulalie de Bordeaux, vacante par la mort ou par la résignation de René Morin, qui avait succédé au P. Jean-Baptiste Gault, lorsque celui-ci fut nommé évêque de Marseille. C'est au mois d'avril 1643, que Louis Bonnet prit possession de sa cure (1).

La paroisse Sainte-Eulalie dépendait du Chapitre métropolitain, et par conséquent le vicaire perpétuel devait, d'après le droit ou d'après les usages, « faire apparoir au Chapitre de ses provisions, et prêter le

---

deaux ; Paris, 1839, t, III, p. 66-68. Dans le texte, l'éditeur a placé la lettre du P. Bonnet entre deux lettres, dont l'une est du 19 septembre, et l'autre du 29 septembre 1641 ; mais à la *Table chronologique* (p. 567), il la date du 21 novembre.

(1) C'est une erreur commune, mais néanmoins une erreur, de regarder l'oratorien Louis Bonnet comme le successeur *immédiat* de l'oratorien Jean-Baptiste Gàult dans la cure de Sainte-Eulalie. Au reste, il règne, dans tout ce que l'on a écrit sur la vie de l'un et de l'autre à Bordeaux, beaucoup de vague et de confusion sous le rapport chronologique. Voici quelques dates authentiques qui serviront à préciser les faits et à rectifier ce qui serait en opposition avec elles.

Le 4 août 1634, J. B. Gault est nommé curé de l'église Saint-Symphorien de Cussac et de Sainte-Gemme, son annexe, situées dans l'archiprêtré de Moulis ; mais le 10 septembre de la même année, on lui confère la cure de Sainte-Eulalie, vacante par la résignation de Pierre Frapereau, chanoine prébendé de l'église Saint-André de Bordeaux, qui accepte en échange ladite cure de Saint-Symphorien et de Sainte-Gemme.

Eustache Gault, frère de Jean-Baptiste et oratorien comme lui, est nommé à l'évêché de Marseille au mois de mars 1639, et meurt à Bazas le 13 mars 1640, sur les trois heures de l'après-midi.

La même année 1640, Jean-Baptiste Gault est appelé par le roi à succéder à son frère ; il signe les registres de sa paroisse jusqu'au sept février de la même année : puis il quitte sa cure, et par des missions faites à la campagne, par des pèlerinages et une retraite de plusieurs semaines dans une solitude, il se prépare à son sacre qui eut lieu à Paris, le 5 octobre 1642.

René Morin, prêtre du diocèse de Poitiers, licencié ès-décrets, est pourvu de la cure de Sainte-Eulalie par bref daté de Rome le 22 juillet 1640, et visé à Bordeaux le 20 novembre suivant. Sa signature sur les registres va du 22 novembre 1640 au 13 juin 1642.

Louis Bonnet obtient pour la même cure des lettres en date de Rome, *quarto calendas aprilis, anno quarto,* c'est-à-dire 29 mars 1643, et l'on voit son nom figurer au bas des actes de mariage et de décès, le 19 avril 1643 pour la première fois et le 24 novembre 1650 pour la dernière.

serment accoutumé (1). » Cependant, le mardi 14 avril 1643, en séance capitulaire, le promoteur du Chapitre Saint-André disait avoir été averti que « M° Louis Bonnet, prêtre de l'Oratoire, s'est ingéré depuis trois semaines ou environ, à faire les fonctions de vicaire perpétuel de Sainte-Eulalie, » sans avoir rempli aucune de ces formalités. De plus, le promoteur se plaignait que le même L. Bonnet n'eût pas assisté, ainsi qu'il y était obligé, à la procession que le Chapitre avait faite le dimanche précédent, pour obtenir de Dieu la cessation de la peste qui désolait Bordeaux. Il fut donc ordonné par le Chapitre que le nouveau curé serait cité à comparoir le jeudi 23 du même mois d'avril ; mais le coupable fit défaut ce jour-là, aussi bien que le 30, jour qui avait été fixé le 23, pour la comparution.

Avant même d'avoir rendu compte au Chapitre de ces deux premiers péchés d'*omission*, L. Bonnet se rendait coupable d'un péché de *commission*. A la procession des Quarante-Heures, qui eut lieu au commencement du mois de mai suivant, il osa entrer dans le chœur de Saint-André, étant revêtu de l'étole ! Ajourné pour le mardi 12 mai, il fit encore défaut, fut condamné à donner vingt-cinq livres pour la nourriture des pauvres de l'hôpital Saint-André, et assigné à comparaître au premier Chapitre, assignation qui, comme les précédentes, demeura sans effet.

L'année suivante 1644, le P. Bonnet retomba dans un péché semblable, mais avec circonstance atténuante. Le 2 mai, jour des Rogations, le Chapitre s'étant rendu processionnellement à Sainte-Eulalie, il fut reçu, à l'entrée de l'église, par le vicaire perpétuel revêtu du pluvial et de l'*étole,* « quoique, disent les *Actes capitulaires*, il dût porter le pluvial seulement, et que, le chapitre de l'église maîtresse étant son supérieur, il n'ait pas le droit de porter l'*étole* en sa présence. » Le lendemain, il n'assista pas en personne à la procession des Rogations, et ne s'en excusa pas auprès du Chapitre. Pour ces deux motifs, il fut, ce même jour, assigné à comparaître en assemblée capitulaire, le vendredi suivant, 6 mai, à sept heures du matin. Le curé de Sainte-Eulalie répondit en envoyant un acte passé devant notaire, acte que le Chapitre trouva « plein de mépris et irrévérence » et qui le fit persister à exiger que le P. Bonnet comparût en personne.

(1) *Actes capitulaires de Saint-André,* 14 avril 1643. Pour les détails qui suivent, voir ces mêmes *Actes* à la date indiquée dans le texte.

Il était d'usage que les vicaires perpétuels assistâssent aux offices de la Cathédrale, le 27 décembre, fête de saint Jean, apôtre. Selon son habitude, le vicaire perpétuel de Sainte-Eulalie s'en dispensa en 1645 ; mais appelé à rendre raison de sa conduite, contre son habitude, il comparut en Chapitre, le jeudi 4 janvier 1646. « Interrogé par le doyen pourquoi il n'avoit assisté aux offices du jour et fête de saint Jean dernier, il répondit qu'il étoit occupé près la personne de feu M. d'Andrault, Conseiller du Roy en la Cour, qui étoit moribond, et qu'il prioit le Chapitre de l'excuser. » La réponse était bonne : néanmoins elle ne convainquit pas le promoteur, qui représenta, que « ledit Bonnet ne manqueroit jamais de prétexte, soit pour s'exempter de ladite assistance, soit aussi pour ne pas se rendre aux processions ; que celui qu'il alléguoit étoit frivole, attendu qu'il n'y a pas d'apparence qu'il ait été si fort attaché proche le sieur d'Andrault, qu'il n'ait pu assister à l'une des heures de l'office pour le moins, comme ont fait ses confrères ; que d'ailleurs, il y avoit d'autres personnes que lui sur lesquelles il lui eût été facile de se décharger » du soin d'exhorter le moribond. C'est pourquoi le promoteur requit que le vicaire perpétuel de Sainte-Eulalie fût condamné à « assister le jour et fête des Rois prochains en l'Eglise métropolitaine Saint-André ; » ce qui fut, en effet, décidé par le Chapitre, et notifié ensuite par le doyen au P. Bonnet.

On pense bien qu'il n'en tint aucun compte. Il fit plus : le Chapitre avait député ce jour-là, dans l'église Sainte-Eulalie, Étienne Martini, chanoine et « secrestain » de la cathédrale : « En haine de cette ordonnance, » selon les *Actes,* non seulement le P. Bonnet empêcha « la prédication d'être faite, mais encore il monta en chaire, à dessein de faire entendre au peuple que (si elle ne se faisoit pas) c'étoit à l'occasion dudit sieur député, et qu'elle se feroit le lendemain sur la vanité, qui étoit une étrange chose, auroit-il dit ; ce que beaucoup de personnes estimèrent avoir été ainsi dit pour offenser le Chapitre ou son député. » Ici revient la série des actes que nous avons déjà vus : citation à comparaître ; refus de le faire, suivi cette fois de recours au Parlement qui, paraît-il, arrangea cette affaire, la dernière, je crois, de celles que le P. Bonnet eut avec le Chapitre Saint-André. Si, d'une part, celui-ci se montra dans toutes peut-être trop jaloux de ses droits, le P. Bonnet, de son côté, se montra généralement trop peu soucieux de les respecter : en ce sens au moins, il était frondeur bien avant la Fronde.

Il porta le même esprit en chaire et dans ses prédications.

« En l'année 1644, » dit la *Chronique bourdeloise,* « il se meut une contestation entre les prédicateurs qui preschoient pendant le Caresme en cette ville sur le sujet de la fréquente communion, en laquelle ils s'échauffèrent tellement les uns contre les autres que cela émust les esprits des auditeurs, et cuida troubler la tranquillité publique; ce qui obligea Messieurs les Jurats d'en avertir le Parlement afin qu'il y pourveut par son authorité; et neanmoins fut fait deffense tant au sieur Bonnet qui preschoit alors dans l'église Saint-Pierre et qui avoit commencé la querelle, qu'à tous les autres prédicateurs de la ville, de traiter plus cette matière dans leurs chaires, pour ce que tels sermons tendoient à introduire un schisme dans l'Église, et pouvoient causer de grands troubles parmy les habitans et le peuple qui se trouvoit aussi partagé en zèle et devotion, que les docteurs le pouvoient estre en leurs opinions (1). »

Le « sieur Bonnet qui prêchoit alors le Carême dans l'église Saint-Pierre » n'était autre que le curé de Sainte-Eulalie, comme l'affirme en termes exprès un mémoire manuscrit composé cette même année 1644, et que je citerai ailleurs. Dans cette « querelle » qu'il avait « commencée, » le P. Bonnet dut se déclarer pour la doctrine de la *Fréquente Communion,* ouvrage qu'Antoine Arnauld avait publié l'année précédente. Cette présomption, fondée sur l'initiative prise par le prédicateur de Saint-Pierre, est ailleurs confirmée de bien des manières.

Selon un anonyme qui, dans une brochure imprimée à Bordeaux en 1667, disait en avoir été « témoin, » le même sieur « Bonnet, si fameux dedans cette ville, parmy ses belles maximes, prêchoit une église à deux chefs, » c'est-à-dire l'égalité, sous le rapport de l'autorité, de saint Pierre et de saint Paul, doctrine contenue dans la préface du livre d'Arnauld, et condamnée comme hérétique, d'abord par Innocent X le 24 janvier 1647, et ensuite par un décret de l'Inquisition le 29 janvier 1674. Le P. Rapin dit aussi que le curé de Sainte-Eulalie « s'étoit altéré l'esprit des nouvelles opinions (2), » lesquelles avaient d'ailleurs la sympathie de son archevêque; car, il faut bien l'avouer, puisque le fait est constant et public, Henri de Sourdis figure parmi les approbateurs de la *Fréquente* — c'est-à-dire

(1) *Chronique bourdeloise,* édit. de 1672, p. 62.
(2) *Mémoires du P. René Rapin;* Paris, 1865, t. I, p. 292.

rare — *Communion.* Il déclare même avoir jugé ce livre « très utile et très *nécessaire* pour le bien de l'Église, afin que ses enfants puissent connaître et pratiquer ces règles saintes qu'elle leur apprend dans cet ouvrage par la bouche de ses Pères (1). » Cette approbation fut donnée à Paris, le 17 juillet 1643 (2).

La contestation à laquelle le curé de Sainte-Eulalie prit une part active, avait encore un autre objet que j'exposerai ailleurs. Il y porta, paraît-il, un zèle amer, et qui eût compromis le succès d'une meilleure cause. Le P. Batterel le donne clairement à entendre dans un passage de ses *Mémoires manuscrits*, et il montre en même temps que l'on ne doit pas rendre une communauté toute entière responsable des écarts de quelques-uns de ses membres. Après avoir parlé de la circulaire donnée par le P. Bourgoing vers la fin de l'année 1645, et dans laquelle le troisième Général de l'Oratoire adresse des menaces à ceux qui parleraient contre les communautés, le P. Batterel ajoute : « Ce n'était pas là de sa part de vaines menaces. Ayant appris qu'à Bordeaux un Père Bonnet, qui avait succédé au P. Jean-Baptiste Gault dans la cure de Sainte-Eulalie, était pré-

---

(1) L'intendant de l'artillerie au siège de La Rochelle était probablement plus versé dans la science militaire que dans la science théologique, et cette approbation, si toutefois elle est bien son œuvre, en serait une preuve. Tallemant des Réaux, avec cette finesse qui exprime le plus pour faire entendre le moins, dit même que l'Archevêque de Bordeaux « avait appris *un peu* de théologie dans son exil » (*Historiettes* ; Paris, 1840, t. III, p. 118); mais tout le monde sait que Tallemant des Réaux était une mauvaise langue.

(2) Il y a dans la *Préface historique et critique* placée en tête du tome XXVI' des *Œuvres* d'Antoine Arnauld (Lausanne, 1779, pag. XXXV), une note que l'on me permettra de citer ici, à cause de ma sympathie, trop connue peut-être, pour celui qui y est critiqué : « Le sieur Le Clerc, prêtre sulpicien de Paris, a prétendu, dans ses *Remarques sur le Dictionnaire historique* (1718, p. 204), que le nombre des contradicteurs du livre de la *Fréquente communion* étoit plus grand que celui des approbateurs. Pour cet effet, comptant les voix sans les peser, il ne craint pas d'opposer aux plus célèbres (?) évêques de France, approbateurs de ce livre, les Racònis, les Lescots, les Haberts, les Abellys, etc., et jusqu'à des Jésuites. » — Hé oui ! *jusqu'à des Jésuites*, et même jusqu'à des jésuites tels, par exemple, que le savant P. Pétau, pour ne citer que celui-là ! Quand aux évêques, sans perdre le temps à contrôler la *balance* et la *pesée* de l'éditeur janséniste, je me bornerai à faire observer que, dans le plateau où il met les *Habert* et les *Abelly*, il oublie de placer certains évêques dont l'autorité a pourtant quelque poids aux yeux des catholiques, savoir, les évêques de Rome, lesquels, s'ils n'ont pas mis à l'*Index* l'ouvrage d'Arnauld, ont du moins condamné plusieurs propositions qui y sont certainement contenues. Voir, entre autres, les propositions 16, 17, 22, 23, condamnées par Alexandre VIII, le 7 décembre 1690 : elles renferment tout le système du livre de la *Fréquente communion.*

6

cisément dans ce cas, il lui signifia, par deux fois, ordre d'exclusion; ordre motivé du tort qu'il faisait à la Congrégation dans ce pays-là, à cause qu'il était toujours du parti formé, avec aigreur, contre les communautés religieuses, tant en public par ses prédications, que dans ses entretiens privés, et que, sur les diverses plaintes reçues de la part de leurs supérieurs, lui ayant été donné l'option de quitter sa cure, pour rentrer dans quelqu'une de nos maisons, ou de quitter l'Oratoire en demeurant dans sa cure, il lui avait fait sur cela des réponses peu pertinentes, sans vouloir se mettre en voie d'obéir (1). »

Le P. Bonnet ne quitta pas sa cure, mais selon toute probabilité, il dut quitter l'Oratoire, car « nos listes mortuaires, dit le R. P. Ingold, ne mentionnent pas son décès. » Par conséquent, le titre de « Père de l'Oratoire » avait très probablement cessé de convenir au curé de Sainte-Eulalie, lorsque la Fronde éclata à Bordeaux.

On sait assez le rôle qu'il y joua; je n'ajouterai qu'un trait à ce qu'en disent les historiens. Je le puise dans un manuscrit de Montassier, secrétaire de l'Archevêché de Bordeaux. « Le 1er mai 1649, » dit-il, « à une heure après midi, prédication a été faite dans la grande nef de l'église Saint-André par le sieur Bonnet, curé de Sainte-Eulalie, à la requête de MM. de la Cour et de la bourgeoisie, laquelle Cour y assista par ses députés, MM. de Lescure et de Guyonnet, conseillers du roi, et de M. Du Sault, avocat général, et toute la bourgeoisie de Bordeaux et le peuple en grande foule. La dite prédication fut faite pour exciter tous les citoyens et Bourdelois à se bien unir ensemble, pour se défendre contre les troupes de M. d'Épernon, et contre les saccagements, incendies et dégâts qu'elles faisaient aux environs de la ville. La dite prédication finie, les commissaires de la Cour s'approchèrent du grand autel de l'église Saint-André pour recevoir le serment de toute la bourgeoisie de la ville. Il y eut quelque débat et différend en ce que les bourgeois requéraient que MM. de la Cour de Parlement commençassent les premiers à rendre le serment, et les Jurats ensuite, et qu'ils étaient tout prêts à les suivre. Après plusieurs grandes contestations, il fut ordonné que les Jurats prêteraient le serment, ce qui fut exécuté; et que, pour MM. de la Cour, ils le prêteraient dans la chapelle du Palais, conformément à l'arrêt de la Cour. A laquelle résolution tous ayant consenti, partie des bour-

(1) Batterel, *Mémoires manuscrits*, 2e partie, t. Ier, no 27.

geois ont prêté le serment, et les autres absents remirent au lendemain (1). »

Louis Bonnet mourut dans sa cure le 19 décembre 1650 : le lendemain, il fut enterré dans son église, devant l'autel de la chapelle de Saint-Clair (2). Docteur en Théologie et en Droit canon (3), Louis Bonnet était certainement un homme de talent, et comme son prédécesseur, le P. J.-B. Gault, il avait une grande puissance de parole; mais il s'en servit d'une manière bien différente. C'était en 1635 : une sédition s'était élevée dans Bordeaux à l'occasion d'un impôt établi par le Roi sur les cabaretiers : « le généreux pasteur, » — on devine bien qu'il s'agit de J.-B. Gault, — « le généreux pasteur ne vit pas plutôt ces désordres, qu'il monta en chaire pour en reprendre le peuple et pour tâcher d'arrêter sa fureur (4). » Tout autre fut la conduite de Louis Bonnet durant les troubles qui agitèrent la France pendant la minorité de Louis XIV ; il était, dit Lenet, « grand dévot de profession et encore plus grand frondeur. (5). » Aussi, tandis que nous voyons J.-B. Gault, après sa mort, proclamé saint par la voix unanime des peuples, et que les évêques qui lui succèdent sur le siège de Marseille, imitant ceux de l'Assemblée générale de 1645, demandent instamment au Pape la canonisation d'un Prélat victime de sa charité (6), Louis Bonnet, au contraire, n'a reçu le titre de saint que dans son parti, lequel était celui d'hommes rebelles à l'autorité légitime ; et sa mort, bien loin d'apaiser les discordes qu'il avait fomentées pendant sa vie, ne fit que les ranimer, en devenant l'occasion d'une

---

(1) *Premier cayer des Actes de l'Archev. de Bourdeaux soubs Mgr Henry de Béthune, archevêque de Bourdeaux.* (Archives de l'Archevêché.)

(2) Voici l'acte de son décès, tiré des registres de la paroisse Sainte-Eulalie : « 20 décembre 1650. Messire Louis Bonnet, presbtre, Docteur en Théologie et curé de Sainte-Eulalie, a esté enterré devant l'autel de la chapelle Saint-Clair. L'office lui a été fait par Messieurs les curés de la ville presens, Messieurs les beneficiers et plusieurs autres presbtres. »

(3) Ce sont les titres qui lui sont donnés dans la déposition dont il est parlé au commencement de cette notice.

(4) Giry, *La vie de Messire Jean-Baptiste Gault,* à la suite de son ouvrage intitulé : *Les vies des Saints,* t, III, 23 mai.

(5) Lenet, *Mémoires,* Collection Michaud et Poujoulat, t. II, p. 304.

(6) Mgr de Mazenod en 1856, et son successeur actuel sur le siège de Marseille en 1881, ont tous deux travaillé à renouer les négociations commencées à ce sujet en 1645, reprises en 1845, et interrompues par la Révolution en 1848. Le nouvel Oratoire, qui continue tout ce qu'il y avait de bon dans l'ancien, a joint ses vœux à ceux des évêques, et les a exprimés dans une belle lettre adressée au Pape, le 25 mars 1881. (V. *Annales de l'Oratoire,* avril 1881, p. 16.)

nouvelle guerre de plumes qui s'exercèrent à l'envi, les unes à déprécier, les autres à exalter outre mesure le « prédicateur de la Fronde, » le prisonnier de Libourne (1), le « grand défenseur de la cause de Messieurs de Bordeaux (2). »

Pour conclure, je citerai quelques vers latins composés à sa louange. Ils doivent être peu connus, même des érudits bordelais, car ils sont à la fin d'une plaquette in-4° de 16 pages, probablement fort rare, et enfouie dans un recueil factice de *Diverses poésies latines et françaises,* inscrit sous le n° 3514 du *Catalogue* imprimé (partie des *Belles-lettres)* de la bibliothèque municipale de Bordeaux. Cette mince brochure est une suite de chants funèbres, *Epicædia* (3), composés de quelques vers élégiaques, en l'honneur des principaux héros de la Fronde, morts en 1649 et 1650, et dont voici les noms : le marquis de Chambret ; Jacques-André Blanc ; Jean André ; Gabriel Ledoux, prêtre de Bordeaux, mort avec Chambret, à la bataille de Libourne (4) ;

(1, Je ne trouve pas dans Fonteneil que Louis Bonnet, à la bataille de Libourne, ait été fait « prisonnier, *tenant encore une pique à la main ; »* mais je lis dans l'*Histoire du Parlement de Bordeaux,* de M. Boscheron Des Portes (t. II, p, 36): « Parmi les prisonniers faits en assez grand nombre, se trouvaient le curé Bonnet et le conseiller *Andrault, à qui* le gouverneur dit: « *Monsieur,* on vous a pris la « pique à la main, et c'est dans cet état que je veux vous montrer au roi. »

(2) Voici les titres de ces mazarinades recueillies et éditées par M. J. Delpit : *Éloge funèbre du révérend Père Louis Bonnet, curé de Sainte-Eulalie de Bordeaux. — Le Curé Bourdelois, grand défenseur de la cause de Messieurs de Bordeaux. — Apologie pour le Parlement de Bordeaux et pour le Père Bonnet contre le* **Curé Bourdelois.** *— Arrêt de la cour de Parlement de Bordeaux portant que le libelle diffamatoire intitulé,* **Le Curé Bourdelois,** *sera brûlé par la main du Bourreau. — Jugement du* **Curé Bourdelois,** *pour servir à l'histoire des mouvements de Bordeaux.*

(3) *Epicædia in viros illust. quibus in nupero bello civili curæ fuit Burdigalæ-salus. Authore Godofr...* La suite du frontispice est déchirée, ce qui ne permet pas de dire d'une manière certaine le lieu de l'impression, qui est sans doute Bordeaux, ni l'année, qui doit être 1651. L'auteur dit avoir composé un ample éloge funèbre de Saint-Richon, une *élucubration* qui a pour titre, *Miles sacerdos,* et une élégie intitulée *Noacum,* qu'il a publiée au commencement de l'année précédente, sous forme d'étrennes, comme il est dans l'usage de le faire chaque année, au premier jour de l'an. Dans le recueil 3514, il y en a une intitulée, *Pax, strenæ anni MDCXLVII,* signée G. G. ; ce qui m'incline à penser, et qu'elle est de l'auteur des *Epicædia,* et que l'auteur des *Epicædia* pourrait bien n'avoir imprimé que l'initiale de son nom propre. De plus savants diront si cette conjecture est vraie ou fausse. — J'ajoute que, d'après l'auteur, le marquis de Sauveboeuf qui commanda à la prise du Château-Trompette, était appelé *Sauve-peuple* par ceux de son parti.

(4) « Gabriel Ledoux, fils legitime et naturel de Pierre Ledoux, procureur en la Cour, et de damoiselle Isabeau de Poyfevre, filleul de M. Peyrissac, agent de

Jean-Joseph Montaigne, conseiller au Parlement de Bordeaux ; Georges
de Castres, portugais, commandant de l'artillerie bordelaise ; Guillaume
Cursol, conseiller au Parlement de Bordeaux : Jean Robert, procureur
au même Parlement ; Jean Philipon ; Gabriel Bétulaud, conseiller au
Parlement de Bordeaux ; Saint-Richon ; Daniel Vigier ; Jean Fayet,
prêtre de Bordeaux, mort le 23 octobre 1650 ; enfin Louis Bonnet,
curé de Sainte-Eulalie de Bordeaux, auquel l'auteur s'adresse en
ces termes :

> *Sic nobis ereptus obis, cui semper adhæret*
> *Unica supremi cura,* BONETE, *boni?*
> *Qui pietatis amant, Regis, regnique ruinam,*
> *His tua lætitiam mors celerata parit.*
> *Christicolæ populo si pristina jura redissent,*
> *Summus Aquitano præsul in orbe fores.*
> *Vivisci cor ô populi, tutela, salusque,*
> *O!... sed plura loquar ne tibi, fletus obest.*
> « *Obiit vir sanctissimus, Ann. salutis,* CLeMente Deo, XIV. *cal. jan.* »

Le lecteur aura compris que les majuscules des mots *clemente Deo*
expriment l'année MDCL. Quant à l'épithète de *très saint, sanctis-
simus*, donnée à l'un de plus ardents soutiens de la Fronde bordelaise
par un poète évidemment frondeur lui-même, elle surprendra ceux-là
seulement qui ignoreraient qu'il entre toujours dans l'esprit et les
habitudes d'une coterie ou d'un parti, quel qu'il soit, politique ou
religieux, de faire passer ses moindres soldats pour des héros, ses
orateurs ou ses écrivains les plus médiocres pour des génies de
premier ordre, et ses adeptes enthousiastes pour des personnes con-
sommées en vertu et en sainteté.

M. le cardinal, et de damoiselle Marie de Chavalier, nasquit le mercredy 19 septembre 1618, entre 1 et 2 heures après-midy » (*Registre baptistaire de Saint-
André*, Archives départementales). Il fut pourvu du prieuré-cure de Cantenac, de
l'Ordre de Saint-Augustin, au diocèse de Bordeaux, par lettres datées de Rome le
13 janvier 1647, et visées le 24 avril suivant par les vicaires capitulaires.

X

LES " LETTRES PROVINCIALES "

DEVANT LE PARLEMENT ET L'UNIVERSITÉ DE BORDEAUX

(1860)

Si l'impartialité est chez un historien le premier de tous les devoirs, elle est aussi le plus facile lorsqu'il ne reconnaît, en matière de dogme, d'autre maître que l'Église et son chef infaillible, et que, touchant les faits, il ne cherche autre chose que la vérité. Mais autant il lui est aisé de vouloir être impartial, autant lui est-il difficile de le paraître, lorsque les sources où il est forcé de puiser ont été empoisonnées par l'esprit de secte et d'hérésie. Tel est malheureusement le cas où je me trouve par rapport au point d'histoire annoncé en tête de cet article. Jusqu'ici il n'a été raconté que par des écrivains jansénistes, et des plus ardents, par Nicole que les autres n'ont guères fait que copier en l'abrégeant (1), par Dom Gerberon (2), par l'abbé Racine (3), et par Hermant dont les *Mémoires* manuscrits m'ont fourni plusieurs détails qui ne sont pas contenus dans les auteurs précédents (4). Il est vrai qu'ils n'ont pas

(1) *Ludovici Montaltii Litteræ provinciales de morali et politica Jesuitarum disciplinâ, à Willelmo Wendrochio Salisburgensi Theologo è Gallicâ in latinam linguam translatæ et theologicis notis illustratæ ; . Coloniæ apud Schouten*, 1679, in-8° : *Præloquium quartum, quo refertur infelix Jesuitarum apud Burdigalensem Senatum in Wendrochium molitio.* Cette quatrième préface, datée « *Coloniæ, 5 kal. sept.* (28 augusti) A. D. *1660,* » est devenue le paragraphe V de l'*Histoire des Provinciales* mise en tête des éditions françaises des *Lettres écrites par Louis de Montalte à un provincial de ses amis, avec les notes de Guillaume Wendrock*. J'ai suivi celle qui a été donnée en 1753, sous la rubrique d'Amsterdam, tome Ier, page 52-113.

(2) *Histoire générale du Jansénisme* ; Amsterdam, 1700, t. II, p. 444, 445 et 455-466.

(3) *Abrégé de l'histoire ecclésiastique contenant les évènements considérables de chaque siècle, avec des réflexions* ; Cologne, 1755, édition in-12, t. XII, p. 176-186.

(4) Hermant, *Hist. du Jansénisme*, liv. XXII, ch. xvi ; liv. XXIII, ch. xiii, xix, xxi ; liv. XXIV, ch. i, ii, viii, x ; liv. XXV, ch, iii ; liv. XXIX, ch. viii ; liv. XXXI, ch. ii. (Bibliothèque Nationale, *Manuscrits*, Fonds français, n° 17728, 17729.)

été contredits : il est vrai aussi que l'on peut répudier, — et pour ma part je n'y ai pas manqué, — leurs jugements sur les intentions qu'ils prêtent à leurs adversaires, et leurs appréciations des faits racontés par eux. Mais ces faits eux-mêmes n'ont-ils pas été altérés en quelque point pour le besoin de la cause ? Sont-ils présentés sous leur véritable jour et avec toutes les circonstances qui leur laissent leur caractère propre et leur vraie physionomie ? Grave question, que l'on peut toujours se poser, mais à laquelle on ne peut jamais répondre affirmativement avec une certitude entière. Je me devais à moi-même ces observations préalables aussi bien qu'à mes lecteurs, afin qu'ils ne m'imputent pas ce qui, dans la partie du récit où je parle en mon nom, leur semblerait, à mon insu, exhaler quelque odeur de jansénisme, c'est-à-dire d'une secte dont j'ai toujours, grâce à Dieu, détesté l'esprit autant pour le moins que les dogmes erronés.

Grâce à la vigilance et à la fermeté de l'archevêque de Bordeaux, Henri de Béthune, « il n'y avoit, » dit Nicole, « point de ville dans le royaume qui fût jusque-là demeurée plus tranquille. Elle n'avoit pris aucune part aux contestations » soulevées depuis quelque temps : « on n'y entendoit parler ni de jansénistes ni de molinistes. On n'y étoit point divisé en différents partis : il n'y en avoit qu'un seul, qui étoit celui des jésuites, » c'est-à-dire des catholiques soumis aux Constitutions des Papes. « Les lettres même de Montalte et toutes les censures des évêques contre les casuistes, ne leur faisoient pas grand tort dans cette ville, ou parce qu'ils avoient pu prendre des mesures pour en prévenir les suites, ou plutôt, » — c'est toujours Nicole qui parle, — « parce qu'on y est naturellement peu curieux de ces sortes de choses. »

Cependant les jésuites, — car c'est à eux que les jansénistes attribuent l'initiative et la principale part dans cette affaire, — les jésuites entreprirent de faire flétrir par le Parlement de Bordeaux les *Lettres provinciales* de Pascal, ainsi que les notes et dissertations qu'y avait ajoutées Nicole, caché sous les noms de Wendrock et de Paul Irénée. « Par le crédit dont ils jouissaient à la Cour de France, ils firent donner ordre à l'avocat général de ce Parlement de requérir que le livre de Wendrock fût condamné au feu. » Selon la narration inédite du janséniste Hermant, « au commencement de septembre 1659, le Roi étant à Bordeaux, manda son procureur et son avocat généraux, et leur ordonna de poursuivre l'exécution des édits contre les duels, et d'empêcher qu'on débitât dans la même ville les écrits des Curés de Paris. » En conséquence de cet ordre du Roi, « le vendredi 5 septembre (de la même année), M. de La Vie, avocat général, qui étoit aussi premier président au Parlement de Pau et neveu du P. Camain, jésuite, magistrat ambitieux et mélancolique, qui s'étoit signalé dans les mouvemens de Bordeaux dont il avoit été le principal boute-feu contre le service du Roi, voulant faire ses affaires et relever sa fortune sous prétexte de piété, présenta au Parlement le livre de Wendrock,... et dit qu'il lui avoit été mis en main par le Roi pour le faire brûler par la main du bourreau, ainsi qu'il le méritoit... A cette proposition, douze des juges qui ne savoient pas qui étoit ce Wendrock, n'eurent pas de peine à ajouter foi au témoignage d'un avocat du Roi, et dirent qu'il falloit brûler le livre. Quelques-uns cependant demandèrent qu'on le lût avant de le condamner. Enfin, après plusieurs contestations, il fut décidé que le livre seroit mis entre les mains du sieur Pomiers, doyen du Parlement, qui en feroit son rapport à la Compagnie (1). »

Le lendemain, dernier jour de séance du Parlement, Pomiers lut en effet un rapport qui fut ensuite imprimé, et dans lequel il était prouvé que le livre dénoncé méritait le feu « par ces quatre titres d'*hérétique*, de *diffamatoire*, de *scandaleux* et de *factieux* contre l'État et contre l'autorité royale (2). » Les conseillers furent fort partagés dans leurs avis, et après une longue contestation, l'affaire fut remise après la Saint-Martin, c'est-à-dire après les vacances de la Cour.

Au nombre et en tête de ceux qui se montraient opposés à la condamnation du livre, était le premier président de Pontac. Ayant reçu sur ce sujet une lettre de M. d'Andilly « son ami, à qui on avait mandé cette histoire dans sa retraite, » de Pontac lui adressa, le 13 du mois d'octobre 1659 la réponse suivante qu'Hermant nous a conservée : « J'ay receu, Monsieur, vostre lettre du 28 du mois passé, dans laquelle vous me temoignez quelque joye de la resistance

---

(1) Hermant, *Histoire du Jansénisme*, liv. XXII, ch. xvi, tom. IV, p. 1072. Il ne m'a pas été possible de contrôler ce récit d'Hermant, parce que la partie des *Registres secrets du Parlement de Bordeaux* correspondant aux années 1659 et 1660 manque à l'exemplaire de la bibliothèque de la ville.

(2) *Les raisons pour la condamnation d'un livre qui porte pour titre :* « Ludovici Montaltii litteræ provinciales, de morali et politica Jesuitarum disciplina à Willelmo Wendrockio ex gallicâ linguâ in latinam translatæ, etc., et Pauli Irenæi disquisitiones tres, » *présentées à Nos Seigneurs de la Cour du Parlement de Bordeaux;* in-4° de 11 pages, signées à la fin : « *Monsieur de Pomiers, doyen de la Cour, rapporteur.* » (Archives départementales de la Gironde, *Université*.)

que j'ay faite à la resolution que l'on vouloit faire prendre à nostre compagnie pour faire brusler un livre qui mérite, à mon avis, un traitement fort différent. J'avoue que je trouvai cette proposition bien extraordinaire. Je me servis pour la détruire, à peu près des mesmes raisons que vous me faites l'honneur de me mander, lesquelles sont si essentielles à la chose qu'il me semble qu'il en faut demeurer convaincu. Je crois pourtant que l'on en fera encore parler à la Saint-Martin, si cette nouvelle censure faite par le Saint-Père ne les arrête (1) ; à quoi je ne vois pas que l'on puisse trouver de réponse. J'en ay dit mon sentiment aux personnes intéressées, et que je croyais qu'ils vouloient avoir un titre qui leur fust plus préjudiciable qu'utile, et à vous très avantageux. Je vous honore avec tout le respect et toute l'estime qu'il est possible (2). »

Il ne fut pas parlé de l'affaire à la Saint-Martin, et les choses en restèrent là jusque dans les premiers mois de l'année suivante. Mais « le 3 mai 1660, à huit heures du matin, le premier président du Parlement de Bordeaux commanda au greffier d'appeler ceux de Messieurs de la Grand'Chambre qui servaient à La Tournelle. Aussi-tôt qu'ils furent venus, on commença par lire un grand discours de M. de La Vie, avocat général, et les endroits du livre de Wendrock qu'il avoit marqués ; mais on reconnut, » au rapport d'Hermant, « qu'il y avoit falsification au dire, et que l'avocat général tronquoit et falsifioit les passages, en augmentant et ajoutant et n'observant pas les ponctuations et les virgules. Après deux heures de lecture, on vint aux opinions. M. le doyen, rapporteur de cette instance, fit tout ce qu'un homme de sa profession pouvoit faire dans une rencontre de cette importance ; mais il conclut que pour juger si le livre étoit hérétique, il falloit le renvoyer à la Faculté de Théologie... Cet avis fut appuyé et suivi par MM. de Geneste, sous-doyen, par le premier président, par le président Grimart, par MM. de Tarneau, Du Verdier, d'Arche, Marran, Martin, Taranque, qui faisoient dix en tout. Sept furent d'avis de faire brûler ou lacérer le livre, savoir, M. le président Lecomte, MM. Dubernet, de Massiot, de Montagne, Du Val, Boucault, et enfin Lescure, dont le suffrage néanmoins fut *singulier,* car il proposa de renvoyer l'examen aux docteurs en théo-

---

(1) Allusion à la condamnation faite, le 21 août précédent, par le pape Alexandre VII, du livre du P. Pirot, jésuite, imprimé sur la fin de 1657, et intitulé : *Apologie pour les casuistes contre les calomnies des Jansénistes.*

(2) Hermant, t. IV, p. 1019.

logie pour les points de théologie, et de lacérer l'ouvrage pour la diffamation contre les Jésuites. Il fallut ensuite opiner à qui on renverroit le livre pour l'examen d'hérésie. Les uns vouloient que ce fût à l'assemblée du clergé (1), les autres à l'archevêque de Bordeaux, quelques-uns à là Sorbonne. Mais il passa de cinq voix qu'il seroit renvoyé à la Faculté de Théologie de Bordeaux, composée de quatre personnes savantes qui lisent tous les jours dans les écoles, à savoir du théologal Hiérôme Lopès ; du P. Gonet, jacobin ; du P. Arnal, augustin, et du P. Touton, carme (2). »

Aussitôt l'on rédigea un arrêt daté du même jour, 3 mai 1660, et signé, *De Pontac, premier président,* par lequel le Parlement « ordonne que, à la diligence du procureur général du Roi, le livre sera remis devers les professeurs de Théologie dans l'Université de cette ville, pour examiner la bonne ou mauvaise doctrine d'iceluy et donner leur avis sur le crime d'hérésie prétendu par ledit procureur général, pour leur décret veu et à la Cour rapporté, estre ordonné ce que de raison. » Le premier président se chargea d'écrire au Roi et au cardinal Mazarin, pour leur rendre compte de ce qu'avoit fait le Parlement, « et leur faire voir qu'il n'avoit pas pu juger autrement, n'ayant rien trouvé dans le livre contre le service du Roi et de l'Etat, non plus que rien de factieux ni de diffamatoire (3). »

La Faculté ayant, non sans quelque répugnance, entrepris le travail qui lui était imposé, délibéra d'abord si elle admettrait à siéger parmi les juges le P. Camain, jésuite, membre de la Faculté ; et le 30 mai 1660, dans « l'assemblée générale de l'Université, » il fut décidé « que le susdit P. Camain sera exclu de l'examen de ce livre (4). » Ensuite les autres professeurs s'appliquèrent à examiner le livre de Montalte, mais toujours, s'il en faut croire Nicole, sous la pression des Jésuites. Car, selon lui, « ils déclarèrent à M. Lopez, l'un de ces docteurs, homme d'un grand mérite, chanoine et théologal de l'église de Bordeaux, qu'il ne devoit plus compter sur son bénéfice s'il renvoyait Wendrock absous ! » — Lopès renvoya « Wendrock absous, » et pourtant il ne perdit pas son bénéfice. — Selon Nicole

(1) Elle était alors sur le point de se réunir, et elle commença effectivement ses séances le 25 du mois de mai, à Pontoise, la Cour étant alors absente à cause du mariage du roi.

(2) Hermant, t. IV, p. 1074.

(3) Hermant, *loc. cit.*

(4) Le texte latin de ce décret est rapporté par Hermant, t. V, p. 1077.

encore, on essaya aussi de peser sur la conscience des autres professeurs : ceux-ci, étant religieux, « avaient, » dit-il, « moins à craindre
pour leur fortune, » mais on tâcha de les « intimider en les menaçant
du ressentiment de leurs supérieurs. Après donc qu'ils eurent arrêté
entre eux que le livre ne contenait aucune hérésie et qu'ils en eurent
dressé l'acte, ils crurent devoir le porter à l'assemblée générale de
l'Université, afin de rendre leur déclaration plus authentique. Ainsi,
il se tint, le 6 juin, une seconde assemblée de l'Université sur cette
affaire. Lorsque le Recteur en eut, selon la coutume, exposé le sujet
en peu de mots, les professeurs en théologie requirent qu'il leur fût
permis d'en rendre compte avec plus d'étendue à l'assemblée. Alors
le théologal expliqua avec beaucoup de netteté l'état de la question.
Il montra quel jugement on devoit porter de la censure de la Sorbonne » (contre les *Lettres* d'Arnauld). « Il fit voir que ce corps
n'avoit aucune autorité sur les autres Facultés de théologie ; que la
proposition de M. Arnauld étant tirée de saint Augustin, elle ne
devoit pas être plus hérétique dans M. Arnauld que dans saint
Augustin, puisqu'elle étoit la même dans l'un et dans l'autre ;
qu'ainsi la Sorbonne ne s'attribuoit pas le droit de former des articles
de foi. Il passa ensuite à la dispute du jansénisme. Il distingua très
savamment la question du fait d'avec celle du droit. Il fit voir que
jamais aucun théologien n'avoit accordé au Pape l'infaillibilité dans
les faits (dogmatiques) ; que les faits par conséquent ne pouvoient
jamais être matière d'hérésie, et qu'ainsi le livre de Wendrock en
étoit entièrement exempt, puisqu'on ne pouvoit lui rien reprocher,
sinon d'avoir douté d'un fait, et qu'il contenoit d'ailleurs une doctrine
très saine et une morale très pure. Les autres professeurs approu-
vèrent ce qui venoit d'être dit par M. le Théologal (1). »

Lopès tint-il, en réalité, même pour le fonds, le langage que lui
prête ici Nicole, et qui exprime si bien la pensée de ce sectaire ?
Pour le croire, je voudrais un témoignage moins suspect. Néanmoins,
s'il faut ajouter foi à un autre témoin qui, s'il était suspect, ne le
serait pas, à coup sûr de jansénisme, Lopès avait bien quelque chose
au moins des sentiments que Nicole lui suppose. Voici, en effet, ce
que je lis dans un mémoire manuscrit, dont l'auteur est peut-être le
R. P. Camain, et qui fut composé à propos de la suppression des
cours de théologie dans l'Université de Bordeaux : « Il est hors de

(1) Nicole, *Histoire des provinciales*, p. 92, 93.

doute que cette multiplication de docteurs régents en théologie est
contre le bien public, nommément à Bordeaux, pour ne point parler
de Paris, où la multitude infinie d'écoliers, et beaucoup d'autres
raisons, qui ne sont pas communes à Bordeaux, peuvent souffrir
cette multiplication, quoique là même, on n'ait pas pu empêcher
qu'à cause de cela, quelques docteurs régents n'aient enseigné le
jansénisme, au grand préjudice du bien public. La raison particulière pour Bordeaux est que ces chaires n'ont été érigées qu'à
l'occasion de cette nouvelle doctrine, naissante dans cette ville, et
de l'opposition que lui faisaient les docteurs régents des jésuites ; et
qu'on a choisi, pour enseigner, des personnes suspectes de cette
mauvaise doctrine, entre autres, le sieur Lopès, qui s'est entièrement
déclaré contre les jésuites, quoiqu'il y ait fait toutes ses études,
même de théologie, et ait été grandement favorisé d'eux, nommément
du P. Camain, l'un de leurs professeurs ; cet homme étant de la race
des Portugais habitués à Bordeaux, qu'on soupçonne être juifs : aussi
a-t-on remarqué que, pendant qu'il a régenté, ces années, passées
dans ces chaires, jamais il n'a voulu lire la troisième partie de la
Théologie, qui est de l'Incarnation de Jésus-Christ, notre Messie »
(Oh! oh!). « Le soupçon qu'on avoit que ces nouveaux docteurs
enseignaient le jansénisme a passé en vérité connue, tant par diverses
autres preuves que par l'approbation que ces nouveaux docteurs ont
donnée et signée de leur main (et qu'on produira), par laquelle ils
déclarent qu'ils n'ont point trouvé d'hérésie dans le livre de *Ludovici
Montaltii litteræ provinciales,* etc. »

Ce dernier fait est malheureusement incontestable, et quoi qu'il en
soit de la doctrine et des sentiments antérieurs du Théologal de
Saint-André, on ne peut le nier, et il faut bien convenir que Lopès,
à la suite des PP. Arnal et Gonet, signa, le 6 mai 1660, l'acte par
lequel tous trois déclaraient n'avoir découvert aucune hérésie dans
l'ouvrage soumis à leur examen, acte que l'Université de Bordeaux
tout entière approuva le même jour (1).

(1) Le texte de cet acte et celui de l'arrêt du Parlement daté du 3 mai 1660 ont
été publiés comme inédits, dans les *Archives historiques de la Gironde* (t. II,
p. 223), par M. Tamizey de Larroque qui avait vu ces deux pièces en manuscrit à
l'Institut *(Collection Godefroy,* portefeuille 15), et les avait communiquées à Sainte-
Beuve. Cependant, sans parler de la traduction française qui se lit au commencement des éditions des *Lettres provinciales* données en 1712, 1734, 1735, 1757, 1767,
le texte *latin* et original de la déclaration de la Faculté a été publié il y a plus de
deux cents ans par Nicole, dans le *Præloquium quartum* de la troisième édition

Dès le 22 de ce mois de juin, on vit paraître à Bordeaux un opuscule intitulé : *Lettre d'un théologien à un officier du Parlement, touchant
la question si le livre intitulé :* « *Ludovici Montaltii litteræ, etc.,* »
*imprimé à Cologne chés Nic. Schouten, l'an 1658, en 608 pages, sans
comprendre la préface et l'admonition au Lecteur, est hérétique* (1).
L'auteur donne d'abord la traduction de la bulle *Ad sanctam
B. Petri Sedem,* datée du 16 octobre 1656, par laquelle le pape
Alexandre VII, confirmant la Constitution *Cum occasione* du Souverain Pontife Innocent X, déclare et définit que les cinq propositions
de Jansénius ont été tirées de son livre intitulé *Augustinus,* et qu'elles
ont été et sont de nouveau condamnées dans le sens auquel l'évêque
d'Ypres les a expliquées. Il reproduit également la Déclaration du
Roi, en date du 18 décembre 1657, ordonnant au Parlement de Paris
de recevoir et enregistrer cette bulle. Il cite aussi la censure faite par
la Sorbonne de la proposition d'Antoine Arnauld, — savoir, que la
grâce a manqué à saint Pierre, — le formulaire dont la souscription
a été imposée, et la lettre de l'Assemblée du clergé qui l'ordonne.
Ensuite le « théologien » prétend faire voir que « cet auteur, » —
c'est-à-dire Pascal et Nicole qui, dans sa pensée, ne font qu'un, —
« soutient ouvertement et opiniastrement ce que la Sorbonne, les
Évesques et le Pape mesme condamnent d'hérésie. » En effet, « ce
livre, » dit-il, « doit passer pour hérétique : 1° s'il a été fait après la
bulle ; 2° si son auteur a eu connaissance de cette bulle ; 3° s'il la
combat avec opiniastreté. » Or, 1° d'une part, la bulle est du 16 octobre 1656 ; d'autre part, les lettres xvii° et xviii° de Montalte sont
du 23 janvier et du 1er avril 1657 ; les *Notes* de Wendrock sont
postérieures au 29 août 1657, et la seconde *Disquisition* d'Irénée est
du 4 février 1657. 2° L'auteur avait connaissance de la bulle
d'Alexandre VII, puisque les deux dernières lettres de Montalte en
font mention jusqu'à quatre fois, et qu'elles citent ce Pape par son

latine des *Lettres* de Montalte. Il est surprenant qu'un acte si souvent imprimé
ait été si tardivement connu par un homme aussi au courant des choses et des
livres-jansénistes que l'était l'auteur de *Port-Royal*. Il est plus surprenant encore
qu'il ait été totalement ignoré d'un érudit tel que *mon illustre et intime ami*
Laurent Josse Le Clerc, qui, cette fois, a eu tort contre Bayle, en révoquant en
doute l'existence de cette déclaration. (Cfr. *Remarques sur le Dictionnaire de
Bayle,* art. *Gonet.*)

(1) In-folio de 27 pages, sans frontispice. A la fin, il est daté : *« A Bourdeaux,
ce 22 juin 1660. »* Cet opuscule doit être fort rare : je n'en connais qu'un seul
exemplaire, et encore il n'appartient à aucun de nos dépôts publics.

nom; il en est de même, et à plus forte raison, pour ce qui concerne Wendrock. Enfin, 3° ce livre est en contradiction manifeste avec cette même bulle, avec la lettre des évêques et la censure de la Sorbonne : l'auteur le démontre « par le parallèle et opposition » qu'il fait, « mettant d'un côté les propres mots de ces décisions, et de l'autre côté les propres paroles de ce livre » : d'où il résulte « que la lumière n'est pas plus opposée aux ténèbres que la vérité de ces décisions à la fausseté de ces erreurs. »

La réplique à cette attaque ne se fit pas longtemps attendre. Au mois de juillet suivant, on publia une *Défense des professeurs en Théologie de l'Université de Bordeaux contre un écrit intitulé :* « Lettre d'un Théologien à un officier du Parlement touchant la question si le livre intitulé *Ludovici Montaltii Litteræ* est hérétique. » La *Lettre d'un Théologien* y est attribuée aux Jésuites, et la chose est fort probable. J'irai même plus loin, et au risque de commettre un jugement téméraire dont il ne me sera demandé compte, j'en ai la confiance, ni par Dieu ni par les Révérends Pères, j'oserai soupçonner ce « théologien » d'être le P. Moïse Du Bourg, né à Saintes, mort à Limoges en 1662, lequel, deux ans avant la déclaration de l'Université, en 1658, avait publié à *Bordeaux,* chez Millanges, un excellent volume in-12, intitulé : « *Le Jansénisme foudroïé par la bulle du Pape Innocent X, et l'Histoire du jansénisme, contenant sa conception, sa naissance, son accroissement et son agonie.* » Quoi qu'il en soit, tout le plan de la *Défense* consiste à avancer que les Jésuites n'ont pas trouvé de proposition *hérétique* dans le livre de Wendrock, pas même la proposition par laquelle Arnauld soutient que la grâce a manqué à saint Pierre; que c'est une opinion téméraire et erronée d'enseigner que le Pape est infaillible dans la décision des faits particuliers non révélés; et enfin que l'opinion que les Jésuites veulent introduire de l'infaillibilité de l'Église dans les faits est une erreur très dangereuse. Cette Défense est datée : « A Bordeaux, ce 14 juillet 1660. » Elle est suivie immédiatement et sans discontinuité de pagination, d'une *Seconde défense des professeurs en théologie de l'Université de Bordeaux contre divers écrits dictés par les Jésuites, où l'on fait voir l'absurdité de la prétention de ces Pères, que le fait de Jansénius soit inséparablement joint à la foi.* La *Seconde Défense* est datée du « 4 août 1660. » Toutes deux forment un in-4° de 64 pages. Elles sont écrites d'un style fort vif, sous forme de lettres adressées aux Révérends Pères.

« Quel en est l'auteur? » demandait en septembre 1878, un savant

qui, dès lors, — mais ça été bien inutilement, — signalait cet
ouvrage « à ceux qui, dans la suite, voudraient s'occuper de ces
questions (1). » Le sujet, le titre de l'écrit, surtout le lieu d'où il est
daté, portent naturellement à imputer l'ouvrage aux professeurs
signataires de la déclaration, ou au moins à l'un d'entre eux. Cependant il n'en est rien. Les *Défenses* n'ont pas même été composées à
Bordeaux, mais à Paris (2), et elles ont pour auteur Nicole ou
Antoine Arnauld, ou plus probablement l'un et l'autre, bien qu'il
soit assez difficile de déterminer précisément la part qui revient à
chacun d'eux dans cet ouvrage (3).

Mais les professeurs de Bordeaux, et particulièrement Lopès, y
furent-ils absolument étrangers ?

L'apologie des professeurs de Bordeaux n'émanait pas de leur
plume, cela est hors de controverse : faut-il en conclure qu'ils n'entrèrent
pour rien dans cette œuvre ? La conclusion ne serait pas rigoureuse ;
elle serait de plus matériellement fausse. En effet, d'après le docteur
Arnauld, les *Défenses* ne furent composées que sur les « prières
réitérées » des professeurs de Bordeaux, et nommément de Lopès ; mais
ce dernier, « intimidé par son frère, médecin, qui demeurait à Paris, et
à qui il avait fait part du secret, » en fit porter des plaintes à M. Arnauld, « comme si elles pouvaient les compromettre. »

Lopès avait cependant pour se plaindre de bonnes raisons, et qui lui
font honneur ; mais il expiait dès lors la grave imprudence par lui commise lorsque, d'accord avec ses collègues de l'Université, il avait confié

---

(1) *L'Aquitaine,* numéro du 14 septembre 1878.

(2) Elles n'ont pas même été imprimées à Bordeaux, comme on en aura bientôt
la preuve : les mots « A Bordeaux, » qu'on lit à la fin de la première *Défense,*
auront sans doute induit en erreur sur ce point l'auteur de l'article *Bibliographie
Bordelaise,* inséré dans la *Revue des bibliophiles,* du mois d'avril 1882, p. 120.

(3) Voir, touchant cette question, les divers sentiments, avec les autorités à l'appui
de chacun, dans la *Préface* du tome XXI, p. XXVI, des *Œuvres d'Antoine Arnauld,*
édit. de Lausanne, in-4°. Le texte des *Défenses* est aux pages 106-181 de ce même
volume. Quant à l'édition originale, on la trouvera dans le numéro 3277 du *Catalogue de Théologie* de la bibliothèque municipale de Bordeaux. — « Ce différend,
dit Hermant, produisit encore trois autres écrits d'une assez grande étendue, qui
ne furent pas imprimés, » et dont voici les titres : 1. *Réflexion sur la poursuite
que les Jésuites font au Parlement de Bourdeaux, pour faire condamner les
Lettres provinciales traduites en latin, par Wendrock.* — 2. *Réfutation des
raisons alléguées par les Jésuites pour obtenir la condamnation des Lettres de
Montalte, traduites en latin par Wendrock, avec des notes théologiques.* —
3. *Motifs de la déclaration qu'ont donnée les professeurs en Théologie de l'Université de Bourdeaux touchant le livre de Montaltius.*

sa cause, déjà mauvaise en elle-même, à des avocats tels que MM. de Port-Royal. Leur style lui paraissait à bon droit trop mordant et trop acerbe à l'égard des jésuites, et son âme catholique et bonne dans le fond, — si c'est là une erreur, elle ne me conduira ni en Enfer ni en Purgatoire, — l'âme de Lopès ne pouvait s'accommoder des traits dirigés en son nom ou sous son manteau contre le chef visible de l'Église, contre le docteur et le père commun de tous les fidèles. Semblable à ce personnage bien connu qui, dans un bal masqué, disait à son page irrévérencieux jusqu'à la licence : « *Tu me déguises trop,* » le pauvre Lopès, lui aussi, embarrassé de ses avocats, trouvait qu'ils le défendaient trop, qu'ils ne ménageaient pas assez ses adversaires, et qu'ils dépassaient évidemment les limites d'une juste défense, *moderamen inculpatæ tutelæ,* comme disent les théologiens.

De son côté, Arnauld se plaignait de la conduite et des plaintes de Lopès. Il le fit dans plusieurs lettres adressées à une dame dont on ne nous dit pas le nom, mais qui était certainement une affidée du parti janséniste, et pour laquelle le chef lui-même n'avait pas de secret. On ne les trouve pas dans l'édition des *Lettres* d'Arnauld données, en 1727, à Nancy, en huit volumes in-12 : elles ont été imprimées pour la première et dernière fois dans le tome I (p. 211 et suiv.) de l'édition des *Œuvres,* qui parut à Lausanne en quarante-huit volumes in-4°, années 1775 et suivantes. Comme cette collection considérable est assez rare et par conséquent accessible à peu de personnes, comme d'ailleurs ces lettres sont curieuses à plus d'un point de vue, on me saura gré de les reproduire ici.

La première est du 20 août 1660 :

« En vérité, madame, si on ne regardoit Dieu dans les services que l'on rend aux hommes, on auroit souvent sujet de s'en repentir. Depuis le jugement que les professeurs de Bordeaux ont rendu en faveur de Wendrock, on a reçu vingt lettres, par lesquelles on nous prie de soutenir ce jugement, et on nous a envoyé par la poste l'écrit imprimé des jésuites, et divers autres écrits qu'ils ont dictés dans leurs classes, pour infirmer ce jugement, et faire passer ces professeurs pour de très méchants théologiens, en redoublant les mêmes instances de répondre à ces écrits. Nous ne l'avons entrepris que sur ces prières réitérées; et pour les servir plus efficacement, un de nos amis a entrepris, avec une très grande dépense, de faire imprimer ce que l'on avoit fait, dans la vue qu'ils ne le pourroient faire à Bordeaux sans se commettre, ce qu'on leur a voulu épargner. Et maintenant toute la récompense qu'on en a, est que l'on va éventer un secret et faire du bruit d'un écrit dont on n'a fait voir quelque chose que sur la promesse d'un secret inviolable. Cela est tout à fait dur. Si M. Lopez de Bordeaux trouvoit quelque chose à dire à ce qu'on lui avoit fait voir, il avoit la voie de M. l'abbé de Verteuil, par lequel il nous pouvoit donner quelques avis qu'il eût voulu, et on étoit très bien disposé de les recevoir, et de le satisfaire sur toutes choses, et même de supprimer l'écrit, s'il l'eût désiré, toutes choses considérées. Mais, qu'au lieu de cela, il viole le secret qu'on lui a confié, en portant ses plaintes à son frère, qu'il sait être très-opposé à toute cette affaire, et n'être capable que de la rendre publique, je vous fais juge, Madame, si c'est un procédé bien régulier, et s'il n'est pas un peu rude d'être traité de la sorte par une personne qu'on n'a eu dessein que d'obliger, et dont on a témoigné beaucoup d'estime sans le connoître.

» Mais si son procédé est peu raisonnable, ses sujets de plainte le sont encore moins. On ne nous en a rapporté que deux. L'un est que l'on parle dans cet écrit au nom des professeurs de Bordeaux, et qu'ainsi l'écrit étant fort et rempli de termes aigres, on les engage plus qu'ils ne voudroient. Je vous avoue, Madame, que si cela étoit, on auroit eu fort grand tort, n'y ayant rien de plus mal que de faire dire à des personnes ce qu'ils *(sic)* ne voudroient pas dire. Mais il n'y a rien d'aussi éloigné de la vérité. Car on y parle partout des professeurs en tierce personne ; de sorte qu'il est incompréhensible comment M. Lopez a pu croire que cet écrit étoit fait en leur nom ; si ce n'est que, l'ayant lu fort à la hâte, il ait oublié qu'on y voit dans toutes les pages *le jugement de nos professeurs, le Parlement renvoyé à nos professeurs,* etc. »

Mais, dirais-je à mon tour, s'il m'était permis de répondre à celui que, dans son parti, on appelait « le grand Arnauld » : Est-il donc si rare et si inouï qu'un auteur parle de soi « en tierce personne ? » Vous-même, n'en fournissez-vous pas cent exemples ? A quoi, sinon au pronom *il* de la troisième personne, faut-il assimiler cette particule *on* qui émaille si richement les longues préfaces sorties de Port-Royal ? Et puis, vous qui accusez si facilement les autres d'oubli ou de légèreté, avez-vous donc oublié, ou bien n'avez-vous pas lu ces mots imprimés à la fin de la première *Défense :* « A Bordeaux, ce 14 juillet 1660 ? » N'avaient-ils pas été mis là tout exprès pour donner à penser qu'elle avait été composée à Bordeaux, » et par qui, sinon par un professeur de Bordeaux ?

Continuant à parler de Lopès, Arnauld s'exprime ainsi : « Que s'il eût dit que, nonobstant cela, on ne laissera pas de le leur attribuer, ils ne devoient donc pas nous prier de défendre leur jugement contre les écrits des jésuites, puisque quoi qu'on fît, on ne pouvoit pas éviter qu'on ne leur attribuât ce que l'on feroit, n'étant pas possible de le faire d'une manière qui marquât plus que ce n'est pas eux qui parlent. Mais, de plus, il n'y a rien au monde de si facile que de se défendre d'un écrit qu'on nous attribue, quand il n'est point vraiment de nous, n'y ayant rien de si fort que la vérité; et M. Lopez en a en particulier une preuve manifeste, qui est l'écrit qu'il a fait contre la lettre des jésuites, lequel il peut montrer à M^r l'archevêque, et le convaincre par là que cet autre écrit-ci n'est point de lui.

» Quant à l'aigreur qu'il trouve dans cet écrit, j'avoue qu'il y a quelque *force* (!); mais je crois, Madame, que vous ne la trouveriez point trop grande, si vous l'aviez lu, et que vous eussiez considéré qu'il y va de tout, ne s'agissant de rien moins que de passer sans ressources pour hérétiques, si la prétention des jésuites, qui est qu'on le puisse être pour un simple fait, trouve créance dans les esprits. Or comme il n'y a rien que les hommes croient si facilement que ce qu'il leur est avantageux de croire pour leur intérêt, vous voyez assez, Madame, qu'il y a une très grande inclination dans une infinité de personnes, à croire tout ce qui servira à leur persuader que nous sommes hérétiques, parce que tous les avantages temporels se trouvent dans cette créance. Mais comme aussi les hommes, quelque intéressés qu'ils soient, ont de la peine à passer pour extravagants et déraisonnables, nous avons cru que ce n'étoit pas assez de faire passer les raisons des jésuites, par lesquelles ils prétendent que le seul doute du fait de Jansénius nous rend hérétiques, pour fausses, mais qu'il falloit de plus les traiter de folles et d'extravagantes, comme elles le sont en effet, afin d'emporter de hauteur, ce qu'on seroit en danger de ne point emporter, si on en parloit plus faiblement (!).

» Car enfin, Madame, il ne faut pas s'y tromper; il y a très peu de personnes qui entrent dans la vérité par la nue et la simple exposition de la vérité. La plupart des esprits communs ont besoin d'être remués et agités; et un certain ton de confiance avec lequel on propose les choses, est ce qui fait souvent plus de la moitié de la persuasion. Peu de gens sont persuadés de ce qu'on leur dit, si on ne le leur dit d'une manière qui témoigne que celui qui leur en parle en est le premier fortement persuadé (1). Et cela est surtout nécessaire, comme j'ai déjà dit, lorsque la vérité qu'on entreprend de prouver est blessée par des préjugés populaires, et combattue par des considérations d'intérêt. Voilà ce qui nous a obligés à réfuter les jésuites dans cet écrit avec quelque *force,* qui consiste principalement à traiter de raisonnements *ridicules* et de prétentions *extravagantes,* les raisons avec lesquelles ils veulent que tout le monde soit obligé de nous tenir pour hérétiques, sur un simple fait; afin que ceux qui seroient tentés de recevoir ces raisons pour bonnes, en soient détournés par la crainte de passer eux-mêmes pour extravagants (!!).

» L'autre sujet de plainte de M. Lopez, est qu'il y a des choses qui blessent le Pape. Mais c'est, Madame, ce que je ne comprends pas ; le Pape n'y étant jamais nommé que pour dire qu'on est entièrement d'accord avec lui et avec les évêques, dans tous les sens hérétiques qu'il a condamnés. Et pour ce qui est du fait de Jansénius, qui est ce qui pourroit blesser le Pape et les évêques, non seulement on ne dit nulle part dans cet écrit que les propositions ne sont pas de Jansénius, mais on dit même que ce peut être une témérité de le nier, et que c'est de quoi les professeurs n'ont pas jugé, s'étant contentés de déclarer, selon l'ordre qu'ils en avoient eu du Parlement, que ce n'est point une hérésie que de douter si les propositions ne sont point dans Jansénius. Que s'il ne nous est pas permis de soutenir ce point, et qu'il faille, pour éviter qu'on n'attribue en l'air un écrit au P. *(sic)* Lopez, sans aucune preuve, laisser prendre cours aux mauvaises raisons des jésuites qui veulent que le seul fait de Jansénius suffise pour nous rendre hérétiques, il est très facile de supprimer cet écrit, et d'empêcher que qui que ce soit au monde ne le voie. Il faudra laisser faire Dieu, qui peut dissiper les nuages des mauvaises raisons des jésuites, sans l'entremise des hommes, quoiqu'il semble que ce soit le tenter et attendre des miracles, en des choses qui se peuvent faire par des voies ordinaires, et qui ont toujours été pratiquées dans l'Église, ne s'étant jamais vu que ceux qui ont été capables de défendre la vérité soient demeurés dans le silence, la voyant attaquée et presque opprimée. M. de L. se peut souvenir de ce que M. de R. lui a dit, qu'on pouvoit être hérétique pour un fait, lorsque le fait étoit mêlé avec le droit. Cette méchante raison n'a jamais été bien réfutée, et est capable

(1) Avec ces principes et son talent, Arnauld eût fait, de nos jours, un *excellent* journaliste.

d'infatuer une infinité de personnes, qui sur cela croiront rendre un grand service à Dieu, de nous persécuter comme des hérétiques. On la ruinoit, et encore beaucoup d'autres, dans cet écrit; on y mettoit les choses dans une telle évidence, qu'il étoit difficile qu'aucune personne sage osât plus nous traiter d'hérétiques sur le fait, qui est le seul point dont nous avons à nous défendre, n'y ayant rien de plus facile que de satisfaire tout le monde sur notre foi, lorsqu'il nous sera permis de la séparer du fait de Jansénius. Cependant on croit qu'il est plus avantageux de se taire, que d'empêcher que des méchantes subtilités ne prennent créance dans les esprits, et n'entretiennent beaucoup de personnes, même pieuses, dans cette opinion, que ce n'est pas sans sujet qu'on nous traite d'hérétiques. On préfère son repos à la peine qu'il faudroit prendre pour prévenir de si méchants effets et si préjudiciables à la vérité et à la justice. Je serois bien fâché d'en être responsable devant Dieu; mais je crois en être quitte, quand après avoir fait de ma part tout ce dont je suis capable, je n'aurois fait autre chose dans cette suppression que de me rendre à l'avis de nos amis; et j'espère que si Dieu ne désapprouve pas mon zèle, il ne désagréera pas aussi mon obéissance.

» Je vous écris dans l'effusion de mon cœur, ne mettant pas seulement au net ce méchant brouillon. C'est pourquoi, Madame, je vous supplie que cette lettre ne soit point vue. Il suffit que vous mandiez à la personne par qui ces plaintes vous sont venues, que nous avons un extrême respect pour ses sentiments, et une obligation toute particulière de la crainte que sa bonté lui fait avoir que nous ne soyons exposés à de nouvelles persécutions, et que nous n'y engagions les autres par un zèle trop fervent; que nous sommes entièrement maîtres de l'écrit dont elle appréhende de mauvais succès, et que la première chose qu'on a faite, a été de donner ordre qu'il ne soit vu de personne. Je suis tout à vous (1). »

Le lendemain du jour où il épanchait ainsi son cœur et le secret du parti dont il était l'âme, Arnauld écrivait encore à la même personne :

« Ayant relu de nouveau une lettre de M. l'abbé de Verteuil, j'ai cru vous la devoir envoyer, parce qu'elle justifie tout ce que je vous dis hier.

» 1° Que M. Lopez de Bordeaux est bien intentionné de lui-même,

(1) *Œuvres de Messire Antoine Arnauld*; Lausanne, 1715, t. 1, pag. 207-211.

comme vous verrez par les réponses judicieuses et fermes qu'il a faites à M. l'archevêque de Bordeaux.

» 2° Que s'il témoigne quelque foiblesse, cela ne vient que des terreurs que lui donne son frère.

» 3° Que son frère a tellement abusé de ce que lui a dit M^{de} de Long. (Longueville?) touchant les écrits que le Théologal lui devoit envoyer, qu'il lui a mandé que nous avons publié par tout Paris que M. Lopez de Bordeaux y avoit envoyé une réponse à la lettre des jésuites, pour la faire voir à MM. de P. R. (Port-Royal), quoique je vous puisse protester devant Dieu que nous n'en avons du tout parlé qu'à vous.

» 4° Qu'il est très vrai que c'est M. Lopez lui-même qui nous a fait mander par M. l'abbé de V. (Verteuil) qu'il désiroit que nous vissions cette réponse, et que cet abbé le lui a soutenu à lui-même.

» 5° Qu'en envoyant les trois feuilles à M. l'abbé de V., j'avois écrit un billet, par lequel je le priois qu'il ne les communicât qu'à des personnes dont il fût assuré du secret.

» 6° Que M. l'abbé de V. ne les a aussi mises entre les mains de M. Lopez, qu'avec parole du secret.

» 7° Qu'on nous a pressés de Bordeaux de faire imprimer quelque chose pour la défense des professeurs.

» J'ai mandé à M. d'And. de m'envoyer les extraits des lettres de M. de Taranque, qui vous feront voir encore mieux les grandes instances qu'on nous a faites d'écrire et d'imprimer pour la défense des professeurs.

» Je pense qu'il sera bon que vous fassiez voir cette lettre de M. l'abbé de Verteuil à M^{de} de Long., afin qu'elle reconnoisse que toutes les plaintes de M. Lopez de Bordeaux ne viennent originairement que des lettres de son frère de Paris, des frayeurs qu'il lui donne, et de la manière peu sincère dont il lui fait entendre les choses ; quand ce ne seroit que de lui avoir fait passer pour un bruit répandu par tout Paris, ce que vous aviez dit à M^{de} de Long. Je suis tout à vous.

» Nous vous supplions, Madame, de prendre garde que cette lettre ne s'égare point (1). »

Trois jours après, le 24 août, Arnauld reprend encore la plume, et laisse un libre cours à son indignation :

« En vérité, Madame, je n'ai pas assez de vertu pour être tout à

_____

(1) *Œuvres de Messire Antoine Arnault*; Lausanne, 1775, t. I, pag. 211, 212.

fait insensible à l'injustice qu'on nous fait dans le billet que vous
m'avez envoyé, en me renvoyant la lettre de M. l'abbé de V. On nous
y accuse de deux choses.

» L'une de n'avoir *pas gardé plus de secret à ces Messieurs de Bordeaux, qu'eux à nous :* ce qui ne peut être fondé que sur les plaintes
très fausses de M. Lopez, le médecin, que nous avons fait courir par
tout Paris que M. le Théologal avoit envoyé des écrits pour être vus
par MM. de P. R.; au lieu que vous savez, Madame, que nous n'avons
parlé qu'à vous seule, sur ce qu'on nous a mandé de Bordeaux, qu'il
désiroit que nous vissions ces écrits. Est-ce manquer au secret?
Faites nous justice, je vous en supplie.

» L'autre est que l'*écrit ne devoit pas être imprimé que ces Messieurs
ne l'eussent vu.* Mais vous avez pu apprendre par l'extrait des lettres
que M. d'And. vous a envoyé, que nous n'avons fait en cela que suivre
leurs intentions, puisqu'ils nous ont mandé en termes exprès, *qu'on
nous prioit de répondre, et d'en faire imprimer beaucoup d'exemplaires,
et les leur faire tenir le plustôt qu'il se pourroit.* Nous sommes bien
récompensés de les avoir servis avec tant d'exactitude, du travail et
des dépenses.

» Pour la *force* qu'on nous reproche encore, il suffit, Madame,
de vous dire que ce n'est que la force de la vérité, et qu'il n'y
a pas un seul mot dont les jésuites puissent prendre avantage
contre les auteurs de l'écrit, et les convaincre d'avoir commis quelque excès. Il est difficile de parler froidement de ce que l'on aime ; et
ceux à qui Dieu a donné quelque amour pour la vérité, ne peuvent
pas la défendre avec le même flegme que s'ils n'avoient que de l'indifférence pour elle. Nous avons toujours vu que ceux qui, avant que
d'écrire sur ces matières, nous reprenoient d'être trop forts, l'ont été
plus que nous, quand Dieu les a engagés dans les mêmes disputes
que nous. La plupart des gens du monde ont une très fausse idée de
la modération chrétienne, ce qui ne vient le plus souvent que de leur
extrême indifférence pour tout ce qui regarde l'Église. Je sais bien
que la personne de qui peut être le billet est bien éloignée de ce sentiment ; mais ceux qui sont dans le monde jugent souvent des choses
par les impressions des autres, plutôt que par les leurs propres, et ils
croient même qu'il est de l'humilité de ne pas approuver ce qu'ils
voient communément improuvé; ou ils ne discernent pas assez la
modération qu'on doit garder dans ce qui ne touche que nos intérêts,
d'avec la force et la vigueur que tous les Pères ont toujours témoignée

en ce qui touche ceux de J.-C. Mais, quoi qu'il en soit de ce dernier point, sur lequel je ne trouve pas si étrange que l'on nous condamne, je vous avoue que, sur les deux autres, je ne puis me persuader qu'on ne nous fasse pas une très notable injustice, comme je vous ai déjà dit. Je sais bien néanmoins qu'il faut la souffrir, et qu'il ne faut pas négliger l'occasion que Dieu nous présente de profiter de l'une des plus sensibles humiliations que l'on puisse avoir dans le monde, qui est de ne recevoir que des reproches pour les services qu'on a cru rendre à ses amis. Je suis tout à vous (1). »

L'éditeur des *Œuvres* complètes d'Arnauld nous apprend que les réponses de celui-ci « satisfirent pleinement M. Lopès, puisqu'il cita l'écrit des *Défenses* avec éloge dans la requête qu'il présenta au Conseil, conjointement avec ses confrères, au sujet de l'arrêt qui les suspendit de leurs fonctions (2). » Hermant dit aussi qu' « ils y font mention des deux *Défenses* publiées en leur faveur, comme d'un écrit *invincible,* auquel les jésuites ne purent opposer que des injures et des satires ridicules (3). » D'autre part, Arnauld écrivait le 19 octobre 1660, à M. Perrier le père, Conseiller à la Cour des Aides de Clermont: « On nous mande de Bordeaux que cet écrit y fait des merveilles, et que les professeurs se moquent de ce nouveau jugement » (celui qui condamnait les *Lettres provinciales* à être brûlées à la Croix du Trahoir) « et n'en sont que plus fermes dans le leur (4). » Hermant rapporte également qu'après la suspension de leurs cours, les professeurs de Bordeaux montrèrent une grande fermeté, comme « on le voit, dit-il, par une relation que M. Girard, abbé de Verteuil, en envoya à Paris, le 22 novembre 1660 (5). » Selon le même auteur, « on mandoit à M. d'Andilly, par une lettre du 30 novembre, que M. Lopès, théologal, seroit déjà parti pour Paris sans sa maladie; qu'il espéroit faire ce voyage dans sept ou huit jours avec le Père Gonet; que l'on ne pouvoit exprimer avec quelle joie et quel plaisir le théologal l'entreprenoit; qu'il étoit dans une fermeté et dans une résolution sans pareille; qu'il protestoit de défendre le jugement qu'ils avoient donné au

(1) *Œuvres de Messire Antoine Arnaud;* Lausanne, 1775, tom. I, pag. 212, 213.
(2) Edition citée, t. XXI, p. xxvii.
(3) Hermant, livre XXXI, chap. ii.
(4) *Œuvres d'Arnauld;* Lausanne, t. I, p. 214.
(5) *Histoire du Jansénisme,* t. V, p. 1160. — Hermant n'a malheureusement transcrit que les premiers mots de cette relation qui commençait ainsi : « J'ay passé deux mois entiers à la campagne à deux lieues d'icy. » Suivent trois pages blanches. .

péril de sa vie, ne demandant qu'une grâce, qu'on le voulût écouter; que
M. Brassier, pro-recteur de l'Université, avoit fait le jour précédent ses
ouvertures, et avoit fait la plus belle harangue qu'ils eussent jamais ouïe;
qu'il avoit plus de soixante de Messieurs du Parlement, au lieu qu'il n'y
en avoit que sept ou huit en la harangue que les bons pères avoient
faite, ce qui les désespéroit; que toute la ville étoit enragée contre eux
de l'arrêt qu'ils avoient obtenu (1). »

Si Lopès avait réellement alors pour la lutte l'ardeur qu'on lui
suppose ici, cette ardeur, il faut l'avouer, se refroidit bien dans la suite.
L'âge, l'expérience, les mécomptes qu'il eut sans doute à endurer, le
silence d'environ dix ans qui lui fut imposé comme professeur, tout
cela était bien de nature à le rendre plus modéré et peut-être plus
sage. Aussi lorsqu'il fut remonté dans sa chaire de théologie, montra-
t-il pour la dispute et tout ce qui sentait l'esprit de parti, un éloignement qui paraît poussé jusqu'à l'aversion. J'en ai la preuve, aussi
inattendue que convaincante, dans un ouvrage inédit composé par
Lopès, et que la Providence, toujours bonne et quelquefois libérale
envers ceux qui *cherchent,* a heureusement fait tomber entre mes mains.
C'est le *Traité de la Grâce* que dicta en l'année 1672-1673 le théolognl
de Saint-André (2). On ne connaît Lopès que comme historien et
comme orateur (3) : il n'est pas moins intéressant à connaître comme
théologien.

(1) Hermant, t. V, p. 1174, 1175.

(2) Ce manuscrit n'est pas l'autographe de Lopès, mais une copie faite par un
de ses élèves, en 197 pages de 40 lignes chacune, avec beaucoup d'abréviations. A
la suite, l'élève a fait relier deux autres traités qui, avec celui de Lopès, formaient
la matière du cours de l'année 1672-1673, et il a donné au tout le titre suivant :
*Theologiæ 2ᵃ pars tradita à D. de Lopès, et reverendo Patre Arnal augusti-
niano, et reverendo Patre Touton ordinis Carmelitarum, annis Domini 1672
et 1673 : 1° tractatus de Gratia à domino de Lopès, 2° de Incarnatione à R. P.
Arnal augustiniano, 3° denique de Sacramentis à R. P. Touton. Tomus 2ᵘˢ.* »
M. l'abbé Stanislas Léglise, vicaire de Monségur (Gironde), qui est aussi un chercheur, a eu la bonne fortune et le mérite de découvrir ce précieux manuscrit dans
la bibliothèque de Mᵐᵉ Nivard, qui a bien voulu me le prêter pour que je pusse
l'étudier à mon aise. Le fils de cette excellente dame, M. le docteur Raoul Nivard,
reçut ce manuscrit par succession testamentaire de M. Bensse, docteur en médecine,
mort à Hure, vers 1876, âgé d'environ quatre-vingt-un ans. Comment le docteur Bensse
était lui-même devenu possesseur de cet in-4°, je n'ai pu le savoir avec certitude.
La bibliothèque de la ville de Bordeaux possède également parmi ses manuscrits,
sous le n° 258, une copie faite en 1684 du Traité de la grâce de Lopès : elle n'offre
aucune différence dans le texte avec la copie de 1672.

(3) On le connaîtra mieux encore, ou du moins sous un jour nouveau, lorsque
je publierai l'opuscule inédit et inconnu que j'ai annoncé.

Cet esprit de paix et de concorde qui animera et règlera tout son enseignement, Lopès l'annonce dès le début de son cours, sous une forme à la fois agréable et ingénieuse. Voici, dit-il à ses élèves en leur présentant le traité le plus difficile sans contredit de toute la théologie, voici un lit! le lit de Salomon : *En lectulum Salomonis* (1). Par là, continue-t-il, nous sommes avertis qu'il faut reléguer bien loin toutes ces contentions et ces disputes dans lesquelles les enfants de l'Église se déchirent jusque sur le sein de leur mère. Car c'est ici le lit de Salomon, c'est-à-dire du prince de la paix, ou de Jésus-Christ dont Salomon était la figure. Aussi notre docteur exposera-t-il pacifiquement le don de la paix. Cependant, comme le lit de Salomon, selon le Cantique, est exposé aux craintes nocturnes, c'est-à-dire aux attaques des enfants de ténèbres, c'est-à-dire encore des hérétiques qui ont mal pensé sur la grâce, le professeur entourera le lit du pacifique d'un cercle de soixante hommes courageux armés pour sa défense. Ces soixante forts, *sexaginta fortes*, seront... autant de chapitres, où l'on exposera et prouvera par l'Écriture, par les Pères et par les Conciles, toute la doctrine catholique concernant la grâce. Ils seront classés et répartis en quatre livres, qui formeront comme quatre canaux dans lesquels sera contenue l'eau de cette fontaine céleste. Le premier livre traitera de l'*essence* et de l'*existence* de la grâce, le second de sa *nécessité,* le troisième de son *opération*, le quatrième et dernier de ses *effets*. Enfin, de même que, sous l'ancienne loi, on montait au temple par quinze degrés, ainsi chacun des quatre livres comprendra quinze chapitres ($4 \times 15 = 60$), par lesquels les élèves en théologie de l'Université de Bordeaux parviendront à la connaissance de la doctrine sublime, que leur professeur puisera dans l'Écriture et dans les Conciles d'abord, et ensuite dans le défenseur invincible de la grâce, l'incomparable saint Augustin, et dans son disciple saint Thomas d'Aquin (2).

(1) Voici en entier le passage du Cantique des Cantiques, aux différentes parties duquel Lopès fait allusion dans la suite de son préambule: *En lectulum Salomonis sexaginta fortes ambiunt ex fortissimis Israël: omnes tenentes gladios, et ad bella doctissimi : uniuscujusque ensis super femur suum propter timores nocturnos.*

(2) Afin que le lecteur puisse se faire une idée de la manière dont Lopès écrit en latin, je donne ici le texte de sa préface. — « Gratiæ divinæ, quantùm imbecillo homini fas est, mysteria expositurus, his sacri Cantici verbis opus aggredior : *En lectulum Salomonis :* quibus omnes præmonitos velim abigenda hinc jurgia et contentiones quibus se in eodem unius matris Ecclesiæ sinu plerique conjiciunt, nec sine discrimine charitatis. Lectulus est divinæ gratiæ, lectulus Salomonis, id

Ce qu'il a promis au début, Lopès ne l'oublie plus dans la suite de
son traité. Je n'en donnerai qu'une preuve. Au livre III, parlant de
l'opération de la grâce, il est amené à traiter la grande question de la
nature de la grâce efficace, question qui, comme l'on sait, partage
les théologiens en deux écoles principales, celle des Thomistes et
celle des Molinistes. Après avoir exposé les raisons et les objections
des uns et des autres, le professeur de Bordeaux conclut en laissant
à chaque système sa probabilité, sans incliner d'un côté ni d'un
autre, de crainte, dit-il, de tomber dans l'erreur : *Suam itaque sibi
habeant probabilitatem adversæ quas retulimus theologorum catholicorum
sententiæ; in neutrius gratiam præjudico; silere malim, nec sine exemplo
et imperio, ut capite ultimo referam, quàm in alterutram inclinans in
cujusdam erroris, qui nonnisi gravis foret, periculum venire.*

Il consacre même un chapitre entier, le XIV°, à prouver la nécessité
de garder la paix en soutenant l'une quelconque de ces deux opinions :
*Pacis catholicæ in propugnanda alterutra ex duabus sententiis circà
gratiæ operationem necessitas urgetur.* Enfin, dans le dernier chapitre
de ce III° livre, il expose ce que les Souverains Pontifes et les Rois de
France ont fait pour accorder ou calmer les esprits sur cette question
difficile. Il loue surtout l'acte du 23 octobre 1668, par lequel
Louis XIV, « toujours invincible, toujours auguste, » conséquemment au Bref du Pape daté du 28 septembre précédent, fait défenses
à tous ses sujets de s'attaquer et de se provoquer les uns les autres,
sous couleur de ce qui s'est passé, usant des termes d'*hérétiques,
Jansénistes* et *Semipélagiens,* ou de quelque autre nom de parti. Hélas !

est Pacifici nostri, qui Christus est, qui in illo componens cupiditatum motus quie-
tansque fidelium mentes, piis desideriis bonisque operibus fœcundans, illos alterius
lectuli, qui gloria est, æternæ tranquillitati quasi erudit. Pacis itaque donum
pacificè proponere operæ pretium dùxi. Solùm cavendum erit lectulo à *timoribus
nocturnis,* nempè à filiis tenebrarum, quales fuerunt hæretici malè opinati de
gratiâ; propter quos *lectulum Pacifici* nostri *sexaginta fortibus ambicmus :*
totidem erunt hujus operis capita, quibus juxtà Scripturam, Concilia et Patres,
omnem de gratiâ divinâ doctrinam veluti muniemus. Divident illa capita quatuor
libri, quatuor dixerim alveos, in quos hujus fontis aquas, quibus universa terræ
facies irrigatur, deducere contendam. Primus essentiam et existentiam, necessita-
tem alter, tertius operationes, ultimus gratiæ effectus explanabit. Quemque librum
distinguent quindecim capita, per quæ sicut olim per quindecim gradus ad
templum ascendebatur, ità theologiæ studiosi ad aliquam sublimis hujus doctrinæ
cognitionem pervenient. Habemus, post Scripturam et Conciliorum oracula, duces
quos sequamur, S. Augustinum, invictissimum gratiæ defensorem, et D. Thomam,
1ª 2ᵐ, q. 109-114 : in quorum veluti in aquilarum pennis sublati, aliquem tanti
solis splendorem suspicere, hujus divinæ gratiæ auxilio, non desperamus. »

on sait assez ce que dura et ce que valait cette prétendue paix donnée à l'Église !

Est-ce aussi par amour de la paix, que Lopès ne dit rien de la distribution de la grâce suffisante ? Craignait-il de rencontrer sur son chemin et d'avoir à combattre sur ce point, un de ses anciens défenseurs, le docteur Antoine Arnauld? Ou bien serait-ce que l'adjonction d'un soldat de plus aurait dérangé la parfaite symétrie du bataillon carré des soixante braves, — quinze sur chaque ligne! — qui gardent le lit de Salomon ? J'aime mieux supposer que Lopès avait renvoyé cette matière au traité de Dieu et de sa Providence dans l'ordre surnaturel.

Il termine son traité de la grâce comme il l'avait commencé, en revenant à l'idée de sa préface, à ce lit de la grâce, dans lequel pénètrent ceux-là seulement qui aiment la paix et la concorde, pour y goûter par avance le repos de la félicité éternelle : « *Ad quem* (lectulum gratiæ) *non subeunt nisi animi concordiæ et pacis amantes, quibus solis aditum promittunt sexaginta fortes quos custodiendo lectulo hactenus adhibuimus; in quem gratiæ lectulum quisquis hic à Deo admittitur, beatæ æternæ felicitatis otia in antecessum prælibat.* »

N'y a-t-il pas lieu d'espérer que celui qui, durant les dernières années de sa vie au moins, a tant aimé, recherché et prêché la paix, aura reçu du Dieu de paix, du Prince de la paix, la récompense et la béatitude promises aux pacifiques ? *Beati pacifici, quoniam filii Dei vocabuntur*. Oui, la paix, telle est la grâce que, du fond du cœur, je souhaite à Hiérome Lopès.

XI

MICHEL GIRARD

ABBÉ DE VERTEUIL

———

Plusieurs biographes, tels que Moréri et Michaud, font de Michel Girard un frère de Guillaume Girard, secrétaire et historien du célèbre duc d'Épernon (1). S'ils disent vrai, faire connaître la famille de l'un sera aussi faire connaître la famille de l'autre; et comme, d'ailleurs, ceux qui ont parlé de Guillaume Girard sont tous muets sur ses parents et sur le lieu de son origine, combler cette lacune sera, dans tous les cas, un petit service rendu à l'histoire. C'est donc par là que je commencerai cette notice, mettant principalement à profit les notes que M. Leo Drouyn a très gracieusement et très libéralement daigné me communiquer, après les avoir lui-même puisées dans les archives du château de Sallegourde ou Bois-Lalande, situé sur la commune de Villenave-d'Ornon (Gironde), et ancienne seigneurie appartenant autrefois à Guillaume Girard, aujourd'hui propriété de M. P. de Fontainieu.

Le contrat de mariage de Guillaume Girard, passé devant Brisson, notaire, le 22 janvier 1633, nous révèle sa véritable origine. Il était « fils de feu Pierre de Girard, (en son) vivant bourgeois de la ville d'Angoulême, et de Valentine de La Borie. » Dans cet acte, Guillaume prend les titres de « conseiller du Roi et son receveur général des tailles en Saintonge, et secrétaire de Monseigneur le duc d'Épernon, gouverneur pour le roi en Guyenne. » Il épousa « demoiselle Marie de Baritault, fille de M. Mᵉ Geoffroy de Baritault, conseiller du roi et magistrat présidial en la sénéchaussée et siège présidial de Guyenne,

(1) C'est aussi le sentiment de l'éditeur des *Œuvres complètes d'Antoine Arnauld*, édit. de Lausanne, 1775, in-4°, t. VII, p. 1.

et de demoiselle Marie du Périer (1). » La future déclare agir du consentement de ses père et mère, et Guillaume Girard du consentement de « M. Mᵉ Claude de Girard, Official d'Angoulême, son frère, tant de son chef, que comme procureur fondé de la demoiselle de Borie, sa mère. »

Ce frère de Guillaume Girard est encore appelé dans le contrat de mariage de sa nièce, Jeanne de Girard, « prêtre, docteur en théologie, archidiacre, official et vicaire général du diocèse d'Angoumois. » Il était docteur de Sorbonne, comme l'écrivait, le 27 septembre 1643, l'illustre Balzac, dont Claude Girard fut toujours le *confident amy*. Aussi, parmi les nombreuses lettres de Balzac, on en trouve plusieurs adressées à « l'official d'Angoulême, » et quelques autres à son frère, le « secrétaire de Mᵍʳ le duc d'Épernon. » Claude mourut le 2 septembre 1663, « au moment, dit M. Tamizey de Larroque, où il allait publier les œuvres complètes de Balzac, et où il en écrivait la vie (2). »

Le 10 novembre 1661, Claude Girard avait résigné l'archidiaconat d'Angoulême en faveur d'un de ses neveux, nommé comme lui Claude Girard. Les lettres de provision données par le pape Alexandre VII sont datées du 24 décembre de la même année. Cependant elles ne furent visées que le 16 mars 1663 par Henri de Béthune, archevêque de Bordeaux, auquel elles furent présentées par le nouveau titulaire lui-même, François de Péricard, évêque d'Angoulême, étant alors absent de son diocèse, et l'oncle du résignataire refusant, peut-être par un sentiment de délicatesse, de les vérifier (3).

Claude Girard neveu était fils aîné de Guillaume de Girard, et dans ses lettres de provision, il est dit *clerc de Bordeaux, clericus Burdigalensis*. Bernard Despruets, évêque de S. Papoul, lui conféra la tonsure dans sa chambre, le dimanche de la Passion, 18 mars 1646. Un acte passé le 4 avril 1662, et dans lequel son oncle conserve encore le titre d' « archidiacre d'Angoulême, » l'appelle « écuyer, sieur de la maison noble de Bois-Lalande, fils aîné et principal héritier du sieur de Girard et de demoiselle de Baritault, ses père et mère ; »

(1) Le fait du mariage de Guillaume Girard pouvait déjà s'inférer d'une lettre qu'il écrivait, de Bordeaux, le 20 novembre 1646, à M. Dupuy, pour lui recommander une cause de M. de Baritault, son « beau-frère, avocat général en la Cour des Aydes de cette ville. » (*Archives historiques de la Gironde*, t. XIV, p. 539).

(2) *Lettres de Balzac*, publiées par M. Tamizey de Larroque; Paris, 1873, in-4°, p. 418.

(3) Archives de l'archevêché, *Registre des insinuations de 1663*, fol. 408. Le *Gallia christiana* ne fait aucune mention de ce second Claude Girard.

et dans un autre acte du mois de mai 1668, on le dit « écuyer, official du diocèse d'Angoulême, prieur commendataire du prieuré de Cousture, et chanoine en l'église cathédrale d'Angoulême (1). » On voit par le testament que fit sa mère, le 9 avril 1657, qu'il eut six frères ou sœurs, savoir : Geoffroy et Charles de Girard, Marie, une autre Marie dite Manon, Jeanne dite Jeannon, et Anne de Girard. La testatrice y lègue à son fils aîné, Claude Girard, la troisième partie de ses biens ; mais elle veut que, sur ce tiers, il soit donné à Manon et à Jeannon, chacune 4,000 livres, lorsqu'elles se marieront. Elles se marièrent, en effet, Marie, le 1er juillet 1658, après la mort de sa mère, avec Pierre de Malescot, écuyer, Conseiller et Procureur du Roi, juge présidial de Bazas, fils de feu M. Me Amet de Malescot, écuyer, Conseiller du Roi et lieutenant particulier audit siège, et de feue demoiselle Anne de Pichard : et quant à Jeanne de Girard, après la mort de son père, elle épousa Charles Guillaume, écuyer, seigneur de Marçay. Guillaume Girard était mort « à la fin de février ou tout au commencement de mars 1662, » comme le dit M. Tamizey de Larroque, auquel on devra la connaissance de cette date précise (2).

Arrivons maintenant à Michel Girard.

Lorsqu'il fut nommé abbé de Saint-Pierre de Verteuil, dans les premiers mois de l'année 1648, il était, selon les témoins qui certifièrent de ses bonne vie et mœurs, âgé de quarante-huit ans, ce qui place sa naissance en l'année 1600 (3). Ils disent qu'il était né de parents très honnêtes, et qu'il appartenait alors au diocèse de Chartres. Dès sa jeunesse, il se livra à l'étude des belles-lettres avec tant de succès, qu'il fut bientôt appelé à professer la rhétorique, à Paris même, au collège d'Harcourt (4). Girard y enseignait encore en 1634.

(1) Par cet acte, on saisit une partie de ses biens, se composant de maisons situées à Bordeaux, et de propriétés faisant partie des territoires de Bègles, Cadaujac et Villenave. Parmi les biens saisis, on remarque Roquette et Bois-Lalande.

(2) Chapelain écrivait, le 13 mars 1662, *A M. Girard, archidiacre et official d'Angoulême :* « Monsieur, la funeste nouvelle de la mort de Monsieur votre frère nous trouva, M. Conrart et moy, tous deux malades, et ne contribua pas peu à empirer son mal et le mien. » (*Lettres de Jean Chapelain, publiées par Ph. Tamizey de Larroque*, t. II (non encore paru), page 213.) Le lecteur devine bien à qui je dois de pouvoir citer ce passage encore *inédit*, quoique *imprimé*.

(3) *Attestationes de vitâ et moribus ad obtinenda beneficia Romana, sede vacante.* (Archives de l'archevêché.) Je tire de ces dépositions tous les renseignements sur Michel Girard, que je ne dis pas puisés à une autre source.

(4) C'est sur l'emplacement de l'ancien collège d'Harcourt qu'est aujourd'hui élevé le vaste édifice connu sous le nom de Lycée Saint-Louis.

Au commencement de cette année, « le Roi, dit le cardinal de Richelieu, ayant commisération de ses sujets ,et désirant prévenir leurs plaintes auparavant qu'elles pussent parvenir à ses oreilles, supprima plusieurs impositions qu'il avait établies, déchargea son peuple d'un quartier des tailles, et pour lui faciliter le paiement de ce qui restait, révoqua les privilèges d'un grand nombre de personnes qui, par leurs exemptions, étaient cause de la surcharge des plus pauvres (1). »

La France soulagée de l'impôt, *Gallia tributo sublevata* : le professeur de rhétorique du collège d'Harcourt vit là matière à une belle amplification latine, et aussitôt il mit la main à la plume. Donc, le onzième jour avant les calendes d'avril, c'est-à-dire le 22 mars de l'année 1634, c'était fête, comme diraient certains chroniqueurs de nos jours, fête littéraire, bien entendu, au collège fondé en 1280 par Raoul d'Harcourt, chanoine de Paris, et conseiller du Roi Philippe le Bel. Dans la matinée, on avait célébré la mémoire d'Henri IV ; le soir, on entendit louer la bienfaisance de son fils : *ut unâ die,* dit l'orateur dans son exorde, solennel comme tout le reste du discours, *conjuncto filii decore parentis honor augeatur, et patris repetita laude clarior filius habeatur* (2). Arrivant ensuite à l'objet de sa harangue, qui était le bienfait accordé par Louis XIII dans la diminution des impôts, Girard établit successivement, — quoique d'une manière peu apparente, son discours n'ayant qu'un alinéa de quarante pages ! — que le Roi ne pouvait rien faire de mieux, 1° soit que l'on considère son action en elle-même, laquelle est un acte de la vertu de bienfaisance, la plus noble des vertus ; 2° soit que l'on considère la grandeur et l'opportunité du bienfait : *ut commodiùs benefacti regii vis intelligatur, sic statuo, neque genere virtutis quicquam illustrius fieri potuisse, nec magnitudine beneficii præstantius, nec optabilius subsidii opportunitate* (p. 10). Sur la prière de ses amis, Girard

(1) *Mémoires de Richelieu,* livre XXV ; Collection Michaud et Poujoulat, 2e série, t. VIII, p. 514.

(2) *Christianissimi Regis benignitati Gratulatio : Gallia tributo sublevata; Ex Harcuriano* (A. Christ. 1634, in-8°, p. 5). Le discours a 45 pages. On possède à la bibliothèque municipale de Bordeaux deux exemplaires (*Catalogue d'Histoire,* n° 3766 c, et *Catalogue des Belles-lettres,* n° 1662) de cet opuscule, qui n'est apparemment dans aucune des bibliothèques publiques de Paris, car il manque à la bibliographie *Harcurtienne,* pourtant si riche, de M. Hippolyte Cocheris dans ses Notes sur l'*Histoire de la ville et de tout le diocèse de Paris, par l'abbé Lebeuf;* Paris 1865, t. II, p. 31-38.

fit imprimer son discours et le dédia au cardinal de Richelieu, dont
la louange ne pouvait être séparée de celle du Roi. La dédicace est
datée du 1er avril 1634.

A d'autres époques successives que je ne puis bien préciser,
faute de documents, Michel Girard étudia la philosophie et conquit
brillamment, *summa cum laude,* le titre de maître ès-arts. C'est ce que
témoigne Didier Benoist, abbé de l'Isle en Médoc, qui dit connaître
depuis plusieurs années le futur abbé de Verteuil (1). Ensuite Girard
s'appliqua à la théologie, et, suivant De Laumont, autre témoin, il y
devint docte et docteur. Après sa promotion au sacerdoce, il fut
nommé chanoine de Metz, et l'évêque de Chartres le fit curé de l'église
paroissiale de Moisy, aujourd'hui du diocèse de Blois, dans le département de Loir-et-Cher. Il fut également pourvu du prieuré de
Gabarret, au diocèse d'Auch, à présent d'Aire, dans le département
des Landes. Ceux qui déposent dans l'enquête font l'éloge de ses
vertus. Raymond Du Chesne, prêtre, licencié en droit canon, qui
connaît Girard depuis environ vingt ans, loue sa piété, sa fidélité à
offrir chaque jour le saint sacrifice de la messe, sa prudence estimée
des ducs d'Épernon père et fils, dans la maison desquels, soit à
Plassac, soit à Chartres, soit à Bordeaux, il a souvent vu ledit Girard.
De son côté, l'abbé de l'Isle célèbre dans Girard la vigilance, la ferveur, le zèle du pasteur des âmes, ainsi que son éloquence qui le place
parmi les meilleurs prédicateurs, *itâ ut singularis et eximius Dei
præco ab omnibus habeatur ;* et il rappelle en particulier les discours nombreux et applaudis que Michel Girard a prêchés
devant le duc d'Épernon, dans l'église de Plassac, au diocèse de
Saintes.

(1) Dans sa déposition, Didier Benoist prend la qualité de prêtre, docteur
ès-droit, chanoine prébendé de l'église de Metz, abbé commendataire du monastère
de l'Isle, de l'Ordre des Chanoines réguliers de Saint-Augustin, au diocèse de
Bordeaux, et il se dit âgé d'environ soixante-deux ans. Le nom de cet abbé, absent
du *Gallia christiana,* se lit, mais sans ses autres titres, dans Dutems qui l'avait
sans doute emprunté à l'abbé Baurein, lequel dit l'avoir trouvé « qualifié d'abbé
dans un titre du 18 octobre 1643. » (*Variétés Bordeloises,* 1re édit., t. II, p. 110.)
Il y avait alors plus de dix ans que Didier Benoist possédait l'abbaye de l'Isle. Il en
avait été pourvu par une bulle du Pape Urbain VIII, donnée à Rome, près Saint-
Pierre, le 20 février 1632, et il prit possession par procureur, le 26 du mois de juin
de la même année. (*Registres des insinuations de 1632,* f. 175.) Didier Benoist
était aussi « conseiller et aumônier du Roy, » d'après une transaction passée entre
le duc d'Épernon et l'abbé de l'Isle touchant la propriété des marais de Saint-Pierre
de l'Isle en Médoc (*Archives historiques de la Gironde,* t. VI, p. 411-414) et datée
du 18 octobre 1643 : c'est sans doute l'acte qu'avait vu l'abbé Baurein.

Tous ces témoignages nous présentent l'abbé de Verteuil comme attaché à la personne du duc d'Epernon. Il fut en particulier précepteur de Louis-Charles-Gaston de Nogaret de Foix, duc de Candale, né à Metz le 14 avril 1627, de Bernard de Nogaret, duc de la Valette, second fils du premier duc d'Epernon. Le fait nous est certifié par l'abbé Boileau qui, dans les *Fragments de la vie de Madame d'Epernon,* carmélite, sœur du duc de Candale, appelle Michel Girard un « sage ecclésiastique (1), » et par le précepteur lui-même, dans une lettre écrite de Plassac, le 17 mars 1639, à Louis de Nogaret, cardinal de La Valette, oncle de l'enfant. Il y dit, en effet, — dans la langue qui convenait à un ancien professeur de rhétorique, c'est-à-dire dans la langue de Quintilien, — qu'il travaille, avec le comte de Maillé, à rendre cet enfant, d'ailleurs fort bien doué, *puer eximiâ indole,* capable d'être un jour l'honneur et la gloire de sa famille (2).

---

(1) A la suite des *Notes sur la vie et les ouvrages de l'abbé Jean-Jacques Boileau, publiées avec divers documents inédits, par M. Philippe Tamizey de Larroque;* Paris et Bordeaux, 1877, in-8°, p. 115, 116 (le duc de Candale mourut à Lyon, le 27 ou le 28 janvier 1658), M. Tamizey de Larroque a publié plusieurs lettres de lui dans les *Archives historiques de la Gironde, passim.*

(2) *In eo instituendo viri diligentissimi Comitis Mallœi curam sequor adjuvoque quanta possum sedulitate, nequa sibi puer ipse deest, ut tuo nomine et amore dignus videatur.* (Bibliothèque Nationale, Manuscrits, *Collection Dupuy,* t. 536, fol. 163.) Cette lettre nous apprend encore 1° que Michel Girard avait composé une apologie du père de son élève, alors accusé d'avoir été cause de la déroute de Fontarabie (7 septembre 1638); 2° que la mort venait de ravir son autre frère, Henri de Nogaret, ce qui a profondément affligé leur père (le premier duc d'Epernon), mais il a supporté cette peine avec une résignation toute chrétienne. — « Le 11 février (1639), messire Henri de Foix, duc de Candale, fils aîné de Mgr le duc d'Epernon et de Madame Marguerite de Foix, décéda à Cazal, estant général de l'armée du Roy en Italie : son corps arrivant à Cadillac le 8° d'avril ensuivant feust porté sur les deux heures après midy en l'église des Pères Capucins, où le Chapitre après l'avoir receu sur les limites de la paroisse Saint-Martin, fit solennellement l'office, y assistant quantité de curés de Benauge, Rions et Cadillac. Le 3° de may, au mesme an, entre les neuf et dix heures du soir, il feust transporté de l'église des Capucins en l'église collégiale Saint-Blaise, et mis en la cave de la chapelle de Mgr le duc d'Epernon, le Chapitre y estant en corps et chantant à voix basse sans note, M. de Busquet, doyen, officiant, avec les sieurs Durand et de Lespès, chanoines, portant les chapes, et MM. Belliard, Pisanes, Riverin et Pisanes le jeune, chanoines, tenant le drap de velours par chaque bout, deux pères capucins et deux pères de la Doctrine portant des cierges allumés devant le corps; le tout fait par ordre de Mgr Louis de Nogaret, évêque de Mirepoix, qui a assisté à l'une et à l'autre solennité; le tombeau feust bénit le même jour, 3° de may, à mesme heure que dessus par ledit sieur doyen. » (Extrait des *Registres de l'état civil,* archives de Cadillac, communiqué par M. Ducaunnès-Duval, des Archives départementales de la Gironde.)

8.

C'est sans doute aux divers services qu'il rendit à la famille du duc d'Epernon, que Michel Girard dut de figurer dans son testament. Par cet acte, fait à Paris le 18 juillet 1661, Bernard de Nogaret fonde, pour la somme de quinze mille livres, « un obit complet, perpétuel et annuel en l'église de Cadillac pour le repos de son âme et des membres de sa famille, l'emploi de laquelle somme et exécution de ladite fondation est commis aux soins du sieur abbé de Verteuil. » Plus loin, dans le même testament, le duc d'Epernon lègue « au sieur abbé de Verteuil, 4,000 livres une fois payées (1). »

Michel Girard prit personnellement possession de l'abbaye de Verteuil, le 2 septembre 1648. En y arrivant, il put constater par lui-même ce que, sur sa demande, les vicaires-généraux lui avaient écrit concernant le triste état où était son abbaye : l'église dépourvue des ornements nécessaires au culte, les bâtiments à peu près détruits, un revenu atteignant à peine deux mille livres, déduction faite des charges (2), un personnel composé en tout de six religieux demeurant, les uns dans le monastère, les autres dans les églises paroissiales et annexes qui en dépendaient ; en un mot, il trouva une abbaye en fort mauvais état, *abbatiam in pessimo statu* (3).

Il n'y avait pas là de quoi satisfaire l'ambition de Michel Girard, modeste d'ailleurs, jusque dans son ambition. Pour la servir plus efficacement, il crut pouvoir employer son ancien élève, et c'est par lui qu'il chercha à arriver au ministre de Louis XIV. C'était en 1649. Le duc de Candale n'était plus l'enfant de dix ans qui, le 22 septembre 1637, écrivait, de Cadillac, à son oncle le cardinal de La Valette, le joli billet qu'on peut lire dans les *Archives historiques de la Gironde* (4), et qui fut peut-être dicté par son précepteur : Louis-Charles-Gaston de Nogaret était devenu le brillant chevalier peint par Saint-Evremond (5) et que Mazarin rêvait alors d'avoir pour neveu (6) ;

(1) *Archives historiques de la Gironde*, t. XVIII, p. 546, 548.

(2) Le revenu de l'abbaye est fixé à 2,400 livres (probablement, charges comprises) dans le *Pouillé Royal contenant les bénéfices appartenant à la nomination ou collation du Roy,* publié à Paris en 1648 (in-4°, p. 37), l'année même où Michel Girard prit possession de l'abbaye de Verteuil. Dutems, qui imprimait en 1774, porte le revenu à 7,000 livres.

(3) *Attestationes de vitâ et moribus,* manuscrit cité plus haut.

(4) Tom. XIV, p. 514, 515.

(5) *Œuvres mélées de M. de Saint-Evremond;* Londres, 1708, t. III, p. 18-20.

(6) Amédée Renée, *Les Nièces de Mazarin;* Paris, 1856, 2ᵉ édit., p. 95-97.

il était, selon l'expression de Loret, « un des beaux blondins de la cour (1). » Cette même année 1649, il avait eu un régiment d'infanterie qui portait son nom, et il commandait les troupes en Guyenne sous l'autorité de son père, le duc d'Epernon. Peut-être Michel Girard l'avait-il accompagné à Libourne, car, lui aussi, était « allé à la bataille ; » c'est ce qui lui donne du courage, assez du moins pour oser engager le duc à payer de sa personne dans cette affaire, et à demander au cardinal Mazarin qui disposait des bénéfices, quoi...? Un tout petit évêché, celui de Bazas ! Mais laissons parler l'abbé de Verteuil : sa lettre, tombée de la main généreuse de M. Tamizey de Larroque dans la mienne, est, dans son genre, un véritable bijou :

« MONSEIGNEUR,

» La lettre que Monseigneur (2) vous écrit et ses dépêches à leurs Majestés, à S. E. et à M. le Chancellier sur le même sujet, vous instruiront assez de ce que M. de Cominges venoit proposer et de ce que Monseigneur juge à propos pour le service du Roi et le repos de cette province, sans que je vous importune du récit des mesmes choses. On nous escrivoit aujourd'hui (3) de Bazas que l'evesque de ceste ville là dit que M. le cardinal lui donne un autre evesché (4). Monseigneur vostre père a trouvé bon que je vous en donnasse avis, et que je vous fisse ressouvenir qu'il n'y a point d'evesché plus commode à une personne attachée au service du gouverneur de ceste province et du seigneur de Puypaulin, de Cadillac et de Langon qui est dans ledit diocèse, comme il y en a peu qui soient plus faciles à obtenir quand ils vacquent, à cause du peu de revenu (5). Si vous jugez à propos d'en parler à S. E., Monseigneur vostre père l'approuvera fort et vous obligerez vostre serviteur. J'eusse fait autrefois scrupule

(1) Loret, *La Muze Historique,* samedi 28 novembre 1654, p. 570 de la nouvelle édition.

(2) Le duc d'Épernon, qui était alors à Cadillac, lieu d'où écrit Michel Girard.

(3) *Aujourd'hui !* Michel Girard ne perdait pas de temps !

(4) C'était alors Samuel Martineau de Turé, de Paris, docteur de la maison et société de Sorbonne, Chanoine de Paris, sacré le 17 juin 1646 évêque de Bazas, dont il prit possession par procureur, le 23 du même mois, et qui fit son entrée solennelle le 1er décembre suivant. Il mourut le 24 mai 1667, étant à sa campagne de Gans, et il fut enseveli dans le chœur de son église cathédrale. (*Archives Historiques de la Gironde*, t. XV, p. 62.)

(5) D'après le *Pouillé Royal* de 1648, le revenu de l'évêché de Bazas était de 10,000 livres.

d'escrire ou de parler, ou mesme de desirer avec tant de liberté, quoi
je désire, ce me semble, sans inquiétude et sans excès.. La guerre
d'où je viens m'a rendu plus hardi. Après avoir esté au camp et
m'estre trouvé à la bataille de Libourne, j'aurois mauvaise grâce
d'estre craintif et de n'oser user de la bonté dont vous avez donné
tant d'obligeantes preuves, Monsieur, à votre tres humble, tres
obeissant et tres fidele serviteur.

» GIRARD, *abbé de Verteuil.*

» De Cadillac, ce 15 juin 1649 » (1).

Quand il écrivait cette requête évidemment confidentielle, « l'aspi-
rant à l'évêché de Bazas, » comme l'appelle fort justement M. Tamizey
de Larroque, prévoyait-il que, des mains du duc de Candale, elle
passerait, peut-être à travers bien d'autres intermédiaires, à la Bibliothèque Nationale ; que là, un curieux irait la déterrer dans le
n° 20,479 du Fonds Français, et qu'enfin un autre curieux la livrerait
à la publicité ? Très probablement non : — avis aux intrigants qui ont
quelque souci de leur réputation posthume ! — Ce qui est sûr au
moins, c'est que le suppliant ne prévoyait pas l'inutilité de sa
requête : car, Samuel Martineau resta évêque de Bazas, et Michel
Girard resta, lui aussi, simple abbé de Verteuil.

Voici encore une autre lettre inédite qu'il écrivit l'année suivante,
toujours de Cadillac, à « Monsieur Morant, maistre des requestes de
l'hostel du Roi, à Lectoure » : — « Monsieur, j'ai receu ce matin un
paquet de Paris dans lequel j'ai trouvé celui que je vous envoye.
Vostre homme vous dira plus de nouvelles que je ne vous en pourrois
mander de l'armée que Mgr commande et du combat du 25 de ce
mois (2). M. de Saint-Simon sert avec cœur et fidélité. M. de La
Meilleraye pouvoit plus faire s'il eust voulu, mais on n'a pas sujet de
se plaindre de lui. Le Parlement de Tolose veut demander, avec le
Parlement de Bordeaux, le changement de gouverneur pour ce qui se
passe à Lectoure. Mgr aime mieux que tous les ennemis de l'authorité
roiale s'unissent et que le ciel mesme tombe sur lui, que d'abandonner
son devoir ; et j'approuve fort la résolution d'un homme de bien, et

(1) Bibliothèque Nationale, *Manuscrits,* fonds français, n° 20,479, f° 5, autographe.

(2) Girard veut ici parler de la prise de l'Ile Saint-Georges par les troupes du
duc d'Épernon.

suis, Monsieur, vostre tres humble et tres obeissant serviteur. *L'abbé de Verteuil.* — De Cadillac, ce 30 juin 1650 » (1).

Ainsi qu'on peut le remarquer, Michel Girard, semblable du reste en cela aux autres abbés commendataires, ne résidait pas dans son abbaye. Cependant nous l'y retrouvons le 9 juin 1659, recevant processionnellement l'archevêque de Bordeaux qui en faisait la visite. Tout en déplorant les ruines qui restaient encore à relever, Henri de Béthune eut cependant la satisfaction d'y voir, — le procès-verbal en fait foi, — « plusieurs grands bâtiments, de grandes basses-cours et de beaux jardinages, enfin plusieurs réparations déjà faites, » sans doute avec le concours du nouvel abbé (2). Alors aussi, probablement, il dut être question entre lui et le saint archevêque, de relever l'édifice spirituel de l'abbaye de Verteuil en y introduisant la réforme de Chancelade. C'est, en effet, ce qui eut lieu quelques années après. « En 1665, dit un document imprimé où je trouve ce détail inconnu mais intéressant, M. de Béthune, archevêque de Bordeaux, voyant avec chagrin le pitoyable état de cette abbaye, et désirant avec ardeur, non seulement d'y rétablir la discipline et le service divin, mais encore d'y introduire la réforme, engagea le sieur abbé de Chancelade (3) d'envoyer à Verteuil six religieux profès de son abbaye. Mais voyant que ce nombre n'étoit pas suffisant pour remplir tous les offices du chœur, faire le service divin avec la décence convenable, et satisfaire à tous les autres exercices qui pouvoient contribuer à l'établissement de la vie commune et régulière, ce digne prélat rendit, le 22 juin 1667, une ordonnance par laquelle il enjoignit au prieur claustral de demander encore audit sieur abbé de Chancelade son supérieur, six autres religieux, et pourvut de son côté, par cette même ordonnance, à ce qui devoit convenir, tant pour la subsistance commune de tous les religieux, que pour la réparation des lieux claustraux, et les autres choses nécessaires pour l'intérieur de la maison. L'introduction de la réforme et l'ordonnance de M. l'ar-

(1) Bibliothèque Nationale, *Manuscrits*, fonds latin, nouvelles acquisitions, nº 1081. Ce même recueil contient huit lettres inédites du duc d'Épernon, presque toutes datées du mois de juin 1650.

(2) Au xviiiᵉ siècle, selon l'abbé Baurein (*Variétés Bordeloises*, 1ʳᵉ édit., t. II, p. 190), le monàstère fut reconstruit dans un goût moderne.

(3) L'abbé de Chancelade, avec lequel traita Henri de Béthune, était Jean Garat, dont la vie édifiante a été publiée sous ce titre : *Le portrait fidele des abbez… dans la vie du R. P. Jean Garat, abbé de Chancellade;* Paris, 1691, in-8º.

chevêque de Bordeaux furent autorisées et confirmées par deux arrêts
du Parlement de Bordeaux, des premier et vingt juillet de l'année
1667, sur la requête du prieur de la communauté, et sur les conclusions de M. le Procureur Général. Les religieux furent installés le
25 du même mois. Enfin, par ses lettres patentes du mois d'août 1712,
enregistrées le 22 août 1713, le roi approuve, autorise et confirme
l'introduction qui avoit été faite de la réforme dans l'abbaye de Verteuil, veut que les traités, règlements et transactions passées depuis
entre les abbés et religieux de ladite abbaye, sortent leur plein et
entier effet, et soient exécutés selon leur forme et teneur, à condition
toutefois que, dans la dite abbaye de Verteuil, il y aura dorénavant
une communauté qui sera toujours composée de huit religieux au
moins, savoir, de six à sept prêtres, et d'un ou deux frères, ainsi qu'il
sera jugé convenable (1). »

Lorsque le duc d'Épernon cessa d'être gouverneur de Guienne,
Michel Girard le suivit probablement dans sa retraite, et après sa
mort il se retira au collège d'Harcourt, où il demeurait en 1667 (2).
Le jansénisme y avait des partisans (3) : Girard en augmenta le
nombre. Qu'il ne « fût point *lié* avec ces Messieurs » de Port-Royal,
je le veux bien, n'ayant pas de preuve du contraire : mais dire, avec
l'éditeur des *Œuvres d'Antoine Arnauld,* qu'il « n'avait aucune *relation*
avec MM. de Port-Royal », c'est, à mon avis, aller beaucoup trop
loin, car Arnauld était bien, je pense, de Port-Royal ; or, en 1660,
Arnauld écrit qu'il a reçu des lettres de l'abbé de Verteuil, et que
celui-ci sert d'intermédiaire au théologal Hiérome Lopès, pour communiquer avec les auteurs de la *Défense des professeurs de l'Université de
Bordeaux* (4).

Mais sur les sympathies jansénistes de Michel Girard, nous n'en
sommes pas réduit aux simples conjectures. Selon lui, Pierre de
Marca, archevêque de Toulouse, ennemi déclaré du parti, fut un

(1) *A juger en l'audience de la Grand'Chambre, pour Messire René de
Courtavel, prêtre, docteur en théologie, Grand Vicaire du diocèse de Blois, abbé
de l'abbaye Royale de Verteuil, intimé, contre le syndic des religieux de ladite
Abbaye de Verteuil, appellant d'un appointement rendu au sénéchal de Guienne,
et demandeur en requête en évocation du fonds et principal ;* in-folio de 16 pages,
p. 1, 2, 6. (Archives départementales de la Gironde, série H, cartons, *Abbaye de
Verteuil.*) Le factum est signé : Me *Despiaut, avocat.*

(2) *Œuvres d'Antoine Arnauld,* t. VII, préface, p. I.

(3) *Port-Royal,* par Sainte-Beuve; 4e édit. Paris, 1878, t. III, p. 64.

(4) *Œuvres d'Antoine Arnauld,* t. I, p. 207 et 211.

« persécuteur de la saine doctrine, soit qu'il ne la connût pas, soit que l'ambition le portât à le faire contre sa conscience (1). » Ainsi encore, parlant d'un ouvrage intitulé, *Nullités contre le dernier mandement des grands vicaires de Paris*, prescrivant la signature pure et simple du Formulaire, ouvrage qui avait été brûlé à la croix du Trahoir (2), le 18 juillet 1662, Michel Girard se serait exprimé en ces termes : « J'ai vu les *Nullités* du troisième mandement de MM. les grands vicaires de Paris, que le feu de la croix du Trahoir n'a pas toutes brûlées ; elles m'ont dit : *igne me examinâsti, et non est inventa in me iniquitas*. Elles sont pleines de piété et de belle doctrine, qui enseigne aux évêques leurs obligations, et à tout le monde le respect dû à l'épiscopat. Elles sont écrites avec une grande netteté, clarté, distinction et force (3). »

Tout cela rend très probable l'attribution faite à Michel Girard de trois opuscules publiés en 1667 et 1668, pour la défense du *Nouveau Testament de Mons*. Œuvre des jansénistes, cette traduction trop célèbre avait été condamnée par Hardouin de Péréfixe, archevêque de Paris, le 18 novembre 1667. Au mois de décembre suivant, Georges d'Aubusson de la Feuillade, archevêque d'Embrun, donna une ordonnance semblable. Aussitôt, l'on vit paraître, sans nom de lieu ni d'imprimeur, datés du 15 décembre 1667, deux *Dialogues entre deux paroissiens de Saint-Hilaire du Mont, sur les Ordonnances contre la traduction du Nouveau Testament imprimée à Mons : Premier dialogue sur l'Ordonnance de Monseigneur l'archevêque de Paris, publiée le 18 novembre 1667 ; Second dialogue sur l'Ordonnance de Monseigneur l'archevêque d'Embrun* (4).

---

(1) Phrase tirée d'un portrait de Pierre de Marca, tracé au lendemain de sa mort par l'abbé de Verteuil, et extrait des mémoires d'Hermant (Livre XXIX, ch. vii), par M. Gazier. (*Les dernières années du cardinal de Retz* ; Paris, 1875, in-8°, p. 60, note 1.)

(2) La croix du Trahoir, ou du tiroir, était le nom d'une croix et d'un carrefour de la rue de l'Arbre-Sec, à l'endroit où elle aboutit à la rue Saint-Honoré. C'était, de temps immémorial, un lieu patibulaire. Cf. Hurtaut, *Dict. hist. de la Ville de Paris* ; Paris, 1779, t. II, p. 613-615.

(3) *Œuvres d'Antoine Arnauld*, t. XXI, p. LIII, LIV.

(4) In-4° de 31 et 40 pages. La bibliothèque municipale de Bordeaux possède un exemplaire de cette édition originale, dans un recueil figurant au *Catalogue* imprimé *de Théologie*, sous le n° 1389, avec ce titre : *Pièces concernant la traduction du Nouveau Testament imprimée à Mons en 1667*, in-4°. Les deux Dialogues ont été réimprimés dans le *Recueil de diverses pièces publiées pour soutenir la traduction du Nouveau Testament imprimée à Mons, contre ceux qui en ont voulu interdire la lecture* : A Cologne, chez Nicolas Schoute, 1669, in-8°, pag. 22-151.

Généralement, dans le parti même, on les imputa à Michel Girard (1),
qui demeurait alors, comme nous l'avons dit, au collège d'Harcourt,
situé sur la paroisse Saint-Hilaire du Mont (2). « Ces dialogues, dit
Sainte-Beuve, ne rappelaient sans doute en rien le talent ni l'ironie
de Pascal ; mais il y avait assez de choses sensées (!) et surtout assez
de vives piqûres personnelles pour les faire réussir dans le moment.
On les crut de plume janséniste, bien que le railleur (Michel Girard,
abbé de Verteuil), un bel et libre esprit du quartier latin, ne fût point
lié avec ces Messieurs (3). »

Donnons, en quelques mots, une idée de ces choses « sensées » et
de ces « piqûres ». Dans le premier dialogue, il est prouvé qu'on n'est
pas obligé d'obéir aux évêques quand ils ordonnent quelque chose de
contraire à l'Évangile ; et qu'y a-t-il de plus contraire à l'Évangile,
que de défendre de le lire? « Tout, dit le P. Rapin, tout roule sur ce
beau raisonnement et sur l'abus introduit de défendre la lecture de
l'Écriture Sainte aux fidèles ; et, après avoir bien maltraité l'archevêque de Paris sur son ordonnance, (l'auteur) s'excuse de ce qu'il n'a
pas été le maître, que le P. Annat et les jésuites, ennemis déclarés du
Nouveau Testament, l'avaient poussé ; tout roule enfin dans ce
dialogue sur la traduction du Nouveau Testament, où personne ne
prenoit intérêt que les Jansénistes. Le second dialogue est contre
l'archevêque d'Embrun, qui y étoit bien plus maltraité que l'archevêque de Paris, parce qu'il avoit moins ménagé la traduction. Toutes
les injures que des gens qui ne savent pas vivre, et qui n'ont nul
usage du monde, peuvent dire à un homme de qualité, sont débitées
en ce dialogue d'un air encore plus outrageant que railleur. Et ce
dialogue finit par une menace cruelle aux évêques qui s'aviseront de
censurer la traduction ; car, après avoir parlé des désordres de la
plupart des évêques qui ne le sont, dit le dialogue, que « pour piller
leurs églises, acquérir des richesses à leurs familles, et pour avoir des

(1) Voir Dupin, *Bibliothèque des auteurs du XVIIe siècle*, t. III, p. 232 ; Varet,
Relation de la paix de Clément IX, t. I, p. 244, 245 ; Catalogue de la Bibliothèque
de l'abbé Le Roy ; Supplément de Moréri de 1735 ; Colonia, *Dictionnaire des livres
jansénistes*, Anvers, 1752, t. I, p. 429, 430; l'éditeur des *Œuvres d'Antoine Arnauld*,
t. VI, p. 15.

(2) L'église paroissiale de Saint-Hilaire-du-Mont dépendait de la paroisse Saint-
Marcel. Elle fut vendue le 6 octobre 1795, puis démolie. Cf. Cocheris, Notes sur
l'*Histoire... de l'abbé Lebeuf*, t. II, p. 33.

(3) *Port-Royal*, 4e édit. t. IV, p. 383.

trains, des meubles, des tables aussi magnifiques que les princes du monde, » ce paroissien zélé déclare qu' « il ne peut souffrir l'injustice de ces prélats qui, dans leurs excès qui sont publics, devroient être plus retenus à abuser avec tant de hardiesse de la patience des peuples contre la vérité de Dieu ; qu'ainsi, comme les archevêques de Paris et d'Embrun sollicitent des mandements par toute la France, qu'il est d'avis qu'aussitôt qu'il en paroîtra, qu'on en discoure ; car il y a de bonnes choses à dire sur certains évêques (1). » Cet aperçu des deux *Dialogues* est exact, et il serait aisé d'y ajouter plus d'un trait où perce l'esprit janséniste de l'auteur. Aussi furent-ils tous deux condamnés par une seconde Ordonnance de l'archevêque de Paris, du 20 avril 1668, dans laquelle il défendit sous peine d'excommunication encourue par le seul fait, de « les vendre, publier, distribuer ou débiter. »

L'Ordonnance que l'archevêque de Reims publia aussi, le 4 janvier 1668, contre le Nouveau Testament de Mons, donna lieu à Michel Girard de composer un troisième dialogue ; mais, dit-on, « l'édition fut supprimée, et les copies en sont extrêmement rares. On le cite dans plusieurs catalogues manuscrits et dans quelques ouvrages imprimés ; mais on ne l'a point réuni avec les deux autres dans le *Recueil* des pièces sur le Nouveau Testament de Mons. L'auteur du catalogue imprimé de la Bibliothèque du Roi ne fait mention que des deux premiers, et celui du Supplément de Moréri donné en 1735, déclare que quelques recherches qu'il en ait faites, il n'a pu découvrir le troisième (2). »

Cet écrit et ces relations de Michel Girard rendent moins invraisemblables celles qu'il eut certainement avec un docteur célèbre par sa témérité en dogme comme en histoire : je veux parler du fameux Jean Launoy. Parmi ses lettres, que l'on sait être de véritables dissertations, il en est trois adressées à l'abbé de Verteuil. Dans la première, Launoy parle de l'ancienne amitié qui les unit, et de leur

---

(1) *Mémoires du P. René Rapin* ; Paris, 1865, t. III, p. 403, 404. Le P. Rapin raconte ensuite comment, par un Mémoire qu'il composa et présenta lui-même à Sa Sainteté contre la traduction de Mons, il contribua à la faire condamner par le Pape, qui donna à cette fin un bref daté du 11 avril 1668.

(2) *Œuvres d'Antoine Arnauld*, t. VII, p. 1. L'éditeur ajoute "en note : « Nous en avons un exemplaire dont les huit premières pages sont imprimées, et le reste, de 86 pages in-4°, est demeuré manuscrit. Il est daté du 23 février 1668. »

zèle commun pour le Roi et pour son autorité (1). Dans la troisième, Girard est appelé un *homme prudent et sincère,* et l'on y loue la pénétration de son jugement (2). Que ne l'avait-il moins pénétrant, mais plus juste! Il eût évité de contracter une amitié qui n'entrera jamais dans son éloge.

J'ignore à quelle époque mourut Michel Girard. Dutems ne lui assigne un successeur qu'en 1680. Cependant, le 25 mai 1674, l'abbé de Verteuil était mort ou avait résigné, et n'avait pas encore de successeur; car, ce jour-là, Henri de Béthune nommant le prieur claustral de Verteuil au prieuré-cure de Cantenac, s'appuie sur cette considération que le siège abbatial est actuellement vacant (3). Le Registre d'Insinuations de cette époque manquant aux archives de l'archevéché, il ne m'est pas possible de donner une date plus précise.

Comme compensation, je dirai un mot du dernier abbé de Saint-Pierre de Verteuil (4). Ce fut Toussaint-Joseph-Pierre de Bois-Boissel, Vicaire-Général, chanoine et comte de Lyon. Il fut pourvu de l'abbaye par une bulle de Pie VI, donnée à Rome le 30 novembre 1784, et le 14 janvier 1785, il prit possession par procureur dans la personne d'Alexis Jouneau, prêtre, chanoine régulier de l'ordre de Saint-Augustin, congrégation de Chancelade. L'acte de cette prise de possession est aux archives départementales de la Gironde, ainsi qu'un dossier de lettres écrites de Lyon par le chanoine abbé de Verteuil.

(1) *Joannis Launoii Epistolæ omnes;* Cantabrigiæ, 1689, in-fol., part. VII, epist. I, pag. 605-616 : « Et vetus, quæ mihi tecum est amicitia, et commune erga Regem Regisque auctoritatem studium, exigunt ut id publicâ testificatione constare possit » (p. 605). — La seconde lettre de Launoy à Girard est la deuxième de cette partie, pag. 617-622. Toutes deux sont datées du mois d'octobre 1669.

(2) « Judicii acrimonia ». — « Vir prudens et sincere ». *Ibid.,* part. VII, epistol. IX, p. 601. Cette lettre est datée du 13 août 1670.

(3) « Hinc est quòd nos, attento quòd sedes abbatialis dicti monasterii de Vertolio *ad præsens vacet.* » (*Archives historiques de la Gironde,* t. XV, p. 481.)

(4) Autre petite compensation, toujours en matière de *date.* Guillaume De La Chassaigne, prédécesseur de Lancelot de Mullet dans l'abbaye de Verteuil, que Dutems donne comme abbé en l'année 1582 seulement, prit personnellement possession le 23 juin 1578. Ses lettres de provision sont datées de Rome, le 30 novembre 1577. Guillaume de La Chassaigne était licencié ès-décrets, et chanoine sacriste de l'Église métropolitaine de Bordeaux.

XII

L'AFFAIRE DU SURPLIS

(1609)

Ce fut une grosse affaire !

M. Ravenez lui consacre à peine douze lignes : il se borne à résumer le peu qu'en dit Gaufreteau dans sa *Chronique*, y ajoute une inexactitude et une ironie, et c'est tout (1) ! Probablement, il n'en savait pas davantage, et pas plus sur ce point que sur les autres démêlés du Cardinal de Sourdis avec le Chapitre Saint-André, il n'a daigné consulter les *Actes Capitulaires*. Ils lui eussent pourtant été très utiles, soit pour compléter son histoire, soit pour être moins injuste envers les chanoines de la cathédrale de Bordeaux, auxquels il adresse souvent des reproches aussi immérités pour le fond que violents dans la forme. On en aura une preuve dans l'affaire du surplis, que nous allons raconter (2).

---

(1) *Histoire du cardinal François de Sourdis;* Bordeaux, 1867, in-8°, p. 215, 216. L'auteur de cet ouvrage n'est plus, et s'il a légué à quelqu'un le soin de défendre son livre contre les critiques, ce legs n'a pu être accepté que par un ami de la vérité. J'ose donc espérer que cet article, bien que complémentaire et rectificatif, n'aura pas le sort de tel autre publié le 1er avril 1882 dans la *Revue Catholique de Bordeaux*, et qu'il ne m'attirera pas sur les bras une *autre* fâcheuse affaire.

(2) J'en indiquerai encore deux.

A la page 50, M. Ravenez écrit : « Il existait, au midi de l'église primatiale, deux autels sans ornements, sans balustres, qui, bien que pourvus de pierres sacrées, étaient continuellement profanés. Aux jours de sermon, le peuple les escaladait, et envahissait à la fois le retable et la table de communion : ils étaient d'ailleurs l'objet de pratiques superstitieuses. Désireux de faire cesser ce scandale, le cardinal-primat s'adressa au Chapitre, et le pria de vouloir bien ordonner la démolition de ces autels. *Les chanoines ne répondirent pas.* » Pourquoi ? Parce que le cardinal, qui ne souffrait pas le moindre retard dans l'exécution de son désir, ou qui redoutait peut-être leur opposition, ne leur en laissa pas le temps. Consultons l'acte capitulaire du 26 février 1602 ; nous y lirons ce qui suit : « Le secrestain représente

C'était en l'année 1609. Entre plusieurs règlements que l'Archevêque de Bordeaux avait récemment publiés, il s'en trouvait un ordonnant « que touts prestres et les chanoines aussi porteroient des surplis à la *romaine*, c'est-à-dire avec des manches closes, larges,

que, *le jour d'hier*, Mgr le Cardinal lui avoit donné charge de *proposer* au Chapitre, qu'il étoit expédient d'abattre les deux autels qui sont dans la nef, parce qu'il disoit qu'ils étoient profanés par le peuple qui montoit et s'asseyoit dessus. Sur quoi, étant entrés en délibération, *et une partie desdits sieurs ayant dit leur avis*, le sieur Dubernet (un des chanoines) auroit été appelé par l'un des portiers de l'église, pour lui dire qu'il y avoit des maçons qui commençoient à démolir l'un des autels. Sur quoi, le Chapitre ordonna que lesdits sieurs sortiroient au même instant, pour voir que c'étoit et arrêter les maçons. » — C'est là ce que M. Ravenez appelle se « rendre *tumultueusement* à Saint-André en habit de chœur » (p. 51). — « Et de fait, étant allés en la nef de ladite église, ils auroient trouvé trois maçons qui avoient ôté les premières pierres de l'un des autels, et ce, en présence de M. Miard, aumônier du cardinal, et de l'un de ses valets de chambre, lesquels maçons lesdits sieurs auroient arrêté et mis ès-prisons dudit chapitre pour les représenter à justice; et incontinent, étant entrés dans le Chapitre, auroit été arrêté de présenter requête à la Cour du Parlement aux fins de faire inhiber ladite démolition. »

Autre exemple de la partialité et du peu d'exactitude de M. Ravenez. «Le jour de Noël (1609), dit-il, le cardinal avait célébré pontificalement à Saint-André la messe de minuit, *et il avait dit ensuite la messe de l'aurore*. Comme il avait l'intention de chanter encore celle du jour, il laissa ses vêtements pontificaux sur l'autel. Or, il est d'usage que, quand un évêque dit une messe à un autel, aucun prêtre ne peut la célébrer sur ce même autel sans l'autorisation du prélat. Cependant le doyen fit retirer et *porter à la sacristie les ornements du cardinal*. M. de Sourdis se vengea de cette *insolence* par un acte touchant d'humilité. Il alla célébrer la troisième messe dans la chapelle de la prison du Parlement... et jamais il ne fit sentir au doyen et à M. de Boucaud combien les aumôniers avaient été *inconvenants* à son égard » (p. 198, 199). Voyons donc si et en quoi il y eut *insolence* de la part du Doyen. «Le vendredi 25 décembre, *à six heures du matin*, étant assemblés en chapitre extraordinaire, le doyen dit que Mgr le cardinal de Sourdis *n'étant en volonté ou commodité de célébrer la seconde messe qui se doit dire au grand point du jour*, il (le doyen) en étoit empêché parce que les aumôniers du cardinal avoient laissé ses ornements sur l'autel, qu'on ne pouvoit y célébrer sans les ôter, et que d'ailleurs ladite messe ne pouvoit être remise parce qu'elle étoit d'obligation, et que c'étoit une messe conventuelle et solennelle, qui ne pouvoit être célébrée qu'au grand autel. Le Chapitre députa aussitôt l'un des portiers de Saint-André vers les aumôniers de l'Archevêque, pour les prier de venir eux-mêmes ôter les ornements et dégarnir l'autel ; mais il fut répondu que les aumôniers n'étoient pas levés et qu'on ne pouvoit leur parler. Alors, comme il étoit déjà sept heures, les soussacristains et les choristes levèrent la première nappe avec les ornements qui étoient dessus, *sans aucunement les mêler ny déranger*, et portèrent le tout *sur la crédence qui étoit tout près du grand autel*. On remplaça aussi la nappe, et quand la messe eut été célébrée par le doyen, les ornements du cardinal *furent remis sur l'autel dans le même état où ils étoient auparavant*, et ensuite ils furent emportés par les aumôniers et autres officiers du Cardinal. » Voilà, il faut en convenir, une *insolence* qui touche de bien près à la délicatesse !

amples, au lieu qu'avant touts uzoyent de ceux qui estoyent à manches volantes (1). » Le Chapitre Saint-André jugea que le cardinal de Sourdis avait outrepassé ses droits en le comprenant dans un décret sur lequel il n'avait probablement pas même été consulté, et il conserva le surplis qu'il était depuis longtemps en possession de porter.

Cependant, quelques membres du Chapitre, moins opposés ou plus dévoués au Cardinal, lui donnèrent satisfaction sur ce point. Le premier qui assista au chœur avec le surplis à manches closes fut Pierre Peyrissac, chanoine prébendé, qui avait été nommé le 12 novembre 1608 et installé le 20 du même mois. Mais le jour même où il parut ainsi « seul contre la coutume, » c'est-à-dire le jeudi 5 mai 1609, le Chapitre ordonna « que ledit sieur Peyrissac fera dans trois jours ouvrir les manches de son surplis, et les fera faire de la façon que MM. les doyen et chanoines les portent, afin que tous soient uniformes en leurs habits ; autrement, à faute de ce faire, les trois jours passés, sera ledit sieur Peyrissac rayé du livre de la pointe, et procédé contre lui comme il appartiendra. »

Au chapitre tenu le mardi suivant, Peyrissac donna par écrit, et signées de sa main, les raisons qu'il opposait à l'ordonnance qui le menaçait de la perte des distributions manuelles, s'il ne réformait son surplis. Il dit « que la forme de son surplis est celle que, de toute ancienneté, on a portée dans ladite église, comme il est justifié par les sépultures tant anciennes que modernes, par les vitraux et ornements de ladite église, où les chanoines qui y sont représentés sont tous revêtus de surplis de la forme et façon de celui dudit Peyrissac ; que le Chapitre a ci-devant permis et permet encore à ceux du bas chœur d'en porter (de semblables) ; qu'en toute l'Italie et la plus grande partie de la France, on retient encore cette ancienne forme, voire en la plus grande partie de cette province ; que maintenant, en ce diocèse, elle est la plus commune, comme étant plus modeste et plus séante ; que le 5e du présent mois (de mai 1609), il a été promulgué en plein synode et défendu d'en faire faire d'autre façon après qu'on aura usé ceux qu'on a maintenant ; qu'étant obligé de garder ce qui est de la loi diocésaine, il ne peut contrevenir à ladite ordonnance synodale ; et en cas que le Chapitre veuille passer outre, il déclare qu'il a appelé et appelle de ladite ordonnance, et proteste de tous dépens, dommages et intérêts. » Mais toutes ces raisons ne

(1) GAUFRETEAU, *Chronique Bordeloise*, t. II, p. 37.

convainquirent pas le Chapitre: il confirma la sentence portée contre
Peyrissac, en même temps que, sur sa demande, il ordonnait qu'il
lui en fût délivré copie.

Le 10 juin, veille de saint Barnabé, au commencement des vêpres,
Peyrissac requit du doyen du Chapitre acte de ce qu'il se présentait pour faire sa résidence rigoureuse. Il lui fut répondu que, lorsqu'il se présenterait avec un surplis semblable à celui des autres
chanoines, on lui ferait la réponse que l'on avait coutume de faire à
pareille demande. Peyrissac prit les paroles du doyen pour un refus,
mais elles furent approuvées au chapitre tenu le lendemain. Les
chanoines passèrent même plus avant. Voyant que, malgré les
injonctions qui lui étaient faites, Peyrissac persistait à ne pas réformer son surplis, le mardi 23 juin, ils lui interdirent l'entrée du chœur
et du Chapitre; et prévoyant le cas où il violerait cet interdit, ils
défendirent au doyen de lui demander et de prendre sa voix et son
suffrage, et aux chantres de chape de lui porter les antiennes et les
psaumes pour entonner, ou de le mander pour lire les leçons de
matines, et en général pour remplir quelqu'une des fonctions faites
d'ordinaire par le doyen ou par les chanoines, sans préjudice des peines
déjà portées contre lui ou à porter s'il persévère en sa désobéissance;
car dans ce dernier cas, il sera procédé contre lui par excommunication et privation de sa prébende, fallût-il pour cela implorer le bras
séculier (1). Toutes ces dispositions furent signifiées, le lendemain
24 juin, au sieur Peyrissac qui en prit copie, et protesta de se pourvoir.

Ce qui poussait le Chapitre à une telle sévérité, c'est que, huit
jours auparavant, Peyrissac avait eu des complices. Le mercredi,
17 juin, aux premières vêpres de la Fête-Dieu, De Lurbe, Levenier,
Lacouture, Ligonac et Boyer assistèrent au chœur avec le surplis à
manches. Immédiatement après l'office, le Chapitre s'assembla
extraordinairement dans le chœur de Saint-André, et leur défendit de
revenir au chœur ou autre lieu où le Chapitre se trouve en corps,
avec surplis d'autre forme que celle que les chanoines ont accoutumé de porter. Les réfractaires appelèrent de cette ordonnance, et
le lendemain, jour de la Fête-Dieu, ainsi que les jours suivants, ils
se présentèrent au chœur avec le surplis à manches rondes. Il fallut,

(1) Ici le Chapitre outrepassait évidemment ses droits. Cf. Bouix, *Tractatus
de Capitulis;* Parisiis, 1852, part. IV, cap. vi, *Potestas capituli quoad pœ-
nalia,* pag. 448-452.

le 24 juin, renouveler la défense, laquelle fut signifiée, le vendredi
26 juin.

La veille, il y avait eu au chœur un petit scandale. Aux matines,
le sieur Peyrissac, sans avoir été mandé et contrairement à la
défense qui lui en avait été faite, s'était présenté au pupitre pour lire
la quatrième leçon, et il s'y était rencontré avec un chanoine demi-
prébendé qui, lui, avait été mandé par le chantre de chape. Peyrissac,
avec beaucoup de tumulte et de contestation, empêcha le demi-
prébendé de lire la leçon, ce qui obligea le président du Chapitre
à faire prier Peyrissac par un chantre de chape de s'arrêter et de ne
pas troubler le service divin ; mais Peyrissac n'ayant voulu obéir,
Dubernet, le plus ancien chanoine, descendit de sa place pour
faire cesser ce désordre et lut la leçon. Le chanoine demi-prébendé
retourna à sa place : quant au sieur Peyrissac, « il continua de
crier et troubler le chœur pendant la lecture de la leçon, ce qui
scandalisa beaucoup les assistants. » Procès-verbal fut aussitôt dressé
et signé par tous les chanoines, témoins de cette scène regrettable (1).

Pour délibérer avec plus de liberté sur cet incident, le Chapitre
pria Peyrissac de sortir de la salle capitulaire. Celui-ci, qui s'y était
déjà refusé en pareilles circonstances, s'y refusa encore cette fois. On
lui adressa de nouvelles injonctions : il répondit « que si on vouloit le
tirer du Chapitre, il demeureroit le plus fort ; » et il resta, en effet,
seul maître du terrain ; car, devant son obstination, les chanoines
s'en allèrent sans avoir rien fait. En sortant, ils trouvèrent dans le
cloître de l'église quantité de gens, « la plupart armés, venus pour
favoriser Peyrissac contre le Chapitre ! »

Peyrissac n'assista pas à l'assemblée capitulaire du mardi 30 juin.
On put donc délibérer sur la sommation par lui faite en vue d'obtenir sa part des distributions. La conclusion fut, que « la part des
ventes et autres fruits qu'il eût pu prendre, s'il eût été reçu en sa
résidence et s'il avoit obéi aux ordres du Chapitre, seroit appliquée en œuvres pies, et particulièrement à l'hôpital Saint-André. »
Nonobstant cette décision, Peyrissac continuant à se présenter
au chœur avec le surplis à manches closes, le Chapitre, de son côté,
réitéra sa défense et la menace de priver Peyrissac de sa prébende.
A cette dernière ordonnance, qui lui fut signifiée le 1er juillet, il

(1) Quelle différence, sous le rapport de l'entente et de l'union des esprits, entre
nos chanoines d'autrefois et nos chanoines d'aujourd'hui !

répondit que, « adhérant à ses précédentes appellations, il appeloit de la susdite ordonnance, qu'il prit pour un attentat fait au préjudice d'icelles ».

Cependant les esprits parurent se calmer. Le mardi, 7 juillet, le cardinal de Sourdis se rendit au Chapitre, et là, dit « qu'il avoit beaucoup de regret des différends qui étoient entre lui et le Chapitre, tant pour le scandale que le peuple en prenoit, que pour le détriment que le Chapitre en recevoit : que le sieur De Lurbe, archidiacre de Blaye, lui avoit proposé de remettre ces différends au jugement de quelques arbitres, desquels on se pourroit accorder ; que, pour le désir qu'il avoit d'assoupir ces querelles, il étoit venu dire au Chapitre qu'il avoit cette ouverture pour agréable, et que, de sa part, il s'en remettroit bien volontiers au jugement d'un des Présidents de la Cour de Parlement, qui prendroit avec lui deux Conseillers de la même Cour de Parlement ; qu'il n'y avoit aucun inconvénient dans leur qualité de laïcs, attendu que, en France, la connaissance de ces sortes de différends appartient à gens de cette qualité. » Le doyen Desaigues répondit que le Chapitre « n'avoit autre affection que de vivre en paix avec le Cardinal, que jusqu'ici il n'avoit pas tenu au Chapitre que les différends ne fussent terminés, et qu'il seroit délibéré sur la proposition. »

Après que le Cardinal fût sorti, le doyen dit aux sieurs De Lurbe, Levenier, Lacouture, Ligonac et Boyer, « qu'il étoit à croire qu'une partie des questions remuées depuis peu de jours par le seigneur Cardinal procédoient de ce que le Chapitre n'avoit voulu tolérer qu'ils portassent des surplis à manches closes ; que, les voyant dans le Chapitre avec des surplis à la façon accoutumée, il vouloit croire qu'ils étoient résolus à obéir aux ordres qui leur avoient été signifiés ; que cependant, il étoit à désirer qu'ils en fissent la déclaration ; car, s'ils étoient en volonté de persévérer en l'appel par eux interjeté des Ordonnances du Chapitre, il ne seroit pas raisonnable qu'ils prissent part à la délibération. » Ils répondirent que les surplis dont ils étaient revêtus témoignaient assez de leur intention de se conformer aux ordres du Chapitre, et qu'il n'était besoin d'en faire une déclaration plus ample ni d'agiter davantage cette question. La délibération eut donc lieu, et sans orage. Le résultat fut qu'on députerait six chanoines vers le Cardinal, « pour le remercier de l'honneur qu'il avoit fait au Chapitre en prenant la peine d'y venir, et principalement pour le sujet de la paix, laquelle le Chapitre avoit toujours désirée

par dessus toutes choses. » Les députés devaient encore représenter à
l'Archevêque que le Chapitre, dans ce qu'il s'était « ci-devant relâché
de ses droits en faveur dudit seigneur Cardinal, » avait assez montré
« combien il recherchoit ses bonnes grâces ; que si les chanoines se
roidissoient pour le maintien de leurs droits et privilèges, c'étoit
qu'ils se croyoient obligés en conscience à les conserver ; » que le
Chapitre est tout disposé à terminer par voie amiable « les différends
nés entre lui et l'Archevêque, mais qu'il ne peut *compromettre*
sur ceux qui concernent les privilèges et les droits du Chapitre ;
qu'enfin, pour ceux qui ont rapport à l'intérêt particulier et temporel
des chanoines, il seroit à propos, avant de nommer des arbitres, de
faire un état de ces différends, afin de savoir ceux sur lesquels on
pourroit amiablement convenir, et ceux qui pourroient être remis au
jugement des arbitres. Et tout incontinent, les six députés allèrent
à l'Archevêché. »

Immédiatement après vêpres, ils rendirent compte au Chapitre de
leur mission et de la réponse du Cardinal. Celui-ci n'avait jamais
pensé à mettre en arbitrage les privilèges du Chapitre ; d'ailleurs
rien n'empêchait de nommer des arbitres « par devers lesquels on
pourroit déduire tout ce qu'on voudroit. » Selon l'Archevêque, la proposition du Chapitre ne tendoit qu'à empêcher l'accord désiré : il « pouvoit rédiger par écrit ses privilèges ; » le Cardinal promettait de les
mettre « dans les fondements de la galerie qu'il bâtissoit ! » Il se plaignit aussi de ce que le Chapitre ne déférait pas aux appellations que les
particuliers interjetaient de ses ordonnances, et dit « qu'il tiendroit
la main à ce qu'on ne fît rien au préjudice desdites appellations. »
Pour rendre sa pensée plus sensible ou plus mordante, il se servit
d'une comparaison que les députés rapportèrent au Chapitre : il dit
que, « si quelques-uns de ses gens avoient tué vingt-sept ou vingt-
huit chanoines, et qu'ils se portassent appelants de la procédure
qu'on leur feroit, on ne pourroit passer outre, au préjudice desdites
appellations ! » L'hypothèse était peu flatteuse pour le Chapitre :
cependant il eut le bon goût de la prendre pour ce qu'elle était,
une simple hypothèse plus ou moins polie, et il chargea le doyen de
rédiger « un état des différends. et de l'apporter le jeudi suivant au
Chapitre, pour y être lu et arrêté. »

C'est ce qui eut lieu en effet, le jeudi 9 juillet ; mais un nouvel
acte du Cardinal vint tout gâter. Pendant que les chanoines opinaient
sur l'état des différends proposé à leur examen, et avant que toutes

9

les voix eussent été recueillies, le chanoine Boyer, — un de ceux pourtant qui avaient porté le surplis à manches closes, — dit que « la veille au soir, il avoit été averti que le Cardinal vouloit faire rompre la muraille qui séparoit le jardin de sa maison canoniale du petit jardin de l'archevêché, et faire creuser dans le jardin de ladite maison pour faire les fondements de la galerie qu'il avoit commencée, et qu'il vouloit continuer jusqu'à la treille de ladite maison canoniale. » — Est-ce là ce que le Cardinal entendait, lorsqu'il disait aux députés du Chapitre qu'il mettrait ses privilèges « dans les fondements de la galerie qu'il bâtissoit ? » — Le chanoine Lacouture ajouta que, le matin même, pendant matines, il avait été mandé par l'Archevêque qui lui avait dit, « entre autres propos, qu'il avoit fait rompre ladite muraille, » et l'avait prié, dans le cas où l'on parlerait de cette affaire en chapitre, de dire « qu'il étoit en volonté de récompenser ladite maison de ce qu'il prenoit, et de bâtir en ladite maison canoniale une chambre, par le moyen de laquelle elle seroit beaucoup plus accommodée. » Alors le Chapitre jugea que le Cardinal, « faisant une si extraordinaire entreprise après sa proposition, n'avoit aucune volonté de sortir d'affaire par la voie d'accord, » et il donna ordre au sieur Boyer, sous peine d'être privé à l'avenir du droit d'opter les maisons canoniales qui viendroient à vaquer, de faire, le plus promptement possible, assigner les ouvriers démolisseurs de la muraille devant le Sénéchal, « et de pourvoir à cette affaire en telle sorte qu'il n'en advînt aucun préjudice aux droits du Chapitre et de ladite maison canoniale. » Enfin le Chapitre décida que l'examen du traité proposé par le Cardinal ne serait repris que quand les choses auraient été remises en l'état où elles étaient lorsque l'Archevêque vint au chapitre pour la première fois.

Il y revint le jeudi 16 juillet. Après avoir rappelé tout ce qu'il avait dit, soit en assemblée capitulaire, soit dans son Palais aux députés, il ajouta que la démolition de la muraille n'était pas chose de nature à empêcher l'accommodement, « parce que cela étoit proprement de la connaissance des arbitres, puisqu'il s'agissoit de la possession du Chapitre en la place qu'il prétend lui appartenir. » Il termina en disant « qu'il y en avoit, dans le Chapitre, qui commettoient des insolences et scandales en l'église, témoin le sieur Mosnier, lequel » non-seulement avait défendu au sous-diacre qui officiait à la messe de donner l'encens à M. Peyrissac, mais encore avait lui-même « refusé de lui donner la paix en son rang, et que, *s'il faisoit la bête, il le châtieroit,* ce qu'il répéta par trois fois (1) ; que d'ailleurs, lui présent, personne n'avoit puissance de commander. » Mosnier répondit qu'il avait agi uniquement par l'ordre du Chapitre, et que celui-ci pouvait le juger s'il avait failli. De son côté, le doyen répéta ce qu'il avait dit précédemment touchant la bonne volonté du Chapitre et l'impuissance où il était de compromettre et de s'accorder, vu, d'une part, la démolition de la muraille, et de l'autre, la nature des différends, le Chapitre ne pouvant, suivant le chapitre *Cùm tempore, De Arbitris* (2), compromettre de ses droits sans l'autorisation du Saint-Siège ; puis, il « confirma le dire du sieur Mosnier et la légitimité de l'ordonnance » portée contre Peyrissac, « étant raisonnable, dit-il, que celui-là ne soit pas reconnu pour chanoine qui ne veut pas reconnoître l'autorité du Chapitre. »

Le Cardinal répliqua qu'il avait défendu au sieur Peyrissac de changer de surplis et de déférer aux ordres du Chapitre, desquels il était appelant, et que le Chapitre ne pouvait, comme il l'avait fait, passer outre, au préjudice de cet appel. Mais le doyen répliqua, à son tour, que l'ordonnance du Chapitre ne pouvait être arrêtée par l'appel de Peyrissac, « attendu qu'il s'agit de la police et discipline du Chapitre, et d'empêcher la difformité que ledit Peyrissac y veut introduire ; et que c'est un des cas de droit auquel les juges ecclésiastiques peuvent passer outre, nonobstant appel, parce que, en ce cas, l'appel a effet dévolutif seulement et non suspensif, d'après le chapitre *Ad Nostram, De Appellationibus* (3). »

Un chanoine, nommé Martin, prenant alors la parole, « affirma que le dire du doyen étoit véritable, et que le chapitre *Ad nostram* y étoit formel. » Le cardinal s'étonna « de voir un conseiller, » — c'était le

(1) Quoique gentilhomme et prince de l'Eglise, François de Sourdis descendait quelquefois au dessous du style noble, et même du style... *soutenu !*

(2) « Etsi spontè volueris, dit Innocent III, de jure tamen nequiveris, sine licentiâ Romani Pontificis renunciare privilegiis vel indulgentiis libertatis, quæ monasterium illud indicant ad jus et proprietatem Romanæ Ecclesiæ pertinere. » (*Decretal.*, lib. I, tit. XLIII, cap. v.) La rubrique de ce chapitre est conçue en ces termes : *Ecclesia exempta non potest in præjudicium exemptionis compromittere.*

(3) « Quia remedium appellationis non ideò est inventum, ut alicui à religionis et ordinis observantiâ exorbitanti debeat in sua nequitia patrocinium exhibere ; mandamus, si quando quilibet subditorum tuorum ad remedium appellationis convolnverit, non ideò minus eum, juxtà tenorem mandati, quod in prædictâ regulâ continetur, et institutionem ordinis, corrigas et castiges. » (*Decretal.*, lib. II, tit. XXVIII, cap. III.)

doyen, — « et un docteur, » — c'était Martin, — « soutenir cet avis ; »
et s'adressant au second, il lui dit « qu'il étoit aussi mauvais philosophe que mauvais théologien ! » Martin répondit « qu'il avoit enseigné
publiquement la philosophie et la théologie sans qu'on l'eût jamais
repris, et qu'il avoit été jugé capable par les Universités. » Alors le
cardinal lui imposa silence, « lui disant par deux ou trois diverses
fois : *Taisez-vous, vous ne faites que brouiller*. » Sur ce, le sieur Martin
répliqua : « Monsieur, bien que vous soyez grand seigneur, et nous
pauvres vers de terre, vous ne devez trouver mauvais que nous
alléguions nos raisons. Il y a justice aussi bien pour les petits que
pour les grands. Vous savez ce qui arriva à Achab pour avoir pris la
vigne de Naboth (1). » L'archevêque imposa de nouveau silence au
chanoine Martin ; puis il répéta que tout cela n'empêchait pas « que
l'on ne s'accordât d'arbitres. » — « Comment, Monsieur, répondit le
doyen, comment voulez-vous que nous mettions en arbitrage les
citations que vous avez fait bailler à MM. Dupérier, D'Hirigaray et
Mosnier, vu que cela touche directement nos priviléges ? » — Le cardinal dit qu'il consentait à ce qu'on ne parlât plus de ceux-là. —
« Mais ce ne seroit pas s'accorder, répliqua le doyen, que laisser à
juger ces différends. » — Là-dessus, le cardinal sortit. Ensuite le
Chapitre se déclara prêt à traiter avec lui « par accord, s'il étoit
disposé à remettre la muraille de la maison du sieur Boyer en l'état
où elle étoit lorsqu'il fit la proposition, et s'il faisoit démolir ce qu'il
y avoit bâti. »

Martin était théologal du Chapitre. Sa réponse ferme, quoique
respectueuse, lui valut, le même jour, de la part du cardinal, une
sentence d'interdit de la prédication, sentence vraiment extraordinaire, et dont je reproduis le texte d'après M. Ravenez :

« Ayant depuis quelques années reçu les plaintes de plusieurs personnes touchant les pétulances et paroles injurieuses dont use
ordinairement M. Daniel Martin, chanoine théologal de l'Eglise
Primatiale, et nous étant transporté aujourd'hui, 16 du présent mois
de juillet, dans notre chapitre de ladite Église, *pour remontrer aux
chanoines d'icelle certaines choses concernant le devoir de leurs charges* (?),
ledit Daniel Martin auroit usé de plusieurs violences et pétulances (!),
voire même de plusieurs injures (!!) contre la dignité que nous
portons, ne voulant souffrir ni permettre que nous parlassions, mais

(1) III Reg. XXI, 1 et seq.

nous interrompant à tout propos (!) ; tellement que nous ne pouvons (moins) faire que de l'interdire, comme nous l'interdisons de la chaire de prédication (1). »

Tout, dans cette sentence, montre qu'elle a été portée *ab irato*. Le Chapitre y vit une nouvelle entreprise sur sa juridiction, et le mardi, 21 juillet, après avoir pris l'avis de son conseil, il résolut d'assister le

(1) *Histoire du Cardinal François de Sourdis*, p. 191. « Cet acte, dit M. Ravenez, peint mieux que le plus habile pinceau, l'arrogant et vaniteux personnage contre qui il est dirigé. » Oui, si l'auteur de cet *acte* y a porté la justice et l'équité que l'on est en droit d'attendre de lui, et que lui suppose son historien. Ignorant dans quelle circonstance précise cette sentence fut rendue, M. Ravenez ajoute : « Il n'est pire haine que celle d'un esprit étroit et borné... L'interdiction lancée contre le théologal avait porté la colère de cet ecclésiastique jusqu'à la frénésie. Il chercha une *occasion* de se *venger* du cardinal. Il la *trouva* bientôt, et le Chapitre... exploita sa passion de la manière la plus perfide et la plus intelligente. Le Cardinal avait songé à rendre son palais une demeure digne des hôtes illustres qui l'habiteraient après lui, et... son architecte avait dressé le plan d'une vaste et splendide galerie... qui devait former la façade principale de l'édifice. Pour élever cette construction, il était nécessaire de faire disparaître une maison occupée par un *chapelain d'honneur* » (le *chanoine Boyer*, un simple chapelain d'honneur !). « Le titulaire y avait consenti (??), sous promesse d'une indemnité » (offerte après la démolition du mur). « Tout semblait donc réglé, et depuis l'année précédente (?), de nombreux ouvriers étaient occupés à jeter les fondements du nouveau palais. Mais, *tout-à-coup*, le chapitre poussé (!) par le théologal Martin, se prétend lésé dans ses privilèges. Le cardinal n'avait pas le droit d'abattre la maison du chapelain. Il y a là un abus de pouvoir. Il faut en référer au Roi, recourir à sa justice, et solliciter au besoin sa protection. *M. de Sourdis avait précisément quitté son diocèse* pour se rendre au célèbre pèlerinage de Montserrat en Espagne. On se hâte *de profiter de son absence pour lui susciter une méchante affaire*, et le Chapitre nomme sans honte et sans pudeur le théologal Martin pour son représentant, et lui associe un autre chanoine de la même valeur » (p. 192). Or, on a vu que le cardinal était à Bordeaux lors de la démolition de la muraille et durant les plaintes qu'elle souleva de la part du Chapitre : on verra bientôt que la commission de poursuivre le procès fut donnée à Martin et à Mosnier, le 18 juillet 1609. D'un autre côté, d'après M. Ravenez lui-même, « les délégués partirent pour Paris le 25 août » (p. 192), et « le Cardinal partit de Bordeaux » (pour Montserrat) « vers la fin du mois d'août » seulement (p. 195). Et voilà comment le théologal Martin, frappé d'interdit partiel pour son opposition à la démolition commandée par le cardinal de Sourdis, *chercha* postérieurement à cet interdit et *trouva* dans cette même opposition une *occasion* et un moyen de se venger du même interdit ! Voilà comment M. Ravenez, prenant l'effet pour la cause, intervertissant les rôles, confondant l'agresseur avec celui qui se défend, brouillant les faits et les dates, ne prenant la peine ni de contrôler les dépositions de ses témoins, ni d'entendre des hommes vénérables par leur caractère, auxquels néanmoins il prodigue sans pitié comme sans justice, l'ironie et jusqu'à l'insulte, voilà, dis-je, comment M. Ravenez a raconté cette page de la vie du cardinal de Sourdis, et comment il écrit quelquefois ce que, dans le titre de son livre, il décore du nom d'HISTOIRE !

théologal dans sa défense. A l'assemblée qui eut lieu deux jours après, le Chapitre, — qui croyait ne pouvoir consentir à la vente de la maison canoniale, parce qu'il ne pouvait aliéner sans le consentement du Saint-Siège, mais qui voulait cependant donner quelque satisfaction au Cardinal, — décida qu'il se tiendrait pour satisfait si, préalablement, l'Archevêque lui donnait, pour l'habitation d'un chanoine, une maison « de pareille valeur, bonté et commodité, » et s'il compensait « l'incommodité apportée aux maisons voisines dépendantes du Chapitre par le bâtiment que ledit seigneur Cardinal entend faire en ladite maison. »

L'incident de la maison canoniale avait suspendu les hostilités nées à l'occasion du surplis. Elles reprirent le samedi 8 du mois d'août. Ce jour-là, Peyrissac se présenta au Chapitre accompagné d'un notaire, et se fit donner acte de ce que, devant « entrer en semaine le lendemain, » il déclarait vouloir « faire la pointe et dire la grand'messe. » Mais le Chapitre, considérant les injonctions ci-devant faites au sieur Peyrissac, « de changer la forme de son surplis, » injonctions restées sans effet, « ce qui a été cause qu'il n'a été reçu en résidence et par conséquent ne peut avoir semaine, » ordonna que « la semaine qui appartiendrait au sieur Peyrissac, s'il avoit obéi aux ordonnances du Chapitre, sera faite sous la main et le nom dudit Chapitre, et la ponctuation faite par le doyen ou autre qui sera le premier au chœur, et la grand'messe dite par le demi-chanoine qui est hebdomadier ; et fait inhibition audit sieur Peyrissac de s'immiscer à dire la grand'messe ni faire aucun office comme semainier. »

Autre motion, le 14 août. L'Archevêque voulait officier pontificalement aux premières vêpres de l'Assomption et le lendemain, et il désirait que le Grand-Vicaire et les chanoines dont il voulait se faire assister, portassent le surplis à manches fermées. Levenier, qui était le Grand-Vicaire, en demanda la permission au Chapitre, promettant que cette fois serait la dernière, et offrant de donner par écrit « telle déclaration que le Chapitre voudroit pour la conservation des droits et privilèges d'icelui » : le Chapitre répondit par un refus, et réitéra ses inhibitions « à peine de trente livres d'amende applicable aux pauvres de l'hôpital Saint-André. » Malgré cette défense, le Grand-Vicaire et le Maîtrecolle ou écolâtre, assistèrent aux vêpres du 14 août avec un surplis à manches closes. Aussi, après complies, le Chapitre déclara-t-il lesdits chanoines avoir encouru la peine portée, peine qui toutefois fut réduite à dix livres ; et il renouvela la défense déjà faite à Levenier, avec menace, s'il récidivoit, « de privation de ses distributions et de plus grandes peines » encore.

Le lendemain, fête de l'Assomption, Pierre De Lurbe imita Levenier, et assista aux vêpres revêtu du surplis prohibé par le Chapitre. Assemblée capitulaire, le mardi suivant : même déclaration de peine encourue ; même réduction à dix livres ; mêmes menaces pour l'avenir.

Elles furent suivies d'une protestation, signée, le 19, par neuf chanoines opposants, et signifiée, le 22 suivant, aux receveur et syndic du Chapitre. Après en avoir entendu la lecture, le mardi 26, et avoir fait ses observations sur la « fausseté du narré » qu'elle contenait, le Chapitre décida que les sieurs Martin et Mosnier, choisis le 18 juillet précédent pour aller en Cour, partiront le plus tôt possible, et représenteront au roi, partout où il sera, « les misères et tourments que le Chapitre souffre par les vexations de Monseigneur le Cardinal leur archevêque, les entreprises qu'il fait sur leurs privilèges, la démolition de leurs maisons, l'emprisonnement de leurs personnes exemptes, les assignations, condamnations et décrets décernés de jour en jour contre eux par lui ou ses officiers contrairement à ladite exemption, les menaces de leurs personnes, même par ses domestiques, et particulièrement les incommodités et excessives dépenses, jusques à entière ruine, soufferts par le Chapitre pour raison de l'évocation au Grand Conseil, accordée par Sa Majesté audit sieur Cardinal. » Les députés devront encore « émouvoir Sa Majesté à pitié et compassion de ladite église affligée et ruinée par la multitude des procès et différends mus, intentés et encore pendants audit Grand Conseil, sous prétexte de la dite évocation, » et travailler « à ce qu'il plaise à Sa Majesté mettre les chanoines sous sa sauvegarde pour la sûreté de leurs personnes ; et quant auxdits procès, les renvoyer en ce Parlement de Bordeaux ou tel autre qu'il plaira à Sa Majesté (1). »

---

(1) Telle est la substance de la requête présentée effectivement à Henri IV par les deux délégués du Chapitre. Avant de la citer, M. Ravenez l'appelle « le factum le plus mensonger et par conséquent le plus ignoble que le délire d'un cerveau ivre de colère puisse enfanter. Ces Messieurs, ajoute-t-il, en parlant des chanoines de Saint-André, ne se doutaient pas qu'en agissant ainsi ils rappelaient les dénonciations calomnieuses articulées autrefois par le vice-roi de Milan contre saint Charles Borromée, et qu'ils faisaient ressortir ainsi la ressemblance qui existe entre ces deux grands pontifes » (p. 192, 193). Ainsi, il est entendu d'avance que le récit qu'on va lire, et qui est extrait textuellement des *Actes capitulaires de Saint-André*, est un « mensonge ignoble » et une « dénonciation calomnieuse » portée contre le nouveau Charles Borromée qui était alors assis sur le siège archiépiscopal de

Selon M. Ravenez, les députés partirent le 25 août (jour où fut
décidé leur départ); et de son côté, le cardinal de Sourdis se mit en
route pour aller à Montserrat, en Espagne. Henri IV écouta favorablement les mandataires du Chapitre, car, le 22 octobre 1609, il écrivait
à l'archevêque de Bordeaux : « Je ne vous avertiroy point icy de vous
rendre au plustost en vostre charge, parceque je scay que vous en
avez assez de soin et de desir de revoir vostre troupeau. Mais je vous
prie bien, y estant, d'y entretenir la bonne unyon qui y doibt estre,
mesme entre les ecclesiastiques qui doibvent tousjours seruir
d'exemple aux aultres, et commencer par vostre Chappitre que je veoy
avec desplaisir n'estre pas bien d'accord avec vous. J'en ay ici deux

---

Bordeaux. — « Mardi, 25 novembre 1608. Par le sieur Lartigue a été remontré que,
mercredi dernier, 19 du présent mois, environ les quatre ou cinq heures du soir,
M. le cardinal l'auroit envoyé quérir par un de ses laquais, et l'étant allé trouver à
l'archevêché, ledit cardinal lui auroit demandé ce qu'il étoit allé faire en la paroisse
de Floirac, le dimanche dernier. Auquel sieur cardinal il auroit répondu qu'il y
étoit allé étant envoyé par le Chapitre, afin de faire le service divin, attendu que
ledit cardinal avoit interdit le vicaire d'icelle. Après laquelle réponse, ledit sieur
cardinal lui demanda pourquoi il avoit empêché qu'un prêtre qu'il y avoit envoyé .
ne fit ledit service et ne dit la grand'messe ; à quoi ledit Lartigue répondit que ce
prêtre ne lui montra aucune commission, et que, lors même qu'il en auroit eu, il
falloit qu'il se présentât à MM. du Chapitre pour convenir avec eux de ses gages
ce que n'ayant ledit prêtre fait, ledit Lartigue ne pouvoit qu'effectuer sa commission ;
que toutefois il avoit permis audit prêtre de dire messe de dévotion ainsi qu'à un
autre prêtre qui étoit avec lui, en ayant été par eux requis. Et alors ledit sieur
cardinal s'irritant contre ledit Lartigue, l'appela *coquin, simoniaque*, et dit qu'il
ni feroit donner les étrivières, et ajouta que, puisqu'il entreprenoit sur son autorité,
il lui feroit connoître le pouvoir qu'il avoit sur lui ; et à l'instant, commanda à ses
serviteurs d'aller mettre ledit sieur Lartigue dans la basse-fosse ; lesquels incontinent prirent ledit Lartigue, usant de plusieurs menaces en son endroit, et lui disant
plusieurs paroles injurieuses, le menèrent dans une petite chambre fort puante, à
cause des poules qu'on y avoit tenues et en y avoit encore, de laquelle une heure
après, il fut ôté et amené dans la basse-fosse appelée Saint-Thomas, où il demeura
vingt-quatre heures, sans que ledit sieur cardinal voulut permettre qu'on lui portât
aucuns vivres pour s'alimenter, que du pain et de l'eau, faisant renvoyer les vivres
que son serviteur lui portoit de sa maison. Le jeudi, 20 du même mois, environ
les quatre heures du soir, ledit sieur cardinal fit tirer ledit Lartigue de ladite
basse-fosse de Saint-Thomas, et mener en la chambre du sieur Peyrissac, et
permit qu'on lui portât des vivres pour son souper. » Il ne fut relâché que le
lendemain, entre quatre et cinq heures du soir, après avoir subi un interrogatoire
de la part du lieutenant de l'official. En marge de cet acte, on a écrit ces lignes :
« Cet emprisonnement a été cassé par arrêt du Grand Conseil du 6ᵉ de février
1610, comme tortionnaire et desraisonnable, avec dépens, dommages et intérêts,
tant en faveur de Lartigue que du syndic du Chapitre, lesquels ledit sieur cardinal
paya. » Tout cela, quoique rédigé par un notaire, n'est, s'il faut en croire
M. Ravenez, que mensonge ignoble et dénonciation calomnieuse.

depputez qui se plaignent d'estre de vous trop rigoureusement traictez tant de faict que de parolles. J'ay renvoyé la requeste qu'ils m'ont voulu presenter à mon Conseil où je m'asseure qu'il ne s'i fera rien à vostre prejudice et sans vous ouyr en vos deffences ; mais, je desirerois plustost que cela s'accommodast doulcement entre vous, que vous veoir ainsy alteres les uns contre les autres. Voullant bien croire qu'il ne tiendra point à vous que cela ne s'effectue et qu'aux bonnes qualitez que vous avez n'y deffaudra point la douceur et mansuetude, comme je vous en prie (1). »

Le vendredi 6 novembre 1609, sur le soir, le premier Président du Parlement de Bordeaux manda le doyen du Chapitre, et lui dit que le Cardinal, étant venu le voir dans l'après-midi du même jour, lui avait communiqué une lettre qu'il avait reçue du Roi, par laquelle, entre autres choses, Sa Majesté l'exhortait à traiter « avec mansuétude » ses différends avec le Chapitre ; à quoi il était disposé pour satisfaire à la volonté du Roi, et qu'il avait prié le Président de le dire au doyen, pour que celui-ci le fît entendre au Chapitre, afin que les chanoines, de leur côté, se disposassent à terminer ces différends par la voie d'accord. Cette communication ayant été faite le lendemain au Chapitre, il résolut aussitôt de députer le doyen et trois chanoines vers le premier Président, « pour le remercier de l'affection qu'il avoit au bien et repos du Chapitre, et lui remontrer que le Chapitre n'a jamais eu autre volonté et intention sinon de rendre au Cardinal tout l'honneur, respect et service qu'un bon Chapitre doit à Monsieur son Archevêque, s'étant accommodé aux intentions du seigneur Cardinal en tout ce qu'il a pu, voire même à se relâcher de beaucoup de droits desquels il jouissoit du temps de MM. les Archevêques ses prédécesseurs, afin de lui donner contentement, et dans l'espoir de vivre en paix et repos avec lui, ce que toutefois le Chapitre n'a pu obtenir ; que le Cardinal met en question le privilège qu'a le Chapitre d'être exempt de sa juridiction, bien qu'il ait été jugé par arrêt du Grand Conseil, au préjudice duquel il a entrepris en plusieurs manières, ayant de son autorité fait emprisonner M. Jean de Lartigue, chanoine, révoqué en doute l'exemption, dont jouissent les chanoines de l'Eglise métropolitaine, de résider aux cures desquelles ils sont pourvus, à cause de la résidence qu'ils font en

(1) Lettre publiée pour la première fois par le R. P. Colombier, de la Compagnie de Jésus, dans la *Revue Catholique de Bordeaux* (t. I, 1er juin 1880, p. 183).

ladite Eglise, et pour raison de ce, a fait citer et admonester quelques-uns des chanoines. » Malgré tous ces sujets de plaintes et d'autres encore, le Chapitre se montre disposé à entendre « à toutes voies et ouvertures d'accord qui lui seront faites, à la condition que ce qui est jugé par les arrêts ne sera révoqué en doute, et que, pour éviter les inconvénients auxquels le Chapitre est tombé par le passé, l'accord sera rédigé par écrit en bonne et authentique forme, et homologué par MM. les juges auxquels la connaissance en appartient. »

Pendant ces pourparlers entre le premier Président et le Chapitre, le Cardinal travaillait au rapprochement à sa façon, c'est-à-dire en jetant de l'huile sur le feu : il faisait, en ce même temps, assigner par son official un chanoine et un demi-chanoine, afin qu'ils déposassent contre un autre chanoine « pour chose advenue au chœur de ladite église, dans lequel chœur, dit le Chapitre, ledit Seigneur n'a aucune juridiction (1). » Bien plus, il faisait assigner au Grand Conseil Jean Mosnier, aussi chanoine, — le même qui avait été député à Paris ! — pour se voir condamner à résider dans la cure de Tabanac dont il était pourvu, quoique, ajoutent les *Actes,* « par la Bulle d'exemption, ledit Mosnier fût déchargé de résider en ladite cure. »

Après ces tentatives d'accommodement toutes avortées, il devenait évident que le Grand Conseil seul pouvait terminer le conflit élevé entre le Cardinal et son chapitre métropolitain. Le Grand Conseil donna, en effet, au mois de février 1610, un arrêt fort long qui tranchait presque toutes les difficultés et dont on peut lire un extrait dans l'*Histoire du Cardinal de Sourdis* (2). « Le Cardinal, dit Gaufreteau, eut gaing de plusieurs chefs, mais, es aultres, il perdit son procès, notamment en ce que le Chapitre fut maintenu en son ancienneté de porter surplis à manches volantes. A cause de quoy, l'arrest fut appelé *l'Arrest des surplis.* Mais, quant au reste, tous les prestres du diocese furent contraints au reglement des surplis à manches closes, excepté les vicaires perpetuels des eglises et paroisses de Bordeaux, parce qu'ils dependent des chapitres de Sainct-André et Sainct-Seurin, qui ne vouloit pas quitter son ancienne uzance, et estoit de même advis que Sainct-André (3). »

---

(1) Assertion qui n'est rien moins que certaine, qui est même fausse. Cf. Bouix, *Oper. et loc. cit.*

(2) Pages 213-215.

(3) GAUFRETEAU, *Chronique Bordeloise,* t. II, pag. 37-38.

Et maintenant, avais-je tort quand, au début de cet article, je disais que *l'affaire du surplis* fut une *grosse affaire* ?

Peut-être y aurait-il encore, avant de finir, une question à résoudre: « Quelle fut, dans ces démêlés, la part des torts de chacun ? » Mais il me suffit d'avoir mis le lecteur à même de porter là-dessus un jugement, en plaçant sous ses yeux les pièces du débat. Pour le surplus, je m'en rapporte entièrement à ses lumières et à son équité, et je le prie de permettre que, prenant congé de lui sans plus de cérémonie, j'aille me délasser... « à voir d'autres procès ! »

XIV

ÉTIENNE DE CHAMPFLOUR

ÉVÊQUE DE LA ROCHELLE, AVANT SON ÉPISCOPAT
(1646-1703).

Étienne de Champflour, un des plus saints et des plus grands évêques de France au XVIIIᵉ siècle, naquit à Clermont-Ferrand le 19 mai 1646 (1). Dix jours après sa nomination à l'épiscopat, savoir, le 10 janvier 1703, un anonyme qui paraît bien renseigné, envoyait de Clermont à Gaignières, probablement sur sa demande, une petite notice biographique, précieuse par les détails qu'elle renferme sur la personne du prélat et sur sa famille (2). Je n'en négligerai aucun,

---

(1) M. l'abbé Braud, curé d'Ecoyeux (Charente-Inférieure), a publié sur ce prélat dans le *Bulletin religieux du diocèse de La Rochelle et Saintes* (numéros de janvier, février et mars 1883) une notice fort intéressante, qui a paru également à part, augmentée de pièces justificatives. Il y a cependant, surtout dans le premier chapitre, quelques inexactitudes et des lacunes que cet article a pour but de combler et de rectifier. Les documents empruntés aux archives du Séminaire de Saint-Sulpice de Paris, qui en forment le fonds principal, m'ont été très gracieusement fournis par le modeste et pieux auteur de ces biographies sulpiciennes qui ont paru dans ces dernières années, et que nous avons tous lues avec autant de plaisir que d'édification.

(2) Ce mémoire fait partie du recueil Gaignières, à la *Bibliothèque Nationale*, Fonds latin, nº 17,028, fol. 109-113. Le même dépôt possède aussi dans le *Nouveau*

pas même les derniers, soit pour apporter ma petite contribution aux généalogies des familles d'Auvergne, soit surtout pour montrer que si M. de Champflour n'était pas d'origine princière ou ducale, il n'était cependant pas « un homme de néant, » comme le lui reproche insolemment l'orgueilleux duc de Saint-Simon (1).

« La famille de Champflour se trouve une des plus anciennes de la province d'Auvergne, puisque, dès l'année 1542, Jean de Champflour, un de ses ancêtres, était échevin de Clermont (2). La considération dans laquelle cette famille se conserve depuis longtemps est justifiée par un acte capitulaire de la cathédrale de Clermont, qui permit en

---

d'*Hozier*, n° 1,715, fol. 5-8, une copie des lettres de noblesse accordées, au mois d'octobre 1749, à Jean Champflour, conseiller, lieutenant particulier de la Sénéchaussée et siège Présidial de Clermont en Auvergne. Je dois la transcription, ou l'analyse de ces pièces à l'infatigable obligeance de M. Pellechet, l'écrivain spirituel et délicat qui vient de faire imprimer à Bordeaux même (Imprimerie générale, rue Saint-Siméon, 16) un superbe volume, tiré à 220 exemplaires seulement, dont 20 sur papier de Hollande, et qui a pour titre : *Notes* (bibliographiques) *sur les livres liturgiques des diocèses d'Autun, Chalon, Macon, avec un choix de leçons, d'Hymnes et de Proses composées en l'honneur de quelques Saints spécialement honorés dans ces diocèses* (Paris, H. Champion): grand in-8° de 550 pages; œuvre d'une immense érudition, qui a coûté à son auteur bien des recherches et bien des voyages, bien des peines et bien des plaisirs. La seconde partie, intitulée *Analecta liturgica*, et qui est de beaucoup la plus considérable, sera tout particulièrement goûtée des amateurs de nos vieilles hymnes et de nos vieilles proses, parfois si *naïves* et toujours si *chrestiennes*. Ajoutons que l'ouvrage est terminé par d'excellentes tables qui en forment le digne couronnement.

(1) *Mémoires complets et authentiques*, édit. Chéruel ; Paris, 1856, t. v, p. 413.

(2) On trouve même un François de Champflour mentionné comme vivant en 1480. Jean de Champflour, dont parle notre anonyme, s'était marié en 1504 à Marie de Preux, fille de Jean de Preux et de Marguerite Mauguin. Le trisaïeul d'Etienne de Champflour était « *Claude* de Champflour, seigneur des Granges, né en 1509, élu de Clermont en 1553. » Il fut père de *Guillaume* de Champflour, né en 1542, qui, « marié en 1563 à Clauda de Crespat, fille de Claude, écuyer, seigneur de Rochedung, et de Jehanne de Veiny d'Arbouze, » en eut cinq enfants dont l'aîné, « *Gérand* de Champflour, seigneur de Loradoux, né en 1578, » épousa en 1602 « Michelle Taillandier, fille de noble Jean, conseiller au Présidial de Clermont, et d'Anne de Ribeyre, » et le troisième, nommé François, fut « religieux bénédictin, prieur de Cussac et de Saint-Robert de Montferrand. » (Braud, *Etudes historiques; Monseigneur Etienne de Champflour, 4e évêque de La Rochelle;* La Rochelle, 1883, in-8°, p. 72-74.) Ce dernier fut un « poète distingué. » J'ai vu de lui : *Funebres cyprez dediez a la Reyne mere du Roy, regente en France, sur la mort du très-chrestien, très victorieux et très auguste monarque Henri IV, Roy de France et de Navarre, surnommé le Grand, par D. F. Champflour, prieur de Saint-Robert de Montferrand en Auvergne;* Paris, chez Jean Ribert, 1610, in-8° de 14 pages, composé de vers latins et de vers français.

l'année 1633, à Géraud de Champflour de faire orner une chapelle près du chœur, où étoit le tombeau de ses ancêtres, et qui devoit servir de sépulture à lui et à ses descendants. » Cette chapelle était dédiée à sainte Agathe, d'après les auteurs du *Gallia christiana* (1).

La maison de Champflour n'était pas moins « considérable par elle-même et par ses alliances. Le grand-père de l'évêque de La Rochelle était Géraud Champflour, homme de mérite et de beaucoup de crédit, qui fut dès 1604 conseiller et garde des sceaux de la Cour des Aides de Clermont, » et contribua plus que tout autre à ce que cette Cour, créée en 1557 et établie d'abord à Mont-Ferrand, fût transportée à Clermont; ce qui eut lieu en vertu d'un édit donné par Louis XIII, au mois d'avril de l'année 1633. Plus tard, Géraud fut honoré d'une place de Conseiller d'Etat. « Il était fort estimé de M. le maréchal d'Effiat, » qui le fit « intendant de sa maison et de ses affaires. Le maréchal l'honoroit d'une affection particulière, et par son testament il lui légua une pension viagère de deux mille livres. Ce Géraud fut marié avec damoiselle Michel Taillandier, de très bonne famille de cette ville, de laquelle il eut six enfants (2), qui furent tous bien pourvus dans le monde et dans l'Église, » savoir : 1° François, licencié ès-droit, Conseiller-clerc à la Cour de Clermont, Chanoine et Abbé de l'église cathédrale : il fut pourvu de l'abbaye par le Chapitre, le 20 juin 1637, prit possession deux jours après, et mourut au commence-

---

(1) *Gallia christiana*, t. II, col. 316.

(2) M. l'abbé Braud, dans sa *Notice généalogique*, en indique neuf dans cet ordre (je mets en *italique* les noms de ceux qui ne figurent pas dans le texte) : — 1. Jean, père de l'évêque de La Rochelle, « seigneur de Loradoux, né en 1607, garde des sceaux à la Cour des Aides d'Auvergne en 1636, marié en 1612 à Jacquette Fayet, fille de noble Jehan, écuyer, seigneur de Pré de Cros, trésorier de France, et de Bonne de Vidihle ; — 2. François, né en 1611, prieur de Rochedagoux, chanoine et abbé de Clermont, conseiller au Présidial ; — 3. Anne, née en 1614, mariée en 1632 à Gilbert Arragonès d'Orcet ; — 4. *Anne-Hiéronyme* (1617-1670), supérieure des visitandines de Clermont ; — 5. *Marie Séraphique*, née en 1619, religieuse de la visitation de Montferrand, morte le 14 octobre 1634, âgée de quatorze ans, et à laquelle la mère de Chaugy a consacré une délicieuse notice dans ses *Vies des premières religieuses de la Visitation Sainte-Marie ;* Paris, 1852, t. II, p. 422-446. — 6. «Jean II, né en 1621, écuyer de la grande écurie du roi Louis XIII, marié à Marie Rollet de Lauriat ; — 7. *Jean III*, seigneur de Fleury, lieutenant particulier en la sénéchaussée de Clermont, marié à Jeanne de Fraisse ; — 8. Antoine, religieux bénédictin (1623-1665), prieur du moutier de Montferrand ; — 9. Charlotte, née en 1624, mariée à Pierre Redon, écuyer, seigneur de Marants.» (Cf. Braud, *op. et loc. cit.*).

ment de l'année 1682 (1) ; 2° *Jean,* qui succéda à son père dans la charge de Conseiller en la Cour des Aides ; 3° Jean II, directeur de la grande écurie du Roi ; 4° Antoine, prieur bénédictin de Saint-Robert-de-Mont-Ferrand ; 5° Charlotte, femme de Pierre Redon, Conseiller au Présidial de Clermont ; 6° Anne, femme de Gilbert Arragonès, lieutenant-criminel à Clermont (2).

« *Jean* épousa damoiselle Marie Fayet, fille d'un trésorier de France de la généralité de Riom et province d'Auvergne. Cette damoiselle avoit une sœur aînée qui fut mariée à M. de Ribeyre, Conseiller honoraire en la Cour des Aides et lieutenant-général de cette ville (3). Par là, notre nouvel évêque nommé se trouve non seulement cousin germain de M. de Ribeyre, Conseiller d'Etat ordinaire, mais aussi oncle à la mode de Bretagne : 1° de M. le marquis Du Pont Du Château Beaufort Montboissier de Caniliac, sénéchal d'Auvergne à Clermont (4) ; 2° de M. le comte de Caniliac, son frère, brigadier des armées du Roi et sous-lieutenant des mousquetaires ; 3° de M. le marquis de Langeac ; 4° de M. de Lumas Columelle, tous gentilhommes qualifiés et parents de notre nommé évêque. — Ses parents du côté paternel et de son même nom, sont aussi des gens de rang et de mérite, entre lesquels M. Champflour, lieutenant particulier en la sénéchaussée d'Auvergne (5), son cousin germain, fort distingué par son mérite personnel. Plusieurs autres alliances que l'évêque nommé a en cette province illustrent beaucoup sa maison.

« De Jean Champflour et de damoiselle Marie Fayet sa femme, père et mère de M. l'évêque de La Rochelle, viennent plusieurs autres

(1) *Gallia christiana,* t. II, col. 310, 311.

(2) Bibliothèque Nationale, *Pièces originales,* n° 663, fol. 13.

(3) La charge de président à la Cour des Aides de Clermont fut occupée successivement par trois membres de cette famille : Paul de Ribeyre, 1645-1661 ; François de Ribeyre, 1661-1675 ; Charles de Ribeyre, 1675-1695. Cf. Tardieu, *Grand Dictionnaire historique du département du Puy-de-Dôme ;* Moulins, 1877, in fol. p. 140. — Le dernier, Charles de Ribeyre, fonda à Clermont les Sœurs de la Charité, ordre différent de celui qui fut fondé par saint Vincent de Paul, mais dont la vocation est tout à fait semblable. Cf. *Gallia christiana,* t. II, col. 303.

(4) De 1613 à 1760, les sénéchaux d'Auvergne à Clermont, au nombre de six, portèrent tous le nom de Montboissier-Beaufort-Caniliac. Cf. Tardieu, *Grand Dictionnaire,...* p. 140.

(5) Il y eut trois lieutenants particuliers du nom de Champflour : Jean, 1657 ; Geraud, 1682-1698 ; Jean, 1760. Cf. Tardieu; *op. cit.,* p. 140.

enfants, garçons et filles. J'en ai vu *seize* tous vivants (1). La vertu étoit le partage de cette maison, qu'on appeloit ici *la sainte famille.* En effet, de huit filles, il y en a eu six de religieuses et deux de mariées. Pour les garçons, l'aîné de tous, vrai exemple de piété et de vertu, fut doyen et chanoine de notre cathédrale. » Il s'appelait Géraud comme son grand-père paternel, et il obtint le doyenné au mois de janvier 1659, par la résignation de son grand oncle, Antoine Taillandier. Nommé Conseiller et Garde des sceaux de la Cour des Aides d'Auvergne le 25 septembre 1664, il fut élu premier vicaire capitulaire au mois d'avril 1682, à la mort de l'évêque de Clermont. Il mourut à son tour, en juin 1697, et fut enseveli dans le tombeau de sa famille (2).

« Le second » (fils de Jean Champflour), « aveugle-né, avoit fort étudié la philosophie et la théologie, et étoit d'une vie si exemplaire qu'il édifioit tout le monde. » Lui et son frère aîné, le doyen Géraud, « faisoient l'admiration de toute la ville par leur manière de vivre et par leur charité envers les prisonniers et les pauvres. Deux autres, continue l'auteur anonyme, se firent jésuites, et deux de l'oratoire. » Cependant le P. Ingold n'en a trouvé qu'un sur la liste des enfants du cardinal de Bérulle, savoir, Jean-Baptiste, entré vers 1660-65 dans la congrégation. De 1666 à 1672, il résida à Notre-Dame des Vertus (Aubervilliers), et de 1672 à 1681 à Saint-Magloire. Le 28 mai 1681, il fut nommé supérieur de Notre-Dame des Vertus, et occupa cette charge pendant trois ans. En 1684, il alla résider à Clermont, où il mourut le 1er juillet 1684.

De ses deux autres frères dont il n'a pas encore été parlé, « l'un (nommé Blaise) fut du monde, et fut reçu Conseiller en la Cour des Aides, à la charge qu'avoient eue son père et son grand père. C'étoit

(1) Le biographe de *Monseigneur Etienne de Champflour* n'en compte que treize, savoir : — 1. « Géraud, né en 1633, doyen du chapitre cathédral en 1659... garde des sceaux à la Cour des Aides pendant la minorité de son frère Blaise ; — 2. Michelle, née en 1634, visitandine ; — 3. Anne, née en 1637, mariée à Pierre Augier, seigneur de Salles, trésorier de France à Riom ; — 4. Charlotte, née en 1639, supérieure des visitandines de Montferrand ; — 5. Jean, né en 1640 oratorien ; — 6. Françoise, née en 1642, mariée à Gilbert Bouchard de Prauly, écuyer ; — 7. Blaise, né en 1643 ; — 8. Etienne, né le 19 mai 1646, abbé de Clermont en 1682, évêque de La Rochelle en 1703 ; — 9. Jeanne, née en 1650, supérieure des bernardines de Clermont ; — 10. Antoine, né en 1651, jésuite ; — 12. Anne II, née en 1655, bernardine à Clermont ; — 13. Charlotte II, née en 1656, visitandine à Clermont. » (P. 74, 75.)

(2) *Gallia christiana,* t. II, col. 316. Gérard Champflour fut aussi doyen de la cathédrale de Clermont, de 1710 à 1753. Cf. Tardieu, *op. cit.,* p. 133.

un des plus honnêtes hommes du monde, et d'une vraie dévotion. » De
son mariage avec damoiselle (Hélène) de Laire, fille d'un Président
de la Cour des Aides (1), homme de grande vertu, il a laissé en mourant trois fils, les mieux faits qu'on sauroit voir, et dignes héritiers
de la vertu de leur père et mère. Deux sont destinés pour l'Église (2),
et l'aîné des trois doit être revêtu de la charge qu'ont possédée son
père, son aïeul et son bisaïeul. Ainsi ce sera le quatrième Conseiller,
de père en fils, de cette sainte famille, comme l'on dit ici.

« Celui dont il est présentement question, » Étienne de Champflour,
« a fait ses premières études dans le collège (des jésuites) de cette
ville ; après quoi il alla à Paris pour étudier en théologie et prendre
ses grades en Sorbonne. » Il entra, le 8 octobre 1664, à l'âge de dix-
huit ans, au Séminaire de Saint-Sulpice, et il y suivit les cours de
théologie, jusqu'à la Licence inclusivement. Quand il eut obtenu le
grade de licencié, il demanda à entrer dans la Compagnie de Saint-
Sulpice, et il y fut admis, en 1672, par le supérieur, Alexandre Le
Ragois de Bretonvilliers (3).

On le chargea d'abord d'aider, à Issy, en qualité de directeur de la

---

(1) Jean-Baptiste de Laire, président ordinaire, de 1689 à 1729. Parmi les procureurs généraux de la même Cour des Aides, de 1762 à 1776, on trouve encore
Etienne de Champflour. Cf. Tardieu, *op. cit.*, p. 140.

(2) L'un d'eux, nommé Jean-Baptiste, Docteur de Sorbonne, succéda à son oncle
Etienne, comme abbé du Chapitre cathédral de Clermont, dignité qu'il conserva
jusqu'en 1737. (*Gallia christiana*, t. II, col. 311; Tardieu, *op. cit.*, p. 133.) — La
même année, Jean-Baptiste de Champflour fut nommé évêque de Mirepoix ; il fut
sacré le 23 février 1738, d'après les auteurs du *Gallia christiana* (t. XIII, col. 284.)
— A Jean-Baptiste, abbé de la cathédrale de Clermont, succéda, en 1737, Gérard
de Champflour. — Pierre de Champflour fut son successeur, de 1755 à 1783. —
Enfin un autre Jean-Baptiste de Champflour fut le dernier prévôt du Chapitre de
Clermont avant la Révolution (1750-1790). Cf. Tardieu, *op. cit.*, p. 133. — De nos
jours, M. le Comte de Champflour, naguère aide de camp du général de Cissey, a,
dit-on, composé un ouvrage sur son arrière grand oncle, l'évêque de La Rochelle.
Nous faisons des vœux pour que cette œuvre, qui ne peut manquer d'être intéressante, soit enfin mise au jour.

(3) Ignorant que M. de Champflour devint membre de cette compagnie, et que,
comme le dit l'anonyme, « il résida toujours dans le Séminaire de Saint-Sulpice,
jusqu'à ce qu'il fût choisi pour être un des principaux directeurs du Séminaire de
Limoges, » son biographe dit qu' « après son ordination sacerdotale, Etienne de
Champflour revint dans son diocèse pour se consacrer au saint ministère, » et qu' « il
y travaillait avec une ardeur digne d'éloges, lorsque François Lascaris d'Urfé, évêque
de Limoges, l'appela près de lui, en 1677, afin de l'aider, *en qualité de vicaire
général,* dans le gouvernement de son vaste diocèse. » Cette qualité de vicaire
général de Limoges, attribuée en effet, au moins implicitement, à M. de Champflour
par l'auteur de son Oraison funèbre, ne m'est prouvée par aucun document,

Solitude, le vénérable M. Dubois, qui en était alors supérieur (1).
Celui-ci chérissait beaucoup M. de Champflour, lequel d'un autre
côté, n'était pas moins cher à M. Tronson auquel il avait donné la
direction de sa conscience. Le jeune directeur était aussi très estimé
de ses confrères, en particulier de M. Bourbon, qui, dans son *Journal*
manuscrit, parle à plusieurs reprises des « beaux sujets d'oraison »
donnés par M. de Champflour, et des « belles et bonnes choses qu'il
a dites, d'une manière très affective, à son ordinaire. »

Il n'était pas moins considéré des personnes qui n'appartenaient
pas à la Compagnie. Un de ceux qui le connurent et l'apprécièrent
davantage, soit à Paris, soit à Issy, fut Louis Lascaris d'Urfé, entré
au séminaire de Saint-Sulpice en juin 1660, et sacré évêque de
Limoges, le 11 janvier 1677. A peine eut-il pris possession de son
siège, qu'il conjura instamment le supérieur de Saint-Sulpice de lui
donner M. de Champflour pour enseigner dans son séminaire dirigé
par les Sulpiciens. Mais M. Tronson trouvait M. de Champflour « trop
engagé dans ses emplois pour pouvoir les quitter » (6 avril 1678).
Comment d'ailleurs séparer M. Dubois de son « inséparable » ?
Cependant, au bout de trois ans, M. Pierre Masson (2), professeur
de morale au séminaire de Limoges, ayant été appelé à Paris, M. de

(1) Barthélemi Gautier, dit Dubois, était d'une très honorable famille de robe de
la ville d'Orléans, où il naquit en 1622. Le 26 août 1647, il est admis, simple clerc,
au séminaire de Saint-Sulpice. Ordonné prêtre le 24 septembre 1650, il entre en
Licence en 1652, et prend le bonnet de docteur, le 10 décembre 1654. Il fut pendant
quarante ans à la tête de la Solitude. Ce noviciat de la Compagnie de Saint-Sulpice
avait eu auparavant pour supérieurs des hommes éminents, M. Raguier de
Poussé et M. Louis Tronson ; mais ils n'y étaient pas restés assez longtemps pour
donner à cette maison sa forme définitive. L'honneur en revient à M. Dubois. Il fut
élu assistant de la Compagnie en 1659, et fit plusieurs fois partie de l'assemblée des
Consulteurs, lorsque la Solitude eût été transférée d'Avron à Issy. Etant tombé
malade, M. Dubois fut transporté à l'infirmerie du séminaire de Saint-Sulpice, à
Paris, et c'est là qu'il mourut, le jour de l'Assomption de l'an 1698.

(2) Pierre Masson est un des premiers élèves que forma M. d'Hurtevent au
séminaire de Saint-Irénée, à Lyon. Sur le bon témoignage qui fut rendu de lui,
M. de Bretonvilliers l'admit dans la Compagnie, et sans le retenir pendant quelque
temps à Paris, il l'envoya immédiatement à Limoges, où M. Masson arriva en
décembre 1670. En 1681, M. Tronson l'appela au Séminaire de Saint-Sulpice, à
Paris, et le chargea de la conduite du règlement, c'est-à-dire de la communauté des
séminaristes. M. Masson mourut le 12 mai 1684, n'étant âgé que de quarante-cinq
ans. Quelques jours après (29 mai 1684), M. Tronson écrivait à la sœur du défunt :
« La mort de M. votre frère nous a fort touchés, parce que nous perdons en sa
personne un grand serviteur de Dieu, et qui faisait de grands biens dans son Eglise ;
mais nous avons de quoi nous y consoler, le voyant mourir de la mort dont meurent
les saints. »

10

Champflour fut envoyé pour le remplacer, et surmontant courageusement la peine sensible qu'il éprouvait à se séparer de ses confrères, et particulièrement de M. Tronson en qui il avait la plus entière confiance, il partit pour Limoges, où il arriva vers la fin du mois de juillet de l'année 1681.

Quelques jours après, le 16 août suivant, M. Tronson lui écrivait la lettre suivante, où l'on voit assez bien, ce me semble, que, chez l'auteur des *Entretiens ecclésiastiques* et des *Examens particuliers,* la science éminente de la théologie et les qualités plus solides que brillantes de l'esprit n'avaient néanmoins rien ôté à la sensibilité et même à la tendresse du cœur : « J'ai été bien aise d'apprendre par votre lettre, votre heureuse arrivée à Limoges et le bon accueil qu'on vous a fait. Je crois que vous serez content de M. Bourolon, et que, de sa part, il sera satisfait de vous, et que vous vous accomoderez fort bien ensemble. Vous verrez, d'ici à quelque temps, combien le changement que nous avons fait étoit nécessaire. Il est difficile qu'il ne soit sensible à la nature dans les commencements, et je ne m'étonne pas de ces petits mouvements de tendresse qui vous donnent quelquefois envie de *pleurer, puisque je les ai moi-même ressentis dans la violence qu'il a fallu faire dans mes inclinations pour obéir à Dieu.* L'avantage que l'on trouve en ces rencontres est, que les cœurs qu'il unit se sentent liés bien plus purement et plus étroitement, quand ce n'est que pour lui qu'on se sépare. Je l'éprouve, ce me semble, visiblement, et jamais ce que vous savez que Notre-Seigneur m'a donné pour vous ne m'a été plus présent, que depuis que je pense à votre départ. J'espère que cette soumission à ses ordres de votre part et de la mienne, achèvera et consommera nos cœurs en son amour. »

M. Tronson écrivait encore le 9 janvier 1682, à M. de Champflour résigné, et par conséquent encore dans la peine : « Il me semble que je suis toujours le même à votre égard, et que mon cœur est toujours touché de la même manière toutes les fois que je pense à vous devant Notre-Seigneur. Tâchons de nous tenir en lui bien unis pour l'accomplissement de ses desseins, et, hormis sa volonté qui doit être tout notre attrait, soyons tout indifférents pour toutes choses. C'est la disposition où je sais qu'il vous a établi depuis longtemps, et où j'ai toujours tâché de vous entretenir, parce qu'il m'a paru que c'étoit là ce qu'il demandoit le plus de vous, ce qui vous devoit attirer plus de grâces, et ce qui vous mettroit le plus en état de travailler utilement dans l'Eglise... Soyons tout au divin Maître qui nous fait tant de grâces ; aimons-le de toute notre âme, servons-le de tout notre cœur, et nous oublions nous-mêmes pour nous abandonner entièrement à lui. Disons-lui souvent, comme saint Bonaventure : *Domine, non possum intendere tibi et mihi ; intende ergo mihi et miseriæ meæ, et ego intendam tibi et tuæ bonitati.* » Quel sage et heureux mélange de douceur et de force, de tendresse humaine et de vigueur toute divine ! Quelle onction fortifiante se dégage de ces paroles si chré-tiennes, et quelle consolation, touchante autant que solide, elles durent apporter à l'âme non moins délicate et non moins chrétienne de M. de Champflour !

A Limoges, « il s'acquit la réputation d'un grand homme de bien.» Ses succès furent semblables à ceux qu'il avait eus à Issy, car il y porta les mêmes talents et les mêmes vertus, que le sacrifice avait encore épurés. Il y possédait en outre l'amitié de l'évêque, « un des plus grands prélats du royaume, » qui lui avait donné, dès son arrivée, des marques particulières d'estime et de confiance. « Leurs âmes, dit le chanoine d'Arger, comme celles de Jonathas et de David, étoient si intimement unies, que la seule mort a pu rompre des nœuds formés d'abord par un goût réciproque d'estime et de confiance, mais serrés et fortifiés depuis par les mêmes rapports de sagesse et de vertu, et par des traits de mérite tout semblables (1). »

Chargé d'enseigner les cas de conscience, M. de Champflour fit quelques modifications aux cahiers de son prédécesseur, sans en avoir préalablement obtenu l'autorisation du Supérieur de Saint-Sul-pice. Celui-ci demanda aussitôt une liste des propositions trouvées trop relâchées dans les écrits de M. Masson ; « car, il y a à craindre, ajoutait-il, que, sous prétexte d'éviter le relâchement, on ne se porte à l'autre extrémité, et qu'on avance des *propositions sévères, qui ne seroient pas approuvées ici* (2).» Ou l'on ne trouva rien à reprendre, ou l'on fit bien peu de corrections au travail de M. de Champflour ; car, quelques années après, M. Tronson conseillait aux directeurs du séminaire d'Autun « d'enseigner les cahiers que l'on donne à Limoges, et dont on voit les fruits considérables (3). » Plus tard encore, en-voyant à M. de Champflour, alors à Clermont, des corrections pour les

---

(1) *Oraison funèbre de Monseigneur Estienne de Champflour ;* La Rochelle, 1726, in-4°, p. 10.

(2) Lettre de M. Tronson à M. Maguelonne, directeur au séminaire de Limoges. en date du 15 janvier 1683.

(3) Lettre du 10 juillet 1688.

cahiers dictés au séminaire de cette ville, il lui disait : « Je ne sais
où l'on a pris ces cahiers, et quelle est la raison pourquoi on ne se
sert pas des vôtres (1). »

Dans une autre lettre écrite dix ans auparavant, le 9 janvier 1682,
M. Tronson lui témoignait la « grande consolation » qu'il éprouvait à
« voir la bénédiction » donnée par Dieu à ses travaux, et l'assurait
qu'il pouvait « espérer de recevoir » des grâces plus grandes encore,
lorsqu'il serait *« appelé à de plus grands emplois. »* Cette sorte de
prédiction ne tarda pas à se vérifier. Déjà, en 1679, son oncle,
François de Champflour, abbé du Chapitre de l'Eglise cathédrale de
Clermont, ayant résigné son bénéfice, les chanoines avaient, d'un
commun accord, élu à sa place Etienne de Champflour. Mais celui-ci,
par un acte daté du 2 août et passé au séminaire de Saint-Sulpice,
avait déclaré ne vouloir « accepter la nomination susdite, consentant
que lesdits chanoines en disposent en faveur de qui ils aviseront. » Sa
modestie croyait n'avoir plus rien à redouter de ce côté-là, lorsque
son oncle mourut au commencement de l'année 1682, après avoir de
nouveau, peu de temps avant sa mort, résigné sa dignité en faveur
de son neveu. Le Chapitre de Clermont confirma ce choix, et afin de
prévenir un nouveau refus facile à prévoir, le doyen, propre frère de
M. de Champflour, fut chargé d'en écrire au supérieur de Saint-Sulpice, qu'on savait tout-puissant sur son esprit. « Je ne sais point
encore, répondit M. Tronson le 24 avril 1682, quels seront les sentiments de M. votre frère sur son élection. Le choix qu'en ont fait
vos Messieurs doit le toucher, mais je ne puis dire s'il pourra se
résoudre à quitter un emploi pour lequel il a beaucoup d'ouverture,
et où Dieu lui donne une très grande bénédiction. Je crois que sa
résolution dépend de vous et des dispositions que N.-S. lui donnera
lorsqu'il faudra qu'il se détermine. Car comme il ne cherche depuis
longtemps qu'à faire sa très sainte et très adorable volonté, ce sera
assurément le seul fondement sur lequel il se déterminera en cette occasion. » M. Tronson apprit bientôt de M. de Champflour lui-même que
ses dispositions n'avaient pas changé, et il les confirma en lui écrivant, le 8 février 1682 : « L'attrait qui vous porte au refus vient d'autant plus sûrement de Dieu, que la nature y a moins de part, qu'il
est fondé sur les grands principes du Christianisme, et qu'il est tout à
fait conforme à votre vocation. »

(1) Lettre du 9 novembre 1692.

M. de Champflour « ne vouloit absolument point de bénéfice, dit l'auteur anonyme de Clermont : ni les instances de sa famille, ni le conseil de ses amis ne pouvoient le faire sortir de son séminaire. Enfin, par l'avis de ses directeurs auquel il déféra, il se résolut d'envoyer sa procuration pour prendre possession *réelle* de ce bénéfice, sans pourtant quitter Limoges de quelque temps. » Sur ces entre-faites, le 19 avril 1682, mourut Gilbert de Vény d'Arbouze, évêque de Clermont (1). Profitant de la vacance du siège, un ecclésiastique de qualité se fit pourvoir en régale de l'abbaye et du canonicat de la cathédrale ; et aussitôt qu'il les eût obtenus, il en prit possession *réelle* et *personnelle,* M. de Champflour ayant pris possession *réelle* seulement, par procureur.

S'il avait suivi son inclination, il n'eût certainement pas disputé au prétendu régaliste le bénéfice qu'il avait eu tant de peine à accepter : mais l'abbé par la grâce du roi étant peu digne du bénéfice à lui conféré, M. de Champflour n'hésita pas à revendiquer les droits qui lui étaient contestés. Chose étonnante! on vit alors ceux des chanoines qui l'avaient le plus fortement pressé de consentir à être leur abbé, regretter sa détermination! « Si la fortune veut rendre un homme estimable, dit Joubert, elle lui donne des vertus ; si elle veut le rendre estimé, elle lui donne des succès (2). » Les succès de l'abbé régalien, sans le rendre plus estimable, le firent estimer davantage de quelques chanoines de Clermont, et l'un d'eux, M. Dufraisse (3), écrivit même à M. Tronson pour qu'il déterminât M. de Champflour à résigner son bénéfice. Il en reçut cette réponse,

(1) Environ un an après, Mgr Jean de Mallevaux, évêque d'Aulone, *suffragant de Clermont,* mourut à Aix en Provence, le 4 mai 1683, âgé de soixante-treize ans. « Il étoit employé aux fonctions épiscopales de ce diocèse, ainsi qu'en plusieurs autres de ce royaume pendant trente-quatre ans d'épiscopat, et il y avoit toujours servi très utilement l'Eglise. » (*Gazette* du 22 mai 1683.)

(2) *Pensées* de Joubert; 4e édit. Paris, 1864, t. II, p. 33.

(3) Jean-Baptiste Dufraisse, né à Clermont en 1628, mourut dans cette ville en 1715. On a de lui plusieurs ouvrages dont on peut voir la liste dans la *Biographie Universelle.* Le plus important a pour titre : *L'origine des Eglises de France prouvée par la succession de ses évêques, avec la vie de saint Austremonie, premier apôtre et prélat des Aquitaines;* Paris, Etienne Michallet, 1683, in-8o de 522 pages. L'ouvrage est anonyme, mais l'auteur est nommé dans les approbations. Il soutient le système de saint Grégoire de Tours, qui place sous l'empire de Dèce la mission de nos premiers évêques, contre le P. Bonaventure de Saint-Amable qui la rapporte au temps de saint Pierre, dans le premier volume, imprimé à Clermont-Ferrand, en 1676, de son *Histoire de saint Martial.*

datée du 20 mai 1682 : « Je ne manqueroi pas de faire connaître à M. Champflour ce que vous avez pris la peine de me mander. S'il peut être convaincu que le bien de cette Eglise demande qu'il résigne, et que ceux qui sont bien intentionnés dans votre corps lui en témoignent quelque chose, je crois qu'il n'aura pas de peine à s'y déterminer. Sans cela, j'ai de la peine à croire qu'il change, car, pour moi, je n'estime pas pouvoir ni devoir faire autre chose que de suivre son attrait, après lui avoir exposé l'état des choses. »

Une réponse si sage, et qui ne manque pas de finesse, fit sans doute que « les bien intentionnés » du Chapitre de Clermont ne demandèrent pas à M. de Champflour la renonciation à ses droits légitimement acquis : il les garda donc, et les défendit contre son compétiteur. L'affaire traîna jusqu'au mois de juillet 1686. Enfin le frère de M. de Champflour, assisté de M. de Ribeyre, son cousin, alla solliciter à Paris et obtint de la Grand' Chambre un arrêt qui déboutait le régaliste de ses prétentions, et maintenait Etienne de Champflour dans tous ses droits par rapport au bénéfice qui lui avait été résigné, et dont il ne tarda pas à prendre possession *réelle* et *personnelle* cette fois. Content d'avoir réussi à écarter l'indigne, il lui fit généreusement remise des frais du procès, et songea aussitôt à résigner le bénéfice dont il avait si chèrement acheté la possession paisible et assurée. Il se résolut cependant à le conserver encore quelque temps, sur l'avis de M. Tronson, qui appréhendait que le Roi ne fût offensé d'une résignation donnée presque au lendemain de la sentence obtenue contre un régalien ; mais pour faciliter au nouvel abbé l'accomplissement des devoirs de sa charge, aux vacances de 1686, M. Tronson le transféra du séminaire de Limoges à celui de Clermont.

Dans cette dernière maison, la seconde place lui fut assignée, et un domestique attaché spécialement à sa personne. M. de Champflour assistait aux assemblées des directeurs et aux exercices de la communauté, autant que ses occupations le lui permettaient, dirigeait les séminaristes, et faisait des conférences sur les Sacrements. En même temps, il assistait chaque jour assidûment à l'office du Chapitre, ainsi qu'à toutes les réunions de ce corps. De plus, à une époque que je ne puis bien préciser, mais qui ne fut sans doute pas postérieure de beaucoup à son installation, il fut élu vicaire capitulaire pendant la vacance du siège. Il ne perdit ce titre que pour le voir aussitôt changé contre celui de vicaire-général, que lui donna François Bochart de Sarron de Champigny, qui, quoique nommé au

siège de Clermont en mai 1687, ne put néanmoins, à cause des
dissentiments régnant alors entre la Cour de Rome et celle de la
France, être sacré que le 31 août de l'année 1692 (1). Le prélat
« donna même le principal soin des affaires spirituelles » à M. de
Champflour, lequel gouverna ainsi le diocèse l'espace d'environ seize
ans, c'est-à-dire à peu près depuis le temps où il vint y résider, en
1686, jusqu'à celui où il fut lui-même élevé à l'épiscopat, le 31 décembre de l'an 1702.

C'est ce qui explique pourquoi M. de Champflour, bien que
capable de remplir les premières charges dans la Compagnie de

(1) On trouve sur cet évêque, qui mourut à Clermont le 11 du mois d'août 1715,
d'intéressants détails généalogiques dans la *Lettre à Monseigneur Messire François Bochart Saron, évêque de Clermont, Conseiller ordinaire du Roy en ses
conseils, sur son sacre, contenant des choses remarquables touchant l'épiscopat,
glorieuses au sacerdoce, et autres observations considérables ; épître Théologique, Genealogique, Historique, Pathetique et Geographique* conglobatim,
ajoutée au IIIe tome du *Cabinet des Grands, indépendant des deux premiers, et
plus instructif et moral* (in-12 de 88 pages, sans lieu ni date d'impression, pages
58-61). Elle est signée G. PONTIER, *protonotaire du Saint-Siège Apostolique*, et
datée, « à Paris, le 7 janvier 1693. » Entre les membres de la famille Bochart qui a
donné deux premiers présidents au Parlement de Paris, le plus illustre, non pas
selon le monde mais aux yeux de la foi, est le *Bienheureux* Honoré Bochart de
Champigny, capucin, né à Paris le 7 janvier 1567, mort le 26 septembre 1624, dont
la *Vie* publiée en 1648, par le P. Henry de Calais, a été réimprimée à Paris en 1864,
sous ce titre : *Histoire de la vie, de la mort et des miracles du R. P. Honoré de
Champigny, capucin* (in-12 de XV-432 pages). Le père de l'évêque de Clermont
était Conseiller d'État, et fut pendant plus de trente années intendant de la ville de
Lyon où il mourut. L'aîné des frères de François fut conseiller à la Grand'Chambre ;
un autre mérita par ses services et ses blessures qu'on lui confiât le gouvernement
de la ville de Béthune : un troisième, chevalier de Malte, fut tué à Gigeri en se
signalant contre les infidèles. L'abbé de Champigny, leur oncle, mourut en odeur de
sainteté, membre du Chapitre de Paris. Enfin Guillaume Bochart de Champigny,
créé par le Roi évêque de Valence en Dauphiné, la même année que l'évêque de
Clermont (4 novembre 1687), était son cousin germain. Comme lui, il dut attendre
ses bulles, et ne put être sacré que le 30 novembre 1693. (Cf. *Gallia christiana,*
t. XVI, col. 340.) La publication des *Lettres* de Madame de Sévigné a rendu célèbre
l'excellence de son appétit. Le mercredi 31 août 1689, la spirituelle marquise écrivait à sa fille : « Vous me faites souvenir de notre pauvre » (Pierre Camus) « abbé
de Pontcarré » (mort au mois de mai 1684), « en me parlant de ce Champigny ;
c'étoit son parent, ce me semble, hormis qu'il ne mangeoit pas tant. Je disois
autrefois de feu M. de Rennes » (Charles-François de La Vieuville, mort le 29 janvier 1676) « qu'il marquoit les feuilles de son bréviaire avec des tranches de jambon :
votre Valence » (Guillaume de Champigny) « ne mépriseroit pas cette sorte de
signet ; aussi son visage étoit une vraie lumière de l'Église, et dès que midi étoit
sonné, Monseigneur ne faisoit plus aucune affaire. » (*Lettres de Madame de Sévigné*; édit. de la collection des Grands Écrivains de la France ; Paris, Hachette, 1862,
t. IX, p. 182.)

Saint-Sulpice, ne put cependant, malgré son mérite reconnu, être appelé à l'exercice d'aucune. Ainsi, en 1686, l'assemblée des Assistants ayant à combler les vides que la mort avait faits parmi ses membres, songea un instant à se l'adjoindre, quoiqu'il n'eût alors que quarante ans; mais elle dut l'écarter comme non éligible, à cause des obligations que lui imposaient ses devoirs de chanoine récemment installé! Ainsi encore, lorsque quatre ans après, il fut question de donner un successeur à M. Bardon obligé, pour cause de santé, à résigner les fonctions de supérieur du Grand Séminaire de Clermont, le nom de M. de Champflour vint naturellement à l'esprit du supérieur de Saint-Sulpice : « Il est propre à cette charge, écrivait M. Tronson; mais, ajoute-t-il, la chose n'a pas été jugée possible. » D'une part, en effet, M. de Champflour ne pouvait être à la fois supérieur du séminaire, chanoine assistant à tous les offices du chœur, si nombreux et si longs dans ce temps-là, vicaire-général administrant un vaste diocèse; d'autre part, les circonstances étaient telles qu'il ne lui était moralement pas possible de n'être ni chanoine, ni vicaire-général. M. Tronson lui-même était bien forcé de le reconnaître; car, à son disciple gémissant de l'impossibilité dans laquelle il se trouvait de rompre ses chaînes pour redevenir ce qu'il avait toujours espéré et voulu être uniquement et exclusivement, un simple directeur de séminaire, le sage et prudent supérieur ne pouvait que répondre ces paroles : « Du moins, soyez toujours prêt à rentrer dans votre vocation : vous y ferez plus du bien que partout ailleurs. »

Comment le vicaire-général de Clermont, qui était en même temps chanoine-abbé de la cathédrale, remplissait-il des fonctions à la fois si multiples, si variées, si assujettissantes? Nous le laisserons raconter par un témoin oculaire qui le connut et vécut avec lui l'espace de dix ans (1692-1702), par M. Cluzeau, lequel, envoyé, en 1692, comme directeur au grand séminaire de Clermont, s'y mit sous la direction de M. de Champflour, auquel il s'attacha si étroitement qu'il conçut plus tard le désir de le suivre à La Rochelle (1). Quelques mois après la mort du prélat, en 1725, M. Cluzeau écrivit au supérieur du Séminaire de Saint-Sulpice à Paris une longue lettre où il trace, des occu-

_____

(1) Jean-Baptiste Cluzeau, originaire du diocèse de Limoges, entra au séminaire de Saint-Sulpice le 21 novembre 1686, étant simple clerc-tonsuré. De Clermont, il passa au séminaire d'Angers en 1707, et ensuite à celui de Bourges, où il mourut le 9 juin 1735, âgé de soixante-sept ans.

pations et des vertus de son saint directeur, un tableau aussi édifiant que fidèle. J'en donnerai de nombreux et amples extraits.

« Dans la conduite du diocèse, dit-il, conduite dont M. Champflour supportait presque seul le fardeau, quelque pénible qu'il soit, il répondait exactement à toutes les lettres qu'il recevait. C'étaient des curés, des chanoines, des vicaires, quelquefois des seigneurs de paroisse ; et il satisfaisait à tout, de sorte que je n'ai jamais appris qu'aucun se soit plaint de lui. Comme on le consultait souvent dans des cas difficiles, quelque habile qu'il fût dans toutes les matières qu'on pouvait lui proposer, je l'ai vu souvent venir consulter M. le supérieur du Séminaire, avec lequel il était intimement uni, et puis s'en retourner à sa chambre, écrire et répondre comme ils en étaient convenus.

» C'est lui qui a soutenu l'usage des conférences du diocèse, qui se tenaient régulièrement tous les mois entre MM. les curés, vicaires et communalistes des paroisses. Chaque conférence avait, sous le curé que M. l'abbé avait choisi pour y présider, un secrétaire qui ne manquait pas d'envoyer les résultats de ces réunions. M. Champflour les lisait exactement, et lorsqu'on y avait donné quelque décision qui n'était pas juste, il en donnait avis au secrétaire qui, dans l'assemblée suivante, avertissait ses confrères.

» On ne saurait exprimer quel était son amour pour tous les ecclésiastiques qui travaillaient au salut des âmes dans le diocèse : il les portait tous dans son cœur, et sa joie paraissait visiblement sur son visage quand ils le venaient voir. Je l'ai vu plusieurs fois les embrasser et leur parler avec tant de tendresse et d'amitié, qu'un père n'en saurait témoigner davantage à un fils quand il a été longtemps sans le voir. Il portait toujours sur lui un petit livre où tous leurs noms étaient écrits, avec des notes qui marquaient le caractère et la capacité de chacun. Il soutenait leurs intérêts en toute occasion, ce qui faisait qu'on recourait à lui avec une entière liberté. Je me souviens là-dessus qu'un gentilhomme de la province, qui avait accoutumé d'en agir très mal avec le curé de la paroisse dont il était seigneur, le vint voir un jour pour se plaindre de ce curé. Il lui dit sur son compte tout ce qu'on peut dire de plus désagréable. M. l'abbé Champflour, qui connaissait la piété du curé, laissa le gentilhomme jeter tout son feu ; mais il lui parla ensuite si vivement sur ses mauvaises manières envers son curé, que ce seigneur fut obligé de se retirer branlant la tête et comme hors de lui-même. J'étais présent quand cela se passa,

et j'admirai la fermeté avec laquelle M. l'abbé Champflour soutint ce
pauvre curé contre ce gentilhomme, qui était l'homme du monde le
plus violent et le plus emporté...

« S'il était obligé de faire quelque correction aux ecclésiastiques,
c'était avec une force accompagnée d'une si grande douceur, qu'il n'y
en avait aucun qui ne se rendît à tout ce qu'il demandait de lui, pour
corriger ce qu'il pensait y avoir d'irrégulier dans sa conduite. Un
prêtre, — je ne me souviens pas s'il était curé ou simplement vicaire
dans un canton du diocèse, — fut interdit de ses fonctions à cause de
sa mauvaise conduite. Ce pauvre malheureux s'imagina que M. l'abbé
Champflour en était la cause, et, autant que je puisse m'en ressouvenir, il ne se trompait pas. Pour se venger de l'outrage qu'il croyait
en avoir reçu, il vint à Clermont, et n'ayant pas trouvé M. Champflour au séminaire, il s'en alla le chercher à la Cathédrale. Il y était,
en effet, et il n'y avait pas long temps qu'il était descendu de l'autel.
Il était occupé actuellement dans sa petite chambre, qui était au bas
de l'église, à écrire des lettres, en attendant l'entrée du chœur pour
aller à la grand'messe. Ce misérable (prêtre), résolu à l'obliger à le
relever de son interdit ou à le tuer, entre dans sa chambre. M. l'abbé
le reçut avec toutes les marques de bonté qu'il ne refusait jamais à
personne : ils s'expliquèrent ensemble sur le sujet dont il était question ; mais comme cet emporté n'écoutait plus que sa passion, et qu'il
n'avait rien à espérer de ce qu'il prétendait, tout à coup il prit le canif
qui était sur la table, et se mit à menacer M. l'abbé de l'en percer, s'il
ne lui accordait pas la grâce qu'il lui demandait. Alors M. Champflour se leva et lui prenant la main : « A quoi pensez-vous, mon
pauvre frère, lui dit-il, de vouloir me tuer, moi qui ne vous ai jamais
fait de mal? Vous allez vous perdre, et que vous en reviendra-t-il?
Croyez-moi ; changez de vie, et vos affaires se raccommoderont. » En
lui parlant ainsi, il l'embrassa ; et cet homme, qui était hors de lui-
même, changeant tout d'un coup, se mit à fondre en larmes, et lui
promit, en se retirant, qu'il règlerait si bien sa conduite, que désormais on n'aurait plus sujet de se plaindre de lui. Ce fait est singulier,
mais il n'est pas pour cela moins véritable : je crois l'avoir appris du
valet de M. Champflour, qui ne le quittait guère lorsqu'il était à la
Cathédrale. Peut-être l'ecclésiastique l'a-t-il lui-même raconté... Ce
saint abbé ne nous en dit rien ; car quoiqu'il fût ouvert et d'un
commerce des plus aisés et des plus faciles, il ne parlait jamais de
rien de ce qui aurait pu lui attirer quelque estime ; et d'ailleurs il

était l'homme du monde le plus réservé, quand il s'agissait de quelque affaire où la réputation du prochain pouvait être intéressée. »

L'anonyme de Clermont célèbre aussi la sérénité et l'inaltérable tranquillité de M. de Champflour, et il en rapporte un trait admirable, qui montre en même temps ce qu'il y avait de générosité et de grandeur d'âme dans celui que le Chapitre de Clermont avait placé à sa tête. « Jamais, dit le témoin que nous citons, jamais on n'a vu une pareille égalité d'âme, et on ne s'est jamais aperçu que les contretemps et les contrariétés qui arrivent dans la vie l'aient altérée. Il suivoit toujours les mouvements de sa conscience sans se mettre en peine des suites. Cela parut principalement au mois d'octobre 1687, au temps que la régale étoit ouverte. Un canonicat étant venu à vaquer, un homme de condition qui étoit son parent, obtint le suffrage du roi pour ce bénéfice. M. (Jean-Baptiste Desmaretz) de Vaubourg, alors intendant de la province d'Auvergne (1687-1691), fit convoquer le Chapitre afin de proposer, ou plutôt de nommer celui qui avoit eu le suffrage du Roi. » D'un autre côté, le Chapitre, qui prétendait avoir le droit et le devoir de voter comme bon lui semblerait et selon sa conscience, jeta les yeux sur un sujet plus digne, « docteur de la Faculté de Paris. » Quand on alla aux voix, M. de Champflour, qui opina le premier, lui donna résolûment la sienne. Le chanoine qui opina le second fit de même. Alors, sans attendre le vote d'un troisième, M. de Vaubourg dit « qu'il voyoit bien qu'il y avait une cabale formée dans le Chapitre pour s'opposer à l'intention de Sa Majesté, mais qu'il en écriroit incessamment au Roi, ce qu'il fit ; et, en moins de quinze jours, M. l'abbé Champflour reçut une lettre de cachet qui le reléguoit en Normandie, en un lieu appelé Pontorson, » aujourd'hui chef-lieu de canton de l'arrondissement d'Avranches, dans le département de la Manche (1). « Le chanoine qui avoit opiné comme M. de Champflour eut le même sort. Ils demeurèrent l'un et l'autre six mois dans leur exil ; après lequel temps ils furent rappelés et reprirent leurs fonctions à l'ordinaire, M. de Champflour faisant toujours l'admiration de tout le monde par la régularité de sa conduite. »

(1) Ce fait est sans rapport aucun avec les quatre articles du gallicanisme, et n'est arrivé qu'en l'année 1687 ; nous verrons cependant bientôt le duc de Saint-Simon dire, dans ses *Mémoires*, que M. de Champflour fut « exilé pour son ultramontanisme, lors des propositions du Clergé de 1682. »

L'exil, on le voit, ne fit qu'ajouter un nouveau lustre à son mérite. Il y eut pourtant des habiles et des prudents, qui critiquèrent son noble courage. Selon leur manière de voir, au lieu d'exclure positivement le candidat officiel, — il y en avait déjà dans ce temps-là, — M. de Champflour devait ou le nommer s'il était digne, ou s'abstenir de prendre part à l'élection s'il était indigne. On reconnaît là cette politique d'abstention, aujourd'hui malheureusement trop commune, qui souvent ne garantit son bien particulier qu'au détriment du bien général, et qui plus souvent encore perd l'un et l'autre. L'abbé de Champflour s'y montra toujours fortement opposé, et on verra que, même à ne considérer la chose qu'au point de vue purement humain, il n'eut pas lieu de regretter l'énergie qu'il osa déployer en cette grave circonstance. Lui, cependant, ne savait pas alors que sa gloire devait sortir de son humiliation, ni que la première devait lui arriver par les mêmes voies que la seconde : il ne prévoyait pas, il ne pouvait pas prévoir qu'un jour Louis XIV aurait aussi l'âme assez grande pour lui rendre justice, et pour puiser dans cette fière résistance à sa volonté le motif déterminant de placer sur le siège épiscopal de La Rochelle un homme qui avait mis l'accomplissement de son devoir au-dessus de la faveur du Prince ; et le courageux abbé supporta le blâme de ses amis comme il endura les privations de l'exil, avec une patience digne et sans aucun trouble, parce que son âme profondément chrétienne, c'est-à-dire profondément humble et mortifiée, était par là-même aussi une âme profondément tranquille (1).

***

(1) Voici comment le panégyriste de M. de Champflour raconte ce trait de la vie de son héros : « Pendant la vacance du siège, l'église de Clermont jouissoit des mêmes privilèges accordés à d'autres églises. Les droits du sacerdoce et de la couronne étoient alors balancés, et cette double autorité prétendoit concourir à la nomination des sujets qui devoient remplir les titres de la cathédrale. M. de Champflour en étoit alors abbé. Un homme plus complaisant et moins ferme auroit molli, dissimulé, pris des tempéramens et des détours, sans rien perdre par tous ces ménagemens du mérite de la prudence. D'ailleurs, le sujet destiné à remplir la place vacante lui étoit uni par les liens les plus intimes et les plus forts : la voix de la nature parloit pour lui et réclamoit en sa faveur les droits du sang. Mais notre pieux abbé ne l'écouta pas : trop rigide observateur des saints Canons pour souffrir que, sous son ministère, leur vigueur primitive reçût la plus légère atteinte, et qu'une préférence qui lui paroissoit injuste fût appuyée de son suffrage, il crut que la Religion devoit parler, où la prudence du siècle pouvoit se taire. Ainsi, dans le concours de deux sujets, dont l'un avoit plus de faveur et l'autre plus de capacité acquise, avec une liberté toute sacerdotale, sans avoir égard au plus heureux, il sut opiner pour le plus digne. — La politique, l'amitié, la chair et le sang, tout se soulève contre une démarche qui, à en juger selon les vues humaines, paroît précipitée

« Cette égalité d'esprit, dit encore M. Cluzeau, et cette tranquillité
admirables que j'ai remarquées en M. l'abbé Champflour en toute sorte
d'occasions, ne pouvait venir que de son application continuelle à la
présence de Dieu. Je l'ai vu une infinité de fois aller et venir dans le
séminaire, et je l'ai quelquefois rencontré dans la ville, mais tellement
recueilli et occupé au dedans de lui-même, qu'il semblait ne rien
voir et ne faire attention à rien de tout ce qui se passait auprès de lui.
Qu'il fût seul ou en compagnie, on le trouvait toujours le même,
partout il paraissait en lui une modestie d'ange. Je l'ai vu quelquefois
officier aux principales fêtes de la maison ; à l'autel et au chœur, il
suffisait de jeter les yeux sur lui pour se sentir porté au recueillement.
Son air était pourtant tellement composé, que tout en lui paraissait
naturel. Rien d'affecté en sa personne; sa démarche, ses gestes, sa
manière de parler, en un mot, tout son extérieur marquait son attention à Dieu. Nous avons eu assez souvent le plaisir de le voir dans nos
récréations. C'était alors qu'il entretenait la compagnie d'une manière
si aisée et si agréable, et en même temps si utile, qu'on était charmé
de l'entendre. Aussitôt que la fin de la récréation était arrivée, fidèle
au silence comme le plus fervent des séminaristes, il ne disait plus
mot.

» La conduite du diocèse et les autres grandes occupations de
M. Champflour ne l'ont jamais empêché d'assister régulièrement à

et hors de mesure. Déjà de malignes impressions élèvent des nuages sombres et
noirs, qui annoncent une furieuse tempête, et presque en même temps l'orage se
forme, la foudre gronde et le coup éclate. L'abbé seul n'en est point ému, et n'ayant
en vue que l'honneur de l'Église, il demeure ferme dans le parti qu'il a pris, résolu
de tout risquer, de tout abandonner, de tout sacrifier plutôt que de faire lâchement
céder à une foible condescendance les intérêts de la vérité. Mais bientôt après, les
vues et les motifs de sa conduite, qui n'eut pour objet que le zèle de la discipline, se
développèrent. On jugea de la pureté de ses sentimens par la douceur de sa patience ;
la droiture de ses intentions fut la preuve de son innocence, et la même fermeté qui
sembloit d'abord avoir obscurci sa gloire, en releva l'éclat et servit de matière à son
triomphe. Tel fut le sentiment de celui qui en devoit être le juge, c'est-à-dire du
plus grand des Rois, qui non-seulement le jugea digne de son estime, mais le com-
bla de ses grâces ; et qui, pour faire mieux connoître le mérite de sa vertu dont il
parut touché, voulut encore ajouter aux éloges publics qu'il en fit les marques éclatantes de sa royale bienveillance. » (Oraison funèbre, p. 14, 15.) Cette fin est faible :
l'orateur paraît n'avoir connu ni l'exil de M. de Champflour, ni le beau mot de
Louis XIV que je rapporterai plus loin ; mais cette ignorance, nullement imputable
à l'habile panégyriste, prouve la profonde humilité de l'évêque de La Rochelle, qui,
durant ses vingt-deux années d'épiscopat, ne parla jamais à personne de son glorieux exil.

tous les offices de la Cathédrale. Il allait tous les jours à matines, quelque temps qu'il fît. La neige, la pluie, rien ne l'empêchait de s'y trouver ». Le grand séminaire où habitait M. de Champflour était alors l'ancien prieuré de S. Ferréol, situé hors des murs de la ville, au-dessous du quartier de la Poterne et du grand escalier. Cependant, ajoute l'anonyme, « quoique le chemin soit assez long et très-mauvais pour venir à la cathédrale, il n'a jamais manqué à aucun office, non pas même dans les saisons de l'année les plus rudes, étant toujours le premier au chœur, et avant quatre heures du matin. »

« Au sortir de matines, continue M. Cluzeau, il disait la messe ; ensuite il se retirait au bas de l'église où il avait une petite chambre : il y travaillait jusqu'à la grand'messe, et très souvent il ne rentrait au séminaire qu'à midi. Il dînait toujours à la seconde table, et quoi qu'on lui servît, froid ou chaud, il ne disait rien. Après qu'il avait dîné, s'il restait encore quelque temps jusqu'à la fin de la récréation, il s'arrêtait dans la salle ou dans le jardin pour s'entretenir avec le premier qu'il rencontrait ; à moins, — ce qui lui arrivait très souvent, — qu'il ne fût attendu par quelques personnes du dehors ; car, pour lors, il écoutait tout le monde, et si tôt qu'il avait pris congé, il se retirait dans sa chambre, d'où il ne sortait que pour aller à vêpres ou pour vaquer aux affaires qu'il avait en ville, jusqu'au temps qu'on a accoutumé de les chanter. Ensuite, ou il revenait au séminaire, ou il allait aux endroits où il pouvait avoir quelque affaire. Il soupait toujours à la seconde table, et prenait ensuite un peu de récréation avec la communauté jusqu'à la prière du soir, où il assistait toujours. Il entendait le sujet d'oraison et, s'étant retiré dans sa chambre, il ne se couchait jamais qu'à dix heures.

» Sa mortification était si grande qu'il n'avait jamais de feu dans sa chambre, même dans les hivers les plus rudes. Je l'ai vu quelquefois si saisi du froid, que j'en étais touché. Comme c'était dans sa chambre qu'on faisait l'examen des ordinations, ce n'était que dans ce temps-là qu'il souffrait qu'on y fît du feu ; encore n'en profitait-il pas, car c'était dans son cabinet qu'il examinait ceux qui venaient à lui. Tout était simple, mais propre dans son extérieur. Rien au monde de plus doux et de plus affable que lui. Il était toujours prêt à écouter tout le monde, jamais empressé, mais toujours paisible et se possédant parfaitement lui-même. »

Ecoutons encore, sur la douceur et la bonté de M. de Champflour, l'anonyme de Clermont : « Dans la fonction de vicaire-général, il s'est attiré l'approbation universelle de tous les gens de bien. Son affabilité et sa douceur sont admirables; son abord doux et accueillant et la gaieté qui paraît sur son visage marquent la joie intérieure d'une bonne conscience. On ne l'a jamais vu se remparer de cette sévérité affreuse qui étonne et rebute si fort, non pas même envers ceux qui auraient mérité ses répréhensions.

» Enfin, conclut ce témoin, je ne finirais de longtemps si je voulais entrer dans le particulier des vertus de cet homme de bien. Ce peu que je vous en dis vous doit faire juger du surplus. Je n'exagère rien, et le portrait que je vous en fais n'est assurément point flatté. Je puis bien vous dire encore qu'il est d'une charité sans exemple, payant au séminaire sa pension de celle qu'il reçoit de sa famille, et donnant aux pauvres tout le produit et revenu de ses bénéfices. Quel que soit celui qui a inspiré au Roi de le nommer évêque, Sa Majesté, au sentiment universel, ne pouvait guère faire mieux pour les pauvres, et si l'évêché de La Rochelle valait cent mille livres, » — il n'en rapportait que cinquante mille, — « ce serait cent mille livres pour les pauvres et les malheureux. » Louis XIV le savait bien : quelqu'un lui ayant dit, après l'élévation de M. de Champflour à l'épiscopat, que c'était un homme obscur et inconnu : « *Tant mieux*, répondit le roi, *les pauvres s'en trouveront mieux*. Ils s'en trouvèrent fort bien, ajoute l'historien qui raconte ce trait, car il leur distribuait tous ses revenus (1). »

Cette charité de M. de Champflour « s'est particulièrement fait remarquer, dit M. Cluzeau, dans les deux années 1693 et 1694, qu'on

(1) *Éloge historique de M. de Champflour, évêque de Mirepoix* (par l'abbé Bertrand de La Tour); Avignon, 1774, in-12, p. 129. Parmi les *Vies* imprimées d'évêques non canonisés, il n'en est peut-être pas de plus édifiante que celle-ci, ni qui rappelle mieux celle de l'évêque de La Rochelle. Élève du séminaire de Saint-Sulpice, chanoine et grand vicaire de Clermont, puis évêque, comme son oncle, Jean-Baptiste de Champflour semble s'être attaché à le prendre en tout pour modèle et à reproduire ses vertus. Si donc Étienne de Champflour, moins ennemi de ce qui pouvait ressembler, même de loin, à du népotisme, eût consenti à en faire son coadjuteur, le diocèse de La Rochelle aurait pu, de 1703 à 1768, simultanément ou successivement, admirer chez l'oncle et chez le neveu le même zèle pour la sanctification et l'instruction du clergé, la même docilité aux décisions des Souverains Pontifes, la même assiduité aux offices de l'Église, la même régularité de vie, la même application à l'étude, la même humilité, la même soif et souvent les mêmes pratiques de mortification, enfin et surtout la même charité tendre et généreuse envers les pauvres et les indigents. D'après son épitaphe, rapportée par l'abbé de La Tour (*l. cit.*, p. 140), l'évêque de Mirepoix mourut en 1768, âgé de 85 ans, le 3 février et non le 6, comme l'ont dit les auteurs du *Gallia christiana* (t. XIII, col. 284), erreur que M. l'abbé Braud a pris soin d'éviter.

peut appeler véritablement un temps de famine pour la province d'Auvergne. Le blé était monté pour lors à un si haut prix, que quantité de pauvres moururent de faim et de misère. Ceux qui étaient répandus dans les montagnes, ne trouvant plus rien chez eux pour subsister, venaient se jeter à Clermont, espérant d'y trouver de quoi se soutenir et se garantir de la mort. M. Champflour n'épargna rien pour leur procurer quelque soulagement dans leur extrême misère. Il y employa tout ce qu'il avait de revenus, et, de concert avec M. Gay (1), notre supérieur, il en fit subsister un très grand nombre, à qui on donna pendant longtemps, et cela chaque jour, du pain et de la soupe qu'on leur faisait et qu'on leur distribuait au séminaire. On y ajoutait quelquefois quelque peu d'argent qu'on donnait à chacun. A ce sujet, je ne puis oublier la charité de M. de Vazeilles, conseiller de la Cour des Aides, homme d'une très grande piété. Ce vertueux conseiller, apprenant qu'on faisait tous les jours une aumône générale au séminaire, envoya à M. l'abbé, en deux jours, dix-huit cents livres en liards et en sous marqués, pour y être distribués aux pauvres honteux, qui seraient peut-être morts de faim sans ses charitables soins. Il n'y avait que lui seul et MM. les curés de la ville qui en eussent connaissance.

« Ce fut dans ce temps qu'y ayant plusieurs pauvres hommes et femmes attaqués de maladies incurables, et que pour cette raison, on ne pouvait recevoir dans l'Hôtel-Dieu, la charité de M. l'abbé Champflour lui inspira de les assembler dans une grange, hors des murs de la ville. Quelques demoiselles voulurent bien se charger d'avoir soin de ces pauvres abandonnés. On leur procura assez longtemps de quoi les faire subsister, en sorte que rien ne leur manqua : lit, linge, habits, remèdes, tout leur fut fourni par la charité de M. l'abbé et de plusieurs personnes, qui voulurent avoir part à un si saint établissement. On commença de respirer peu de temps après cette grande misère, et ce fut pour lors que M. l'abbé résolut de donner quelque forme à cette espèce de petit Hôtel-Dieu, et de le fonder d'une telle manière qu'il pût se maintenir dans la suite. Une maison fut achetée dans les environs

---

(1) Pierre Gay, originaire du Limousin, fut admis au séminaire de Saint-Sulpice, n'étant encore que clerc, le 28 novembre 1666. En 1675, M. de Bretonvilliers l'envoya à Clermont remplacer M. Dolier qui y était mort en réputation de sainteté. C'était à un saint faire succéder un autre saint. Au mois d'août 1692, M. Gay fut nommé supérieur du séminaire dans lequel il dirigeait et enseignait depuis dix-sept ans, et il y mourut le 30 septembre 1707.

de la grange dont il vient d'être parlé. Elle se trouva assez grande pour y faire deux salles, l'une pour les hommes, l'autre pour les femmes, et dans le fond, une chapelle qui est tellement disposée, que les pauvres malades peuvent, de leur lit, entendre la sainte messe. Cette maison fût si bien accommodée par ses soins et ses libéralités, qu'en fort peu de temps elle parut dans un état tout à fait régulier. M. l'abbé lui donna le nom d'Hôpital de Saint-Joseph. Bientôt il eut assez de fonds pour pouvoir obtenir des lettres-patentes afin d'assurer son établissement. Il y fit venir trois sœurs de la Charité, pour y avoir soin des pauvres : il y établit un chapelain pour y dire la sainte messe tous les jours, instruire les pauvres et leur administrer les sacrements. Enfin, il fit nommer des administrateurs qui s'y assemblent toutes les semaines et qui veillent sur le temporel, afin que les pauvres, le chapelain et les Filles de la Charité qui les servent, ne manquent de rien de ce qui leur est nécessaire. »

D'autres œuvres de charité et de zèle appelèrent encore la sollicitude vraiment universelle de M. de Champflour. Ainsi il établit dans une maison de la paroisse Saint-Bonnet dont le séminaire était curé, à Clermont, une pieuse congrégation de filles et de veuves séculières : on y donnait, plusieurs fois l'année, des retraites publiques pour les femmes de la ville et des environs. Ainsi encore, il entreprit de réunir en une seule les trois maisons de missionnaires diocésains, qui étaient dans le diocèse. Enfin, vers l'an 1699, il dut, sous l'influence et par les ordres de l'évêque de Clermont, travailler au changement de liturgie que le prélat avait fort à cœur, et pour lequel il exigeait le concours de tous les coopérateurs de son administration. Sur ce point, M. de Champflour ne fut pas approuvé par M. Tronson, qui écrivit à M. Gay ces paroles remarquables : « *Je ne sais pas comment on pense à changer l'office romain. Vous me dites que cette suppression de l'office romain dans tout le diocèse est une dévotion difficile à établir; je crois qu'il seroit encore plus difficile de prouver que c'est une dévotion. Je ne sais de qui M. l'abbé prend avis ; mais je crains toujours que, dans ces changements, on ne prévoie pas assez les suites, et qu'il ne s'y mêle quelque esprit de nouveauté.* »

Ces derniers mots ne pouvaient s'appliquer à M. de Champflour, depuis longtemps ennemi déclaré de la secte janséniste. Rien n'était plus connu à Clermont que l'aversion du vicaire général pour les nouvelles doctrines, et que son zèle à les combattre. Il en avait donné des preuves particulières dans une affaire dont l'issue eut un grand reten-

tissement lorsqu'elle éclata dans le diocèse, et dont M. Cluzeau va
nous raconter les détails avec la précision et l'assurance d'un témoin
oculaire, ou bien informé de tout ce qu'il dit.

« Je ne me souviens qu'avec un plaisir infini de ce qui lui arriva au
sujet d'une affaire où, naturellement, il devait perdre quelque chose
de sa tranquillité. Il s'agissait d'un certain professeur de Riom, qui
avait dicté un traité sur la Grâce, où toute la doctrine de Jansénius
était répandue de la manière du monde la plus subtile. Quatre ou
cinq jeunes écoliers qui avaient étudié sous ce professeur se présentèrent pour être reçus au séminaire. L'habile professeur se doutant
bien qu'on ne manquerait pas de les interroger sur le traité de la
Grâce qu'il venait de leur expliquer, leur fit *le bec,* afin que, comme
lui, ils sussent se déguiser si bien qu'il n'y eût rien que de juste et
de catholique dans leurs réponses. Mais il se trompa : les écoliers ne
furent pas si habiles que le maître, et on connut bientôt dans l'examen
le levain de la mauvaise doctrine qu'il leur avait enseignée. M. l'abbé
cependant et M. Gay les trouvant de bonne foi, les reçurent pour
l'entrée du séminaire.

« Quand on eut commencé les exercices, et que ces jeunes messieurs
parurent tout disposés à quitter les mauvais principes que le professeur en question leur avait inspirés sur la matière de la Grâce,
MM. les directeurs, sous la conduite desquels on les mit d'abord, les
prièrent de leur remettre le traité qu'on leur avait expliqué. Ils le
firent tous de la meilleure grâce du monde. M. l'abbé commença par
faire un extrait de tout ce qu'il y avait de mauvais dans ce traité, et
il envoya son travail à Paris, afin de le faire examiner par MM. de
la maison de Sorbonne. Ceux qui voulurent bien s'en charger furent
MM. Pirot, Fromageau et Boucher; je ne sais si M. l'abbé de Pré-
celles et M. l'abbé Dumas n'en furent point. Ils donnèrent leur
avis, disant que cet extrait renfermait la pure doctrine de Jansénius, et qu'ils ne croyaient pas qu'on pût en conscience admettre
aux saints ordres de jeunes ecclésiastiques qu'on avait infectés d'une
si mauvaise doctrine, à moins qu'on ne les en eût désabusés auparavant, et qu'on ne fût bien assuré qu'ils y renonçaient de tout leur
cœur. Tout ceci demeura secret, et personne ne fut informé du dessein
que M. l'abbé Champflour avait d'en faire informer le Roi, afin qu'il
obligeât le professeur de sortir du diocèse de Clermont. Lorsqu'il eût
donc reçu la réponse de MM. les Docteurs, telle que je viens de la
marquer, il écrivit au R. P. de La Chaise et lui envoya l'extrait. Ce

R. P. en parla au Roi, qui répondit qu'il fallait le faire voir à quelqu'un de MM. de la maison de Sorbonne. Le R. P. de La Chaise choisit M. de Lestocq (1), et lui donna l'extrait pour l'examiner. Il le lut, et en rendit compte à sa révérence. Il lui dit que l'extrait contenait le pur jansénisme, mais que, pour porter un jugement qui fût assuré, il fallait absolument avoir le traité du professeur en son entier. Le P. de La Chaise en donna avis à M. Champflour, qui ne fut pas longtemps à le satisfaire. Il lui envoya donc le traité par la voie de la poste. Après que M. de Lestocq l'eût reçu, suivant l'avis du P. de La Chaise, il l'examina avec quelques autres docteurs de la même maison de Sorbonne. Il en rendit compte au P. de La Chaise, et lui dit que son sentiment et celui de ses confrères était, que ce traité était écrit avec tant de finesse, que le professeur paraissait tantôt janséniste et tantôt catholique ; mais que, dans le fond, il ne valait rien, et que le jansénisme qui y était couvert et déguisé était capable de faire plus de mal que s'il était nettement déclaré.

» Le P. de La Chaise informa de tout cela Sa Majesté, qui, pour arrêter le mal que pouvait faire un professeur si corrompu dans la doctrine, ordonna qu'il sortirait du collège de Riom, et que désormais on n'y enseignerait plus le traité de la Grâce, qu'il n'eût été vu et approuvé par Mgr l'évêque de Clermont, ou par les théologiens qu'il commettrait pour cette cause. Les Supérieurs du professeur, qui jusqu'alors avaient ignoré ce qui se passait, en furent bientôt informés. Ils allèrent chez Mgr l'évêque de Clermont, qui était alors à Paris. Ils lui firent de grandes plaintes contre M. l'abbé Champflour, qui leur avait, disaient-ils, rendu un si mauvais service. Ils le supplièrent, avec toutes les instances possibles, de vouloir bien leur accorder, pour sauver en quelque manière l'honneur de leur confrère, que le professeur achevât son année ; qu'il ne lui restait plus qu'environ deux mois pour finir le traité qu'il dictait ; et qu'ensuite ils l'enverraient dans une autre maison. Mgr de Clermont se laissa fléchir ; mais comme l'ordre du Roi était précis, il fallut aller au P. de La Chaise, pour l'engager de prier Sa Majesté de vouloir bien confir-

---

(1) « Guillaume de Lestocq, fils de Nicolas et de Marie de Villers-Saint-Pol, né à Amiens, le 22 janvier 1627, docteur de la maison et société de Sorbonne le 10 janvier 1654, fut nommé professeur royal à la place de Sainte-Beuve, le 7 mars 1655, et en exerça les fonctions pendant quarante-huit ans. Il était aumônier du roi, prieur de Domart et chanoine d'Amiens. Il mourut sénieur de Sorbonne, le 19 juillet 1704 » (Note de l'éditeur des *Mémoires du P. Rapin;* t. II, p. 418).

mer la grâce que Mgr de Clermont accordait au professeur. Le Roi y
consentit, sur le rapport que lui fit le P. de La Chaise.

» La nouvelle sur tout ce qui s'était passé si secrètement fut bientôt
publique à Clermont, et il n'est pas possible de vous marquer tout ce
qu'on dit, et en public et en particulier, contre M. l'abbé Champflour. Comme les jansénistes sont très accrédités à Riom et à Clermont, ils n'oublièrent rien pour déchirer ce saint abbé. Je sais qu'on
écrivit contre lui quantité de lettres, surtout certains officiers de
Riom, tout dévoués à la communauté où demeurait le professeur. Je
ne l'ai jamais vu, mais je sais bien qu'il y avait la réputation d'un
saint, surtout parmi les dames dont il était le directeur, et qui étaient
en grand nombre. Au milieu de tout ce bruit, M. de Champflour fut
toujours le même, et quoique la conduite que Mgr l'évêque tint à son
égard dans cette occasion, où il sembla l'abandonner un peu trop aux
traits de ses ennemis, dût lui être infiniment sensible, néanmoins
il n'en témoigna rien. Il continua ses soins et son travail ordinaires
pour le diocèse, dont il était grand vicaire, avec plus de zèle et de
ferveur que jamais. »

M. Cluzeau, par un sentiment de discrétion qui semblera peut-être
excessif, puisque sa lettre était destinée à demeurer secrète, — à
moins qu'il n'ait eu révélation ou quelque vague pressentiment de
l'avenir ! — M. Cluzeau, disons-nous, ne nous fait connaître ni le
temps précis dans lequel se passèrent toutes ces choses (1), ni le nom
du professeur suspecté pour sa doctrine, ni même la congrégation à
laquelle il appartenait. J'incline beaucoup à penser que ce professeur
était le P. Jean Galipaud, né à Nantes en 1660, entré à l'Oratoire le
20 octobre 1679, et sur lequel le R. P. Ingold a publié, à diverses
reprises, de curieux et intéressants détails (2). D'une part, en effet,
le P. Galipaud enseigna la théologie, de 1693 à 1695, c'est-à-dire
l'espace de deux années scolaires, dans le collège que la congrégation
de l'Oratoire possédait à Riom ; d'autre part, le P. Batterel nous

(1) On voit seulement par sa lettre que l'événement arriva après que François
Bochart eut pris possession de l'évêché de Clermont, et avant l'affaire du Cas de conscience, par conséquent entre 1692 et 1702.

(2) D'abord dans Le chancelier D'Aguesseau et l'Oratoire (Paris, 1879, in-8° de
43 pages), et ensuite dans Le P. Galipaud janséniste ; Supplément au Chancelier
D'Aguesseau et l'Oratoire (Paris, 1880, in-8° de 4 pages).

(3) Le Chancelier d'Aguesseau et l'Oratoire, p. 9. — Les Oratoriens s'établirent à
Riom le 8 janvier 1618 : ils ouvrirent un cours de philosophie en 1638, et en 1660
un cours de théologie. Cf. Tardieu, Grand Dictionnaire... p. 283. En 1693, ce
collège comptait 600 élèves.

apprend que, pendant la première partie de l'année 1695, le P. Galipaud eut, au sujet de son enseignement sur la matière de la Grâce,
une « affaire qui ne lui fut suscitée, dit-il, qu'à titre d'augustinien
zélé, ou comme on parle d'ordinaire, de janséniste (1). Quelque per-
quisition que j'aye faite, dit-il encore, pour m'informer, même à
Riom, des circonstances de son affaire et des suites, si elle en eût
quelqu'une de remarquable, je n'en sais que ce qu'il ecrivit luy-
même dans une lettre de sa propre main que j'ay sous les yeux ecrite
de Riom, le 17 mars 1695, au P. Bordes » (antijanséniste très zélé,
dit le P. Ingold) « que le conseil » (de la congrégation) « avoit
apparemment chargé de se mettre bien au fait de cette affaire, pour
etre en etat d'en faire un rapport favorable a l'archeveque de Paris »
(François de Harlay), « afin qu'il prevint le Roy a notre avantage (2). »
Les « circonstances » de cette affaire, elles sont dans les extraits
cités : quant à ses suites, on peut regarder comme telles, d'abord la
lettre écrite par le P. Galipaud pour se justifier, et ensuite son départ
de Riom ; car, en cette même année 1695, « après un court séjour à
Paris, il se rendit à Nevers... où il professa encore la théologie pendant douze ans (3). »

Ce qui précède était écrit, lorsque j'ai reçu du R.·P. Ingold, intermédiaire obligé et toujours obligeant entre ma curiosité solliciteuse
et l'Oratoire, tant ancien que moderne, quelques lignes d'un travail
inédit sur l'Oratoire de Riom, qui confirment pleinement mes conjectures, et disent très explicitement que le professeur incriminé avec
ou sans fondement réel, fut bien le P. Galipaud. L'auteur a tiré ses
documents des archives municipales de Riom et des archives départementales de Clermont : le principal de ces documents paraît être le
Livre historial de l'Oratoire de Riom. J'ose pourtant espérer que si la

(1) Le P. Batterel était « quelque peu du parti », suivant la remarque du P. Ingold
(*Le P. Galipaud*, p. 3).
(2) *Le P. Galipaud janséniste*, p. 2.
(3) Ainsi, en partant des données certaines que nous fournit le P. Ingold, les faits
racontés par M. Cluzeau se seraient déroulés dans l'ordre suivant : d'octobre ou
novembre 1693 à juillet ou bien août 1694, le P. Galipaud dicte son traité de la Grâce ;
pendant les vacances de 1694, peut-être en septembre, quelques-uns de ses élèves se
présentent au grand Séminaire de Clermont et y sont reçus ; après la rentrée de 1694,
en novembre ou décembre, ils livrent la copie du traité qu'on leur avait dicté ;
en décembre 1694 et janvier, peut-être aussi février 1695, ce traité est examiné à Paris
et jugé janséniste ; les supérieurs de l'Oratoire apprennent, en février ou mars, la
mesure prise contre le P. Galipaud et lui en donnent avis ; celui-ci écrit au P. Bordes le
17 mars 1695, et achève à Riom la seconde année de son enseignement ; mais il va
après les vacances de 1695, le continuer à Nevers.

narration précise et circonstanciée de M. Cluzeau a la bonne fortune de tomber sous les yeux de l'écrivain qui m'est inconnu, il y trouvera de quoi compléter et même rectifier son récit sur quelques faits qui n'ont pas eu pour auteurs les Pères de l'Oratoire : en retour, je lui demanderai la permission de compléter le mien par la citation de ce qu'il dit touchant la conduite de l'Oratoire, lorsqu'on y eût appris les « démarches » entreprises pour faire condamner le traité du P. Galipaud, ou plus exactement, lorsqu'on y connut la résolution prise par le Roi à la suite du jugement porté par les Docteurs de Sorbonne sur ce traité. Je laisse d'ailleurs à ceux qui me liront le soin de modifier ou d'interpréter convenablement, d'après la déposition de M. Cluzeau, s'ils la jugent digne de foi, ce qu'ils y verront de contradictoire dans le texte de l'écrivain anonyme.

« Ces démarches, dit-il, émurent beaucoup l'oratoire de Paris qui était chargé de la direction générale des affaires intéressant la congrégation. Les pères Coquery et Soanen, qui, avant d'arriver aux dignités de l'ordre, avaient été longtemps dans la maison de Riom, leur ville natale, allèrent trouver l'évêque de Clermont de la part du P. Général, et lui proposèrent de retirer de Riom le P. Galipaud (?). Le prélat se montra très satisfait de cet arrangement, et le changement fut résolu. On écrivit dans ce sens au P. Galipaud; mais le P. David, supérieur de l'oratoire de Riom, répondit qu'un pareil expédient était déshonorant pour lui, et qu'il ne l'acceptait pas. Sans perdre un jour, il se rendit auprès de M. Court, grand vicaire de Clermont, et lui parla avec beaucoup de force. « Si on retire de Riom le P. Galipaud, dit-il, je serai obligé de quitter la congrégation; mais alors cette affaire fera un éclat étonnant, car nous sommes résolus, dès que nous en serons sortis, de donner un manifeste pour la justification de notre doctrine. » M. Court transmit textuellement les paroles du P. David à son évêque qui, dans la crainte d'un éclat, renonça à cette affaire. »

Le P. Batterel rapporte « presque tout entière » la lettre du P. Galipaud au P. Bordes, « parce que, dit-il, ce sera une pleine refutation sans replique du prétendu changement de doctrine que je lui ai vu attribuer par plusieurs des notres... par rapport a ce qu'on pretendoit qu'il avoit cru et enseigné cy devant, et specialement, disoit-on, lorsque luy arriva l'affaire de Riom (1). » Comme un accusé a

(1) *Le P. Galipaud janséniste*, p. 2. On comprend mieux ce jugement des Oratoriens sur leur confrère, lorsqu'on connait celui de Lestocq et des autres docteurs de Sorbonne.

toujours droit à être entendu lorsqu'il veut se justifier ou protester de son innocence, je citerai, à mon tour, cette lettre publiée par le P. Ingold, en avertissant mon lecteur que les passages imprimés en caractère italique ont été soulignés par le P. Batterel, et après lui par le R. P. Ingold.

« Mon Révérend Père,

La grace de Jesus-Christ, etc. J'ay commencé a bien esperer dans l'affaire qu'on m'a suscitée, si mal a propos, des que j'ay sçu qu'elle étoit entre vos mains. La simple lecture de mes ecrits vous fera connoître avec quel peu de fondement on m'a imputé les erreurs de Jansenius, puisque j'y ai sappé les principaux fondements de sa doctrine. Il vous paroîtra encore que mon but principal a eté d'adoucir les explications des thomistes nouveaux, dont les sentiments me paroissent un peu trop durs, et differens de ceux de saint Thomas. *On ne peut rien voir de plus moderé que ma maniere d'expliquer l'efficacité de la grâce, ny qui soit plus accommodant a la volonté de l'homme. Ce concours de differens secours, et des circonstances congrües, m'a toujours paru commode, et d'un grand poids pour rendre la grâce efficace. Il m'a paru qu'on menageoit par là l'empire de la volonté sur ses determinations, sans rien oter a la grâce de sa force* (1). Vous verrez encore que mon traité de la liberté est le pur sentiment de saint Thomas : ce que je crois avoir demontré; et qu'il ruine entierement la fausse idée que Jansenius donne de la liberté. Cette doctrine etant ainsi solidement etablie, vous voyez combien d'erreurs de Jansenius tombent par terre. *Jamais reproche ne fut donc plus mal fondé que celuy qu'on m'a fait de n'admettre point de grâces suffisantes.* La courte justification que j'ai envoyée a nos PP. du conseil vous convaincra du contraire. Je vous prie donc de prendre la peine de la lire. La suite de mes principes demande necessairement que j'en admette... *Je suis tres certainement eloigné de tout ce qui s'appelle jansenisme... les sentimens trop avantageux que vous paraissiez avoir de moy durant que vous etiez assistant,* me font esperer que cette affaire n'aura pas de suite; et que la malignité, l'ignorance et la prevention de ceux qui me l'ont suscitée, ne prevaudront pas sur la justice et la vérité; comme elles n'ont pas prevalu, par la misericorde de Dieu, sur la charité que j'ay pour ces

(1) Ce système paraît être celui du P. Thomassin dans ses *Mémoires sur la Grâce* (Louvain 1668, in-4°).

persones. Quand Dieu permettroit que je succombasse dans cette
affaire, je ne lui demanderois pas pourquoy il en a usé de la sorte. Il
est juste, et je suis sa creature; sa grâce me soutiendra. Si vous
trouviez quelque chose qui eût besoin d'eclaircissement, je vous prie
de me le communiquer. Je suis en Notre-Seigneur, etc. »

Batterel ajoute : « Et ces sentimens si edifians avec lesquels il
finit sa lettre, chacun sçait qu'il les a soutenus jusqu'à sa derniere
vieillesse, par un grand fonds de piété, et une humeur extremement
douce, egale et paisible, qui a toujours fait son caractere de distinction (1). »

M. de Champflour ne montra pas moins de zèle ni moins d'habileté
dans l'affaire du *Cas de conscience*. Sur ce point important de l'histoire du jansénisme, M. Cluzeau nous fournit encore des détails fort
curieux et qui ont été jusqu'ici ignorés des historiens. D'abord il
nous révèle la première et véritable origine de ce *Cas* vraiment
fameux, « car il en résulta bien du bruit (2). » Le curé de Notre-Dame
du Port à Clermont, nommé Fréhel, confessait l'abbé Louis Périer, neveu
de Pascal, « parfait honnête homme et sur les mœurs duquel il n'y
avait rien à reprendre, » mais connu dans toute la ville pour « un
franc janséniste. » De son côté, le même curé se confessait à M. Gay,
supérieur du Séminaire, et celui-ci, voyant qu' « il ne faisait pas son
devoir à l'égard de l'abbé Périer dont il était le directeur, » avait fini
par refuser de l'entendre en confession. Fréhel, qui était « homme
d'esprit, mais entêté pour le parti, comme tout le monde l'a connu, »
s'avisa de proposer aux docteurs de la secte le *Cas de conscience* sur le
silence respectueux. On voit par là que ce *Cas* était bien historique
et réel, et non pas supposé et imaginaire, comme l'ont dit ou insinué
la plupart des historiens (3) ; il faut donc prendre à la lettre ce que

(1) *Le P. Galipaud janséniste*, p. 3, 4.
(2) Sainte-Beuve, *Port-Royal* ; Paris, 1878, 4ᵉ édit., t. VI, p. 168.
(3) « Daguesseau, dit Sainte-Beuve, paraît y avoir vu un piège des ennemis du
Jansénisme ; et en effet, un ennemi qui aurait voulu réveiller les querelles et pousser
les gens à se compromettre, n'aurait pas mieux inventé. Par malheur, on a des
preuves que ce *Cas de conscience*, digne d'avoir été forgé par un agent provocateur,
avait été proposé bonnement, naïvement, par M. Eustace, confesseur des religieuses
de Port-Royal et très peu théologien, soit qu'il en eût dressé lui-même l'exposé, soit
qu'il ne l'eût proposé que de vive voix... Il est encore certain que ce fut M. Eustace
qui se donna tous les mouvements pour inviter les docteurs à signer » (*Port-Royal*,
édit. citée, t. VI, p. 169, 170). Sainte-Beuve n'est ici que l'écho du *Supplément au
Nécrologe de l'abbaye de Port-Royal* (p. 623, 624, art. *Eustace*) ; mais ne peut-on
pas supposer que le curé de Notre-Dame du Port a pu envoyer le *Cas* à Eustace

rapporte l'exposé, qu'il y a *d'autres ecclésiastiques* qui inquiètent le confesseur embarrassé.

Selon cet exposé, « un confesseur, a entendu plusieurs années dans une ville *éloignée* les confessions d'un ecclésiastique et lui a donné l'absolution sans scrupule, pour ce qui regarde sa doctrine et ses sentiments, le croyant homme de Dieu. Depuis quelque temps, il a commencé à avoir quelque peine sur son sujet, parce que *d'autres ecclésiastiques* lui ont dit que son pénitent est un homme qui a des sentiments nouveaux et singuliers. Ce confesseur l'a vu hors le confessionnal, et lui a déclaré les peines de *ces ecclésiastiques* sur lesquelles il a dit ses sentiments avec sincérité... A l'égard des cinq propositions de Jansénius condamnées par Innocent X et Alexandre VII, il m'a protesté qu'il les condamne et qu'il les a toujours condamnées purement et sans restriction dans tous les sens que l'Église les a condamnées et même dans le sens de Jansénius... Il a signé le Formulaire en cette manière, quand on l'a exigé de lui... Quant au *fait* de Jansénius... il dit qu'il n'a pas la même créance pour cette décision que pour la décision du droit, dans la condamnation des propositions; mais *il croit qu'il lui suffit d'avoir une soumission de respect et de silence à ce que l'Église a décidé sur ce fait*, et que tant qu'on ne le pourra convaincre juridiquement d'avoir soutenu aucune des propositions condamnées, on ne doit point l'inquiéter, ni tenir sa foi pour suspecte (1). » Il se trouva quarante docteurs pour répondre « que les sentiments de l'ecclésiastique dont il s'agit, ne sont ni nouveaux, ni singuliers, ni condamnés par l'Église, ni tels enfin que son confesseur doive exiger de lui qu'il les abandonne pour lui donner l'absolution : » et cela fut « délibéré en Sorbonne, le 20 juillet 1702 (2). »

qui, d'accord avec l'abbé Besson, curé de Magny, autre janséniste, en aurait « arrangé les articles les plus fâcheux » (Sainte-Beuve, *loc. cit.*, p. 173), l'aurait ensuite « proposé de vive voix » sans en dire l'origine, et aurait « invité les docteurs à signer » la réponse qui fut donnée? — J'ajoute que M. l'abbé Braud commet une légère erreur en attribuant à M. de Champflour, dans l'origine du *Cas de conscience*, le rôle qui appartient à M. Gay, le seul « contre » qui, à proprement parler, « fut dirigé le problème en question » (p. 10).

(1) D'Argentré, *Collectio judiciorum de novis erroribus;* Lutetiæ Parisiorum, 1755, t. III, p. 413, 414.

(2) La plupart des auteurs, copiant sans doute une faute d'impression de l'*Histoire du Cas de conscience* (t. I, p. 36), placent cette délibération en l'année 1701 ; mais comme elle ne fit du bruit que vers la fin de 1702 et au commencement de 1703, après avoir dit qu'on « la fit circuler dans le monde ecclésiastique pendant l'été de 1701 » (Sainte-Beuve, *loc. cit.*, p. 168), ils sont obligés d'ajouter qu'elle demeura

Il était naturel et bien juste que le curé de Notre-Dame du Port fût « le premier » à recevoir la décision des quarante Docteurs, et il est probable qu'on ne tarda pas beaucoup à la lui envoyer. « Ce curé, dit M. Cluzeau qui était bien placé pour être informé exactement, ce curé l'envoya par son vicaire au séminaire, non pas à M. l'abbé Champflour ou à M. Gay qu'il ne voulait pas tout à fait insulter, mais à un jeune séminariste qui avait fait ses études à Riom avec le vicaire. Il était bien persuadé que, par le séminariste, la solution du *Cas* viendrait bientôt à la connaissance de ces Messieurs. Il ne se trompa pas. M. Gay fut le premier qui vit le *Cas* : il en fit aussitôt tirer une copie, car il fallait rendre au plus tôt l'original *imprimé* qu'on avait prêté au Séminariste. M. l'abbé l'examina avec M. Gay, et voyant qu'il était de la dernière conséquence d'empêcher le mal que pouvait faire une décision si opposée à celle de l'Eglise, qui n'exige pas moins la condamnation du fait que du droit, dans la censure qu'elle a portée contre les cinq propositions de Jansénius, il résolut d'en écrire au P. de La Chaise et à Mgr l'évêque de Meaux. »

M. de Champflour écrivit aussi à l'évêque de Chartres, Godet des Marais et à l'abbé Dumas, comme nous le voyons par sa lettre à Bossuet, lettre trop belle et trop honorable à M. de Champflour pour que nous hésitions à la rapporter en entier.

« MONSEIGNEUR,

» La bonté que vous m'avez témoignée autrefois pendant que je demeurois au séminaire de Saint-Sulpice, me fait espérer que vous ne trouverez pas mauvais que j'aie recours à votre protection dans l'occasion présente, où il s'agit de la conservation du sacré dépôt de la foi dont les évêques sont chargés spécialement, et que je sais vous être si à cœur. C'est au sujet d'un cas qui contient d'une manière couverte

secrète pendant plusieurs mois, et que « tout d'un coup, une année environ après la signature, cette consultation restée manuscrite, et dont on ne s'occupait plus, parut imprimée avec une préface agressive et provoquante, sans qu'on sût trop d'où venait l'indiscrétion » (Sainte-Beuve, *loc. cit.*, p. 170). Mais d'abord une pareille retenue de la part des jansénistes, dans une affaire évidemment favorable à leur cause et qui avait plus que l'approbation tacite du cardinal de Noailles, serait une chose bien étonnante. Ensuite d'Argentré, dans le recueil cité, *classe* la consultation des quarante parmi les pièces de l'année 1702. Enfin on verra que cette date est la seule qui s'harmonise bien avec les faits que nous allons raconter, lesquels sont tous de 1702, et durent suivre de bien près la délibération du 20 juillet.

presque tous les sentiments des jansénistes, que quarante docteurs de Sorbonne ont souscrit, et dont la décision porte que ces sentiments ne sont point nouveaux, ni singuliers, ni condamnés par l'Eglise, et qu'un confesseur ne doit pas obliger son pénitent à les abandonner pour lui accorder l'absolution. Je ne sais, Monseigneur, si votre Grandeur l'aura vu déjà ; mais cette décision a déjà fait du bruit dans plusieurs diocèses, et les jansénistes en triomphent, la regardant comme un moyen sûr et facile pour n'être plus inquiétés et pour attirer aisément dans leur parti toute sorte de personnes. Et en effet, quand les jansénistes n'auroient obtenu autre chose par cette décision, sinon que, pour le fait de Jansénius, il suffit d'une soumission de respect et de silence, en voilà assez pour les mettre à couvert de tout ce que l'on pourroit faire contre eux. Car quel est le confesseur qui tiendra ferme pour ne pas donner l'absolution à un pur janséniste, lorsqu'il lui dira qu'il condamne les cinq propositions de Jansénius dans tous les sens que l'Eglise les a condamnées, mais que suivant l'avis de quarante docteurs de Sorbonne, il n'est pas obligé de croire intérieurement qu'elles ont été condamnées dans le sens de Jansénius ; et qu'ainsi il peut soutenir le sens de Jansénius et toute sa doctrine, pourvu qu'il ait pour ce fait une soumission de respect et de silence. Dans quel embarras ne sera pas un grand vicaire, si cette décision n'est pas infirmée, surtout si ces nouveaux sentiments sont ordinaires dans son diocèse, se voyant à tout moment obligé de recevoir tous les jansénistes, qui s'expliqueront comme je viens de le marquer, soit pour les ordres, soit pour l'approbation, soit pour toute sorte de bénéfices, ou de se déclarer contre la décision de quarante docteurs de Sorbonne ? Il est vrai qu'il doit toujours faire son devoir ; mais quelle facilité n'auroit-on pas à le faire passer pour un entêté et un ignorant, et à le rendre ainsi tout à fait inutile dans son ministère, ayant à lui opposer le sentiment de quarante docteurs de Sorbonne ? Il n'est que trop vrai que les jansénistes ne pouvoient pas trouver de meilleur moyen pour n'être pas inquiétés dans leurs sentiments : mais ce qui est encore plus fâcheux, c'est que la décision de ce *Cas* leur donne une facilité prodigieuse pour faire goûter à toute sorte de personnes, même les plus simples, le venin de leurs erreurs. Il n'est pas besoin pour cela de grands raisonnements ou de preuves subtiles ; il leur suffit de faire voir que ce sont les sentiments de quarante docteurs de Sorbonne, comme il paraît par leur souscription. Il n'y a presque personne en France qui ne se laisse gagner par l'autorité d'un si grand

corps, et on ne s'avisera pas de soupçonner que le corps de la Faculté
soit d'un sentiment contraire, voyant la signature de quarante docteurs, surtout si les autres ne disent mot, et qu'on n'infirme pas la
décision qui a été donnée au public. Ce qui m'oblige, Monseigneur,
à solliciter plus vivement que nul autre qu'on remédie aux suites
fâcheuses de cette décision, c'est qu'il y a ici bien des esprits qui
ont une grande pente pour les nouvelles erreurs, et que, selon toutes les
apparences, ce *Cas* y a été fabriqué et imprimé, quoique fort secrètement
et qu'on en ait tiré fort peu, en sorte qu'il n'a paru ici que deux
exemplaires, qu'on faisoit voir aux uns et aux autres et qu'on retiroit
aussitôt, et quelque diligence que j'aie faite pour en avoir un, je n'en
ai pas pu venir à bout. J'ai appris pourtant avec bien de la joie que
le R. P. Daniel, jésuite de la maison professe de Paris, en avait un
qui est tout conforme à la copie qu'on vous présentera avec ma lettre.
Je m'étois déjà donné l'honneur d'écrire au R. P. de La Chaise et à
M. l'abbé Dumas, docteur de Sorbonne, pour les prier de remédier à un si grand mal par leurs lumières et par leur crédit, et ils sont
déjà tout disposés à s'y employer de toutes leurs forces. Mais quelques
lumières et quelque crédit qu'ils aient, ils ne croient pas pouvoir y
réussir sans vous. On me l'a mandé ainsi de Paris, et c'est ce qui
m'oblige, Monseigneur, à me jeter en esprit aux pieds de votre
Grandeur, pour la conjurer par tout le zèle que vous avez pour les
intérêts de Dieu, et par toutes les grâces et les faveurs que vous en
avez reçues, de ne pas abandonner dans cette occasion la cause de la
saine doctrine et du dépôt sacré de la foi qui périclite si fort. Qui
sait si Dieu ne vous a pas mis au point d'élévation et de faveur où
vous êtes, pour appuyer ses intérêts dans cette rencontre et vous
donner en même temps le moyen de lui marquer votre parfaite
reconnaissance? Je suis parfaitement persuadé, Monseigneur, que
ces occasions de plaire à Dieu vous sont plus chères que toutes les
faveurs du monde. C'est pourquoi je ne doute pas que vous embrassiez
celle-ci avec tout le zèle possible, quelque indigne que soit d'être
écouté celui qui vous la propose.

» Je suis avec toute l'estime, le respect et le zèle possibles, Monseigneur, votre très-humble et très-obéissant serviteur,

» CHAMPFLOUR, *vic. général.*

» A Clermont, le 20 Nov. 1702 (1). »

(1) Cette lettre se lit aussi dans la *Correspondance inédite de Massillon*, publiée
par l'abbé Blampignon; Bar-le-Duc, 1869, in-8°, p. 205-206.

Bossuet « reçut comme il convient à un évêque catholique les plaintes de M. l'abbé de Champflour, lui offrit son secours avec beaucoup de bonté, et agit efficacement dans une affaire qui intéressoit également tous les évêques (1). » « Il en parla au Roi, dit M. Cluzeau, et il lui montra les lettres de M. Champflour avec la copie manuscrite de la résolution du *Cas de conscience*. Sa Majesté parut très satisfaite de ces lettres, et loua beaucoup le zèle de M. l'abbé Champflour. On fut bientôt informé à Clermont de ce qu'il venait de faire contre ce fameux *Cas* qui aurait fait des maux infinis, si on n'en avait pas condamné la résolution. Comme le curé du Port était fort estimé dans la ville, quantité de personnes qui ne pouvaient souffrir le refus que lui avait fait le supérieur du séminaire de continuer à le confesser, prirent ouvertement son parti contre M. l'abbé Champflour qu'ils regardaient comme principal auteur de tout ce qu'on faisait actuellement pour avoir du Saint-Siège la condamnation du *Cas de conscience*. Mais on eût beau dire et crier contre M. l'abbé, il fut toujours aussi tranquille qu'à son ordinaire.

» Je ne dois pas oublier de vous dire, continue M. Cluzeau, que M. l'abbé de Saint-Genès de Clermont (François de Combes), docteur de la maison de Sorbonne, lequel avait eu le malheur de signer le *Cas* avant de quitter Paris pour venir prendre possession de son bénéfice, fut infiniment mortifié à ce sujet. Mgr l'évêque lui révoqua tous ses pouvoirs. On fit encore tomber ce coup sur M. l'abbé Champflour, sans lequel, disait-on, Mgr l'évêque n'en serait jamais venu à cet excès de rigueur contre ce pauvre abbé. Quoiqu'il en soit, il demeura interdit des fonctions de prêcher et de confesser, qu'il avait commencé d'exercer avec applaudissement dans la paroisse de Saint-Genès. »

La suite de l'histoire du *Cas de conscience* n'appartient pas au sujet du présent article; mais avant de passer à un autre point de la vie de M. de Champflour, je veux recueillir de tout ceci deux faits que l'on doit considérer comme acquis désormais à l'histoire : 1° c'est un membre de la Compagnie de Saint-Sulpice, M. Gay, supérieur du séminaire

(1) *Mémoire historique de tout ce qui s'est passé sur le sujet des contestations survenues entre M. le cardinal de Noailles, archevêque de Paris, et MM. les évêques de Luçon et de La Rochelle, présenté à Notre Saint-Père le Pape Clément XI, par ces deux évêques, pour rendre compte de leur conduite à Sa Sainteté;* ap. *Œuvres de Fénelon,* Correspondance, Paris, 1827, t. IV, p. 260. Ce Mémoire est de l'abbé Chalmette, archidiacre de La Rochelle, que M. de Champflour et l'évêque de Luçon envoyèrent à Rome comme agent auprès du Saint-Siège, dans leur différend avec le cardinal de Noailles (*Op. cit.,* t. XI, p. 296).

de Clermont, qui, par sa conduite pleine de fermeté à l'égard du curé
de Notre-Dame du Port, donna lieu à poser le *Cas de conscience;*
2° c'est un membre de la Compagnie de Saint-Sulpice encore,
M. l'abbé de Champflour, qui « se souleva le *premier* du clergé de
France (1) » contre la décision des quarante Docteurs, et qui provoqua la condamnation qu'en fit le Pape Clément XI par son bref
Cum nuper du 12 février 1703, de même que plus tard, ce fut encore
ce même abbé de Champflour qui, devenu évêque de La Rochelle,
prépara, de concert avec l'évêque de Luçon, les voies à la célèbre bulle
Unigenitus, où sont condamnées cent et une propositions extraites des
Réflexions morales du P. Quesnel.

Pas plus que le jansénisme, le gallicanisme de 1682 n'eut le don
de plaire à M. de Champflour, ni l'honneur de le compter parmi ses
partisans. Jamais il n'eût signé les fameux quatre articles; il leur
était même formellement opposé, franchement et ouvertement, selon
son habitude. J'en ai la preuve dans une pièce écrite à Paris, le 15
janvier 1683, alors que M. de Champflour était directeur au séminaire
de Limoges. D'après ce document digne de toute créance, il allait
jusqu'à attribuer à « la fréquentation des gens de cour » la conduite,
trop molle à son avis, que tinrent quelques Docteurs de la Faculté de
Paris, le jour où il lui fut proposé d'enregistrer la célèbre Déclaration.

(1) *Mémoire* cité, p. 260. L'abbé d'Arger dit la même chose : « M. de Champflour n'étant alors qu'abbé de Clermont, mais dans tous les temps inviola-
blement attaché à la saine doctrine et ennemi des nouveautés suspectes, fut le
premier à élever la voix contre l'erreur déguisée » (*Oraison funèbre de
Mgr Estienne de Champflour;* La Rochelle (1726, in-4°, p. 27). — Ces témoins
méritent un peu plus de confiance que les jansénistes, lesquels affectent toujours
de faire passer les évêques opposés à leurs erreurs, et M. de Champflour en particulier, pour des instruments aveugles et passifs entre les mains des Jésuites. « Le
fameux *Cas de conscience,* dit un écrivain de la secte, était venu fort à propos pour
donner moyen aux Jésuites de jetter de nouveau l'Église de France dans le trouble.
Pour profiter d'une si belle occasion, ils crurent que pour faire croire au Roi que la
résolution de ce *Cas* faisait grand ravage dans les provinces, il fallait faire venir de
bien loin des lettres, qui donnassent l'alarme au zèle de S. M. pour la religion. Ils
choisirent pour cela un M. de Champflour, ecclésiastique natif de Clermont en
Auvergne. Il ne leur fut pas difficile de l'engager dans leur dessein. Il a un frère
jésuite, c'est déjà beaucoup. Mais de plus, il avait été élevé à Paris dans le séminaire
de Saint-Sulpice; et c'est là, après le noviciat des jésuites, que se hume le zèle le
plus amer contre le prétendu jansénisme... On n'eut donc pas beaucoup de peine à
porter M. de Champflour à écrire une lettre ardente au P. de La Chaise; et il y a
sujet de croire qu'on lui épargna pour le moins la moitié de la peine. » (*L'intrigue
découverte, ou Réflexions sur la Lettre de M. l'abbé Bochart de Saron à
M. l'évêque de Clermont*; s. l. 1711, in-12, p. 4, 5.)

Ainsi, le duc de Saint-Simon ne fait qu'exprimer une vérité qu'il cherche vainement à rendre ridicule en l'exagérant parce qu'elle lui est désagréable, et à laquelle il mêle, à son ordinaire, plusieurs inexactitudes, quand il dit de M. de Champflour qu'il « ne savoit qu'être follement ultramontain ; qu'il avoit été exilé *pour cela* lors des propositions du Clergé de 1682, et que Saint-Sulpice et les jésuites réunis en faveur de ce martyr de leur cause favorite, l'avoient à la fin bombardé à La Rochelle (1). »

« *Pour cela* » encore, l'évêque de La Rochelle, selon le même critique, « étoit l'ignorance et la grossièreté même, sans esprit, sans savoir et sans aucune sorte de lumière, sans monde encore moins, un homme de rien, et un véritable *excrément* de séminaire (2). » Quelle finesse ! quelle délicatesse d'expressions dans un reproche de *grossièreté!* Quelle noblesse, non seulement de style, mais de pensées et de sentiments, dans ce duc et pair si infatué de ses titres ! Mais surtout quelle justice dans ce sectaire ! Quelle impartialité dans ses jugements sur ceux qui lui déplaisent ! Plus équitable, la postérité n'a pas ratifié ces appréciations haineuses. Comme les contemporains de M. de Champflour, elle a vu en lui, non l'homme que décrit Saint-Simon, mais « un prélat plein de zèle et de lumière, qui vouloit le bien et savoit le discerner sûrement ; un saint et savant évêque ; un des plus grands ornements de l'épiscopat en France, et qui passoit, avec raison, pour un des plus savants prélats du royaume (3). »

Le vicaire général de Clermont fut en effet élevé à une dignité plus haute encore. Toute sa vie avait été, sans qu'il en eût conscience, une préparation à l'épiscopat, et ce qu'il venait de faire, en 1702, pour la cause de la foi dans la question du *Cas de conscience,* le désignait naturellement au choix du Souverain sur qui pesait la lourde responsabilité de la nomination des évêques. Celui de La Rochelle, Charles Magdeleine Frezeau de la Frezelière, étant décédé le 4 novembre 1702, la nouvelle de sa mort dut arriver à la Cour dans le temps même où l'abbé de Champflour y travaillait, par l'intermédiaire des évêques de Meaux et de Chartres, et du R. P. de La Chaise, à obtenir des mesu-

---

(1) Saint-Simon, *Mémoires complets et authentiques,* édit. Chéruel ; Paris, 1856, t. V, p. 413.

(2) Saint-Simon, Additions au *Journal du Marquis de Dangeau,* publié par M. Feuillet de Conches ; Paris, 1857, t. IX, p. 79.

(3) *La Vie de M. Louis-Marie Grignion de Montfort;* Paris, 1785, in-12, p. 229, 297, 344, 445.

res contre le *Cas de conscience*. Le jésuite confesseur de Louis XIV proposa à Sa Majesté M. de Champflour pour remplir le siège vacant, et lui dit tout ce qu'il venait de faire pour les intérêts de l'Église et la défense des Constitutions des Papes contre le jansénisme. Le Roi demanda alors si ce n'était pas là cet abbé qui, quinze ans auparavant, lui avait résisté, et qui avait été exilé pour avoir refusé d'élire un candidat de son choix.— C'est lui-même, répondit le P. de La Chaise. — *Eh bien,* reprit le Roi, *c'est ce qu'il faut pour La Rochelle : on peut compter sur la fermeté et le désintéressement d'un homme de ce caractère.* Belle parole, qui honore le panégyriste, peut-être encore plus que le héros même auquel est décerné un si bel éloge.

Le contemporain qui nous a conservé ce beau trait, M. Cluzeau, ajoute dans sa lettre que je ne me lasse pas de citer : « Quand M. l'abbé Champflour apprit la nouvelle de l'honneur que le Roi venait de lui faire, il alla voir Mgr l'évêque de Clermont pour lui en faire part. Le prélat venait de l'apprendre par le même ordinaire. M. l'abbé me fit l'honneur de me prendre avec lui pour l'accompagner dans cette visite, et dans celle qu'il rendit à M. l'Intendant pour le même sujet. J'eus le plaisir de remarquer en lui la même tranquillité que si c'eût été pour lui la chose du monde la plus indifférente. Il reçut les compliments de toute la ville qui vint l'en féliciter. Il parut si peu touché de tout ce qu'on lui dit d'obligeant sur ce sujet, non pas par compliment, mais dans une véritable et sincère effusion du cœur, qu'on crut d'abord qu'il remercierait le Roi. Tous Messieurs ses parents qui l'aimaient et le respectaient infiniment, quoiqu'ils fussent très sensibles à l'honneur que lui faisait un pareil choix, paraissaient néanmoins affligés et souhaitaient de tout leur cœur qu'il ne quittât point le diocèse qu'il gouvernait sous Mgr l'évêque avec tant de succès, pour en aller prendre un autre d'où il ne reviendrait jamais pour les voir. Mais après avoir consulté Dieu dans la retraite, il se détermina avec le conseil de feu M. Gourriou qui avait toute sa confiance, de partir pour Paris et de se soumettre aux ordres de la divine Providence qui l'appelait à La Rochelle.

» Je passe bien des petites choses que je pourrais vous marquer; mais ce que je ne puis oublier, c'est la manière avec laquelle il agit à notre égard après qu'il fut nommé à l'évêché. Je me souviens qu'il avait toutes les peines du monde quand nous l'appellions *Monseigneur*. Il ne voulut jamais souffrir qu'on lui servît rien d'extraordinaire au réfectoire, et il ne manqua pas de se trouver avec nous à la prière du

soir, comme il avait toujours fait auparavant. On eut auprès de lui
le même accès, et tout le monde avait recours à lui comme à l'ordinaire. Toujours même douceur en lui, même simplicité, même
affabilité. »

M. Cluzeau ne dit pas, mais nous savons par la correspondance de
M. Leschàssier, que l'humble et obéissant Sulpicien consulta son
supérieur sur ce qu'il devait faire dans cette importante circonstance.
Espérait-il qu'on le détournerait d'accepter l'épiscopat ? C'est plus
que probable ; mais le supérieur de Saint-Sulpice, qui voyait *réunies*
en lui *la piété et la doctrine*, n'osa pas lui donner le conseil de refuser.
Cette décision, évidemment postérieure à la nomination de M. de
Champflour, laquelle est du 31 décembre 1702, est tout ce que fit
Saint-Sulpice pour le « bombarder, » suivant l'expression de Saint-
Simon, sur le siège de La Rochelle. M. de Champflour accepta en
gémissant, fut préconisé le 14 mai 1703, sacré le 10 juin suivant,
et prit possession du siège de la Rochelle le 26 ou le 27 juillet de la
même année (1).

Devenu évêque, M. de Champflour resta ce qu'il avait été, grand
vicaire et directeur de séminaire. « J'ai eu, dit M. Cluzeau, deux fois
l'honneur de le voir à La Rochelle, c'est-à-dire en 1707 et en 1716, et
je l'y ai trouvé toujours le même. » *Le même,* signifie ici *un saint,* car
immédiatement avant ces paroles, M. Cluzeau avait écrit cette phrase
qui résume tout ce qu'il pensait de M. de Champflour : « Je l'ai toujours cru un saint, et je ne pense point m'être trompé. »

Tel il fut et tel il se montra toujours durant les vingt-deux années
qu'il gouverna l'Église de la Rochelle. Dès les premiers mois qui suivirent sa prise de possession, il condamna le *Cas de conscience* par une
instruction pastorale (2) qui répondit, nous en avons la confiance,
aux espérances et à l'estime que l'illustre archevêque de Cambrai

---

(1) Quoique séparé de la Compagnie de Saint-Sulpice par ses hautes fonctions,
Étienne de Champflour lui conserva néanmoins toute sa vie un tendre attachement.
Le 13 septembre 1714, il fit avec M. Leschàssier et ses assistants un contrat par
lequel il donnait six mille livres à la maison de Saint-Sulpice de Paris, à condition
qu'on paierait annuellement trois cents livres au R. P. Antoine Champflour, de la
Compagnie de Jésus, et qu'après la mort de ce religieux, on donnerait annuellement pareille somme au séminaire de Clermont, ou plutôt à quelques séminaristes
pauvres qui y seraient élevés.

(2) Elle a été insérée intégralement dans l'*Histoire du Cas de conscience*, t. II,
p. 306-326.

avait conçues pour son nouveau collègue dans l'épiscopat (1). En 1710, l'évêque de La Rochelle et celui de Luçon, Jean François de Lescure, son intime ami, condamnèrent dans un mandement collectif, le livre des *Réflexions morales* de Quesnel; ce qui amena entre les deux prélats et le cardinal de Noailles qui avait approuvé cet ouvrage, un long différend heureusement terminé par la bulle *Unigenitus* (2).

(1) Fénelon écrivait de sa ville archiépiscopale, le 24 mai 1703, à l'abbé de Langeron : « Je croirois très important que vous eussiez une conférence secrète avec M. l'évêque de La Rochelle. M. Chalmette lui écrit pour la lui proposer... Je ne vois aucun inconvénient à ce que vous vous ouvriez très simplement à ce bon prélat, non seulement sur la doctrine, mais encore sur l'importance extrême qu'on parle avec uniformité, et que nous puissions dire précisément les mêmes choses que M. de Chartres... Témoignez à M. de La Rochelle combien je révère sa personne. S'il est bientôt sacré, il faudra qu'il se prépare à faire un bon Mandement. » (*Correspondance de Fénelon*; Paris, 1827, t. I, p. 509-510.)

(2) *Ordonnance et instruction pastorale de Messeigneurs les évêques de Luçon et de La Rochelle, au clergé et au peuple de leurs diocèses, portant condamnation d'un livre intitulé* : Le Nouveau Testament en françois, avec des réflexions morales sur chaque verset; *où l'on montre la conformité de la doctrine de l'auteur des Réflexions avec la doctrine des cinq propositions et du livre de Jansénius, et où l'on fait voir ensuite l'opposition qui se trouve entre la doctrine de ces deux auteurs et la doctrine de saint Augustin*; La Rochelle, Pierre Mesnier, 1710, in-12 de 542 pages sans les liminaires et la table. Cet ouvrage fut traduit en latin, avec ce titre : *Decretum et documentum pastorale episcoporum Lucionensis et Rupellensis, quo damnatur liber gallice scriptus* : Le Nouveau Testament etc..., *è gallico latiné redditum*; Rupellæ, apud Petrum Mesnier, in-4° de 295 p., avec quelques autres pièces émanées des mêmes évêques. Pour connaître exactement cette longue et importante affaire, on ne doit pas se borner à lire les historiens qui l'ont racontée : il faut encore voir dans la *Correspondance de Fénelon* (t. III et IV de l'édition citée) les nombreuses lettres et mémoires des deux prélats, ainsi que les lettres à eux adressées dans cette circonstance. M. l'abbé Braud a publié parmi ses *Pièces justificatives* (p. 51-66) quatorze lettres inédites, dont treize ont rapport à ce triste démêlé. Il ne faudrait pas négliger non plus de consulter les écrits composés à cette occasion, bien que la plupart aient pour auteurs des écrivains jansénistes. J'indiquerai ici, parmi ceux que j'ai vus, ceux dans lesquels il est parlé des évêques de Luçon et de La Rochelle. — *Réflexions sur les ordonnances et instructions pastorales publiées sous le nom de Messeigneurs les évêques de Luçon, de La Rochelle et de Gap*; 1712, in-12 de 288 pages. — *Explication apologétique des sentimens du P. Quesnel dans ses Réflexions sur le Nouveau Testament par rapport à l'ordonnance de Messeigneurs les évêques de Luçon et de La Rochelle, du 15 juillet* 1710; in-12 de 184 pages pour la première partie, et de 304 pour la seconde. — *Renversement de la doctrine de Saint Augustin sur la Grâce, par l'instruction pastorale de MM. les évêques de Luçon et de La Rochelle* (par Jacques FOUILLOU); 1713, in-12 de 732 pages. — *Relation du différend entre M. le cardinal de Noailles, archevêque de Paris, et MM. les évêques de Luçon, de La Rochelle et de Gap; avec un recueil d'écrits sur ce sujet et sur ce qui s'est passé entre son Eminence et les Jésuites*; 1712, in-12. — *Lettre de M. l'évêque d'Agen à MM. les évêques de Luçon et de La Rochelle, sur une*

L'année suivante 1711, M. de Champflour publia ses *Ordonnances et Reglemens sinodaux, pour le diocèse de La Rochelle* (1). En 1715, il donna une *Lettre et Instruction pastorale au clergé séculier et régulier de son diocèse, touchant la manière dont ils doivent travailler à l'instruction des personnes qui ont été élevées dans la religion protestante* (2) : « ouvrage, dit le chanoine d'Arger, qui est le fruit d'une étude mûrie par une expérience consommée, et qui, dans une méthode facile et abrégée, renferme une instruction complète et un corps de controverse des plus suivis. Avec quelle précision et quelle netteté, leur met-il devant les yeux la nécessité d'une providence perpétuelle sur l'Eglise, la singularité de ses prérogatives, le pouvoir de ses clefs, la

lettre écrite au Roy contre M. le Cardinal de Noailles; in-12. — *Lettre de Monseigneur l'évêque d'Agen à Monsieur le comte de Pontchartrain*; 1712, in-12 de 82 pages : datée du 15 octobre 1711. — *Lettre d'un évêque de la province de Bordeaux à M. l'évêque d'Agen, au sujet d'une lettre écrite au Roy par MM. les évêques de Luçon et de La Rochelle*; Liège, Pierre Marteau, 1712, in-12. — *Les Lettres de M. l'abbé Bochart à M. l'évêque de Clermont son oncle et au R. P. Le Tellier, avec les remarques sur les deux Lettres*; 1711, in-12 de 32 pages. — *L'intrigue découverte, ou Réflexions sur la Lettre de M. l'abbé Bochart de Saron à M. l'évêque de Clermont, et sur un modèle de Lettre au Roi, avec quelques pièces concernant le différend d'entre M. le cardinal de Noailles, archevêque de Paris, et les évêques de Luçon et de La Rochelle*; 1711, in-12 de 128 pages. Parmi ces pièces, on trouve la *Lettre de MM. les évêques de Luçon et de La Rochelle au Roi, contre M. le cardinal de Noailles, archevêque de Paris* (p. 104-111). — *Lettre à son Eminence Monseigneur le cardinal de Noailles*; 1711, in-12 de 69 pages. — *Mandement* (en vers français) *de Monseigneur l'évêque de Bethléem, revu, corrigé, augmenté de plus des deux tiers, accompagné de Notes instructives et agréables, et publié de nouveau par ledit prélat, à l'occasion de la Lettre de M. l'abbé Bochard de Saron à M. l'évêque de Clermont son oncle*; 1712, in-12 de 47 pages. — *Vains efforts des Jésuites contre la Justification des Réflexions sur le Nouveau Testament, composée par J.-B. Bossuet où l'on examine plusieurs faits publiés sur ce sujet par les évêques de Luçon et de la Rochelle, et par le sieur Gaillande* (par P. Quesnel); 1713, in-12 de 278 pages.— Enfin, le *Mandement* (daté du 10 avril 1714) *et Instruction pastorale de Mgr l'évêque de La Rochelle*, publiant la Constitution *Unigenitus* et la lettre d'acceptation du Clergé de France en date du 23 janvier 1714, est dans le *Recueil des mandemens et instructions pastorales de Messeigneurs les archevêques et évêques de France pour l'acceptation de la Constitution de N. S. P. le Pape Clément XI du 8 septembre 1713*.... Paris, veuve Muguet, 1715, in-4o, pag. 114-117.

(1) La Rochelle, chez Pierre Mesnier, 1711, in-12 de 336 p. sans les liminaires et la table. Le Mandement placé en tête est daté du 20 novembre 1710.

(2) La Rochelle, chez Pierre Mesnier, 1715, in-8o de 9 feuillets pour la *Lettre pastorale*, et de 390 p. pour l'*Instruction familière*, rédigée en forme de catéchisme *pour les personnes élevées dans la religion protestante*. M. l'abbé Braud n'aura sans doute pas vu cet ouvrage important de M. de Champflour, car il n'en fait pas mention dans sa notice.

primauté de son Chef, l'autorité de ses lois, l'infaillibilité de ses jugements, la perpétuité de sa foi, l'uniformité de son culte, l'excellence de ses sacrements, la majesté de ses cérémonies (1) ! » En 1716, il substitua au catéchisme janséniste, enseigné jusque-là à ses diocésains, un autre catéchisme plus orthodoxe (2). Il appela le zélé missionnaire Grignion de Montfort à donner des missions dans son diocèse, et les Filles de la Sagesse à y fonder des écoles qu'il établit et entretint à ses frais. Mais l'histoire de l'épiscopat de M. de Champflour n'entre pas dans le cadre que je me suis tracé, et sur tous ces points je dois renvoyer à l'excellente notice de M. l'abbé Braud, en exprimant toutefois le regret qu'il n'ait pas mis plus largement à profit, dans l'intérêt de son héros, la Vie imprimée de Grignion de Montfort (3) ; comme aussi, qu'il n'ait pas jugé à propos

(1) *Oraison funèbre,* p. 25.

(2) *Catéchisme du diocèse de La Rochelle;* La Rochelle, chez Pierre Mesnier, in-12 de 424 p. L'ouvrage est précédé d'une *Ordonnance* dans laquelle il est défendu d'enseigner le catéchisme usité jusqu'alors. C'était le catéchisme dit des *trois* Henri, savoir : Henri de Laval de Bois-Dauphin, évêque de La Rochelle, Henri Arnauld, évêque d'Angers, et Henri de Barillon, évêque de Luçon.

(3) Je regrette en particulier l'omission de ce beau trait de la générosité de M. de Champflour, qui valut au P. Grignion de Montfort son premier et long-temps unique associé. Adrien Vatel, prêtre du diocèse de Coutances, désireux de se consacrer à la conversion des infidèles dans les Indes, s'étant, à cet effet, muni de pouvoirs auprès des archevêques de Paris et de Rouen, qui les lui donnèrent autant qu'il était en leur pouvoir de le faire, s'embarqua sur une frégate, et moyennant une avance de trois cents livres que lui fit le capitaine du navire pour acheter des livres et des ornements sacerdotaux, il s'engagea à lui servir d'aumônier pendant la traversée. A peine Adrien Vatel fut-il en route, que des doutes lui vinrent sur la validité de ses pouvoirs. La frégate sur laquelle il était ayant mouillé dans la rade de La Rochelle, il alla saluer M. de Montfort qui était alors en cette ville, avec l'intention de lui demander quelques-uns de ses cantiques. A ce moment, le missionnaire lisait la lettre d'un prêtre qui s'excusait d'aller travailler à une mission, comme il l'avait promis. Dès qu'il eût aperçu M. Vatel, « bon, dit-il, un prêtre me manque de parole, en voici un autre que le bon Dieu m'envoie. Il faut, Monsieur, que vous veniez avec moi et que nous travaillions ensemble. » M. Vatel répliqua que la chose ne pouvait se faire, parce qu'il allait aux Missions étrangères, et qu'il avait des engagements avec un capitaine. Cependant il proposa ses difficultés touchant les pouvoirs qu'il avait reçus, à M. de Montfort qui décida nettement qu'ils étaient invalides. L'évêque de La Rochelle, chez qui ils se rendirent ensuite, confirma la décision donnée et l'appuya des raisons les plus solides. M. Vatel n'eut plus rien à objecter, sinon son engagement à l'égard du capitaine et les avances que celui-ci lui avait faites ; mais le généreux prélat coupa court à cette difficulté, en mettant aussitôt entre les mains de M. Vatel la somme de trois cents livres destinée à le libérer de sa dette. (*La Vie de Grignion de Montfort;* Paris 1785, p. 444-447.)

de recueillir, ou tout au moins d'indiquer à ses lecteurs, les lettres éparses çà et là, du saint évêque de La Rochelle (1).

Il mourut le 26 novembre 1724, et conformément au désir qu'il avait témoigné, par « amour pour les pauvres et pour la sainte pauvreté, il fut enterré dans la chapelle de l'Hôpital Saint-Louis (2). » Le 17 janvier de l'année suivante, Léon d'Arger, chanoine de la cathédrale de La Rochelle, prononça son oraison funèbre, en présence de Léon de Beaumont, évêque de Saintes (3). Le panégyriste avait été précédé dans l'éloge de l'illustre prélat par le Régent qui, apprenant sa mort, dit à ceux qui l'entouraient : « La France vient de perdre un grand évêque. » Etienne de Champflour fut, en effet, un grand évêque ; il fut un prélat dont le souvenir sera à jamais durable dans l'église de France (4) ; et ce titre de *grand*, il le doit principalement et avant tout, à ce qui seul constitue la véritable grandeur, à sa sainteté personnelle, à son zèle pour la gloire de Dieu, à son dévouement sans bornes pour ses ouailles, à la noble, constante et courageuse fermeté avec laquelle il ne cessa toute sa vie de combattre l'erreur.

(1) J'en indiquerai quelques-unes publiées dans le tome III de la *Correspondance de Fénelon* (édition citée) : p. 360 et 389, au P. Le Tellier ; p. 439 et 526, à M. de Bissy, évêque de Meaux ; p. 482, au P. Martineau, jésuite ; p. 512-515, à Fénelon ; la réponse de ce dernier est à la suite, p. 515-520. — On trouvera aussi quelques billets de M. de Champflour dans l'*Abrégé de la vie et des vertus de la sœur Marie-Louise de Jésus, supérieure des Filles de la Sagesse* (par *Allairs*) ; Poitiers, 1768 in-12 ; p. 64, 123, 140, 148, 153.

(2) *Abrégé* cité, p. 187.

(3) *Oraison funèbre de Monseigneur l'Illustrissime et Révérendissime Etienne de Champflour, évêque de La Rochelle, prononcée dans l'Eglise de La Rochelle le 17 janvier 1725, par Messire Léon d'Arger, chanoine de ladite église;* La Rochelle, chez Michel Salvin, libraire au canton des Flamands ; 1726, in-4° de 4 feuillets et de 60 pages. Le discours est dédié à Jean-Baptiste-Antoine de Brancas, successeur de Mgr de Champflour sur le siège de La Rochelle. L'orateur prend pour texte ces paroles de saint Paul aux Philippiens (IV, 8, 9) : *Quæcumque sunt vera... quæcumque sancta, quæcumque amabilia... si qua virtus, si qua laus disciplinæ hæc cogitate quæ vidistis in me,* et il y trouve la division de l'éloge de son héros : 1° l'attention à tous ses devoirs en a fait le modèle de la sainteté, *quæcumque sancta;* 2° les bons offices qu'il a rendus à l'Eglise en ont fait le défenseur de la vérité, *quæcumque vera;* 3° le mérite de ses aumônes en a fait le ministre de la miséricorde et de la charité, *quæcumque amalilia.*

(4) *Abrégé* cité, p. 187.

XV

LA POMPE FUNÈBRE

DE LA REINE DE FRANCE, MARIE-THÉRÈSE D'AUTRICHE

Dans l'église métropolitaine Saint-André de Bordeaux, le 2 septembre 1683 (1).

On lisait dans la *Gazette* du samedi 31 juillet 1683 : « Marie-Thérèse d'Autriche, Reine de France et de Navarre, mourut hier à Versailles, au quatrième jour de sa maladie, âgée de quarante-cinq ans, après avoir reçu les Sacremens avec une résignation exemplaire par les mains de notre Archevêque. Elle étoit fille de Philippe IV, Roi d'Espagne, et d'Élisabeth de France, sa première femme, et avoit épousé le Roi en 1660 (2). Sa piété singulière envers Dieu, sa charité envers les

(1) A l'occasion du deux-centième anniversaire de la mort de cette Princesse.

(2) Au retour de Saint Jean-de-Luz où avait été célébré leur mariage, le Roi et la Reine s'arrêtèrent à Langon, d'où ils vinrent à Bordeaux sur un bateau dont on peut lire la description dans une plaquette intitulée : *Description du bateau presenté par les jurats de la ville de Bourdeaux, à leurs Majestés revenans de la frontière faire la ceremonie de leur mariage;* A Bourdeaux, par Jacques Mongiron Millanges, imprimeur ordinaire du Roy, 1660, in-4° de 16 pages. Selon la *Chronique Bourdeloisa* (édit. de 1672, p. 91, 92), l'entrée de Louis XIV à Bordeaux eut lieu le 23 juin 1660 ; cependant un anonyme écrivait le 29 juin au chancelier Séguier : « De Bordeaux, ce 29 juin 1660. La Cour arriva *hier* ici. Elle n'y doit séjourner que deux ou trois jours. Le Roi s'en va à Brouage et Olleron, et rencontrera les Reines à Poitiers. Le Parlement de cette ville a eu ordre de saluer les reines en robe rouge, ce qui les (*sic*) a un peu mortifiés. Le tremblement de terre qui a été en tout ce pays a fait bien s'entreborder des gens. Il est arrivé le même jour que M. d'Epernon a fait ici son entrée. Le haut du clocher de Saint-Michel est tombé. M. le Cardinal est logé chez M. Du Burg, qui ne se sent pas de joie » (Bibliothèque Nationale, *Manuscrits,* Fonds français, 17, 397). M. René Kerviler (*Le Chancelier Pierre Séguier, second protecteur de l'Académie Française;* Paris, 1874, in-8°, page 640) qui attribue cette lettre au marquis de Coislin, de l'Académie Française, petit-fils de Séguier, la dit, à tort, du 29 *juillet,* et il a lu *Du Rure* au lieu de *Du Burg.*

pauvres, son amour et sa soumission respectueuse envers le Roi, sa tendresse envers ses enfants, sa bonté envers les officiers de sa Maison, et généralement (envers) tous ceux qui avoient l'honneur de l'approcher, la font universellement regretter. »

Le 2 août suivant, sur le soir, le cœur de la Reine fut porté à l'abbaye du Val-de-Grâce par le cardinal de Bouillon, Grand Aumônier de France, et le 10 du même mois, on conduisit le corps en l'église de Saint-Denis, avec toute la pompe due à une si grande Princesse (1). Puis, le 1er septembre, on fit encore à Saint-Denis un service solennel dans lequel Bossuet prononça l'Oraison funèbre de la Reine « avec son éloquence accoutumée (2). » Trois jours après, le 4 septembre, l'Archevêque de Paris célébra pareillement un service solennel dans l'église de Notre-Dame (3) ; les autres églises de Paris suivirent l'exemple de la métropole.

La province imita aussi la capitale. Dès le 1er août, Louis XIV avait annoncé aux Prélats de France le « premier chagrin » que venait de lui causer celle à laquelle il était uni depuis vingt-trois ans, et il avait sollicité pour le repos de son âme les prières de l'Église. Msr de Bourlemont, archevêque de Bordeaux, reçut, à cette occasion, de Sa Majesté la lettre suivante :

« Monsieur l'Archevesque de Bourdeaux ; Je me persuade que vous aurez appris avec bien du deplaisir la mort de la Reyne, ma tres chere et tres honorée espouse, qui deceda le 30 du mois passé, apres quatre jours de maladie seulement. Et comme j'ay besoin dans cette occasion d'avoir recours à Dieu par mes prieres et celles de mes peuples pour estre soulagé dans mes vives douleurs de la perte que j'ay faite avec toute la France, et luy demander le repos de l'âme d'une Princesse si accomplie, et dont la haute vertu et la grande pieté ont accompagné toutes les actions de sa vie, je vous fais cette lettre pour vous dire qu'aussytost que vous l'aurez reçeüe, vous fassiez faire des prieres publiques dans l'estendue de vostre dioceze,

_____

(1) Cf. *La Pompe du convoy de la Reyne en l'Eglise de Saint-Denis : avec ce qui s'est passé à l'exposition du corps au château de Versailles et au transport du cœur au Val de Grâce* ; in-4° de 8 pages.

(2) Cf. *La Pompe funèbre faite pour la Reyne dans l'Eglise de l'Abbaye de Saint Denys* ; in-4° de 8 pages.

(3) Cf. *Mausolée dressé dans l'Eglise de Notre-Dame de Paris* ; in-4° de huit pages.

et que vous ayez à convier à celles qui se feront dans vostre Église, les Corps qui ont accoustumé d'assister à ces ceremonies ; ce que me promettant que vous accomplirez, je ne vous feray la presente plus longue, que pour prier Dieu qu'il vous ayt, Monsieur l'Archevesque de Bourdeaux, en sa sainte garde. Escrit à Saint-Cloud, le premier jour d'aoust 1683. *Signé* Louis, *et plus bas*, Phelipeaux (1).

Aussitôt l'Archevêque « envoya, par toutes les églises séculières et régulières de la ville, l'ordre de faire des prières particulières pour la Reine, en attendant qu'on pût faire le service général dans l'Eglise Métropolitaine et Primatiale de Saint-André, et ensuite dans toutes les autres Eglises du diocèse. » En même temps, Mgr de Bourlemont ayant écrit au Roi pour lui exprimer ses condoléances et lui faire part de ce qu'il avait fait et se disposait à faire pour la feue Reine, Louis XIV lui adressa une nouvelle lettre ainsi conçue :

« Monsieur l'archevesque de Bourdeaux ; J'ay receu avec autant de consolation que j'en suis capable, la lettre que vous m'avez escrite sur la perte que j'ay faite. Sçachant ce que je dois attendre de vos bonnes prieres et de celles que vous avez ordonnées dans tout vostre diocese, afin qu'il plaise à Dieu soulager l'exces de mon affliction, je le prie de les benir, et qu'au surplus, il vous ayt, Monsieur l'archevesque de Bourdeaux, en sa sainte garde. A Fontainebleau, le 16 août 1683. *Ainsi signé à l'original*, Louis, et au dos est écrit : *A M. l'arch. de Bourdeaux, coner en mes conseils.* »

Après s'être, selon l'usage, concerté avec les députés du Chapitre Saint-André, au sujet du jour et des détails de la cérémonie funèbre, l'archevêque de Bordeaux donna un Mandement dont voici la teneur :

« Louis D'Anglure de Bourlemont, par la grace de Dieu et du Saint-Siège Apostolique, archevesque de Bourdeaux, Primat d'Aquitaine ; Le Roy nous ayant fait sçavoir par sa lettre du premier du present mois d'aoust la triste nouvelle de la mort de la Reyne, son espouse, arrivée le trentieme du mois passé, et qu'il désire qu'on fasse des

---

(1) *Plusieurs Ordonnances de Mgr de Bourlemont, avec la relation de ce qui se passa à la mort de la Reine, pour le service que fit faire ledit Seigneur.* (Manuscrit in-4°, faisant partie des archives de l'Archevêché.) C'est de ce manuscrit que sont tirés tous les détails qui ne portent pas d'indication spéciale.

prieres publiques avec toute la solennité en tels cas accoustumée,
pour demander à Dieu le repos de l'ame de cette grande Princesse,
dont la vertu et la piété peut servir de modèle à toutes les Reynes du
monde ; à ces causes, de l'avis de nos venerables confreres les
Doyen, Chanoines et Chapitre de notre Eglise Metropolitaine et
Primatiale Saint-André de Bourdeaux, Nous avons ordonné et ordonnons qu'il sera fait un service solennel dans notre Eglise de Saint-
André, le jeudy deuxiesme du mois de septembre prochain ; à ces
fins, que tout le clergé seculier et regulier de la presente ville et
faubourgs qui, de droit et de coutume, est obligé de se trouver en
telles et semblables ceremonies, se rendra dans ladite Eglise Saint-
André le dit jour deuxiesme septembre, à neuf heures du matin preci-
sement ; Exhortons nos chers et bien aymez enfans le peuple
catholique de la presente ville et faubourgs, d'y venir joindre leurs
prieres aux nostres, pour demander à Dieu non seulement le repos de
l'ame de la Reyne, mais encore des consolations proportionnées à
la vive douleur du Roy et la conservation de sa personne; Mandons
aux curez et predicateurs de cette ville de publier dans leurs prones
et sermons nostre presente ordonnance pour la faire sçavoir aux
peuples ; Mandons pareillement tant aux Curez, Religieux et Religieuses de la presente ville, qu'aux chapitres, curez, religieux et
religieuses qui sont hors d'icelle dans nostre dioceze, de faire un
semblable service solennel, chacun dans son église, le plustost qu'ils
pourront après celuy de nostre Eglise Saint-André ; et aux chapitres
et autres qui sont dans les villes et gros bourgs d'y appeler de nostre
part le clergé seculier et regulier du lieu, et d'en avertir leurs peuples,
à leurs prones, le Dimanche precedent, les exhortants de tout nostre
cœur de ne rien obmettre de ce qu'ils pourront pour faire connoistre
dans cette occasion le zele qu'ils ont au service de nostre souverain
monarque. Donné à Bourdeaux, dans nostre Palais Archiepiscopal, le
vingt-deux du mois d'août 1683. — LOUIS, *arch. de Bourdeaux*. Par
commandement de Monseigneur, CHAPOTEL, *secr*... »

De leur côté, « Messieurs les Maire et Jurats gouverneurs de
Bordeaux, juges criminels et de police », firent afficher, le 31 août,
un placard dont j'ai vu un exemplaire, et où ils « ordonnent que,
jeudi prochain, 2 du mois de septembre, les bourgeois et habitans de
la presente ville fermeront leurs boutiques et cesseront leur travail,
pour assister au service et aux prieres publiques qui se doivent faire

dans l'Eglise Métropolitaine de Saint-André pour le repos de l'âme de Notre très honorée Reine ; comme aussi defendent tous les jeux, divertissemens et actions de joie dans la presente ville et banlieue d'icelle, à peine de cinq cens livres d'amende contre chacun des contrevenants. »

D'après une *Relation* manuscrite que je ne ferai guère que transcrire, « les jurats firent préparer tout ce qui étoit nécessaire à cette solennité, dont ils firent la dépense suivant la coutume.

» Toute la nef fut tendue de noir à trois velours, ainsi que le dehors de la porte Royale, qui seule fut ouverte, à cette cérémonie.

» Au devant de la grande porte du Chœur, on dressa un autel sur un haut d'ais (estrade) de deux pieds et demi de hauteur, avec quatre degrés pour y monter joignant ledit autel, du côté de l'Evangile. On y dressa le trône de Mᵍʳ l'archevêque, de la même hauteur de deux pieds et demi.

» On éleva des barrières depuis l'autel jusqu'à la porte Royale, des deux côtés, où elles furent fermées par une troisième barrière qui traversoit toute la nef, à la réserve d'une porte qu'on fit au milieu pour l'entrée de ceux qui devoient assister à la cérémonie.

» On fit un haut d'ais de la hauteur d'un pied, joignant les deux degrés par lesquels on descend du chœur dans la nef, pour y placer la musique, entre le haut des fonts baptismaux et de la chapelle de Saint-Jean.

» On dressa une grande estrade ou haut d'ais de deux pieds et demi d'élévation, à quatre marches ou degrés, sur lequel on plaça une chapelle ardente, ornée aux extrémités de fleurs de lis en relief très bien dorées. On la couvrit d'une quantité prodigieuse de chandelles, outre lesquelles on mit de fort gros cierges sur une pile de feu qui étoit au milieu dans une lanterne, et aux angles ou coins de ladite chapelle ardente. Les colonnes de cette chapelle étoient ornées de gaze d'argent liée à bouillons, avec des crêpes. Tout le fond et les degrés étoient couverts de noir.

» Sous la chapelle ardente, on mit un cercueil couvert d'un grand drap de velours noir bordé d'hermine, et sur le cercueil, à la tête, un carreau noir sur lequel on mit la couronne Royale couverte d'un grand crêpe, et un autre carreau aux pieds, sur lequel on plaça le sceptre et la main de justice couverts pareillement d'un crêpe. Sur le cercueil, au-dessus de la chapelle ardente, on mit un dais de velours noir, orné de plusieurs écussons de France et de la Reine, avec un

molet d'argent par le haut et une grande crespine d'argent par le bas.
Tout autour aussi, il y avoit sur les quatre degrés plus de deux cents
flambeaux avec de gros cierges dedans.

» Les barrières et tous les bancs des compagnies étoient couverts de
noir. Les bancs de Messieurs du Chapitre Saint-André furent placés
au côté droit, à double rang, depuis l'autel jusqu'aux degrés de la nef.
Ceux de Messieurs du Chapitre de Saint-Seurin furent placés de même,
du côté gauche. Ceux de l'Université furent placés au-dessous de ceux
du Chapitre de Saint-Seurin et du même côté. Du côté droit, au-
dessous du degré, on plaça les bancs pour Messieurs du Présidial.
Ceux de Messieurs les Jurats furent placés au devant et aux côtés de
la chapelle ardente, et dans le fond on mit des bancs pour la
bourgeoisie. Au delà des barrières, de côté et d'autre, le long des
murailles de la nef, on plaça des bancs et des chaises pour les
personnes de qualité qui se trouvèrent à cette cérémonie. Le peuple
occupoit le reste de la nef.

» Les choses étant en cet état, le mercredi 1er de septembre, sur
les six heures du soir, toutes les cloches des églises séculières et
régulières de la ville et des faubourgs sonnèrent le trépas, et continuèrent la sonnerie jusqu'à neuf heures ou environ. La grosse cloche
de l'Hôtel de Ville sonna avec les autres.

» Le jeudi 2, vers les neuf heures du matin, tout le clergé séculier
et régulier se rendit dans l'Eglise Saint-André. Messieurs de Saint-
Seurin se placèrent dans les bancs à eux destinés; le reste du
clergé séculier et régulier se mit dans l'espace vide des barrières.

» Messieurs de l'Université vinrent en corps, le Recteur, en tête,
avec sa robe de satin rouge bordée d'hermine, et se placèrent au-
dessus de Messieurs de Saint-Seurin. Messieurs du Présidial vinrent
pareillement en corps avec leurs huissiers, et furent placés en leurs
bancs du côté droit. Monsieur l'Intendant s'y rendit en robe d'écar-
late, et se mit à leur tête.

» Messieurs les Jurats vinrent aussi de l'Hôtel-de-Ville, en cérémonie, avec leurs robes de damas rouge et blanc, précédés de leurs
officiers, et suivis du corps de la Bourse et bourgeoisie, et furent
placés sur des bancs très commodément, et les personnes de qualité
en très grand nombre, le long des barrières en dehors. Le reste de la
nef fut rempli par une foule de peuple presque innombrable.

» Tout le tour de l'église étoit éclairé de chandelles, au dedans de
la nef, le long des galeries. Celles qui répondoient au jubé étoient des

plus grosses. Il y en avoit dix-huit encore plus grosses sur l'autel, et deux sur la crédence.

» Le Chapitre de Saint-André se rendit à l'Archevêché sur les dix heures, pour prendre Mgr l'Archevêque et le conduire à l'église, selon la coutume. Ledit Seigneur Archevêque sortit de son Palais archiépiscopal, accompagné du Chapitre et précédé de sa croix. Il sortit par la grande porte de son Palais Archiépiscopal, et entra dans l'Eglise, en cérémonie, par la porte Royale, où M. le Doyen lui présenta l'aspersoir pour prendre de l'eau bénite et la donner au Chapitre. Il entra dans la barrière en cet ordre, et saluant toutes les compagnies qu'il rencontroit, il se rendit devant l'autel, où ayant fait sa prière, il monta sur le trône. L'archidiacre qui devoit faire la fonction de prêtre assistant, les deux diacres d'honneur, le diacre et le sous-diacre, revêtus selon leur ordre, s'étant rendus près dudit Seigneur Archevêque, on le revêtit de ses habits pontificaux. Après quoi, il se rendit en bas, avec ses assistants, au milieu de l'autel, où il commença la messe. Cependant les deux chapiers entonnèrent l'*introït* qui fut continué, avec le reste de la messe, par trois grands chœurs de musique, composés des musiques de Saint-André et Saint-Seurin, qui chantèrent avec une très belle harmonie, quoique très lugubre. On distribua des chandelles à tous ceux du bas chœur de Saint-André et de Saint-Seurin. Après l'*Offertoire*, Mgr l'Archevêque étant assis dans sa chaire Pontificale dessus son trône, l'archidiacre ou prêtre assistant descendit au bas du trône, et après les révérences accoutumées, il monta à l'offrande baiser la croix que ledit Seigneur Archevêque tenoit entre ses mains, disant : *Requiescat in pace;* auquel l'archidiacre répondit : *Amen.* Les diacres d'honneur et les diacres et sous-diacres firent de même. Ensuite Messieurs du Chapitre de Saint-André, précédés de leurs massiers, allèrent pareillement à l'offrande avec les mêmes cérémonies. Ils furent suivis de Messieurs du Chapitre de Saint-Seurin; immédiatement après ces derniers, vinrent les chanoines semi-prébendés de ladite église de Saint-Seurin, ceux de l'Eglise Saint-André ne s'y étant trouvés. Messieurs de l'Université qui, selon la coutume, devoient aller ensuite à l'offrande, furent priés de s'abstenir, parce qu'il y auroit des contestations pour le pas entre les autres compagnies qui auroient voulu aller à l'offrande, si on y avoit reçu d'autres compagnies que le clergé. Les chapiers et quelques prêtres de bas chœur se présentèrent; mais on interrompit les autres, parce que ce n'est pas la coutume que les chapiers et autres du bas chœur aillent à l'offrande en telles cérémonies.

» La messe finie, Monseigneur remonta à son trône, où il prit le pluvial et la mitre.

» M. Lopès, théologal de l'Eglise de Saint-André et l'un des Vicaires-Généraux, étant monté en chaire, prononça l'Oraison funèbre avec beaucoup de succès. Ensuite Mgr l'archevêque, revêtu comme il a été dit, descendit à la chapelle ardente, précédé de sa croix, de Messieurs d'Arche doyen de Saint-André, d'Allaire archidiacre de Cernès, Brenot archidiacre de Blaye, et Chastain sous-chantre, les trois chanoines prébendés et revêtus d'une étole et d'un pluvial noir, qui marchoient deux à deux; les diacres d'honneur, diacre et sous-diacre accompagnoient ledit Seigneur archevêque. Étant arrivés à la chapelle ardente, ledit Seigneur fut placé à la tête, au milieu, sur un faldistoire sur lequel il y avoit un fauteuil. Les quatre chanoines-dignités furent placés sur des escabeaux couverts de noir aux quatre coins de la chapelle ardente, accompagnés de deux chanoines semi-prébendés de Saint-André, revêtus de dalmatiques de velours noir pour les assister. Tous étant assis, peu après, Mgr l'archevêque se leva, ainsi que tous les autres, et il dit: *Non intres in judicium,* etc. Après quoi, les chapiers dirent un répons, et l'une desdites dignités chanoines fit la première des absoutes, comme il est porté dans le Pontifical. Les autres les continuèrent l'un après l'autre, observant les inclinations en passant à la Croix, à Mgr l'archevêque et aux autres dignités. Ce fait, la musique chanta le *Libera,* lequel fini, Monseigneur fit la dernière absoute comme au Pontifical, et cette action termina cette grande et pompeuse cérémonie, après laquelle Monseigneur se rendit en son trône, où on le déshabilla, et il se retira en son palais archiépiscopal à l'ordinaire; chacun se retira pareillement (1). »

Des cérémonies semblables, mais moins solennelles, eurent lieu dans les autres églises de Bordeaux. Les Franciscains devaient un tribut spécial d'éloges à une Reine qui, durant sa vie, avait été affiliée à leur Ordre, et qui, après sa mort, avait été ensevelie avec l'habit de saint François d'Assise (2). Aussi, outre l'oraison funèbre faite par Hierome Lopès, deux autres furent prononcées à Bordeaux : l'une dans

(1) V. aussi *Chronique Bourdeloise,* édit. de 1703, page 86, 87.
(2) *La Pompe du convoy de la Reyne en l'Eglise de Saint-Denis,* page 1.

l'église des Récollets, par le P. Constantin Arnaud, qui loua en Marie-Thérèse sa piété pour Dieu, son zèle pour l'Eglise, son amour pour la France (1); l'autre, dans le Grand Couvent de la régulière observance, par le P. André Billibier, prédicateur conventuel, qui déploya en cette occasion solennelle, toutes les ressources de *son* éloquence. Cette éloquence est telle, que je ne puis résister au plaisir d'en donner ici un échantillon.

« *Le Soleil de l'Europe éclypsé dans la Cour de France à la mort de la Reine Marie-Thérèse d'Autriche* » : tel est le titre pompeux donné à son discours par l'orateur (2); telle est, comme dirait Bourdaloue, sa proposition générale. En conséquence, il choisit pour texte ces paroles de l'Ecclésiaste (I, 5) : *Oritur sol et occidit, et ad locum suum revertitur, ibique renascens gyrat per meridiem.* Puis, l'orateur débute par cet exorde solennel :

« C'est avec ces lugubres paroles que Salomon fait l'oraison funèbre du Soleil dans son Occident. Il naît comme le monarque des Astres avec la couronne éclatante de ses rayons; il paroît dans son mydi avec la pourpre d'un Roy élevé sur son trône, qui se fait admirer, qui éblouit ses admirateurs, qui exerce un empire absolu dans tout l'univers, et qui va graver ses lois avec la pointe de ses rayons dans le sein des abîmes de la terre et de la mer. Mais, ô triste condition de la gloire du monde! par une fatalité naturelle, ce Monarque tombe peu à peu du plus haut de son trône, et se précipite enfin dans le tombeau de son occident, où il est enseveli avec tout l'éclat de ses lumières, avec tout le faste et la pompe de ses rayons, en laissant toute la nature couverte de deuil, dans la tristesse et dans la désolation : *Oritur sol et occidit.*

» Messieurs, pourrois-je vous donner une plus haute idée du

(1) *Oraison funèbre de Très Haute et Très Puissante Princesse Marie-Thérèse d'Austriche, Reyne de France et de Navarre, prononcée en l'Eglise des RR. PP. Recolés de Bordeaux, le 13 septembre 1683, par le R. P. Constantin Arnaud, Custode des Custodes de la province des Recolés de Guyenne;* Bordeaux, chez la veuve de Guillaume de La Court, imprimeur du Roy, de Monseigneur l'archevêque et de l'Université ; 1683, in-4° de 29 pages.

(2) Le titre du frontispice est celui-ci : *Oraison funèbre de Marie-Thérèse d'Austriche, Reine de France, prononcée à Bordeaux dans l'Eglise du grand couvent de la Regulière Observance Saint-François, le onzième septembre 1683; par le R. P. André Billibier, prédicateur conventuel;* Bordeaux, chez Simon Boé, marchand libraire, rue Saint-Jâmes (et à la fin : à Bordeaux, de l'imprimerie de Mathieu Chappuis, rue Saint-Jâmes, 1683), in-4° de 32 pages.

discours lugubre que je dois faire, qu'en me servant de la noble expression du plus sage de tous les Rois pour faire l'apothéose de la plus sage de toutes les Reines? *Oritur sol et occidit*. Ce soleil qui a paru si beau dans son orient, si charmant et si admirable dans son midi, s'est éclypsé : il a disparu, il s'est évanoui, il est mort et enseveli dans son occident avec toutes ses beautés, ses attraits et ses charmes. Espagne! où est ce soleil que tu as vu naître dans son orient avec tant de joie? qui a fait l'éclat et l'honneur de ta superbe cour, qui *terminoit* » (était le *terme* ou l'objet de) « la plus belle ambition de tous les Princes de l'Univers? France! toute couverte de lauriers que tu es, où est la fleur de toutes tes éclatantes victoires? Qu'est devenu ce soleil animé qui a paru élevé sur ton Trône, couronné de ses plus brillantes lumières comme dans son midy, qui a fait admirer la fécondité de tes fleurs de lys, qui en a augmenté l'éclat, qui en a répandu et fait sentir la bonne odeur dans toutes les parties du monde? O Ciel! Voicy donc l'accomplissement de la triste prophétie d'Amos : « *In illâ die occidet sol* » (Amos, VIII, 9). O Dieu! ce jour si funeste et si malheureux est donc arrivé, auquel vous nous menaciez de nous faire voir l'occident du soleil dans son plein midi, de couvrir toute la terre des plus horribles ténèbres au milieu de nos plus beaux jours, et de changer toutes nos joies en deuil, en amertume et en tristesse. O jour funeste! O jour tragique! O jour, le plus triste de tous les jours! Espagne! France! Europe! où est le soleil de ta plus magnifique et plus fameuse cour?

» Qu'attendez-vous de moi, Messieurs? Que je prononce le Nom de cette incomparable Princesse qui faisoit l'amour et les délices de l'Univers, et qui fait aujourd'hui le triste sujet de nos regrets et de nos douleurs? Je n'ai pas un cœur de bronze, ni une âme d'acier : pardonnez si je supplée au défaut de mes paroles par une abondance de larmes, et si je vous fais remarquer l'excez de ma juste tendresse par l'excez d'une vive douleur :

Infandum, Regina, jubes renovare dolorem!

Reine très chrétienne, votre belle vie m'ordonne de parler, mais votre mort m'ordonne de me taire en renouvelant ma douleur. »

Malgré cet ordre de garder le silence, l'orateur emploie encore deux pages d'un semblable pathos à interpeller tous ceux qui ont sujet de pleurer... et de se taire, le Roi, la France, Rome, l'Espagne, la Flandre, Bordeaux qui a perdu son « Avocate auprès du Roy, et la négociatrice de sa paix dans ses disgrâces, » les Ordres religieux, et l'Ordre séraphique en particulier qui pleure celle « qui se signoit, *Sœur Marie-Therese d'Austriche, religieuse du Tiers-Ordre de saint François.* » Arrivant enfin à la division de son discours, le P. Billibier considère « trois états du soleil : il naît dans son orient, il monte à son zénith dans son midy, et il meurt dans son occident. Marie-Thérèse d'Autriche est un soleil mystique dans la nature, dans la grâce et dans la gloire. L'Espagne l'a vue dans son orient, la France l'a admirée dans son midy, toute l'Europe la pleure dans son occident. 1° En qualité d'Infante d'Espagne, c'est un soleil qui brille dans son orient, couronné des rayons de sa naissance royale au ciel de la nature ; 2° en qualité de Reine de France, c'est un soleil qui brille dans son midy, couronné des rayons de toutes les vertus au ciel de la grâce ; 3° en qualité de Reine très chrétienne, c'est un soleil qui brille dans son occident, couronné des rayons de ses mérites au ciel de la gloire. Mais voici trois paradoxes : je vois le midy dans l'orient, l'occident dans le midy, l'orient dans l'occident. Marie-Thérèse d'Autriche est le soleil du monde ambitieux et catholique dans son orient, le soleil du monde victorieux et chrétien dans son midy, le soleil du monde dévot et religieux dans son occident. *Oritur sol et occidit.* Messieurs, le soleil n'a point besoin d'autre orateur que de lui-même pour faire son éloge : *Ipse sibi laus ;* je n'ai donc pas besoin des fleurs ni des figures de la rhétorique, mais j'ai besoin de vos attentions pour vous le faire bien connoître, pour vous le faire admirer, pour vous le faire aimer, et pour recueillir les fleurs dont je composerai sa couronne dans les larmes que vous verserez avec moi, sans doute, sur son tombeau. »

En regard de ce chef-d'œuvre de phébus, plaçons, ne fût-ce que pour reposer nos yeux éblouis par tant de lumières, un fragment d'exorde d'une autre oraison funèbre de Marie-Thérèse d'Autriche.

« Entrons, Messieurs, dans les desseins de la Providence, et admirons les bontés de Dieu, qui se répandent sur nous et sur tous les peuples dans la prédestination de cette Princesse. Dieu l'a élevée au faîte des grandeurs humaines, afin de rendre la pureté et la perpétuelle régularité de sa vie plus éclatante et plus exemplaire. Ainsi sa vie et sa mort, également pleines de sainteté et de grâce, deviennent l'instruction du genre humain. Notre siècle n'en pouvoit recevoir de plus parfaite, parce qu'il ne voyoit nulle part dans une si haute

élévation une pareille pureté. C'est ce rare et merveilleux assemblage
que nous aurons à considérer dans les deux parties de ce discours.
Voici, en peu de mots, ce que j'ai à dire de la plus pieuse des Reines,
et tel est le digne abrégé de son éloge : Il n'y a rien que d'auguste
dans sa personne, il n'y a rien que de pur dans sa vie. Accourez,
peuples : venez contempler dans la première place du monde la rare
et majestueuse beauté d'une vertu toujours constante. Dans une vie
si égale, il n'importe pas à cette Princesse où la mort frappe ; on n'y
voit point d'endroit faible par où elle pût craindre d'être surprise :
toujours vigilante, toujours attentive à Dieu et à son salut, sa mort si
précipitée et si effroyable pour nous, n'avoit rien de dangereux pour
elle. Ainsi son élévation ne servira qu'à faire voir à tout l'Univers,
comme du lieu le plus éminent qu'on découvre dans son enceinte,
cette importante vérité : qu'il n'y a rien de solide ni de vraiment
grand parmi les hommes que d'éviter le péché; et que la seule
précaution contre les attaques de la mort, c'est l'innocence de la
vie. »

Quelle douce majesté et quelle grave simplicité tout ensemble!
Quelle différence entre ce style, vraiment digne de la chaire chrétienne, et celui du P. Billibier ! Ne dirait-on pas, en comparant ces
deux morceaux de tons et de goûts si différents, qu'ils ont été
composés à soixante ans au moins de distance, l'un vers la fin, l'autre
au commencement du xviiᵉ siècle ? Et cependant, ces deux pièces
d'éloquence sont contemporaines : la seconde est même de quelques
jours antérieure à la première. Mais tout s'explique par ce mot :
l'auteur de la première est le P. André Billibier ; l'auteur de la seconde
est le grand évêque de Meaux, l'illustre et incomparable Bossuet.

XVI

LA DIGNITÉ DE CHANTRE

DANS L'ANCIEN CHAPITRE SAINT-ANDRÉ

———

Quels étaient les droits et les prérogatives de celui qui possédait la dignité de chantre dans notre ancien chapitre métropolitain, et quelles étaient leur étendue et leurs limites : c'est ce que je me propose d'exposer dans cet article. Les éléments et souvent le texte même en seront empruntés aux *Actes capitulaires* et aux nombreuses déclarations qu'ils contiennent sur ce curieux et intéressant sujet. Ces déclarations, j'ai hâte de le dire, ne furent pas occasionnées par de misérables contestations nées au sein du Chapitre Saint-André. Toutes ou presque toutes furent provoquées et sollicitées par le Chapitre de l'église cathédrale d'Agen, obligé, à plusieurs reprises, d'entrer en procès avec ses chantres, dont quelques-uns paraissent avoir été vraiment possédés de l'esprit d'empiétement et de tracasserie (1).

(1) On verra aussi dans cet article l'ancienneté de certains usages que l'on eût peut-être, avant examen, traités de nouveautés liturgiques introduites au XVIIᵉ siècle. Je pourrais citer bien d'autres faits semblables, mais je me bornerai à remarquer ici que le concile provincial tenu à Bordeaux en 1583, défendit de continuer à se servir du bréviaire dit du cardinal Quignonez alors en usage, et ordonna de suivre, exclusivement à tous autres, le bréviaire et le missel romain, réformés et édités par saint Pie V. Il y eut pourtant, sous Mgr d'Audibert de Lussan, un moment où il fut question d'adopter le bréviaire parisien. Ce projet auquel il ne fut pas donné suite, nous est révélé par une lettre du Chapitre de Saintes à celui de Saint-André, en date du 28 juin 1765, où on lit ces paroles : « Vous avez été informés avant nous du projet arrêté dans la dernière assemblée provinciale du clergé au sujet d'un changement de bréviaire dans les diocèses de cette métropole. Il paraît par ce qu'on nous a rapporté, qu'il a été unanimement résolu qu'on substitueroit le bréviaire de Paris au romain dont on s'est servi jusqu'à ce jour. » (*Lettres et missives*, recueil in-4º, série G. n. 377, Archives département. de la Gironde.) — Quant au cérémonial,

En effet, le mardi 26 août 1625, on lut dans l'assemblée capitulaire de Saint-André de Bordeaux une requête de Jacques Ducros, chantre en l'église cathédrale Saint-Étienne-d'Agen, contenant que, par arrêt donné en la cour du Parlement de Bordeaux le 6 septembre 1624, entre ledit Ducros et le syndic du Chapitre d'Agen, a été ordonné que le chantre de cette église jouira des mêmes prérogatives et exercera sa charge en la même façon et manière que M. le Chantre de Saint-André. En conséquence, le Chapitre chargea le Chantre et un autre chanoine de préparer une déclaration des droits et prérogatives dont jouit le chantre, et des cérémonies qu'il a coutume de faire lorsqu'il exerce sa charge. Voici cette déclaration, telle à peu près qu'elle fut approuvée deux jours après par le Chapitre.

Aux fêtes où il porte le bâton, — fêtes dites simplement *fêtes de bâton,* — qui sont Noël, les Rois, Pâques, Pentecôte, Fête-Dieu, saint Jean-Baptiste, l'Assomption de Notre-Dame, saint Augustin, Toussaint, saint André, jour de la dédicace de l'église aux premières et secondes Vêpres, — le chantre de l'église métropolitaine Saint-André de Bordeaux, vêtu d'un surplis et d'un pluvial, part de la sacristie, ayant devant lui les enfants de chœur, les massiers ou bedeaux, les chapiers, et un chapelain qui porte le livre du chantre, et il va au chœur, où il prend place dans un siège préparé pour lui et tapissé, ayant devant soi une chaise qui sert de pupitre, sur laquelle il y a un carreau et un drap, et où le chapelain dépose le livre du chantre. Ensuite l'officiant dit *Deus in adjutorium,* et pendant qu'on le continue, le Chantre, accompagné des massiers, chapiers et chapelain qui porte son livre, porte la première antienne à Mgr l'Archevêque. Il lui porte pareillement accompagné et de la même façon, l'hymne et l'antienne de *Magnificat.* Puis le Chantre revient à sa place, où il entonne le *Magnificat.* En l'absence de l'Archevêque,

voici ce que contiennent sur ce sujet les *Actes capitulaires* de Saint-André : — « 10 janvier 1602. Le Chapitre ordonne que pour les règlements et cérémonies lues par M. le doyen, envoyées de Notre-Dame de Paris, il en sera fait une copie à chacun de Messieurs, pour icelles être observées au chœur de point en point et au mieux qu'il sera possible par lesdits sieurs dudit Chapitre. — Mardi 15 janvier 1602. Le Chapitre ordonne que, pour le regard des cérémonies de Mgr le cardinal, lesquelles il veut faire observer audit Chapitre, portées par son cérémonial, que ledit Chapitre entend observer celles seulement portées par le Pontifical, et non d'autres. — 31 janvier 1602. Le Chapitre a commis M. Bertin pour faire imprimer le règlement des cérémonies du chœur venu de Paris, lequel ledit chapitre promet observer de point en point en tout, hormis qu'en psalmodiant à matines et à complies, Messieurs pourront être assis. »

les chapiers portent la première antienne au Chantre qui entonne ; ils lui portent également l'hymne et le *Magnificat* qu'il entonne aussi sur son siége. Les autres antiennes de vépres sont portées par les chapiers à MM. les Doyen, Dignités et autres, et l'antienne de *Magnificat* est portée à l'officiant par les chapiers.

Si Mᵍʳ l'Archevêque officie ou est dans le chœur, on lui porte d'abord l'encens, puis au Chantre, et ensuite à M. le Doyen, aux Dignités, Chanoines et autres. Si M. le Doyen officie, on lui porte l'encens, puis au Chantre, et ensuite aux Dignités, Chanoines, et autres membres du Chapitre. Si c'est une autre dignité ou un chanoine qui officie, après avoir porté l'encens à Mᵍʳ l'Archevêque, s'il y est, on le porte au Chantre, puis à M. le Doyen, et ensuite aux autres dignités et chanoines.

A la grand'messe, le Chantre revêtu d'une *aube* et d'un pluvial, sort de la sacristie, comme il est dit ci-dessus, prend la place qui lui est préparée, et va à la procession, marchant à quelque distance devant l'officiant ; au retour de la procession, lorsqu'il est entré dans la nef, les chapiers lui portent l'*Introït* de la Messe, lequel il entonne aussitôt ; puis il va reprendre son siége, duquel il ne bouge plus, et il y dit le premier *Kyrie eleison, Et in terra pax, Patrem Omnipotentem, Sanctus, Agnus Dei.* On lui présente l'encens et la paix, puis à M. le doyen, s'il est au chœur, et ensuite aux autres dignités et chanoines.

A la procession de la Fête-Dieu, le Chantre marche devant le poêle qui tient le milieu, et quand bon lui semble, il fait porter son bâton par son chapelain qui, pour cet effet, marche devant lui et tout près de lui : ce chapelain est revêtu d'un surplis et d'un pluvial.

Il est à noter que le Chantre ne porte jamais le bâton à Matines ; mais il le prend pour porter le *Te Deum* à Mᵍʳ l'Archevêque, la nuit de Noël seulement ; et pour cet effet, lorsqu'on dit les dernières leçons, il s'en va à la sacristie, où il prend un pluvial, et où les massiers et chapiers vont le chercher.

Est pareillement à noter qu'il a le bâton aux Laudes de la nuit de Noël, et qu'il entonne la première antienne, l'hymne et le *Benedictus*, qui lui sont portés par les chapiers.

La veille de Pàques, il porte aussi à Mᵍʳ l'Archevêque l'*Alleluia* qu'il répète par trois fois.

Toutes les fois que le Chantre doit dire une antienne ou autre chose, le chapelain lui donne son bâton.

Tout ce qui vient d'être dit pour le regard du Chantre se pratique seulement quand il porte le bâton ; car, les jours où il occupe sa place aux autres chaires, sans faire distinction de personnes, celui qui encense porte premièrement l'encens à ceux du côté droit, puis à ceux du côté gauche ; de même, l'enfant qui porte la paix, la porte premièrement à ceux du côté droit, et puis à ceux du côté gauche.

Huit ans étaient à peine écoulés depuis l'envoi de la déclaration que l'on vient de lire, lorsque, le mardi 16 du mois d'août 1633, fête de saint Roch, on lut dans le Chapitre Saint-André une lettre du Chapitre d'Agen, accompagnée de « Mémoires ou articles concernant la charge, dignité, prééminences et prérogatives de M. le Chantre. » Ces mémoires et articles étaient signés : « *Jean Soldadié, chantre et chanoine d'Agen, sans préjudice de ses plus amples prétentions, droits et honneurs à lui donnés par le droit commun, et par ses titres de l'ordre ancien de l'église d'Agen, observé envers les sieurs chantres, ses prédécesseurs.* » Comme on va le voir, les questions étaient nombreuses. Le Chapitre, après avoir ouï le sieur Gelas, chanoine et député du Chapitre d'Agen, répondit le 18 août, d'après les conclusions du Chantre de Saint-André qui, avec un autre chanoine, avait été commis pour cette fin. Je donnerai le texte ou le sens des réponses, en les combinant avec les questions posées.

Le Chantre de Saint-André, lorsqu'il est du nombre des chanoines et qu'il est prébendé, occupe sur le livre de la pointe le rang de sa dignité. S'il est seulement chanoine honoraire, il n'entre au Chapitre, ni pour y présider, ni même pour y avoir voix délibérative.

Quand il est chanoine prébendé et dans les ordres sacrés, il tient, dès le jour de sa réception, dans le Chapitre, le rang de sa dignité, et il y préside, en l'absence des dignités chanoines prébendés qui le précèdent (1).

Dans ce même cas d'absence des dignités qui sont avant lui, il fait tout ce que feraient le doyen ou les autres dignités : ainsi, il donne l'eau bénite à Mgr l'Archevêque, lorsque celui-ci entre dans l'église ; il lui offre l'encens et la paix ; enfin, il est son assistant, à

---

(1) D'après une déclaration faite en Chapitre le jeudi 16 septembre 1610, l'ordre des préséances entre les dignités et les chanoines était celui-ci : 1º le Doyen ; 2º l'Archidiacre du Médoc ; 3º l'Archidiacre de Cernès ; 4º l'Archidiacre de Blaye ; 5º le Chantre ; 6º le Trésorier ; 7º le Sacristain ; 8º le Sous-Doyen ; 9º le Maistrécolle ; 10º le Sous-chantre. L'Archidiacre de Fronsac prit le rang du Maistrécolle, lorsque le cardinal de Sourdis eût supprimé cette dernière dignité et l'eût remplacée par la première. Après les dignités, venaient les chanoines, selon l'ordre de leur réception.

moins qu'il ne soit lui-même obligé de porter le bâton au chœur.

S'il est chanoine prébendé, il a tous honneurs, prérogatives et préséances sur les simples chanoines, ses plus anciens en réception de chanoine. De plus, dans les assemblées publiques et particulières, il occupe le rang de sa dignité avant toutes les dignités inférieures et les simples chanoines ; il y porte la parole comme député du Chapitre, en l'absence des dignités qui le précèdent, et il recueille également les voix du Chapitre.

Aux députations du Chapitre, si le Chantre est chanoine prébendé, il porte la parole avant les simples chanoines et en l'absence des dignités qui le précèdent.

Il fait la pointe en l'absence du semainier et des dignités chanoines prébendés qui sont au-dessus de lui.

Quand Mgr l'Archevêque n'officie pas, le Chantre de Saint-André dit la première antienne de vêpres, mais aux fêtes de bâton seulement ; les autres jours, il dit l'antienne à son rang ; après le chantre, le doyen, les autres dignités et même l'officiant, s'il n'est archevêque, en disent une à leur rang, selon l'ordre du chœur.

L'officiant des vêpres, s'il n'est ni l'Archevêque, ni le doyen, donne l'encens au Chantre, le premier de ceux du chœur, par trois fois, et cela, après avoir encensé l'autel et les reliques, ainsi que l'Archevêque, s'il est présent à l'office.

Le Chapitre est obligé de fournir au chantre un pluvial honnête et de couleur convenable, lorsqu'il fait l'office avec bâton, de même qu'à son chapelain et aux sous-chantres de chape, comme aussi aux dignités qui ne sont que chanoines honoraires, lorsqu'ils assistent aux processions et autres offices de l'église métropolitaine, sans que, pour cela, ils soient obligés de contribuer aucune chose à la sacristie ou fabrique de la cathédrale, bien que les chanoines prébendés, à leur réception, soient obligés de donner une somme de cent livres, dont soixante-seize sont destinées à l'achat d'un pluvial.

Aux fêtes solennelles, si l'Archevêque ou le doyen ne peuvent faire l'office, le Chapitre y nomme telle dignité ou chanoine qu'il lui plaît, pourvu qu'il soit du côté du chœur, sans considérer s'il est semainier ou non. C'est la réponse à cette question du chantre d'Agen : « Lorsqu'un chanoine, qui se trouve semainier aux bonnes fêtes, chante mal et n'est pas propre à officier, si le Chapitre en corps députe un autre chanoine pour officier, ou bien si le chanoine semainier y substitue de lui-même un autre chanoine, et si, en ce cas, le Chapitre députe ordinairement quelqu'une des premières dignités, si c'est un chanoine prébendé, pour officier aux jours solennels. »

Le Chantre de l'église de Bordeaux a une maison affectée à sa dignité, et alors même qu'il n'en aurait point, s'il était chanoine prébendé, il pourrait opter les maisons canoniales en cas de vacance par mort ou par simple démission, par préférence à toutes les dignités subséquentes et avant elles, même avant tous les simples chanoines plus anciens en réception, comme font les autres dignités.

Les chantres de chape sont payés de leurs gages aux dépens du Chapitre et non aux dépens du chantre, et ils ont part à la pointe du chœur.

Tous ceux qui ont entrée dans le chœur et assistent aux heures de l'office, gagnent les distributions manuelles, excepté les dignités qui sont seulement chanoines *ad effectum*, les séminaristes, les chapelains et les enfants de chœur.

Aux appeaux synodaux, — ou nominations qui se font en synode, — l'on appelle d'abord le Chapitre de l'église métropolitaine Saint-André, et alors tous ceux dudit corps qui se trouvent présents se lèvent ; après, on nomme le doyen et ensemble toutes les dignités du Chapitre selon leur rang, parmi lesquelles dignités le Chantre est nommé à son rang, et même avant le doyen et le Chapitre de Saint-Seurin et les abbés du diocèse.

Les trois premières dignités de l'église Saint-André, savoir, le doyen, le premier et le second archidiacres, sont placés du côté droit, au chœur et au chapitre.

Pour les répons et versets des leçons de matines, le bas chœur les dit par obligation, et les chanoines par dévotion, et lorsque cela leur plaît.

Toutes les fêtes de bâton sont solennisées également et célébrées avec la même cérémonie et semblable appareil comme fêtes de première classe.

Dans l'église Saint-André, MM. les dignités et chanoines prébendés et non prébendés, portent les chapes noires depuis la Toussaint jusqu'à la veille de Pâques, excepté les jours de saint André leur patron, Noël, les Rois, et les processions publiques faites par la ville ; ils les quittent après la bénédiction des fontaines (fonts-baptismaux), le Samedi Saint.

Après la lecture de ces détails qu'on trouvera peut-être minutieux, on se demande quel pouvait bien être le point qui pût servir de

matière à procès entre un chantre et un chapitre. Eh bien! trans-
portons-nous à l'année 1671; ouvrons les *Actes capitulaires* à la date
du jeudi 25 juin, et lisons : « Il a été représenté par M. le Syndic
que M. Etienne Despalus, prêtre chanoine de l'église cathédrale
d'Agen et député du Chapitre d'icelle, lui a mis en main une requête
adressée au Chapitre, par laquelle, attendu que, par les arrêts de la
Cour ci-devant intervenus entre ledit Chapitre d'Agen et MM. les
Chantres de leur église, il est porté que les parties seront réglées suivant ce qui se pratique en l'église métropolitaine et primatiale de
Bordeaux, il plaise au Chapitre de lui accorder présentement sa déclaration sur quatre chefs qui font *contestation* entre ledit Chapitre
d'Agen et M. le Chantre d'à présent, savoir : 1° Quelle est la forme
du siége qui sert au livre, audit sieur Chantre, lorsqu'il est revêtu et
portant le bâton cantoral ès fêtes solennelles ; 2° Quelle est la manière
de sa marche ès processions, tant dedans que dehors l'église, lorsqu'il y assiste revêtu et portant le bâton ; 3° Quel est l'habit et la
séance du clerc qui l'assiste, tant dedans que dehors le chœur ;
4° Quelle marche occupent ceux qui encensent le Très Saint Sacrement à la procession de la Fête-Dieu ? »

Après en avoir délibéré, le Chapitre Saint-André répondit :

1° Lorsque, aux fêtes solennelles, le Chantre assiste au chœur,
revêtu et portant le bâton cantoral, il a un siège amovible dans le
plan du chœur du côté gauche, au-dessous du premier pupitre, auquel
siége il n'y a point de dossier ; et devant lui il y a un semblable siège,
sur lequel on met son livre ; il faut parer l'un et l'autre (siége) de
drap de serge de laine violette.

2° Le Chantre n'assiste revêtu et portant le bâton en aucune procession hors la présente église, si ce n'est à celle du Saint Sacrement,
et, tant à la dite procession qu'aux autres qui se font dans l'enceinte
de l'église ès fêtes solennelles, il marche au milieu du chœur, entre
deux de Messieurs les plus anciens du Chapitre et non derrière.

3° Le clerc qui assiste le Chantre est revêtu du surplis ; cependant,
pour la conformité, il prend une chape lorsque le reste du bas chœur
en est lui-même revêtu. Aux processions, il marche un peu avant le
Chantre, et dans le chœur, il s'assied en quelqu'une des places non
occupées, du côté dudit Chantre, pour lui donner le bâton lorsqu'il
en est besoin, ledit bâton demeurant attaché à côté de la première
des basses chaires dudit côté, lorsque le Chantre est assis.

4° Ceux qui encensent le Saint Sacrement à la procession de la

Fête-Dieu, sont immédiatement devant le poêle, et se relèvent continuellement, sans qu'il y ait personne entre eux et le Très Saint
Sacrement.

La paix rétablie entre le Chapitre d'Agen et son Chantre dura près
de soixante ans, *grande* CAPITULARIS *œvi spatium*, dirait Tacite. Mais
en 1730, elle était de nouveau troublée, comme nous l'apprenons par
une lettre que le chanoine syndic d'Agen écrivait, le 5 novembre de
cette même année, au Chapitre de Bordeaux. Depuis que l'on avait fait
revivre le titre de Chantre du Chapitre, à Agen, titre qui était resté
« éteint pendant l'espace de deux cents ans », ce bénéfice avait toujours été possédé par un chanoine *de gremio*, « auquel cas tout était
réglé. » Or, en 1730, celui qui en jouissait n'était pas chanoine, et
cependant, il prétendait, à peu de chose près, avoir les mêmes honneurs que s'il l'eût été, c'est-à-dire : « porter la parole à la tête du
Chapitre, en l'absence du grand archidiacre qui est la première
dignité ; avoir la première place aux thèses dédiées au Chapitre et
autres assemblées où le corps se trouve ; donner la bénédiction au
prédicateur, la dernière à matines, recevoir les cendres, le rameau, le
cierge et autres choses semblables, à l'exclusion de l'ancien chanoine ; être appelé à toutes les assemblées capitulaires où il ne s'agit
pas du temporel (1). » C'étaient là autant de points sur lesquels le Chapitre de Saint-André était consulté et sur lesquels il répondit sans
aucun doute ; mais le registre qui contient sa réponse manque malheureusement à la collection des *Actes capitulaires*.

En 1753, l'héritier du bâton des Ducros et des Soldadié se trouva
avoir hérité également de leur esprit. Pincemaille, — c'était son
nom, — renouvela les anciennes prétentions de ses prédécesseurs ; ce
qui obligea le Chapitre d'Agen à écrire, par la main de son syndic,
au Chapitre de Saint-André de Bordeaux, la lettre suivante, qui est
du 30 mai 1753 :

« Messieurs, notre Chapitre jouissait depuis plus d'un siècle (!)
d'une parfaite union, lorsque M. Pincemaille, Chantre de notre église,
a troublé cette paix et veut faire revivre les procès que ses prédécesseurs avaient eu autrefois avec les nôtres. Il y a donc environ cent
vingt ans que le chantre et le Chapitre d'Agen eurent de grands
démêlés ensemble concernant les prérogatives, droits et prééminences

(1) *Lettres et missives*, n. 377, recueil in-4°. Archives départementales de la
Gironde, série G.

attachés à la dignité de chantre; et après bien des discussions, le tout fut terminé par sentence arbitrale de Mgr l'Archevêque de Bordeaux, qui régla les honneurs dus au chantre d'Agen conformément à ceux dont jouissait le chantre de votre église. Il survint cependant de nouvelles discussions, qui engagèrent nos prédécesseurs à demander à votre chapitre ses usages et coutumes dans les cas qu'ils proposèrent. Nous avons la réponse que vous nous fites pour lors, mais si en désordre, que nous ne pouvons en faire usage; et comme nous en avons un extrême besoin, nous vous serions très-obligés, Messieurs, de nous en envoyer une seconde expédition en bonne et due forme, pour pouvoir nous en servir dans le procès que M. le Chantre nous suscite. C'est un extrait de vos *Livres capitulaires* du 16 et 18 août 1633, où vous trouverez nos demandes avec les réponses qu'on y fit alors. » Il était aisé de donner satisfaction à la demande du Chapitre d'Agen, et celui de Bordeaux s'empressa de le faire.

Il semble vraiment que la dignité de premier chantre, plus que beaucoup d'autres, porte celui qui en est revêtu à oublier le conseil de l'Esprit-Saint : *rectorem te posuerunt, noli extolli* (1). Comme le chapitre d'Agen, celui de Nantes avait aussi, à la même époque, un procès à soutenir contre son chantre. Le différend de ces derniers, commencé en 1738, n'était pas encore terminé en 1740, même après sentence du présidial et après des factums de 40 et de 56 pages grand in-folio. Il fallut encore consulter le Chapitre de Bordeaux, et apprendre de lui s'il permettrait au Chantre de prendre la qualité de grand chantre dignitaire de l'église de Bordeaux, ailleurs que dans ses « billets de visites »; si le Chantre a toujours la direction du service dans le chœur ou si c'est seulement « quand il est en bâton »; si dans les processions où il n'est pas en bâton, il peut donner des ordres préférablement à celui qui y préside; s'il a droit d'imposer des amendes légères dans le chœur, etc, etc. J'arrête ici la liste des questions posées par le doyen du Chapitre de Nantes, parce que la lacune signalée tout à l'heure dans les *Actes capitulaires* de Saint-André, ne me permet pas de donner les réponses du Chapitre de Bordeaux. Pour y suppléer en partie, je citerai la déclaration qu'il faisait le 16 décembre 1721 : « Le chantre, y est-il dit, n'a aucune juridiction dans le chœur de cette église. C'est le président du chœur ou un autre chanoine qui avertit ceux qui vont trop vite d'aller plus doucement,

---

(1) Eccli. XXXII, 1.

d'observer la médiante et la finale, et le chantre n'a ce droit que comme chanoine. Il en est de même de la remontrance ou avertissement à faire à ceux qui se tiennent d'une manière peu convenable ou qui causent; ce qui se fait en particulier, ou par signe sur-le-champ. »

A ces détails concernant la dignité de Chantre, j'ajouterai ce que les *Actes Capitulaires* nous disent de quelques autres chantres, chanoines ou non. Voici d'abord un décret du chapitre général du mardi 3 novembre 1676 : « Le chapitre, renouvelant l'*ancienne* et louable coutume de cette église, qui était interrompue depuis quelques années, ordonne qu'aux fêtes solennelles où il y a bourdon à l'office, quatre de Messieurs (les chanoines), savoir, deux de chaque côté du chœur, iront, revêtus de chape, chanter devant le grand pupitre, l'*Alleluia* et le verset qui se chantent avant l'évangile. » Déjà le mardi 20 juin 1600, le Chapitre avait ordonné « que deux de Messieurs des plus anciens, de chacun costé, descendront pour chanter l'*Alleluia*, *suivant les anciennes coutumes.* »

Par rapport aux chapiers, l'acte du mardi 13 août 1697 dit : « Les doyen, chanoines et Chapitre de l'église primatiale Saint-André de Bordeaux, dépendant immédiatement du Saint-Siége apostolique, certifient à tous ceux qu'il appartiendra, qu'il y a dans ladite église deux chapiers ou chantres de chape qui doivent savoir la musique et le plain-chant, qui sont tenus d'assister et de chanter à tous les offices, d'entonner le *Venite, exultemus,* de chanter les répons et de porter les antiennes à Messieurs les chanoines. Ils sont revêtus de chape aux fêtes doubles ; aux semi-doubles, il n'y a que celui qui est du côté du chœur où commence l'office, qui porte la chape à la grand'messe et aux vêpres seulement. Ils sont obligés de préparer leur psautier et graduel pour les offices, de les fermer à la fin, et de les changer suivant l'ordre du temps. Ils sont également obligés de se tenir au devant du pupitre qui est au milieu du chœur : pour cela, ils ont deux formes ou tabourets mouvants (mobiles). Ils doivent assister à toutes les processions, et lorsqu'on chante des grand'messes dans les églises de la ville, ils y font les fonctions de chapiers. » Enfin ils devaient se promener dans le chœur, suivant les *anciennes* ordonnances du Chapitre, « et comme il se pratique dans toutes les églises cathédrales du Royaume », dit l'*Acte* du 9 novembre 1694.

Voici à quelle occasion le Chapitre eut à rappeler cet ancien usage. Le samedi 6 novembre 1694, Arnaud Sorlin, prébendier et chapier de l'église Saint-André, remplissant sa fonction à l'office de

vêpres et « ne se promenant point dans le chœur, comme il lui avoit
été ordonné le jour précédent, en présence de tous les titulaires du
bas chœur, par M. le doyen tenant les chapitres généraux, » l'archidiacre de Cernès qui présidait au chœur, fit avertir Sorlin de se
promener « comme il lui avoit été ordonné et comme il se pratique
dans toutes les cathédrales du royaume. Au lieu de déférer à cet
ordre, Sorlin s'assit en se couvrant de son bonnet, ce qui obligea un
des Messieurs de descendre au pupitre et d'exhorter Sorlin à obéir
à ce qui lui étoit ordonné. Loin de satisfaire à cette nouvelle injonction, il quitta la chape sur-le-champ par un mépris, et au scandale de
tous ceux qui étoient dans le chœur. » Le mardi suivant 9 novembre,
le promoteur requit et obtint du Chapitre que Sorlin serait cité pour
rendre raison de sa conduite. Ayant donc comparu trois jours après,
le vendredi 12 novembre, Sorlin dit « qu'il avoit mal au genou,
et qu'il avoit prié M. le Promoteur de faire connoître au Chapitre qu'il
vouloit quitter sa chape ; sur quoi, eue délibération, le Chapitre
ordonna que Sorlin seroit exhorté par M. le doyen d'être plus obéissant dorénavant aux ordres du Chapitre et de remplir exactement ses
fonctions ; et à l'instant ledit Sorlin fut admonesté par M. le doyen
suivant l'intention du chapitre. »

Un autre usage, qui paraîtra assez extraordinaire, était observé au
chœur du chapitre de Saint-André. Non-seulement on chantait le
Fidelium animæ immédiatement après la grand'messe comme à la fin
des parties de l'office, mais le privilége de le chanter était réservé aux
seuls dignitaires, chanoines prébendés.

« Le samedi 6 novembre 1666, en chapitre général, le promoteur
représenta qu'il y avoit eu diverses ordonnances portant défense aux
dignitaires qui ont séance dans le chœur de l'église, et qui ne sont
pas chanoines prébendiers, de s'immiscer à dire le *Fidelium* à la fin de
l'office *ou de la messe*, cette fonction de congédier le chœur ne
pouvant appartenir qu'aux seuls dignitaires chanoines prébendés, et
autres chanoines qui composent le corps du Chapitre et qui peuvent
faire l'office, soit dans leur semaine, soit comme députés (à cette fin),
en telle sorte que finir ledit office ou dire le *Fidelium* avant que le
chœur se retire, fait tellement partie dudit office, que les chapiers,
par l'ordre de leur office de tout temps établi et par une coutume
inviolable, sont obligés, avant de se retirer avec les officiers, de porter
le *Fidelium* à celui de MM. les dignitaires chanoines prébendés ou
autre chanoine du corps du chapitre, qui se trouve le premier du

côté que le chœur se rencontre ce jour-là ; ce qui fait voir clairement que cette fonction ne peut ni ne doit être faite que par ceux qui peuvent faire l'office. Néanmoins, ajoute le promoteur, au préjudice de ces ordonnances, sous prétexte de n'en avoir pas eu connaissance, quelques-uns des dignitaires non prébendés se sont voulu ingérer de dire le *Fidelium.* » Faisant droit à la requête de son promoteur, le Chapitre fit « inhibitions et défenses, comme autrefois, aux dignitaires non prébendés, de s'ingérer à dire le *Fidelium* après l'office et la messe, ni faire aucune fonction de juridiction dans l'église sous les peines de droit ; et pour que la présente ordonnance soit notoire, elle sera présentement lue et affichée par l'un des appariteurs du Chapitre à la porte de la sacristie. »

Il faut croire que l'ordonnance fut d'abord exactement observée, car on ne trouve dans les Actes aucune plainte sur ce sujet durant l'espace de huit mois. Mais le mardi 19 juillet 1667, « bien que le chapier eût, suivant la coutume, porté le *Fidelium* à M. Frapereau, comme au plus ancien des chanoines présents à la grand'messe ce jour-là, Messire Antoine Camps, chanoine *semi-prébendé,* entreprit de dire le *Fidelium* à la fin de ladite grand'messe, et se porta même à cette extrémité, que d'insulter ledit chapier pour ne lui avoir pas porté le *Fidelium,* car il lui cria tout haut que, quoiqu'il ne le lui eût pas porté, il ne laisserait pas de le dire, ce qu'il exécuta dans le même temps que le sieur Frapereau, présidant au chœur, chantait ledit *Fidelium.* » Aussi, le même jour, sur la réquisition du promoteur, le Chapitre ordonna-t-il que Camps serait cité à comparoir, le jeudi suivant, en chapitre ordinaire, pour répondre aux conclusions que le promoteur entendait prendre contre lui.

Camps comparut en effet le jeudi 21 juillet 1667, et répondit aux questions qui lui furent adressées par d'Allaire, Archidiacre de Cernès. « Interrogé s'il est vrai que, à la fin de la grand'messe, le chapier voulant passer du côté gauche pour porter le *Fidelium* à M. Frapereau comme plus ancien, Camps dit tout haut audit chapier qu'il n'avoit que faire de passer de delà pour porter ledit *Fidelium,* parce que c'étoit à lui à le dire, et qu'il le diroit : A répondu qu'il s'en tient à l'acte qu'il a fait par devant Thomas, notaire, le 19 de ce mois, qui porte que le chapier s'étant tourné vers lui, lui dit avoir ordre de porter le *Fidelium* au chanoine plus ancien du côté gauche, à quoi ledit qui répond auroit dit que c'étoit à lui de dire le *Fidelium,* et qu'il le diroit comme étant en coutume ; qu'au surplus, bien loin que le sieur promoteur eût sujet de se plaindre de son procédé, au contraire, il avait droit de se plaindre du sieur promoteur, pour l'avoir accusé d'avoir fait scandale. — Interrogé s'il ne vit pas que le chapier porta le *Fidelium* au sieur Frapereau, et s'il ne lui dit pas quelque chose au même temps ; il répond que oui, et qu'il vit Pélissier (le chapier) porter le *Fidelium*, et qu'il lui dit que ce n'étoit pas au sieur Frapereau à le dire, mais à lui et qu'il le diroit. — Interrogé si le sieur Frapereau disant le *Fidelium*, il ne le dit pas aussi en même temps ; il répond qu'il ne sait pas si le sieur Frapereau dit le *Fidelium*, mais que lui qui répond le dit, et que le chœur lui répondit. Et plus n'a été interrogé, et a signé : CAMPS, *sans préjudice à mes droits.* »

Après cet interrogatoire, le Chapitre « pour réparation de l'entreprise et scandale fait par le sieur Camps, le condamna à aumosner aux pauvres de l'Hôpital Saint-André la somme de trente sols. Au surplus, lui fit inhibition et défense d'user à l'avenir de telles entreprises et de dire le *Fidelium* qui se dit à la fin des grand'messes, lorsqu'il y aura quelqu'un de Messieurs du haut chœur présent, et ce, sur les peines de droit. »

Il y a peut-être dans le *Lutrin* de Boileau des scènes plus piquantes que celle-là : il n'y en a certainement pas de plus authentiques.

XVII

PIERRE DE LURBE

VICAIRE GÉNÉRAL DE BORDEAUX

———

Pierre de Lurbe, né à Bordeaux, fut choisi en 1604, pour être à la fois chanoine prébendé de Saint-André et archidiacre de Blaye, par le cardinal de Sourdis promu depuis quelques années à l'archevêché de Bordeaux, et usant alors du droit ou du privilége qu'il avait de pourvoir aux premiers canonicats vacants. La nomination de Pierre de Lurbe eut lieu le 9 mai, et il fut installé le jeudi 13 du même mois. Le 16 mai 1617, l'archevêque de Bordeaux le créa Vicaire-Général. Gaufreteau a écrit que « De Lurbe qui estoit archidiacre e avoit plusieurs aultres e relevés bénéfices, venant à mourir, ne voulut jamais en résigner auscuns à ses nepveux, parce qu'ils ne se voulurent pas mettre *in sacris* avant la résignation : en quoy, certes il fut grandement louable (1). »

Cependant je trouve dans les Registres d'insinuation de 1616 (f. 370 et suiv.) que, cette année-là, Pierre de Lurbe résigna, moyennant une pension de 200 livres, sa chanoinie et prébende de Saint-André, mais non son archidiaconat de Blaye, en faveur de son neveu, nommé comme lui Pierre de Lurbe, clerc du diocèse de Bordeaux, alors étudiant chez les Jésuites de cette ville, lequel fut installé le jeudi 10 du mois de juillet 1617. Mais l'archidiacre de Blaye resta pourvu d'un canonicat *ad effectum* qu'il conserva jusqu'à sa mort. Le mardi 8 juin 1621, étant « détenu en sa maison, malade d'hydropisie et de courte haleine, et ne pouvant sortir de son logis ni cheminer qu'avec grand danger de sa personne, » il sollicita, et, sur un certi-

(1) *Chronique Bourdeloise*, tom. II, p. 50.

ficat du médecin Lopès, il obtint la faveur d'être reçu en résidence
rigoureuse sans être obligé de comparaître personnellement (1).

Pierre de Lurbe fut le premier supérieur et le premier directeur
des Ursulines de Bordeaux, auxquelles il rendit d'importants services,
ainsi que sa nièce, Jeanne de Lurbe qui, en 1629, fut envoyée, avec
la qualité de Prieure, pour fonder la maison de Cahors. Aussi le premier historien des Ursulines a-t-il consacré à Pierre de Lurbe une
courte notice qu'il faut citer ici, parce que l'ouvrage où elle est
contenue est fort rare.

« La reconnaissance oblige à dire quelque chose de deux ecclésiastiques qui, par leur zèle et leurs assistances, eurent grande part à
l'édification de tous ces premiers monastères. Le premier (2) fut
M. Pierre De Lurbe, Chanoine de l'Église métropolitaine de Bordeaux,
Grand-Vicaire de Mgr le cardinal archevêque du même lieu, Auditeur
Général du diocèse et Archidiacre de Blaye, lequel, à la proposition
que lui fit Son Éminence d'être, sous Elle, supérieur et directeur des
Ursulines, demeura fort surpris, parce que toute sa vie, il avoit évité
de confesser les femmes et n'avoit jamais parlé à aucune religieuse.
Il accepta pourtant les lettres de sa commission pour tout le diocèse ;
mais il ne laissa pas de marquer une grande difficulté pour cet emploi
dans les premières visites qu'il rendit à la mère de la Croix (3). Elle

(1) *Actes capitulaires de Saint-André*, 8 juin 1621.

(2) Le second est Robert de Beauvais, natif de Laval, frère de la mère Anne de
Beauvais, célèbre ursuline, qu'il conduisit à Bordeaux pour y faire son noviciat. Il
devint prieur de Castillon et succéda, en 1623, à Pierre de Lurbe, dans la supériorité
des monastères de Sainte-Ursule du diocèse de Bordeaux. Sa mort arriva le 23
novembre 1640, et son corps fut enterré dans l'église des ursulines de Libourne. (*Les
Chroniques de l'Ordre des Ursulines, recueillies pour l'usage des religieuses du
même ordre, par M. D(e) P.* (ommereu) U (rsuline) ; première partie ; Paris, chez
Jean Henault, rue Saint-Jacques, à l'Ange gardien, 1673, in-4°, p. 156, 157). L'auteur
de ces *Chroniques* déclare suivre les mémoires dressés par la mère Marie de La
Roque, témoin oculaire, qui a été longtemps supérieure des Ursulines de Bordeaux.
« La rédaction, dit M. l'abbé Postel (*Histoire de sainte Angèle de Mérici et de tout
l'Ordre des Ursulines* ; Paris, 1878, t. I, p. xxxii, xxxiii), en est pleine de simplicité,
de piété et de charme... Un si bel ouvrage mériterait assurément d'être réimprimé
et continué jusqu'à nos jours. »

(3) Tous les historiens de l'Ordre des Ursulines ont raconté la vie de Françoise de
Cazères, dite Françoise de la Croix, dont je publierai dans un autre travail quelques
lettres inédites. Au lieu de répéter, même sommairement, ce que ces auteurs ont
écrit touchant la fondation des ursulines de Bordeaux au commencement du dix-
septième siècle, j'aime mieux placer ici l'histoire aussi inédite de leur rétablissement
au commencement du dix-neuvième. En septembre 1792, les Ursulines de Bordeaux
furent forcées d'abandonner leur paisible retraite pour rentrer au milieu du monde.

ordonna à sa communauté une heure d'oraison pour demander à Dieu qu'il lui donnât un vrai cœur de père ; ce qu'elle obtint si efficacement que son aversion se changea tout à coup en une tendresse cordiale. Depuis, il fut leur vrai père, les confessa, leur dit tous les jours la messe, et n'oublia rien des offices d'un bon supérieur. Il connut bientôt les dons extraordinaires d'oraison où la mère de la Croix et ses premières filles étoient élevées, et qu'il ne pouvoit les bien conduire sans être lui-même dans une solide pratique de l'oraison mentale. Il s'imposa la loi d'en faire lui-même deux heures chaque jour ; et son âme reçut une grâce si abondante dans la pratique indispensable de ce saint exercice, qu'en peu de temps il devint un grand contemplatif, et fut divinement savant par son expérience de toutes les voies mystiques. Quelques ecclésiastiques se voulant retirer pour servir Dieu dans une chapelle dédiée à Notre-Dame, élurent M. De Lurbe pour leur chef. Cette solitude lui plut tant, qu'il balança s'il quitteroit les Ursulines pour s'y rendre. Là-dessus, il tombe malade ; les Ursulines importunent Dieu sans cesse pour sa santé, et afin qu'il continuât de les conduire. Sainte Ursule s'apparut à lui le jour de sa fête, mais si éclatante de lumière qu'il douta que ce fût la Mère de Dieu. Elle lui fit savoir qu'elle était sainte Ursule, qu'il guériroit de cette maladie, et que Dieu vouloit qu'il persévérât à servir ses filles ; à quoi il s'obligea par vœu pour toute sa vie, et aussitôt il se trouva guéri. Depuis il s'acquitta parfaitement de sa promesse. La mère de la Croix lui fit bâtir, tout près de l'église du monastère, un appartement qu'il habita jusqu'à sa mort, y vivant plus en ange qu'en homme. Il fit tous les ans les exercices spirituels avant de les donner aux Ursulines ; et le R. P. Hyacinthe (Travesse), récollet, son confesseur, qui est celui qui a rapporté sa vision, fut étonné de voir tant de grâces en cette âme. Enfin, Dieu le voulut ôter de ce monde après

L'une d'elles, sœur sainte Ursule, religieuse de chœur, eut le bonheur de mourir sur l'échafaud, pour n'avoir pas voulu révéler la demeure d'un prêtre qu'elle avait caché durant quelque temps. C'est à l'année 1805 qu'il faut rapporter la restauration du monastère de Bordeaux. Elle est due au zèle de six religieuses ursulines de Bordeaux qui avaient survécu à la Révolution, savoir les mères Vergnies, Siraudin, Marguerite et Angèle Réaud, Moulinier et Peychaud. Après avoir obtenu l'approbation de Mgr Daviau, qui leur donna pour supérieur M. Breluque, chanoine de Saint-André, elles s'établirent dans un hôtel situé rue des Treilles, actuellement rue de Grassi ; mais le nombre des religieuses et des élèves s'étant augmenté considérablement, elles songèrent à changer de demeure. Elles eurent à surmonter beaucoup de difficultés, et réussirent enfin à s'établir, au mois de janvier 1808, dans l'ancien hôtel de la Monnaie, qu'elles occupent encore aujourd'hui.

l'avoir si bien préparé ; et le septième jour de septembre 1621, il
mourut d'une mort qui sembloit une de ses extases ordinaires. Dès qu'il
sentit l'approche de sa dernière heure, il se fit porter au confessionnal,
où il vit toute la communauté, qu'il bénit avec des paroles embrasées
de charité ; puis, s'étant remis au lit, il demanda le Très Saint Sacrement pour le recevoir en viatique et rendre son esprit en sa présence.
En effet, il mourut devant le Saint Sacrement, en faisant des actes
admirables ; et la nuit suivante, comme la mère de la Croix étoit en
prière dans sa chambre avec les mères Marguerite de Jentilleau (1),
de Rivière de Clémenceau (2) et autres, elles entendirent une admi-

(1) Deux sœurs de ce nom, toutes deux nées à Bordeaux, embrassèrent en même
temps l'institut des Ursulines, en 1607. L'aînée, Marie de Jentilleau, après avoir fait
partie de la fondation de Saint-Macaire, en 1618, fut envoyée cette même année
comme supérieure à la fondation de Laval. Elle y fit bâtir un très beau monastère et
y établit le vrai esprit de la religion durant divers triennats. Ensuite elle alla vivre
en simple religieuse au monastère du Mans, où elle mourut en 1647. Sa sœur,
Marguerite de Jentilleau, était d'un jugement solide et d'une vertu éminente. Elle
fut envoyée en 1623, avec la qualité de supérieure, à la fondation du Mans, où elle
vécut trente-quatre ans « avec une édification si particulière, disent *Les Chroniques*,
qu'il n'y avoit point de religieuse qui ne se sentît touchée d'un si riche exemple de
sainteté. Sa charité pour les malades de la communauté qu'elle servoit elle-même,
avec humilité profonde, donnoit de l'admiration. Mais elle s'appliqua toute sa vie à
honorer d'un culte spécial le T.-S. Sacrement de l'autel, et elle passoit les nuits
entières devant ce sanctuaire de grâce et d'amour. On dit que les mères Ursulines
du Mans ont fait un recueil très exact de sa vie et de ses vertus. Elle expira le
7 juillet de l'année 1657, âgée de soixante-dix ans. » — (T. II, p. 440).

(2) « La mère Jeanne de Rivière, native de La Réole, entra dans la société en
l'année 1608, âgée de vingt ans. Dès son noviciat, elle parut aussi solide et consommée
en vertu que si elle eût déjà vieilli dans la religion... Sa prudence et sa douceur,
avec les autres qualités que Dieu lui avoit données pour servir l'institut, furent
cause qu'on la choisit pour aller à la fondation de Poitiers, » où elle arriva au mois
de juillet 1618 avec trois autres ursulines sous la conduite de Pierre de Lurbe. Elle
y « servit quelques années de sous-prieure et de maîtresse des pensionnaires avec un
grand fruit. Mais une maladie mortelle qui, dans cet air de Poitiers, la menaçoit
d'être toute sa vie percluse, obligea la mère institutrice de l'Ordre de la rappeler à
Bordeaux où elle périt de cette infirmité, bien que toute sa vie elle en ait porté
d'autres très grandes pour exercer une admirable patience, qui a été le caractère de
sa sainteté. Ses vœux continuels n'empêchoient pas le travail où ses charges l'enga-
geoient, et Dieu a favorisé cette âme de plusieurs grâces extraordinaires qu'elle
communiquoit avec une grande humilité à ceux qui la conduisoient... Sa mort arriva
le 4e jour de mars de l'année 1647, après une grande maladie de six mois, durant
laquelle la mère de la Croix eut la bonté de lui servir d'infirmière assidue jour et
nuit. » (*Journal des illustres Religieuses de l'ordre de sainte Ursule avec leurs
maximes et pratiques spirituelles, tiré des Chroniques de l'ordre et autres mémoires de leurs vies; composé par une religieuse du même ordre, au monastère de
Bourg-en-Bresse*; Bourg-en-Bresse, 1684, in-4°, t. I, p. 272,273). « Ce précieux recueil,
dit M. l'abbé Postel (*Histoire de sainte Angèle de Mérici et de tout l'ordre des

rable musique, près d'une heure durant. Le lendemain (vendredi), huitième de septembre, il fut enterré dans l'église du monastère, où le Chapitre de Saint-André, en corps, fit son office funèbre. Son tombeau rendit durant plusieurs jours une odeur excellente, que toute la communauté assemblée sentit. En l'année 1622, au mois de février, M. De Lurbe s'apparut à la mère de la Croix, et la guérit à l'instant d'une hydropisie formée et jugée mortelle, qui l'avoit réduite à l'extrémité. Les médecins, dont elle étoit abandonnée, ont avoué que cette guérison venoit du ciel. Un d'eux, nommé M. de Lopès, étant quelque temps après affligé d'une grande maladie, envoya demander un linge qui eût servi à M. De Lurbe, et se l'appliquant, il recouvra la santé (1). »

Nous avons de Pierre de Lurbe :

1° *Briefve refutation de quelques points principaux du libelle diffamatoire de Gilbert Primerose, soy disant pasteur de l'Église reformée de Bourdeaus, par Pierre de Lurbe, prestre, Chanoine et Archidiacre de Blaye en l'Église Métropolitaine Saint-André de Bourdeaus, Official et Auditeur general de Monseigneur l'Illustrissime et Reverendissime Cardinal de Sourdis, Archevêque de Bourdeaus et Primat d'Aquitaine ;* A Bourdeaus, par Simon Millanges, imprimeur ordinaire du Roy; 1614, in-8° de 115 pages sans les liminaires. Ces *points principaux* sont : « De l'état de l'Église, de la vocation, du juge de la Religion et de la justification par la seule foy, et finalement de la réalité du très-saint sacrement de l'autel ». De Lurbe conçut le dessein de ce livre, étant encore « attaqué par la violence d'un rhume qui, par son acrimonie », lui « avoit ouvert une veine », ainsi que le dit l'auteur au commencement de sa *Préface*. Les approbateurs ont trouvé le livre « remply d'une très bonne et salutaire doctrine, puisée des Saintes-Écritures, partant utile et profitable à toutes personnes pour descouvrir les impostures et erreurs du prétendu ministre (2). »

<hr />

Ursulines ; Paris, Poussielgue, 1878, t. ı. p. xxxııı), demanderait la réimpression, car il est devenu presque introuvable. » Selon la *Bibliothèque historique de la France* (édit. Fontette, n° 15341), l'auteur du *Journal* est Jeanne de Cambonnet de la Mothe, dite de Sainte-Ursule, religieuse de Bourg-en-Bresse.

Marie de Clémenceau, religieuse de Bordeaux, a été l'une des plus illustres de l'Ordre des Ursulines. L'humilité était la vertu qu'elle aimait davantage: elle en fit vœu le second jour d'avril 1625. Ce vœu fut agréable au ciel et suivi de mille faveurs extraordinaires; elle mourut le 19 août 1644, âgée de 63 ans. (Cf. *Journal des illustres religieuses...* t. III, p. 349.)

(1) *Les Chroniques de l'Ordre des Ursulines ;* t. I, p. 155, 156.

(2) Le lecteur qui voudrait connaître les écrits de Gilbert Primerose et ceux qu'ils

2° *Traité ou Méthode de bien faire les exercices spirituels, par*
M. Pierre de Lurbe... A Bourdeaus, par Simon Millanges... 1621, in-
12 de 270 pages, sans la table et les approbations qui sont à la fin.
Au commencement, il y a deux dédicaces datées du 15 mai 1621 :
la première, au cardinal de Sourdis qui, ayant daigné « agréer ce
petit livret en son enfance », a donné à espérer qu'il verrait « de
bon œil ce même livret augmenté en son adolescence » ; la seconde,
*Aux dévotes et vénérables Religieuses vierges de Saint-Ursule du monas-
tère de Bourdeaus* », auxquelles l'auteur présente ce « levain de la
dévotion » qu'il a « prise chez elles ».

XVIII

HENRI D'ARCHE

DOYEN DU CHAPITRE SAINT-ANDRÉ DE BORDEAUX

La famille d'Henri D'Arche (1), originaire du Limousin (2), a fourni
au barreau et à la magistrature de Bordeaux plusieurs membres distingués. Etienne D'Arche était avocat au Parlement et Docteur-Régent

ont provoqués de la part des catholiques pourra voir ce qu'en dit le R. P. Prat dans
ses *Recherches sur la Compagnie de Jésus au temps du P. Coton*, (t. III, p. 516
et suiv.) Je citerai seulement l'épigramme composée contre Primerose par Martin
Despois, poète bordelais :

In Gilbertum Primrosum, insolentissimum apostatam.
« Sancticolas et Saxicolas nos Primrosa dicit,
    Quin et Tortizolas, denique Papicolas.
Primrosa acutus homo est : quod talum torquat in hostes
    Nemo retorquebit ; Primrosa acutus homo est :
In cultu peccamus, at hic non peccat in illo :
    Non etenim novit quem colat ipse Deum. »

(*Poésies françaises, latines et grecques de Martin Despois, avec une introduction et des notes par Reinhold Dezeimeris* ; Bordeaux, 1875. in 8°, pag. 68).

(1) Henri D'Arche signe toujours son nom avec l'apostrophe, presque toujours
supprimé par les imprimés ou les manuscrits de son époque.

(2) Collin, *Lemovici multiplici eruditione illustres* ; Lemovicis, 1660, in-8°, p.
62, 63. — *Biographie des hommes illustres de l'ancienne province du Limousin*,
par *Auguste Du Boys et l'abbé Arbellot* ; Limoges, 1854, in-8°, p. 14.

en l'Université de Bordeaux. C'est lui, très probablement, qui est auteur de la plaidoirie *Sur la question de savoir si un condamné par deffauts et contumaces est capable de succession et substitution,* insérée sous son nom dans les *Plaidoyers et actions graves et éloquentes de plusieurs advocats du Parlement de Bourdeaus* (1). Il était aussi «juge général des terres de la maison de Candale», et c'est avec ce titre et les deux précédents, qu'il figure comme témoin dans le testament de Jean-Louis, marquis de Lavalette, duc d'Epernon, en date du 2 juin 1617 (2).

Etienne D'Arche épousa Jacquette Desaigues, sœur de Jacques Desaigues, doyen du Chapitre Saint-André, et de Henri Desaigues, chanoine et trésorier du même Chapitre. D'après le testament conjonctif que les deux époux firent le 8 avril 1623, par devant Justian, notaire à Bordeaux, sept enfants naquirent de leur mariage, quatre garçons et trois filles, savoir : 1. Bernard, l'aîné, « aussi avocat en la Cour et Parlement de Bordeaux » ; 2. Jacques ; 3. Henri ; 4. Jean ; 5. Léonarde, qui épousa plus tard Bertrand de Mullet, sieur de Volusan, conseiller au Parlement, fils d'Arnaud de Mullet, chevalier, conseiller et Président aux Enquêtes ; 6. Jeanne, qui entra chez les Ursulines de Bordeaux ; 7. enfin Agnès, qui y était en pension en l'année 1623. Etienne mourut au mois de mai 1625.

Henri, son troisième fils, fut baptisé le 30 octobre 1605, dans l'église paroissiale de Saint-Martin de Cadillac. Il eut pour parrain son oncle maternel, Henri Desaigues, et pour marraine Christine de Salomon (3), épouse de Jean D'Arche, oncle paternel de l'enfant. Lorsque Henri eut achevé ses études littéraires, il suivit dans l'Université de Bordeaux les cours de la Faculté de Droit, et il y prit le degré de licencié le 29 novembre 1619 ; mais se sentant appelé à l'état ecclésiastique, il reçut la tonsure le 4 avril de l'année suivante, des mains d'Antoine du Chemin, évêque de Condom (4). Dès lors aussi il suivait, au collége

---

(1) Bourdeaus, 1616, in-4°, p. 498 — 538. Selon le savant auteur des *Tablettes des Bibliophiles de Guyenne* (t. III, p. 175, note), ce plaidoyer serait d'un conseiller au Parlement de Bordeaux, nommé aussi D'Arche, et qui siégeait encore en 1651. Mais, outre qu'il est bien plus naturel d'attribuer un plaidoyer à un avocat qu'à un conseiller, il est difficile d'admettre qu'un homme vivant encore en 1666 fût un *avocat fameux* en 1616, ou au mois d'octobre 1615, date de *l'achevé d'imprimer* des *Plaidoyers de plusieurs fameux advocats du Parlement de Bourdeaus.*

(2) Archives municipales de Cadillac, *Registres de la Jurade.*

(3) *Registre des baptêmes et des sépultures de la paroisse Saint-Martin de Cadillac* ; Archives municipales de Cadillac. L'acte est signé : DUMAS, *vicaire.*

(4) Registres des Insinuations, années 1619-1623, f. 94 : lettres de tonsure d'Henri D'Arche. En 1620, Etienne D'Arche et sa femme demeuraient sur la paroisse Saint-

des jésuites de Bordeaux, les cours de théologie scolastique, enseignée
alors par les PP. Gabriel Laporte (1) et Jean Martinon (2) ; le 2 janvier 1625, il recevait le bonnet de Docteur en Théologie. Claude Gelas,
évêque d'Agen, lui conféra les quatre ordres mineurs, dans l'église
Saint-Eutrope de Bordeaux, le premier dimanche de carême, 4 mars
1629 ; le sous-diaconat, six jours après (10 mars 1629), dans l'église
métropolitaine de Saint-André ; puis le diaconat, encore dans l'église
de Saint-Eutrope, le samedi des Quatre-Temps après la Pentecôte,
25 mai 1630 ; enfin Henri de Sourdis l'ordonna prêtre, le 21 décembre
suivant, dans l'église de Saint-André, à la première ordination que fit
ce prélat après qu'il eût pris possession du siége archiépiscopal de
Bordeaux (3).

Le 29 octobre de l'année (1620) où il devint homme d'église, Henri
D'Arche, « gradué nommé », fut pourvu d'une chapellenie dans
l'église collégiale de Saint-Seurin de Bordeaux, sur la résignation
qu'en fit un chanoine de cette église. Dès le lendemain, le nouveau
chapelain se fit mettre en possession de son premier bénéfice par le
curé de Saint-Maixent de Bordeaux, sur la paroisse duquel il résidait.
On suivit le cérémonial accoutumé : après avoir « lu dans un livre
treuvé sur le pupitre qui est au chœur, et de là étant allé devant le
grand autel, » Henri D'Arche le baisa « sans aucun empêchement » ;
mais « revenant dudit grand autel et étant encore dans le chœur de
ladite église, comparut M° Jehan Dubié, prêtre, vicaire prébendier de
ladite église, lequel dit être opposant à la présente prise de possession
pour les raisons qu'il déduira en temps et lieu. »

Cette opposition n'empêcha pas Henri D'Arche de se faire mettre,
le même jour, en possession « d'une maison, jardin et vigne sises au

Maixent de Bordeaux, très probablement dans la rue Sainte-Catherine où ils pos-
sédaient une maison, ainsi qu'on le voit par leur testament.

(1) Le Père Gabriel Laporte fit le quatrième vœu des profès, à Bordeaux, entre
les mains du Père Jean Gentil, provincial, le 1er septembre 1602.

(2) Jean Martinon né en Auvergne en 1585, entra dans la Compagnie de Jésus
en 1603. Il fut admis au quatrième vœu, à Bordeaux, par le Père Jean Renaudie, provincial, le 21 avril 1619, en même temps que le Père Antoine Viguier et le célèbre
Père François Garasse. Le Père Martinon occupa pendant vingt ans la chaire de
théologie à Bordeaux, où il mourut en 1662, laissant après lui une grande réputation
de science et de vertu. Il a composé sous le titre de *Disputationes theologicæ* un
cours de théologie en 5 volumes in-folio, dont trois, le 1er, le 4e et le 5e, furent
imprimés à Bordeaux. (1645-1646). Cf. *Bibliothèque des écrivains de la Compagnie
de Jésus*, art. *Martinon.*

(3) *Registre des insinuations*, années 1631-1664, f. 73.

bourg Saint-Seurin en rue des Capperans, dépendant de ladite chapelle. » Pour cela, le curé de Saint-Maixent lui fit « fermer la porte
de ladite maison et rompre des branches des arbres » du jardin.
Dubié s'opposa, comme précédemment, à cette seconde prise de
possession (1). Henri D'Arche vit ainsi, en un seul jour, deux oppositions élevées contre lui ; il était destiné à en rencontrer bien d'autres et de bien plus redoutables.

Urbain VIII nomma Henri D'Arche doyen du Chapitre Saint-André,
le 10 juillet de l'année 1631 ; mais il s'écoula près d'un an et demi
avant qu'il pût être installé et jouir de son bénéfice. Quels obstacles il
eut à vaincre et comment il en triompha, c'est ce que nous allons
raconter en résumant sur ce point intéressant les *Actes capitulaires*.

Le jeudi 15 janvier 1632, Jacques Desaigues, alors doyen, fit dans
le chapitre assemblé l'abrégé de son histoire jusqu'à ce jour. D'abord
pourvu en Cour de Rome de la trésorerie de l'église Saint-André et
reçu par procureur le 12 juin 1578 (2), puis élu chanoine de la même
église le 17 mai 1582 (3), il avait été en personne reçu chanoine et
trésorier, et avait servi en cette double qualité jusqu'au 8 avril 1601,
jour où on l'élut doyen (4), sur la résignation ou démission pure et
simple de feu M. Léon de La Guyonie. Depuis ce temps-là, il a résidé
et servi en ladite église et au Chapitre le mieux qu'il a pu ; mais
sentant, à cause de son grand âge, qui est de quatre-vingt-un ans, ses
forces défaillir de jour en jour, le 5 du mois de juin 1631, il a résigné
son doyenné entre les mains du Pape en faveur de messire Henri
D'Arche son neveu, se réservant toutefois une pension sur ce bénéfice
et le droit de continuer à habiter la maison décanale. Cette résignation
et ses clauses ont été admises en Cour de Rome ; et d'autre part, Henri

(1) Archives départementales de la Gironde, Minutes de Maucler, 1620, folios
495, 538.

(2) Jacques Desaigues était alors à Paris. Il est dit clerc du diocèse de Bordeaux
licencié en droit, avocat au Grand Conseil, et troisième du nom, *tertius genitus*.
Son frère, Henri Desaigues, dont j'ai déjà parlé, mourut le 24 février 1622, après
avoir résigné son canonicat le 17 du même mois. Le Chapitre métropolitain de Saint-
André comptait encore parmi ses membres, à cette époque, un troisième Desaigues,
qui devint abbé de Sainte-Croix de Bordeaux, ainsi que je l'ai dit ailleurs ; il s'appelait Jacques et était neveu des deux précédents. (*Actes capit. de Saint-André,*
2 janvier 1618.)

(3) D'après le Registre des Insinuations (année 1579, f. 369, 370), le Chapitre
élut Jacques Desaigues, alors absent, le mercredi 23 décembre 1579, à la place laissée
vacante par la mort d'Arnaud de Sponde.

(4) Il fut installé le lendemain lundi 9 avril 1601.

D'Arche a obtenu, et est prêt à présenter au Chapitre ses bulles de nomination, fulminées par l'official de l'évêque de Bazas, commissaire désigné par le Pape pour leur exécution. Quant à lui, doyen démissionnaire, il prie le Chapitre d'avoir pour agréable le service de cinquante ans qu'il a fait en ladite église, et de le vouloir continuer aux prières qui s'y font, suppliant les membres du vénérable corps, dans le cas où, pendant un si long temps, il aurait offensé quelqu'un, de le lui pardonner. Au surplus, sa résignation étant acceptée, il n'entend plus prendre la qualité de doyen, soit au chœur, soit au Chapitre ou autres lieux, ni percevoir aucuns fruits, droits et émoluments appartenant audit doyenné, sinon ceux qu'il peut avoir gagnés jusqu'à présent, ou qui lui sont réservés par la signature de Notre Saint-Père le Pape. Enfin il consent à être rayé du livre de la pointe, pour que, en son lieu et place, le sieur D'Arche soit reçu, écrit et installé. Après ce discours, Jacques Desaigues sortit du chapitre.

Aussitôt l'on y vit entrer Isaac Roulet, procureur en la Cour de Parlement, lequel, au nom et comme mandataire de l'archevêque de Bordeaux, s'opposa formellement à la réception du sieur Henri D'Arche, alléguant que la résignation faite par le sieur Desaigues était contraire aux libertés de l'Église Gallicane et aux droits de l'archevêque et du Chapitre Saint-André, ainsi qu'à la coutume observée de tout temps en ladite Église. « Et aux fins de déduire ses causes d'opposition par devant qui il appartiendra, Roulet demande communication du prétendu titre dudit D'Arche, protestant, en cas de déni, de nullité, prendre le tout pour refus et se pourvoir comme ledit Seigneur verra être à faire. »

Le Chapitre répondit au procureur que l'Archevêque n'avait et ne pouvait prétendre aucun droit sur le doyenné, pour quelque genre de vacance que ce fût. Ensuite on déposa sur la table capitulaire les bulles et autres pièces que D'Arche venait de remettre au Chapitre en sollicitant de lui son installation, et il fut résolu que l'on ferait droit à sa demande dans la prochaine assemblée capitulaire.

Elle fut tenue le jeudi 22 janvier. Isaac Roulet requit de nouveau communication du titre obtenu par Henri D'Arche, afin de faire la preuve de ce qu'il avait avancé. Puis on fit lecture des avis donnés par quatre avocats du Parlement sur la question de savoir si le doyenné de l'Église Saint-André est électif, ou si l'on doit accepter la nomination que le Pape a faite du sieur Henri D'Arche, et procéder à sa réception. En même temps, on présenta un mémoire non signé,

contenant que, le 18 mars 1579, M. Léon de La Guyonie fut élu
doyen par le Chapitre, qu'il prit possession le 24 mai de la même
année, et quelque temps après fut reçu doyen en vertu des bulles de
Grégoire XIII (1). Finalement, on renvoya l'examen plus approfondi
de la question à l'archidiacre du Médoc et à trois chanoines, qui
s'associeraient quatre avocats au Parlement.

Il y eut chapitre ordinaire le mardi 27 janvier. Les chanoines présents étaient au nombre de dix-huit. Neuf opinèrent contre la réception d'Henri D'Arche en qualité de doyen ; neuf furent d'avis de le
recevoir. On se sépara ensuite, laissant les choses en cet état.

Deux jours après, toujours en chapitre, ceux qui avaient voté pour
la réception, demandant acte du partage de voix qui avait eu lieu au
chapitre précédent, et sortent incontinent de la salle capitulaire :
mais on les somme de rentrer, afin de délibérer tant sur cette affaire

(1) Comme cet énoncé contient plus d'une inexactitude, et que d'ailleurs l'histoire
de la nomination et installation de Léon de La Guyonie a beaucoup d'analogie avec
celle d'Henri D'Arche, il ne sera pas hors de propos d'en esquisser ici les principaux
traits. Sur le bruit de la mort de François de La Guyonie, doyen de l'église Saint-
André, le Chapitre réuni le 14 avril 1579 fixa l'élection de son successeur au lendemain : cependant elle n'eut lieu que le jeudi 16 avril. Chacun des chanoines vota à
haute et intelligible voix, suivant l'usage pratiqué de tout temps dans les élections
du doyen : « *itd ut ab omnibus existentibus in eodem capitulo cloré audiri et intel-*
ligi possit, disent les Actes, *sicuti et quemadmodum ab antiquo in similibus elec-*
tionibus de futuro decano faciendo solitum est et consuetum. » Léon de La
Guyonie, clerc, licencié ès droits, et Charles de Chazettes, docteur en droit canon
et en droit civil, chanoine de Saint-André et Conseiller au Parlement de Bordeaux,
avaient chacun six voix, lorsque Gui Garet de Montigaud, archidiacre de Cernès, qui
présidait, ayant donné son suffrage à Charles de Chazettes, celui-ci fut canoniquement élu. Il ne fut pourtant installé que le 16 du mois de mai suivant, et non sans
discussion et protestation contre ce qui s'était passé pendant et après ladite élection.
On rencontra même des obstacles physiques, lorsqu'il s'agit de mettre l'élu en possession de la maison décanale. Car l'un des portiers qui l'accompagnait ainsi que les
chanoines délégués à cette fin, « ayant heurté à la porte, vint un serviteur inconnu
qui regarda par le guichet, auquel tant ledit sieur de Chazettes que les autres
de Messieurs ont commandé d'ouvrir ladite porte, laquelle ledit serviteur a fait
réponse qu'il n'ouvriroit point. Néanmoins lesdits sieurs ci-dessus nommés ont mis
ledit sieur de Chazettes en possession de la dite maison par l'attouchement du verrou
de ladite porte. » De Chazettes est encore appelé *doyen* dans l'*acte* capitulaire du 27
août 1579 ; mais celui du trois septembre de la même année dit sans préambule :
« Le Chapitre a ordonné que M. Léon de La Guyonie sera reçu en doyen, comme
ayant ses titres en bonne et due forme. » Ces titres étaient une bulle datée de Rome,
le 5 avril 1579, — antérieure par conséquent de onze jours à l'élection de Charles
de Chazettes, — par laquelle le Pape Grégoire XIII pourvoyait Léon de La Guyonie
du doyenné de l'église Saint-André, vacant par la résignation de François de
La Guyonie, son oncle paternel, et président en la cour du Parlement de Bordeaux.

que sur les autres. Ils rentrent, mais uniquement pour réitérer leurs
instances et sortent de nouveau. Interpellés de rechef d'avoir à revenir en chapitre, il s'y refusent, sauf un d'entre eux qui dépose au
nom des autres un acte en forme tendant à obtenir copie de celui du
27 janvier, et protestant de nullité contre tout ce qui serait ajouté ou
retranché à ce dernier acte. « Et ayant persisté en sa protestation, »
il sortit sans vouloir « délibérer sur une chose ci-devant délibérée et
jugée. »

Les neuf chanoines restés dans la salle capitulaire avaient à leur
tête Jacques Miard, archidiacre de Cernés, qui parait avoir été l'âme
et le chef de l'opposition et l'agent secret de l'archevêque Henri de
Sourdis, dont il était Vicaire-Général. Ils décidèrent qu'avant de passer outre à aucune délibération, quatre d'entre eux, y compris le
sieur Dubernet, iraient de la part du Chapitre, prier Jacques Desaigues
de reprendre sa place de doyen. Les commissaires partirent aussitôt,
« accompagnés de deux portiers et du scribe du Chapitre, et parlant
audit Desaigues en son logis, ils le prièrent et supplièrent de considérer le service qu'il peut encore rendre au Chapitre en la charge de
doyen durant quelques années », l'assurant « que le Chapitre le
recevra à bras ouverts avec tout l'honneur et respect qu'il a toujours
fait ». Desaigues répondit simplement « avoir été averti qu'il y avoit
certaine ordonnance ou acte capitulaire portant partage (de voix) sur
la réception du sieur D'Arche, et qu'il en requéroit copie, pour, icelle
vue, faire et dire ce qu'il appartiendra. » Requis et sommé une seconde
fois de reprendre sa place au Chapitre, l'ancien doyen se borna à
répéter sa première réponse.

« Rapport de tout ayant été fait en chapitre, et eue sur ce délibération, » il fut ordonné que « copie dudit acte sera baillé par le scribe
au sr Desaigues, duquel il prendra réponse, et d'icelle certifiera ledit
Chapitre ce jourd'huy, issue de vêpres ; et cependant sera répondu au
sr D'Arche que le doyenné est électif purement et simplement ; que
ledit sr Desaigues ne l'a pu résigner *in favorem* sans le consentement
dudit Chapitre ; que les sieurs du Chapitre sont en possession immémoriale d'élire leur doyen ; qu'ils entendent se maintenir en leur droit
d'élection, et partant qu'ils ne le peuvent recevoir en vertu de ses
bulles. » Enfin Desaigues ayant de nouveau répondu à une nouvelle
députation qui lui faisait de nouvelles instances, qu'il persistait à ne
vouloir reprendre la dignité par lui résignée, le Chapitre, — c'est-à-dire
les *opposants*, — déclara le doyenné vacant, et dit qu'il serait procédé à

l'élection d'un doyen, dans le chapitre *ordinaire* qui devait avoir lieu le *mardi* suivant.

Le *mercredi* 4 février, dix chanoines seulement, entre lesquels étaient trois partisans de Jacques Desaigues et de son neveu Henri D'Arche, s'assemblèrent « *extraordinairement, pendant Matines, dans l'allée de l'Église!* » On y fit, paraît-il, élection d'un doyen; car, d'après l'Acte de ce jour, Jacques Desaigues sommé de rendre les sceaux du Chapitre, ayant répondu qu'il les enverrait le lendemain matin à l'assemblée capitulaire avec toutes les clefs qu'il tenait du Chapitre, les *électeurs* ordonnèrent que « le sieur Miard signera le titre et collation du doyenné de l'église Saint-André en faveur de M. Léon de Lalanne, abbé de Saint-Ferme, et y mettra la main pour le sceau. »

Une pareille audace appelait une protestation. Le lendemain, 5 février, au chapitre ordinaire qui comptait dix-sept membres présents, Jacques Desaigues dit que « quelques particuliers du Chapitre voulant, depuis trois semaines ou un mois, empêcher la réception du sieur Henri D'Arche, il est venu (lui), continuer sa possession, soit au chœur, soit au Chapitre; en quoi il ne peut être empêché ni troublé jusqu'à ce que ledit sieur D'Arche soit reçu et installé », cette installation étant une des conditions apposées par lui à la résignation qu'il a faite du doyenné. De plus, « étant averti par un acte qui lui a été signifié ce matin, de la part du sieur de Lalanne, abbé de Saint-Ferme, que lesdits particuliers du Chapitre ont élu le dit sieur de Lalanne et fait expédier titre, il déclare être appelant comme d'abus de la dite prétendue élection et expédition dudit titre si aucun en y a, proteste de faire casser et annuler le tout, et à ces fins requiert communication ou copie dudit titre, s'il y en a. »

Miard, archidiacre de Cernès, répondit, « tant pour lui que pour ses adhérents, qu'il ne pouvoit reconnaître en Desaigues la qualité de doyen ni opiner en sa présence, parce que ayant été diverses fois requis et sommé de reprendre sa place audit doyenné, ledit sieur Desaigues en auroit fait refus, qui auroit été cause que ledit Chapitre auroit procédé à l'élection d'un nouveau doyen, cette place ne pouvant demeurer vide, et auroit été élu et nommé pour doyen le sieur abbé de Saint-Ferme. C'est pourquoi, le Chapitre ne pouvant à présent varier, Miard s'oppose à ce que le sieur Desaigues prenne la qualité de doyen, proteste de nullité et cassation de tous les actes et ordonnances qui se feroient, tant en Chapitre qu'en ladite église et chœur d'icelle, en présence dudit sieur Desaigues, et requiert acte de tout ce qu'il a dit. »

Dubernet, moins violent que Miard, déclara, au contraire, que si « le sieur Desaigues faisoit départir le sieur D'Arche de l'effet de ses bulles et prétentions, il étoit prêt de l'approuver comme doyen, non autre- ment. »

Après ces protestations et contre-protestations, on exposa aux chanoines assemblés, « que le vitrier qui travaille aux vitraux de l'église, demande deux cents livres sur le contenu au contrat de marché. » Desaigues qui, en qualité de doyen, avait repris la présidence du Chapitre, recueillit les suffrages, sans excepter Miard et ses adhérents; mais ceux-ci persistèrent « dans leur dire, protestations et oppositions ci-dessus. » Ils les renouvelèrent encore le jeudi 12 février, au chapitre qui fut également présidé par Desaigues. « Avant de délibérer ni opiner en aucune affaire, » le sieur Miard répéta qu'il voulait et entendait que ses protestations antérieures fussent « tenues pour réitérées en tous les actes capitulaires qui se feront ci-après où Desaigues présidera; » néanmoins, afin que les affaires du Chapitre ne fussent pas retardées, il offrit d'opiner, sous les réserves déjà faites. Les huit adhérents de Miard imitèrent sa conduite, contre laquelle Desaigues protesta à son tour.

Pendant ce temps, le doyen, élu par la faction des opposants, pen- sait à entrer en jouissance de sa nouvelle dignité. Le 26 février, Jean de Ranciat, prêtre, chanoine en l'Eglise cathédrale Saint-Jean de Bazas, se présenta au Chapitre, muni d'une procuration de « Messire Léon de Lalanne, Seigneur Abbé de Saint-Ferme, et doyen de l'Eglise Collégiale Saint-Seurin lès-Bordeaux, presentement en la ville de Paris, » pour prendre, en son nom, « possession du doyenné dont le titre lui avoit été expédié en due forme, dès le troisième jour du mois de février. » En conséquence, Ranciat priait le Chapitre de « recevoir et installer ledit sieur de Lalanne en la possession réelle, actuelle et corporelle dudit doyenné. »

Lorsque Ranciat eût quitté la salle capitulaire, le doyen Desaigues dit aux électeurs de Lalanne, qu'ils ne pouvaient ignorer « qu'il est appelant comme d'abus de la prétendue élection par eux faite; qu'il a relevé son appel en la Cour où il les a tous fait assigner, pris à partie, et leur a fait faire les inhibitions accoutumées; qu'ils ne peuvent donc opiner en aucune affaire qui le concerne, et particulièrement au fait de ladite prétendue élection, réception et installation d'icelui de Lalanne; protestant, s'ils faisoient quelque acte à lui préjudiciable, de prendre le tout pour attentat de nullité, cassation, et de tous dépens, dommages et intérêts. » Il finit en disant « qu'il ne peut ni ne doit sortir, ni permettre qu'en sa présence autre que lui puisse recueillir les voix ni présider »

Malgré cette noble et ferme attitude, malgré les graves motifs qui la commandaient, « le sieur Miard, *lors présidant* », — car il paraît s'être emparé de la présidence, — « ayant demandé les voix et suffrages à tous les autres sieurs du Chapitre, sur la réception et installation dudit sieur de Lalanne, » tous les adhérents de Desaigues, au nombre de neuf, « dirent d'un commun accord et soutinrent n'y avoir lieu de procéder à ladite réception et installation pour les raisons ci-devant par eux déduites. » Néanmoins, « le Chapitre, *ledit sieur Miard présidant* », à la majorité des voix, — ou plutôt d'une voix, dix contre neuf (1), — ordonna que, « nonobstant les dire et opposition des autres, le sieur de Lalanne sera présentement mis en la possession réelle, actuelle et corporelle dudit doyenné, appartenances et dépendances, en la personne dudit de Ranciat, son procureur. A quoi ledit sieur Miard a conclu », mais Desaigues et les siens « se sont de rechef opposés, ont persisté en leurs protestations et pris le tout pour attentat ».

Mais l'attentat ne paraît pas avoir été consommé : Lalanne ne fut pas installé dans la personne de son procureur; du moins les *Actes capitulaires* n'en font aucune mention. Tout, au contraire, porte à croire que, le temps et la réflexion aidant, les esprits se calmèrent; car, durant les huit mois qui suivirent cette résolution extrême, il se tint plusieurs chapitres, et Jacques Desaigues y figure toujours avec le titre de doyen.

Enfin, « le samedi 5 novembre 1633, en chapitre général, comparut M. Me Henri D'Arche, prêtre, docteur en Théologie et doyen de l'Église Saint-André lequel dit que, par arrêt donné par le Roi et Nosseigneurs de son Grand Conseil, le 28 septembre dernier, entre lui demandeur en complainte » (d'une part), « et Messire Léon de Lalanne, le syndic du Chapitre prenant la cause pour le sieur Miard et ses adhérents défendeurs » (d'autre part), « ledit Conseil, faisant droit des instances, auroit déclaré y avoir abus dans l'élection faite de la personne du sieur de Lalanne au doyenné; maintenu et gardé le sieur D'Arche en la possession et jouissance d'icelui et ses annexes; fruits, revenus et

(1) Apparemment un des partisans de Jacques Desaigues, à la dernière heure, l'aura abandonné.

émolumens ; levé et ôté à son profit tous empêchemens mis et apposés
sur lesdits fruits; à la charge de paiement de la pension de mille
livres, et réservation de l'habitation décanale ;.... ordonné que
lesdits sieurs du Chapitre recevront et installeront ledit sieur
D'Arche en la dignité de doyen, *à peine de six mille livres* : et condamné les sieurs Miard, Ligonac, Mosnier, Boucaud, Fayard, Massiot
et Prieur, à lui rendre et restituer les fruits dudit doyenné par eux
perçus et ceux qu'il eût pu percevoir depuis le 29 janvier 1632, dommages et intérêts procédants de ladite complainte, et aux dépens des
dites instances, comme il est plus à plain porté et contenu par ledit
arrêt que ledit sieur D'Arche a en main dûment signifié. Et partant,
a prié et requis lesdits sieurs du Chapitre le recevoir et installer en
ladite dignité de doyen, tant au chœur qu'au Chapitre.

» Ce fait, étant sorti, et lecture faite dudit arrêt, eue sur ce délibération, le Chapitre a ordonné que ledit sieur D'Arche seroit présentement reçu et installé audit doyenné ; et de fait, ledit sieur D'Arche
étant rentré, revêtu d'un surplis, au musse et bonnet carré sur la tête,
a été mené et conduit au chœur de l'église par le sacristain, accompagné de deux portiers avec leurs masses d'argent et du scribe dudit
Chapitre ; où étant, a été mis et installé en la possession et jouissance
dudit doyenné, appartenances et dépendances, par le baisement du
Grand Autel, lecture du livre du pupitre et prise de premier siége du
chœur attribué à ladite dignité, sans aucun trouble ni empêchement,
par six prêtres prébendiers de ladite Église, témoins à ce requis. Ce
fait, ledit sieur D'Arche ramené en Chapitre et icelui mis à genoux
devant le sieur Archidiacre » — de Cernès, Jacques Miard ! — « a fait et
prêté le serment accoutumé et inséré dans le livre des statuts de ladite
église, ensemble la profession de foi ordonnée par le concile provincial ;
et après qu'il a eu payé et mis ès mains dudit sieur Prieur, à présent
fabriqueur, les droits d'entrée accoutumés, a été reçu *in fratrem et
ad osculum pacis,* et placé au premier rang audit Chapitre, et a été
ordonné qu'il sera mis sur le livre de la pointe. Et ce fait, ledit sieur
D'Arche a retiré les arrêts (1). »

(1) Jacques Desaigues survécut peu à l'installation de son successeur, car il fut
enterré le 9 décembre 1633. Par un testament daté du 16 septembre 1632, postérieur
par conséquent aux orages qui avaient suivi sa démission de doyen, il légua au
Chapitre Saint-André plusieurs ornements, calices, chandeliers, etc. : preuve manifeste qu'il ne gardait pas rancune au corps de la conduite peu bienveillante à son
égard de quelques-uns de ses membres.

Par cette installation dont le cérémonial était intéressant à connaître, la paix un instant bannie de l'enceinte du Chapitre et à peu près rentrée depuis quelque temps déjà, fut fixée et consolidée dans son sein, au moins pour toutes les circonstances semblables. A dater de ce moment, Henri D'Arche exerça sans contestation et sans opposition les droits et les fonctions de doyen ; et si, dans la suite, il lutte encore, ce ne sera plus, comme précédemment, contre une fraction, mais pour le corps entier du Chapitre, dont il est dès à présent et dont il sera jusqu'à la fin le chef incontesté et reconnu pour tel par tous ses membres.

Le nouveau doyen dut bientôt, en cette qualité, prendre part à un autre différend qui s'éleva entre l'Archevêque de Bordeaux et le Chapitre Saint-André. Une question de préséance en fut l'occasion. Le mardi 2 mai de l'année 1634, jour où le prélat devait tenir son synode, les chanoines étant assemblés en chapitre ordinaire, Grymaud dit « avoir esté chargé par Mgr l'archevêque de Bordeaux de représenter que, ce jourd'huy, au synode, il desire placer Messieurs ses Vicaires Généraux près de sa personne, pour s'informer de la vie des bénéficiers de son diocèse ».

Après en avoir délibéré, le Chapitre députa deux de ses membres « pour faire entendre à l'Archevêque que, lorsqu'il est en personne officiant et tenant son synode, Messieurs ses Vicaires Généraux ne peuvent paraître et n'ont aucun droit de préséance, et que le leur accorder seroit une coutume nouvelle, grandement préjudiciable au chapitre puisqu'elle n'a jamais été observée ». En même temps, il fut enjoint « à tous Messieurs, tant dignités que chanoines, d'aller et comparoître au synode avec robes suivant l'ancienne coutume, et fait inhibition d'y aller en autre habit, à peine de six livres d'aumône contre chacun d'eux, applicables aux pauvres. »

Cette fois Henri de Sourdis avait raison : car en synode diocésain, le vicaire général, à cause de la juridiction qu'il exerce sur tout le diocèse, a droit de siéger immédiatement après l'évêque et avant toutes les autres dignités comme l'a plusieurs fois décidé la Congrégation du Concile (1). Les représentations du Chapitre demeurèrent donc sans effet sur l'Archevêque. Il plaça ses Vicaires Généraux « dans des chaires proche de sa personne, et leur fit porter l'encens et la paix » avant « les chanoines présents et assistans » au synode. Le sieur

---

(1) Bened. XIV, *De Synodo diœcesana*, Lib. III, cap. X, n° II.

Caron, un des Vicaires Généraux, parut même au chœur « avec une aumusse, bien qu'il ne fût pas bénéficier » de l'Église Saint-André. Aussi, le même jour, à une heure de l'après-midi, le Chapitre envoya-t-il le doyen et trois chanoines « faire plainte à l'archevêque de son procédé et le supplier de faire, à l'avenir, absenter du synode les Vicaires Généraux, en tout cas, de ne les placer avant le Chapitre » ; et si, nonobstant ces prières, « ledit Seigneur vouloit passer outre », le Chapitre ordonne « à tous chanoines et dignités assistans au synode de se retirer, après avoir demandé acte de leur comparution et fait les protestations nécessaires ».

L'Archevêque n'ayant pas cédé, les chanoines en vinrent à cette dernière extrémité. On voit, en effet, dans l'acte capitulaire du surlendemain, jeudi 4 mai, qu'il fut décidé « que l'on feroit des remontrances à ceux qui avoient contrevenu aux ordonnances » du mardi précédent, et qui, pour éviter le scandale, « n'ont pas suivi le Chapitre lorsqu'il s'est retiré » ; toutefois on n'infligea pas de peines, les *coupables,* par exemple les chanoines Duteil et Palisse, ayant dit qu'ils avaient « pris » d'abord « leur place », mais qu'ils avaient « été contraints de la quitter, pour avoir été troublés en leur rang dû et accoutumé, et précédés tant par les sieurs Vicaires Généraux que par MM. les abbés commendataires qui s'étoient placés aux côtés droit et gauche, et plus proche de la personne du Seigneur Archevêque. » Cependant, il est à croire qu'après le synode, l'affaire s'arrangea ; car, le jeudi 8 juin suivant, « ayant été proposé que Mgr de Bordeaux désire rendre satisfaits Messieurs du Chapitre, pour le différend de la préséance au synode », deux chanoines furent commis « pour voir ledit Seigneur sur ce sujet, et en tirer déclaration en faveur du Chapitre » (1).

_____

(1) *Actes capitulaires de Saint-André*, 2 et 4 mai, 8 juin 1634. Gaufreteau, dans sa *Chronique* (t. II, p. 165, 166), raconte la chose un peu différemment. « Henri de Sourdis, dit-il, ayant, au premier sinode qu'il tint en cette année (1630), après avoir prins possession, à Bordeaux, dudit archevêché, baillé reng aux *abbés* devant le Chapitre, le doyen de Saint-André, appellé D'Arche, se levant, luy en fit remontrance sur ce subject, en luy déclairant très franchement et haultement que s'il leur bailloit cette place ils s'en iroient, comme de fait, il print congé, et tous ceux de son corps qui estoient là, chanoynes et dignités, se levèrent et le suivirent, notamment mesme ceux qui faisoient estat d'estre de la maison archiépiscopale et créatures dudit sieur archevesque et de feu sieur cardinal, son frère ; mais ceux qui avoient des bénéfices cures, se meslerent parmi l'assemblée des autres curés, pour répondre aux appeaux, en leur reng. Cela fascha grandement ledit sieur archevesque, jusques à dire des paroles de grosses dents à ceux qui avoyent esté avancés par ledit cardinal son frère, lesquels s'excusèrent sur la délibération faicte audit Chapitre, duquel ils estoient

En 1641, la province ecclésiastique de Bordeaux choisit le doyen
de Saint-André comme député du second ordre à l'Assemblée générale du Clergé qui se tint à Mantes. On sait que les demandes exagé-
rées et hautaines du cardinal de Richelieu y furent repoussées par
six des principaux prélats, auxquels, pour cette raison, le roi ordonna
de sortir sans retard de la ville et de se retirer chacun dans son diocèse, sans passer par Paris. De ce nombre était Henri de Béthune,
alors évêque de Maillezais, député du premier ordre pour la province
de Bordeaux, dont il devait, quelques années après, devenir le métropolitain, et qui put alors connaître et apprécier celui dont il fit plus
tard son Vicaire Général. Les deux députés furent unis de sentiment
dans la question d'argent, but et objet de l'assemblée, et que l'on
appela l'*affaire du roi*. Après le départ des prélats indignement expul-
sés, et « sur la proposition qui fut faite d'une affaire pour en délibérer,
le doyen de Bordeaux, portant la parole pour sa province, dit qu'en
vain opinoit-on sur une affaire dans une assemblée des résolutions de
laquelle les provinces se moquoient, ceux auxquels elles avoient toute
créance et qui donnoient les lumières à la compagnie en étant
absents » (1).

Henri d'Arche fit aussi partie de plusieurs commissions et députations de cette Assemblée, et l'on trouve deux ou trois observations de

membres, et, partant, ne pouvoyent se séparer de leur corps. Mais on trouva mauvaise l'action du doyen, non pas en ce qu'il se formalisa avec le Chapitre que l'Archevesque avoit donné ce reng aux abbés, ains en ce qu'avant de venir à l'assemblée, il debvoit avoir faict cette plainte et remontrance audit archevesque, lequel
peut estre luy eut donné contentement, ce qu'il ne pouvoit pas dans l'assemblée, les
abbés s'estant déjà plassés, parce que : *turpius ejicitur quàm non admittitur
hospes*. Au lieu que cette remontrance, faicte en ladite assemblée, scandalisa presque touts, et apresta de quoi parler à toute la ville, notamment à Messieurs du
Parlement, qui appelerent cela *schisme* ». Il y a là plusieurs inexactitudes. D'abord
le fait est rapporté à l'année 1630 ; mais Henri D'Arche, qui en est le principal
acteur, ne fut nommé doyen qu'en 1634, et ne fut installé qu'en 1633. En second
lieu, il est blâmé de n'avoir pas fait de remontrance à l'archevêque « avant de
venir à l'assemblée » ; or, le contraire est prouvé par les *Actes* du Chapitre. Au
reste, Gaufreteau ne parle que de la préséance des *abbés* sur le Chapitre : or, sur
ce point, « le Chapitre était parfaitement dans son droit, comme le remarque fort
justement le R. P. Dom Piolin. Lorsqu'un Chapitre est en corps, il a le pas sur les
abbés. Il n'y a pas de doute à cet égard ». (*L'Eglise Métropolitaine et Primatiale
Sainct-André de Bordeaux, de Hierosme Lopés*, rééditée par M. l'abbé Callen,
t. II, p. 510).
(1) *Mémoires de Mgr de Montchal, archevêque de Toulouse, contenant des particularités de la vie et du ministère du Cardinal de Richelieu* ; Rotterdam, 1718,
t. I, p. 549.

15

lui mentionnées dans les *Procès-Verbaux;* mais son rôle, comme celui des députés du second ordre, fut naturellement un peu effacé. Peut-être ne le fut-il pas assez dans l'incident que j'ai maintenant à raconter.

La sainteté de l'homme ici-bas, vu la faiblesse de sa nature et son extrême penchant au mal, consiste moins à marcher d'un pas ferme et assuré dans la voie du bien où Dieu l'appelle, qu'à se relever, avec le secours de la grâce, chaque fois qu'il est tombé. Il en est à peu près de même pour les corps soumis à des règlements. Leur sainteté et leur bonne réputation ont pour base la sainteté d'un certain nombre de leurs membres d'abord, et ensuite le soin avec lequel les violateurs des règles sont repris et corrigés. Après l'étude que j'ai faite de l'ancien Chapitre Saint-André de Bordeaux, je crois pouvoir affirmer hardiment qu'il n'a pas à redouter l'application de ce principe. S'il y eut des abus dans son sein — où n'y en a-t-il pas? — ils furent toujours réprimés, quelquefois même très énergiquement, par la partie la plus saine qui était aussi la plus nombreuse; peut-être cependant — car je ne veux rien avancer que je ne puisse prouver — peut-être la répression était-elle quelquefois un peu lente à venir ; du moins, il y eut des circonstances où elle parut telle à quelques archevêques, dont le zèle, légitime sans doute dans le fond, ne fut pas toujours, il faut bien aussi l'avouer, exempt d'un peu d'âpreté dans la forme : c'est, selon toute probabilité, ce que l'on vit à Bordeaux en l'année 1643.

« Conformément aux saints décrets et aux arrêts du Conseil d'État de l'an 1610 », Henri de Sourdis donna « charge et ordre » à son promoteur « d'aller de sa part, dans le Chapitre de son Église métropolitaine, le 28 du mois de Mai, jour de chapitre ordinaire, pour représenter aux sieurs Doyen, Chanoines et Chapitre, plusieurs abus et désordres que commettoient quelques particuliers chanoines du corps ». S'acquittant donc de la commission à lui confiée, le promoteur de l'Archevêque se plaignit « entre autres choses, que quelques-uns promus aux ordres sacrés ne vivoient dans la décence convenable à leur profession ecclésiastique, ne portant de couronne cléricale, ayant les cheveux excessivement longs, les rabats fort grands et attachés à des glands, portant des habits gris sous la soutane », et cherchant à « les faire paraître ; qu'il y en avoit quelques-uns qui, ayant depuis plusieurs années l'âge compétent pour recevoir l'ordre de prêtrise, se contentoient néanmoins de demeurer dans l'ordre de sous-diaconat, n'ayant pas honte de vieillir sans rendre les fonctions qu'ils doivent à leurs prébendes, suivant les statuts et fondations dudit Chapitre, qui les obligent de faire en personne les offices divins et offrir à Dieu le saint sacrifice de la messe pour l'âme de leurs fondateurs et bienfaiteurs ; finalement que, contre la teneur de l'arrêt de règlement donné par le Conseil et contre les saints décrets, les sieurs Doyen, Chanoines et Chapitres souffroient que les sous-diacres chanoines précédassent les diacres et prêtres, sous prétexte de plus ancienne réception. Toutes ces remontrances étant ainsi faites », le promoteur somma et interpella le Chapitre « d'arrêter tels abus et scandales et d'y remédier, protestant qu'à faute par lui d'y procéder et remédier par les voies de droit, le délai de huitaine expiré, suivant les termes de l'arrêt de règlement », l'Archevêque y pourvoirait et en ferait faire la justice par ses officiers.

Cette sommation, accompagnée de menaces d'exécution à courte échéance, froissa vraisemblablement plusieurs chanoines, qui eurent l'idée d'examiner à leur tour la conscience de leur Archevêque (1). L'article important de ses devoirs envers le Chapitre ne fut sans doute pas oublié, et l'on pense bien que le Prélat, qui n'était probablement pas sans reproche, ne dut pas sortir sans tache de ce nouveau tribunal. Quoi qu'il en soit, « il se trouve, comme dit la pièce authentique où je puise ces curieux détails, il se trouve que ledit jour 28 mai, sous le nom du promoteur du Chapitre, fut fait un acte capitulaire, signé seulement du sieur D'Arche, doyen de l'église Saint-André ». L'acte commençait ainsi : « Du jeudi 28 mai 1643. Messieurs les récusés étant sortis, le promoteur du Chapitre a représenté que Monseigneur l'archevêque arrivant en cette ville, avoit amené un trompette, vêtu de ses livrées, lequel il faisoit jouer ordinairement à l'heure de ses repas et autres qui se rencontroient bien souvent avec les heures de nos offices, ce qui ne se pouvoit faire sans incommoder le service divin et troubler la dévotion du peuple qui y assiste, vu la proximité de la maison archiépiscopale qui joint les murailles de ladite Église »... — Et la suite, dira le lecteur alléché sans doute par cet intéressant début, donnez-nous la suite ! — Hélas ! il n'y a pas de suite... ! Dans l'acte qui condamne ce début et sa *suite*, acte bien authentique puisqu'il porte à la fin la signature autographe d'Henri de Sourdis, on ne voit

(1) « Toujours occupé des devoirs des autres, jamais des siens, hélas ! » (Joubert, *Pensées*, t. II, p. 128). Cet homme de Joubert est de tous les temps et de toutes les conditions,..... hélas !

après les lignes citées que quatre pages blanches, destinées évidemment à ne jamais atteindre leur destination ! En vain chercherez-
vous à combler cette lacune en recourant aux *Actes capitulaires ;*
pour la raison que je dirai plus bas, vous ne trouverez dans les *deux*
exemplaires que possèdent les Archives départementales des *Actes*
de l'année 1643, vous ne trouverez, dis-je, ni la délibération du 28 mai,
ni une autre « ordonnance capitulaire » faite le lendemain, 29 du
même mois.

Toutes deux cependant furent signifiées le 30 mai, par le
scribe du Chapitre, à l'Archevêque de Bordeaux. Celui-ci aussitôt
convoqua dans son Palais une congrégation extraordinaire, qui se
tint le 3 juin suivant. On y vit figurer Gilles Boutaut, évêque d'Aire ;
Gabriel Philippe de Froullay de Tessé, Chanoine trésorier de l'Église
Métropolitaine Saint-André, neveu de l'archevêque, et Pierre Caron,
Chanoine et Archidiacre de Fronsac, tous deux Vicaires Généraux ;
Gilbert Grymaud, Chanoine Théologal : Jean-Pierre de Maleret, Cha-
noine de l'Église Saint-Seurin, Official du diocèse de Bordeaux ; Jean
de Fonteneil, aussi chanoine de Saint-Seurin, Curé de Saint-Siméon ;
Christophe de Thibaut, Chanoine sacriste de l'Église de Saint-Émilion
et auditeur particulier du diocèse; Gabriel de Cruseau, Curé de
Saint Rémi; Louis Bonnet, Curé de Sainte-Eulalie; Paschal Paignon,
Curé de Saint-Pierre (1) ; Jean Jourdain, Provincial des religieux de

(1) Pascal Paignon, du diocèse de Bordeaux, créé maitre ès-arts dans l'Université
de cette ville où il avait étudié, le 13 avril 1628, fut nommé curé ou vicaire perpétuel
de la paroisse Saint-Pierre de Bordeaux le 22 janvier 1636, et reçu *in fratrem* par le
corps des bénéficiers de cette église le samedi 31 mai de la même année, à la charge
par lui de faire dire dix-huit messes, de payer le *cibabit* et de fonder un anniversaire.
L'obligation des dix-huit messes était remplacée, pour les autres bénéficiers, par
l'obligation de mettre une pistole dans le tronc des messes; mais, comme le curé, ils
devaient fonder un anniversaire et — cela va sans dire — payer le *cibabit* (Archives
départementales de la Gironde, Série G, n, 567 ; *Actes capitulaires des bénéficiers
de Saint-Pierre*). Paignon avait demeuré à Saint-Nicolas-du-Chardonnet à Paris, où
il avait puisé l'esprit ecclésiastique auprès du saint abbé Bourdoise. « Ayant dessein
d'établir une communauté dans sa paroisse, il avait, avec l'agrément du pieux archevêque, commencé à bâtir une maison auprès de l'église, pour s'y loger avec ses
prêtres. Sitôt qu'elle fut achevée, il en donna avis à Bourdoise. En même temps, il
lui envoya une copie de l'ordonnance de l'archevêque de Bordeaux, qui permettait
au curé de Saint-Pierre d'y appeler des prêtres de Saint-Nicolas-du-Chardonnet. Il
s'offrait de fournir aux dépenses du voyage.... Ne pouvant aller à Bordeaux pour y
établir cette communauté, Bourdoise tâcha d'y contribuer en la manière qu'il le pouvait. Il écrivit pour cela deux gros cahiers qu'il y envoya, et où il avait dressé le plan
et les règlements de ce nouvel établissement. Il y joignit plusieurs avis très importants, qui faisaient bien voir qu'il avait cette œuvre à cœur, et qu'il ne tenait pas à

Saint François de la Grande Observance; Jean de Castets, Prieur des Augustins; Rousseau, Supérieur de la maison professe des jésuites; Dom Bernard de Flottes, religieux de l'ordre des Feuillants; le P. Cheron, Prieur des Carmes; Antoine de Fornier, Chanoine de l'Église Saint-Seurin, promoteur, et Pierre de Geneste, son substitut.

Après l'exposé des faits accomplis tant du côté de l'Archevêque que du côté du Chapitre, il fut « résolu d'une commune voix que l'acte du 28 mai, signifié le 30, doit être condamné, censuré comme un libelle diffamatoire, comme un acte insolent, faux, séditieux, scandaleux, sacrilège, schismatique, sentant l'hérésie et une fausse doctrine des premiers hérésiarques, et fait contre l'honneur et respect dû aux Prélats et à la dignité épiscopale »; et de fait, les membres de l'assemblée le condamnèrent comme tel. « A ces fins, fut arrêté que la censure et condamnation dudit acte sera publiée dans toutes les églises du diocèse de Bordeaux, et qu'inhibitions seront faites à tous les fidèles chrétiens de le lire, publier et retenir par devers eux, sur peine d'excommunication; et d'autant qu'il est notoire que ledit sieur D'Arche, doyen, qui a signé seul ledit acte, en est l'auteur, étant désavoué par le promoteur du Chapitre; a été aussi résolu que ledit D'Arche sera admonesté par trois diverses fois, sur même peine d'excommunication, de venir rendre raison, par devant ledit Seigneur Archevêque, de la fausse doctrine par lui établie dans ledit acte, icelle révoquer et détester comme erronée et approchant d'hérésie, pour, en cas d'opiniâtreté, être anathématisé, dénoncé et déclaré pour tel; et d'autant qu'il y a danger que ledit sieur doyen ne tâche, par brigue et monopole, de faire avouer ledit acte à quelques particuliers, comme il a accoutumé de faire par divers artifices, presque en toutes rencontres où il s'intéresse, a été résolu, audit cas, que le Chapitre sera sommé et interpellé de nommer ceux qui auront consenti à faire ledit acte, pour être poursuivis sur les mêmes peines; et, au cas que ledit acte injurieux et diffamant seroit avoué par ledit Chapitre en corps, a

lui qu'il n'allât sur les lieux pour y prendre part» (*Le saint abbé Bourdoise, réformateur du Clergé et promoteur des séminaires en France : son époque, sa vie, ses écrits, ses miracles, son influence sur ses contemporains; par Jean Darche de Chevrières;* Paris, 1884, t. II, p. 274, 275). Le 25 novembre 1650, Henri de Béthune, archevêque de Bordeaux, donna le curé de Saint-Pierre pour père spirituel aux Visitandines, et celui-ci leur continua ses charitables soins jusqu'à sa mort qui arriva en 1657. « Il fit ensevelir son cœur au mur de la grille où la communauté communie, » écrivait une visitandine, au commencement du siècle dernier. (Archives départementales de la Gironde, série G, Visitation, *Inventaire des titres,* fol. 35).

été arrêté que plainte sera faite à Sa Sainteté, des attentats et entreprises des Chanoines, sous prétexte de leurs exemptions et privilèges,
et sera priée et suppliée très humblement de les vouloir révoquer et
annuler, attendu qu'ils en abusent et s'en servent pour faire des
schismes dans l'Église, dresser autel contre autel, et rendre égalité
de puissance entre l'inférieur et le supérieur; et d'abondant, que la
province sera assemblée afin de députer vers Sa Majesté, pour lui
être fait plainte de la part de Messieurs les Prélats de France contre
ledit Chapitre, à ce qu'il lui soit défendu de jamais commettre tels
attentats et entreprises contre l'autorité épiscopale, et à ce qu'il soit
condamné à faire réparation à l'Église, et que ledit acte et tous
autres le concernant seront biffés, rayés et lacérés de leur livre capitulaire » (1).

A la citation qui lui fut faite le même jour, Henri D'Arche répondit
par une pièce, également signée de sa main, dans laquelle il oppose à
l'Archevêque son incompétence, « suivant le privilège et exemption
du Chapitre de l'Église métropolitaine Saint-André, auquel les sieurs
Doyen et Chanoines ont été conservés en jugement donné contre feu
le cardinal de Sourdis, par les arrêts du Grand Conseil du dernier de
septembre 1608 et arrêt du privé Conseil du 16 septembre 1610, qui
les décharge, en général et en particulier, de la juridiction de l'archevêque, et de toutes citations, sauf lorsqu'il fait la visite des cures
annexées à leurs dignités » (2). Le doyen finissait en annonçant
qu'il se pourvoirait contre la sentence du Prélat par toutes les voies
de droit (3).

Le 11 juin, Henri de Sourdis lança de Blaye, où il était alors, une
sentence d'excommunication conçue en ses termes : « Pour ce que
Me D'Arche est auteur d'un libelle diffamatoire jugé injurieux par
notre décret du 3 de juin, et que, ayant fait admonester ledit D'Arche
de reconnaître sa faute, il est devenu plus endurci, et l'a augmentée
par d'autres actes aussi injurieux..., déclarons ledit avoir encouru
l'excommunication portée par les saints Canons contre les calomniateurs et perturbateurs de l'ordre et juridiction ecclésiastique; et pour
le regard de l'appel par lui interjeté touchant la doctrine, nous y
déférons avec respect, et ordonnons qu'il se pourvoira sur iceluy selon

(1) Archives de l'Archevêché.
(2) Cf. *Histoire du cardinal de Sourdis*, par Ravenez ; Bordeaux, 1867, in-8°,
page 214.
(3) Archives de l'Archevêché.

les formes canoniques ; voulons que ces présentes lui soient signifiées et publiées aux prônes des Églises » (1).

Elles furent publiées en effet, l'archevêque, disent les *Actes capitulaires*, « y ayant contraint les vicaires perpétuels de la ville par commandement et menaces ».

Le Chapitre trouva qu'en agissant ainsi, le Prélat avait « violé les immunités du Chapitre, s'étoit rendu juge en sa propre cause, avoit noirci la réputation du Chapitre, bien qu'il feignît d'en vouloir séparer les intérêts d'avec ceux du Doyen », et il fut décidé que le syndic prendrait fait et cause pour le Doyen, et poursuivrait par voie de justice la réparation de cette injure (2).

C'est aussi la voie que prit l'archevêque, en portant l'affaire devant le Roi et ceux de son Conseil. Par arrêt daté du 20 novembre 1643, Sa Majesté ordonna, en son Conseil privé, que « lesdits actes seroient supprimés, et pour cet effet tirés des registres du Chapitre, et portés, au Prélat ou à ses Grands Vicaires, par le syndic dudit Chapitre, qui prieroit l'Archevêque d'excuser le doyen et le corps du Chapitre de ce qu'ils avoient dressé et fait notifier les dits actes, avec défense d'en faire de semblable à l'avenir, à peine de dix mille livres d'amende. » Le Roi enjoignait aussi aux Chanoines de Saint-André, sous les mêmes peines, de rendre à Henri de Sourdis « l'honneur et la révérence » qui lui étaient dus.

Restait à obtenir l'exécution de l'arrêt ; ce ne fut pas chose facile. L'Archevêque le fit signifier au syndic le 12 décembre suivant, et le 11 janvier 1644, il le somma de l'exécuter ; le syndic s'y refusa, et par ordre du Chapitre se pourvut contre l'arrêt. Nouveau pourvoi de l'Archevêque par devant le Roi ; nouvel arrêt de Sa Majesté, le 26 janvier 1644, commettant le sieur de Lauzun, Intendant de Justice en Guyenne, pour mettre à exécution l'arrêt du 20 novembre 1643 ; nouvelle signification faite au syndic, le 25 février 1645. Enfin le 6 mars de la même année, le Syndic, accompagné du scribe du Chapitre, comparut devant l'Archevêque. Après l'avoir très humblement prié de la part du Chapitre de le vouloir excuser, il dit que le doyen « avoit fait de son seul mouvement ledit acte injurieux sans ordre du Chapitre, quoiqu'il parût qu'il avoit été fait par ordonnance capitulaire ; que d'ailleurs le Chapitre étoit extrêmement marri de cette

(1) Archives départementales de la Gironde, série G, n° 8.
(2) *Actes capitulaires de Saint-André*, mardi 16 juin 1643.

injure faite par la malice du sieur D'Arche et de quelques particuliers;
et qu'enfin il promettoit de rendre à l'Archevêque tout l'honneur, respect et révérence qui lui étoient dûs ». En même temps, le syndic
remit entre les mains du Prélat « les actes injurieux des 28, 29 et 30
mai 1643 signés dudit D'Arche et de trois autres, le tout en *original;*
lesquels, dit Henri de Sourdis, tout aussitôt nous avons fait déchirer
par deux huissiers de notre clergé, et iceux fait brûler, afin qu'il n'en
soit jamais fait mémoire » (1). Henri de Sourdis voulait sans doute
dire : afin que les actes en question ne soient jamais cités et reproduits
intégralement; car pour la simple *mémoire...* elle est *faite!*

La conduite du doyen dans cette circonstance ne lui fit pas perdre
l'influence et l'autorité qu'il avait sur les chanoines, ses collègues. Un
mois après les excuses faites par le syndic, le jeudi 6 avril 1645,
Henri D'Arche réclamait, et, le samedi suivant, obtenait du Chapitre,
que celui-ci assisterait aux sermons « avec l'habit ou surplis », que
ceux des chanoines qui n'étaient pas licenciés en théologie assisteraient aux leçons faites par le théologal, et que les prêtres précède-
raient les diacres, et les diacres les sous-diacres. On se rappelle que
ce dernier point faisait partie des remontrances d'Henri de Sourdis.

Celui-ci étant mort, le 18 juin 1645, le Chapitre donna à son doyen
une autre marque d'estime en le nommant premier vicaire capitulaire.
L'acte de nomination est daté du 26 juin 1645, et fut insinué le
même jour. Ce que firent les vicaires capitulaires pour administrer le
diocèse pendant la vacance du siége, on le devine aisément, et on
peut d'ailleurs le voir ou dans les registres eux-mêmes, qui sont présentement aux archives départementales de la Gironde, ou plus sommairement dans l'inventaire imprimé qui en a été fait sous les numéros 14, 15 et 16. Je n'en dirai rien en détail, parce que, d'une part,
je n'y trouve rien de particulier à noter, et que, d'autre part, ce
n'est pas l'œuvre exclusive du Doyen de Saint-André.

(1) Archives de l'Archevêché. Il est curieux de voir la discrétion avec laquelle
il en est parlé dans l'*Acte capitulaire* du second jour de mars 1645. « Le Chapitre
a enjoint à Maistre Arnaud Saphin, notaire royal et scribe du Chapitre, de mettre
ès mains de M. de Jean, archidiacre de Blaye et syndic du Chapitre, l'acte du
28 mai 1643, signé *D'Arche*, président audit Chapitre, et mentionné en l'arrêt du
privé Conseil du Roi, donné entre Mgr l'Archevêque de Bordeaux et le Chapitre,
pour disposer dudit acte suivant la volonté du Chapitre; lequel acte ne s'est
trouvé dans le corps du registre capitulaire, ains seulement deux feuilles de papier
à part. Et acte est octroyé audit Saphin de ce que, obéissant à la présente ordonnance, il a remis ledit acte ès mains dudit sieur de Jean, syndic. »

Le 1ᵉʳ septembre 1648, Henri de Béthune prit possession, par procureur, du siège métropolitain de Bordeaux. Huit jours après, étant encore à Paris, il envoya à Henri D'Arche des lettres de Vicaire général (1), que celui-ci reçut et fit insinuer le 15 du même mois. Il les notifia, le surlendemain, au Chapitre Saint-André, ajoutant qu'il avait accepté cette nouvelle fonction « pour le bien public », et qu'il offrait « ses services à la Compagnie en général et en particulier ».

Son premier acte, en commençant sa charge, fut d'annoncer aux vicaires forains le successeur d'Henri de Sourdis sur le siège de Bordeaux. Il écrivit ensuite, à la même fin, aux supérieures des Ursulines des maisons de Libourne, de Bourg, de Saint-Émilion et de Saint-Macaire; sa lettre était ainsi conçue :

« RÉVÉRENDE MÈRE,

» Le respect et affection que vous avez toujours eu pour vos supérieurs, nous a fait croire que vous seriez bien aise d'apprendre que M. le prieur de Bressuire (Mathurin Sauvestre), a pris possession de l'archevêché, au nom de M. Henry de Béthune, qui, par ce moyen, est à présent chargé de votre conduite. Son zèle et sa charité qui doit être universelle pour tous ses diocésains, rencontrant en vos personnes, qu'il sera obligé de considérer comme épouses de Jésus-Christ, un plus digne objet, y paroîtra avec plus d'éclat. Vous en goûterez bientôt les douceurs, et il participera aux fruits de vos bonnes œuvres. Je suis, etc. » (2).

Cette lettre est du 15 septembre. Le lendemain, Henri D'Arche adressait la suivante « aux Supérieures des religieuses Ursulines, Notre-Dame, Visitation (3), Saint-Benoît, Saint-Dominique et la Madeleine de la présente ville : » — « Comme entre les moyens efficaces pour maintenir et conserver l'esprit de régularité, celui des fréquentes et privées exhortations est un des principaux, n'y pouvant pour le présent vaquer en personne, quoique nous soyons chargé de votre

(1) L'acte fut passé par devant un notaire de Paris, le 9 septembre 1648. Parmi les témoins figure Pierre Du Saussay qui était, à Paris, l'homme d'affaires d'Henri de Béthune, comme on le voit par les lettres que le premier lui écrivait à l'occasion de ses bulles pour l'archevêché de Bordeaux. Henri de Béthune nomma Pierre Du Saussay chanoine prébendé du chapitre de Saint-Emilion, le 10 juin 1653.

(2) Archives de l'Archevêché.

(3) Henri D'Arche gouverna le couvent de la Visitation de Bordeaux depuis 1648 jusqu'au 25 novembre 1650.

conduite, nous avons choisi notre cher confrère le sieur Paignon, curé de Saint-Pierre, pour exercer cet office de charité, nous assurant que vous le recevrez, non-seulement comme vous devez recevoir une personne qui va de notre part, mais que vous le considèrerez particulièrement pour sa vertu et son mérite. Nous désirons qu'il vous prêche à la grille et à huis-clos, au jour et heure la plus convenable pour votre communauté que je salue avec vous. » Le curé de Saint-Pierre n'ayant probablement pas pu se charger de ce ministère, il fut confié au « sieur Le Gras », le 29 du même mois de septembre.

Ne pouvant citer en détail tous les actes d'administration du Vicaire-général d'Henri de Béthune, je me bornerai aux plus importants. La canonisation de saint François de Sales avait été instamment demandée au Pape par les assemblées du Clergé de France, tenues en 1625, 1635 et 1645. Celle de 1645 avait accepté l'offre que lui avait faite Henri de Maupas, évêque du Puy, de poursuivre à Rome cette canonisation. Sur sa prière, les Vicaires capitulaires de Bordeaux avaient, le 31 mars 1647, reçu les dépositions de trois témoins attestant que jusqu'ici il n'avait été rendu aucun culte public à l'évêque de Genève dans le couvent de la Visitation de Bordeaux (1). Henri D'Arche mit le complément à cette œuvre, le 21 septembre 1648, en envoyant au Pape une lettre latine fort bien conçue et fort bien écrite, dans laquelle il suppliait Sa Sainteté, au nom de l'Église de Bordeaux, de mettre François de Sales au nombre des saints.

En même temps, les abus qui tendaient à s'introduire étaient réprimés: témoin cette Ordonnance du 29 septembre 1648: « L'expérience nous enseignant que les RR. prédicateurs ne s'acquittent pas sincèrement des promesses qu'ils font en prenant les mandements de la prédication, on s'est trouvé obligé de leur faire faire ces promesses par écrit, en la teneur qui s'en suit :—Je soussigné, promets de m'acquitter de la charge de prédicateur en l'église de N., où je suis envoyé par Mgr l'Archevêque, d'exhorter le peuple au paiement des dîmes, publier les mandements dudit Seigneur qui me seront présentés de sa

(1) Les trois témoins entendus dans cette circonstance furent : 1° Pierre Chevrier, prêtre de Bordeaux, licencié en théologie, âgé d'environ 38 ans, et confesseur du couvent depuis le 4 août 1640 ; 2° Jean Garrot, aussi du diocèse et également confesseur ordinaire des Visitandines de Bordeaux, vicaire de l'église paroissiale de Saint-Éloi, âgé d'environ 47 ans ; 3° Nicolas Clément Gras, prêtre, Docteur en Théologie, bénéficier de l'église paroissiale de Saint-Projet de Bordeaux, âgé d'environ 37 ans, qui déclare en outre avoir été miraculeusement guéri d'une fièvre ardente par l'attouchement d'une relique de François de Sales.

part, lui obéir et dépendre de lui en ce qui concerne cette fonction ;
ce que je jure franchement, sans être à ce contraint ni violenté. En
foi de quoi, j'ai signé les présentes à Bourdeaux... ».

Témoin encore cet *Advis aux prédicateurs de Bourdeaux :* « Nous vous
exhortons d'instruire le peuple sur l'obligation qu'il a de célébrer les
fêtes, à quoi l'on manque beaucoup, tenant les boutiques *à demi
ouvertes* lesdits jours, et faisant travailler dans les boutiques toute la
matinée, particulièrement chez les tailleurs et cordonniers, même ne
chômant pas du tout les fêtes particulières des paroisses, le jour du
patron et de la dédicace » (11 février 1649).

L'année 1649 vit commencer à Bordeaux les troubles de la Fronde.
Pendant ces jours malheureux, Henri D'Arche eut plus d'une fois à
solliciter du Clergé et des fidèles le secours de leurs prières pour les
nécessités du royaume et le maintien de la paix. Le 20 janvier, il
enjoint aux curés de dire une collecte pour la personne du Roi : le
22 du même mois et le 6 février suivant, il y ajoute les Oraisons des
Quarante-Heures qui se feront en diverses églises de la ville. Enfin
le Roi ayant, au mois de mars, écrit à tous les évêques de France
pour demander des prières publiques à la même fin, Henri D'Arche
publia le mandement suivant qui fut imprimé et affiché :

« Henri D'Arche, prestre, Docteur en Théologie, Doyen de l'Église
Metropolitaine S. André de Bourdeaux, Vicaire-general de Monseigneur l'illustrissime et Reverendissime Archevesque de Bourdeaux et
Primat d'Aquitaine ; aux fidèles chrestiens de la presente ville et dioceze,
salut. N'ayant peu jusques à present instituer des prières publiques
suivant l'intention portée par notre Mandement du 26 fevrier dernier,
à cause des Oraisons de Quarante-heures qui s'entresuivoient du S.
Temps et des predications du Caresme ; A ces causes, Nous, de l'avis de
nos venerables confreres de ladite Église metropolitaine et Primatiale,
avons indit et indisons l'Oraison de Quarante-heures dans ladite
Eglise S. André, dimanche prochain 4 du present mois, jour et
feste de Pasques, et deux jours ensuivants ; le dimanche de Quasimodo
dans l'Eglise du Convent des Augustins, et le dimanche 18 du
present mois dans l'Eglise parrochialle de S. Pierre de la presente
ville, pour estre continuée dans toutes les autres Eglises seculieres et
Regulieres ; Mandons aux RR. Curez et Communautez seculieres et
religieuses de s'y rendre processionnellement aux jours et heures qui
leur seront marquez, et suivant l'ordre particulier qui leur en sera par

nous donné. Et au regard des Eglises qui sont dans l'estendue de ce dioceze, Nous indisons pareillement l'Oraison de Quarante-heures ledit jour et feste de Pasques, dans les Eglises des villes de Libourne, Cadillac, Saint-Macaire, Bourg et Blaye, Lesparre, Rions, et dans les bourgs de Preignac, Barsac, Podensac, Saint-André du nom de Dieu, et Coutras, ès quelles Eglises se rendront processionnellement les Religieux qui se trouveront establis ès dits lieux à certaine heure commode. Et pour les autres Eglises de la campagne, Nous indisons aussi ladite Oraison le Dimanche de Quasimodo : Exhortons le peuple fidèle et catholique d'assister aux dites prières et Oraisons avec zele et devotion, et de s'y preparer par des actions de penitence, afin que, par ce moyen, nous puissions apaiser la colère de Dieu, et obtenir de sa main pleine de miséricorde, une ferme paix et ses graces et assistance pour les necessités publiques ; Mandons aux RR. Curez et predicateurs de publier ces presentes, et ordonnons d'abondant qu'elles seront affichées.

Donné à Bourdeaux, le 2 d'avril 1649.

D'ARCHE, Vicaire general.

Par mandement dudit sieur Vicaire-general,
MONTASSIER, Secretaire (1). »

Cependant la guerre civile désolait toujours la Guyenne, et les troupes du duc d'Epernon ravageaient et incendiaient sans pitié les environs de Bordeaux. On résolut de députer vers le Roi pour se plaindre de la conduite du Gouverneur. « Le Parlement, dit Fonteneil, avoit nommé des députés ; il ne restoit qu'au clergé et à la bourgeoisie à y pourvoir de leur part. On bailla la charge au sieur Du Sault, avocat général, de voir le doyen de Saint-André, Vicaire de l'Archevêque, pour l'exhorter de la part de la Cour d'assembler le clergé, afin de députer quelqu'un d'entre eux vers Sa Majesté. Il s'en deffendit, sur ce qu'il disoit que les députés ordinaires du clergé n'étoient point en ville, qu'il ne pourroit assembler que les deux Chapitres et les Curés,

(1) Archives de l'Archevêché. — Pierre Montassier, fils d'Arnaud Montassier et de Françoise Devaux, demeurant sur la paroisse Sainte-Eulalie, naquit probablement en 1605, puisque, le 28 mars 1647, les vicaires-généraux attestaient qu'il avait atteint l'âge de 42 ans. Il fut tonsuré à la Trinité de 1623, puis reçu licencié en Théologie, et chanoine prébendé de l'Église métropolitaine de Saint-André. Henri de Béthune le nomma archidiacre de Blaye, le 27 avril 1655, et il prit possession le 24 mai suivant. Il remplit les fonctions de secrétaire de l'archevêché sous Henri de Sourdis et sous Henri de Béthune.

ce qui fut pris pour une défaite, qui ne satisfit pas tout le monde, et qui rendit sa réponse suspecte, d'autant plus qu'on savoit assez que sa famille étoit attachée au service du duc (1). »

Ces dernières paroles nous expliquent pourquoi Henri D'Arche devint « suspect à la ville, » et la vraie raison pour laquelle, le 16 août 1649, il reçut du Parlement de Guyenne l'ordre de sortir de Bordeaux. « Cette façon d'agir étrange et violente surprit l'Archevêque, qui avoit en forte recommandation l'autorité de l'Église. Il envoya aussitôt un de ses aumôniers et son promoteur au président Latresne, lequel dit n'avoir assisté à la délibération dont on se plaignoit. » La réponse ne satisfit pas l'Archevêque. De son côté, le Chapitre assemblé extraordinairement députa deux de ses membres vers le même président Latresne, pour « lui représenter comme l'Église et le Chapitre étoient choqués en ce rencontre » : même réponse leur fut faite.

« Le lendemain 17 du même mois, le Procureur général alla trouver l'Archevêque et lui témoigna, de la part de la Cour, qu'elle n'avoit aucunement entendu choquer l'autorité dudit Seigneur, ni de l'Église, ni du Chapitre ; que ce qu'elle en faisoit étoit *par pure charité,* et de crainte de quelque accident, attendu le murmure du peuple ; enfin il prioit Mgr d'agréer que le sieur doyen s'éloigna pour quelques jours, jusqu'à ce que les troubles fussent apaisés. Après avoir tout considéré mûrement, il fut résolu par l'Archevêque, du consentement du doyen, que celui-ci partiroit le lendemain, et s'en iroit à la campagne. Et advenant le 18 août 1649, le doyen partit en effet de Bordeaux, et fut accompagné jusqu'à la porte de la Grave par le sieur Constant, jurat (2). »

L'absence du doyen se prolongea à peu près jusqu'au 25 janvier 1650 : il assista à l'assemblée capitulaire tenue ce jour-là. Mais dans celle du 28 juillet, il dit qu'il lui avait de nouveau « été enjoint de s'absenter de cette ville, à cause de l'injure du temps », et quoique le Chapitre eût envoyé quatre chanoines « prier Monseigneur l'Archevêque d'agir pour les nécessités du Clergé », les démarches du Prélat furent encore inutiles, et le 2 août le doyen disait être sur son départ. Il rentra à l'époque de l'arrivée du Roi à Bordeaux, au commencement

(1) *Histoire des mouvements de Bourdeaux;* Bourdeaux, 1651, in-4°, p. 87, 88.
(2) Archives de l'Archevêché. — La Porte de La Grave était située à l'extrémité orientale d'une rue qui forme maintenant la continuation de la rue des Faures, près de l'Église Saint-Michel, d'où elle aboutissait sur la rivière. Cf. Leo Drouyn, *Bordeaux vers 1450;* Bordeaux, 1874, in-4°, p. 60.

du mois d'octobre 1650. Mais le 1er février 1652, il dut s'éloigner une troisième fois, et il séjourna successivement en différents lieux du diocèse, tels que Toulennes (1), Rions, Landiras, etc., d'où sont datés plusieurs actes et collations de bénéfices, au bas desquels Henri D'Arche a apposé sa signature en qualité de vicaire-général, l'Archevêque étant lui-même absent depuis la fin du mois d'août 1651. Enfin la paix ayant été donnée à la ville par le Roi, Henri D'Arche qui, depuis plus de dix-sept mois, n'avait assisté à aucune assemblée capitulaire, parut dans celle du 5 août 1653 ; il remercia le Chapitre « de la bonne affection qu'il lui avoit témoignée pendant son absence », et tout spécialement d'avoir « procuré son rappel ». En effet, dès le 24 juillet précédent, le Chapitre avait ordonné que l'archidiacre de Cernès demanderait à son Altesse l'autorisation pour le doyen de rentrer dans la ville de Bordeaux.

Sur les instructions qu'il reçut sans doute d'Henri de Béthune qui était encore à Paris, Henri D'Arche s'empressa de convoquer le Synode diocésain par une ordonnance datée du 6 août 1653, dont voici le texte :

« Henry D'Arche, doyen de l'Église Metropolitaine Sainct-André, Vicaire-general de Monseigneur l'Illustrissime et Reverendissime Archevesque de Bourdeaux, et Primat d'Aquitaine, Desirans remettre ce dioceze dans son premier ordre et luy rendre son premier lustre et esclat qui a esté cy devant obscurcy par les desordres et troubles des guerres de cette ville et province, lesquels demeurent à present assoupis par la paix qu'il a pleu à Dieu nous donner par sa bonté et misericorde ; A ces causes, nous ensuivans les saincts et pieux mouvemens et intentions de Monseigneur nostre Archevesque, de l'advis des venerables Messieurs les Chanoynes et Chapitre de ladite Église Metropolitaine Sainct-André de Bourdeaux, avons indit et ordonné, indisons et ordonnons par ces presentes, le Synode general de ce dioceze au mardy seiziesme du mois de septembre prochain, pour estre celebré dans ladite Église Metropolitaine Sainct-André et dans le Palais Archiepiscopal ; A ces fins, sçavoir faisons à tous Chapitres, Abbez, Prieurs, Curez et autres ecclesiastiques, tant seculiers que regu-

(1) A Toulennes, Henri D'Arche était chez lui, car son père lui avait légué par testament des propriétés situées dans cette paroisse, ainsi que le lieu noble du Vergne, près de la ville de Langon, et une maison ou partie de maison dans la rue Sainte-Catherine de Bordeaux.

liers qui, de droit et de coustume, sont obligés d'assister et compa-
roistre audit Synode, qu'ils ayent à s'y rendre ledit jour seiziesme
septembre prochain; Et d'autant que, pour des justes causes cy devant
enoncées dans les Ordonnances particulieres de mondit Seigneur
l'Archevesque, et notamment dans celle du vingt-septiesme mars mil
six cent cinquante-un, fondée entre autres choses sur ce que les sieurs
Abbez de Sainct-Romain et Sainct-Sauveur de Blaye ne tiennent compte
de défrayer ledit Seigneur Archevesque, ny ses officiers, ainsi qu'ils y
sont obligés, non plus que les recevoir et loger suyvant la dignité de
leur charactère et de leurs charges, sans deroger aux droits dudit
Seigneur Archevesque, Mandons et ordonnons à tous les sieurs Abbez,
Prieurs, Curez, et autres ecclesiastiques qui sont dans l'estendue des
dits Archiprestrez de Bourgez et de Blayez, de se rendre et comparoître
audit synode par nous indit audit jour seiziesme septembre, le tout
sur les peynes de droit contre les deffaillans. Voulons pour l'execution
des presentes, qu'elles soient leues, publiées et envoyées, à la diligence
du Promoteur, dans l'estendue du dioceze, et d'abondant affichées aux
principales portes et entrées des Églises, à ce qu'aucun n'en puisse
pretendre cause d'ignorance. Donné à Bourdeaux, le 6 aoust 1653.
Signé à l'original : D'ARCHE, *Vicaire General. Par Mandement dudit
sieur Vicaire general :* MONTASSIER, secretaire (1). »

Aussitôt après ce synode, l'archevêque de Bordeaux étant toujours
absent de son diocèse, le Vicaire général fit un autre Mandement
pour publier la bulle *Cùm occasione,* par laquelle le Pape Innocent X
condamnait comme hérétiques cinq propositions extraites du livre de
Jansénius. Cet acte important en lui-même, et non moins glorieux
pour Henri de Béthune qui l'avait inspiré, que pour Henri D'Arche-
qui le composa, mérite d'être rapporté en entier. Le voici :

« *A tout le Clergé seculier et regulier du dioceze de Bourdeaux.*

» Henri D'Arche, doyen de l'Église Metropolitaine, Vicaire general
de Messire Henry, archevesque de Bourdeaux et Primat d'Aquitaine.
» Comme la paix est le plus grand bien que Jesus-Christ ait laissé
à son Église en montant au Ciel, c'est aussi celuy que le diable, pere
de discorde, a tousjours tasché avec plus de fureur de luy ravir, soit

(1) Archives de l'Archevêché.

par les schismes, soit par les heresies qui l'ont agitée dans tous les
siècles, soit par la diversité des opinions entre les docteurs catholiques, qui ne peuvent longtemps partager les esprits sans partager
les cœurs et sans troubler la conscience des foibles. C'est pourquoy
il est du devoir des pasteurs de veiller particulierement pour prévenir ce dernier mal, qui est bien plus aisé à étouffer en sa naissance,
qu'à guérir quand il est formé, et que l'amour que chacun a pour son
opinion, le desir de la nouveauté et d'autres interests luy donnent
autant de violence que de malignité. C'est ce que vient de faire nostre
Sainct Pere le Pape Innocent X, qui occupe à present la Chaire apostolique. Car ayant esté prié par plusieurs de Messieurs les Évesques
de France, de vouloir examiner certaines propositions, qui donnoient
lieu à des divisions parmy les docteurs et les fidelles, et d'en donner
son jugement, il l'a fait par une bulle expresse en datte du 30 may
dernier, par laquelle ces propositions, au nombre de cinq, sont diver-
sement qualifiées et condamnées. Après l'avoir reçeue avec respect et
considérée avec soin, nous vous l'adressons par le present Mandement, afin qu'au premier jour de sainct dimanche, vous ayez à en
faire lecture au prosne de la Messe parrochialle : vous ordonnant en
outre de vous gouverner en cette publication avec tant de sagesse,
que vous ne donniez sujet à aucun de se plaindre de vos paroles. Car
comme l'intention de notre Saint Père le Pape et la nostre, est d'étouffer toute sorte de trouble parmy les Catholiques, s'il y estoit formé,
et d'empescher qu'il s'y forme à l'avenir, Nous desirons que, par vostre
charité et par vostre prudence, vous nous aydiez en ce bon dessein, à
l'égard des âmes dont vous avez la conduite sous vostre authorité.
Que si, ce que nous ne pouvons croire, quelque predicateur s'oublioit
si fort, et estoit si osé que de prescher dans vos paroisses la doctrine
condamnée par ladite bulle, ou de s'écarter de ses termes, nous vous
enjoignons de nous en advertir incontinent, afin que nous y puissions
apporter le remede necessaire pour entretenir cette sainte union des
esprits et des cœurs, qui est le caractere des vrais fidelles. Travaillez
donc à cette grande œuvre, avec le zele et la prudence que son importance demande. Empeschez de toutes vos forces qu'aucunes nouveautés ne corrompent l'esprit de vos brebis. Nourrissez-les du pain
celeste de la parole evangelique, non pas pour flatter le goust de leur
curiosité par une doctrine subtile, mais pour fortifier leur volonté par
des preceptes solides de la perfection chrestienne, afin qu'ayant vescu
en ce monde, contre les fausses maximes de celuy qui s'en nomme le

prince, ils meritent de regner à jamais dans le ciel, avec le prince du siècle futur Nostre-Seigneur Jesus-Christ. Nous vous conjurons de luy demander sans cesse pour nous les lumières dont nous avons besoin pour nous acquitter de cette penible et redoutable charge qu'il a mise sur nos espaules, et que luy seul est capable de nous faire dignement porter. Donné à Bourdeaux, le 20 septembre 1653.

» D'ARCHE, Vic. Gen.

» *Par mandement de mondit Sieur Vicaire General,*

« MONTASSIER, Secretaire (1). »

A partir de ce jour, la vie d'Henri D'Arche, soit comme vicaire général, soit comme doyen du Chapitre, n'offre plus rien de nature à fixer notre attention. Enfin, le samedi 31 juillet 1655, Jean Bonne, prêtre, sous-sacristain de l'Eglise Saint-André, ayant comparu en chapitre, dit « que Me Henri D'Arche, prestre, Docteur en Theologie, doyen de ladite Eglise, étant malade, » s'était, la veille « trentiesme du courant, desmis purement et simplement ès mains du Chapitre de son dit doyenné, appartenances et deppandances », et qu'il l'avait constitué son procureur « pour faire pareille démission ès mains d'iceluy Chapitre ». Avant d'accepter la démission de leur doyen, les chanoines députèrent deux d'entre eux pour s'assurer de ses dispositions. Les députés s'étant acheminés « vers la maison et domicile dudit Sr D'Arche, située en la Sauveté Saint-André, et l'ayant trouvé au lit malade, il dit qu'il remercioit très humblement les sieurs du chapitre de l'honneur qu'ils lui faisoient, et qu'il avoit fait volontairement ladite démission et persistoit en icelle » (2). Le lendemain, Etienne de Mullet de Volusan lui succédait dans la place de doyen, et environ un mois après, le dix septembre 1655, Mathurin Sauvestre lui succédait en qualité de vicaire général. Il est à croire qu'Henri D'Arche survécut peu à sa démission, mais je n'ai pu trouver la date précise de son décès.

---

(1) *Bullé ou Constitution de Notre Saint-Père le Pape Innocent X, par laquelle sont déclarées et définies cinq propositions en matière de foy ;* Bourdeaux, par P. de La Court, 1653, in-4°, pages 3, 4.

(2) Actes capitulaires de Saint-André, 31 juillet 1655.

XIX

NOTES ET DOCUMENTS

POUR SERVIR A L'HISTOIRE DU CONCILE PROVINCIAL

tenu à Bordeaux en 1624

Le concile provincial que tint à Bordeaux, en 1624, le cardinal François de Sourdis, est, de tous ceux qui furent célébrés à cette époque, un des plus dignes d'attention, tant par l'importance des décisions qui y furent prises, que par les éloges dont l'honora l'Assemblée générale du clergé de 1625. M. Ravenez ne trouvant rien sur ce sujet dans le Journal de Bertheau (1), secrétaire du Cardinal, lui consacre

(1) Jean Bertheau, prêtre du diocèse de Poitiers et licencié en Théologie, fut nommé chanoine de Saint-André de Bordeaux *ad effectum*, par le Pape Grégoire XV, le 30 mai 1622, et reçu par le Chapitre le samedi 22 août de la même année. Il fut aussi archidiacre de Fronsac et secrétaire de l'archevêché de Bordeaux. Sa mort arriva vers le milieu de l'année 1642, comme le prouve cette lettre que l'abbé de Tessé, neveu d'Henri de Sourdis, écrivait de Saint-Jouin, le 23 juillet 1642, à M. Montassier, secrétaire de l'archevêché : « Monsieur; Puisqu'il a plu à Dieu de nous ôter M. Bertheau, il le faut souffrir; mais, en vérité, c'est un très grand dommage, et Monseigneur y perd beaucoup. J'espère que vous aurez contribué de tous vos soins à conserver ses papiers et ses mémoires. Je vous supplie dans ce rencontre vous témoigner affectionné au service de Monseigneur, afin qu'il le puisse reconnoître dans le même temps. Je lui écrirai de tout cela dans deux jours, et si, de mon côté, je vous puis servir, ce sera de bon cœur, étant, Monsieur, votre très affectionné serviteur ». (*Archives de l'Archevêché de Bordeaux*). — La lettre suivante adressée aussi à M. Montassier, et écrite de Toulouse, le 9 janvier 1643, par la Mère Guérin, religieuse des Filles de Notre-Dame, montre en quelle estime on y tenait la vertu et les lettres de Bertheau : « Vous pouvez vous assurer que je ne manquerai de prier Notre-Seigneur qu'il vous accroisse les dons de son Saint-Esprit, et celui de force même, puisque sa bonté vous fait part de sa croix, signe qu'il vous veut favoriser de quelques grâces extraordinaires comme au (*sic*) bon M. Bertheau, qui a tant été traversé en ses bons desseins, et lequel a été si fidèle à Dieu en ses souffrances, par la conformité de sa volonté à celle de Dieu. Obtenez-moi cette digne vertu par vos saints sacrifices. Si Notre-Seigneur vous donnoit le loisir d'écrire sa vie, j'ai de ses lettres entières et des recueils aussi de quelques-unes qui mériteroient d'être imprimées avec, et qui ont été plus estimées que les Épitres de Monseigneur le bienheureux François de Sales. » (*Arch. de l'Archevêché*, Religieuses de Notre-Dame, cahier n° 4.)

à peine quatre pages, où il mêle, à son ordinaire, l'erreur à la vérité (1). Les notes suivantes combleront ces lacunes, et pourront servir de matériaux à l'historien futur, toujours attendu, de l'Église de Bordeaux. Elles se rapportent naturellement à trois points qui formeront autant de paragraphes : I. Avant le Concile ; II. Pendant le Concile ; III. Après le Concile (2).

§ I. — AVANT LE CONCILE.

Au mois de juin 1624, le cardinal de Sourdis ayant reçu de Sa Majesté le roi de France des lettres écrites « aux fins de tenir son Concile provincial, et voulant avoir premièrement l'avis de MM. les Évêques comprovinciaux », il leur écrivit en cette sorte :

« Monsieur ; J'ay esté souventes fois poussé par N. S. Pere et sollicité par le Roy a tenir mon Concile provincial. Encores a present viens-je de recevoir ses lettres sur ce subject, et comme, je croy, plusieurs autres eglises metropolitaines auront eu la mesme despesche, cela m'a fait resoudre de le tenir vers le mois de septembre prochain ; temps, ce me semble, plus propre pour ceste action et pour vostre commodité. Mais daustant que je ne veux rien faire sans vos advis, ains me veux-je conformer a vos conseils, je vous en escrips ceste-cy pour les recevoir promptement. C'est de quoy je vous prie, et mesme de me specifier le jour que vous jugerez plus opportun. Aussy tost que j'auray reçu vos lettres, je feray publier les miennes d'indiction par toute la province. J'attends donc avidement vos advis, et sur ce, je prie Dieu, Monsieur, qu'il vous augmente ses saintes grâces. Vostre plus humble et affectionné confrere a vous faire service. — FRANÇOIS, *Card^{al} arch. de Bord.* — A Bordeaux, ce 28 juin 1624. »

« Ces lettres, dit Bertheau, furent envoyées à tous MM. les Évêques sous une même forme : celles d'Agen et de Maillezais à Paris ; celles de Poitiers et de Luçon à M. l'abbé de Bonnevaux, à Poitiers,

---

(1) *Histoire du cardinal de Sourdis ;* Bordeaux, 1867, in-8°, p. 488-492.

(2) Les documents dont je n'indique pas la source sont tirés de deux manuscrits faisant partie des archives de l'archevêché de Bordeaux : 1. *Actes pour tenir le Concile provincial de Bordeaux,* 1624 (in-4°, de l'écriture de Bertheau) ; 2. *Missives et actes pour la tenue du Concile provincial.*

auditeur général de M. l'archevêque (1); celles de Saintes au procureur en parlement de M. de Saintes; celles de Périgueux au procureur aussi de M. de Périgueux; celles d'Angoulême au fils du
messager d'Angoulême; celles de Condom au procureur de M. de
Condom, et celles de Sarlat à un homme qui s'en allait à Sarlat. »

La première réponse arrivée à Bordeaux fut celle de l'évêque de
Périgueux, François de la Beraudière, de la maison de l'Isle-Rouet en
Poitou, d'abord Conseiller au Parlement de Paris pendant dix-huit
ans, doyen de Poitiers, abbé de Nouaillé au même diocèse, puis évêque de Périgueux en 1614 (2). Sa lettre était conçue en ces termes :

« Monseigneur; Il y a quelque temps que l'on m'envoya coppie
de certaines ordonnances que l'on me mandoit qu'aviez faictes lorsqu'estiez à Monravel. Aussi tost j'en escrivis à vostre juge du lieu, et
luy mandois que deux ou trois ans auparavant, j'avois faict ordonner
la mesme chose par arrest de la Cour de Parlement de Bourdeaux, dont
je luy envoyé coppie collationnée, afin que vous cognussiez par iceluy
que je n'avois manqué à mon devoir, et n'estre besoing que vous sup-
pleassiez en ce regard en ce qui estoit de ma charge, à laquelle jusques icy je ne manqué ny ne manqueray à l'advenir. Depuis je receus
une de vos lettres dattée de la fin du moys de juin dernier, sur
le subject du synode provincial que desires tenir au mois de septembre prochain; à laquelle faisant response, je vous diray qu'il me
sera fort difficile de m'y trouver, si vous ne differez jusques à la fin
du moys d'octobre en suivant, tant au subject de mes Ordres de la
Sainte-Croix, à la tenue desquels je ne veux manquer, que au regard
de mon synode qui se tient huict jours après la feste de S. Luc,
duquel semblablement je ne me puis absanter pour la multitude des
affaires qu'a mondit diocese, la décision desquelles a esté remise au

(1) Jacques Garnier, trésorier de S. Hilaire le Grand, chancelier de l'Université et
auditeur de la juridiction de l'archevêque de Bordeaux, établie à Poitiers en 1613,
abbé de Bonnevaux, à quatre lieues de Poitiers, mourut le 6 août 1657 et fut inhumé
dans cette abbaye. (Du Tems, *Le Clergé de France*, t. II, p. 514.)

(2) Du Tems, *Le Clergé de France*, t. II, p. 597. François de la Beraudière mourut
le 14 mai 1646, âgé de 90 ans. Ses ouvrages, les uns en vers, les autres en prose, ont
été réunis dans le volume suivant, dont on peut voir le détail dans le Moréri de 1759 :
*Otium episcopale, ou sont contenus plusieurs Traictez et Discours faits et com-
posez par Reverand Pere en Dieu, messire François de la Beraudiere, evesque de
Perigueux, abbe de Nouaillé, Conseiller du Roy en ses Conseils d'estat et privé,
et Parlement de Paris et Bourdeaux;* Périgueux, par Pierre Daluy, imprimeur et
libraire, devant Saint-Front; 1635, in-4°.

synode. Je remets neanmoins le tout à votre prudence et vous supplie de me croire, Monseigneur, vostre tres humble et tres obeissant
serviteur. DE LA BERAUDIERE. A Perigueux, ce 7 juillet 1624 » (1).

La réponse du Cardinal à cette lettre n'est pas datée : on verra
cependant par son contenu, qu'elle fut écrite après que le métropolitain eût lui-même reçu réponse de la plupart de ses comprovinciaux:

« Monsieur ; jay receu vos lettres du 7 du courant, par lesquelles
vous me faictes reponse a deux chefs. Le premier regarde ce que jay
fait en ma terre de Montravel, a la fin de ma visite de l'un de mes
archiprestrés ; en quoy je ne sçay pas a quel subject vous ny avez pas
tout contentement que jeusse desiré ; car vous scavez que, vous-mesme
estant icy, nous avons arresté, et vous me l'aviez promis, de vous
trouver à Montravel avecq moy pour donner ordre a ces eglises deso-
lées, où suivant ce dessein, m'estant rendu au terme donné et vous y
ayant attendu, jay veu ces eglises avoir si grand besoing qu'on pour-
veust a leur réparation et au service divin en icelles, que j'ay jugé
en vostre absence devoir en ordonner, voires d'aultant plus que je suis
le seigneur temporel du lieu et ay interest a leur restauration et au
restablissement du service et instruction du peuple, et que je ne fai-
sois en cela que ce que vous aviez icy resolu avecq moy, jugeant
qu'il vous seroit fort agreable destimer que vous y ayez suffisamment
pourveu par l'arrest que vous dites avoir fait donner et fait delivrer
il y a trois ans à mon juge. C'est ung estime sans asseurance et
apuy, d'autant que cest homme estant alors de la religion pretendue,
il n'estoit a croire qu'il sollicitât l'execution de cest arrest, de maniere
que celuy la nayant fait coup, il en falloit ung autre. En cela neanmoins avons nous touché a ung mesme but pour une execution plus
efficace, et ainsy il me semble que vous navez aucun subject de vous
mescontenter de ce que jay executé ce que vous mesme aviez resolu.

» Le second chef de vostre lettre touche le concile provincial que je
veux tenir au mois de septembre prochain, duquel vous vous excusez
sur la tenue des Ordres que vous voulez donner et sur vostre synode
diocesain que vous voulez tenir. En cela, je vous dirai franchement
que je ne vois pas que ce soit ung subject suffisant de vous en absenter, l'un et l'autre se pouvant remettre, et encores pour les Ordres,

(1) La lettre est d'un secrétaire : la signature seule est de la main de l'évêque.

les pouvant donner icy. Jeusse neantmoins différé pour vous donner
contentement, mais la plus part de Messieurs les Evesques comprovinciaux mayant fait response qu'ils desirent la tenue de ce concile
au temps que je leur ay escript, il ny a moyen de le dylayer plus
loing, et partant je vous prie que selon les lettres que je vous envoyray,
vous vous y trouviez. Car le concile ne recevra pas volontiers ces
excuses, et je ne voudrois pas que les peynes portées contre les
defaillans, qui sont de la tierce partie des fruits de leurs eveschés,
feussent declarées contre vous ; car le Roy qui veult la tenue de ce
concile luy sçaura donner des puissans moyens pour le payement de
ces peynes, a ce que desormais tous en suivent les saints decrets sans
tergiversation, et veux-je croire que vous vous joindrez avecq moy et
Messieurs les Evesques nos comprovinciaux, et que vous y trouvant
vous y contribuerez tout ce que vous jugerez a propos pour le bien de
la province. Et sur ce, je prie Dieu, etc. »

L'évêque de Poitiers était alors l'illustre Henri-Louis Chasteigner
de la Rocheposay, né à Tivoli, près de Rome, le vendredi 6 septembre
1577, à deux heures après midi, pendant que son père, Louis Chasteigner, seigneur d'Abain, était ambassadeur auprès du Saint-Siège.
Il avait appris de Joseph Scaliger les lettres humaines, auxquelles il
ajouta ensuite la philosophie et la théologie. La tonsure lui fut donnée
à Rome, le vendredi 26 janvier 1596, par Claude Sosomène, évêque de
Pola en Istrie, qui, aux quatre jours suivants, lui conféra les quatre
ordres mineurs. Henri de Gondi, archevêque de Paris, depuis cardinal
de Retz, l'ordonna prêtre. Le roi Henri IV le destina par brevet à
l'évêché de Poitiers, dont il fut pourvu par le roi Louis XIII en 1611.
Il fut sacré dans l'église des Feuillants de Paris, le 13 mai 1612, par
Jean Bonzi, cardinal-évêque de Béziers, assisté de deux autres illustres prélats, Gabriel de l'Aubespine, évêque d'Orléans, et Armand-
Jean du Plessis de Richelieu, évêque de Luçon (1). Henri-Louis de

(1) *Histoire généalogique de la maison des Chasteigners, par André Du Chesne :*
Paris, 1634, in-fol., p. 445. Ce savant évêque a laissé plusieurs ouvrages. — *Henrici*
Ludovici Castanaei de la Rochepozay, Pictavorum Episcopi, Exercitationes in
varios Bibliorum libros (IV Reg., Mathaeum, Marcum, Lucam, Joannem, Acta
Apostolorum); Augustoriti Pictonum, 1640, in-fol. de 1234 pages, avec portrait gravé
par J. Picart. A la fin (p. 1227-1234), on trouve les *Litaniæ Pictonicæ, seu Sanc-*
torum qui ortu vel incolatu Pictonum oram nobilitarunt, qui avaient déjà été
publiées séparément, ainsi que les commentaires sur l'Écriture. Ce tome Ier est, je
crois, le seul qui ait paru. L'éditeur en annonçait un second qui devait renfermer

La Rocheposay était à Dissay, maison de campagne des évêques de Poitiers, lorsqu'il écrivit de sa main, au cardinal de Sourdis, le billet suivant :

« Monseigneur, Je n'ay rien a respondre a celle que je receus hier de vostre part, sinon que j'attendray vos commandements pour me rendre a Bourdeaux au temps que me prescrirés, duquel je vous supplie me vouloir faire advertir, afin que je prenne mes mesures pour la visite que je destinois faire ce mois de septembre vers l'Angoumois. Je suis toujours avec toutes sortes de respects, Monseigneur, vostre tres humble serviteur, — HENRY LOYS, *E. de Poictiers.* — A Dissay, ce 10 juillet 1624. »

Les évêques de Saintes et de Sarlat écrivirent aussi à leur métropolitain. Le premier était Michel Raoul, d'abord doyen de la cathédrale de Saintes, puis sacré évêque par le Nonce du Pape dans l'église des Dominicaines de Paris, le 18 mars 1618. Il n'a aucune objection à faire à la tenue du concile au mois de septembre, comme le prouve son billet autographe au cardinal de Sourdis :

« Monseigneur ; Je viens de recepvoir celle qu'il vous a pleu m'escrire du dernier du passé, par laquelle je voy vostre resolution a tenir un concile provincial au mois de septembre. Je ne puis que je ne loue et approuve aultant que je puis vostre sainct desseing, et vous supplie de croire que je le seconderay de mon petit pouvoir, et me conformeray a ce qu'il vous plaira en arrester, soit pour le temps et le jour, nayant aultre but en toutes mes actions que de bien faire paroistre combien je suis, Monseigneur, vostre tres humble et tres obeissant serviteur. — MICHEL, E. DE XAINTES. — A Xaintes, ce 13ᵉ juillet 1624. »

les autres ouvrages de l'évêque de Poitiers, entre autres : 1. *Celebriorum distinctionum, tum philosophicarum, tum theologicarum, synopsis, cum selectiorum axiomatum additamento ; editio altera;* Augustoriti Pictonum, 1619, in-fol. de 108 pages; — 2. *Dissertationes ethico politicæ;* Pictavii, 1625, in-8º de 121 pages sans la table ; — 3. *Nomenclator sanctæ Romanæ Ecclesiæ cardinalium qui ab anno Christi millesimo quippiam commentati sunt....., accesserunt ad calcem Pontificum et cardinalium epitaphia suprà ducenta, quæ Alphonsi Ciaconi libro de Pontificum gestis apposité interseri operæ est* (sans nom d'auteur); Tolosæ, 1614, in-4º de 192 pages et de LV pour les *épitaphes.*

A Sarlat, le siège épiscopal était occupé par Louis II de Salignac, qui avait pris possession le 6 avril 1604. Comme son collègue de Saintes, il approuve le projet de son métropolitain. Cependant il ne se rendit pas au concile, et le cardinal dans la troisième session, procéda contre lui selon toute la rigueur du droit. Voici quelle fut sa réponse, écrite de sa main :

« Monseigneur ; Après avoir reçeu celle qu'il vous a pleu mescrire avec le respect que je vous doibs, je vous diray, Monseigneur, veu qu'il vous plaist me tant honorer que de me demander mon opinion touchant la tenue de vostre concile provincial, qu'elle ne se pourroit faire mieux a propos qu'au moys de septembre prochain. Ce sera neantmoins quand il vous plaira, et lors qu'en ceste occasion et en austre il vous plaira m'employer pour vostre service, je m'y porteray avec telle affection que celluy qui est, Monseigneur, vostre tres humble et tres affectionné serviteur. — DE SALIGNAC, E. de Sarlat. — A Sarlat, le 16 de juillet 1624. »

Le 10 juillet, l'archevêque nomma une congrégation dont les membres devaient se réunir tous les vendredis, à sept heures du matin, afin de préparer la matière du concile. Faisaient partie de cette congrégation : le doyen du Chapitre Saint-André, Jacques Desaigues ; le théologal Gilbert Grymaud (1) ; Moisset, chanoine de Saint-André ; Beaulieu, chanoine de Saint-Seurin ; le docteur Henriquez ; les PP. de Moussy et Raymond Destrictis (2), jésuites ; le P. Sylvestre, récollet, et le P. Jourdain, observantin. La première réunion eut lieu le vendredi 12 juillet, sous la présidence du cardinal. On y traita de la

(1) A ce que j'ai dit ailleurs de Gilbert Grymaud, je n'ajouterai ici qu'un mot. Besian Arroy, l'approbateur de la *Liturgie sacrée*, en fut aussi, selon Launoy (*Regii Navarri Collegii Historia*, p. 1054), l'éditeur ; et c'est également Arroy, selon Philippe Drouyn (*Dictionnaire des Théologiens*, Bibliothèque Nat., Ms. fr., n° 22836, fol. 180), qui « mit en tête l'abrégé de la vie » de l'auteur.

(2) Le P. Raymond Destrictis, ou *de Strictis*, ou *des Etroits*, prédicateur et controversiste, publia à Bordeaux, peu de jours après la tenue du concile, un petit ouvrage qui avait déjà paru à Lyon en 1619, et qui est intitulé : *Preservatifs contre la peste de l'heresie* (Bourdeaux, par Pierre de La Court, 1626, in-12 de 273 pages sans les liminaires). La dédicace de cette seconde édition, à « Henri Descoubleau, evesque de Maillezais, » est datée « de Bourdeaux, ce 28 novembre 1624. » (Cf. sur le P. Destrictis, *Recherches historiques... sur la Compagnie de Jésus en France*, par le P. Prat ; Lyon, 1876, 4 in-8°, table, v° *Destrictis*). Ce volume donna occasion au suivant, dont l'auteur ne s'appelait peut-être pas plus Pradillon qu'il n'était *étu-*

manière de tenir le Concile et de l'*indire*, et il fut décidé que le cardinal ordonnerait des prières à ce sujet. L'archevêque chargea aussi les membres de la congrégation du soin de noter, parmi les décrets du dernier concile provincial tenu en 1583, ceux qui n'étaient pas observés et la cause pour laquelle ils ne l'étaient pas; comme aussi de chercher les moyens de faire cesser la Simonie appelée *confidentielle*, et d'empêcher les mariages des catholiques avec les hérétiques.

A la réunion du vendredi suivant 19 juillet, le cardinal fit connaître les lettres qu'il avait reçues de quelques-uns de ses suffragants, en particulier celle de l'évêque de Périgueux et la réponse qu'il y avait faite. Ensuite on fit lecture des lettres de convocation qui devaient être envoyées aux Évêques et aux Chapitres ; on lut aussi le mandement adressé aux Chapitres de Saint-André et de Saint-Seurin, par lequel il leur était enjoint de se rendre à l'archevêché le lendemain, 20 juillet, à dix heures du matin. Ce mandement était libellé comme il suit : — « François, etc. Ayant ordonné de tenir le Concile provincial au mois de septembre prochain en notre Eglise metropolitaine ; à ces causes, nous *mandons* à nos chers et bien aymez confreres les Doyens, Chanoynes et Chapitres de nos dites eglises metropolitaine Saint-André et collegiale de Saint-Seurin les-Bordeaux, de se trouver demain en corps en nostre palais archiepiscopal, heure de dix heures du matin, pour sur ce entendre notre intention : seront à cette fin ces presentes delivrées à l'un des chanoines desdites eglises pour le faire savoir à leurs chapitres respectivement. Fait à Bordeaux, en nostre palais, le 19 juillet 1624. »

Le lendemain, à l'heure marquée, les députés du Chapitre Saint-Seurin se rendirent à l'archevêché : mais personne ne se présenta au nom du Chapitre Saint-André. Au cardinal qui s'informa du motif de cette absence, il fut répondu que la cause en était dans le terme *mandons*, que l'archevêque avait employé à l'égard des chanoines de la métropole, et qu'il « falloit trouver une autre façon de parler ». C'est

---

diant en théologie : *Proposition d'erreur contre l'apologie de M. Daniel Ferrand, ministre de Begle, opposée par Philippe de La Touche, estudiant en theologie, au renvoy du R. P. Raymond Destrictis, de la Compagnie de Jesus; par Jean-B. Pradillon, estudiant en theologie;* Bourdeaus, par Pierre de La Court, 1624, in-12 de 175 pages. Daniel Ferrand, donné pour ministre à l'église réformée de Bordeaux en 1623, fut député par la Basse-Guienne au synode national d'Alençon, qui le chargea de présenter au roi le cahier des plaintes des églises protestantes. (Cf. Haag, *La France protestante,* t. V, p. 92, 93.)

d'ailleurs ce que nous apprend l'*Acte capitulaire* de Saint-André, du jeudi 25 juillet, où nous voyons aussi dans quel but le cardinal avait convoqué les deux chapitres en son Palais archiépiscopal. Voici le texte de la délibération prise le jour cité.

« Par le chantre a été dit, qu'étant à Matines, un des huissiers de Mgr le cardinal lui auroit porté certain mandement imprimé du dix-neuvième jour du présent mois de juillet, duquel lecture ayant été faite, a été trouvé que par ledit mandement le cardinal indit à dimanche prochain une procession générale pour la translation des corps saints de cette église à celle de Sainte-Eulaye, ensemble certaines prières pour la célébration d'un concile provincial qu'il veut tenir ; et par icelui mandement est porté qu'il ordonne le tout par l'avis et conseil de ses bien-aimés confrères les Doyen, Chanoines et Chapitre de l'église Saint-André de Bordeaux ; sur quoi, eue délibération, le Chapitre a ordonné que, sans tirer à conséquence, ne déroger et préjudicier aux droits du Chapitre, on se trouvera à ladite procession pour accompagner les Corps Saints, et que à ces fins on dira matines samedi au soir consécutivement après vêpres, jaçoit que, quoiqu'il soit porté par ledit mandement, le Chapitre n'a assisté à la délibération de ladite procession et indiction du Concile, à cause que, le même jour 19 juillet, le cardinal ayant envoyé certain prétendu mandement au Chapitre pour se rendre à l'archevêché aux fins de délibérer sur cette affaire, icelui mandement ayant été lu et trouvé plein de mépris et conçu sur des mots grandement préjudiciables aux privilèges et immunités dudit Chapitre ; savoir est, qu'au lieu d'user ledit seigneur cardinal de ces mots *prions* et *invitons*, comme tous ses prédécesseurs archevêques ont toujours usé en l'indiction de leurs conciles, il aurait mis ces mots *mandons ;* et au bas dudit mandement étaient ces mots : « Et sera le présent mandement baillé à un des chanoines pour le faire savoir aux autres », occasion que ledit Chapitre refusa d'aller trouver ledit Seigneur cardinal pour assister à la dite délibération ; comme aussi ordonne le Chapitre que, sur ces mots apposés au mandement, *par l'avis de nos bien aimés confrères les doyen, chanoines et chapitre* de ladite église, M. Jean Bertheau, secrétaire du cardinal, sera averti et exhorté, quand il fera quelque acte ou mandement où le Chapitre sera nommé, d'user dorénavant de ces mots, *des vénérables et bien aimés confrères, les doyen, chanoines et Chapitre,* comme il a fait de tout temps et a accoutumé de faire. »

« Le 28 juillet, fut faite procession générale pour prier Dieu pour la paix et union des princes chrétiens, et pour l'heureux succès du Concile provincial; et furent transportées les reliques des Corps Saints de Sainte Eulaye. » Quand la cérémonie fut terminée, le cardinal signa les lettres de convocation adressées aux évêques suffragants, ainsi que l'*Edictum de concilio* (1). Deux jours après, il signa les lettres invitant les Chapitres cathédraux de la province à envoyer leurs procureurs au Concile. Les unes et les autres furent expédiées les 1, 2 et 3 août. Le 6, le cardinal donna les lettres adressées au Chapitre de Saint-André, qui en reçut communication le 8 et les inséra dans ses Actes capitulaires.

Dans le même temps, arrivaient les réponses des Évêques de la province. Celui de Luçon, Emery de Bragelongne (2), venait d'être élevé à l'épiscopat, et avait été sacré le 24 juin 1624, dans l'abbaye de Saint-Victor de Paris, par l'archevêque de Rouen. Sa lettre autographe au cardinal de Sourdis dit assez pourquoi il n'a pas répondu plus tôt à son métropolitain, et peut servir à déterminer très approximativement l'époque à laquelle il arriva dans son diocèse.

« Monseigneur; J'ay creu estre de mon debvoir, estant arrivé à ce diocese depuis huict jours, ne perdre davantage de temps sans macquicter du debvoir que je vous doibs, et vous offrir mon tres humble service. Il m'a esté monstré une lettre qu'il vous a pleu nous escripre, par laquelle j'ay cogneu que ce mois prochain vous desirez tenir vostre concile provincial. Les desordres que je trouve en ce diocese en quantité de choses ausquelles il mest besoing de pourvoir promptement me feroient vous supplier, Monseigneur, en cas que je ne les puisse habandonner, m'en vouloir excuser : neantmoins sachant le temps prefix, je mefforceray d'executer vostre commandement, et en toutes aultres choses dont il vous plaira disposer de moy, comme celuy qui ne respire que la qualité, Monseigneur, de vostre tres humble et tres obeissant serviteur. — ÉMERY DE BRAGELONGNE, *E. de Luçon.* — A Luçon, ce 1er jour d'aoust 1624. »

(1) Ces pièces sont en tête des *Actes* du Concile, pag. 263-268 de l'édition donnée à Luçon en 1850.

(2) Du Tems donne le choix entre *Bragelone* et *Bragelogne* : la signature autographe et très-lisible de l'évêque de Luçon prouve que ce n'est ni l'un ni l'autre. De même, il ne s'appelait pas non plus *Aimeric*, mais *Emery.*

Claude Gelas, évêque d'Agen depuis 1609, répondit de la manière suivante aux dernières lettres de convocation de l'archevêque de Bordeaux :

« Monseigneur; Jay reçeue la lettre qu'il vous a pleu m'escrypre, du dernier jour du mois passé, ne vous pouvant assez remercier de la remise que vous avés faicte de la tenue du concile de vostre province, m'asseurant que le temps en sera plus commode pour tous, et particulierement plus favorable pour l'expedition d'une affaire tres importante a nostre pais d'Agennois, qui a creu que ma presence luy estoit necessaire ici, dont je me sents encore vostre obligé, mais specialement de l'offre qu'il vous plaist de me faire, d'une chambre chez vous, n'ayant pas merité l'honneur d'une courtoisie si familiaire que celle-là. J'avois desjà parlé à Monsieur le soubs doyen Peyrissac de loger chez luy, ou bien chez le curé de Puy Paulin, auquel j'escripvis pour sçavoir s'il en auroit la commodité, des que j'eus receue vostre premiere lettre sur ce subject : en quelque part que je sois, je seray tousjours d'esprit, de cœur et de volonté, fort près de vous, pour vous rendre tout le service qu'il vous plaira de moy, car je suis fort véritablement pour jamais, Monseigneur, vostre tres humble serviteur. — CLAUDE, *E. d'Agen.* — De Saint-Germain ce 8 d'aoust 1624. »

Aux lettres latines de son métropolitain, l'évêque de Condom, ancien élève du collège de Guyenne à Bordeaux, crut devoir répondre dans la même langue :

« Illustrissime et Reverendissime Domine; Maximo nos gaudio affecere litteræ Ill^{mæ} Do^{is} V^{æ}, per quas nos ad synodum provincialem in ecclesia sua metropolitana celebrandam evocare voluit; cum potissimum illam ad tollendos avellendosque vepres et sentes qui in agro Dominico altiores radices egerunt, restituendamque disciplinam ecclesiasticam in nonnullis locis, contagione hæreticorum (quorum multitudine tota diu ingemuit Aquitania) collapsam, valde profuturam existimemus. Jamdiu Illma Dom^{io} V^{a} suffraganeos suos, sed nos præcipuè, exemplo suo, ad reddendam ecclesiis et sponsis nostris primævam formam et pulchritudinem tacitè monebat; nunc decretis synodi provincialis juvabit. Cui quidem synodo, die statuta affore et speramus et quamplurimum desideramus. Interea illius indictionem in ecclesia nostra cathedrali et aliis consuetis locis publicari et affigi curabimus, reliquisque Ill^{mæ} Do^{is} V^{æ} mandatis, ut par est, morem geremus, Deumque Optimum Maximum ut Illam diu incolumem ecclesiæ suæ conservet enixè rogabimus. Condomii, die 10 Augusti 1624. Illustrissimæ Dominationis Vestræ, humilis et in Domino obsequentissimus servus. — Antonius, E. Condom. (1). »

Le 25 août, lettre du cardinal aux vicaires forains pour qu'ils ordonnent des prières publiques dans le territoire de leur congrégation, en vue d'attirer les bénédictions de Dieu sur le Concile. Chaque dimanche et jours de fêtes, du 1ᵉʳ au 30 septembre, à la messe ou aux vêpres, on récitera les litanies des Saints, aux oraisons desquelles on ajoutera celles *De Spiritu Sancto, De Beata Maria, Pro omni gradu Ecclesiæ, Pro Prælatis et Congregationibus eis commissis, et Contra persecutores Ecclesiæ*. Tout prêtre célébrant dira à la messe les oraisons *De Spiritu Sancto*, et tous les ecclésiastiques seront exhortés à jeûner chaque vendredi. Ces prières et ces mortifications auront lieu chaque jour pendant le temps que se tiendra le Concile. Des lettres semblables furent adressées aux supérieurs des monastères et couvents du diocèse, ainsi qu'aux curés de la ville de Bordeaux, le même jour 25 août, et le 28 aux supérieures des couvents de religieuses. De son côté, le Chapitre de Saint-André capitulairement assemblé le 29, décida que, « pendant tout le mois prochain, on diroit dans la présente Église, à toutes les messes conventuelles, une collecte du Saint-Esprit, et que les lundi, mardi et jeudi, seront faites processions à la fin de None, autour du cloître ». Chaque évêque de la province fit aussi dans son diocèse un mandement semblable. Celui de Saintes ordonnait une procession générale de tous les corps ecclésiastiques de la ville, tant séculiers que réguliers, pour le 22 du mois de septembre, et accordait une indulgence de quarante jours aux

(1) Pour que l'on puisse comparer le style français d'Antoine de Cous à son style latin, je citerai encore une lettre inédite de lui au Cardinal de Sourdis : « Monseigneur ; Le succes qu'ont eu les P. Jesuistes pour leur college d'Engoulesme contre Monsieur l'Evesque d'Engoulesme a donne courage à quelques esprits broullons de Condon, de vouloir mettre les Peres de la Doctrine Chrestienne à Condon et leur transporter le college et revenu dicelui contre mon intention, pour de tres grandes raisons que le pourteur de la presente vous dira, s'il vous plet lui donner audiance. Je vous suplierai tres humblement, Monseigneur, me faire ce bien de me donner vostre bon advis et vostre assistance en une cause qui regarde le soustien de la dignité episcopalle, et je continuerai mes veus et mes prieres a Dieu, qu'il vous conserve longues années a son Esglize, avec autant de prosperité que vous en desire, Monseigneur, vostre tres humble et tres obeissant serviteur. — Antoine, E. de Condon. — De Condon, ce 23 de juillet 1627. » (Archives de l'Archevêché de Bordeaux; autographe.)

personnes qui y assisteraient, après avoir jeûné les mercredi, vendredi et samedi de la semaine précédente.

Cette ordonnance de Michel Raoul est du 1er septembre. Cependant, le cardinal de Sourdis attendait encore de lui une réponse, comme il paraît par la lettre suivante de l'évêque de Saintes :

« Monseigneur; Je vous ay donné advis comme j'avois receu les deux paquets qu'il vous avoit pleu menvoier, l'un pour la tenue de vostre concile provincial, et l'autre touchant l'attribution de jurisdiction au Grand Conseil des privileges et immunites du clergé, et ay esté fort estonné de voir par ceux que ma rendus de vostre part le sieur Desclau, que neussiez reçeu mes lettres que j'envoié par mon homme, vous suppliant de croire qu'il ny va point de ma faulte, ayant satisfaict en mon diocese au contenu de celles qu'il vous a pleu m'escrire. J'espere avec l'aide de Dieu vous en informer moy mesme dans peu de jours, et vous asseurer de vive voix que je suis, Monseigneur, vostre tres humble et tres obeissant serviteur. — MICHEL, E. de Xainctes. — A Xainctes, ce 16 septembre 1624. »

Une maladie avait empêché Antoine de La Rochefoucauld, évêque d'Angoulême, de répondre aux lettres qu'il avait reçues du cardinal de Sourdis (1). Enfin, le 27 septembre, il put lui écrire la lettre que voici :

« Monseigneur; Jeusses plus tost satisfaict a ce que je doibs en faisant responce a celles qu'il vous ha pleu mescrire par trois fois, mais une tres longue et fascheuse malladie qui ma tenu pres de six semaines, ma empesché de vous remercier de l'honneur que vous me faictes par les vostres. Jespere que ce sera de vifve voix que je vous rendré les preuves de mon obeissance et tres humble service. Jespere, nonobstant les restes de ma maladie, me rendre pres de vous dans lundi. Je vous suplieray tres humblement de me pardonner si je ne le puis plus tost, et si je naccepte la faveur qu'il vous plaist de mofrir pour loger en vostre maison. Je le ressentirois comme je doibs a tres grand honneur, mais ce porteur que j'envoie exprès vous en dira les

---

(1) M. Ravenez dit (*Histoire du Cardinal de Sourdis*, p. 489), que « le siège d'Angoulême était vacant » ! Antoine de La Rochefoucauld ne mourut cependant que dix ans après, le 24 décembre 1634, et il assista en personne au Concile de 1624 dont il souscrivit les décrets.

raysons, et vous assurera de plus que vous navés rien de plus acquis
au monde que moy, qui seray toute ma vie, Monseigneur, vostre tres
humble et tres affectionné serviteur. — ANTOINE, *E. d'Englme.* —
A Englme, ce 27 septembre. »

Le diocèse d'Aire n'appartenait pas à la province ecclésiastique de
Bordeaux, mais il possédait un évêque grand théologien et célèbre
prédicateur, Philippe Cospéan, qui fut transféré plus tard à l'évêché
de Nantes, puis à celui de Lisieux. François de Sourdis, espérant
mettre à profit ses lumières, l'invita à son Concile par cette lettre que
Bertheau nous a conservée, et dont je ne connais pas la réponse.

« Monsieur ; Je croy que vous scavez que je suis a la veille de tenir
mon concile provincial, et qu'il doibt commencer le premier octobre
prochain. Neantmoins je vous en ay bien voulu donner cest advis particulier pour le desir que jay d'y avoir l'honneur de vostre presence.
C'est le subject de celle-cy, par laquelle je vous prie de prendre la
peine d'y venir et nous y ayder de vos conseils et advis. Vous m'obligerez beaucoup et tous messieurs les evesques mes comprovinciaux
qui chercheront les moyens avecq moy de se revencher de ceste
courtoisie. Sur ce desir, je prie Dieu, Monsieur, qu'il vous augmente
ses saintes grâces. — A Bordeaux, ce 6 septembre 1624 ».

L'archevêque d'Auch, l'illustre Léonard de Trappes, sachant que
le Cardinal allait tenir son Concile, lui écrivit également pour attirer
son attention sur quelques points qu'il désirait y voir traités.

« Monseigneur ; Trouvant ceste commodité a propos, je nay voulu
faillir de vous escrire ce mot pour vous asseurer que nous prions Dieu
a ce que les resolutions que vous prendrez en vre concile provincial
soient aussy favorables a vre province et a la discipline ecclesiastique
de toute la France, comme nous le souhaittons avec proposition de
l'executer et entretenir. Deux choses me semblent aussy dignes de
vous estre representées, comme elles sont necessaires de vre reformation, qui est la residence des curez, et les benefices qui ont charge
d'ames au concours. A la charge que ceulx qui les obtiendront les
deserviront lespace de six ou sept ans suivant la bule du Pape Marcel,
pour eviter qu'infinys escoliers qui se presentent audit concours
emportent les benefices, et trois mois apres, ou au plustart une annee,

ilz changent lesdits benefices ou les donnent a pension a des ignorans
qui ruynent plus l'eglise quilz ne la deservent et auctorizent.

» Il y a un aultre mal, que tous les religieux tant reformez qu'aultres, se sont laissez glisser a une persuasion que leurs provinciaux
sont Archevesques et leurs gardiens Evesques, usant des droicts Pontificaux, soit pour absoudre les heretiques, donner dimissoires, permettre
de faire questes, prescher ou confesser, sans en avoir consulté les
Evesques et les plus relligieux apres leur en avoir parlé, qui est un
commancement de tres mauvaise consequence. Ce sera a vre prudence
et de Messieurs vos comprovinciaux dy remedier avec la lumiere de
la grace que le St Esprit vous illuminera. Cependant nous continue-
rons a prier Dieu combler vos sainctes et louables resolutions daultant
de benedictions que vous en souhaitte, Monseigneur, vre tres humble
et tres aff^{ué} serviteur. — LEONARD, *Arch. Daux.* — Daux, ce 28 septembre 1624. »

Le 26 septembre, le Chapitre de Saint-André nomma pour le représenter au Concile, Jacques Desaigues, doyen ; Peyrissac, archidiacre
de Blaye, Grymauld et Moisset, « les trois en l'absence du quatrième,
et les deux en l'absence du troisième ; à la charge qu'ils ne pourront
porter aucun consentement au préjudice des droits, exemptions et
privilèges du Chapitre, ains (au cas) où on viendroit à altérer ou
ordonner et entrependre aucune chose au préjudice de ses exemptions,
(ils devront) s'y opposer et protester. »

Le lendemain 27, l'archevêque envoya à tous les curés de la ville de
Bordeaux un mandement par lequel il ordonnait à tous les habitants
de jeûner le mercredi, le vendredi et le samedi de la première semaine
pendant laquelle se tiendrait le Concile. Par ce même mandement, le
Cardinal donnait avis que le premier jour du mois d'octobre, lui et
ses comprovinciaux se rendraient processionnellement du Palais
archiépiscopal à l'église métropolitaine, et que, le dimanche suivant,
il y aurait dans Bordeaux une procession générale où l'archevêque
porterait le Saint-Sacrement.

Ayant appris que l'évêque de Sarlat ne viendrait pas au Concile et
n'enverrait même pas de procureur, le Cardinal en exprima sa peine,
le 28 septembre, aux chanoines de la Cathédrale de Sarlat, et il les
invita à choisir un député qui représentât dignement leur corps. Ils
élurent Pascal de la Brousse, docteur en théologie et très versé dans
la science des choses divines et ecclésiastiques.

La veille du jour où devait s'ouvrir le Concile, dimanche 29 septembre, l'archevêque visite les sept églises de Bordeaux marquées pour représenter les sept églises stationnaires de Rome ; il fait distribuer cent pièces d'or aux pauvres honteux des paroisses de la ville ; il donne à manger et fait lui-même l'aumône à douze pauvres dans son Palais ; il invite les évêques de Condom, d'Agen et de Luçon, déjà arrivés à Bordeaux, à partager son dîner, pendant lequel on fait une lecture édifiante ; il commande les derniers préparatifs pour la première session du Concile ; il décide que, dès le lendemain 30 septembre, après midi, aura lieu dans le Palais archiépiscopal la première congrégation publique ; enfin il en donne avis au Chapitre de Saint-André, et ensuite aux fidèles en faisant afficher aux portes de la cathédrale un placard portant ces mots : « *Die crastinâ, 30 septembris, hora 1ᵃ a meridie, habebitur prima congregatio publica concilii provinciæ Burdigalensis in Palatio Archiepiscopali. Die 29 sept. 1624.* »

II. — PENDANT LE CONCILE

Ainsi que je l'ai dit au commencement, et comme l'indique le titre placé en tête de cet article, mon dessein n'est pas de faire une histoire complète du Concile de 1624. Je n'ai donc pas à en traduire, ni même à en résumer les *Actes,* non plus que les *Décrets* imprimés : je ne leur emprunterai que ce qui sera strictement nécessaire à l'intelligence des faits sur lesquels j'aurai à fournir quelque *note* ou quelque *document*.

Le 30 septembre 1624, il y eut, le matin, une congrégation privée, formée des évêques arrivés à Bordeaux. Dans l'après-midi, on tint une congrégation publique, où les prélats siégèrent selon l'ordre de leur consécration, qui était le suivant : le cardinal de Sourdis, président ; Antoine de Cous, évêque de Condom ; Claude Gelas, évêque d'Agen ; Henri-Louis de la Rochepozay, évêque de Poitiers ; François de la Beraudière, évêque de Périgueux ; Emery de Bragelongne, évêque de Luçon. Les évêques d'Angoulême et de Saintes, arrivés seulement le soir ou le lendemain du 30 septembre, assistèrent cependant à la première session qui se tint le 1ᵉʳ octobre, jour marqué pour l'ouverture du Concile par le cardinal. On lui reprocha de l'avoir anticipée, comme aussi d'avoir, ce même jour, et de sa seule autorité, fait Peyrissac premier promoteur, et Bertheau premier secrétaire du Concile, « tous deux étant créatures à la dévotion du cardinal (1). »

(1) Manuscrits de D. Fonteneau, à la bibliot. munic. de Poitiers, t. XXXV, p. 148.

Quant aux députés des cathédrales, on leur dit de garder entre eux le même ordre, c'est-à-dire l'ordre basé sur l'ancienneté des évêques dont ils représentaient le Chapitre; en sorte que l'évêque le plus ancien de la province se trouvant être celui de Condom, les députés du chapitre de Condom furent placés immédiatement après ceux du Chapitre métropolitain de Saint-André. Cette mesure, arrêtée par les évêques dans la congrégation privée du matin, suscita les plus vives réclamations. Les deux chanoines députés par le Chapitre de Saintes, dont l'un était le théologal Elie Pitard (1), firent respectueusement observer au président du Concile, que l'ordre jusque-là observé entre les différents Chapitres était celui de l'ancienneté de leur érection, et que, d'après ce principe, les représentants du Chapitre de Saintes devaient passer immédiatement après ceux de Poitiers et avoir le pas sur tous les autres. En effet, les évêchés de Condom, de Maillezais, de Luçon et de Sarlat, n'ayant été érigés qu'au XIVe siècle par le pape Jean XXII, l'ordre anciennement observé était celui de la pancarte de la Chambre des Comptes de Paris, savoir : Bordeaux, Poitiers, Saintes, Angoulême, Périgueux, Agen, Condom, Maillezais et Sarlat (2).

D'autres députés insistèrent dans le même sens, et pour les mêmes raisons, que le théologal de Saintes. Le Chapitre de l'église cathédrale de Poitiers s'était fait représenter au Concile par Pierre Coustière, un des plus anciens chanoines de cette cathédrale, licencié en droit canonique et civil, qui fut plus tard « élu par les suffrages de ses con-

---

(1) « Saintongeais, écrivain moraliste, vivant dans la première moitié du XVIIe siècle » ; c'est là tout ce que nous apprend sur Elie Pitard la *Biographie de la Charente-Inférieure* de MM. Feuilleret et L. de Richemond (La Rochelle, 1877, t. II, p. 60). Les deux biographes ajoutent ensuite l'indication sommaire de deux ouvrages dus à la plume d'Elie Pitard. Une description un peu moins superficielle de ceux-ci nous fera connaître quelques autres titres du théologal de Saintes. — *La Philosophie morale comprise en sept discours, par Elie Pitard, Saintongeais, Conseiller et Aumosnier de la feu Reine Marguerite, à Monseigneur l'Illustrissime et Reverendissime cardinal de La Rochefoucauld* ; Paris, 1619, in-8º de 608 pages sans les liminaires. — *Le crayon de la Divinité, ou Oraisons panégyriques de la Nature et des Attributs de Dieu, composé par Elie Pitard, Docteur en Théologie, chanoine théologal en l'église cathédrale S.-Pierre de Xainctes* ; Paris, 1635, in-8º de 767 pages, dédié à Monseigneur de Candalle, duc et pair de France, dont Pitard avait été le précepteur. « J'ay eu l'honneur, dit-il, d'estre quelques années vostre precepteur, et de vous faire voir les premières et générales lumières de la philosophie, à laquelle vous aviez tant d'inclination et de disposition naturelle ».

(2) D. Fonteneau, Manuscrits, t. XXXV, p. 148. — *Le Mercure François*. Paris, 1625, t. X, p. 649.

frères grand archidiacre de Poitou », personnage de très bonne vie, et
capable, par la connaissance qu'il avait des constitutions canoniques,
de donner avis sur les plus importantes affaires de l'Eglise. Il remontra qu'après les députés de l'église de Bordeaux, la première place
lui devait appartenir, attendu qu'il représentait l'église de Poitiers,
qui était la première et la plus ancienne de toutes les autres églises
cathédrales, non-seulement de toute la province de Guienne, mais
aussi de toute la France, dit Filleau. Sans avoir égard à ces remontrances, ajoute-t-il, fortifiées de raisons et d'exemples des choses
passées, M. le cardinal de Sourdis et MM. les évêques ses suffragants
ne lui adjugèrent que la cinquième place, selon l'ordre de la consécration de l'évêque de Poitiers. Dès lors, Mᵉ Pierre Coustière, au nom
du Chapitre de Poitiers, « protesta de se pourvoir »; mais les Pères du
Concile refusèrent de lui donner acte de ses protestations, « quoiqu'il
l'eût instamment requis, et que l'ordre de la justice l'exigeât; ce qui
l'obligea, pour la conservation des droits dudit Chapitre, de réitérer
les mêmes protestations par-devant un notaire de la ville de Bordeaux,
par lequel acte lui en fut décerné. Après lesquelles protestations, et
sans préjudice des droits dudit Chapitre, afin de n'apporter aucun
trouble dans une si sainte action, il prit cette cinquième place à lui
assignée (1). » Tout cela est expliqué en détail dans la lettre que
Coustière lui-même écrivit de Bordeaux, le 5 octobre, à ses collègues
du Chapitre de Poitiers, et dont voici le texte :

« Messieurs ; Pour satisfaire à partie de mon devoir et à la juste et
louable curiosité de plusieurs, je m'attendois de vous escrire aujour-
d'huy tout au long ce qui s'est passé en l'ouverture et continuation
du Concile provincial qui commença le premier jour de ce mois ; mais
Mʳ le cardinal et Mʳˢ les Evesques et tous ceux du Concile, avons
tous juré solennellement de ne rien dire ny reveler de ce qui s'y pas-
seroit jusques a ce qu'il fust finy, clos et arresté, tellement que je me
reserve de vous en entretenir amplement a la fin de ce mois, ou on

(1) *Traicté des droits, prerogatives et preeminences des Eglises cathedrales
dans les conciles provinciaux par maistre Jean Filleau, Advocat au Parlement de
Paris* ; Paris, 1628, in-12, pag. 25-28. Ce Jean Filleau était évidemment distinct
d'un autre Jean Filleau, « prêtre, bachelier en thologie, sous-doyen et chanoine en
l'église de Poitiers, grand vicaire et official de l'évêque de Poitiers », qui prend tous
ces titres dans l'acte par lequel il certifie qu'il a fait afficher les Ordonnances du
cardinal de Sourdis pour la convocation du concile, et qui resta à Poitiers pendant
sa célébration.

s'attend qu'il pourra estre finy; car chacun travaille a advancer les
affaires le plus qu'il est possible. Bien vous puis-je dire sans enfreindre le serment, que jusques icy ne s'est rien passé a vostre
prejudice, fors pour la seance, qui est dhue la premiere a l'eglise de
Poitiers après la metropolitaine; maitz pour obvier a beaucoup de
disputes qui fussent intervenues de part et d'autre, par l'advis de
M^{rs} les evesques, on a ordonné que, sans prejudice des droitz et prerogatives de chacune église, les deputés suivront le rang de leurs
evesques qui marchent selon l'ordre de leur reception. Nous avons
assez contesté et protesté au contraire, et mesme me suis (mis) le
premier après Mrs de Saint-André a la première assemblée, et semblablement ay le premier presté le serment en l'église de Saint-André,
et ma procuration a esté receue et enregistrée immédiatement après
celles de Saint-André; maitz je n'ay pas peu me maintenir et continuer despuis; aussi que je suis seul, et ny a aulcune autre église
qui n'ayt deux, ou trois, ou quatre deputés.

  « M^{rs} les evesques séoient en cet ordre : M^r le cardinal, M^{rs} les
evesques de Condom, d'Angoulesme, d'Agen, de Poictiers, de
Perigueux, de Sainctes, de Maillezays, de Luçon, et ny a que M^r de
Sarlat absent, contre lequel y a deffaut. Je m'attends a lundy prochain d'estre attacqué pour l'usage du Concile de Trente, et nauray
personne qui m'assiste, ou veuille approuver en façon que ce soit mes
deffenses et remonstrances. Je seray contrainct de protester pour le
moings d'apel comme d'abus, si je ne puis autrement m'en expedier,
affin d'executer du mieux qu'il me sera possible vos bonnes et louables
intentions, commandemens et volontés, desquelles je vous prie croire
que je ne me departiray jamais, ains demeureray a perpetuité,
Messieurs, vostre plus affectionné serviteur et confrere, P. Coustierre.
— De Bourdeaux, ce V^e octobre 1624 (1). »

  A la première session que tint le Concile, la harangue de l'ouverture
fut faite *en françois* par Grymaud, chanoine théologal de Saint-
André, ainsi que le rapportent les *Actes*. Le choix de la langue française en cette circonstance déplut à plusieurs, qui dirent que « c'étoit
contre la coutume et l'ordre observé aux conciles nationaux de l'Église
et qu'il la devoit faire en latin ».
  Les *Actes* passent également sous silence un autre fait rapporté par

(1) Archives de la Vienne, à Poitiers, G. 2, liasse 12.

des témoins prévenus, il est vrai, contre les Pères du Concile à cause de l'affaire des préséances, mais témoins dont on ne peut toutefois suspecter entièrement la véracité. Ils disent que, « dès l'entrée du Concile, lesdits sieurs cardinal et evesques heurtèrent l'autorité du roi et des cours souveraines, qui condamnent à mort les hommes qui, sous promesse de mariage, abusent les filles et après ne les veulent pas épouser ; mais les puissantes raisons alléguées par quelques capitulans empêchèrent le décret qu'ils avoient résolu de faire, leur ayant esté remontré qu'ils se rendoient ridicules aux Parlemens (1). »

L'ensemble de ce qui se passa de plus digne d'intérêt entre le 5 et le 12 octobre, est exposé dans la lettre que Coustière écrivit, à cette dernière date, et qu'il adressa, comme la précédente, à ses confrères de Poitiers.

« Messieurs ; Encore qu'il me soit prohibé, comme je vous ecrivois dernierement, de reveler les secrets du Concile, il ne m'est neánt-moins deffendu de vous faire participans de ce qui s'y passe publique-ment, comme de la procession generale et solennelle qui s'en fit, dimanche dernier en ceste ville de Bourdeaux, où les riches ruhes (rues) estoient tendues de riches tapisseries. Mr le cardinal portoit le S. Sacre-ment, et assistoient a la dite procession huict evesques, tous en chappes et mitres avec cierges blancs allumez. Mrs de St André aussi tenant le costé droict hors du chœur de leur eglise, et Mrs les capitulans et deputez tenans le costé gauche, tous avec surplis, aumusses, chappes et cierges blancs, quantité d'autres ecclesiastiques de la ville en mesme équipage, tous les religieux (fors les jesuistes) et tous les mendians qui sont en grand nombre. MM. les Jurats y assisterent en robes de damas, moictié blanc et moictié rouge, avec leurs archers et offi-ciers ; mais Mrs du Parlement ne s'y sont pas trouvez en corps, a cause du peu de nombre qui sont en ville, pendant les vaccations et les vendanges, qui ne se sont faictes que ceste sepmaine derniere en Grave et endroictz circonvoisins. Mr de Poictiers fut contraint lundy de s'arrester et garder le lict, a cause d'une defluxion qui luy est tombée sur le gros orteil ; les assemblées de Mrs les Prelats qui se tiennent tous les jours despuis sept heures du matin jusques a dix, se sont tenues en sa chambre. Il n'a pu assister toute la sepmaine aux assemblées generales qui se tiennent despuis une heure jusques

(1) Manuscrits de D. Fonteneau ; loc. cit.

a quatre. Il commença a se lever hier, et son mal est presque guery,
Dieu mercy. M[r] l'evesque d'Agen est aussi arresté par une fièvre.
Mercredy, jour de S. Denis, fut tenue la seconde session du Concile
en l'eglise de S. André, où, apres la messe solennellement celebrée
par M[r] d'Angoulesmes, furent publiés les decrets arrestés aux assemblées des jours precedens. Le premier fut *De Fidei professione*,
2. *De Matrimonio*, 3. *De Simonia et confidentia*, 4. *De Sacris Ordinibus*.
Les capitulans n'ont esté traictez si rudement comme ils apprehen-
doient, car ils se sont courageusement deffendus, et en avons heu
meilleur marché que les religieux et mendians qui ont esté bien
vesperisés (réprimandés), sans que les Peres Gourdon (1) et Raymond
(Destrictis), jesuistes, le Pere Bourdon Augustin (2), le Pere Jourdain
cordelier, et le Pere Silvestre recollet, qui sont du Concile et y ont
toujours assisté, ayent peu y remedier par leurs remonstrances et
deffenses. La 3e et derniere session est indictée au jour de S. Luc,
et peu de jours apres, l'assemblée sera congediee. J'espere, moyennant la grace de Dieu, que nous n'y serons beaucoup interessez,
comme jusques a present en ce qui a esté publié il n'y a rien qui
nous prejudicie; car nous ne savons les resolutions que quand elles
sont publiées, n'ayans peu obtenir voix decisive et diffinitive que
M[rs] les Prelats se sont reservée, quelques protestations et alle-
gations que nous ayons peu faire. J'espere vous en entretenir amplement a la fin de ce mois. Cependant, je prie Dieu, Messieurs, vous

(1) Gordon Lesmoore, d'une des plus grandes familles d'Ecosse, entra en 1573 dans
la Compagnie de Jésus, et devint professeur de théologie morale au Collège romain,
puis à Bordeaux, où il publia en 1623 un ouvrage de controverse intitulé : *De
catholica veritate diatriba*. En 1634, il donna deux volumes in-folio de Théologie morale, dont il dédia le second à Henri de Sourdis, archevêque de Bordeaux. Confesseur
de Louis XIII en 1635, il fut, au bout de dix-huit mois, attaqué de paralysie, et
obligé de renoncer à ces fonctions. « Il se retira, le 11 mars 1637, dans la maison
professe de Saint-Louis, où il mourut le 17 novembre 1641, à l'âge de 88 ans ».
(Cf. *Recherches historiques... sur la Compagnie de Jésus en France*, par le
P. Prat; Lyon, 1876, t. IV, p. 425,426. — De Backer, *Bibliothèque des écrivains
de la Compagnie de Jésus*, art. Gordon.)

(2) Le P. Rolland Bourdon, de l'Ordre des Augustins, « prêcha en 1619, le Carême
dans l'église métropolitaine de Saint-Etienne de Toulouse, avec tant de satisfaction
et d'applaudissement de tous les corps et communautés de cette ville, et les
années suivantes à Cahors, Bordeaux, Bayonne, qu'il falloit aller de très bonne
heure pour avoir place en son auditoire ». Il mourut à Tours, le 23 novembre 1643,
âgé de 76 ans, après 60 ans de profession. (Cf. Simplicien de Saint-Martin,
*Mémoires qui peuvent servir à l'histoire du monastère de l'ordre des hermites
de S. Augustin de la ville de Talose*, Tolose, 1653, in-8°, p. 173, 174.)

donner a tous en santé longue et heureuse vie. — Vostre plus affectionné serviteur et confrere, P. COUSTIERE. — De Bourdeaux, ce XII⁰ octobre 1624 (1).

Cette prétention des députés des Chapitres à jouir de voix délibérative et décisive dans le Concile, causa une vive émotion parmi ses membres. Dans la congrégation publique tenue le 15 octobre, et à laquelle assistaient les représentants des chapitres, ils demandèrent que, la veille de la session publique, on leur donnât lecture des décrets arrêtés dans la congrégation privée des évêques, parce que, disaient-ils, ils n'étaient assurés de comprendre, sans crainte de se tromper, en session publique, que ce qu'ils auraient entendu lire une première fois en congrégation publique. Le chanoine Pitard, député de Saintes, alla même jusqu'à soutenir que les Pères du Concile, en agissant comme ils le faisaient, portaient atteinte aux droits des Chapitres dont les députés avaient voix décisive dans les matières conciliaires. Il chercha à le prouver par l'Écriture et par les définitions des Conciles généraux. Ces assertions exorbitantes excitèrent chez les évêques un sentiment unanime de réprobation. Ils répondirent que le principe dont ils faisaient l'application avait été clairement défini par le dernier concile provincial de Bordeaux (2), ainsi que par le Souverain Pontife (3), et qu'il était consacré par la pratique de l'Église universelle. Le chanoine Pitard répliqua alors, avec plus d'audace que de raison, que ni le Pape, ni les Évêques n'étaient compétents pour prononcer sur cette question : les évêques, parce qu'ils ne peuvent être juges dans leur propre cause; le pape, parce qu'il jugera toujours en faveur des évêques. Et comme les Pères du Concile témoi-

(1) Archives de la Vienne, G. 2, liasse 12.

(2) « Sciant (capitula cathedralium) se in synodo (provinciali) tantum consulendi non autem decernendi potestatem habere » (Concil. Burdigal, ann. 1583, cap. XXXIV De Concilio provinciali.)

(3) Consultée sur cette question par les pères du Concile tenu à Rouen en 1581, la Congrégation du Concile répondit « : Abbates commendatarii, CAPITULORUM DEPUTATI vocem dumtaxat consultativam in Concilio provinciali habent. »—« Quand même, dit l'abbé Bouix, on trouverait dans l'antiquité quelques monuments qui appuieraient la prétention des chapitres au vote décisif, il est certain que, dans le droit actuel, cette prérogative n'existe pas. Depuis la décision envoyée par le Saint-Siège aux Pères du Concile de Rouen de 1581, on ne trouvera pas un canoniste de quelque autorité qui en prenne la défense. Toute tentative nouvelle de la part des Chapitres pour entrer dans ce prétendu droit serait désormais sans résultat, et ne ferait que reproduire avec une augmentation de ridicule la scène comique du chanoine Pitard. » (Du Concile provincial. Paris, 1850, p. 160, 161.)

gnaient ne pas goûter des paroles également offensantes pour la personne du Pape et pour la leur, Pitard s'échauffant toujours davantage, ajouta qu'il pourrait dire encore quelque chose de plus fort, ou de pire, comme s'expriment les Actes, *se majora dicturum, vel etiam pejora*, et que le Roi très chrétien lui-même, lorsqu'il tient son conseil, ne peut prendre aucune décision qu'à la majorité des voix. On s'abstint pour ce jour-là de prononcer sur ces énormités.

Le lendemain, 16 octobre, tous les évêques du Concile étant réunis en congrégation privée, on manda le chanoine Pitard, et l'on s'efforça de lui montrer combien ses assertions étaient opposées à la vérité et aux définitions des Conciles. Il fut prié de reconnaître son erreur et de la rétracter, ou au moins d'expliquer ses paroles de telle façon qu'elles pussent être prises en bonne part par les Pères et les autres membres du Concile. Ensuite les évêques firent un décret où l'assertion de Pitard était déclarée fausse et erronée, et défense faite de la soutenir et de l'enseigner. Pitard répondit qu'il n'avait entendu ni se plaindre du Pape, ni s'écarter du respect et de l'obéissance dûs au Saint-Siége, ainsi qu'à l'Église qu'il avait toujours défendue par ses discours et par ses écrits; mais que, emporté par son zèle pour la conservation des droits de son Chapitre, les raisons alléguées à l'encontre de ses désirs l'avaient porté à produire les siennes, et qu'enfin dans la congrégation publique qui devait se tenir le jour même, il satisferait au désir des pères, en soumettant toutes ses paroles et tous ses écrits au jugement de l'Église. Le Théologal de Saintes tint parole et l'incident n'eut pas d'autre suite.

Le 17 octobre, en congrégation publique, après la lecture des décrets qui devaient être promulgués le lendemain dans la 3ᵐᵉ session, les députés des Chapitres eurent permission de présenter leurs remarques au notaire du Concile, s'ils en avaient à faire. Alors Jacques Desaigues, doyen de l'église métropolitaine, « homme vénérable par son âge et par son mérite, et conseiller au Parlement de Bordeaux », protesta contre tout ce qui, dans les décrets du Concile, serait contraire aux droits et prérogatives du Chapitre de Saint-André. Mais, dit un témoin, « il fut gourmandé par le cardinal de Sourdis, qui crut que le dit sieur doyen s'était servi du mot *opposition*, tandis qu'il avait dit *protestation* »; c'est, en effet, de ce nom que son acte est qualifié dans les *Acta* qui le mentionnent sans le rapporter, parce que, disent-ils, cet acte est écrit en français.

Semblables protestations furent faites par les députés des autres

Chapitres. Les Pères du Concile refusèrent à tous de leur en donner acte : « de quoi, ajoute Filleau, l'on s'est bien gardé de faire aucune mention dans les Actes du Concile qui ont été mis en lumière et donnés au public » (1). Aussi, le 22 octobre, à la veille de la dernière session du Concile, « tous les députés des Églises de Poitiers, Angoulême, Xaintes, Périgueux, Luçon, Sarlat et Condom, protestèrent par-devant Claude Marraquier, notaire à Bordeaux, contre le refus qui leur fut fait par le Concile de leur délivrer actes desdites protestations (2). »

D'après le *Mercure François*, « les mémoires des plaintes des capitulaires qui coururent entre les mains des curieux portoient : que lesdits sieurs Prélats s'étant rendus juges en leur propre cause, avoient cassé les exemptions octroyées par les Saints Pères aux Chapitres et Églises, nonobstant qu'elles eussent été autorisées par des Arrêts contradictoirement donnés ; que la bulle de Grégoire XV *Inscrutabili* avoit été reçue en ce concile, et publiée à leur préjudice et à celui des Ordres réguliers que ladite Bulle blessoit, de quoi il y avoit eu plusieurs protestations ; que l'on avoit privé lesdits capitulaires (du droit) de donner (des lettres) dimissoires aux ecclésiastiques qui leur étoient sujets et justiciables, des dispenses de bans aux laïcs, et autres dispenses, monitions et attestations *de vita et moribus*, visas sur les signatures des bénéfices qu'ils conféroient *pleno jure*, examen de pourvus, visite des bénéfices qu'ils conféroient ; et autres droits, dont aucuns étoient en possession immémoriale et en arrêts contre les prélats. De plus, qu'il s'y étoit fait des décrets portant 1º que les chanoines prêtres précéderoient ceux qui ne l'étoient pas, même les doyens et autres dignités des églises cathédrales et collégiales ; 2º que les chanoines desdites églises cathédrales ne pourroient tenir aucune cure avec leurs prébendes ; 3º que les archidiacres ne pourroient faire leurs visites ordinaires sans la permission de l'évêque ; 4º que la tonsure ne seroit donnée qu'à ceux qui auroient atteint l'âge de douze ans, et les prébendes des églises cathédrales conférées qu'à des gradués qui auroient vingt-deux ans ; 5º qu'il étoit défendu aux Universités de donner les degrés, sinon publiquement et avec grande connaissance de cause ; 6º qu'en toutes matières, les prêtres seroient convenus (cités) devant leurs ordinaires ; 7º que tous chefs de famille, sur peine d'excommunication, iroient de trois dimanches l'un à la messe de paroisse, nonobstant ce qui fut allégué des bulles favorables pour ceux

---

(1) *Traité des droits...*, p. 31.
(2) Filleau, *op. cit.*, p. 31-33.

qui fréquentoient les églises des religieux... Enfin on remarqua que
le cardinal officiant solennellement pendant la tenue du Concile gar-
doit les mêmes cérémonies desquelles Sa Sainteté usoit à Rome, et se
faisoit assister des évêques en officiant » (1).

Sur plusieurs points, ces réclamations des « capitulans » man-
quaient d'exactitude, au double point de vue canonique et historique :
mais il faut convenir que sur d'autres, elles n'étaient pas entièrement
répréhensibles. Quoi qu'il en soit, le Concile termina ses travaux le
24 octobre, et le sermon de clôture fut prononcé par l'évêque d'Agen (2).
Tout le temps que dura l'assemblée conciliaire, le cardinal de Sourdis
se montra bon et généreux prince. Selon une chronique, en effet, « il
défraya, logea et traita splendidement les évêques avec leur suite jusqu'à ce que le Concile eût pris fin (3) » ; assertion cependant dont il
faut quelque peu rabattre, puisque, comme nous l'avons vu, un
évêque au moins, celui d'Angoulême, ne *logea* pas à l'archevêché.

Pendant la tenue du Concile, l'évêque de Luçon reçut de Charles
Miron, évêque d'Angers, une lettre destinée apparemment dans la
pensée de celui-ci à avoir, et qui eut vraisemblablement quelque
influence sur certaines décisions du Concile. A ce titre elle mérite de
figurer ici.

« Monsieur ; Le subject de la presente et l'affection particuliere
qu'il vous a pleu me promettre, me font asseurer que vous recepvrez
en bonne part la liberté que je me donne de vous faire souvenir, pendant que vous estes en vostre concile provincial, qu'il y a beaucoup
de lieux appartenants a des seigneurs catholiques, dans les trois dio-
ceses de Poictou, et dans toute la Guienne, ou ceux de la Religion
pretendue estants les plus forts, ont establi soubs divers pretextes, et
continuent leurs presches et prieres publiques, soit en des maisons
particulieres, ou dans des temples qu'ils y ont faict et font encore
tous les jours construire, quoyque contre la volonté desdits seigneurs
catholiques et contre la teneur des Édits, qui ne leur affectent que
certains lieux en chacun bailliage. Et bien qu'aucuns des seigneurs

(1) *Mercure François*, t. x, p. 649-651.
(2) Je ne dis rien ici de la condamnation des écrits théologiques de P. Milhard,
parce que j'en ai amplement parlé dans ma *Notice sur P. Milhard, abbé de Simorre et prieur de Sainte Dode au diocèse d'Auch* (Revue de Gascogne, mars 1884,
pag. 122-124), et que l'on trouvera à la fin de ce volume.
(3) Gaufreteau, *Chronique Bordeloise*, t. ii, p. 134.

essayent de l'empescher, et y soient aucunement assistés de la justice ordinaire, neantmoins ceux de ladite prétendue s'y maintiennent tant par violence que par l'entremise de leurs depputés generaux qui en font des causes publicques. Ce qu'ayant nagueres veu arriver en deux bourgs de Poussanges et du Boussere, en vostre diocese, ou M. Amelot, maistre des requestes, cy devant commis par le Roy a l'exécution de ses Edicts en Poitou, n'a peu estre obey, quoy qu'il eust pour ce, despuis deux mois, une particuliere commission du grand sceau, a la requeste du seigneur et habitants catholiques desdits lieux, pour s'y transporter et y pourvoir. J'ay esté conseillé et prié de leur part et de plusieurs personnes d'honneur, de vous advertir et supplier bien humblement, Monsieur, que comme ceux de ladite pretendue, après l'effort de leurs violences et menaces, envoyent en Cour vers leurs depputés généraux, ainsy vous ayez agreable de faire proposer en vostre assemblée provinciale, d'y charger vos cahiers et depputés pour l'assemblée generale du clergé, d'y faire supplier le Roy de maintenir l'auctorité de ses Edits pour les catholiques comme ils font pour les hereticques, et ce faisant deffendre l'exercice de ladite religion pretendue aux lieux ou les Édicts ne le permettent pas, mesme contre la volonté des seigneurs catholiques, et dès a present escrire un mot aux Agents de se joindre aux causes desdicts seigneurs catholiques, si aucunes sont de cette nature, dans le Conseil. Je croy que Monseigneur le cardinal et touts Nosseigneurs les prelats, approuveront cette proposition, comme j'espere que feront plusieurs autres assemblées provinciales, et ensemble d'essayer qu'en cette prochaine assemblée generale, il soit advisé aux moyens de remedier ou resister a l'oppression que l'Église reçoit touts les jours de plus en plus et si licentieusement de toutes parts, non seulement en ses droicts temporels, mais aussy en sa juridiction spirituelle, contre l'intention, Edicts et autorité du Roy, aussy bien que contre les saints decrets, et contre la foy de la Religion chrestienne, qui est maintenant bien plus offensée et menacée d'entiere subversion en ce Royaume par telles entreprises favorisées imprudemment de plusieurs catholiques, qu'elle ne l'est par tous les efforts et guerres ouvertes de l'heresie; et sur ce, après vous avoir tres humblement baisé les mains, je vous supplieray de continuer de m'aymer, et de me croire, comme je suis et seray toujours, Monsieur, vostre tres humble et plus affectionné serviteur et confrere, CHARLES, E. *d'Angers*.

« Vous m'obligerez de monstrer la presente a Monsieur l'evesque

de Maillezais, et selon son advis a Monseigneur le cardinal de Sourdis.
— D'Angers, ce XII octobre 1624 (1). »

III. — Après le Concile.

Après le Concile, les deux ordres du clergé qui y avaient pris part,
se séparèrent avec des sentiments bien opposés : les évêques, satisfaits
de leur œuvre et comptant bien la voir prochainement approuvée par
le Souverain Pontife ; les députés des chapitres, au contraire, mécon-
tents et décidés à faire casser par le pouvoir séculier des décrets qu'ils
estimaient avoir été faits en violation de leurs droits et prérogatives.

Le jour même de la clôture du Concile, 24 octobre, Pierre Coustière
de Poitiers, Léonard de La Foresterie d'Angoulême, et Élie Pitard
de Saintes, demandèrent à Issandon, notaire de Bordeaux, acte des
plaintes qu'ils firent « des résolutions contraires à leurs privilèges,
et entr'autres de la proposition lue dans le Concile le 4 du même
mois, qu'ès églises cathédrales toutes choses seroient en la disposition des évêques et résolues dans une assemblée particulière des
évêques » (2). Quelques capitulants décidèrent aussi de députer à Paris
auprès du Chancelier et des Secrétaires d'État, « afin que les lettres
de faveur que les Prélats espéroient obtenir de Sa Sainteté, ne leur
fussent pas concédées sans que les députés des chapitres eussent été
ouïs, et qu'en cette affaire rien ne se passât de préjudiciable aux
(soi-disant) libertés de l'Église Gallicane et à l'autorité royale » (3).

Celui-là était naturellement désigné pour remplir cette mission,
qui s'était montré, au sein du Concile, un des plus ardents défenseurs
des droits capitulaires. On a nommé Élie Pitard. « Je vous ay dict,
écrivait l'évêque de Saintes, au cardinal de Sourdis, le 11 décembre 1624, comment le sieur Pitard est allé à Paris, député de son
chapitre, pour prevenir l'execution de nostre Concile, et en donner
toutes les mauvaises impressions qu'il pourroit ; de fait, on m'a mandé
de Paris qu'il n'y pert le temps avec plusieurs autres, et que deja
leur caquet a donné à quelques ungs ung mauvais gaige de ce qui
s'est passé ; je croy que vous avez bien eu les mesmes advis, et plus
particulierement, à quoy vous fairez bien apporter le contrepoison
et repousser leurs mauvais discours par de bonnes et puissantes

(1) Archives de l'archevêché de Bordeaux.
(2) Filleau, *Traicté des droicts*, p. 32, 33.
(3) *Le Mercure François*, t. X, p. 652.

raisons » (1). Et le 5 janvier 1625, Michel Raoul écrivait encore à
l'archevêque de Bordeaux : « Le sieur Pitard est à Paris, il y a tantôt
deux mois, taschant, et ses adherents, infirmer ce que nous avons
faict en nostre Concile et le rendre suspect autant qu'ils peuvent.
Monsieur de Luçon m'en dict quelque chose par celle qu'il m'a escrit,
et croy qu'il vous en aura informé amplement. Quatre fameux advocats ont esté consultés sur ce subject : les sieurs de la Martelière,
Maupin, Joly et Sainte-Marthe. La resolution a esté qu'il falloit
attendre le retour de Rome avant que pouvoir opiner sur ceste matière » (2).

Jusqu'au 17 janvier 1625, le Chapitre de Poitiers était resté étran-
ger aux démarches du Chapitre de Saintes ; mais sur les instances de
ce dernier, les chanoines de Saint-Pierre de Poitiers prirent, en
assemblée capitulaire, la résolution suivante : « Sur l'avis donné au
Chapitre que, par le Concile provincial tenu depuis peu à Bordeaux,
on a voulu enfreindre les privileges des eglises exemptes, et que
M. Thoreau a rapporté que MM. de Xaintes requeroient la jonction
du Chapitre de ceans pour s'y opposer, le Chapitre a déclaré qu'il
entendoit s'opposer à l'execution dudit Concile et de tout ce qui
pourroit être fait en conséquence au préjudice des privilèges de
ceans ; et à cette fin donne charge audit sieur Thoreau d'en donner
avis auxdits du Chapitre de Xaintes, et les prier d'aider le Chapitre
des copies du résultat dudit Concile, si aucunes ils ont, et leur
communiquer leurs mémoires, afin de deputer partout où besoin
sera pour s'y opposer, ou en appeler si le cas y eschoit » (3).

Jean Filleau, avocat au Parlement de Paris, fut chargé par le
Chapitre de Poitiers de soutenir sa cause ; mais les trois années que
vécut encore le cardinal de Sourdis s'écoulèrent sans que l'affaire
fût traitée. Alors Filleau, probablement afin de ne pas perdre le fruit
de son travail, publia sa plaidoirie ou son mémoire en un petit in-8°
qu'il intitula : *Traicté des droits, prerogatives et preeminences des
Eglises cathedrales dans les Conciles provinciaux.*

Voici en effet ce qu'il dit dans sa dédicace « A Messieurs les
Reverend Doyen et vénérables Chantres, Chanoines et Chapitre de

---

(1) *Decreta concilii provincialis Burdigalæ habiti anno Domini* 1624 *mense
septembri, cum correctionibus S. Congregationis Concilii nondum editis,...;*
Burdigalæ, 1877, in-4°, pag. 110. C'est à cette édition que je renverrai pour les
autres documents imprimés qui me restent à citer.
(2) *Decreta Concilii provincialis Burdigalæ,..,* p. 112.
(3) Manuscrits de D. Fonteneau, t. LX, p. 657.

l'Eglise de Poitiers », dédicace datée « de Paris, le 24 mars 1628 » :
— « Messieurs ; Entre les causes que vous avez pendantes en ce
Parlement, desquelles vous m'avez faict l'honneur de me charger,
s'en étant rencontré une de tres grande consequence, qui est l'appel
comme d'abus interjeté de quelques resolutions du Concile provincial de Bourdeaux tenu en l'an 1624, j'avois toujours espéré avec
vous faire voir à la face de la Cour les torts et griefs qui vous avoient
été faits, et lui representer en l'audience les justes moyens sur lesquels vos appellations sont fondées, afin d'en assurer vos droits,
auparavant la convocation d'un autre Concile. Mais les eloignements
qui y ont été apportés pour en retarder le jugement, et le decès de
M. le cardinal de Sourdis du depuis survenue ne l'ayant pas permis,
j'ai dressé une defense de votre affaire, laquelle ne regardant pas
seulement votre interêt, mais celui de toutes les eglises cathedrales
de ce royaume, m'a permis de lui donner un titre general, aux fins
que si le successeur de M. le cardinal de Sourdis en l'archevêché de
Bordeaux assemble un nouveau Concile cette année, suivant les
constitutions de l'Eglise qui en ont ordonné la convocation de trois
en trois ans, vous lui faisiez connaître, et à MM. les evesques, et à
tous les Prelats de la France qui sont à present assemblés en la ville
de Poitiers, les justes ressentimens qui vous ont obligé à rechercher
les voies de droit. »

On devine aisément à quelle cause il faut attribuer ces « éloigne-
mens apportés pour retarder le jugement », et on pense bien que,
sans s'agiter autant que les députés des Chapitres, les évêques
n'étaient pas restés entièrement inactifs. Serait-il téméraire de croire
que le voyage et le séjour à Paris, de l'évêque de Luçon, peu de jours
après la clôture du Concile, n'étaient pas tout à fait étrangers aux
intérêts des chefs de l'assemblée conciliaire ? C'est du moins ce que
l'on peut recueillir d'une lettre qu'Emery de Bragelongue écrivait
de Paris au cardinal de Sourdis, le 23 novembre 1624. On y voit en
même temps que le P. Séguiran, jésuite et confesseur du roi, était
peu satisfait des décisions prises. Il parla, en effet, à l'évêque de
Luçon du « mauvais traittement que nous avions faict non seulle-
ment aux moines, mais aux capitulans sur la residance, et qu'ilz
veinssent à Sa Majesté, qu'il seroit leur second ; nous ne laissames,
Dieu mercy, ajoute l'évêque de Luçon, de sortir bons amis » (1).

(1) *Decreta Concilii provincialis Burdigalæ,* p. 108.

Mais ce qui importait plus aux Pères du Concile que l'approbation du Roi et des Parlements, c'était l'approbation du Pape. Les démarches nécessaires pour l'obtenir avaient été faites peu de jours après le Concile. Un secrétaire du cardinal de Sourdis était parti pour Rome, porteur des Décrets et de deux lettres écrites au nom des évêques de la province, et adressées, l'une au Pape Urbain VIII, l'autre à son frère le cardinal Antoine Barberini. Ces deux importantes lettres étant entièrement inédites, il faut bien les publier intégralement et dans leur texte original. Voici la première :

« BEATISSIME PATER,

» Ægrè admodum ferebamus, ex eo tempore quo ad Ecclesiarum provinciæ Burdigalensis gubernacula moderanda assumpti sumus, inter tot frementes hæresum et impietatum fluctus, disciplinam ecclesiasticam jactari, quam neque præ licentia temporum effrenata retineri, neque audaciam quòcumque propendentem comprimi posse, dolebamus. Et quidem Deo jam tum inclinante cœlos et caliginem sub pedibus suis proculcante, diœcesibus nostris utcumque suppetias adducebamus; sed ad omnia silvescentia mala, per Concilium provinciale ab eisdem prorsùs avellenda, etsi lacertos movebamus, abstrahebatur tamen animus; partìm quòd spirituum nos hujus sæculi reflantium colluvies arceret, partìm quòd in via lassos qui reficeret non affore duceremus. At ubi Beatitudo Vestra, Pater Sanctissime, omnium bonorum applausu, malorum vero formidine, ad summæ dignitatis apicem divinitus est erecta; in qua sanè una omnia divina simul et humana subsidia ad abstergendos Ecclesiæ nævos Summa Providentia nobis præparasse videtur; timor tunc quem timebamus nobis avulsus est, et numquam fessus divini zeli stimulus altè inditus et infixus. Ut quid enim timeamus, cùm eum inter cunctos mortales omnibus scientiis excultissimum, virtutibus ornatissimum, humanarum experientia rerum peritissimum, et divinis præsertim benedictionibus auctum et munitum, universalis Ecclesiæ gubernacula retinere, moderari, et sanctorum Patrum gradibus Beati Petri navem conscendisse videamus? Te certè uno, Pater Sanctissime, fatemur, duce, Concilii provincialis habendi aleam jecimus, idque faciebamus, idemque jam pedibus Sanctitatis Vestræ provoluti evolvendum ecce deferimus, quo fecisse nos tandem videamur. In rebus autem illius pertractandis quæ nobis facessêre negotium duo imprimis occurrerunt : unum, scilicet hæreseos inveterata pravitas, quam ut omnino è populis nostris eradicemus ea, pro temporum ratione ediximus quæ ad id satis valere censuimus. Alterum vero, infinita penè illa privilegia à Sancta Sede, nimià profectò facilitate, ecclesiis cathedralibus et collegiatis olim ità concessa et indulta, ut unus inter nos inveniatur cui ferè omnia munia episcopalia sint ablata, et in capitulum cum dignitatis dedecore et contemptu translata. Quæ cùm, et alia multa, ex adversariis latori præsentium a nobis concessis Sanctitati Vestræ abundè putemus innotescere, eadem hîc enarrare desinimus. Quia vero Concilia provincialia, licet pernecessaria, tota Gallia, in desuetudinem ferè abiere, primique nos hanc viam sternere aggrediamur, unde forsan plurima nobis figi repagula et aditum executioni obstrui censemus, ni quàm cito id nostrum in lucem prodeat, à cæteris præsertim Galliarum provinciis eadem præstare paratis expectatum; hinc fit ut in manibus Sanctitatis Vestræ sortes nostras positas esse dignoscentes, eidem demissè supplicemus, e terra sollicitudinis nostræ fœtum suscipiat, genuinum recognoscat, manibus efformet totum in circuitu, et ipsi quasi rotis ecclesiarum nostrarum spiritum vitæ inspiret, brevique spiritus principalis impetum nobis communicet, quo demum apostolicis auspiciis tuti munia nostra læti admodum suscipiamus, et disciplinam ecclesiasticam diù remissam et collabentem pristinosque mores postliminio reducamus. Quare desideria nostra foveat Sanctitas Vestra, et alacres jam animos in opus ministerii fervidos et accensos ne diutius suspensos habeat, iterum atque iterum enixè rogamus. Utque feliciter omnia succedant, et zelo Sanctitatis Vestræ irrequieto impellamur, Deum Optimum Maximum, per dilectissimam suam et unicam Unigeniti sanguine præfuso mundatam sponsam, oramus et obsecramus, ut Beatitudinem Vestram æternùm felicissimè conservet, omnium charismatum donis in terris beet et muniat cumulatissimè.

      Sanctitatis Vestræ

Humillimi, obsequentissimi et sacramento addictissimi,
     Archiepiscopus et episcopi provinciæ Burdigalensis. »

La lettre au cardinal Barberini était ainsi conçue :

    « Illustrissime et Reverendissime Domine,

» Quod a multo tempore avebamus, ut provincialia concilia pro ecclesiarum provinciæ nostræ utilitate in usum reduceremus, id in

Pontificatu S^{mi} D. N. Urbani duntaxat ausi sumus. In eo siquidem solo tanta a Summo rerum opifice posita esse præsidia jamdudum persensimus, ut hinc omnia nobis auxilia affutura et cuncta impedimenta sublata iri censeamus. Quare cum opus humilitatis nostræ, divino nobis opitulante Numine, absolverimus, id omne statim ad Illustrissimam Dominationem Vestram, per clarum virum domesticum nostrum rerum agendarum peritum optimum quidem et bene meritum, curavimus deferendum, ut, qualecumque sit, Sanctitatis Suæ pedibus, nomine nostro, pro benignitate sua offerre dignetur. Cujus beneficii gratia, etsi ad hostimentum impares simus rependendum, devinctos tamen sibi nos perpetuo Illustrissima Dominatio Vestra persentiat curabimus, et gratias immortales agemus. Cætera ad rem pertinentia idem noster renuntiabit, et quanti intersit ut cito confirmetur ex adversariis sibi collatis plene enarrabit. Quem quidem in omnibus ab Illustrissima Vestra Dominatione audiri summopere exoptantes, Deum interim pro longæva Vestræ Dominationis incolumitate deprecamur. »

Ces deux lettres sont du 4 novembre 1624. Un mois après, le 4 décembre suivant, le cardinal Barberini répondait à l'archevêque de Bordeaux, qu'il avait remis sa lettre au Pape, et que le Saint-Père après l'avoir reçue avec joie, avait fait l'éloge de la piété du métropolitain et de ses comprovinciaux. Le 25 janvier 1625, Antoine Barberini leur écrivait à tous, que leurs décrets avaient été mis entre les mains des cardinaux interprètes du Concile de Trente, qui devaient les corriger s'il y avait lieu, et en faire leur rapport au Saint-Père le plus tôt possible (1).

Dans la pensée du cardinal de Sourdis, le délai ne pouvait être fort long. Plus de deux mois auparavant, le 5 novembre 1624, écrivant aux Archevêques de France, il leur exprimait le regret de ne pouvoir leur envoyer un exemplaire de son Concile, parce qu'il avait « advisé, disait-il, de l'envoyer premièrement à Notre Saint Père pour estre confirmé »; et il ajoutait ces paroles : « J'espere que nous aurons nostre confirmation auparavant la tenue de l'Assemblée générale du clergé (2). » C'était une illusion : aucune nouvelle de la confirmation ou de la correction des décrets, n'était

(1) *Decreta Concilii provinc. Burdig.*, p. 113.
(2) *Ibid.*, p. 105.

encore parvenue à Bordeaux, lorsque l'Assemblée générale du clergé
s'ouvrit à Paris, le 23 mai 1625.

François de Sourdis s'y rendit, emportant avec lui les décrets de
son Concile, qu'il eut soin de communiquer aux prélats de l'Assemblée. Ceux-ci les goûtèrent, et l'archevêque de Rouen, François de
Harlay, « ayant été prié de travailler à l'adresse d'une Lettre portant indication des Conciles provinciaux », représenta à l'Assemblée,
le 26 juin, « qu'ayant lu celle qui a servi pour la convocation du
Concile provincial de Bordeaux, il n'a pas cru devoir en présenter
d'autres, celle-là étant pleine de piété et de doctrine, et contenant
toutes les plus utiles et profitables remontrances qui peuvent y
servir à cet effet; qu'ayant lu tout le contenu dudit Concile, il
estime qu'il ne peut rien s'y ajouter, comprenant tous les bons et
importants règlements qui regardent la discipline ecclésiastique;
exhortant tous les Seigneurs Archevêques présents, de ne tenir
point en leurs Conciles, autre ordre que celui qui a été tenu dans
ledit Concile de Bordeaux, lequel, par l'approbation de tout le
clergé du royaume, mérite de tenir lieu de Concile national (1). »

Si ces éloges causèrent de la joie au cardinal de Sourdis, elle ne
fut pas de longue durée. Il ne tarda pas beaucoup en effet à recevoir du cardinal de Sainte-Suzanne, Scipion Cobelluzzi, une lettre
datée du 30 juin 1625 — quatre jours après les louanges que nous
venons d'entendre. Elle contenait le résultat du travail entrepris
par la congrégation du Concile sur les décrets de la province de
Bordeaux. Conformément aux ordres donnés par Sa Sainteté, les
Illustrissimes Pères interprètes du Concile de Trente avaient soigneusement et mûrement examiné et revu les décrets soumis à leur
examen, et tout en reconnaissant qu'ils témoignent de la prudence,
de la piété et du zèle du métropolitain pour la religion et pour le
Saint-Siège, on avait cependant jugé nécessaire d'y faire quelques
changements et quelques corrections : *Visum fuit nonnihil immutatum atque emendatum.* Ainsi corrigé, le Concile, poursuit le cardinal
de Sainte-Suzanne, pourra être publié et mis à exécution pour le
bien des peuples, pour la restauration et la conservation de la discipline ecclésiastique (2). Les mêmes choses, à peu près, étaient

---

(1) *Collect. des pr.-verb. des Ass. gén. du clergé de France;* Paris, 1768, t. II, p. 488.

(2) *D crota concilii provinc. Burdigal.,* p. 117, 118. La lettre est contre-signée
de Prosper Fagnani, secrétaire de la Congrégation du Concile et célèbre canoniste,
surnommé, à cause de sa cécité jointe à sa profonde science, *cæcus oculatissimus.*

écrites à l'archevêque de Bordeaux, le 14 juillet, par le cardinal
Bentivoglio, et le 17 du même mois par Antoine Barberini, cardinal
de Saint-Onuphre. D'après le cardinal Bentivoglio, la Congrégation
s'était réunie trois fois pour la seule affaire du Concile; les décrets
en avaient été examinés un à un, et pour les apprécier sainement, on
avait eu soin de tenir compte des temps et des lieux pour lesquels
ils étaient portés. Néanmoins, ajoutait le cardinal, quelques-uns de
ces décrets ont été biffés comme dépassant le pouvoir d'un Concile
provincial; d'autres ont été ramenés aux prescriptions des sacrés
canons et en particulier du Concile de Trente (1).

En considérant les marges de son Concile revenu de Rome,
comme l'y invitaient les cardinaux Romains, le cardinal de Sourdis
dut voir avec stupeur que le *nonnihil immutatum* du cardinal de
Sainte-Suzanne était un léger euphémisme. L'archevêque de Bordeaux put, en effet, compter *douze* décrets entièrement supprimés et
trente-cinq profondément modifiés, les uns par addition, les autres
par substitution : total : QUARANTE-SEPT corrections plus ou moins
radicales : *en quàm magnam traxêre ruinam!*

En présence de ces ruines, le cardinal de Sourdis crut devoir présenter quelques plaintes à la Congrégation, et solliciter d'elle un
nouvel examen. Elle voulut bien condescendre à une nouvelle révi-
sion; mais elle ne trouva rien à changer à ses résolutions antérieures,
et elle chargea le cardinal de Sainte-Suzanne de le notifier au cardinal de Sourdis (2).

Pendant que Rome censurait ainsi le Concile de 1624, à Paris, au
contraire, l'admiration qu'il excitait déterminait les évêques de
l'Assemblée à en solliciter l'impression.

Il parut en un volume in-8°, de 248 pages, avec une préface de
l'imprimeur royal (Antoine Etienne), fort élogieuse pour le Cardinal
et pour son œuvre. Le privilège fut donné le 4 septembre 1625, deux
mois environ après la première lettre du cardinal de Sainte-Suzanne
(30 juin), et deux mois également avant la seconde (1er novembre 1625). Aussi, tandis que, dans le frontispice de l'édition du
Concile de 1583, donnée en 1623 par le cardinal de Sourdis, on lit
que les décrets en ont été approuvés par le Saint-Siège, *à Sancta
Sede apostolica approbata*, la première édition du Concile de 1624,
au contraire, ne porte rien de semblable.

(1) *Decreta concilii provinc. Burdig.*, p. 119.
(2) *Ibid.*, p. 122.

Mais, en 1728, un imprimeur bordelais voulant rééditer ces deux Conciles, et ignorant sans doute ce qui s'était passé entre le cardinal de Sourdis et la Congrégation du Concile, mit en tête du volume un titre où l'approbation du Saint-Siège tombe sur les décrets de 1624, aussi bien que sur ceux de 1583 : *Decreta conciliorum provincialium annis 1583 et 1624 Burdigalæ celebratorum a Sancta Sede apostolica approbata* (1). C'est là, sans doute, ce qui aura porté D. Devienne, parlant des décrets de 1624, à dire que le Pape « les approuva » (2). Enchérissant encore sur l'historien de la ville de Bordeaux, M. Ravenez a écrit : « Malgré l'éclat et la solennité de cette réunion, la malignité des parlementaires trouva à s'exercer sur les actes qui furent élaborés. On fit courir le bruit qu'un certain nombre d'entre eux furent rejetés ou retouchés par le Sacré-Collège; il est vrai, *au contraire*, que les décrets du Concile furent approuvés dans toute leur teneur » (3). Et pour confirmer cette dernière assertion, M. Ravenez cite en note *Gaufreteau, Mémoires manuscrits*. Or, la *Chronique* de Gaufreteau dit, *au contraire*, que le Concile de 1624 « ayant esté rédigé par escrit, fust envoyé à Rome pour estre approuvé; dans lequel plusieurs choses ne furent pas agréables à la Congrégation et partant furent réformées » (4). La *Chronique* de Gaufreteau était encore inédite, et rien ne faisait prévoir sa publication, lorsque M. Ravenez croyait pouvoir impunément y renvoyer ses lecteurs; il faut croire qu'il a mieux lu ou cité plus exactement les autres manuscrits qui ont passé par ses mains, et qui..... ne seront jamais publiés.

Aujourd'hui d'ailleurs il n'est plus possible de révoquer en doute la mésaventure arrivée au Concile de 1624. On connaît le nombre et la nature des corrections qu'il a subies, depuis que la Société des Archives historiques de la Gironde les a publiées avec leurs raisons et les lettres que j'ai citées dans ce paragraphe (5). En comparant le texte primitif avec le texte corrigé, il est aisé de constater,

(1) C'est le texte non approuvé et non corrigé du Concile de 1624 qui a été reproduit par Odespun (*Concilia novissima Galliæ;* Paris, 1646, in-fol. p. 629-674) et par Coleti t. XXI, p. 1500 et suiv.), ainsi que dans l'édition donnée à Luçon en 1850.

(2) *Histoire de la ville de Bordeaux,* t. II, p. 132.

(3) *Histoire du cardinal de Sourdis,* p. 492.

(4) *Chronique Bordeloise,* t. I, p. 134.

(5) *Archives historiques de la Gironde,* t. XVII, p. 377 et suiv. Il a été tiré à part cinquante exemplaires de cette partie du volume, sous le titre cité plus haut.

ainsi qu'on l'a dit, « les tendances de cette époque mémorable, soit en France, soit à Rome » (1). Il y aurait là matière à une étude intéressante; mais ce travail a été fait par M. l'abbé Gilly dans la *Revue des Sciences ecclésiastiques* (2), et l'on me saura gré d'y renvoyer mes lecteurs.

Je ne puis non plus mieux finir, qu'en empruntant au savant critique les paroles par lesquelles il termine lui-même son article : « Le concile (de 1624), dit-il, est une œuvre remarquable à plusieurs égards. Mais l'esprit du temps, l'esprit français se font jour à travers certains décrets; et si l'on ne peut en vouloir au cardinal de Sourdis de s'être laissé inspirer parfois par le milieu dans lequel il vivait et par les idées qui commençaient à avoir cours dans l'Église de France, on ne peut pas non plus en vouloir à la Congrégation du Concile d'avoir relevé les imperfections de cette œuvre. Telle qu'elle est publiée aujourd'hui, avec les corrections qui l'accompagnent, elle nous apparaît comme l'un des meilleurs travaux de l'Église de France, au xviie siècle. C'est, sous certains rapports, l'une des premières manifestations de l'esprit français ; mais c'est aussi sous un autre rapport, l'une des plus sages applications des réformes édictées par le Concile de Trente. Si l'Assemblée du clergé de France de 1625 avait eu la sagesse d'attendre, pour s'emparer de ce concile et pour le publier, qu'il fût revenu de Rome avec les corrections qu'on lui fit subir, l'Église de France l'aurait reçu entièrement dégagé de tout ce qui reflétait trop spécialement son esprit particulier, et peut-être l'assemblée de 1682 se serait-elle montrée moins docile à accepter les errements vers lesquels elle fut poussée (3) ».

(1) *Revue des sciences ecclésiastiques*, t. XXXVII, p. 46.
(2) *Loc. cit.*, p. 44-63.
(3) *Loc. cit.*, p. 62, 63.

XX

LETTRES INÉDITES

des PP. B. Jacquinot, F. Duduc, P. Coton, etc.,

au P. L. RICHEOME, de la Compagnie de Jésus.

La ville de Bordeaux a récemment acquis, grâce à la vigilante sollicitude de ses zélés bibliothécaires, des plaquettes et des papiers fort précieux provenant de la bibliothèque de M. de Lamontaigne, Conseiller au Parlement de Bordeaux dans la seconde moitié du xviiie siècle. Parmi ces papiers, il y a quelques lettres adressées au P. Louis Richeome, de la Compagnie de Jésus, par quelques-uns de ses confrères. Je publie aujourd'hui celles qui m'ont paru plus importantes ou plus intéressantes par leur contenu et par le nom de leurs signataires. Je ferai connaître ceux-ci à mesure que je les présenterai. Quant au P. Richeome, correspondant de tous, s'il ne tient pas à Bordeaux par son berceau, étant né à Digne en Provence en 1544, il tient à notre ville, et par les nombreux services qu'il lui rendit pendant les séjours multipliés qu'il y fit, et par l'impression de ses écrits dont la plupart sont sortis des presses de Simon Millanges, et par sa tombe enfin, car il mourut à Bordeaux, en 1625, avec une grande réputation de piété. De son temps, on le surnomma le Cicéron français. La liste de ses ouvrages est trop longue pour être insérée ici. Après avoir été deux fois provincial, il devint assistant de France à Rome en 1608, et c'est ce dernier titre qui lui est donné le plus souvent dans la suscription des lettres que l'on va lire.

I. — Lettre du P. Jacquinot (1).

Pax Christi

Mon R. P.; Les tristes nouvelles du malheureux parricide commis en la personne du Roy defunct notre bon prince, que Dieu absolve,

---

(1) Barthélemy Jacquinot, né à Dijon en 1569, embrassa l'institut de S. Ignace à dix-huit ans. En 1610, il était supérieur de la maison professe de Paris. (Cf. P. Prat,

auront desja estonné V(ostre)R(everence). Je ne me suis pas hasté
de les envoyer, scachant bien que les postes qui ont couru de tous
costés des la nuict mesme previendroient ma diligence; et ce que
j'eusse mandé n'eust esté qu'un bruit confus, tel qu'il couroit par
les bouches du peuple tout effrayé. Jay donc attendu, pour les
mander et plus certaines et mieux particularisées.

M. D'Espernon (à qui le Roy parloit quand il receut le coup de la
mort) nous conta le lendemain en son logis, que de long temps il ne
l'avoit veu si allegre, et qu'ayant renvoyé ses gardes, il tiroit à l'ar-
cenal pour s'y aller proumener, et que par les chemins aupres du
cimetière des Innocens, en une petite rue nommée la Ferronnerie,
ayant rencontré une charrette d'un costé, et quelques balles de marchandise de l'autre, son carrosse estant par ce moyen arresté, le
malheureux qui le suivoit avec dessein de son sacrilege coup,
s'advança, et montant sur la rouë, luy saigna une bayonnette dans
le sein, et redoubla son coup, avant qu'aucun de la compagnie s'en
fust apperceu. Au premier coup, le Roy dict quil estoit blessé, mais
que ce n'estoit rien. Le troisiesme se donnoit, qui fut arresté par
M. le Duc de Montbason (1), et cependant le pauvre prince jettant le
sang par la bouche, perdit entierement la parole, et tost apres la
vie. M. de Guyse (2) accourut incontinent au Parlement, offrant son
service pour le bien de l'Estat; autant en fit, presque a mesme heure,
le dict sieur d'Espernon; et la Royne, sage et vigilante princesse,
ayant essuyé ses larmes, s'y transporta aussi tost, qui par arrest y
fust declarée Regente (3). Le lendemain, le Roy seant en son lict de
justice, recogneu de tous les ordres pour vray et legitime successeur
de son pere, confirma par la bouche de Monsieur le Chancellier le
dict arrest; et depuis, la chose allant tousjours de mieux en mieux,
nous n'avons veu que paix et reconciliation d'inimitiés, qui sem-

*Recherches historiques et critiques sur la Compagnie de Jésus en France du
temps du P. Coton;* Lyon, 1876, t. III, p. 441 et suiv.) Il ne faut pas le confondre
avec le P. Jean Jacquinot, né aussi à Dijon, entré au noviciat des Jésuites en 1602,
et auteur de l'ouvrage estimé qui a pour titre : *La gloire de S. Joseph représentée
dans ses principales grandeurs* (Dijon, 1645, in-4°).

(1) Louis de Rohan, créé duc de Montbazon en 1588 par le roi Henri III, et qui se
distingua dans les guerres de son temps.

(2) Charles de Lorraine, duc de Guise, marié, le 6 janvier 1611, à Henriette-Cathe-
rine, duchesse de Joyeuse, comtesse du Bouchage, veuve du duc de Montpensier.

(3) Cet arrêt est rapporté par Pontchartrain dans ses *Mémoires* (Collect. Michaud
et Poujoulat, 2° série, t. V, p. 208).

bloient auparavant irreconciliables; tellement qu'il semble que la divine bonté nous a voulu consoler de ce grand bien en contr'eschange du grand mal qu'avoit causé la parricide main de ce sacrilege, qui doit estre aujourd'huy jugé et executé, à ce que je viens d'apprendre.

A ce mesme jour du lendemain, j'allay, sur l'apres disnée, au Louvre, donner de l'eau beniste au deffunt, ou je recogneus de quelle affection il avoit esté aymé de son peuple. Ce nestoient pas seulement larmes, c'estoient des cris qui eussent fendu les cœurs les plus endurcis. Sur le tard, Monsieur de la Varennes (1) nous vint prendre dans trois carrosses (car il pleuvoit d'une façon non commune), et nous mena en corps pour prendre le cœur qu'il avoit, selon son affection, demandé pour estre porté à la Fleche. Après avoir salué le Roy et la Royne, Monsieur le Prince de Conty, comme Prince du sang, nous le donna tout fondant en larmes : revestu d'un surplis et de l'estole, je le receus, au nom de toute nostre compagnie, a genoux; puis suivis par grand nombre de noblesse, nous revinsmes dans les carrosses. Monsieur de Vitry (2) nous donna des suisses et autres des gardes pour nous accompaigner. Deux gentilshommes porterent deux flambeaux a la teste de celuy ou nous estions. Le P. Sirmond (3) y tenoit la croix, le P. Alexandre assis aupres de luy de mesme costé; a l'autre, estoient le P. Cotton et le P. Comolet; moy estois au fond, tout seul, portant le cœur sur un coussin paré de noir. Le carrosse estoit celuy mesme du Roy, et le lieu ou j'estois, estoit celuy ou le pauvre Prince avoit receu le coup de mort. Trois autres carrosses suyvoient apres. En cest équipage, nous arrivasmes a nostre esglise de Saint-Louys, ou ayant faict quelques prieres convenables a ce deuil, nous y reposons le cœur, qui y est encore visité de toute la ville, qui y accourt pour le voir. Apres chaque

---

(1) Fouquet de la Varenne, gouverneur d'Angers et général des Postes de France, qui fut pour la Compagnie de Jésus un bienfaiteur constant et dévoué. C'est lui qui avait rappelé à la Reine « que le feu Roi avait exprimé la volonté que son cœur reposât, après sa mort, dans l'église du collège de la Flèche. » (Prat, *Recherches*, t. III, p. 219, 714 et suiv.)

(2) Louis Gallucio de l'Hospital, marquis de Vitry, l'un des guerriers les plus distingués du règne de Henri IV, mort en 1611, laissant deux fils qui, tous deux, furent maréchaux de France.

(3) Jacques Sirmond, né à Riom le 22 octobre 1559, un des plus savants hommes qui aient honoré la Compagnie de Jésus. (Cf. De Backer et Sommervogel, *Bibliothèque des écrivains de la Compagnie de Jésus*, art. *Sirmond*.)

messe du Grand autel, nous disons un *De profundis* devant iceluy, et apres disner, un psautier pour l'ame du defunct. Je croy que bien tost nous le porterons a la Fleche.

Je finirois icy, n'estoit qu'on nous advertit que courrent fort mauvais bruits sur ce qu'un de nos peres (c'est le P. d'Aubigné) a esté interrogé par Messieurs de la Court, et a la troisième fois confronté au criminel. La Royne l'ayant sceu, a dit au Pere Cotton, que c'estoit *una burla* (1). Et la deposition de ce malheureux a esté qu'il avoit cogneu le dict Père pour un bon religieux, et que jamais il ne luy avoit rien communiqué de son dessein, et que mesme il ne s'estoit jamais confessé a luy (2), de sorte qu'il semble que Dieu ayt permis ce qui s'est passé en cecy pour plus grande gloire de la Compagnie, et pour nostre entier deschargement envers les meschans, qui scachant cecy n'auront plus que dire. La Royne desire que le P. Cotton demeure tousjours aupres du Roy, comme de faict il y est d'ordinaire. Elle a demandé aussi le P. Gontery (3), lequel est revenu aussy tost de Chasteaudun, ou il avoit esté envoyé sept ou huict jours auparavant. La dicte Dame semble estre bien affectionnee a nostre compagnie. Prions Dieu, M. R. P., pour ceste monarchie, affin qu'il la benisse de la continuation de la paix, et n'oublions point l'ame de nostre singulier bienfaiteur. Je recommande les necessités de la mienne a ses SS. SS. A Paris, ce 24 may 1610. De V. R., le fils et serviteur bien humble en N.-S. — JACQUINOT.

Demain l'on commencera a donner la question au criminel. La Royne a desiré qu'on continuat a luy donner a trois divers jours. Nostre innocence est decriée, qui prevaudra, ainsi que nous esperons de Dieu, contre la hayne de quelques uns. Le R. P. Baltazar (4) est

---

(1) *Burla*, moquerie, jeu : nous dirions aujourd'hui vulgairement, *une mauvaise plaisanterie*.

(2) Ce qui n'empêche pas Pierre de L'Estoile, notoirement hostile aux Jésuites, d'écrire dans son Journal : « Ung pere Jesuite, nommé D'Aubigni, *qui l'avoit confessé*, et qui pour cela avoit esté mis en arrest, lui fut confronté ; mais ils en sortirent tous deux à leur honneur. » (*Mémoires-Journaux de Pierre de L'Estoile*; Paris, 1881, t. X, p. 251).

(3) Jean Gontery, né à Turin en 1562, entré en religion en 1584, fit le quatrième vœu des profès à Bordeaux, le 1er septembre 1602, entre les mains du P. Gentil, provincial d'Aquitaine. En 1614, sur la demande du cardinal de Sourdis, le P. Gontery fut envoyé à Bordeaux, où il prêcha et écrivit plusieurs ouvrages contre Gilbert Primerose et Cameron, ministres de Bordeaux et de Bègles. (Prat, *Recherches, passim*, et surtout t. III, p. 516-523. — De Backer, *Bibliothèque*, art. *Gontery*).

(4) Christophe Baltazar fut successivement provincial des provinces de Lyon, d'Aquitaine, de Paris, et Assistant de France à Rome. Le P. Prat cite de lui une lettre datée de Bordeaux, le 11 avril 1605 (*Recherches*, t. II, p. 325, 326).

arrivé. Lundy prochain, lendemain de la Pentecoste, nous sortirons
de ceste ville, environ une vingtaine, pour aller conduire le cœur du
feu Roy, nostre bon Seigneur et Pere, a la Fleche. M. le duc de
Montbason et M. de la Varenne viendront avec nous. La Royne
donne a cet effect 4 carrosses et des gardes. Je prie V. R. m'excuser
si j'ay emprunté la main d'aultruy (1). Les affaires extraordinaires
en sont la cause.

*Reverendo in Christo Patri P. Ludovico Richeomo, Societatis Jesu
Assistenti. Romam.*

II. — Lettres du P. Fronton Duduc (2).

Pax Christi

Mon Reverend Pere; Ayant escrit au long à nostre Pere (général)
ce qui est advenu durant l'absence des nostres qui sont allez à la
Flesche, je ne vous escriray qu'un mot pour prier V. R. de minuter
quelque beau discours de la majesté et autorité sacro-saincte des
Roys, refutant et desadvouant l'opinion de Mariana (3), et lavant
les faicts et gestes de nostre bon Roy Henri IIII, que Dieu absolve;
car tout le monde requiert cela de nous pour effacer cette tasche de
nostre reputation, de soustenir l'opinion contraire au concile de
Constance, à cause du livre de Mariana qui nous a excité une si
grande tempeste, conjointement avec l'*Amphitheatrum honoris* (4).

(1) Il n'y a que ce *post-scriptum* et la signature de la lettre qui soient de la main
du P. Jacquinot. Les autres lettres qui suivront celle-ci sont toutes autographes.

(2) Fronton Duduc, né à Bordeaux en 1558, d'un Conseiller au Parlement, entra
au noviciat des jésuites à Verdun le 12 octobre 1577, et fit ses premiers vœux à
Pont-à-Mousson, le 13 octobre 1579. Il est surtout célèbre par ses notes sur les ouvrages des Pères et par son édition des Œuvres de Saint-Jean Chrysostôme. Voir
dans Niceron (tom. XXXVIII, pag. 103-139) l'excellent article que lui a consacré le
P. Oudin. On a publié dans les *Archives historiques de la Gironde* (t. XIX,
p. 540-542) une lettre très-vigoureuse adressée de Paris, le 6 février 1610, par le P.
Fronton Duduc, à M. de Massiot, Conseiller au Parlement de Bordeaux. J'ajoute
que le célèbre jésuite était dans cette dernière ville en 1617, et qu'il y prêcha
l'Octave du Saint-Sacrement dans l'église de Saint-Rémi.

(3) Jean Mariana, né en 1537 à Talavera, au diocèse de Tolède, admis dans la
Compagnie de Jésus le 1er janvier 1554, mourut le 17 février 1624. Son traité *De
Rege et Regis institutione*, imprimé pour la première fois à Tolède en 1599, est
demeuré célèbre à cause des attaques dont il a été l'objet de la part des ennemis
des jésuites, qui y ont vu la doctrine du tyrannicide.

(4) *Clari Bonarscii Amphitheatrum honoris, in quo Calvinistarum in Socie-
tatem Jesu Criminationes jugulatæ*; Palaeopoli Advaticorum, 1605, in-4o. L'au-

Il fault donc faire corriger tels libvres, aultrement nous ne serons jamais asseurés chez nous en France. On a expliqué en françois à la Royne le chapitre 6 du 1 livre de Mariana, qui loue le parricide de Henri III (1); et neantmoins, à cause que la Grand'Chambre a faict larrest avant hier sans en advertir le Conseil privé, ordonnant que le livre sera bruslé de la main du bourreau en Grève, ce qui fut executé le mesme jour, la Royne a faict appeler le premier president et quelques aultres, et a esté commandé d'effacer le dict arrest du registre, à ce qu'on m'a mandé ce jourd'huy. J'estois demeuré à Paris avec le P. Comolet, à cause que je ne puis souffrir l'agitation du carrosse, et avons bien eu de la peine. Il semble que Dieu aye permis ce desordre afin que cela nous face obtenir une evocation generale de ceste Grand'Chambre, si irritée contre nous, à quelque aultre. Mais le principal motif qui fait enrager nos ennemys, est que le P. Cotton est choisi confesseur du Roy et pour l'instruire en la pieté durant la messe.

C'est chose merveilleuse combien ce prince (Henri IV) est regretté par toute la France. Les paysans mesme (surtout) de Gascogne deplorent son lamentable decès; et rien ne donna tant dans l'ame du parricide pour luy faire recognoistre son crime, que lors que le peuple refusa de chanter *Salve, Regina,* avec son confesseur, et qu'il recognut à la parole et visage de touts, qu'on l'eust voulu veoir brusler en enfer. Si ne fut il pas possible de brusler ses membres divisés par les chevaux, car le peuple les print et traisna par les rues, les portant à la voyrie. On fera les funerailles et obseques royales sur la fin de ce moys (2). Le marché est faict de cinq cents mille livres, tant pour luy que pour le defunct roy Henri III, sa mere et sa femme. Le frere

teur de cet ouvrage est le P. Charles Scribani, jésuite d'Anvers. « On sollicita vivement Henri IV de faire brûler ce livre ; celui-ci pour toute réponse écrivit à l'auteur une lettre d'éloge, accompagnée de lettres de naturalisation. » (De Backer, art. Scribani. — Prat, *Recherches,* t. II, p. 438-447).

(1) Le P. Fronton Duduc semble ici *lâcher* Mariana : cependant, le P. Prat dit que « l'auteur citait la fin tragique de Henri III, coupable de l'assassinat du duc et du Cardinal de Guise, et de tant d'autres méfaits contre les intérêts religieux de son peuple; mais il ne faisait pas, si on l'entend bien, l'apothéose de l'assassin » (*Recherches,* t. III, p. 243).

(2) Le corps du roi fut porté du Louvre à Notre-Dame le mardi 29 juin 1610, et de Notre-Dame à Saint-Denis le mercredi 30 du même mois. Quelques jours auparavant, la Reine avait fait apporter le corps de Henri III, qui était en dépôt dans l'église de Saint-Corneille de Compiègne. Il fut reçu à Saint-Denis le 23 juin et enterré avec les cérémonies ordinaires.

bastard du Roy mourut quelques jours après luy (1). La Royne a donné son abbaye de Marmoutier à Conchini (2), et celle de S. Florent à Mons. De Souvré, gouverneur du Roy en son jeune eage (3).

Je prie V. R. permettre que nostre frere Fr. de la Vie (4) se contente de mes recommandations pour ce coup, l'advertissant que je desire estre informé de la *Catena Græcorum in Psalmos* (5), si elle s'imprime à Venise, et si M. Vincenzo Laurifici m'a envoyé *Iambica Gregorii* (6); car je n'ay point veu M. Fleurance (7) par de çà. Je lui recommande aussi la correction de Maldonat *in Danielem,* que Cardon luy envoyera afin qu'il le face conferer avec l'original (8); et qu'il vous face sou-

(1) Charles de Bourbon, fils d'Antoine de Bourbon, roi de Navarre, et de Louise de la Berandière. Il fut successivement évêque de Comminges, puis de Lectoure, et archevêque de Rouen, et mourut dans son abbaye de Marmoutiers le 15 juin 1610.

(2) Ou plus exactement à Sébastien Galigaï, nommé la même année à l'archevêché de Tours, et frère de la célèbre Léonora Galigaï, femme de *Concini,* maréchal d'Ancre, tué le 24 avril 1617, par ordre du Roi. M. Tamizey de Larroque a publié dans la *Revue des questions historiques* (1869, 1er avril, p. 348-349), un billet de Léonora Galigaï au cardinal de Sourdis, en même temps qu'il a achevé de fixer l'opinion des esprits sérieux touchant « *Un mot apocryphe de la maréchale d'Ancre* ». D'un autre côté, M. Jal a recueilli quelques renseignements pouvant servir à la biographie de Sébastien Galigaï, dans l'article *Concini* de son *Dictionnaire critique de biographie et d'histoire;* 2e édition. Paris, 1872, p. 417.

(3) Gilles, marquis de Souvré, un des seigneurs les plus honorables de la Cour et même de la noblesse, fut nommé abbé de S. Florent de Saumur, au diocèse d'Angers, le 25 juin 1610, et mourut le 19 septembre 1631, après avoir été évêque de Comminges, puis d'Auxerre, et trésorier de la Sainte-Chapelle.

(4) « François de La Vie, né à Bordeaux en 1580, reçu au noviciat de Lorraine, professa la Philosophie et les Cas à Pont-à-Mousson et à Verdun. Il fut préfet des études à Dijon, recteur à Metz, à Pont-à-Mousson et à Dijon. Il y mourut le 4 octobre 1650. » (De Backer, *Bibliothèque,* seconde édition, t. III, col. 1371. Voir *ibid.* la liste des écrits composés par le P. Fr. de La Vie). Il était apparemment à Rome avec le P. Richeome, lorsque le P. Fronton Duduc écrivait à ce dernier sa lettre du 10 juin 1610. Le P. de La Vie prêcha dans l'église Saint-Rémi de Bordeaux l'Avent de 1635 et le Carême de 1636.

(5) *Catena in Psalmos ex auctoribus ecclesiasticis plus minus septuaginta, iisque partim græcis partim latinis, connexa, nunc primùm ab Andreá Lippomano in lucem edita;* Romæ, in ædibus populi Romani, 1585, in-fol.

(6) Je conjecture que le P. Fronton Duduc veut ici désigner les poëmes en vers iambiques de Saint Grégoire de Nazianze, peut-être même le recueil imprimé à Anvers par Plantin, et intitulé : *Sententiæ et regulæ vitæ ex Gregorii Nazianzeni scriptis collectæ : ejusdem* IAMBI *aliquot nunc primum in lucem editi per Jo. Sambucum ;* 1568, in-3°.

(7) David Rivault de Flurance, appelé communément De Flurance-Rivault, dut à sa capacité et à sa vertu d'être choisi, le 4 novembre 1612, pour précepteur en chef du roi Louis XIII, après la mort du savant Nicolas Le Febvre. Cf. Niceron, t. XXXVII, p. 316-325.

(8) Horace Cardon, libraire de Lyon, publia en 1611 le commentaire dont il est

venir d'escripre au P. Recteur de Bourdeaux, que nostre P. General n'a point accoustumé de disposer de l'argent qui est mis en depost, et non pas à sa disposition, me recommandant au reste à vos saints sacrifices. De Paris, ce 10 juin 1610. Vostre humble serviteur en N.-S. — FRONTON DUDUC. — Je vous envoye l'arrest (1) contre le parricide compatriote de Jean Poltrot (2).

Reverendo Patri in Christo P. Ludovico Richeomo, provinciarum Galliæ apud P. Generalem Societatis Jesu Assistenti. Romam.

Pax Christi

Mon Reverend Pere; Bien que V. R. puisse avoir peult estre plus tost lettres et nouvelles de Bourdeaux par la voye de Limoges et Lyon que de ces quartiers, ayant neantmoins receu la vostre derniere de Rome, et adverti par le R. P. Cotton que V. R. s'acheminoit bientost en Guyenne, j'ay voulu envoyer ce mot de lettre à Lyon, afin qu'il vous salue et bienveigne (3) entrant en France, et vous donne advis que nous avons eu une courte joye quand on nous dict que Mons. de Gourgue (4) avoit esté nommé par la Royne Mere, pour estre premier president à Bourdeaux, au lieu de M. Mangot (5), qui est maintenant l'un des quatre secretaires d'Estat. Mais à cause qu'il falloit donner soixante mille escus, il ne l'a voulu accepter, et dict on qu'il se veult encores desfaire de son estat de president, ce que je desirerois que V. R. luy dissuadast, pour le plus grand bien du païs et de la Reli-

ici parlé, avec ce titre : *Joannis Maldonati, Societatis Jesu Theologi, Commentarii in Proph tos I V, Jeremiam, Ezechielem, Baruch et Danielem*, in-4º.

(1) On peut lire cet arrêt dans Pierre de L'Estoile (*Mémoires-Journaux*, édit. citée, t. X, p. 255, 256).

(2) Jean Poltrot de Méré, assassin de François de Lorraine, duc de Guise, était de l'Angoumois comme Ravaillac, lequel était né à Angoulème, en 1578 ou 1579.

(3) De *bienveigner*, souhaiter la bienvenue. Ce joli verbe, que j'ai rencontré aussi dans un imprimé de 1603, ne figure pas dans le *Dictionnaire* de la langue française de M. Littré.

(4) Marc Antoine de Gourgue, d'abord conseiller au Grand Conseil le 17 août 1596, maître des Requêtes le 10 mai 1604, Président à mortier au Parlement de Bordeaux en 1614, après Louis de Gentils, baron de Cadillac mort en 1613, fut enfin nommé premier Président le 27 décembre 16·6. J'en ai parlé dans la sixième note de mon article intitulé : *Les combats de Soulac et de Saint-Vivien racontés par des témoins oculaires.*

(5) Claude Mangot, seigneur de Villarceau, succéda au premier Président de Nesmond le 25 janvier 1616 ; mais ayant été nommé Secrétaire d'État et Garde des Sceaux, il laissa la place à Marc-Antoine de Gourgue, qui fut installé le 2 janvier 1617.

gion en ces quartiers là, qui recueilliront aussi ce fruict de vostre
presence, que vous pourrés faire avec Mons. le cardinal de Sourdis
qu'il ne soit si fascheus aux nostres. Car il soustient tellement le curé
de Saint-Macaire (1) et aultres semblables qui ont affaire avec nous,
que les nostres ont esté contraincts d'appeler de ses Ordonnances à
la Cour comme d'abus.

On dict que Mons. d'Espernon faict merveille en Sainctonge, traictant les pretendus reformez comme il appartient, et entre aultres
lieux à Sᵗ-Amand pres Angoulesme, où ils avoient entrepris de faire
le presche, oultre la permission des Edicts du Roy : ce qu'estant
remonstré au dict sieur, il a commandé aux garnisons voisines de
tailler tout en pieces s'ils s'assembloient plus à Saint Amand, et a
faict publier son commandement, ou pour le moins insinuer *ad aurem*
ceste monition aux Ministres, qui se sont bien gardez d'y retourner
plus. Icy nous tenons pour asseurée la paix, et que les princes sont
touts contents, toutes les places estant rendues au Roy, desquelles
on se doubtoit (2).

Les libraires sont revenus de Francfort, et nous attendons les livres
nouveaux dans peu de jours (3). On imprime le S. Basile en grec et
en latin en ceste ville (4), et le cinquiesme tome de S. Jean Chry-
sostome est achevé. On n'attend plus pour le publier, que les deux
sermons grecs que le P. Sirmond nous apporte de Rome, et si d'adventure il s'arrestoit trop en cerchant les restes et antiquitez des
Conciles, à fouiller les masures et amphitheatres de ceste ancienne
ville de Digne, dont il est faict mention au premier concile general (5), ou bien à contempler les grandes arches du pont d'Avi-

---

(1) Depuis que le Cardinal de Sourdis avait uni le prieuré de Saint-Macaire au
collège des Jésuites de Bordeaux, il y avait presque toujours conflit entre le recteur
de ce collège et le vicaire perpétuel du prieuré.

(2) L'Édit de Pacification, appelé Édit de Loudun, avait été signé dans cette ville
le 6 mai 1616, et publié au Parlement de Paris dans le mois d'août de la même
année.

(3) La seconde foire de Francfort-sur-le-Mein se tenait en automne, et la première au printemps.'

(4) Il sortit en 1618, des presses de Claude Morel, avec des notes du P. Fronton
Duduc, 3 vol. in-folio.

(5) Parmi les souscripteurs au symbole du Concile de Nicée, on trouve *Nicasius
Diniensis* (Hardouin, *Conciliorum collectio regia maxima*; Parisiis, 1715, t. I,
col. 319). Mais Gassendi (*Notitia ecclesiæ Diniensis*, Part. II, Cap. VIII, Oper. t. V,
p. 677, 678.), et après lui les Bénédictins de S. Maur (*Gallia christiana*, t. III,
col. 1112), prouvent qu'il faut lire. *Diensis*, et que le seul évêque des Gaules qui

gnon (1) ou du pont du Gard (2), et que d'adventure il ne fist estat d'estre icy en novembre, je vous prie luy faire sçavoir le desir que nous avons de recouvrer ces deux sermons, et que nous le prions de les nous envoyer, pour ne differer plus longtemps la publication dudict livre.

Monsieur de Peyresc, conseiller d'Aix en Provence, est encore en ceste ville, et ne s'en retournera que son proces ne soit fini (3), qui peult estre ne sera terminé avant la S. Martin, de quoy il est bien marry, et qu'il ne vous peut traicter tous deux en sa maison. C'est un bon provençal et nostre amy intime, faisant ce qu'il peut pour nous envers Mons. le Garde des Sceaux (4). Je le recommande avec moy à vos saints sacrifices et prieres, ensemble à celles du P. Sirmond, s'il vous rencontre encore par dela. Vostre humble frere et serviteur selon Dieu. — FRONTON DUDUC. De Paris, ce 16 octobre 1616.

A Reverend Pere, le P. Louis Richeome, de la Compagnie de Jesus, à Lyon.

III. — Lettres du P. Coton (5).

Pax Christi

Mon Reverend Pere; *Labor labori succrescit, tempestas tempestati.* En mesme temps que l'on persecutoit à outrance nostre compagnie

assista au premier Concile œcuménique fut saint Nicaise, évêque, non de Digne, mais de *Die* en Dauphiné, diocèse suffragant de la province de Vienne (Cf. Hauréau, *Gallia christiana*, tom. XVI, col. 511).

(1) Bâti de 1177 à 1188 par saint Benezet, le pont d'Avignon avait alors dix-neuf arches : il n'en reste plus que quatre aujourd'hui.

(2) Le pont du Gard, qui continue à faire l'admiration des touristes, est la partie la plus remarquable d'un magnifique aqueduc que l'on rapporte à Agrippa, gendre d'Auguste.

(3) Ce procès avait pour objet les droits de la seigneurie de Rians, acquise par la famille de Peiresc.

(4) Guillaume Du Vair, ami intime de Peiresc (Cf. *Lettres inédites de Guillaume Du Vair*, publiées par M. Tamizey de Larroque; Marseille, 1873, in-8°, p. 22 et 25). Autrefois élève des jésuites au collège d'Avignon, Nicolas Fabri, seigneur de Peiresc, était sans doute heureux de pouvoir acquitter sa dette de reconnaissance envers ses anciens maîtres. Il rendit aussi plus tard au P. Fronton Duduc des services littéraires que le savant jésuite dut grandement apprécier. (V. Gassendi, *Vita Peireskii*, lib. III, *Oper.* t. V, p. 285, 286).

(5) « Pierre Coton, jésuite célèbre, l'ami et le confesseur d'Henri IV, né en 1564, à Néronde en Forez, entra au noviciat à l'âge de dix-neuf ans. Il passa par les emplois les plus distingués de l'Ordre, et se fit une réputation immense en France et en Italie » (De Backer et Sommervogel, *Bibliothèque*, art. Coton — Voir aussi et surtout le P. Prat, *Recherches*, 5 vol. in-8°).

en l'establissement du collège (1), on a jetté les yeux sur l'illme Bellarmin, arrest donné au Parlement, tel que V. R. le verra (2). Monsieur le Nonce (3) remue, demande son congé, remoustre, faict tant que le Conseil a prononcé sentence de suspension touchant la publication et l'execution dud. arrest (4). J'en esperois avoir la copie, mais le courrier ne me permet de la retirer. Ce sera pour mardi, Dieu aydant. Cependant, si le Parlement continue, nous voila au schisme, et je ne vois rien de certain par là humainement, si les alliances ne se font promptement avec l'Espaigne, et ce devant l'assemblée politique des Religionnaires, obtenue par intimidation et assignee au moys de may. Je n'ay presentement autre loisir à cause de l'*Anticoton* (5). V. R. fera pour la gloire de Dieu et pour la compagnie, si elle fait scavoir les bons offices de Monsieur le Nonce et du sieur Scappi, son Auditeur; car de vray, je ne scai ce que l'on pourroit adjouster à leur zele, diligence, vigilance et autres louables qualitez. Comme ils nous aydent en tout et partout, ils meriteroient aussi d'estre aydez vers sa Sainteté. Plaise à V. R. de s'en souvenir, et de prier pour celui qui est aussi necessiteux de ses prieres, que son serviteur tres humble et tres affectionné en N. S.. P. COTON. A Paris, le 4 decembre 1610.

On imprime icy une *Consolation* à la Royne, jugée tres belle de tous (6). Elle verra le *Pacifique* du sieur Pelletier qui ne fait aucune

---

(1) Du collège de Clermont à Paris, à l'établissement duquel l'Université faisait opposition. Cf. Prat, *Recherches*, t. III, p. 323 et suiv.

(2) Il fut imprimé sous ce titre : *Remonstrance et conclusion des Gens du Roy, et arrest du Parlement du 26 novembre 1610, sur le livre intitulé :* Tractatus de Potestate S. Pontificis in rebus temporalibus..., auctore S. R. E. card. Bellarmino; Paris, 1610, in-4°.

(3) Robert Ubaldini, de Florence, élevé dans les collèges des Jésuites, fut Nonce du Saint-Siège en France pendant neuf ans, et ensuite créé cardinal par le pape Paul V, le 2 décembre 1615. Sa correspondance sur cette affaire « contient, dit le P. Prat, des lettres fort nombreuses et fort vives ». *Recherches*, t. III, p 313).

(4) Ce décret, signé *De Loménie*, est rapporté par le P. Prat. (*Recherches*, t. III, p. 313).

(5) L'*Anticoton, ou Refutation de la* LETTRE DÉCLARATOIRE *du P. Coton; livre où est prouvé que les jesuites sont coupables et autheurs du parricide execrable commis en la personne du Roy tres chrestien Henri IV d'heureuse memoire;* sans nom de lieu ni d'auteur ; 1610, in-8° de 74 pages. La Lettre du P. Coton avait pour titre : *Lettre declaratoire de la doctrine des peres jesuites conforme aux décrets du Concile de Constance, adressée à la Royne Mere du Roy, Régente du Royaume, par le P. Pierre Coton...;* Paris, chez Claude Chappellet, 1610, in-8° de 29 pages.

(6) Le P. Coton veut sans doute indiquer ici une réimpression faite à Paris; en

fin de nous obliger (1). Ce soir, si je puis, j'ajouterai l'*Antidote* (2);
mais il ne sera encore imprimé.

A mon Reverend Pere, le P. Louis Richeome, Assistant de la Compa-
gnie de Jesus, à Rome.

Pax Christi.

Mon R. P.; J'ai desja escrit à V. R. comme Monsieur le Chanc^{er}
receut l'*Examen de l'Anticoton* (3) de fort bon visage, et promit
d'escrire tant à V. R. qu'au P. Raymond Destrictis, duquel je lui
rendis une lettre. Depuis on a devoré dans Paris les quatre autres
exemplaires, car le sixiesme est allé en Flandres pour voir si on l'y
pourra imprimer. Chappellet a escrit à Bordeaux pour en faire venir,
et s'ils tardent, je permettrai qu'on l'imprime à Paris, voire je pro-
curerai, car le livre est fort bon, utile et necessaire, et le temps s'y
accorde, Dieu merci (4). Monsieur Pelettier a imprimé ce que V. R.

même temps que faire délicatement l'éloge de la *Consolation envoyée à la Reine*
Mere sur la mort de Henri IV, par le pere Louis Richeome, de la Compagnie
de Jesus, imprimée d'abord à Lyon (Rigaud, 1610, in-8° de 172 pages), sur **deux**
approbations, dont la seconde, celle du P. Madur, est du 15 octobre 1610.

(1) Claude Pelletier était un protestant converti, qui recevait une pension du
Clergé de France, et qui écrivit souvent en faveur des jésuites. L'opuscule dont
parle ici le P. Coton a pour titre : *La Pacifique aux calomniateurs des peres*
jésuités, salut et augmentation de cervelle; Paris, sans nom d'imprimeur, 1610,
in-12 de 16 pages, signé à la fin : *Pelletier*. Il publia aussi : *De l'inviolable et*
sacrée personne des Roys, contre tous assassins et parricides qui osent attenter
sur leurs Majestez; Paris, 1610, in-12. L'exemplaire de la bibliothèque de Bordeaux
que j'ai sous les yeux, provient de la bibliothèque des jésuites de cette ville, et il
porte au bas du frontispice, cet hommage autographe de l'auteur : « *Au Reverend*
Père Richeome, pour gage de son tres humble service : PELLETIER ».

(2) Tel était peut-être le titre que le P. Coton pensait donner à sa *Response apo-*
logétique à l'Anticoton *et à ceux de sa suite..., où il est monstré que les autheurs*
anonymes de ces libelles diffamatoires sont atteints des crimes d'heresie, de leze-
Majesté, perfidie, sacrilege et tres enorme imposture, par un Pere de la Com-
pagnie de Jesus; Paris, 1610, in-8°, réimprimé l'année suivante, à Bordeaux, par
Simon Millanges, in-8° de 328 pages.

(3) *Examen categorique du libelle* Anticoton, *auquel est corrigé le plaidoyé*
de M. Pierre de la Martelicre, Advocat au Parlement de Paris, et plusieurs ca-
lomniateurs des Peres Jesuistes refutés, et les droits inviolables de la Majesté et
personne des Roys defendus; A Monseigneur de Silleri, chancelier de France et de
Navarre; par Louys Richeome, Provençal, de la Compagnie de Jesus; A Bourdeaux,
par Jacques Marcan; 1613, in-8° de 780 pages.

(4) Il fut réimprimé, la même année 1613, à Pont-à-Mousson, par Melchior Bernard,
in-8° de 570 pages.

verra (1), et parlant comme il faut, il en est plus respecté, et Dieu l'assiste.

La Royne desire grandement d'exterminer la magie et aura plaisir que la mission en terre de Labour succede heureusement (2). Le R. P. Chambon, provincial en Guyenne, m'escrit qu'il n'a personne qui entende la langue, excepté un coadjuteur qu'il ne juge propre pour y estre employé, et qu'il y a deux de nos peres, l'un à Mauriac en Auvergne, qui fait la troisiesme, nommé le P. Davain, basque de nation, qui pourroit venir, à la fin des estudes, qui est le temps auquel justement le commandement en pourra estre donné ; et l'autre en Espagne, au college de Calatayud, *alias* Bilbilis (3), fort habile homme, qui est du païs mesme, et qui consequemment seroit bien ayse que l'obeissance l'y employast. Il s'appelle le P. Jean *Soccarro* ou *Soccaro*, natif de St-Jean de Pied. V. R. verra, s'il lui plait, avec le R. P. Assistant d'Espaigne, de faire en sorte qu'il se rende à Bordeaux pour tout le moys d'octobre au plus tard, sous le mandement et bon plaisir de nostre Pere auquel j'en ai escrit, et il vaut mieux differer jusques-là la mission que de la commencer mal à propos. On descouvre des choses grandes en Flandres à l'Isle, touchant la magie. Plaise à la divine bonté d'y mettre une fin, et faire que toutes choses soyent bien verifiees (4).

(1) *La Monarchie de l'Eglise, contre les erreurs d'un certain livre intitulé :* « De la puissance ecclésiastique et civile » (par Edmond Richer); Paris, 1612, in-8° de 83 pages.

(2) Cette mission confiée à des hommes apostoliques, aura eu plus de succès, espérons-le, que la mission juridique donnée, en mai 1609, au président Jean d'Espagnet et au Conseiller Pierre de Lancre, chargés alors de rechercher les sorciers du Labour, et de « leur faire et parfaire le procès souverainement, nonobstant opposition ou appellations quelconques ». (Cf. Pierre de Lancre, *Tableau de l'inconstance des mauvais Anges et Demons;* Paris, 1612, in-4°. *Advertissement.*)

(3) Calatayud est une ville de 9,000 habitants, située à 24 kilomètres de Saragosse. Aux environs était Bilbilis, patrie du poète Martial.

(4) Allusion aux possessions des Brigittines de Lille, fondées en 1604 par Nicolas de Montmorency, et que les PP. François Dooms et Sébastien Michaëlis, dominicains, exorcisèrent du 13 mai 1613 au 7 mai 1617. Voir, sur ces possessions qui, dans le temps, ne firent pas moins de bruit que celles de Loudun, *Histoire veritable et memorable de ce qui c'est* (sic) *passé sous l'exorcisme de trois filles possedées ès païs de Flandres, en la descouverte et confession de Marie de Sains, soy-disant princesse de la magie, et Simone Dourlet, complices et autres, où il est aussi traicté de la police du Sabbat et secrets de la synagogue des magiciens et magiciennes, de l'Antechrist et de la fin du monde; extrait des Memoires de Messire Nicolas de Montmorenci, comte d'Estarre et premier chef des finances des Archiducs, etc., et du R. P. F. Sebastien Michaëlis, premier réformateur de*

Un college seroit fort bien à Mauleon, comme en escrit le P. de Bordes (1), mais à peine aurons nous la permission de le dresser, quoique la Royne en ordonnât durant la minorité, à cause que Monsieur le Chancᵉʳ a promis à ceux de la prétendüe de nous laisser en l'estat que nous estions à la mort du grand Henry, et de là vient que Marseille ne peut reussir ores que la Royne ait accordé et le college et la succession des Riqueti par trois fois (2), et que Monsieur de Guise l'en ait priée instamment. Jamais enfant ne trembla sous le fouet à pair de ce que ce bon seigneur fait devant les Religionnaires ; et ils le savent si bien qu'il n'y a rien qu'ils n'entreprennent. Nismes en fait une nouvelle preuve, et l'imprimeur du detestable livre qui, apres avoir merité dix fois la roue, à la requisition des deputez des eglises, s'en va quicte pour deux ans de bannissement (3). Je ne lairrai pourtant

l'ordre des Freres Prescheurs en France, et du R. P. F. Donsieux (sic), Docteur en Theologie ; mis en lumiere par I. Le Normant, sieur de Chiremont ; Paris Olivier de Varennes, 1623, in-8° de 386 et 346 pages. — Arthur Dinaux, Archives du Nord, t. I, p. 160 et suiv. — Th. Louïse, De la sorcellerie et de la justice criminelle à Valenciennes ; Valenciennes, 1861, in-8°, p. 24-27.

(1) Jean de Bordes, né à Bordeaux, mort en 1620. Sur la vie et les ouvrages de ce religieux qui fut « un des plus grands et des plus saints personnages qui aient honoré, en France, la Compagnie de Jésus », voy. P. Prat, Recherches, t. I, p. 517, 518, et t. IV, p. 259-261. — De Backer et Sommervogel, Bibliothèque... art. Bordes.

(2) En 1614, Pierre de Riqueti, seigneur de Negreaux, et Thomas de Riqueti, son frère, qui prit ensuite l'habit de la Compagnie de Jésus, fondèrent la maison professe de Marseille, et en 1621, on donna aux jésuites de cette ville l'église Saint-Jacques, vulgairement appelée Saint-Jaume. (Histoire de la ville de Marseille, par feu M. Antoine de Ruffi ; Marseille, 1696, in-fol., t. II, p. 54).

(3) Je ne trouve, à la date de 1613, qu'un ouvrage qui ait causé du scandale dans la ville de Nîmes, et touchant lequel deux députés furent chargés, le 18 novembre de cette année, de porter des plaintes au connétable. C'est le Procès de Nîmes, « ouvrage, dit Ménard, dont nous ne connaissons ni le contenu, ni l'auteur, mais qui devait être quelque libelle diffamatoire composé avec toute l'aigreur de ces sortes d'écrits, au sujet de l'affaire de Ferrier, et peut-être par Ferrier lui-même, ouvrage en un mot qui n'avait sans doute d'autre objet que le dénigrement de la ville » (Histoire civile, ecclésiastique et littéraire de la ville de Nîmes ; Nîmes, 1875, t. V, p. 306). Voir aussi sur Ferrier, le même auteur, ibid. p. 296-306 : Bayle, Dictionnaire, art. Ferrier. — Ménard ne parle pas de la condamnation de l'imprimeur, non plus que M. Michel Nicolas dans sa notice sur Jérémie Ferrier. « Il est à présumer, dit M. Charles Liotard, secrétaire perpétuel de l'Académie de Nîmes, dans une lettre qu'il a bien voulu m'écrire sur ce sujet, il est à présumer que l'instruction pour la poursuite n'eut pas lieu à Nîmes. J'ai fait rechercher par mon confrère et ami, le docteur Puech, aux archives du Palais : point de traces de cette procédure. La date est très-précise ; entre juillet et septembre 1613. S'il eût existé quelque document au Palais, on l'aurait trouvé. Il faudrait voir si l'arrêt n'aurait pas été rendu à Paris ou à Montpellier. En l'année 1612, la ville de Nîmes

de poursuivre et pour Mauléon et pour Marseille, autant qu'il me
sera possible; et ne me rendrai pas, si on ne me commande le contraire,
comme on a fait à l'evocation, sous ombre qu'on l'accorderoit chas-
que fois en particulier, et voila qu'on ne la peut obtenir pour Pamproux (1) en chose tres-importante.

J'ai fait mes excuses touchant les 4 tomes de Servin (2), et ils
estoient partis quand je receus l'advis du mescontentement. V. R.
y sera en pleine moisson, et la France en recueillera le fruit (3).

Le R. P. de Canillac (4) sera le bien venu, et nous ferons quelque chose
pour sa residence, Dieu aydant. Mon frere (5) a receu une grande joye
de la classe d'humanités à Roanne. Il en remercie par moy et nostre
Pere et V. R. Le soin de ce college ne mettra empeschement à
aucun autre bien, Dieu aydant; et ce qui reste à faire sera bien tost
achevé. Je ne m'y suis affectionné qu'à la persuasion de V. R., comme
elle scait encore que d'ailleurs ce me soit un subject de grand contentement selon Dieu, ainsi que V. R. me le marque, et je la supplie de
l'en remercier pour moi, et continuer le secours de ses prieres à celui
qui est son serviteur tres-humble et tres-affectionné en N. S. *Pierre
Coton*. — A Monceaux, le 12 d'aoust (1613).

La Royne et le Roy feront leur bon jour jeudi et iront ouir la
predication à Jouarre (6). Je suis ici en continuelle mission, à cause
de la multitude des monasteres circonvoisins.

*A mon R. Pere, le P. Louys Richeome, Assistant de la Compagnie de
Jesus, à Rome.*

venait de perdre son imprimeur privilégié, Sébastien Jacquy, et par décision du
conseil de ville du 19 décembre 1612, avait donné sa charge à Jean Vaguenard, de
préférence à un autre prétendant, Etienne Gillet, de Montpellier. Ce n'est certainement pas Vaguenard qui se serait risqué à imprimer un livre pouvant causer tort
ou dommage à la municipalité de Nîmes. »

(1) Pamproux est une commune de l'arrondissement de Melle, à 36 kil. de Niort.

(2) *Plaidoyez de M. Loys Servin, conseiller du Roy en son Conseil d'Etat, et
son Advocat general en sa Cour de Parlement, à la fin desquels sont les arrests
intervenus sur iceuls ;* — Paris, J. de Heuqueville, 1603-1608, 4 in-8°. L'exemplaire
de la Bibliothèque municipale de Bordeaux a appartenu au Conseiller Jean Duduc.

(3) Le P. Richeome réalisa, en 1615, les espérances exprimées ici par le P. Coton,
lorsqu'il publia ses *Advis et Notes données sur quelques plaidoyez de maistre
Louys Servin, advocat du Roy* (Agen, in-8° de 343 pages.)

(4) François de Montboissier de Canillac, célèbre missionnaire de la Compagnie
de Jésus. Cfr. Prat, *Recherches*, t. III, p. 104-114, 680-697.

(5) Jacques Coton, seigneur de Chenevoux, fondateur et bienfaiteur du collège de
Roanne.

(6) Probablement dans la célèbre abbaye des Bénédictines, dont l'abbesse était alors
Jeanne de Bourbon, fille de Louis de Bourbon, duc de Montpensier.

Pax Christi.

Mon R. P.; D'autant que les indispositions de V. R. nous affligent, d'autant les nouvelles de sa convalescence nous consolent. J'ai recommandé l'un et l'autre à une sainte ame qui est icy (1), y ai presché et assisté plusieurs ames, comme aussi à Tournon. Apres le voyage du Puy, je me prepareraì à celui de Moulins, où l'on me fait esperer que je ne serai inutile. Mons. de Loménie persiste à dire que le Roy m'a permis d'aller en Italie (2) ; mais nos peres m'escrivent qu'il n'est pas temps, si je ne veux me mettre en ombrage, à cause des defiances qui prennent accroissement de jour à autre. Ce sera donc quand il plaira à Dieu, lequel je supplie d'accroistre ses graces à V.R., et nous faire le bien qu'elle puisse parachever ses desseins. De V. R. le serviteur tres humble et tres affectionné *in Christo Domino. Pierre* Coton. A Valence, le jour S. Marc (25 avril), auquel naquit, il y a neuf ans, Monsieur, frere du Roy (3). — Je salue le R. P. Guyon (4) et le P. Catharin.

A mon R. Pere, le P. Louys Richeome, Visiteur de la Comp. de Jesus en la province de Lyon. En Avignon.

Pax Christi.

Mon R. P.; Encore que j'ay escrit à V. R. de Valence avant hier, si n'ay-je peu donner adresse à l'adjoint du R. P. Fronton qu'en la saluant *iterùm atque iterùm,* veu mesmement la commodité du R. P.

(1) Marie Tessonnière, plus connue sous le nom de Marie de Valence, qui eut le P. Coton pour directeur, et dont la vie a été écrite par le P. Louis de La Rivière, religieux de l'Ordre des Minimes (Lyon, 1650, in-4°.)

(2) « Le P. Coton, à cause de ses anciennes fonctions à la Cour et du titre de prédicateur ordinaire du Roi, qu'il conservait toujours, était considéré comme officier public, et il ne devait pas sortir du royaume sans le congé de Sa Majesté » (Prat, *Recherches*, t. IV, p. 178). C'est en 1619 que le P. Coton fit le voyage d'Italie.

(3) Gaston Jean-Baptiste, duc d'Orléans, troisième fils de Henri IV et de Marie de Médicis, né le 25 avril 1608, mort le 2 février 1660. Le billet suivant prouve que cette lettre a été écrite en 1618.

(4) Etienne Guyon, né à Dôle, et auteur de deux discours latins se rapportant à l'histoire du Puy où il professa les Belles-lettres, écrivait le 5 octobre 1618, de Dôle, où il était sans doute recteur du Collège, au P. Louis Richeome, alors à Bordeaux : « Si V. R. ne se fait vieux et n'envieillit que d'heure en heure, ce n'est pas trop ; car par deçà nous envieillissons de moment en moment. Mais je regrette que l'incommodité de ses jambes s'accroisse. Ce sera occasion de demeurer plus assidu au travail, et d'escrire quelque chose de nouveau. »

Fourrier et de nos freres novices qui descendent. Je ne m'oublierai de V. R. au Puy, et demeurerai tousjours son serviteur tres humble et tres affectionné en N. S.. *Pierre Coton*. — A Tournon, le 27 d'avril 1618.

Pax Christi.

Mon R. P.; Je manquerois à mon devoir et à mon desir, si estant plus proche de V. R. qu'à l'accoustumée en ce qui est du corps, je ne la saluois cordialement en N. S. par ce muet langage. J'ai presché une espece d'Advent ou de quaresme par les villes où j'ay passé depuis Lyon, savoir est Vienne, Grenoble, Montelimar, Pierrelate, Valence, Avignon, Nismes, Beziers, Narbonne, Carcassonne, Prouilles, et ce, plusieurs fois avec assistance extraordinaire de la grace de Dieu. Je la reclame maintenant pour mon sejour à Toloze, par les prieres et saints sacrifiees de V. R., de laquelle je suis le serviteur tres humble, tres obligé et tres affectionné en N. S.. *Pierre* COTON. A Toloze, le jour S. Cosme et S. Damien (27 septembre), 1618. Je supplie V. R., de la part de tous les bons, d'effectuer son dessein touchant ses *Œuvres* (1). Dieu en sera honoré et son Eglise servie. Je salue tous nos peres.

A mon R. Pere, le Pere Louys Richeome, de la Comp. de Jesus, à Bordeaux.

(1) Dès lors, apparemment, le P. Richeome projetait de réunir en un corps de volumes les nombreux ouvrages sortis de sa plume. Ce dessein ne fut réalisé que trois ans après la mort de l'auteur, en 1628, à Paris, par Sébastien Cramoisy, qui donna deux volumes in-folio d'*Œuvres*, dont le premier contient les *Defenses de la Foy*, et le second les *Traitez de Devotion*. On en peut voir le détail, ainsi que les éditions antérieures de chaque ouvrage, dans la *Bibliothèque des écrivains de la Compagnie de Jésus*. Comme supplément au numéro 11, *Tableau votif offert à Dieu pour le Roy Loys XIII*, j'indiquerai la plaquette suivante : *Advis celeste de Henry le Grand à son fils Louis XIII, Roy de France et de Navarre; extrait du Tableau votif de L. R.*; A Bourdeaus, par Simon Millanges, 1622, in-8o de 24 pages. A propos de supplément bibliographique, le R. P. Sommervogel connaît-il cet ouvrage du P. Guillaume Bayle, non mentionné dans la seconde édition de la *Bibliothèque : Avant-coureur des inepties et ignorances publiées par A. Rivet et P. Vallade, Ministres du Bas-Poictou, contre le Catechisme du P. Baile, de la Compagnie de Jesus; par Marcellin de Villeneufve* (l'exemplaire, non catalogué, de la bibliothèque de Bordeaux porte que « le P. Baile », s'est ainsi « intitulé »); A Bourdeaus, par Simon Millanges, imprimeur ordinaire du Roy, 1608, in-16 de 69 pages. Le P. Guillaume Baile qui, « à lui seul, aurait fait la gloire du collège de Bordeaux », y mourut en 1620, et « sa mort comme sa vie fut celle d'un saint. » (Prat, *Recherches*, t. IV, p. 258-259).

Pax Christi.

Mon R. P.; On a leu au refectoire le *Remerciement* (1) que V. R. a fait au Roy pour l'establissement plus tost que *restablissement* du college de Paris, et chascun en est demeuré fort edifié et consolé. « Il m'a bien pleu », disoit le P. Visiteur; et les autres me venoyent dire en ma chambre ; « Quel hardi vieillard ! Comme il parle ! » Et n'en ai veu aucun qui ne l'ait grandement loué et estimé. « Il veut mourir en bon guerrier, disoient quelques-uns, les armes à la main », Autres : « Il a bien sceu prendre son temps ; toute verité n'est pas de saison; mais celle-cy l'est à ceste heure ». *Denique Deo laus,* qui V. R. conserve encore pour son service. J'espere de la divine bonté qu'elle aura tout loisir d'imprimer ce qui luy reste et de reimprimer le passé. Le desir que j'ay de la revoir et m'esjouir avec elle *in Domino,* me fera mescognoistre la difficulté du temps et des chemins, et je ne manqueray de me rendre à Bordeaux, soudain apres l'Advent, puisque nos superieurs le trouvent bon et ces seigneurs le desirent (2). Les prieres de V. R. m'obtiendront la grace de satisfaire à leur expectation. De Toloze, le 27 d'octobre 1618. De V. R. le serviteur tres humble en N. S. *Pierre* COTON.

A mon R. Pere, le P. Louys Richeome, de la Comp° de Jesus, à Bordeaux.

Pax Christi.

Mon R. P.; V. R. verra comme le R. P. provincial de la province de Lyon est marri de l'avoir esconduite : mais il s'excuse et en tout sens : *Sit erranti medicina confessio.* Je la remercie de l'exemplaire du *Remerciement* que je receus avant-hier seulement. Je

(1) *Remerciements, avec une enseigne de treize pierres precieuses, presentée au Très chretien Roy de France et de Navarre Louys Treziesme, pour avoir restably le college de la Compagnie de Jesus à Paris :* A Bourdeaus, par Simon Millanges, 1618, in-12 de 231 pages.

(2) Le P. Coton prêcha à Bordeaux, dans l'église St-Pierre, l'Avent de 1620 et le Carême de 1621, et dans l'église métropolitaine St-André, l'octave du Saint-Sacrement de la même année 1621. C'est encore en 1621, et de Bordeaux, que le P. Coton écrivit quelques lettres citées par le P. Prat (*Recherches,* t. IV, pag. 242-243). Successeur du P. Coton dans la charge de confesseur du Roi, le P. Jean Arnoux lui succéda aussi dans les chaires de Bordeaux. En 1622, il prêcha à St-André l'octave du Saint-Sacrement, et à St-Pierre l'Avent de 1623 et le Carême de 1624.

lui ay desja fait entendre comme il a receu l'applaudissement de tout
le refectoire où il a esté leu et voulons croire qu'il en aura esté de
mesme à Paris et ailleurs. Et en effet, il n'y a bonne conduite que de
vieux capitaines, aussi bien en la guerre des plumes que des espées,
Les autres ne font qu'effleurer le harnois, et ne scavent assenner un
bon coup.

Voilà Chamier qui est appelé en Hollande avec Du Moulin et le
ministre de Thoars, pour accorder, disent-ils, les Gomaristes et les
Herminiens (1). Le Roy leur defend d'y aller, et non obstant, Chamier,
par obeissance reformée, a tiré le droit chemin d'Allemaigne, sachant
bien qu'il leur a reussi jusques à present d'intimider le Conseil et
faire les braves. *Disperdat illos Omnipotens, convertat aut evertat.* De
V. R. le serviteur tres humble et tres affectionné *in Christo. Pierre*
COTON.

L'illustrissime cardinal de Savoye (2) a passé à Lyon, allant en
France avec deux cents chevaux. Il va demander Mme Chrestienne (3)
pour le prince de Piedmont son frere. Pour cet effet, on a besoin de
la Royne mere presente ou absente (4). V. R. verra la lettre du bon
pere Suffren (5).

A Toloze, le 8 de novembre 1618.

A mon R. Pere, le P. Louys Richeome, de la Compagnie de Jesus, à
Bordeaux.

_____

(1) Les Gomaristes et les Arminiens sont deux sectes théologiques opposées l'une
à l'autre parmi les Calvinistes. (V. Bossuet, *Histoire des Variations*, liv. XIVe,
n°s 17 et suiv.) Elles essayèrent vainement de se mettre d'accord au synode de
Dordrecht. Celui de Vitré, en France, y députa Daniel Chamier alors ministre de
Montauban, Du Moulin ministre de Paris, André Rivet ministre de Thouars, et
Duplessis-Mornay. Chamier se mit en route, malgré la prohibition du roi ; mais le
duc de Luynes ayant défendu aux Genevois de lui donner passage, le ministre dut
revenir sur ses pas. Cf. Haag, *La France protestante*, art. *Chamier*, t. III, p. 321.

(2) Maurice de Savoie, né en 1593, nommé cardinal-diacre par Paul V en 1607,
donna sa démission en 1642 et remit tous ses bénéfices pour épouser sa nièce, la
princesse Louise Marie de Savoie.

(3) Chrétienne, ou Christine, sœur du roi Louis XIII, née le 10 février 1606, fut
en effet mariée, le 19 février 1619, à Victor-Amédée de Savoie, et mourut le 27 décembre 1663.

(4) Marie de Médicis résidait alors au château de Blois, éloignée de la Cour
depuis le 5 mai 1617.

(5) Jean Suffren, né en 1565, à Salon, en Provence, confesseur de Marie de Médicis
et de Louis XIII, et auteur de plusieurs ouvrages. V. Prat, *Recherches*, t. III et IV,
passim ; De Backer, *Bibliothèque des écrivains de la Compagnie de Jésus*, art.
Suffren (Jean).

IV. — **Lettres du P. Estiot** (1).

Pax Christi.

Mon R^d Pere en Nostre Seigneur,

Ce jeune seigneur qui vient de Rome et qui s'achemine à Bordeaux, est venu tout à propos pour escrire à V. R. de nos nouvelles, nayant treuvé jusqu'à maintenant aucune bonne commodité pour ce faire. Depuis le départ de V. R., tout le college s'est bien porté, Dieu mercy, et l'a accompagnee à Bordeaux avec toute la suite d'affection et de prieres à Dieu pour le bon terme de son voyage et de sa compagnie. Je crois que nostre frere Caterin ne faudra de nous avertir quand on commencera à mettre sur la presse de Millanges ses *Œuvres,* et de nous envoyer quelques copies de son *Remerciment au Roy,* et de son *Jugement* (2), quand il sera imprimé.

V. R. aura sceu que Monseigneur l'evesque de Lusson, qui estoit auprès de la Royne mère, et, *temporibus illis,* avoit l'état de feu M. de Villeroy (3), a heu commandement de se retirer en Avignon, ou il est venu faire sa demeure jusqu'à tant qu'il plaira à sa Majesté d'ordonner autrement. M. de Richelieu, son frere germain (4), est avec luy, et M. Du Pont son beau-frere (5), tous deux fort honnestes seigneurs. Au reste, c'est un Prelat qui affectionne fort nostre Compagnie, l'a defendue par escrit, respondant à la lettre des quatre ministres de Charenton (6), et l'a obligée au temps de son plus

---

(1) Jean Estiot, né à Dijon en 1590, entra dans la Compagnie de Jésus à l'âge de 17 ans, et mourut à Angoulême le 21 janvier 1671. Il demeura longtemps à Rome, en qualité de pénitencier de l'Eglise S. Pierre. Il est auteur d'une Apologie du P. Richeome contre Servin (De Backer, *Bibliothèque,* art. *Estiot*).

(2) *Le Jugement general et dernier estat du monde, divisé en cinq livres, et dedié à Nos Seigneurs de la Cour de Parlement de Bourdeaux ; par Louis Richeome, Provençal, religieux de la Compagnie de Jésus;* Paris, Nicolas Buon, 1620, in-8º de 459 pages, sans les liminaires et la Table.

(3) Nicolas de Neuville, seigneur de Villeroy, d'Alincourt, de Magni, etc., conseiller et secrétaire d'Etat, mort le 12 novembre 1617.

(4) Henri Duplessis, marquis de Richelieu, maréchal de camp en l'armée du duc de Nevers, qui fut tué en duel par le marquis de Thémines en 1619.

(5) René de Vignerod, seigneur du Pont de Courlay, marié à Françoise Du Plessis-Richelieu, sœur aînée du cardinal.

(6) *Les principaux points de la foy de l'Eglise catholique defendus contre l'escrit adressé au Roy par les quatre ministres de Charenton* (Montigny, Du Moulin, Durand et Mestrezat), *par R. P. en Dieu Messire Armand Jean du Plessis de Richelieu, evesque de Luçon;* Poitiers, 1617, in-4º de 262 pages.

grand credit par tout plein de bienfaits, et nommement en procurant
l'octroy de quelques-uns de nos colleges en France. Il va habillé
fort modestement, et donne grande edification à toute la ville.

On attend icy demain M. de Guise qui s'en va à Marseille.

M. l'abbé de Montmajour (1), frere de Monseigneur d'Ornano,
demeure en cette ville, et vient chaque jour au P. Recteur pour estre
instruit es bonnes lettres. Ainsi la compagnie proffitte envers toute
sorte de gens.

Le P. François Benin fit dernierement un beau sermon (2) aux Juifs,
à Saint-Pierre, le jour de la Sainte-Trinité, et donna grande satisfaction, tant aux catholiques qu'à ces pauvres gens, qui l'estoient venu
supplier en corps de les traiter doucement. Le P. Boniel a presché
ces festes de Pentecoste à Saint-Agricol, avec contentement d'un
chacun : le P. Gras, à nostre église avec pareille satisfaction. Nous
ferons nostre renovation le 1er jour de juillet, Dieu aydant. Ce ne
sera pas sans me souvenir particulierement de V. R., aux prières et
SS. Sacrifices de laquelle je me recommande humblement.

D'Avignon, ce 13 juin 1618. De V. R. fils inutile en N. S. et tres
humble serviteur. *Jean* ESTIOT.

Pax Christi.

Mon Rd Pere en Nostre Seigneur,

Le *Remerciment* de V. R. au Roy, qu'il luy a pleû de m'envoyer,
merite de moy un grand remerciment à sa liberalité, que je luy fais
par ce mot de lettre avec toute l'estendue de mon affection. J'ay heu
le bonheur d'en lire la moitié ou environ, à nostre Refectoire, estant
arrivé au temps que j'estois lecteur de la premiere table. Tous nos
peres l'ont grandement approuvé et loué, bien ayses au reste que
V. R. aye abbatu à si bonnes enseignes les cornes de l'orgueil et jac-
tance temeraire de MMrs les Ministres, se vantants, aussi faussement
qu'insolemment, d'avoir mis la coronne royale sur la teste d'un des

_____

(1) Charles Joseph d'Ornano, fils d'Alphonse d'Ornano, maréchal de France, dont
le corps fut enterré à Bordeaux, en 1610, dans l'église de La Mercy. Nommé en 1616
abbé de Montmajour-d'Arles, Charles Joseph se démit ensuite pour être maitre de la
garde-robe du duc d'Orléans, et mourut le 1er juin 1670.

(2) Y fit-il preuve de meilleur goût que dans l'oraison funèbre du brave Crillon
qu'il avait prononcée, également à Avignon, deux ans auparavant, en 1616? Cf. De
Backer, *Bibliothèque,* art. *Bening.*

premiers roys de la terre à tout la pointe de leurs espées. Je m'asseure
que cet œuvre ne sera sans grand fruit, tant pour le regard de sa
Majesté à qui V. R. l'adresse, que pour le public qui y verra en peu
de pages les maux et les fleaux qu'a causés à toute la France et à
ses derniers roys la moderne heresie, intolérable en tout et partout,
mais nommement en ce qu'estant l'originelle cause de tout malheur,
elle veut impudemment paroître l'autrice et la premiere source de
tout le bonheur de la France. V. R^{ce} luy a evidemment montré à combien fausses enseignes elle s'arrogeoit ce qui est deu à la Providence
divine et à la pieté de nos roys, et nommement du dernier, de bonne
memoire, à l'endroit du St Siege.

Mr Beau et nostre Caterin remercieront en leur particulier V. R.
de celuy que chacun d'eux ont receu de sa part. J'avois, un mois auparavant, receu une de ses lettres, dont je la remercie encores. Il est
vray qu'il y a quelques fautes en l'impression; mais et le papier et les
caractères sont beaux et bons, et pleut à Dieu que l'impresse de tous
ses livres fut à l'équipollent pour ces deux chefs! Pour les fautes de
l'impression des livres, elles sont ordinairement plus imputées aux
correcteurs qu'aux imprimeurs. Les belles lettres de V. R. sont bien
attendues de ceux qui les ont veues ou entendu quelque chose d'icelles (1). Comme il y en a beaucoup, V, R^{ce} fera bien, suivant son premier conseil, d'en faire le premier triage, et eviter en celles de mesme
argument (comme sont celles qu'elle addresse à plusieurs superieurs),
eviter, dis-je, les redites. Mais quand mettra-t-elle au jour son *Juge-*
ment et son *Adieu de l'ame* reveu et corrigé (2)? Si elle avoit le loysir
d'y ajouter la pièce qu'elle promet à la fin d'iceluy, et qu'elle a esté
invitée par tant de gens de composer, j'entends la *Guerre spirituelle*
du chrestien avec le monde, la chair et le diable, ce seroit donner la
perfection et le coronnement à un œuvre qui, entre tous ceux qu'a fait
V. R., a esté des mieux venus (3). Mais quand commencera on cette

---

(1) On conservait un volume de lettres du P. Richeome qui excella, selon Sotwel,
dans le genre épistolaire, *in quo genere excelluit*, dit-il; mais ce recueil n'a pas
été publié.

(2) *L'Adieu de l'ame devote, laissant le corps, avec les moyens de com-*
battre la mort par la mort, et l'appareil pour heureusement se partir de
cette vie mortelle, avait été imprimé en 1594, 1597, 1602 et 1606. Il fut
réimprimé dans les *Œuvres* (t. II, pages 1-100); mais fut-il « *revu et*
corrigé »

(3) *La guerre spirituelle contre les trois ennemis de l'homme* est aux pages
835-1024 du tome II des *Œuvres* du P. Richeome.

impression in folio tant desirée et si necessaire (1)? Le temps, certes, me dure que nous n'en ayons la nouvelle, et y desirerois contribuer tres volontiers ma petite industrie, si elle y pouvoit estre necessaire.

Nos etudes vont à l'accoutumée, comme encore nostre santé. Nous aurons pour predicateur le P. Jacques George (2) pour St. Agricol, et le P. Honoré Niquet (3) pour nostre eglise, qui vint de la Fleche, il y a environ un moys, et me dit que nostre pere Blezeau a bien fait en son cours de philosophie, et qu'on l'a envoyé à Bourges aux pensionneres pour avoir charge d'une chambre.

Il y a trois jours que paroist une belle et lumineuse comete au ciel. On n'a pas remarqué à quelle heure de la nuit elle commence à paroistre, mais à la venue du jour, elle disparoit petit à petit, et passées les 6 heures du matin, elle disparoit tout à fait. C'est tout à propos pour le theme du 1er dimanche des Advents : *erunt signa in Sole et Lunâ,* etc. Sa queue ou sa chevélure paroit à nos yeux de la longueur d'une couple de lances. Le P. Alexandre specifiera à V. R. ses autres circonstances, car il l'a veu en Avignon (4).

J'oubliois de supplier V. R. de n'oublier d'adjouter sa Tragedie (5) à la fin de son *Jugement,* quand elle le mettra sur la presse : l'epistre

(1) J'ai répondu dans une note précédente à cette question du P. Estiot.

(2) Dans une lettre datée de Marseille le 28 avril 1618, et adressée au P. Richeome, le P. Jacques George écrit ces paroles qui prouveraient peut-être que si César Nostradamus, auteur de *l'Histoire de Provence,* avait de la vanité comme poëte (voir *Les correspondants de Peiresc;* II, *César Nostradamus; Lettres inédites, écrites de Salon à Peiresc, publiées par M. Tamizey de Larroque ;* Marseille, 1880, in-8°, p. 8), il semble avoir eu quelque humilité comme historien : « J'ay veu M. Nostradame à Salon, de la part de V. Rce. Il s'est ressenti grandement obligé pour la souvenance que V. Rce avoit de luy. Il est bon homme et affectueux, non sans humilité, car il m'a conjuré, en cas que, dans son Histoire, je remarquasse quelque defaut, de l'en advertir. Ça esté de son propre mouvement qu'il m'a fait cette requeste. Il honore parfaitement V. Rce, sa plume et ses merites. »

(3) Honoré Niquet, né à Avignon, enseigna la philosophie et la théologie à La Flèche, passa huit ans à Rome en qualité de théologien du Général des Jésuites, fut ensuite recteur de plusieurs collèges en France, et mourut à Rouen en 1667, après avoir publié plusieurs écrits. Cf. De Backer et Sommervogel, *Bibliothèque,* art. *Niquet.*

(4) Cette comète, la plus belle des trois qu'on vit en 1618, resta visible jusqu'au milieu du mois de janvier 1619. Elle servit « de thème » à plusieurs astronomes et aussi à plusieurs astrologues, et longue serait la liste des ouvrages spéciaux composés à son occasion.

(5) Le P. Richeome a « oublié d'ajouter » à la fin de son « *Jugement* » cette « *tragédie* »; je n'en puis donc rien dire, non plus que de « l'epistre » faite « de la part de l'imprimeur ».

qu'elle avoit fait de la part de l'imprimeur pour le regard de cette annexe, sera tres à propos.

Je la prierois encore volontiers de me tracer, à son loysir, le bel artifice qu'elle a et que souvent elle m'a dit avoir bien envie de communiquer au public, si elle n'eust heu peur que quelque teste plus ingenieuse que vertueuse en eust mesusé pour battre l'innocence : *l'Artifice*, dis-je, *pour acquerir une belle, une riche, et une copieuse elocution, soit pour parler, soit pour escrire.* Si je ne merite pas que V. R. prenne cette peine à mon occasion, sa charité luy suadera de ne m'esconduire, puisque je luy fais cette requeste poussé tant seulement de la gloire de Dieu qu'elle a procuré et procure toujours par tous moyens, et de l'honneur encor de nostre compagnie, pour la conservation et l'avancement duquel elle a combattu et atterré tant de monstres au moyen de cette sorte d'armes. V. R^ce^ ne tienne plus ensevely, s'il luy plait, le thresor qui nous peut enrichir. Nous admirons bien aux œuvres qu'elle a fait, la beauté de cet artifice, et aux abboys ou elle a reduit la calomnie et ses suppots, sa puissance et sa force. Mais nous ignorons ses causes, et les parties qui le composent, et toutes les fontaines d'où V. R. le derive. J'implore pour la seconde fois la charité de V. R. qui ne m'a jamais rien refusé, et veux esperer que l'amitié qu'elle m'a toujours porté à si bonnes enseignes, la portera à ce dont humblement je la requiers.

Si elle ne desire que ce petit traitté que j'attends d'elle sur ce sujet, ne soit communiqué, je satisferay à son desir : et elle, en m'accordant ma demande, satisfera en bonne partie au souhait et desir de quelques-uns de nos peres et freres de ce collège, qui se treuvants dernierement en recreation, et discourants du fruit qu'avoient causé à l'Eglise et à nostre compagnie les œuvres de V. R., me dirent qu'il estoit dommage qu'estant si duite et experte en ce louable mestier d'eloquence, elle n'avoit dressé à nostre jeunesse la *façon de former un bon discours et traitter eloquemment et pertinemment un subjet*, soit en refutant un adversere, soit en preuvant quoy que ce soit, soit en louant, soit en vituperant, soit exhortant ou dissuadant, soit en disant ou bien en escrivant.

Or, puisque l'elocution est une des difficiles et importantes parties du discours, estant comme l'ame et la beauté d'iceluy, V. R. m'octroyant ma demande, satisfera quand et quand à leur desir. Que si, par surcroît de libéralité, elle veut y ajouter quelqu'une de ses autres belles maximes qui concernent les autres parties du discours,

nous luy en aurons une plus grande obligation. Qu'elle prenne seulement sa commodité pour ce faire, car rien ne presse et je scay d'ailleurs combien elle est serieusement occupée. Elle me dira peut-estre,
que la lecture des livres eloquents est un artifice propre pour acquerir une riche elocution. Je ne nie pas : mais j'ai ouy dire à V. R.,
après Ciceron, que qui se contente de cela, *rivulos consectatur, fontem
non adit* (1). Il y a autant de difference entre les escoliers et leur
maitre, qu'il y a entre une personne qui possede à plein les maximes
et l'artifice de l'élocution, et ceux qui ne peuvent parler qu'à l'ayde
de quelques frazes (*sic*) qu'ils ont mendié çà et la pour apiecer le
mal gracieux gaban (2) de leur discours. Voilà les causes de ma
priere, qui servira, comme j'espere, à V. R. de motifs pour me l'octroyer à sa commodité (3).

Mais peut estre que je l'attedie (4) pendant que je me console en
lui deduisant familierement mes desirs. V. R^{ce} scait le pouvoir
qu'elle a sur moy. Je la supplie en recompense de me commander
quelque chose pour son service, et je le feray tres volontiers, ne
desirant rien tant que de m'acquitter d'une partie de tant d'obligations que je luy ay. Si luy diray-je encores que M. l'evesque du Bellay
a fait imprimer un livre de missives. Il y en a une belle qu'il escrivit
à V. R. à Rome. Il omet en toutes la clause ordinaire par laquelle on
a de coutume de finir les lettres par *vostre tres humble serviteur*. *Item*
il ne met aucunes recommandations aux bonnes graces ou baise-
mains qui ennuient le lecteur. A tant je la salue cordialement, et
me recommande affectionnément à ses saintes prieres et sacrifices.
— D'Avignon, ce 1er dimanche de decembre 1618. De V. R.
Tres humble fils en Nostre Seigneur et affectionné serviteur. —
Jean Estiot.

(1) Cicéron a dit : « *Tardi ingenii est rivulos consectari, fontes rerum non
videre.* » *De Oratore*, II, 27.

(2) *Gaban*, sorte de manteau.

(3) Le P. Richeome n'a rien transmis au public de ce secret que désirait tant
savoir le P. Estiot. Faut-il le regretter beaucoup ? Quoique « généralement supérieur à celui des écrivains contemporains », le style du P. Richeome était cependant,
« quelquefois entaché du mauvais goût de son temps ». (Prat, *Recherches*, t. II,
p. 8.)

(4) De *attædiare*, ennuyer, importuner par de longs discours.

V. — **Lettre du P. Mosnier.**

Pax Christi.

Mon R. P. en N. S.,

Le contentement que j'ay receu de scavoir V. R. en ma patrie (1), eut eu en effet son comble, si j'eusse eu le bien de l'y voir : et ne scai si je n'ay point subject de craindre que l'eslognement de ma retraicte demandant un trop long delay à ce bonheur, m'en cause tout à fait la privation. Le seul bien que je recevray de ce sequestre sera que ce pourra au moins estre le texte de la premiere lecon qu'il faudra que je repete et estudie de nouveau au Novitiat, de souffrir volontiers d'estre exclus de l'abord de mon pays et de mes amys; encore que la condition de tels amys ne me deut jamais monstrer rien de contraire à l'axiome de l'abnegation, et que meshuis l'habitude que j'ay fait de vivre comm' en mon air naturel soubs toute sorte de ciel, deut faire que Bordeaux ne sera non plus un chez-moy que Nancy (2), quand l'obéissance m'ordonnera d'y séjourner. Si ne me suis pas voulu transporter si loing, sans prier l'ange gardien de mon pays, par le credit que m'y peut avoir donné la nature, d'y traicter et conserver V. R. mieux que moi-mesme, faisant pour moy que je n'y revere pas ses cendres en un tombeau, devant que j'aye longuement jouy de sa presence en sa chambrete, et renouvelé l'usufruit de nos entretiens de Rome, au lieu qui se peut apeler le pays de ses mérites (3), à meilleur titre que le pays de ma naissance. C'est le vœu que j'appends volontiers ou à l'autel de lesglise, ou à l'oratoire de V. R., icy ou de la ; car aussy bien n'en suis-je ici eslogné que d'un pas, aiant esté logé en ce colege de Lion dans la chambre de V. R., que me semble en respirer l'air, et attendrit grandement ou la memoire de l'avoir veüe par le passé, ou le desir de la voir à l'advenir. Je la supplie donc me donner terme au moins d'un an, qui me faira

---

(1) François Mosnier était né à Bordeaux en 1587. A l'âge de 15 ans, il fut admis dans la Compagnie de Jésus ; puis il enseigna la rhétorique et la philosophie, prêcha pendant plusieurs années et mourut à Poitiers en 1631. Cf. De Backer et Sommervogel, *Bibliothèque*, art. *Monerius*.

(2) La Lorraine, dont Nancy était la capitale, ne fut que bien plus tard réunie à la France.

(3) Les mérites du P. Richeome, principalement à l'égard des Bordelais, sont fort bien résumés par le P. Prat. (*Recherches*, t. IV, p. 264, 265.)

bon besoin tout de son large à me refondre; encore le moule en sera
trop court pour remetre en fonte une si lourde statue qu'est mon
imperfection. Cependant, V. R. me faira ce bien de corriger l'impatience de quelques-uns des parents sur l'attente de ce retour, duquel
pourtant je ne metray jamais en peine, faisant mon compte que je
n'aurai rien plus à desirer que ce l'obeissance me randra present en
quel lieu que ce soit, sauf le desir reglé et moderé de voir V. R. et
nos amys, quand la mesme en ordonnera.

Si j'eusse icy trouvé nostre F. Catherin, je l'eusse actionné pour
avoir quitté V. R. Il est, dict on, à Marseille, avec le P. Jacques
George. Le P. Canillac est icy sur le point de passer à la Province de
Tolose à l'instance de M. de Clermont. Nous prenons le chemin de
Lorraine par la route de Dijon. Le froid qui desjà nous saisit, me fait
aprehender le surplus du voyage plus que le progrès. V. R. verra
bien tost par de la le P. Rousseau, qui de Tours se rendra à Poitiers,
puis à Bordeaux (1).

Je veux croire qu'elle aura receu ceste pietre oraison funebre que je
lui envoiai il y a quelques mois, imprimée soubs mon nom, aux
obseques de feu M. de Villeroy (2). Monsieur d'Halincourt, son fils,
m'en a sceu icy bon gré. Nous avons ouy icy quelques sermons
du P. Remond de Strictis, qui m'ont fait desirer de le scavoir à
Saint-Pierre de Bordeaux, comme l'année passée il s'en parloit. Le
papier ne me donne autre espace que pour me recommander à ses
SS. Sacrifices, et me signer, de V. R. le tres humble fils et serviteur
en N. S. François MOSNIER. — De Lion, ce 3 novembre 1618.

*Au R. P. en N. S. le P. Louys Richeome, de la Comp° de Jesus,
à Bordeaux.*

---

(1) Gilbert Rousseau, né à Tours en 1587, devint recteur des collèges de Saintes,
de Poitiers et de Bordeaux, où il fit le vœu des profès, entre les mains du P. Coton,
provincial d'Aquitaine, le 10 juillet 1622. En 1624, il publia, aussi à Bordeaux, un
ouvrage sur l'invocation des Saints, et il mourut dans la maison professe de cette
ville, le 17 janvier 1664. Cf. De Backer et Sommervogel, *Bibliothèque*, art. *Rousseau.*

(2) *Oratio in funere clarissimi viri D. Nicolai a Novavilla Marchionis Vil-
laregii, Christianiss. Regi a secretis, habita Romæ in Æde Sancti Ludovici,
anno 1618, à Francisco Monerio Burdigalensi, è Societate Jesu;* Romæ, 1618,
in-4° de 38 pages sans l'Epitre dédicatoire.

XXI

JOURNAL DU VOYAGE

QUE FIT A PARIS LE CARDINAL DE SOURDIS EN 1608

Ce document, resté inédit jusqu'à ce jour, est aux archives de l'archevêché de Bordeaux. Il remplit treize pages d'un cahier petit in-8º. Une personne d'esprit et de goût qui le connait depuis longtemps, m'a plusieurs fois exhorté à le publier. Je défère d'autant plus volontiers à ce désir, que j'espère être en même temps par là agréable à quelquesuns de mes lecteurs. Mon travail personnel est d'ailleurs peu de chose, car il se réduit presque exclusivement à la transcription et à l'annotation du texte.

Journées du voyage de Mgr l'Illustrissime et Reverendissime cardinal de Sourdis, Archevesque de Bourdeaux et Primat d'Aquitaine, fait à Paris en l'an mil six cent huict.

1ro JOURNÉE, DU 2º JOUR DE MAY 1608. — Monseigneur l'Illustrissime Cardinal et Archevesque, tenant l'assemblée des deputés de sa province, les 26 et 27 mars dernier, feut esleu et deputé pour faire ledict voyage, à Paris, pour ouïr les comptes du sieur Castille, receveur des decimes.

Et apres avoir tenu son synode à Bourdeaux, et fait tenir celuy de Blaye par M. Levenier son grand vicaire, ayant pourvu à son diocese, laissant ledict sieur Levenier pour son grand vicaire, le second jour de may 1608, sur les huit heures, a party de Bourdeaux, apres avoir celebré la sainte messe en la chapelle de l'archevesché, et s'en est venu à Blaye où il arrive à une heure apres midi. Et à son arrivée, se sont trouvés la plus part des religieux de Saint-Sauveur et Saint-Romain pour lui faire la reverence.

Et à l'apres disnée, a envoyé son official à Saint-Romain pour savoir le nombre des religieux et les benefices qu'ils possèdent, qu'ils eussent à le venir trouver. Comparoissant sur le soir, attendu qu'ils ont plusieurs benefices ayant charge d'ames, il leur a declaré qu'il entendoit qu'ils optassent dans quinzaine celui qu'ils voudroient retenir pour par apres y aller resider, sur peine de privation des fruicts. Et pour cet effect, a commandé audict official de proceder tout presentement contre eulx, selon les regles de droict, defendant aux religieux qui ne sont approuvés de la Congregation, d'ouïr les confessions.

Et pour le regard des religieux de Saint-Sauveur, sur les plaintes qui ont esté faittes cy devant et de nouveau contre les religieux de ladite abbaye, a ordonné, en presence du provincial dudict Ordre, que les religieux se rendront prisonniers pour subir la sentence dudict provincial, de laquelle il fera apparoir audict official.

2º JOURNÉE, 3 MAY. — Mondit Seigneur a ouy la messe du Pere Jesuite en l'eglise de Saint-Romain, et apres a donné la tonsure selon qu'il est porté par les lettres cy inserées :

Franciscus, etc. *Universis præsentes litteras inspecturis fidem facimus et attestamur quod nos, infrà. scriptâ die, in ecclesiâ nostrâ S. Romani Blaviensis sacra audientes, dilecto nostro Arnaldo Lardin religioso ordinis S. Benedicti nostræ diæcesis, filio Antonii Lardin, in ætate legitima constituto ac de legitimo matrimonio procreato, tonsuram in Domino contulimus clericalem, cumque ut officio fungatur clericali adscripsimus ecclesiæ S. Salvatoris Blaviensis. Datum in dictâ ecclesiâ S. Romani Blaviensis, die 3ª mensis maii anno Domini millesimo sexcentesimo octavo.*

Et ce fait, a party de ladite eglise, et estant au logis d'un des religieux de ladite abbaye, les maire et Jurats de la ville de Blaye sont venus en corps pour luy faire la reverence; comme aussy les religieux Minimes dudit lieu, auxquels il a permis de faire la queste en l'archiprestré de Blaye seulement, et au provincial desdits Minimes, de faire les predications à Saint-André les festes et octaves du Saint-Sacrement.

Et ce fait, s'en est venu disner au Petit Nyort (1), et sur les cinq heures est arrivé à Pons (2), et a esté loger chez Mᵐᵉ de Pons, com-

(1) *Petit-Niort*, de la commune de Mirambeau (Charente-Inférieure).
(2) *Pons* (Charente-Inférieure), chef-lieu de canton, à 21 kilomètres de Saintes.

mandant à son maistre de ceremonies de preparer l'austel afin qu'il celebrast la sainte messe le lendemain jour de dimanche.

3º JOURNÉE, 4 MAY. — Le lendemain matin, jour de dimanche, Mondit Seigneur est venu dire messe en l'eglise de Saint-Martin de Pons ; et apres icelle, a fait faire la predication au Pere Virolle Jesuite ; et ce fait, s'en est venu passer au Port Chauveau (1) et disner au bourg d'Escoyeulx (2) ; et sur les six heures du soir, a arrivé à Saint-Jehan d'Angely (3), où s'est presenté dès la porte de la ville le maire d'icelle, lequel a dit que, comme serviteurs de Sa Majesté, ils avoient pour agreable sa venue, luy presentoient la ville et leur service. De là, Mondit Seigneur s'en est venu loger à l'abbaye dudit lieu.

Ou estant, les religieux Saint-François luy sont venus faire la reverence, et semblablement les advocat et gens du Roi, et derechef le maire, eschevins et plusieurs habitans, pour le veoir et offrir leurs services comme serviteurs de Sa Majesté, et que, à toutes heures, les portes de leur ville luy seroient ouvertes.

4º JOURNÉE, 5 MAY. — Le lundi 5 mai, Mondit Seigneur a celebré la sainte messe en l'eglise de Saint-Jehan d'Angely sur les six heures du matin ; et au sortir de l'eglise a party pour s'en venir à Beauvais (4), où il a prins le disner.

Estant à demye lieue pres de Nyort (5), sont venus le recueillir MM. le vicaire général de Maillezais, de Maison et Saint Pompain et autres gentilshommes : estant entré en la ville au devant de l'eglise Nostre-Dame, s'y est rendu ; est entré en ladite eglise où il a esté receu par le curé et prestres et la plus grand part des parroissiens de ladite eglise processionnellement ; et apres avoir rendu graces à Dieu, a fait advertir le peuple qu'il celebreroit le lendemain matin la sainte messe et feroit faire la predication.

5º JOURNÉE, 6 MAY, JOUR DE SAINT JEAN PORTE LATINE. — Le matin venu, Monseigneur a esté à l'eglise Nostre-Dame, a celebré la sainte

(1) Port-Chauveau est situé entre Saintes et Cognac.
(2) *Ecoyeux*, commune du canton de Burie, arrondissement de Saintes.
(3) *Saint-Jean d'Angély*, chef-lieu d'arrondissement de la Charente-Inférieure.
(4) *Beauvais-sur-Matha*, canton de Matha, arrondissement de Saint-Jean d'Angély.
(5) *Niort*, chef lieu du département des Deux-Sèvres.

messe et fait faire la predication au Pere Loriot Jesuite (1). S'en est venu à son logis, *concurrentibus omnibus novitate et lætitia elatis : cæterùm, eleemosynâ pauperibus qui illùc confluebant factâ, discessit.*

S'en est venu disner accompagné des susdits gentilshommes au bourg de Syntrets (2). Estant arrivé audit lieu, il a esté receu processionnellement en l'eglise Saint-Eugene par le curé et parroissiens dudit lieu; et apres avoir prié Dieu devant le grand autel, s'est retiré au logis de M. Lagorce, situé audit lieu de Syntrets.

A l'apres disner, Monseigneur est venu à Secondigné (3), ou estant arrivé, il a esté a l'eglise rendre graces à Dieu, et s'est retiré au logis.

6° JOURNÉE, 7 MAY. — Le 7 may, apres avoir ouy la messe, Mondit Seigneur s'en est venu à Bressuire (4). Estant à demye lieue de la ville, sont venus les principaux de la ville pour le recevoir avecq harangues et congratulations, et pres de la ville le clergé processionnellement avec ung daix. Estant entré en la ville, il a esté à l'eglise, y a prié Dieu, et s'est retiré au logis.

Et advenant l'heure de quatre heures, il s'est transporté à l'eglise afin de chanter le *Te Deum* sur la naissance de M. d'Anjou (5), ce qui a esté fait; et par apres, s'en est ensuivy le feu de joye.

A la mesme heure, il a receu lettres de M. de Maillezais (6), à ce qu'il eust à s'avancer, que les affaires du clergé requeroient qu'il feust à l'ouverture de l'assemblée à Paris et que c'estoit au commencement que se faisoient les dites affaires; et que la plus part des deputés requeroient sa presence.

7° JOURNÉE, 8 MAY. — Le jeudy 8 may, Mondit Seigneur, comme coadjuteur de M. l'evesque de Maillezais, a tenu le synode, suivant qu'il avoit mandé.

(1) François Loryot, né à Laval en 1571, entré en 1592, dans la Compagnie de Jésus. Il a publié quelques ouvrages assez curieux. V. Hauréau, *Histoire littéraire du Maine;* Paris, 1874, t. VII, p. 268-273.

(2) *Cintray,* non loin de Fénioux (Deux-Sèvres).

(3) *Secondigny,* chef-lieu de canton, arrondiss. de Parthenay (Deux-Sèvres.)

(4) *Bressuire,* chef-lieu d'arrondissement du département des Deux-Sèvres.

(5) Jean-Baptiste Gaston, troisième fils d'Henri IV et de Marie de Médicis, né à Fontainebleau, le 25 avril 1608. Il prit le titre de duc d'Orléans après la mort de son frère, né le 16 avril 1607 et mort le 27 novembre 1611.

(6) Henri d'Escoubleau de Sourdis, évêque de Maillezais, oncle du cardinal de Sourdis.

Sur les sept heures, assisté du grand vicaire general de Maillezais et de l'official, des prieurs, curez et vicaires dudit diocese, a esté conduict processionnellement à l'eglise ; où estant, et apres l'heure de Tierce ditte, il a celebré la sainte messe *De sancto Spiritu,* donné à communier à la plus part des prestres. Et la messe finie, ont estés dictes les oraisons acoustumées estre dittes au synode, sellon qu'il est contenu au Pontifical ; lesquelles parachevées, ledict grand vicaire a faict l'oraison synodalle. Et ce fait, Mondit Seigneur, ayant donné la benediction, s'est retiré à son logis, faisant advertir tous les gens d'eglise de se trouver à l'eglise apres disner, au premier son de la cloche, pour tenir le synode.

A la dicte heure, Mondit Seigneur, assisté comme dessus, a esté à la dicte eglise et tenu le synode, sellon qu'il est contenu ès actes d'icelle, et à la fin a faict chanter *Regina Cœli,* et prié Dieu, et s'est retiré.

Sur le soir est venu ung messire Burbault, cordelier defroqué, qui ne requeroit que estre absous et remis à son ordre, et sur les causes de son apostasie a ordonné qu'il seroit informé ; ce qui a esté faict comme il se void en l'information.

8° JOURNÉE, 9 MAY. — Les huict heures du matin venues, Mondit Seigneur a esté à la dicte eglise, a consacré quatre calices et benoist plusieurs sortes d'ornements, a ouy la sainte messe et fait faire la predication par le Père Lestonnac (1) sur la penitence ; et à la fin d'icelle, les a faict advertir que, le lendemain matin, il celebreroit messe, qu'il envoyroit confesseurs à la dicte eglise afin qu'ung chacun feust disposé de communier de sa main, et qu'il donneroit le sacrement de Confirmation.

Et s'estant retiré, il a procédé à l'examen d'un prestre qu'on disoit estre la cause de l'apostasie dudit Burbault, et qui est contenu au registre d'informations sur ce faites.

A receu la plainte du prieur de Saint-Jouyn (2) sur la mauvaise vie de l'aulmosnier et quelques religieux ; a promis d'y mettre ordre, et pour ung commencement a donné son mandement portant injonction de porter couronne monacalle, habit, et ne sortir du cloistre sans le congé du prieur.

---

(1) Jérôme Lestonnac fit le quatrième vœu des profès, le 18 mai 1612, entre les mains du P. Claude Chambon, provincial.
(2) Saint-Jouin de Marnes, abbaye fondée, dit-on, avant le sixième siècle.

A congedié les dits deputés, les exhortant à leur devoir, qu'il pense trouver à son retour de Paris toutes choses ecclesiastiques avoir fait ung progres au bien, qu'ils y avisassent et qu'ils luy en rendroient conte à son retour.

A instruit les deputés de leur devoir, de leur taxe qu'ils auroient en s'assemblant, du logis qu'ils devoient prendre, de loger tousjours avecq ecclesiastiques, que c'estoit une honte et mespris à l'estat ecclesiastique d'aller aux cabarets. Ainsy les a il congediés avecq amour, leur moustrant de quel pied ils devoient cheminer en l'execution de ses mandements.

A enjoinct au vicaire general et official de faire leurs visites, d'ordonner choses sainctes, et faire ample proces-verbal de la vie et mœurs des messieurs ecclesiastiques, et comme pour l'execution de leurs ordonnances ils devoient appeler le bras seculier.

Il procede à l'examen de ceux qui demandoient tonsure, et apres a visité les eglises Nostre-Dame, l'eglise des Cordeliers, l'eglise des religieuses cordelieres, et l'eglise Saint-Jacques, comme il est contenu au proces-verbal du synode.

9º JOURNÉE, 10 MAY. — Le lendemain matin a esté à l'eglise, apres y avoir envoyé les peres jesuites pour ouïr les confessions. A celebré la sainte messe, a fait la predication, a donné à communier. Et la sainte messe finie, a donné le sacrement de Confirmation à plusieurs personnes. Comme aussy, il donna la tonsure à ceux qui avoient esté examinés. Et apres avoir beny le peuple, est sorty, et a party, et s'en est venu disner à Berchaussé, et envoya les peres jesuites pour prescher les octaves à Fontenay et à Niort. A l'apres disner, est venu coucher à Argenton-Leglise (1).

10º JOURNÉE, 11 MAY. — Le lendemain matin Mondit Seigneur celebra la sainte Messe en l'eglise Saint-Gille d'Argenton-Leglise, où il feut receu processionnellement par le curé, prestres et parroissiens dudit lieu. Et au sortir, commanda au curé de le venir trouver au logis. Où estant, il luy demanda depuis quel temps il étoit curé veu sa jeunesse, l'invita à l'estude, aux bonnes mœurs, et commanda audit curé de ne laisser celebrer ung prestre dudit lieu en son eglise

(1) *Argenton-L'Église*, commune du canton d'Argenton-Château, arrondissement de Bressuire.

jusques à ce qu'il eust corrigé sa vie, à cause de laquelle il s'en estoit fuy, attendant la venue de Monseigneur. Et estant prest à partir, commanda à l'Official de Maillezais de faire ses sentences conformement au droit et au Concile provincial, de poursuivre les confidentiaires et symoniaques, et de faire une entiere visite des eglises de Bressuire. Et sur ce qui luy feut remonstré qu'ung des religieux de Mauléon (1) ne residoit en l'abbaye et n'assistoit aux offices divins, il le priva de sa pension, laquelle il voulut estre convertye aux reparations de l'eglise ; envoya un mandement aux fermiers de delivrer leurs escus pour lesdites reparations. L'ayant congedié, ensemble tous autres ecclesiastiques avecq encouragement à leur devoir jusques à son retour, il partit et s'en vint disner à Montreuil-Bellay (2), et de là s'en vint coucher à Montsoreau (3).

11º JOURNÉE, 12 MAY.— Le 12 may au matin, Monseigneur a ouy la messe et s'en est venu disner à Langray (4), et coucher au faulbourg Saint-Symphorian de Tours.

12º JOURNÉE, 13 MAY. — Mondit Seigneur, apres avoir ouy messe en l'eglise Saint-Symphorian, est venu disner en la ville de Chasteau-Renault (5), et de là est venu coucher à Vendosme (6).

13º JOURNÉE, 14 MAY. — Le matin, apres avoir ouy messe, Mondit Seigneur a party de Vendosme, a disné à Cloye (7), a passé par Chasteaudun, et est venu coucher à Aluye (8).

14º JOURNÉE, 15 MAY, JOUR DE L'ASCENSION. — Pour ce que les affaires pressoient, Mondit Seigneur apres celebré la sainte messe en la chap-

---

(1) *Mauléon*, aujourd'hui Châtillon-sur-Sèvres.
(2) *Montreuil-Bellay*, chef-lieu de canton de l'arrondissement de Saumur (Maine-et-Loire.)
(3) Montsoreau, commune du canton et arrondissement de Saumur.
(4) *Ligré*, canton de Richelieu, arrondissement de Chinon (Indre-et-Loire), à 54 kilomètres de Tours.
(5) *Châteaurenault*, chef-lieu de canton de l'arrondissement de Tours.
(6) *Vendôme*, chef-lieu d'arrondissement du département de Loir-et-Cher.
(7) *Cloyes*, chef-lieu de canton de l'arrondiss. de Châteaudun (Eure-et-Loir).
(8) *Alluyes*, commune du canton de Bonneval, arrondissement de Châteaudun. François d'Escoubleau, père du cardinal de Sourdis, était marquis d'Alluyes. Après sa mort, son titre passa au frère aîné du cardinal, Charles d'Escoubleau, aussi marquis de Sourdis, mort à Paris le 21 décembre 1666, âgé de 78 ans.

pelle d'Aluye, a party, et s'en est venu disné à Voise (1), et passant par Aulneau est arrivé à Saint-Arnoul (2).

15° JOURNÉE, 16 MAY. — Le lendemain matin, Mondit Seigneur feut prier Dieu à l'eglise dudit lieu Saint-Arnoul, et s'en vint ouyr la sainte messe à Jouy (3), et à l'apres disner est arrivé à Paris (4).

16° JOURNÉE, 17 MAY. — Monseigneur celebra la sainte messe *De Beatâ;* feut trouver MM. les Cardinaux de Joyeuse (5) et de Rochefoucauld (6), et à l'apres disner s'est allé à Fontainebleau faire la reverence au Roy.

17° JOURNÉE, 18, JOUR DE DIMANCHE. — Apres avoir salué le Roy, est venu à Paris.

18° JOURNÉE. — Apres avoir ouy messe, feut disner chez M. le Cardinal de Joyeuse pour determiner du lieu de l'assemblée : feut arresté aux Augustins (7).

(1) *Voise,* commune du canton d'Auneau, arrondissement de Chartres (Eureet-Loir.)

(2) *Saint-Arnoult,* du canton de Dourdan, arrondissement de Rambouillet (Seine-et-Oise.)

(3) *Jouy-en-Josas,* à six kilomètres de Versailles.

(4) Je résume l'itinéraire suivi par le cardinal en énumérant les stations de son voyage : Bordeaux, Blaye ; Petit-Niort (Charente-Inférieure), Pons, Port-Chauveau, Écoyeux, Saint-Jean d'Angély, Beauvais-sur-Matha ; Niort (Deux-Sèvres), Cintray, Secondigny, Bressuire, Argenton-L'Église ; Montreuil-Bellay (Maine-et-Loire), Montsoreau ; Ligré (Indre-et-Loire), Châteaurenault ; Vendôme (Loir-et-Cher) ; Cloyes (Eure-et-Loir), Alluyes, Voise, Auneau ; Saint-Arnoult (Seine-et-Oise, Jouy-en-Josas ; Paris.

(5) François de Joyeuse, frère d'Anne de Joyeuse qui perdit la bataille et la vie à la journée de Coutras, naquit en 1562 et mourut à Avignon en 1615. Il fut successivement archevêque de Narbonne, de Toulouse et de Rouen, et devint légat du Pape pour la France en 1606.

(6) François de La Rochefoucauld, né à Paris en 1558, fut nommé évêque de Clermont en 1585, cardinal en 1607, et transféré en 1618 au siége de Senlis. Il mourut en 1645, après avoir puissamment contribué à la réforme des Chanoines Réguliers de Sainte-Geneviève. Cf. La Morinière, *Les vertus du vray prelat representées en la vie de Mgr le cardinal de La Rochefoucauld;* Paris, 1646, in-4° — L'abbé Féret, *L'abbaye de Sainte-Geneviève et la congrégation de France;* Paris, 1883, in-8°.

(7) Elle se tint en effet dans la salle des écoles de Théologie du couvent des Augustins de Paris.

19e JOURNÉE. — Commença l'assemblée à sept heures, ayant tous ouy la sainte messe au couvent des Augustins, jusques à onze heures. A l'apres disner, Monseigneur feut visité par M. le Cardinal de Joyeuse, le Cardinal Du Perron et autres prelats, et sur le soir feut veoir M. le Chancelier (1).

20° JOURNÉE. — La messe dite, on va à l'assemblée des sept jusques à onze. A l'apres disner, vint M. de Grenoble (2). A deux heures, feut à l'assemblée jusques à cinq. Feut visité par M. de Lussan, et de là feut veoir deux conseillers du Grand Conseil.

21° JOURNÉE, 22 MAY, OCTAVE DE L'ASCENSION. — A six heures, Monseigneur feut à l'assemblée ; s'en retourna avec l'evesque de Chaslons (3) qui disna avecq luy ; feust visité, à l'apres disner, par les evesques de Paris (4) et d'Angers (5). Auparavant que d'aller à l'assemblée, feut voir la royne Marguerite (6).

« Le 22 mai (7), le cardinal de Joyeuse représenta à l'assemblée

(1) C'était Nicolas Brulart, marquis de Sillery, créé chancelier en 1607, mort le 1er octobre 1624. (Cfr. *Histoire des Chanceliers et Gardes des sceaux de France* par François Duchesne; Paris, 1680, in-fol., pages 702-707). Son fils, Pierre Brulart, épousa en 1606, Magdeleine de Neufville Villeroi, fille de Charles, seigneur de Valincourt et de Catherine de Mandelot. Magdeleine était cousine du cardinal de Sourdis, lequel, à l'occasion de ce mariage, écrivit au Garde des sceaux la lettre suivante qu'il crois inédite :

« Monsieur; Je mesjouys extremement du mariage quy sest faict entre Monsieur vostre fils et ma cousine Dalincourt, et vous supplie croyre quil ny a aulcun de tous ceux quy ont ce bonheur de participer a vostre aliance quy desirent plus vous fayre service que moy. Les rares qualités quy sont en vostre personne et la faveur quy vous a tousiours pleu me faire et me despartir vos bonnes graces my obligent. Je vous supplie bien humblement me les vouloir conserver et sil vous plaist vouloir entendre le sieur abbé de la Tour sur une petite affaire que je luy ay commis et vous y rendre favorable, vous mobligerés dautant plus à prier Dieu, Monsieur, quil vous donne tres heureuse et longue vie. Vostre bien humble et affectionné allié à vous faire servisse, *F. cardinal de* SOURDIS.—A Bourdeaux, ce cinquiesme juillet 1606. » (Bibliothèque Nationale, Manuscrits, Fonds italien, no 1184, fol. 217.)

(2) Jean de la Croix de Chevrière de Saint-Vallier.
(3) Côme Clausse de Marchaumont, évêque de Châlon-sur-Marne, du 2 février 1575 au 1er avril 1624.
(4) Henri, cardinal de Gondi, évêque de Paris, du 1er avril 1598 au 22 août 1622.
(5) Charles Miron, évêque d'Angers, de 1588 à 1616, et de 1621 à 1627.
(6) Marguerite de Valois, dont le mariage avec Henri IV avait été déclaré nul en 1599.
(7) Je supplée à quelques omissions du Journal en empruntant certains détails aux procès-verbaux de l'Assemblée.

21

que la procuration de la province de Bordeaux donnoit pouvoir au seigneur cardinal de Sourdis de subroger en sa place le seigneur évêque de Maillezais; mais qu'il lui sembloit très à propos de l'y appeller dès à présent, pour y être comme l'un des seigneurs évêques députés; ce que le seigneur cardinal de Sourdis auroit aussi dit, et supplié la Compagnie de l'avoir ainsi agréable, l'assurant que la province de Bordeaux le trouveroit bon... L'Assemblée loua le désir des seigneurs cardinaux de Joyeuse et de Sourdis, et ordonna que le seigneur de Maillezais seroit prié, de la part de la compagnie, d'assister à l'assemblée et de s'agréger à la province de Bordeaux; le seigneur évêque d'Angers fut prié de lui faire entendre la susdite résolution » (1).

(Le même jour), « sur la proposition faite par M. le cardinal de Sourdis, de la maladie et extrême nécessité en laquelle étoit détenu en cette ville le seigneur évêque de Lescar, et que ce seroit une œuvre non moins louable que charitable à la Compagnie de le secourir de quelque somme, il fut ordonné qu'on lui donneroit la somme de trois cents livres, et que, pour cet effet, mandement seroit expédié au sieur de Castilles (2). »

22ᵉ JOURNÉE. — A ouy la messe, et à sept heures est entré à l'Assemblée, est retourné à dix heures avecq les Archevesques d'Aix et d'Aux qui ont disné avecq luy. A l'apres disner, feut visité par le Nonce du Saint-Pere. En allant à l'Assemblée, feut voir le lieutenant civil de Paris.

23ᵉ JOURNÉE. — Le matin, Monseigneur celebra messe en la chapelle de son logis. N'y eut point d'assemblée pour ce que c'estoit la Vigille de Penthecoste. A l'apres disner, feut à Jouy passer la feste.

24ᵉ JOURNÉE. — La Penthecoste.

25ᵉ JOURNÉE, LUNDY. — M. le Cardinal de Joyeuse le feut trouver à Jouy. Ils vindrent au soir à Paris.

26ᵉ, MARDY. — Il celebra la sainte messe, et à l'apres disner, feut à l'assemblée, et apres feut visiter M. le Cardinal Joyeuse et M. le premier président au Grand Conseil.

(1) Collection des Procès-verbaux des Assemblées du Clergé de France; Paris, 1709, t. I, p. 783.
(2) Collection des Procès-verbaux...., t. I, p. 811.

Toutes les autres journées, il les a passées comme dessus, à ouyr messe ou luy mesme a celebré.

Le dimanche (31 may), il feut celebrer à Montmartre, et fit la prédication aux filles religieuses.

Le jour de la Nativité saint Jehan (24 juin), apres avoir celebré, s'en alla aux filles capuchines de la Passion, pour y faire la predication, ce qu'il fit sur les trois heures, où assisterent MM. les Cardinaux de Joyeuse et de Gondy, et plusieurs archevesques et evesques.

La suite du *Journal* est en latin : comme elle ne renferme rien d'important ou qui ne soit déjà connu, je n'en ferai aucun extrait. Sur la seconde partie du voyage, le retour à Bordeaux, notre chroniqueur est entièrement muet : pour toute conclusion il se borne à citer ce vers d'Horace (*Epist.* Lib. I, I, 32) :

Est quodam prodire tenùs si non datur ultrà.

XXII

LE P. JEAN CHERON
DE L'ORDRE DES CARMES

Né à Bordeaux, sur la paroisse Sainte-Eulalie, de Jean Cheron et de Gaillardine Montluc, celui qui fait l'objet de la présente notice fut baptisé dans l'église métropolitaine de Saint-André, le 5 février de l'année 1596 (1). Son père, qui exerçait la profession de cordonnier, « le

(1) Les sources où j'ai puisé les éléments de cette notice sont : — 1° l'article *Joannes Cheron* de la *Bibliotheca Carmelitana notis criticis et dissertationibus illustrata* (Aurelianis, 1752, t. I ,col. 810-813) du P. Cosme de Villiers; — 2° une *Notice inédite sur le P. Cheron* (c'est sous ce titre que je la désignerai dans la suite), de trois pages in-4°, écrite sur les feuillets de garde d'un recueil de *Gazettes* et autres pièces du temps, provenant de l'ancien couvent des Carmes déchaussés de Saint-Louis de Bordeaux, et appartenant aujourd'hui à la bibliothèque du Grand Séminaire de cette ville; l'auteur de cette notice avait connu personnellement

mit à servir les messes au couvent des Grands Carmes de Bordeaux (1).
Quoiqu'il n'eût étudié, on connut en lui une mémoire à redire sans
se tromper tout ce qu'il pouvait lire ou entendre, et sans suivre
les principes de la grammaire, il parlait en peu de temps latin sans
avoir suivi aucunes classes. Les religieux reconnaissant ce prodige,
furent bien aises de lui donner leur habit » (2). Cette cérémonie eut
lieu le 28 août 1611. Le novice fut ensuite admis à la profession,
dans le couvent de Bordeaux, suivant le P. Cosme de Villiers, et selon
d'autres, dans le couvent des Carmes de la ville de Condom. Il reçut
le diaconat, à Bordeaux, le samedi avant le dimanche de la Passion
de l'année 1618, et dans la liste dressée au chapitre provincial tenu à
Condom, cette même année, il figure parmi les *frères conventuels*. On
dit qu'il acheva ses études à Paris, où il enseigna la philosophie,
en 1622, dans le couvent des Carmes de la place Maubert; mais il ne
tarda pas beaucoup à revenir dans sa patrie. Au chapitre provincial
tenu le 15 septembre 1625, il fut nommé premier définiteur et lecteur
de théologie pour le couvent de Bordeaux, quoiqu'il ne fût encore que
bachelier. Il enseigna jusqu'en 1628.

Bientôt on le jugea digne de gouverner les couvents qui formaient
la province de Gascogne. Cette même année 1628, le 14 mai, le
chapitre tenu dans la ville d'Agen le nomma provincial et définiteur
pour le chapitre général. Le lendemain de son élection, il prêcha dans
l'église cathédrale, à une messe solennelle, à laquelle assistèrent
soixante-neuf religieux de l'Ordre des Carmes, qui s'y étaient
rendus en procession. L'après-midi du même jour, il présida, dans
le couvent des Carmes, des thèses de théologie soutenues par le P. Ni-

le P. Cheron; — 3° les tomes I et III d'un recueil composé de pièces manuscrites, et portant au dos ce titre : *Affaires des Carmes* (Archives départementales
de la Gironde, série H, n. 735 et 788); — 4° les Actes, aussi manuscrits, des
chapitres provinciaux et assemblées annuelles des Carmes de la province de
Gascogne (*Archives départementales de la Gironde*, série H, n. 788, in-4°). A ceux
qui voudront voir de leurs propres yeux les documents mis en œuvre dans ce
travail, ces indications générales peuvent suffire. Pour les autres, c'est-à-dire à
peu près pour tous, il serait inutile et fastidieux de charger chaque phrase ou
chaque membre de phrase d'un renvoi au folio ou à la page d'où il est tiré. Je
ne ferai d'exception que pour la *Notice inédite*.

(1) «On donnait, en France, le nom de *Grands Carmes*, ou de *Carmes de l'ancienne
observance*, aux religieux de l'Ordre qui faisaient profession de la règle mitigée
par le Pape Eugène IV. » (*L'Ordre de Notre-Dame du Mont-Carmel*, par le R. P. Albert de Saint-Sauveur; Paris, 1880, in-8° p. 70, note.)

(2) Notice inédite sur le P. Cheron.

colas Jossé, que nous rencontrerons plus d'une fois dans la suite (1).

Un évènement important pour la province des Carmes de Gascogne signala la première année du provincialat du P. Cheron : c'est l'établissement des Carmes dans la ville de Marmande. Voici, d'après un témoin bien renseigné, comment les choses se passèrent : « Le R. Père Cheron ayant été envoyé prêcher l'Avent de 1628 et le Carême de 1629 dans la ville de Marmande, par Mgr l'évêque d'Agen, qui étoit pour lors Claude de Gelas, auroit par ses doctes prédications et bon exemple, si fort édifié et contenté généralement toutes sortes de personnes, que les consuls et principaux dudit Marmande auroient, de leur propre mouvement, prié et sollicité ledit R. P. Cheron de s'établir dans leur ville ; à quoi il auroit acquiescé ; et pour parvenir à une si bonne fin, toutes les parties convinrent des moyens suivants : il fut arrêté par acte de délibération du 16 mars 1629, et en conséquence de celle qui avoit été faite l'année précédente, que les Carmes de Tonneins se transféreroient dans la ville de Marmande, et s'établiroient au quartier du Fauga, et prendroient la maison et jardin du sieur Joseph Seguin, marquée et destinée par lesdits consuls ; et pour raison de ce, fut passé transaction et dressé certains articles de convention entre le curé et les consuls de Marmande, sur la vue desquels (articles) Mgr d'Agen donna son approbation, et consentit à ce que les religieux Carmes de Tonneins jouissent, dans Marmande, des biens et revenus qu'ils avoient à Tonneins. Pour raison de quoi, il fut représenté au Roi que, l'année 1622, il fit raser la ville de Tonneins en Agenois pour crime de rébellion, et les choses qui en dépendent n'étant rétablies, et le couvent des Carmes se trouvant englobé dans telle ruine, il plût à Sa Majesté vouloir qu'ils fussent transférés dans la ville de Marmande, et que là ils jouissent des biens et revenus qui en dépendoient ; à quoi le Roi consentit verbalement, et voulut qu'ils s'établis-

(1) Je n'ai rien trouvé sur l'origine, le temps et le lieu de profession du P. Nicolas Jossé. Parmi les *Vers latins, français et gascons composés ou recueillis par Gaufreteau*, et imprimés à la suite de sa *Chronique Bordeloise* (Bordeaux, 1878, t. II, p. 280-284), il en est une adressée *Au père Jossé, prieur des Carmes de Langon*. Elle est d'un auteur qui lui envoie son livre, peut-être de Gaufreteau lui-même. J'en citerai le commencement :

> « Jossé, docteur grand et sublime,
> Prédicateur de haulte estime,
> Precepteur de la vérité,
> Je souhaite que cet ouvrage
> Que t'envoye mon hermitage
> Te trouve en parfaicte santé. »

sent dans la ville de Marmande ou autres lieux circonvoisins, à leur
commodité, et y transportâssent les revenus qu'ils avoient à Tonneins.

« Tout ce que dessus ayant été observé, le dimanche de l'octave de
Pâques, vers les quatre heures du soir, de l'année 1629, par une procession générale composée de M. le Curé et des prêtres du collège de
Notre-Dame de Marmande, des RR. PP. Cordeliers et Capucins, de
Messieurs de la Justice, des Consuls, Jurats et de tout le peuple, la
croix fut solennellement plantée par M. le Curé, suivant la commission
qu'il en avoit eue de Mgr l'Évêque, au lieu marqué et destiné par
MM. les consuls qui furent reconnus fondateurs des religieux Carmes,
pour avoir donné la place et le lieu où l'église et couvent se devoient
bâtir ; et fut fondée l'église par le plantement de la dite croix, à l'honneur de la Très-Sainte Trinité et honneur du bienheureux André
Corsini, religieux carme, dont la canonisation se faisoit alors à Rome
par N. S. P. le Pape Clément huitième (1). »

Le chapitre provincial tenu à Bordeaux, le 5 mai de cette même année, approuva la fondation, incorpora et unit au couvent tous les biens
et revenus de celui de Tonneins, et lui donna pour prieur le P. Menauld
Ader. Quant au P. Cheron, qui fut justement appelé dans la suite le
fondateur *et la première pierre du couvent de Marmande* (2), on lui
commit le soin et la direction de sa construction. « Il conste par un acte
du 25 juillet 1636, reçu par Galant, notaire, que la première pierre de
l'église fut posée par M. Pierre Daspe, archiprêtre et recteur de l'église
Notre-Dame de Marmande, assisté de MM. les prêtres venus processionnellement au lieu destiné, et accompagné de MM. les consuls en qualité
de fondateurs, où se trouvèrent les RR. PP. Jean Durban, provincial,
et Jean Cheron, commissaire général pour la réforme. » (3)

Comme on vient de le voir, pendant que le P. Cheron fondait un
couvent de carmes en l'honneur d'André Corsini, Clément VIII mettait
l'évêque de Fiezole au nombre des saints (22 avril 1629). La solennité
de cette canonisation se fit à Bordeaux, dans le couvent des Carmes,
au mois d'août 1629. Les évêques de Limoges, d'Agen et d'Aire assis-

(1) *Extraits tirés des principaux papiers des religieux de Notre-Dame des Carmes du couvent de Saint-Pierre de Thoneins dessus, transférés dans la ville de Marmande,... faicts par le R. P. P. de S. H., l'an 1689;* manuscrit in-folio, f. 17, 18. (Archives dé-partementales de la Gironde, série H, *Carmes de Tonneins,* cartons).

(2) « Institutor et primarius Marmandiensis cœnobii lapis. » (Alegreus Cassa-natus, *Paradisus Carmelitici decoris, seu de viris et fœminis illustribus religionis Carme-liticœ;* Lugduni, 1689, in-fol. p. 481).

(3) *Extraits* cités plus haut.

tèrent à la cérémonie, et le panégyrique du saint fut prononcé par le
P. Charles de Lorraine, de la Compagnie de Jésus (1). A cette occasion,
le P. Cheron composa et « fit imprimer à Bordeaux » une vie de saint
André Corsini : je n'ai pu la découvrir, et le P. Cosme de Villiers n'en
fait mention dans aucune des deux notices qu'il consacre, l'une au
P. Cheron, l'autre à saint André Corsini.

De là charge de provincial, le P. Cheron passa à celle de prieur du
couvent de Bordeaux et de second définiteur. Il y joignit l'enseignement de la philosophie. Tout cela fut décidé au chapitre provincial
tenu à Aiguillon le 11 mai 1631.

A cette époque, le P. Cheron s'employa à faire embrasser par la province de Gascogne la réforme de Touraine. Commencée en 1604, dans
le couvent de Rennes en Bretagne, par Pierre Béhourt (2), elle dut son
accroissement et sa principale gloire au P. Philippe Thibaut qui lui
donna sa dernière perfection (3). Comme elle s'étendit surtout dans la
province de Tours, cette réforme s'appela l'observance de Touraine. En
1624, elle pénétra dans le couvent de Valenciennes où, trois ans auparavant, le P. Richard de Saint-Basile, de concert avec cinq autres religieux, avait en vain essayé de l'introduire (4). Bientôt elle fut adoptée
également dans la province d'Aquitaine, d'où, au bout de quelque

(1) *Chronique Bourdeloise*, édit. de 1672, p. 83. — Charles de Lorraine, né à
Kœurs, près de Saint-Mihiel, le 17 juillet 1592, fut sacré évêque de Verdun
en 1617, donna ensuite sa démission et entra dans la Compagnie de Jésus. Après
son noviciat, il devint successivement supérieur de la maison professe à
Bordeaux et à Toulouse où il mourut, le 28 avril 1681. Cf. De Backer, *Bibliothèque des écrivains de la Compagnie de Jésus*, art. Lorraine.
(2) Pierre Béhourt, et non *Bouhourt*, comme écrit le P. Hélyot, naquit le
4 février 1563, à Moulins, dans le diocèse de Rennes où il mourut, le 26 août
1638. Cf. *Bibliotheca Carmelitana...*, t. II, col. 552-555.
(3) Philippe Thibaut, né en 1572, à Brain-sur-Allonnes, situé à 14 kilomètres
de Saumur, mourut le 24 janvier 1638. Cf. *La vie du vénérable père Philippe Thibaut,
père et Principal auteur de la Réforme des Carmes de l'observance de Rennes en la province
de Touraine, par le R. P. Lezin de Sainte Scholastique, religieux de la même province et
observance;* Paris, Sébastien Cramoisy, 1673, in-12. — D. Lobineau, *Les Vies des
Saints de Bretagne*, édit. Tresvaux, t. IV, p. 51 et suiv. — D. Chamard, *Les Vies
des Saints personnages de l'Anjou;* Paris, Lecoffre, t. II, p. 458-493.
(4) Hélyot, *Histoire des ordres religieux;* Paris, 1714, t. I, p. 335, 336. Richard
Ruquelot de Saint-Basile, né à Valenciennes, fut successivement prieur du couvent de cette ville, et provincial de la province de Belgique. En 1628, n'étant
encore que prieur, il fut envoyé à Rome pour les affaires de la réforme. C'est
pendant ce voyage, que le P. Louis Jacob apprit, à Dijon, de la bouche même
du P. Richard de S. Basile, qu'il avait composé les *Vies des saints de l'ordre des
Carmes.* On ne sait, dit le P. Cosme de Villiers (*Biblioth. Carmel.* t. II, col.

temps, elle passa dans plusieurs couvents de la province de Gascogne (1).

Celui de Bordeaux fut le premier à donner l'exemple. « Le quinziesme janvier 1633, dit le registre des Actes capitulaires du couvent, étant assemblés en chapitre, à cinq heures du matin, pour traiter des affaires intérieures de notre saint Ordre, fut proposé à tous les pères et frères profès du couvent de Bordeaux, que le Reverendissime Pere General, Vicaire Apostolique de notre ordre, avait envoyé une patente adressée aux RR. PP. Définiteurs de la province de Gascogne, et à tous les religieux de l'observance régulière, par laquelle ledit R. P. General, désireux de promouvoir les observances régulières conformément à celle qui se garde en la province de Touraine, nommait cinq couvents de notre province pour y être introduite, au nombre desquels le premier est celui de Bordeaux ; donnant, pour ce sujet, pouvoir au R. P. Jean Cheron, prieur dudit couvent, de réformer les couvents nommés dans la susdite patente, de laquelle lecture fut faite dans le chapitre, comme aussi d'une lettre du R. P. Etienne Mazaublanc, provincial de Gascogne, datée de Langon, le douzieme janvier 1633, lequel, ayant

685), si elles ont été imprimées. Elles ne l'étaient certainement pas en 1634, et nous en trouvons la raison dans une lettre que l'auteur écrivait de Valenciennes, le 2 juillet de cette même année, à un de ses cousins, lequel était vraisemblablement religieux aux Grands Carmes de Bordeaux. « Je n'ai pas encore mis en lumière les vies de nos saints, dit-il, pour beaucoup de contradictions qui s'y rencontrent, et notamment en la vie de notre S. Simon (Stock), laquelle j'ai toujours attendu de Bordeaux, pensant que de bref on la feroit imprimer. J'envoie la vie d'icelui comme je l'ai pu tirer de divers auteurs, laquelle n'est assez bien mise en ordre, pour l'avoir voulu conformer à la thèse de notre maistre Cheron, que m'avez jadis envoyée, avec son office propre imprimé à Bordeaux l'an 1580. J'espère que vous me la renvoierez quand l'aurez lue, d'autant qu'il ne me reste autre exemplaire ; ou bien je me contenterai d'en avoir une imprimée, comme j'entends que vous la devez mettre en lumière pour la translation de son corps... Je serai très-aise d'entendre les particularités de sa translation avec ses miracles. » (Archives départ. de la Gironde, *Affaires des Carmes*, t. III, f. 69). Cette translation du corps de saint Simon Stock dans une châsse plus belle que celle où il reposait alors, n'eut lieu qu'en 1663, ainsi que je le dirai plus loin.

(1) Les provinces d'Aquitaine et de Gascogne qui n'en faisaient qu'une seule en 1354, furent divisées, en 1358, dans un chapitre général tenu à Bordeaux (*Biblioth. Carmel.* t. I, col. 789). La province d'Aquitaine resta composée des couvents répandus dans les diocèses de Limoges, Périgueux et Cahors : celle de Gascogne, au temps du P. Cheron, comprenait dix-sept couvents, établis dans les villes suivantes : Bordeaux, Agen, Aiguillon, Bayonne, Bergerac, Castillon, Condom, Dax, Jonzac, Langon, Lectoure, Marmande (qui remplaça Tonneins), Pavie, Rabastens, Sauveterre-de-Béarn, Tarbes et Trie.

eu communication de ladite patente, exhortait les RR. Pères et frères
de ladite communauté à l'exécution de ladite patente, s'en remettant
à l'avis du R. P. Cheron. Immédiatement après, le même R. P. Cheron
exhiba les statuts et ordonnances qui se gardent parmi nos pères réformés de la province de Touraine, disant que ce qu'il désirait desdits
pères et frères de Bordeaux était contenu dans lesdits statuts, protestant ne vouloir contraindre personne à ladite observance, ains laissait
un chacun en son entière et pleine liberté; et afin que lesdits Pères et
Frères profès eussent moyen de penser mûrement sur les propositions
faites, il leur donna trois jours entiers, à savoir, le samedi quinziesme
dudit mois, le dimanche et le lundi suivants, pendant lesquels trois
jours seraient célébrées trois messes hautes et solennelles : le samedi,
de Notre-Dame; le dimanche, du Saint-Esprit; et le lundi, de saint Simon
Stock, pour implorer le secours du ciel ; et afin que personne ne pré-
tendît cause d'ignorance desdits statuts de la province de Touraine, il
fut aussi ordonné et arrêté que, durant lesdits trois jours, les mêmes
statuts seraient lus et relus au réfectoire, en communauté, le soir et le
matin, et outre ce, seraient donnés à tous ceux qui les demanderaient,
pour être lus et considérés en particulier; et que, cela fait, le mardi
dix-huitième, on viendrait en chapitre pour délibérer et conclure sur
ce sujet.

« Et advenant le dix-huitième dudit mois de janvier 1633, le R. P.
Cheron, commissaire et vicaire général du Révérendissime Père Général
par lettres patentes données à Rome le 15 novembre dernier 1632, ayant
convoqué les profès de la communauté de Bordeaux, leur demanda
s'ils étaient résolus d'embrasser l'étroite observance, selon la forme
prescrite dans les statuts de la province de Touraine... Sur quoi, ayant
été délibéré et demandé les suffrages », neuf prêtres profès se présentèrent et signèrent l'engagement de garder lesdits statuts. Deux jours
après, le 20 janvier, trois autres prêtres profès signèrent également, et
le 12 février suivant, après que l'on eût transcrit, à la suite de l'acte
que l'on vient de lire, les statuts ou *Exercitia observantiæ nostræ,*
vingt-trois religieux y apposèrent leur signature.

La réforme fut également adoptée, sur la proposition du P. Cheron,
par le couvent de Langon, le 13 mars 1633, et par celui de Marmande le
16 du même mois. Au mois d'avril 1636, dans l'assemblée provinciale
tenue à Langon, les couvents de Jonzac, de Castillon et d'Aiguillon
se soumirent de même à la réforme. Enfin, les statuts de la province
de Tours ayant été revus et confirmés par le Chapitre général tenu à

Rome en 1645 et par le Pape Innocent X, ils furent de nouveau reçus et acceptés au nom des couvents réformés de la province de Gascogne, par le P. Chéron, le 21 novembre 1647.

Revenons à l'année 1633. Ce fut l'époque d'une grande agitation des esprits à Bordeaux. Elle fut causée par le différend qui s'éleva entre l'archevêque Henri de Sourdis et le duc d'Epernon, gouverneur de la province. Naugas, son lieutenant des Gardes, ayant été déclaré excommunié pour avoir arrêté violemment le carrosse de l'Archevêque, le Gouverneur manda dans sa maison de Puy-Paulin les Supérieurs des principaux couvents et quelques religieux de la ville de Bordeaux, afin de connaître leur sentiment sur la validité ou la nullité de cette excommunication. Dans cette assemblée, il y eut deux Carmes déchaussés, deux Capucins, deux Observantins, deux Récollets, deux Dominicains, deux Feuillants, deux Minimes, deux Augustins, et les trois Docteurs Régents en droit canonique et civil de l'Université de Bordeaux. Presque tous déclarèrent l'excommunication nulle et de nul effet; mais le P. Chéron fut d'un avis contraire, et il le motiva sur des textes formels du droit canonique, réfutant avec beaucoup de force les raisons de ceux qui avaient opiné avant lui. Aussi dans la *Sentence d'interdit* où il défendait aux religieux qui avaient assisté à l'assemblée tenue chez le duc d'Epernon, « de prêcher et d'administrer les sacrements », Henri de Sourdis loüa-t-il « extrêmement la constance et le zèle du P. Chéron, prieur des Carmes, qui, bien qu'appelé et bien qu'il se soit trouvé en ladite assemblée, a néanmoins parlé librement et soutenu la vérité et certitude de la censure et dénonciation prononcée (1) ».

Au sujet de cette affaire, l'auteur de la *Notice inédite* sur le P. Chéron donne quelques détails que je reproduis à titre de renseignements, laissant au lecteur à décider s'ils sont vrais de tout point ou même vraisemblables. « La décision de l'assemblée, dit-il, fut envoyée en Sorbonne, qui décida en faveur du seigneur Duc, et décréta le P. Chéron qui fut obligé de se rendre à Paris, où il ne s'attendait pas moins que d'être bien grondé par cet illustre corps. Son dessein était d'essuyer tout ce qu'on lui pourrait dire. Mais enfin on le pressa si fort que, comme un bœuf aiguillonné est enfin obligé de donner quelques ruades, l'ayant enfin forcé à dire quelles raisons il avait eu de s'opiniâtrer comme il avait fait contre l'opinion de tant de savants, de muet qu'il était il commença à mugir, et sans flatter, comme on avait fait, l'auto-

_____

(1) *Sentence d'interdit...* 1633, in-8°, p. 10.

rité d'un si grand Seigneur, il prouva par l'histoire ecclésiastique et les Pères de l'Église la vérité de cette excommunication. La Sorbonne fut si surprise de voir un si grand torrent de science, qu'elle revint dans son opinion, et, sans sortir de la séance, on donna un bonnet de docteur audit Révérend Père, qui revint à son couvent de Bordeaux. M. le duc prit en estime le R. P. Cheron, et voulut plus tard établir les Carmes à Verdelais, à quoi le P. Cheron, qui était alors provincial, ne voulut consentir. »

Quoiqu'il en soit de ces détails que je ne vois mentionnés nulle part ailleurs, le P. Cheron publia, en 1633, — à Bordeaux, quoique le lieu d'impression ne soit pas marqué, — *La verité religieuse en esprit de charité* (in-8° de 317 pages). Tel est le titre que portent plusieurs exemplaires, en particulier celui de la Bibliothèque Nationale (Lb[36], n. 2958). D'autres, par exemple, celui de la Bibliothèque municipale de Bordeaux (n. 26020), ont ce titre qui indique plus nettement l'objet du livre : *Advis du Pere Jean Cheron, Carme, Docteur en saincte Theologie, sur l'excommunication du sieur de Naugas* (1). L'auteur rencontra, paraît-il, beaucoup de difficultés pour le faire imprimer, sans doute à cause de l'opposition qu'y mettait le Gouverneur. Le P. Cheron s'en plaint dans la dédicace qui est en tête de son livre, et qu'il adresse « Aux illustrissimes et Reverendissimes Prelats de France. » En voici les principaux passages :

« MES ILLUSTRISSIMES SEIGNEURS,

« Ceste verité religieuse envisageant les veritez eternelles en esprit de charité, se prosterne à vos pieds, vous demandant avec toute humilité la faveur de vos yeux. Il y a long temps qu'elle est conceue, mais sa naissance a esté retardée : car voulant sortir pour desabuser les ames, on luy mit le guet après, et celuy dont la sollicitude luy devoit servir de déesse Levane, la repoussa dans les ténèbres, donnant neantmoins la liberté aux enfans d'imposture... Dieu veuille, Messeigneurs, qu'apres m'avoir causé tant de douleurs, elle soit receue de vos Seigneuries illustrissimes, protectrices des *exposez*. Estant mendiant, je l'ay accoustrée en pauvre, luy donnant un habit assez mal cousu de plusieurs et diverses pieces : mais toute pauvre qu'elle est, je l'ay equipée

___

(1) Le P. Cosme de Villiers n'a pas eu connaissance de cet ouvrage du Père Cheron, au moins sous ce titre.

de bons canons, pour faire voir que vos Seigneuries illustrissimes
ont, Dieu mercy, de quoy se deffendre, de quel costé qu'on les attaque,
sans vuider l'arsenal de l'Église. Toute sa gloire gist en la Croix : tout
son amour aux armes de nostre salut, qu'elle monstre à la tres-auguste
Trinité, conjurant les larmes aux yeux et les soupirs au cœur, la seconde personne par les outils de sa passion, de rappeller au giron de
l'Église ceux qu'il a rachetés par son sang. Son discours est simple et
assez mal poly pour le siecle ; mais sa profession l'oblige à l'estude de
mieux faire que de bien dire, sçachant qu'au jour du jugement, les
bonnes actions seront pesées, et non les belles paroles. Avec ceste simplicité, elle se soubsmet à la correction du sainct Siege Apostolique
et de vos Seigneuries illustrissimes ».

A la suite de cette dédicace, le P. Cheron a placé une élégie en vers
français, dont le premier est une allusion évidente au premier titre
de son ouvrage. Il s'en faut de beaucoup que ce poème soit un chef-
d'œuvre : le R. P. carme était sans doute trop bon canoniste pour être
bon poète : cependant j'ose espérer que, parmi mes lecteurs, il s'en
trouvera qui, en leur vie, ont lu des vers plus mauvais que ceux-ci :

> « Esprit de charité, verité religieuse,
>   Pourquoi tardez-vous tant ?
> Un esprit comme vous doit d'une aisle amoureuse
>   Voler plus que le vent.
>
> Sans mentir, ce delay faict que l'on desespere
>   D'ouyr vostre raison :
> Et le fruict qu'on attend de vous en cet affaire
>   S'en va hors de saison.
>
> L'impatient desir des ames alterées
>   S'allume à tout propos,
> Condamnant à bon droict les testes mal tymbrées
>   Qui troublent leur repos.
>
> Ce livre qui gemit sous la presse tardive
>   De quelques imprimeurs,
> Sans doubte se perdra, si l'on sait qu'il arrive
>   Pour reformer les mœurs.
>
> Mais s'il est innocent, s'il presche l'innocence,
>   Que ne sort-il au jour ?
> Quoy ? cet air seroit-il fatal à sa naissance,
>   Ou craint-il ce sejour ?....

Cher esprit, hastez-vous, et rompez le silence,
Accourez au secours,
Deschargez vos canons, abbatez l'arrogance
Qui s'esleve toujours.....

Redoublez vos efforts, soyez zelé de zèle
Pour le Dieu des combats,
Monstrez-nous par la loy que c'est faute mortelle
D'agasser les prelats.

Prouvez-nous qu'arrestant un archevesque on puisse
Estre excommunié ;
Et que l'appel est nul avant que le complice
Ait esté publié !...

Monstrez evidemment jusqu'où va l'imposture
De quelques escrivains,
Qui tordent à leur gré le nez de l'Escriture
Pour des respects humains.

Enfin destrompez-nous, dissipez le nuage
Qui offusque nos yeux ;
Retirez-nous d'enfer, ouvrez-nous le passage
Pour aller dans les cieux.....

Venez donc promptement, et mettez en lumiere
La saincte verité ;
C'est assez attendu : donnez vous carriere,
Esprit de charité ».

Abordant enfin son sujet, le P. Cheron cite d'abord la *Proposition et
demande faite* (sur la validité de l'excommunication de Naugas) à
*Monseigneur l'Evesque de Nantes, de la part de Monseigneur le duc
d'Espernon,* puis la Réponse de l'Évêque de Nantes, dans laquelle
Naugas puisait les fondements de sa défense. Le P. Cheron montre
aisément que ces fondements ne sont pas solides, et il le fait avec
une force et une érudition qui justifient bien la réputation de savant
canoniste dont il jouissait de son temps (1).

« Il composa, dit un de ses confrères, un livre in-folio des matières
bénéficiales, dans la science desquelles il était si bien versé, qu'il étoit

---

(1) « Juris canonici, si quisquam in Galliâ, peritissimus. » (Aubertus Miræus,
Bibliotheca ecclesiastica descriptoribus ecclesiasticis, cap. 233 ; Antuerpiæ, 1639, in-fol.
p. 251.) Ce même auteur qualifie le P. Cheron de « Doctor *Parisiensis* ».

très souvent consulté comme un homme qui entendoit mieux le droit canon qu'aucun autre de toute cette province ; jusque-là même qu'au rapport de *nos anciens pères*, et même des personnes étrangères, les Messieurs du Parlement de Bordeaux, ayant quelque affaire difficile à juger, consultoient souvent le R. P. Cheron, pour pouvoir donner un jugement équitable, et l'en faisoient même quelquefois le juge (1). »

La *Notice inédite* ajoute encore à ce témoignage en le confirmant. « J'ai vu, dit l'auteur, quelques-unes des consultations du P. Cheron, et il est surprenant que les religieux de son Ordre ne les aient pas ramassées pour en faire quelque recueil. Il était généralement estimé de tous les savants et Ordres religieux qui le venoient consulter journellement, et MM. les avocats au Parlement, dès qu'ils voyoient ses avis par écrit, n'avoient rien à dire après lui qu'ils regardoient comme un oracle, surtout pour la Théologie et le Droit canon. Pendant qu'il prêchoit le carême dans l'église Saint-Pierre, à Bordeaux, sa mère vint à mourir. Il s'excusa que le lendemain il ne prêcheroit pas. Le Parlement en corps assista aux funérailles, qui eurent lieu, si je ne me trompe, dans l'église Sainte-Eulalie, et cette Cour voulut bien marquer l'estime qu'on faisoit du fils en la personne de sa mère. »

Le 7 mai 1634, le P. Cheron présida le chapitre qui se tint à Bordeaux. Il y fut nommé assistant du P. Provincial, qui était le P. Jean Durban, et en même temps il fut chargé d'enseigner la Théologie aux religieux de l'Ordre ; ce qu'il fit encore pendant les années 1635 et 1636. A cette époque aussi, il était docteur régent dans l'Université royale de Bordeaux. Selon une pièce signée de sa main, il enseigna la Théologie durant plus de vingt-cinq ans (2). Son successeur immédiat dans la chaire de la Faculté fut le P. Joseph de l'Ascension.

Au chapitre tenu à Bordeaux le 4 mai 1637, le P. Cheron fut élu provincial, et le 29 avril 1640, au chapitre de Castillon, on le nomma custode de la province et prieur du couvent de Bordeaux. Il fut maintenu dans cette dernière charge, le 29 avril 1643, par le chapitre provincial d'Aiguillon, auquel cependant il ne put assister pour cause de maladie.

En l'année 1640, il publia à Bordeaux un ouvrage sur l'autorité des

(1) *Affaires des Carmes*, t. I, f. 177. (Archives départ. de la Gironde, série H, n. 735.)

(2) Archives départem. de la Gironde, série H, *Carmes de Lormont*, in-fol. n. 733, f. 415.

évêques : *De auctoritate episcoporum* (Burdigalæ, 1640, in-8º). Le P. Cosme de Villiers qui mentionne ce livre, n'indique ni le nom de l'imprimeur, ni le nombre de pages, quoiqu'il le fasse pour les autres écrits du P. Cheron. J'en conclus qu'il n'avait pas vu ce volume de ses yeux, et j'ai le regret d'ajouter que je n'ai pas été plus heureux que lui. Si la date de 1640 n'y faisait obstacle, je serais bien tenté de croire que, sous ce titre, le P. Cosme de Villiers a voulu désigner l'*Advis sur l'excommunication de Naugas*, où le P. Cheron établit en effet *l'autorité des évêques* sous le rapport de l'excommunication.

Deux ans après, le P. Cheron fit imprimer un autre ouvrage dont voici le sujet et l'occasion. Un chanoine de Beauvais avait publié dans cette ville, sous le nom de Leyde et à l'insu de l'auteur qui était le fameux Jean de Launoy, deux dissertations où l'on essayait de prou-. ver la fausseté des bulles de Jean XXII et d'Alexandre V, sur lesquelles est fondé le privilège attribué au scapulaire. On y révoquait aussi en doute la vision de Saint-Simon Stock (1). Aussitôt le P. Cheron prit la plume et composa *Privilegiati Scapularis et Visionis S. Simonis Stockii Vindiciæ, per fratrem Joannem Cheron, C. B. (Carmelitam Burdegalensem)* (2). La réfutation était solide, mais le style du P. Cheron trop amer, et il fut jugé tel même par beaucoup de Carmes : la modestie et la modération dans la dispute n'ont jamais nui au soutien d'une bonne cause, comme le remarque fort justement le P. Cosme de Villiers, et la vérité n'a pas besoin de recourir aux injures pour se défendre contre ceux qui l'attaquent. « Dans les qualifications odieuses, dit Joubert, les âmes douces restent toujours en deçà : elles ménagent et se ménagent (3). »

Le P. Cheron fut élu provincial pour la troisième fois, au chapitre qui se tint à Langon, le 17 novembre 1647.

L'année suivante, au mois de mai, un chapitre général de l'Ordre fut célébré dans la ville de Rome. En sa qualité de définiteur désigné par le chapitre provincial, le P. Cheron s'y rendit, accompagné du P. Richard

---

(1) *Dissertatio duplex : una de origine et confirmatione privilegiati scapularis Carmelitarum; altera de visione Simonis Stockii, prioris ac Magistri generalis Carmelitarum; autore Joanne de Launoy : inscio authore;* Lugduni-Batavorum, 1642, in-8º. Il s'en fit la même année, à Paris, une autre édition in-4º, par les soins du carme Toussaint Richard, mais sans nom de ville. Sur l'occasion du livre de Launoy, voir Niceron, *Mémoires*, t. XXXII, p. 99, 100.

(2) Burdigalæ, apud Petrum Du Coq, typographum, viâ Jacobœâ, 1642, in-8º de 192 pages.

(3) Joubert, *Pensées;* 4º édition, Paris, 1864, t. II, p. 111.

Devaux. Peu avant leur départ de Rome, le 9 septembre 1648, le Général des Carmes, mû par des raisons qui nous sont inconnues, mais qui montrent bien en quelle estime il avait le P. Cheron, le prorogea dans sa charge de provincial jusqu'au troisième dimanche après Pâques de l'année 1652.

Les deux religieux députés au Chapitre général s'étant mis en route pour revenir en France par la voie de mer, ils furent pris, le 28 septembre 1648, par les Turcs qui les emmenèrent en captivité à Tunis, où ils arrivèrent au mois d'octobre. Là ils furent vendus pour 1,600 piastres d'Espagne ; mais celui qui les acheta en demandait deux mille pour leur rançon. C'est ce que le P. Cheron écrivait, pour la troisième fois, le 14 décembre suivant, au Général des Carmes, Jean-Antoine Philippini, ajoutant que, si les captifs ne donnaient à leur maitre l'assurance de l'arrivée prochaine de la somme exigée, ils seraient envoyés aux galères, et qu'ils y auraient bientôt perdu le peu de forces qui leur restaient encore, après la faim, la prison, les insomnies et les misères de toutes sortes qu'ils avaient déjà endurées. Il conjurait donc le Général d'imposer au plus tôt à la province l'obligation de faire les démarches et les sacrifices nécessaires pour les tirer de cet enfer, *ut citó nos ex hoc inferno eripiat,* et il signait : *Contristatus et lacrymabundus F. Joannes Cheron, captivus pro Christo Tunisii in Africâ, die 14 decemb. 1648.*

Philippini ordonna en effet aux couvents de la province de se cotiser pour fournir la somme nécessaire au rachat des deux captifs. Nous apprenons par l'assemblée provinciale du 7 mai 1649, que cette somme s'éleva au chiffre de 6,420 livres, dont la plus grosse part fut fournie par les couvents de la province ; le reste fut formé des aumônes versées par diverses personnes, parmi lesquelles le Chapitre Saint-André donna la somme — beaucoup plus considérable alors qu'aujourd'hui — de *vingt* livres (1)! Selon le P. Cheron, le rachat eut lieu le 6 avril 1650.

Dès qu'il avait appris la captivité du provincial de Gascogne, le Général des Carmes avait pourvu au gouvernement de la province par la création d'un vicaire provincial. Son choix était tombé sur le Père Nicolas Jossé, lequel gouverna en effet sans aucune opposition. Mais comme le triennat du P. Cheron finissait régulièrement en 1650, le Père Jossé, qui ignorait apparemment le privilège de prorogation que le P. Cheron avait reçu du Général, demanda à celui-ci l'autorisation de

_____

(1) *Actes capitulaires de Saint-André,* 11 mars 1649.

tenir le chapitre provincial, le troisième dimanche après Pâques de
cette même année 1650. Philippini, qui était toujours Général de l'Ordre, oubliant peut-être la faveur qu'il avait accordée au P. Cheron, ou
plutôt considérant qu'il n'y avait pas lieu d'espérer sa délivrance prochaine, envoya au P. Jossé, le 3 janvier 1650, des lettres autorisant la
tenue du chapitre provincial, et nommant pour y présider le P. Avertain de Saint-Jean. Celui-ci s'acquitta de sa commission, et assisté de
son *socius*, le P. Maur de l'Enfant-Jésus (1), il tint à Castillon, le 8 mai

(1) Maur Le Man, naquit au Mans, selon le P. Cosme de Villiers ou de Saint-
Étienne, que M. Hauréau appelle à tort *François* de Saint-Étienne (*Histoire
littéraire du Maine, nouvelle édition;* Paris, 1876, t. VII, p. 155, 156). Il fit profession chez les Carmes de la stricte observance, au couvent de Rennes, le 22 février de l'année 1631 (et non 1621, comme imprime encore M. Hauréau). Le
chapitre de Poitiers ayant chargé le P. Marc de la Nativité de la direction
des novices, le P. Maur de l'Enfant-Jésus lui fut adjoint, et ils publièrent
ensemble, pour l'usage des novices, quatre traités qui furent recommandés,
en 1651, au chapitre tenu à Tours par le Général Philippini. Après avoir été
trois fois prieur du grand couvent de Bordeaux et trois fois provincial de
Gascogne, le P. Maur de l'Enfant-Jésus mourut à Bordeaux, le 19 avril 1690,
et fut enterré au milieu du chœur de l'église des Carmes, devant le grand autel.
Voici la liste de ses ouvrages :
1º *La Crèche de l'Enfant-Jésus;* Bordeaux, in-12.
Ni le P. Cosme de Villiers, ni M. Hauréau, ni... moi, n'avons vu cet ouvrage.
2º *Theologie chrestienne et mystique, ou Conduite spirituelle pour arriver bien-tost au
souverain degré de la perfection, composée par le R. P. Maur de l'Enfant-Jesus, prieur
des Carmes reformés du grand couvent de Bourdeaux;* à Bourdeaux, chez I. Mengiron Millanges, imprimeur ordinaire du Roy, 1651, in-8º de 131 pages, sans
les liminaires et la table. L'ouvrage est approuvé par les Pères Gonet (20 juillet 1651), Arnal (31 juillet 1651), Joseph de l'Ascension (24 juin 1651), Eustache
de l'Incarnation (7 septembre 1651). Cet ouvrage n'a pas été connu du P. Cosme
de Villiers. M. Hauréau pense qu'il est peut-être la première édition de
l'ouvrage suivant; mais il suffit de comparer ces deux volumes pour voir
qu'ils traitent de matières, non pas diverses, mais bien distinctes.
3º *Entrée à la divine Sagesse, comprise en plusieurs Traités spirituels qui expliquent
les plus profonds secrets de la Theologie mystique; composés par le P. Maur de l'Enfant-
Jésus, Prieur des Carmes reformés du grand couvent de Bourdeaux;* à Bourdeaux,
chés I. Mengiron Millanges,... 1652, in-8º de 271 pages sans les liminaires.
Approuvé par Jean-Antoine Phillipini, général de l'Ordre (27 février 1651),
Nicolas Jossé (10 nov. 1651), Jacques de la Présentation (30 juin 1651), Félicien
de la Magdeleine (12 octobre 1651), R. Bail (51 juillet 1651), François Lefebvre,
bénédictin de Cluny (5 mai 1651). M. Hauréau indique, en outre, les éditions
suivantes : 2º, Paris, A. Padelou, 1655, in-8º; — 3º, Paris, Padelou, 1661, in-8º;
— 4º, Paris, 1678, in-12; — 5º, Paris, 1692, in-12, revue et corrigée par l'auteur
comme les précédentes.
4º *Le Royaume interieur de Jesus-Christ dans les ames, divisé en trois parties, composé
par le R. P. Maur de l'Enfant-Jesus, Religieux carme reformé, ex-provincial de la
province de Gascogne;* Paris, chez Antoine Pasdelou, 1662, in-12 de 390 pages. Le
P. Cosme de Villiers indique : *Paris, chez la veuve de Denys Thierry, 1664, in-12*

22

1650, le chapitre de la province. Les droits du P. Cheron y furent ou méconnus ou ignorés, et le P. Nicolas Jossé fut élu provincial par vingt-trois voix sur vingt-sept électeurs. Quant au P. Avertain, il fut nommé prieur du couvent de Bordeaux.

Les actes de ce chapitre furent aussitôt envoyés à Rome. Après les avoir mûrement examinés, le Général des Carmes les avait jugés valides, et il allait en envoyer la confirmation, lorsque le P. Cheron, délivré de captivité, arriva à Rome, où il avait été « reconduit, dit-il dans une requête à l'archevêque de Bordeaux datée du 27 avril 1651, pour des affaires très importantes ». Quand il eut appris ce qui s'était fait en France au préjudice de ses droits, il protesta de nullité, supplia le Général de le remettre en possession de sa charge, et lui demanda des lettres confirmatives des premières. Le Général s'y refusa et fit examiner de nouveau les actes du chapitre de Castillon par des hommes sages et éclairés, qui estimèrent légitimes les élections faites. Il inclinait donc à les confirmer; mais pour procéder canoniquement dans cette affaire, il voulut entendre aussi le P. Cheron. N'ayant pu obtenir que celui-ci exposât ses moyens de défense, le Général ajourna son jugement définitif, et par une lettre datée du 29 juin 1650, il donna provisoirement au P. Jossé le pouvoir de gouverner la province.

Après le refus qu'il avait éprouvé de la part du Général, le P. Cheron s'était adressé à la Congrégation des Evêques et des Réguliers. Celle-ci, faisant droit aux demandes exposées dans la supplique du P. Cheron, ordonna au Général des Carmes de maintenir le suppliant en possession

de 300 pages : c'est probablement la même édition que celle de 1662 dont on aura changé le frontispice.

M. Hauréau considère comme des « compositions burlesques » ces deux derniers ouvrages du P. Maur de l'Enfant-Jésus ; il consent toutefois à attribuer « les extravagances de son langage à ses excès de méditation solitaire; mais tout délire, ajoute-t-il, saint ou profane, est un délire ». A ces assertions aussi injustes que gratuites, il suffit de répondre avec saint Paul: *Animalis homo non percipit ea quæ sunt Spiritûs Dei* : STULTITIA *enim est illi, et non potest intelligere* (I. Cor, II, 14.)

5° La Bibliothèque municipale de Bordeaux possède parmi ses manuscrits, sous le n° 362, un in-18 de 89 pages, contenant les *Lettres du R. P. Maur de l'Enfant-Jésus, religieux des Grands-Carmes, à une religieuse de la Visitation, avec plusieurs avis que le même lui a donnés, et de plus, il y a, à la suite, quelques autres lettres spirituelles escriptes à la même religieuse par d'autres.* « L'écriture, dit M. J. Delpit, paraît être celle de Marie-Henriette Levasseur, dont nous avons plusieurs manuscrits. Ne serait-ce pas à elle que ces lettres ont été adressées ?,» (*Catalogue des manuscrits de la bibliothèque municipale de Bordeaux;* Bordeaux, 1880, in-4°, p. 125.)

du provincialat, et de le réintégrer dans le libre exercice de sa charge : en même temps elle cassa et annula l'élection du P. Nicolas Jossé, et tout ce qui s'était fait au chapitre de Castillon. Ce décret, daté du 12 août 1650, fut confirmé, le 25 octobre suivant, par un bref du Pape qui en commettait l'exécution à l'archevêque de Bordeaux ou à son official, et lui ordonnait de remettre le P. Cheron en charge, sans avoir égard à aucun appel, *etiam appellatione postposita*.

Dès qu'ils en eurent connaissance, et probablement avant toute notification officielle, les pères Joseph de l'Ascension prieur d'Agen, et Pierre de Saint-Luc prieur de Condom, tous deux définiteurs, tant en leur nom qu'en celui des capitulants, firent opposition à toutes les requêtes et à tous les décrets obtenus ou à obtenir par le P. Cheron (7 novembre 1650). Ils furent encouragés dans leur résistance par une lettre que le P. Gabriel de Saint-Joseph (1), assistant du Général, écrivit, le 23 janvier 1651, au provincial de Gascogne. Comme elle renferme l'avis d'un célèbre canoniste sur l'affaire du P. Cheron, on sera bien aise de la connaître, et c'est peut-être aussi faire acte d'impartialité, que de la reproduire ici :

« La mort du R. P. Avertain m'a été aussi sensible qu'à Votre Révérence ; mais il ne faut pas pour cela quitter l'ouvrage de Notre-Seigneur. Notre Révérendissime Père est fort édifié et consolé de votre fermeté et constance... Hier, il fit une conférence fort longue avec le R. P. Lezana et moi chez M. Fagnani, un des plus habiles prélats de Rome (2), sur l'affaire du P. Cheron. La conclusion de la conférence fut que le P. Cheron n'étant pas arrivé dans la province avant que le triennal de son office fût expiré, il ne pouvoit prétendre la réintégrande, comme un tuteur qui auroit été captif ne pourroit prétendre la tutelle de son pupille, s'il retournoit après que le temps de sa tutelle seroit expiré. Or, parce que le P. Cheron pourroit objecter qu'il a un quatrième an de grâce, ledit Prélat dit que les canons qui favorisoient la réintégrande ne devoient être entendus que du temps qui lui appartenoit de droit, savoir, le triennal, et non de cette quatrième

(1) Sur le P. Gabriel de S. Joseph, voir *Bibliotheca Carmelitana*, t. I, col. 530.
(2) Prosper Fagnani, célèbre professeur de droit canonique à Rome, où il mourut en 1678, âgé de quatre-vingt-onze ans. Il n'en avait que vingt-deux, lorsqu'il fut choisi pour secrétaire de la Congrégation du Concile. A quarante-quatre ans, il perdit l'usage de la vue, ce qui ne l'empêcha pas de travailler dans les onze Congrégations dont il était membre, et de dicter ses fameux *Commentaires sur les Décrétales* (5 vol. in-folio) qu'il composa par l'ordre du Pape Alexandre VII.

année, qui étoit une grâce du Révérendissime et du Chapitre Général. De plus, si ledit P. Cheron pourroit répartir qu'il étoit délivré avant la fin du triennal, on lui répond qu'il ne l'étoit pas assez pour gouverner la province. Cette conférence s'est faite chez ce prélat, d'autant qu'ayant extrêmement favorisé la cause du P. Cheron, nous avons été bien aises de l'informer amplement de tout, afin que si l'affaire reviént à la Congrégation, il ne nous soit pas contraire, mais favorable. Les raisons ci-dessus ont même leur force quand bien le décret de la Congrégation et le bref du Pape pour le P. Cheron ne seroient pas subreptices; car, nous dit ce prélat, la Congrégation n'a entendu le réintégrer qu'en ce qui lui appartenoit de droit; or, le triennal expiré, rien ne lui appartenoit de droit. J'ai déjà mis les dispositions pour éclaircir la fausseté du bref supposé par le P. Cheron, et comme cette affaire est importante, je la presserai chaudement. »

Avant de faire exécuter le bref du Pape par Henri de Béthune, archevêque de Bordeaux, le P. Cheron, « pour ne pas l'exposer à blesser l'autorité du Roi et de ses juges souverains », demanda et obtint de sa Majesté des lettres d'attache, qui furent expédiées le 4 avril 1651. Lorsque l'archevêque eut en mains toutes les pièces, il ordonna, le 27 du même mois, que « ledit P. Cheron et le P. Nicolas Jossé, soi-disant aussi élu Provincial », comparaîtraient devant lui, le samedi suivant, 29 avril, pour, « iceux ouïs, être ordonné ce qu'il appartiendra. » Au jour fixé, on vit paraître, non le P. Jossé, mais son fondé de pouvoir, Martial Dupeyron, procureur en la Cour de Parlement, lequel, avant toutes choses, demanda communication des pièces énoncées dans le bref obtenu par le P. Cheron, ou au moins les originaux du bref et des lettres d'attache. Henri de Béthune répondit qu'on pourrait les voir entre les mains du secrétaire de l'archevêché, et il ajourna les parties au 2 mai.

Lorsqu'il eut pris connaissance des titres originaux du P. Cheron, le P. Jossé, dans une assemblée des définiteurs de la province, tenue à Bordeaux, le 29 avril 1651, offrit généreusement sa démission de provincial; mais elle fut refusée, « comme contraire au bien de la province. » Puis les définiteurs commirent au P. Joseph de l'Ascension, syndic des Carmes de Gascogne, le soin de poursuivre l'affaire devant les tribunaux. Enfin, le chapitre sévit contre le P. Cheron et le priva de toute voix active et passive, parce qu'il se refusait à comparaître devant lui afin d'y satisfaire « pour le trouble qu'il apporte à la vie régulière, en refusant d'assister au chœur, au réfectoire, à l'autel, et parce qu'il dit calomnieusement, même à des séculiers, que l'on veut l'empoisonner. »

Ces diverses décisions furent rapportées à l'archevêque par Dupeyron, auquel succéda bientôt le P. Joseph de l'Ascension en personne, et qui déclara s'opposer à ce que le P. Cheron fût réintégré dans la charge de provincial. Il fit, en effet, rédiger son acte d'opposition, le 3 mai 1651, par le notaire Lafite. Cet acte révoque, ou tend à faire déclarer nulles les lettres d'attache obtenues par le P. Cheron, attendu que, d'une part, elles n'ont été données « que sous la condition expresse qu'il n'y auroit dans le bref rien qui blessât les saints décrets, les libertés de l'Église Gallicane ou les Ordonnances du Roi » ; et que, d'autre part, « le P. Joseph de l'Ascension trouve le bref entièrement subreptice, contraire aux constitutions de l'Ordre et au bien de la réforme établie. » Par ces motifs, ordre est donné d'assigner le P. Cheron par-devant le Parlement de Bordeaux, « pour voir déclarer y avoir abus en l'expédition du bref » ; et en attendant la sentence de la Cour, il est « fait défense au commissaire d'attenter aucune chose au préjudice dudit appel. » Le commissaire, c'est-à-dire Henri de Béthune, ayant reçu communication de cet acte, fit, le 8 mai 1651, une ordonnance dans laquelle, « attendu l'appel comme d'abus interjeté et reçu en la Cour de Parlement de Bordeaux », il statue « que les parties se pourvoiront ainsi qu'elles verront bon être. »

Une fois entrée dans cette voie, l'affaire n'était pas près de toucher à son terme. Tandis que le P. Cheron se procurait une copie authentique du bref du Pape, et que, après l'avoir fait imprimer, il l'envoyait, accompagné d'une lettre de sa main, aux Religieux de la province, le Parlement de Bordeaux, sur l'appel interjeté par le P. Joseph de l'Ascension, donnait un arrêt (28 juillet 1651) par lequel il se réservait la connaissance du principal de cette affaire, et cependant défendait au P. Cheron de poursuivre l'exécution du décret de la Congrégation et du bref de Sa Sainteté. Cette sentence était favorable au P. Joseph et à ses adhérents ou mandants; mais ils virent *peut-être* de l'inconvénient ou de l'inconvenance à triompher, en une telle matière, par l'intervention du pouvoir séculier.

J'ai dit *peut-être,* car, faute de documents, je ne puis raconter ce qui se passa pendant la fin de l'année 1651 et toute l'année 1652. Ce qui est certain, c'est que les adversaires du P. Cheron eurent, comme lui, recours à la Congrégation des Évêques et Réguliers, et qu'ils en obtinrent un décret daté du 27 (ou 28) mars 1653, portant permission

de célébrer un chapitre provincial, moyennant certaines conditions
énoncées dans l'acte. De son côté, le Général des Carmes donna, le
31 du même mois, des lettres patentes par lesquelles il chargeait le
P. Maur de l'Enfant-Jésus de présider ce chapitre. Il fut tenu au couvent de Castillon, le 29 juin 1653. On y élut provincial le P. Joseph
de l'Ascension ; le P. Cheron y fut nommé prieur de Lectoure, apparemment dans le but de l'éloigner de Bordeaux, tout en lui donnant
une marque d'estime. Les actes de ce chapitre furent portés à Rome
par le P. Nicolas Jossé, chargé d'en obtenir la confirmation de la
Congrégation. Mais le P. Joseph de l'Ascension étant mort le 28 août
de cette année, le Général de l'Ordre, par une lettre datée du 6 octobre 1653, institua Provincial un des définiteurs, le P. André de Saint-
Pierre (1), jusqu'à ce que lui, Général de la Congrégation, en eût
autrement ordonné.

Après avoir soumis à un examen sérieux les actes du chapitre de
Castillon et entendu les parties intéressées, la Congrégation des
Évêques et Réguliers, considérant que les capitulants n'avaient pas
observé les conditions apposées au décret autorisant la célébration
du chapitre, cassa et annula tout ce qui s'y était fait, par sentence
datée du 9 janvier 1654 ; néanmoins, elle statua que les officiers élus
continueraient à exercer leur charge, comme députés par la Congrégation elle-même, à la condition toutefois de reconnaître le P. Cheron
pour Vicaire provincial.

Le P. André de Saint-Pierre, que le Général avait établi Vicaire
provincial jusqu'à la décision de la Congrégation, ayant, ainsi que
les autres religieux, reçu notification de ce décret, s'en rendit
appellant par-devant le Parlement de Bordeaux qui siégeait alors à
La Réole ; et, par le ministère du Frère Jean de Saint-Antoine, sur
une simple requête, sans que le P. Cheron eût été ni entendu ni
même assigné, et d'après le rapport du Conseiller Sabourin, que le
même P. Cheron avait justement récusé lorsque la Cour avait retenu
la connaissance de la cause « pour être vuidée sur le registre », le

(1) André de Saint-Pierre, né de parents honnêtes, au bourg de Monceau,
dans le diocèse de Condom, prit l'habit de Carme en 1631, et fit profession
en 1635. Il montra de bonne heure un grand attrait pour la réforme, et fut
plusieurs fois appelé, par les chapitres provinciaux, à remplir les dignités et
offices de l'Ordre. Il s'acquit également de la réputation par ses sermons au
peuple dans la chaire de prédicateur, et par ses leçons de Théologie dans la
chaire qu'il occupa à l'université de Bordeaux. (Cf. *Bibliotheca Carmelitana*,
t. I, col. 95.)

P. André de Saint-Pierre obtint un arrêt par lequel il était sursis à l'exécution du décret du 9 janvier précédent.

Peu de temps après, l'ordre des Carmes, ayant à donner un successeur au P. Jean Antoine Philippini, célébra à Rome un chapitre général. Le P. Cheron s'y rendit, en qualité de vicaire provincial de Gascogne. Quant au P. André de S. Pierre, il ne put en faire autant, soit que le temps pour lequel il possédait ce titre fût expiré, soit qu'il en fût « empêché par infirmité », comme il le dit dans un acte passé le 18 avril 1654, par-devant Lafite, notaire à Bordeaux. En conséquence, et par ce même acte, il députa à sa place deux religieux, le P. Clément de la Nativité et le P. Modeste : ce dernier était prieur du couvent de Paris. Tous deux avaient pour mission de s'opposer à ce que le P. Cheron eût voix active et passive dans le chapitre général, et d'en obtenir des commissaires *in partibus*, pour faire une enquête juridique sur la vie *irrégulière*, ou peu conforme aux observances de l'Ordre, reprochée au P. Cheron par les PP. Nicolas Jossé custode de la province, et Maur de l'Enfant-Jésus prieur du couvent de Bordeaux. Les députés du P. André de S. Pierre alléguaient aussi les mêmes motifs pour faire déclarer le P. Cheron indigne de toute charge (1).

___

(1) On est mal reçu, surtout quand on est dépourvu de témoignages positifs, à contredire des témoins qui disent « savoir très bien pour avoir vu et pour avoir ouï dire à d'autres religieux de la province ». Cependant, à qui persuadera-t-on que, dans une province composée de dix-sept couvents dont plusieurs avaient embrassé la réforme, les chapitres provinciaux, c'est-à-dire, ce que ces couvents nombreux contenaient de plus éclairé et de plus pieux, aient constamment, « pendant l'espace de vingt ans ou environ », choisi pour provincial ou pour prieur, un homme qui aurait « passé tout ce temps-là, bien qu'il eût assez bonne santé pour toutes les autres affaires, sans vouloir aller ni être allé au réfectoire commun, sans assister en aucune façon au service divin, ni de nuit ni de jour, pas même aux fêtes plus solennelles, ni aux examens de conscience, oraison mentale, disciplines, processions, soit publiques, soit particulières »; un homme qui « ne disoit la messe que trois ou quatre fois l'an, passoit des années entières sans faire les chapitres conventuels, et qui n'a jamais visité les infirmes dans leur maladie »; un homme enfin, — et ce grief parut bien grave au P. André de Saint-Pierre, puisqu'il le place le dernier, — un homme qui, « cinq ou six ans avant qu'il fût pris par les Turcs, alors qu'il étoit supérieur du couvent de Bordeaux, employoit son temps à la composition de pillules, extraits des essences et autres opérations de chimie »? C'est peut-être à cette dernière accusation que le P. Cheron dut en partie d'échapper à une enquête faite sur les lieux, touchant sa conduite : l'allégation des députés aura fait sourire les membres de la Congrégation, et voyant par quel moyen on cherchait à rendre le P. Cheron *opprobriis dignum* à leurs yeux, ces romains se rappelèrent et lui appliquèrent le vers d'Horace : « Le rire de tes juges mettra « fin à ton procès » :

Solvuntur risu tabulæ, tu missus abibis.

(*Satir.*, lib, II, v.)

Ils s'acquittèrent fidèlement de leur mandat. Néanmoins, après les avoir entendus, le Chapitre général reconnut le P. Cheron comme vicaire provincial de Gascogne et comme définiteur du chapitre général. Ensuite, lorsque, suivant l'usage et la pratique de l'Ordre, le chapitre en vint à délibérer sur l'institution et l'établissement des provinciaux, sans s'arrêter à la requête des procureurs du P. André de S. Pierre, — requête qui fut trouvée, après mûr examen, mal fondée dans ses prétentions, — il décida que le différend, ayant pour objet l'institution d'un provincial, ne pouvait être jugé ailleurs qu'à Rome, ni par d'autre juge que par le chapitre général lui-même. Mais en même temps il fut résolu qu'avant de passer outre à la provision du provincialat de Gascogne, par honneur et déférence pour la Congrégation des Evêques et Réguliers qui, le 9 janvier 1654, avait créé le P. Cheron vicaire provincial, le Procureur général de l'Ordre la supplierait très humblement de s'expliquer sur son décret et de faire entendre ses sentiments. Elle le fit, le 6 juillet 1654, en donnant au Général des Carmes le pouvoir de faire le P. Cheron provincial de Gascogne, tout ainsi et de la même façon que le chapitre général, dont le terme était expiré depuis quelque temps, avait fait les provinciaux des autres provinces; ce que le Général exécuta par des lettres patentes données le lendemain. Deux jours après (9 juillet 1654,) il écrivit une lettre-circulaire à tous les religieux de la province de Gascogne, pour leur ordonner de reconnaître et de recevoir le P. Cheron comme provincial.

Quand le P. André de S. Pierre en eut connaissance, et avant que ces pièces lui fussent signifiées, il en appela comme d'abus au Parlement de Bordeaux, et attaqua le P. Cheron par un exploit où il prenait la qualité de syndic provincial, et qu'il fit jeter sans témoins dans le couvent de Langon. Puis, comme précédemment, sur un rapport du conseiller Sabourin suspect au P. Cheron et récusé par lui, il obtint encore, le 4 décembre 1654, un arrêt statuant que, sur l'appel interjeté, les parties viendraient plaider au premier jour. De plus, l'arrêt permettait au soi-disant syndic d'informer des « entreprises » faites par le P. Cheron, ordonnait de surseoir à l'exécution des décrets et patentes des 9 janvier, 6 et 7 juillet 1654, et défendait au P. Cheron d'en faire usage jusqu'à ce que la Cour en eût autrement ordonné. Elle fit plus : le 21 avril 1655, elle cassa formellement le décret de la Congrégation par un arrêt aussi insoutenable dans le fond qu'irrégulier dans la forme. Car, l'affaire étant purement spirituelle et touchant directement à la discipline monastique, les tribunaux civils étaient incompétents pour en connaître. D'ailleurs, l'appelant qui, du reste, ne se nommait pas, n'était pas fondé à prendre la qualité de syndic de la province de Gascogne, attendu que, de dix-sept couvents dont elle était composée, douze au moins reconnaissaient et avaient toujours reconnu le P. Cheron pour provincial, et que, dans ceux dont les supérieurs étaient rebelles à la volonté de la Congrégation, une bonne partie des religieux obéissaient à la patente du Général, et désavouaient l'appel interjeté par le P. André de Saint-Pierre.

A son tour, le P. Cheron appela au Conseil privé du Roi des arrêts donnés par le Parlement de Bordeaux les 7 mars et 4 décembre 1654, et 21 avril 1655. En même temps il supplia Sa Majesté « ordonner que, — conformément au bref de Sa Sainteté, aux décrets de la Sacrée Congrégation, aux patentes données en conséquence par le Général de l'Ordre des Carmes, et à l'arrêt du Parlement de Toulouse (1), — le suppliant sera reconnu pour provincial de Gascogne ; enjoindre à tous les religieux de ladite province de le reconnoître pour tel, et lui rendre l'obéissance qu'ils lui doivent. » Le Roi ordonna, en effet, que les parties seraient assignées en son Conseil privé, à six semaines, toutes choses cependant demeurant en l'état, et qu'il serait sursis à l'exécution de l'arrêt du Parlement de Bordeaux du 21 avril 1655. Cette sentence du Conseil privé est datée du 14 mai de la même année.

Alors vraisemblablement les deux parties adverses composèrent plusieurs factums dont il convient de donner au moins les titres. — *Vérités supprimées et faussetés exprimées par le R. P. Jean Cheron, dans toutes les pièces de son sac*, in-4° de 5 pages, sans frontispice et sans nom d'auteur, avec cet épigraphe : *Mentita est iniquitas sibi*. — *Suppositions observées dans le plaidoyer fait pour le P. Cheron*, 4 pages in-4°. — Ce plaidoyer *pour* le P. Cheron était probablement la *Lettre du Frère Anastase de la Trinité, Religieux luy des Carmes, respondant au manifeste du R. P. Felicien de la Magdelaine, se disant prieur du couvent d'Agen du mesme Ordre*, in-4° de 14 pages (2).

---

(1) Le 22 mars 1655, le Parlement de Toulouse avait fait défense aux prieurs et religieux des couvents de la province de Gascogne dépendant de son ressort (Lectoure, Pavie, Trie, Rabastens et Tarbes) d'empêcher le P. Cheron de visiter ces couvents.

(2) Avant d'être prieur du couvent d'Agen, le P. Félicien de la Magdeleine avait été professeur à l'Université de Bordeaux. Sur sa vie et ses ouvrages, cf. *Bibliotheca Carmelitana*, t. I, col. 457. On n'y cite pas le manifeste auquel il est ici fait allusion,

Ce frère *lay* paraît et se dit lui-même bien au courant de l'affaire,
« l'ayant vu débattre et décider à Rome, où il se trouva avec les procureurs du P. André. » Il paraît aussi très fort en droit canonique, et il
en cite les textes avec précision et profusion. Enfin l'âpreté de son style
rappelle assez bien celle des *Privilegiati Scapularis Vindiciæ*. « *Dignum patellâ operculum* », dit-il en un endroit (p. 3), — car notre frère
lay connaît le latin, — « *dignum patellâ operculum; je* veux dire, afin
que vous m'entendiez, votre conséquence est aussi fausse que les propositions dont vous la tirez. Il faut que vous appreniez de moi ce que
vous ne savez, et que peut-être vous sauriez si vous aviez employé
votre temps à la lecture des bons livres, *videlicet*, » etc. Tout dans
cette lettre, le fonds et la forme, tout me porte à croire que le frère
Anastase de la Trinité n'est autre que le P. Cheron. Non pas que je
regarde la personnalité de frère Anastase de la Trinité comme un my-
the et son nom comme un pseudonyme de pure invention ; je sais que,
le 23 juin 1640, le Chapitre du couvent de Bordeaux, présidé par le
P. Cheron, déclara un frère Anastase de la Trinité « novice lay, admis-
sible à la profession de frère lay » : mais j'incline à penser qu'il se
borna à prêter son nom ou tout au plus sa main au P. Cheron qui,
d'ailleurs, ne pouvait se choisir de meilleur avocat que lui-même.

Les six semaines accordées aux plaideurs par le Conseil privé du
Roi finissaient avec le mois de juin 1655 : mais il y a lieu de croire
que, cette époque étant arrivée, l'on fit défaut des deux côtés. Le différend devait être dénoué plus pacifiquement et devant ses juges natu-
rels. Affligé de toutes ces contentions si préjudiciables à l'esprit
religieux, le P. Marius Venturini, Général des Carmes, voulut y mettre
fin par une résolution énergique. Il charge le P. Mathias de S. Jean (1),
provincial de la province de Tours, de faire reconnaître le P. Cheron
comme provincial par tous les couvents et religieux de la province
de Gascogne, d'y rétablir la paix altérée par les discordes, et de con-
sommer l'œuvre de la réforme.

Dès qu'il fut arrivé au couvent de Bordeaux, le P. Mathias de S. Jean
fit connaître sa commission aux PP. Cheron et André de S. Pierre,
et ne manqua pas de les exhorter à lui en rendre l'exécution facile.
Il réussit pleinement. Le 30 juillet 1655, le P. Cheron rédigea un
écrit dans lequel il disait que, bien qu'il eût été institué provincial

(1) Sur le P. Mathias de S. Jean, voir la *Bibliotheca Carmelitana*, t. II,
col. 417, 418.

pour quatre ans par des lettres du P. Général en date du 7 juillet 1654, lettres dont le P. Mathias de S. Jean était chargé de procurer l'exécution, néanmoins, pour montrer à tous qu'il préférait la paix et le bien de la province à son honneur et intérêt particulier, il consentait très spontanément à ce que le P. Mathias de S. Jean convoquât au plus tôt le chapitre, afin de procéder à l'élection d'un nouveau provincial. De son côté, le P. André de S. Pierre, vicaire du provincial, fit pour lui-même, le même jour et aussi par écrit, une déclaration semblable.

Vingt-et-un jours après (20 août 1655), le P. Mathias de Saint-Jean tint le chapitre à Bordeaux. Après la lecture des déclarations susdites, il proclama, au nom du Général, le P. Cheron légitime provincial de la province de Gascogne, et celui-ci fut à l'instant accepté et reconnu pour tel par tous les grémiaux. Aussitôt, le P. Cheron leur dit qu'il renonçait à cette dignité, et les pria de lui donner un successeur. Mais, craignant qu'une élection faite comme à l'ordinaire n'amenât de nouvelles divisions et de nouveaux troubles, le chapitre nomma par compromis, c'est-à-dire chargea le P. Mathias de S. Jean d'élire lui-même un provincial. Son choix tomba sur le P. Maur de l'Enfant-Jésus. Le P. Cheron devint custode de la province, et on lui remit la nomination du prieur de Langon où il devait probablement se retirer. Quant au P. André de S. Pierre, il fut créé Docteur-Régent dans la Faculté de Théologie de Bordeaux.

Ainsi se termina, honorablement pour les deux parties, un différend qui avait duré cinq ans entiers et qui avait occupé les tribunaux de Rome, de Bordeaux, de Toulouse et de Paris. Un peu plus de détachement de la part du P. Cheron, ou un peu plus de déférence aux décisions de Rome du côté du chapitre provincial, auraient prévenu ces funestes divisions et leurs fâcheuses conséquences. Au fond, ces petites misères ne prouvent qu'une chose : c'est que la nature n'est jamais entièrement morte, même chez les hommes qui travaillent constamment à la mortifier. Ceux qui se sentent de tout point irrépréhensibles, ou qui n'ont pas à se reprocher devant Dieu des fautes plus graves que celles du P. Cheron et de ses contradicteurs, ceux-là peuvent, s'ils en éprouvent le désir, leur jeter la première pierre.

On se rappelle que, pendant qu'on lui contestait son titre de provincial, le P. Cheron avait été nommé prieur de Lectoure (30 juin 1653). C'est vers cette époque sans doute que, « à la sollicitation du chapitre de l'église de cette ville qui honore saint Clair comme un de ses

patrons, il composa la vie de ce saint martyr » et des autres saints
dont les reliques étaient, et sont encore aujourd'hui conservées avec
les siennes dans l'église Sainte-Eulalie de Bordeaux (1). Je n'ai pu
trouver cet ouvrage, et il m'est connu seulement par une note
manuscrite d'un contemporain du P. Cheron.

En 1656, le P. Jean-Baptiste Lezana inséra, dans le tome IV de ses
Annales ordinis B. V. Mariæ de Monte-Carmeli (p. 621 et suiv.), une
histoire abrégée de la province de Gascogne, dont le P. Cheron est
l'auteur. Il ne m'a pas été non plus donné de la voir, le tome IV de
l'annaliste des Carmes manquant aux exemplaires des rares bibliothèques qui possèdent quelques-uns des trois premiers volumes, la
Bibliothèque Nationale elle-même non exceptée.

L'année suivante 1657, le P. Cheron publia le plus important et le
plus considérable de ses ouvrages. Le titre en est un peu long, mais
il explique bien le sujet qui y est traité : *Examen de la Théologie
mystique, qui fait voir la différence des lumières divines de celles qui
ne le sont pas, et du vray, assuré et catholique chemin de la perfection,
de celuy qui est parsemé de dangers et infecté d'illusions, et qui montre
qu'il n'est pas convenable de donner aux affections, passions, délecta-
tions et goûts spirituels, la conduite de l'âme, l'ostant à la raison et à
la doctrine* (2). L'auteur s'y montre également versé dans la Théologie
mystique et dans la connaissance des auteurs qui en ont écrit. A la
fin de sa préface, il expose son but en ces termes : « Je pretends donc
dans ce livre expliquer ce qu'il y aura d'obscur, séparer ce qu'il y a
de précieux et d'utile dans les maximes de cette science divine, du mes-
lange que quelques autheurs y ont mis, esperant que cet ouvrage
rendra des services importants à trois sortes de personnes : 1. aux
autheurs mesme de ces livres de devotion, en donnant à leurs
ouvrages la perfection qu'ils ont souhaitée ; 2. aux directeurs qui
prennent la conduite des ames eslevées, et qui pourront connoitre
ce qu'il faut suivre et ce qu'il faut eviter ; 3. aux ames devotes, qui

_____

(1) Cf. *L'Aquitaine*, t. XI, p. 297, 298, 317.

(2) « Par le R. Pere Jean Cheron, docteur en Theologie, Ex-provincial des
RR. PP. Carmes de la province de Gascogne ; A Paris, chez Edme Couterot,
rue S. Jacques, au bon Pasteur » ; 1658, in-8° de 490 pages, sans les liminaires
qui ne comprennent pas la *Préface*. En l'année 1664, Edme Couterot fit faire
un nouveau frontispice auquel il ajouta les mots, *seconde édition*, et dont il
changea le millésime : c'est tout ce qu'a de particulier cette soi-disant *seconde
édition*. Quelques exemplaires, portant la date de 1657, contiennent une dédicace
à Mlle d'Épernon, carmélite.

apprendront à ne se laisser pas tromper aux apparences de la devotion, ny aux ruses de la nature corrompue, ny aux illusions des
demons ». Un religieux franciscain ayant tiré de ce livre des *Extraits*
où le sens du P. Cheron était quelquefois dénaturé, le P. Honoré de
Sainte-Marie en prit la défense dans sa *Dissertation apologétique, ou
Réfutation de ce qu'on impose aux Mystiques dans quelques Extraits
tirés depuis peu du Livre de l'Examen de la Théologie Mystique par un
Religieux de l'Ordre de Saint-François* (1).

Le P. Cheron voulut aussi laisser après lui un monument de sa
piété envers S. Simon Stock. Jusque-là, ses reliques avaient été
conservées dans une vieille châsse en bois, celle-là même qui avait
reçu son précieux corps, lorsqu'il fut exhumé, trois jours après sa
sépulture. Déjà, le 5 octobre 1641, Denis de Mullet, sieur de la Tour,
Conseiller du Roi et Avocat général au Parlement de Bordeaux, avait
donné au P. Cheron, alors prieur, une somme de cinq cents livres
tournois, « par dévotion envers S. Simon Stock, aux mérites duquel
il avait été recommandé pendant sa dernière maladie, pour être ladite
somme employée à l'embellissement de la châsse et chapelle de
S. Simon Stock » (2). Avec ce secours et d'autres encore, le P. Cheron
fit faire une châsse en argent, admirablement bien travaillée, et
ornée d'or et de quantité de pierres précieuses. La translation solennelle des reliques eut lieu en l'année 1663, avec l'autorisation du
Pape Alexandre VII et la permission de l'archevêque de Bordeaux, en
présence du P. Jérôme Ari, Général des Carmes, établi commissaire
apostolique pour visiter les couvents de France, et faisant alors la
visite de celui de Bordeaux. Alors aussi, selon toute probabilité, le
P. Cheron publia une « *Vie de S. Simon Stock*, qui est in-8° », mais
que je n'ai pu découvrir, et qui est restée inconnue au P. Cosme de
Villiers.

Jérôme Ari, dont nous venons de parler, présida à Agen, au mois de
septembre 1664, le chapitre provincial de Gascogne. Le P. Cheron y
fut maintenu dans la charge de prieur du couvent de Langon, charge
qu'il tenait du chapitre célébré en 1658 ; mais il refusa, et consentit
seulement à en nommer un autre à sa place. Déjà auparavant, c'est-à-
dire avant 1658, s'il faut en croire l'auteur de la *Notice inédite*, le Père
Cheron n'avait « voulu accepter aucune charge » — sauf celle de prieur

---

(1) A Bordeaux, chez Simon Boé, 1701, in-12 de 221 pages.
(2) Archives départementales de la Gironde, série H, n° 744.

de Langon, — « ni dicter, à deux religieux qu'on lui offrait, les ouvrages qu'il aurait pu faire. Il fut néanmoins obligé, ajoute cet auteur, de
se rendre dans la ville d'Agen, pour y assister à un chapitre provincial où était leur Général, qui, voyant le mépris qu'il faisait de tout ce
qu'on lui offrait, en le quittant, lui dit : *Adieu donc, Père Cheron,
nous nous reverrons dans la vallée de Josaphat* ».

Depuis cette époque jusqu'à sa mort, nous ne trouvons à peu près
rien à signaler dans la vie du P. Cheron. En l'année 1671, le Général
des Carmes ayant fait adresser à ses religieux de Bordeaux un ques-
tionnaire concernant la vie, le culte et les miracles de S. Simon Stock,
les PP. Richard de S. André, alors provincial de Gascogne, Ange de
Sainte-Thérèse prieur du couvent de Bordeaux, et Jean Cheron ex-
provincial, répondirent, le 8 janvier 1672, par l'envoi d'un mémoire
dont le P. Daniel de la Vierge a donné le sommaire dans son *Speculum
Carmelitanum* (1). On lira sans doute avec plaisir ce résumé où sont contenus des faits qui appartiennent à l'histoire religieuse de Bordeaux.

Les trois témoins cités disent donc que, de temps immémorial, dans
le couvent de Bordeaux on récite l'office de S. Simon Stock (2); que
la fête du saint confesseur y est annuellement célébrée avec grande
solennité, et un concours incroyable de peuple et d'étrangers qui
viennent même d'Espagne pour vénérer ses reliques ; que, parmi les
miracles attribués à son intercession, il en est trois publics et attestés
par le P. Cheron qui connaît les personnes favorisées. La première est
sa propre belle-mère, laquelle, étant en travail d'enfant et déjà tenue
pour morte, fut subitement rendue à la vie et à la santé, après un vœu
fait et une messe célébrée en l'honneur du saint. La seconde personne
est le P. Rategui, prieur du couvent de Bordeaux de 1613 à 1618.
Voyant que les médecins désespéraient de le guérir, il se voua à
S. Simon Stock, se fit porter à la chapelle dédiée en son honneur pendant qu'on célébrait la messe pour obtenir sa guérison, y offrit lui-
même un cierge blanc en l'honneur du saint, et fut aussitôt guéri.
Le troisième miracle est celui d'un peintre hérétique qui, s'étant permis de tracer une caricature du saint sur sa châsse, fut subitement
frappé de paralysie; mais, ayant ensuite confessé sa faute et abjuré
son hérésie, il recouvra bientôt, au pied de ce même tombeau qu'il

(1) Antuerpiœ, 1680, t. II, p. 436-438.
(2) On conservait, au couvent des Carmes de Bordeaux, une copie de cet
office faite en 1435. Il fut imprimé en 1580, et en 1672 inséré dans le bréviaire
de l'Ordre.

avait profané, la santé spirituelle et corporelle qu'il y avait perdue.

Enfin, les auteurs du mémoire attestent la vérité d'un fait regardé comme miraculeux, et dont voici les circonstances d'après la *Gazette*. C'était en 1652. Après l'amnistie donnée par le Roi à ses sujets, la paix n'était plus troublée à Bordeaux que par les partisans de l'Ormée. Le 31 octobre, ils se réunirent en armes, au nombre de cent cinquante, et ils firent défendre, sous peine de mort, de publier cette amnistie. « Ayant rencontré un des Conseillers, ils lui dirent insolemment qu'ils étoient bien avertis qu'il étoit député par le Parlement pour aller vers leurs Majestés, mais que s'il parloit contre la bourgeoisie, il paieroit de sa personne les maux qu'il leur causeroit; à quoi (le Conseiller) ayant répondu avec mépris, ces mutins mirent la main à l'épée, et l'un d'eux lui delascha son pistolet, au grand scandale de tous les gens de bien » (1). Mais le coup ne fit qu' « effleurer la peau », bien que « le pistolet fût chargé de trois gros postes (2) et tiré à bout portant » (3). On attribua ce miracle au scapulaire que portait le conseiller « à l'endroit où il fut frappé »; et à cette occasion, « les habitants redoublèrent la dévotion qu'ils ont toujours eue pour la confrérie du Scapulaire établie en cette ville par S. Simon Stock, instituteur de cette dévotion » (4). Ce conseiller se nommait D'Andrault : homme plein de piété, disaient les Carmes de 1672, qui vit encore, et remercie chaque jour Notre-Dame du Mont-Carmel de la protection qu'elle lui a accordée par le saint Scapulaire.

Depuis quelques années, le P. Cheron était affligé de plusieurs infirmités. En octobre 1668, le chapitre tenu à Castillon avait chargé le P. Richard de Saint-André, provincial, de nommer lui-même au couvent de Langon un prieur qui eût soin du P. Cheron. Mais ce couvent ne pouvant supporter les dépenses qu'exigeait sa santé, il fut, malgré sa répugnance, transporté dans celui de Bordeaux. C'est là qu'il mourut le 20 février de l'année 1673. L'Université assista en corps à ses funérailles. « Il fut enterré, dit l'auteur de la *Notice inédite,* dans un caveau qui est dans le cloître, au pied de la porte pour aller au chœur, où, par cas fortuit, je le vis ensevelir. »

Voici le portrait que le même auteur a tracé du P. Cheron : « Il avoit de gros yeux, grosse tête; homme plein, tout grison, de moyenne

(1) *Gazette* de 1652, numéro 134, p. 1066.
(2) *Poste,* petite balle de plomb dont on charge un fusil ou un pistolet.
(3) *Gazette*, nº 136, p. 1076.
(4) *Gazette*, nº 139, p. 1102.

taille. Honnête homme. On croit qu'il avoit environ cent ans : il ne vouloit jamais dire son âge. J'ai souvent eu le plaisir de lui parler. Il parloit posément, et avoit une voix pleine quand il prêchoit, quoique rarement, à cause de son âge. Il étoit sobre au boire et au manger, quoiqu'il aimàt le vin blanc de Langon. De son temps, je n'ai pas vu un homme plus estimé, bien qu'il n'y parût en lui aucune affectation pour cela, étant accessible et affable à tout le monde. Il voulut, sur la fin de ses jours, se mêler de chimie, à quoi il ne put réussir, soit que sa santé », — il en faut, paraît-il, beaucoup — « ou ses facultés ne fussent suffisantes pour cela. Je ne puis m'empêcher de marquer ici ce qui arriva à un habitant de Sainte-Croix-du-Mont, appelé Larrieu, qui traversa la rivière pour le venir consulter à Langon sur la maladie qu'il avoit. Le Père se voyant importuné par ce Larrieu qui ne doutoit pas qu'il ne le guérit, pour s'en débarrasser, ledit R. Père lui donna un billet cacheté qu'il attacha à son bras, et défendit audit Larrieu de l'ouvrir que dans quinze jours, lorsqu'il seroit tout à fait guéri. Ce qui lui réussit : et au bout du terme, il ouvrit ledit billet où il trouva :

> « Dela Larriu, deça Larriu,
> « Tant estime jou mort coum viu » (1).

Le bon homme Larrieu crut si fort à l'efficacité de ces mots que, se croyant guéri par cet endroit, en reconnaissance, il ne manqua pas de porter une paire de chapons au R. P. Cheron. »

---

(1) Un savant philologue, très versé dans la connaissance des patois du Midi, a bien voulu faire pour ce texte du P. Cheron la note suivante, que je suis heureux d'insérer ici : « Accommodation plaisante, suggérée par le nom propre *Larriu* (prononcez *Larri-w*) d'un refrain caustique encore connu dans le Bazadais, et qui a dû être autrefois familier à toute la région Gasconne. C'est ce qu'on appelle la *Complainte de la Veuve*. Les deux premiers vers, si j'ai bonne mémoire, sont presque identiques avec ceux du P. Cheron, sauf la variante l'*arri-w*, le ruisseau, au lieu du nom propre *Larriu*. C'est la veuve qui est censée les proférer :

> *De ça l'arriu, de là l'arriu*
> *Tan t'aymi jou mort coume biw :*

« Soit en deçà, soit au delà du ruisseau, soit mort, soit vif, j'en fais le même cas ». Les derniers vers, dont je n'ai pas le texte exact présent à l'esprit, disent très nettement, pour la pensée :

> *Si quelque chose me fait deuil*
> *C'est uniquement le linceuil.* »

XXIII

LES DERNIERS JOURS D'UN CONNÉTABLE

Les historiens et les biographes ont parlé assez longuement de la longue vie d'Henri, duc de Montmorency, second fils d'Anne de Montmorency, et comme son père maréchal et connétable de France; mais ils sont à peu près muets sur sa conversion et ses derniers jours. Les détails en sont contenus dans un ouvrage manuscrit conservé aux archives municipales de Bordeaux, et qui, bien qu'écrit en français, porte ce titre latin: *Memorabilia præcipua provinciæ Aquitaniæ fratrum minorum ordinis Sancti Francisci Capucinorum, ab anno 1582, piæ posteritati dicata.* Aux folios 33 et 34 de cette histoire des capucins de la province de Toulouse et d'Aquitaine, on lit un *Brief narré de l'heureux trepas de M. de Monmorancy connetable de France, ensevely en notre couvent de Notre-Dame du Grau proche d'Agde.* C'est ce *narré* que je vais transcrire, après avoir emprunté au même manuscrit deux notes, l'une sur le couvent de Notre-Dame du Grau, l'autre sur le P. Archange de Lyon, capucin, dont il sera parlé dans le cours du récit.

« En 1584, le R. P. commissaire accepta la place du couvent d'Agde, où étoit une petite chapelle près de la mer, appelée communément Notre-Dame du Grau, et où pour lors demeuroit un ermite ; à laquelle église Madame de Monmorancy avoit une particulière dévotion, qui fut cause qu'elle procura et fit instance qu'on bâtît là un couvent pour nous. A quoi acquiesçant ledit R. P. commissaire, le couvent fut commencé à bâtir des libéralités de ladite Dame, la même année 1584, et par la diligence et le travail des religieux fut en peu de temps dressé en due forme, quoique petite, mais assez capable pour la *paucité* des frères de ce temps-là. On y fit ensuite un assez beau jardin, et joignant icelui fut planté un petit bois, le lieu n'étant auparavant qu'un vrai désert, sans arbre ni ombrage quelconque » (fol. 3).

23

« Le 11 octobre 1630, mourut à Toulouse le P. Archange de Lyon, religieux doué de grandes qualités naturelles et acquises et d'un grand zèle pour la religion. Il le témoigna glorieusement en trois triennes de provincialat qu'il fit en cette province (de Toulouse) et en deux triennes en la province de Lyon. Son zèle et ferveur ne furent pas moindres en l'office de prédicateur ; car quoique fort jeune d'âge et nouvellement fait prédicateur, le second avent et carême qu'il prêcha fut à Saint-Etienne de Toulouse ; le troisième, à Paris, à Saint-Jacques de la Boucherie ; le quatrième à Agen, et le cinquième à Bordeaux. Outre le fruit très grand qu'il fit en toutes ces villes, il y institua et fit pratiquer de porter le Saint-Sacrement aux malades sous un poële avec trois prêtres, plusieurs confrères et force luminaires que lesdits confrères de la confrérie du Saint-Sacrement apportoient. Il fit le même du depuis prêchant à Lyon, Dijon et Marseille ; ce qui, par après, a été institué, à son imitation, par le reste de toutes les bonnes villes de France. Les médecins ayant consulté son mal, conclurent que c'étoit une espèce d'hydropisie, et qu'à peine vivroit-il six semaines, ce qui fut vrai. Il profita si bien de cet avis, qu'après avoir fait sa confession générale, il ne passoit presque aucun jour qu'il ne se confessât avec un extrême ressentiment et douleur de ses fautes passées, attendant en suspens l'heure de la mort. Aussi avoit-il dit, à l'entrée du couvent, venant des bains de Tersy, proche de D'Acqs, embrassant le P. Gardien de Toulouse : « Courage, mon père, me voici très content d'être arrivé pour mourir en ce couvent où j'ai pris l'habit et entre vos mains » : ce qui ne se passa sans beaucoup de larmes et de ressentiment d'un côté et d'autre » (fol. 146, 147). Le P. Archange de Lyon était cousin germain de Claude Gelas, évêque d'Agen, qui mourut moins de trois mois après lui, le 26 décembre 1630, fête de Saint-Etienne.

ANT. DE LANTENAY.

Brief narré de l'heureux trepas de M. de Monmorancy connetable de France, ensevely en notre couvent de Notre-Dame du Grau proche d'Agde.

Cette année (1613) arriva une chose mémorable et assez rare, laquelle, pour être à la plus grande gloire de Dieu et édification du prochain, j'ai crû n'être mal à propos d'insérer en cet endroit pour servir de mémoire perpétuelle à la postérité.

Monseigneur Henry, duc de Monmorancy, pair et connétable de France, Gouverneur pour le roy au pays de Languedoc, ayant vécu l'espace de quatre-vingts ans ou plus, et passé environ soixante dudit nombre ès plus grandes et premières charges de la France; soit parmi les guerres, soit en temps de paix, et servi glorieusement pendant icelles six rois de France, ayant eu divers rencontres et accidents de fortune desquels sa grandeur fut accompagnée et plusieurs fois rudement combattue; s'étant en diverses occasions laissé transporter à la liberté et autres vices ordinaires et communs aux grands de ce monde, reçut enfin la grâce et bénédiction particulière dont Dieu favorise ordinairement ceux qui sont devotieux à sa très Sainte Mère la bienheureuse Vierge Marie et à notre glorieux père Saint François; cette grâce, dis-je, qui couronne toutes les autres grâces que Dieu nous peut octroyer en ce monde, fut de bien et chrétiennement mourir, et pour ce faire, avoir le temps de se préparer à ce passage si dangereux et si fâcheux aux personnes de cette qualité.

Ce seigneur avoit toujours eu une particulière affection et dévotion au petit couvent de Notre-Dame d'Agde qu'il avoit fait bâtir, et avoit en ses dernières années grandement souhaité d'y finir ses jours dans une petite maison qu'il vouloit faire bâtir dans l'enclos dudit couvent, tant pour soi que pour quelques siens serviteurs, vivant là comme religieux. Ce fut le principal motif pour lequel, étant en Cour, il demanda plusieurs fois son congé pour retourner en Languedoc; mais le Roi et la Reine Régente n'étoient guère portés à lui accorder sa requête, à raison des grands services qu'il rendoit à l'Etat, étant près de leurs Majestés : car il étoit un puissant frein à plusieurs esprits brouillons retenus par sa présence de troubler les affaires; et d'autre part, il servoit de miroir des plus hautes vertus à tous les Princes et Seigneurs de la Cour en ce qui regarde l'honneur et le service de Dieu, le bien de l'Eglise et le service du Roy. Mais ce seigneur ne pouvant vivre à la Cour dans une retraite telle qu'il désiroit pour bien songer à sa conscience, et se voyant déjà, à raison de son âge, dans l'impuissance de servir leurs Majestés comme auparavant, il obtint enfin congé de s'en venir en Languedoc, où il arriva au mois de juillet de l'an 1612, et vint passer la fête de Notre-Dame de septembre au couvent d'Agde, où il fit sa communion et dîna avec les frères.

Ce fut alors, et en ce lieu, qu'il ouvrit son cœur et manifesta son dessein au Rd Père Archange de Lyon (lors provincial) qui s'y trouva de bonne fortune, et avec abondance de larmes, remémorant et déplorant sa vie passée, demanda la conduite du reste de ses jours à nos religieux, priant instamment et en particulier ledit R^d Père d'en vouloir prendre le soin et la charge, et de lui servir de précepteur et ami fidèle pour l'aider à mourir en la grace de Dieu, qui étoit le seul désir qu'il avoit à présent dans le monde. Il avoit fait faire peu de jours auparavant le modèle d'un petit bâtiment qu'il vouloit faire dresser dans notre enclos (comme a été dit ci dessus) pour sa demeure, lequel il fit voir audit R^d Père, qui le dissuada de se jeter pour encor en cette solitude, à raison de la grande nécessité que l'état de la France avoit de lui; et que, suivant sa qualité de connétable et gouverneur du Languedoc, il continuât hardiment d'entendre aux affaires publiques, au moins pendant la minorité du roi; que, nonobstant ces occupations (d'une partie desquelles il pourroit être soulagé par le moyen de ses officiers, de la fidélité desquels il pût s'assurer), étant maintenant tout à soi et dans sa maison, n'étant plus sujet ni à rendre, ni à recevoir des visites comme quand il étoit à la Cour, il auroit temps de reste pour travailler tout à loisir et avec contentement et tranquillité d'esprit au salut de son âme. Ledit seigneur resta satisfait de ce conseil, et le suivit.

Quelque temps après, il obtint permission de Monseigneur l'illustrissime cardinal de Joyeuse, protecteur de notre Ordre, non seulement de se pouvoir confesser de nos religieux le reste de ses jours, mais aussi d'être enterré dans notre église d'Agde, vêtu de notre habit, mais sans aucune pompe à la façon des grands, ni sans sépulcre relevé; ce que depuis il confirma et ordonna par un codicille qu'il fit plein de légats et œuvres pies aux autres églises d'Agde et de Pezenas; et quant à nous, à notre propre sollicitation et instante prière, il ne nous laissa rien que son corps en témoignage de l'amitié singulière qu'il avoit toujours portée à notre Ordre qu'il avoit pendant sa vie honoré beaucoup et tenu en grande estime.

Or, comme selon l'abus commun à la plupart des Grands de ce royaume, il avoit pendant plusieurs années joui du revenu des biens d'église et particulièrement de l'évêché d'Agde, le R^d Père provincial s'en devant aller bientôt avec les pères custodes au Chapitre général qui se tient toujours dans Rome à la Pentecôte, ledit Seigneur écrivit par iceux à notre Saint-Père le Pape Paul cinquième de lui condonner quelque partie des susdits biens mal reçus et plus mal employés, se soumettant au reste à telle restitution et satisfaction qu'il plairoit à Sa Sainteté lui imposer. Le Saint-Père qui honoroit grandement ce seigneur, reçut avec plaisir ladite lettre, et entendit fort bénignement ledit P. Archange lui parlant de cette affaire ; et par un Bref apostolique qu'il récrivit audit seigneur Connétable, il donna toute autorité audit P. Archange de disposer de tout comme il jugeroit plus à propos pour la décharge de la conscience dudit seigneur.

Nos pères étant de retour de Rome, lui ayant rendu compte de tout ce qui s'étoit passé avec le Saint-Père touchant les affaires qu'il leur avoit recommandées avant leur départ, il satisfit promptement et franchement à tout ce qui lui fut ordonné et conseillé par ledit Saint-Père. Outre ce, notre Saint-Père donna, en considération dudit seigneur, pour ladite église de Notre-Dame du Grau, un bref pour avoir un autel privilégié en l'une des chapelles de ladite église en faveur des âmes des fidèles trépassés ; comme encore plusieurs belles indulgences pour les quatre principales fêtes de l'année. Depuis ce temps-là, ledit seigneur se confessa toujours de nos religieux, commençant le susdit jour de Notre-Dame de septembre de l'an 1612.

Nous avons dit ci dessus comme ce seigneur avoit désiré faire un petit bâtiment dans notre enclos pour loger sa personne et quelque peu de ses officiers : de quoi ayant été dissuadé par ledit R. Père pour plusieurs et très grandes considérations, il résolut de passer le reste de ses jours dans sa belle maison nommée La Grange des Prés, proche de la ville de Pezenas (séjour ordinaire des Gouverneurs de Languedoc), qui n'est distante de Notre-Dame du Grau que de trois petites lieues, où il eut toujours près de sa personne deux nos pères, tant pour se confesser, que pour s'entretenir avec eux de Dieu et du salut de son âme, dont il étoit piqué tout à bon. Or, le Rd Père provincial ne pouvant, à raison de sa charge, arrêter longtemps près dudit seigneur, il lui donna pour confesseur le vénérable père Etienne d'Agen, gardien du couvent de Pezenas.

Pendant leur premier entretien, ledit Seigneur lui dit familièrement entre autres choses, ce qui s'ensuit et qui est digne d'être remarqué. Premièrement, qu'il étoit parti de la Cour avec dessein de mieux servir Dieu que par le passé et se retirer des occasions de l'offenser, qui ne sont que trop fréquentes et puissantes, mêmement en ce lieu là ; qu'il avoit pensé de passer ce qui lui restoit de vie parmi ses *frères* de Notre-Dame du Grau (car ce seigneur nous appeloit ainsi ordinairement), y bâtissant dans l'enclos du couvent une petite maisonnette pour soi et pour trois ou quatre personnes au plus pour le servir ; qu'après son arrivée de la Cour, la première fois qu'il alla au couvent d'Agde fut le jour même de Notre-Dame de septembre, où il se rendit de bon matin, n'ayant pu dormir de toute la nuit pour une forte imagination qui saisit son esprit, lui semblant voir parfois la bienheureuse Vierge Marie qui l'honoroit à diverses reprises de ses regards pleins de douceur et bienveillance, et lui disoit intérieurement de s'en aller à son petit ermitage du Grau où elle se plaisoit d'être honorée ; qu'il se jetât hardiment entre les mains de ses frères, où il trouveroit toute consolation et assistance particulière ; qu'il n'appréhendât point les capucins comme il avoit fait jusqu'à présent, par la suggestion du diable, qui les lui avoit toujours représentés autant sévères pour la confession et pour la direction d'une âme qu'ils étoient rudes et austères en leurs habits et en leurs mœurs ; et que s'il avoit jusqu'à maintenant succombé depuis plusieurs années à cette tentation, qu'il déposât hardiment toute crainte ; qu'ayant acquiescé à ces bonnes inspirations, partant au plus matin et vainquant la foiblesse de son âge et de son peu de santé, il avoit fait sa confession audit P. Archange, ne pouvant contenir ses larmes pour l'extrême consolation que son cœur ressentoit et le grand soulagement qu'il trouva en son esprit après la sainte communion ; qu'ayant dîné avec les Frères et passé toute la journée avec eux, il avoit été tellement consolé et content que, de sa vie, il n'avoit ressenti parmi les grandeurs et plaisirs du monde rien approchant de cent mille lieues de ces consolations divines, qui lui donnoient sujet, comme à un autre saint Augustin, de déplorer sa vie passée, et de se plaindre de soi-même d'avoir connu si tard cette beauté et bonté éternelle, et d'avoir prodigué ses amours, qui n'étoient dûs qu'à icelle, à la vanité et aux créatures de ce monde. Tels discours, mêlés de larmes fréquentes et poussés de grands sentimens intérieurs, donnèrent audit père (ainsi qu'il le dit du depuis bien souvent parmi les frères) une grande lumière pour connoître l'état de cette âme toute renouvelée et changée par la main du Très-Haut (à qui seul appartient de faire telles merveilles), et lui firent concevoir de grandes espérances de profiter en son endroit pour le porter totalement à la piété et à faire assurément son salut.

La première chose donc que ledit père proposa à ce seigneur pour une si haute entreprise, et pour aplanir toute sorte de difficultés qui pourroient naître à l'avenir de quelle part qu'elles vinssent, fut de le porter à faire une confession générale de toute sa vie passée ; qui ne fut pas une petite peine, et au confesseur et au pénitent qui ne savoit ni lire ni écrire, et pour lors étoit incapable, à raison de son âge et de

ses incommodités et peu de santé, d'apprendre ce métier, lequel défaut
en un seigneur de cette qualité je ne sais si je dois appeler ou miracle
ou monstre (1). Et par ainsi, il ne faut trouver étrange s'il fallut et du
temps et divers pourparlers pour rappeler en la mémoire tant de choses
passées pendant une vie libertine de septante ans ou davantage.
Néanmoins tout fut surmonté, et par une spéciale faveur et secours du
ciel, et par les soins et peines dudit pénitent et de son confesseur. Cette
confession dura quinze jours ou plus : en chacun d'iceux on employoit
deux heures entières. Dieu seul sait ce qui se passa en cette si difficile
et si généreuse action.

Les effets qui s'en ensuivirent firent voir manifestement combien
Dieu avoit agréé les commencemens et bons propos de cette âme pénitente, y mandant sa bénédiction et la vie d'une nouvelle grâce; car,
outre le bon exemple qu'en reçurent ses domestiques et autres étrangers qui le venoient voir et qui savoient cette sienne occupation,
ladite confession étant heureusement parachevée, ce seigneur parut
tout un autre homme et en ses œuvres et en ses discours qui étoient
pour la plupart de Dieu, de ses miséricordes, de sa Providence et surtout de la Très-Sainte Vierge. Ceux qui avoient l'honneur de le voir
souvent et familièrement, étoient ravis d'un si grand changement, et
avoient peine de croire ce qu'ils voyoient de leurs propres yeux et
entendoient de leurs propres oreilles. Entre autres choses dignes de
sa piété et dévotion envers Notre-Dame qu'il appeloit sa bonne Mère
et Avocate, il faisoit tous les soirs, sans faillir, dire par son aumônier
ses Litanies, et faire ensuite l'examen de conscience, où assistoient
ponctuellement tous les domestiques, sur lesquels il avoit établi un
intendant, à ce qu'ils vécussent modestement et s'abstinssent non-
seulement des blasphèmes ordinaires à telles gens, mais aussi de
toutes paroles indécentes et libertines; et ce bon seigneur étoit
venu à telle simplicité et candeur d'esprit, qu'étant auparavant grand
blasphémateur, maintenant il n'osoit jurer la foi, même pour la vérité;

---

(1) Témoignage important et qui confirme celui d'Henri IV rapporté par la
Biographie universelle (art. *Montmorency*) : « Tout peut me réussir par le moyen
d'un connétable qui ne sait pas écrire, et d'un chancelier *(Sillery)* qui ne sait pas
le latin ». Tallemont des Réaux dit que le connétable ne « savoit presque pas
lire », et Brantôme, qu'il ne savait pas lire, et que son seing n'était qu'une
marque. Ce dernier point est faux : M. Communay m'a dit avoir vu plusieurs
actes *signés* d'Henri de Montmorency, mais il ajoute qu'il n'a pas rencontré une
ligne de son *écriture*.

et étant anciennement violent, dangereux et cruel en ses colères, maintenant il n'osoit dire la moindre injure au plus petit de ses valets, ou se fâcher tant soit peu avec eux, quoique parfois on lui en donnât le sujet.

Et à ce que ses aumônes et libéralités envers les pauvres pussent non-seulement se maintenir, mais aussi aller tous les jours en augmentant, il retrancha du train de sa maison tout ce qu'il jugea lui être inutile ou superflu. Au reste, il traitoit les affaires du public avec tant de zèle, probité et justice, qu'il se rendoit admirable à toute la France, et un vrai patron d'honneur et de vertu ; et quoiqu'il fût déjà caduc, comme ayant passé quatre-vingts ans, on remarquoit néanmoins en lui une constance de cœur et un jugement aussi rassis qu'on eût su désirer en une personne publique et un seigneur de telle qualité.

Vivant donc de la sorte et se préparant à la mort l'espace de 20 mois ou environ, il finit heureusement sa vie l'an 1614, le second (1) d'avril, sur les trois heures du matin, expirant doucement entre les mains du R. P. Provincial et dudit P. Étienne son confesseur. Finalement, son corps fut porté avec beaucoup de solennité (plusieurs de nos religieux l'accompagnant en procession) par les prêtres et consuls de Pezenas à notre église d'Agde, où il fut enterré avec les cérémonies autant honorables que notre pauvreté pût permettre, mais avec peu de pompe, comme il en avoit prié nos pères et l'avoit ordonné par son codicille, se contentant, pour toute gloire et magnificence temporelle, de notre habit, duquel, soudain après son trépas, il fut revêtu, et mis au tombeau avec iceluy. Son corps gît à présent au milieu de ladite église, enfermé dans une caisse de plomb, couvert d'une table de marbre où sont gravées ses armoiries, à plate terre, et sans autre façon ou ornement.

_____

(1) Les biographes, après Duchesne (*Histoire généalogique de la maison de Montmorency;* Paris, 1626, in-fol., p. 455) disent le « premier avril ».

XXIV

NOTES INÉDITES

DE MERCIER, ABBÉ DE SAINT-LÉGER

Au mois d'août dernier, j'ai eu la bonne fortune de découvrir, dans la bibliothèque du séminaire de Saint-Sulpice de Paris, un exemplaire de la *Bibliothèque historique de la France*, du P. Lelong (édition Fevret de Fontette, 5 vol. in-folio), enrichi de plusieurs centaines de corrections et additions par le célèbre bibliographe, Barthélemi Mercier, connu sous le nom d'abbé de Saint-Léger. J'en ai extrait les plus intéressantes, que j'offre aujourd'hui à mes lecteurs.

Le censeur royal, Jean Capperonnier, termine son approbation en disant que, « *quelque longue qu'elle soit*, elle ne doit pas paraître une exagération du mérite de la Nouvelle Bibliothèque historique ». Quelle fut la raison de cette longueur? Mercier va nous le dire. « Sa longueur ne vient que de ce que le sieur Hérissant, imprimeur, a désiré qu'elle occupât la moitié de cette page, sans quoi le Privilège entier y auroit tenu et la page *verso* se seroit trouvée vuide, ce qui étoit contre le bon goût typographique. L'approbation étant donc trouvée trop courte, M. Barbeau de la Bruyère, directeur de cette édition, alla prier, au nom du sieur Hérissant, M. Capperonnier de l'allonger; ce qu'il fit avec peine, car il ne s'est pas toujours bien trouvé d'avoir voulu donner de longues approbations. Je tiens cette anecdote de M. Barbeau lui-même qui me l'a apprise le 9 mai 1768. »

Comme le P. Berthier dans les *Mémoires de Trévoux* (novembre 1753, p. 2664 et suiv.), notre bibliographe signale dans ses notes les audacieux plagiats des Encyclopédistes. A propos des deux éditions de la *Description du gouvernement de Bourgogne* d'Antoine Garreau, procureur au Parlement de Dijon (*Biblioth. histor.* n. 2196), Mercier dit : « L'article *Bourgogne* de la grande Encyclopédie est une copie du livre de Garreau, première édition de 1717. Jaucourt, bourguignon, rédacteur de cet article, y a copié des fautes corrigées par Garreau dans sa seconde

24

édition. Il y parle, par exemple, des petits États d'Auxonne, etc.,
comme existants encore ; et néanmoins ces petits États avaient été
réunis aux grands Etats de cette province avant la 2e édition de Garreau où il n'en est plus question. Voilà comment elle est faite, cette
Encyclopédie! On y copie des livres sans les citer ; encore n'a-t-on pas
soin d'y copier les éditions corrigées de ces livres. »

L'addition suivante se rapporte aux biographies du célèbre philosophe Nicolas Malebranche (*Bibl. histor.* n. 11256-11261) : « Sa vie a été
écrite par le P. André, jésuite, qui y fait l'extrait raisonné et l'historique des ouvrages de l'oratorien. Le manuscrit original, de la main du
P. André, volume in-8°, est en la possession de M. André, ex-oratorien
et bibliothécaire de M. d'Aguesseau, qui se propose d'en disposr à sa
mort en faveur de la bibliothèque de l'Oratoire Saint-Honoré à Paris.
Dans cette vie, le P. André raconte qu'un oratorien voulait ramener
Malebranche à l'érudition qu'il avait quittée et pour laquelle il n'avait
point de goût; Malebranche, excédé de cette persécution, lui demanda
si Adam était savant ; à quoi l'oratorien ayant répondu qu'Adam savait
tout, comme l'atteste l'Ecriture ; *cependant,* mon père, reprit Malebranche avec vivacité, *il ne savait pas l'histoire!* L'ex-oratorien André
n'est pas de la même famille que le P. André jésuite. Peut-être aucun
des biographes de Malebranche n'a connu sa vie manuscrite par le
P. André ». Elle va bientôt être éditée par les soins du R. P. Ingold, de
la Congrégation de l'Oratoire.

Se trouvera-t-il un lecteur pour répondre à cette question concernant
les *Mémoires de Michel de Marolles,* abbé de Villeloin (n° 11268)?
« L'abbé Rigaud, supérieur des carmélites, dernier abbé de Villeloin,
m'a dit avoir trouvé, dans son chartier, un exemplaire de ces Mémoires
de l'abbé de Marolles, tout chargé de notes de la main de l'auteur; que
les religieux de Villeloin lui empruntèrent cet exemplaire, et qu'il n'a
jamais pu le r'avoir d'eux. Que sera devenu cet exemplaire lors de la
Révolution de 1790 ? »

A la liste des éloges de divers jésuites donnée par la *Bibliothèque*
(t. I, p. 866), Mercier de Saint-Léger propose d'ajouter : « *Eloge de Guillaume François Berthier,* né à Issoudun le 7 avril 1704, mort à Bourges
le 15 décembre 1782, en tête du Ier tome des *Psaumes traduits en
français avec des notes et des réflexions,* 1785, in-12. Dans cet éloge, le
P. Querbeuf, qui en est l'auteur, dit, à la page xxii, qu'en 1762 le chancelier de Lamoignon voulut engager le P. Berthier à continuer le
Journal de Trévoux, qu'il lui fit offrir une pension de 1500 livres, etc.

Le P. Querbeuf n'a pas su que MM. de Sainte-Geneviève firent offrir au
P. Berthier du logement et de la table ; ajoutant qu'il mangeroit chez
lui, s'il ne vouloit pas aller au réfectoire ; qu'il auroit l'usage de la
bibliothèque ; et qu'il vivroit à Sainte-Geneviève comme aux jésuites.
C'est moi-même qui allai faire cette offre au P. Berthier ; il y fut infiniment sensible, et quelque temps après il m'envoya, pour la bibliothèque,
un exemplaire des *Pierres gravées* de Mariette, avec une lettre que j'ai
fait coller en tête du livre, lettre qui suppose l'offre dont je viens de
parler. (Signé) *L'abbé de Saint-Léger.* » D'autres que le P. Querbeuf ont
ignoré cette anecdote intéressante. Cf. *Notice historique sur les Mémoires de Trévoux*, par le P. Sommervogel, en tête de la *Table méthodique ;*
Paris, 1864, in-12, p. xciv.

Mercier n'avait pas en aussi haute estime le P. Adrien Jourdan, autre
jésuite, auteur d'une *Histoire de France (Biblioth.* n. 16144). « Il
étoit d'une ancienne famille de Coutances et parent de Jean Jourdan,
professeur de belles-lettres à Caen, qui fut chassé de la Sorbonne pour
n'avoir pas voulu accepter la constitution *Unigenitus.* Le jésuite Adrien
Jourdan, mauvais historien et très mince littérateur, comme le prouvent et son Histoire et ses Harangues et Tragédies latines de collège,
valoit mieux pour sa conduite des âmes et pour sa piété, qui le firent
choisir pour confesseur de la reine de Pologne et de la duchesse
d'Orléans vers 1683. Il faut que chacun suive ses talents, et ceux du
P. Jourdan ne durent jamais le porter à faire des livres. »

Les talents du P. Macheret, aussi jésuite, devaient-ils le porter à faire
des vers ? « Il fit, en juin 1654, une ode au Roi sur son sacre, contre
laquelle il parut, en 1699, sous le titre de Cologne, une brochure in-12
de 36 pages, intitulée *Réflexions critiques sur...* etc. Le janséniste anonyme, auteur de cette brochure, la conclut par cette observation : « Le
P. Vavasseur osa faire cette question : *Godellus, an poeta ?* (Godeau
est-il poète ?) N'aurait-on pas infiniment plus de raison de demander :
Stephanus Macheret, an poeta, an christianus ? »

Le P. Vanière, lui, était un vrai poète. Aux notices biographiques de
cet auteur, indiquées par la *Bibliothèque historique* (n° 47698), « il faut,
dit Mercier de Saint-Léger, joindre une nouvelle vie de ce jésuite écrite
en français par l'abbé Capperonnier, commis à la bibliothèque du roi,
et mise en tête de la nouvelle édition de son *Prædium rusticum* faite à
Paris chez Barbou, en 1786, in-12. Cette vie n'a que 23 pages, et il
en a été tiré quelques exemplaires à part. Le Journal de Paris du
12 mars 1787, annonçant la nouvelle édition du *Prædium rusticum,*

se permet, contre l'auteur et son ouvrage, des méchancetés qui ont été relevées par le petit-neveu du P. Vanière dans l'*Année littéraire* de Fréron. »

La *Vie de Catherine de Jésus*, carmélite, indiquée au n° 14986 de la *Bibliothèque,* « est de la mère Magdelaine ; mais l'ordre et le style sont de Nicolas Le Fèvre, sieur de Lezeau, conseiller d'État, qui s'exprime en ces termes dans sa déposition pour la canonisation (projetée) de cette mère Magdelaine, déposition que j'ai vue manuscrite : « Elle mit par écrit la *Vie de sœur Catherine de Jésus*, carmélite, qui est pleine de révélations et autres spiritualités, et fit bien paroitre par cet escript qu'elle estoit fort intelligente en ces matières. »

Barbier attribue à Antoine Arnauld le *Recueil de pièces concernant la Congrégation des filles de l'Enfance*, imprimé à Amsterdam en 1718, 2 in-12 *(Bibl. hist.* n° 15153). « On m'a assuré, dit au contraire Mercier de Saint-Léger, que ce *Recueil* est d'un M. de Saint-Laurent, conseiller au Parlement de Toulouse, mort fort âgé, et qui s'était, pendant toute sa vie, fort occupé de l'histoire monastique et des usages et constitutions des maisons religieuses. »

Connaissez-vous Pierre-Alexandre Lévesque , lequel , après son mariage, prit le surnom *de la Ravalière*, à cause d'un fief de ce nom situé dans le Perche et qu'il tenait du chef de sa femme ? C'était un membre de l'Académie des Inscriptions et Belles-lettres, sur lequel vous trouverez une notice au tome XXXI (p. 341-344) des *Mémoires* de cette Académie. Mais vous n'y lirez pas cette anecdote racontée par Mercier de Saint-Léger : « Quand on proposa pour la première fois à l'Académie ce Lévesque de la Ravalière, un académicien dit bonnement qu'il ne connaissait pas l'évêché de la Ravalière ! Ce qui rappelle l'ineptie de Sartines, — pour être exact, il aurait dû écrire son nom *Dessartines,* en un seul mot, tel que je l'ai lu dans l'acte baptistaire de son père, — ministre de la marine, qui, voyant dans une dépêche *la baye* d'Hudson, lut, au Conseil d'État, *l'abbaye* d'Hudson, croyant qu'il s'agissait là d'une abbaye » ! Voilà, en quelques lignes, trois petits traits assez jolis.

Après le n° 33895 de la *Bibliothèque,* Mercier indique : *Mémoires pour servir à l'histoire du Droit public de la France, ou Recueil de ce qui s'est passé de plus intéressant à la Cour des Aydes depuis 1756 jusqu'au mois de juin 1775, avec une table générale des matières;* Bruxelles, 1779, in-4° de 776 pages, très rare parce qu'il n'a point été mis dans le commerce. On le doit aux soins de M. Dionis (père de Dionis du Séjour, conseiller au Parlement et de l'Académie des Sciences) et de quelques autres

membres de la Cour des Aydes. C'est dans ce volume que sont les
vigoureuses remontrances rédigées par Lamoignon de Malesherbes,
premier président de cette Cour, depuis ministre, et qui a été indignement assassiné par la tyrannie avec sa famille, en 1794, à l'âge de 72
ans, 4 mois et 15 jours. »

On lit dans la *Bibliothèque historique* sous le n° 34589 : « *L'inquisition
françoise, ou l'histoire de la Bastille, par M. Constantin de Renneville;*
Amsterdam, 1724, 5 vol. in-12. On attribue cet ouvrage, qui est un
roman horrible, à Gatien de Courtilz, qui fut enfermé à la Bastille
depuis 1702 jusqu'en 1711 ». — Mercier de Saint-Léger ajoute : « Il en
parut d'abord un premier volume à Amsterdam, chez Estienne Roger, en
1715, in-12 de 456 pages, sans la préface et la table. Je l'ai. Un Constantin de Renneville a publié en 1702, à Amsterdam, un *Recueil des voyages
qui ont servi à l'établissement de la Compagnie des Indes orientales
formée dans les provinces des Pays-Bas*, in-12. Il a mis en sonnets
français une Paraphrase des Psaumes de la pénitence, imprimée à La
Haye en 1714, in-12, et les Cantiques de l'Écriture-Sainte paraphrasés
en sonnets imprimés à Amsterdam, en 1715, in-8°. Est-ce De Courtilz
qui a fait aussi ces poésies, ou bien Courtilz a-t-il pris le nom du poète
nommé *Constantin de Renneville* ? » — Ce qui suit est d'une autre
encre, et a été écrit postérieurement à ce qui précède. — « Quoi qu'il
en soit, le 14 juillet 1789, la Bastille a été forcée par les Parisiens, et le
Gouverneur, pour avoir fait tirer sur ceux qui y étaient entrés, a été
traîné, ainsi que le Major, à la place de Grève, où on leur a tranché la
tête qui a été ensuite portée au bout de longues perches et promenée
en triomphe par les rues de Paris. Les Parisiens ont ensuite mis le feu
à l'appartement du Gouverneur (le marquis de Launay) et ils sont occupés depuis six jours à la démolition de ce fort, d'où l'on a tiré les
prisonniers. Dans les premiers jours de cette invasion, ceux qui y
étaient entrés ont pris et emporté différents mauvais livres et estampes
qui vont se répandre dans la société. On m'a apporté, dès le 16 juillet,
trois ou quatre brochures prises là; et l'on m'a même assuré qu'une
partie des registres de la Bastille était entre les mains d'une des personnes qui y étaient entrées le 14. Depuis, on m'a assuré que l'on
avait envoyé, à l'abbaye de Saint-Germain, une charretée entière de
papiers, manuscrits et imprimés, trouvée dans cette prison qui, aujour-
d'hui 20 juillet 1789, est déjà détruite en partie : tant a été ardente
l'activité des travailleurs ! »

Voici l'histoire non moins lamentable d'une précieuse bibliothèque.

Il s'agit de celle de Vicogne, mentionnée incidemment au n° 35364. « J'ai vu, dit l'abbé de Saint-Léger, j'ai vu cette bibliothèque de Vicogne, ordre de Prémontrés, où il y avait un très grand nombre de manuscrits et d'éditions anciennes qui dépérissaient faute de reliures et de soins. J'engageai l'abbé à les faire relier, et comme je vis que la dépense l'effrayait, je lui proposai de me céder cette collection, inutile à sa communauté, pour des livres d'usage, ou même pour de l'argent, s'il l'aimait mieux. Il consulta sa communauté, qui se refusa à cet arrangement. Quatre ans après, je retournai à Valenciennes, où, ayant trouvé chez un libraire quelques manuscrits que je reconnus appartenir à Vicogne, il me dit qu'il avait acheté tous ces anciens livres au poids. J'en acquis quelques-uns pour Sainte-Geneviève, mais j'étais arrivé trop tard : le libraire avait presque tout vendu, et M. de La Tournelle, trésorier de France à Soissons, dont la femme était de Valenciennes, en avait acheté plusieurs que j'ai vus depuis chez lui à Soissons. Ainsi, les Prémontrés de Vicogne, qui m'avaient refusé un échange avantageux, vendirent ensuite au poids tous ces vieux livres dont je leur aurais fait bonne composition. »

La note suivante intéressera davantage encore les bibliophiles. « Le chancelier d'Aguesseau (Henri-François) est encore auteur du livre suivant qui devait entrer dans cette *Bibliothèque : Discours sur la vie et la mort, le caractère et les mœurs de M. d'Aguesseau, Conseiller d'Etat, par M. d'Aguesseau, Chancelier de France, son fils;* Au château de Fresnes, 1720, in-8° de 255 pages, non compris deux premiers feuillets pour le frontispice et l'Avertissement. Cet ouvrage a été imprimé par le président et la présidente de Saron, et chez eux-mêmes, sous la direction de l'imprimeur de La Tour. Il n'y en a eu que *douze* exemplaires. L'exemplaire de M. Rigoley de Juvigny (n° 1731 de son catalogue imprimé en 1788) a été vendu 130 livres. Mérigot jeune, libraire, m'en a vendu 100 livres un autre exemplaire où il y a un carton entre les pages 108 et 109, avec la feuille retranchée qui n'était pas dans l'exemplaire de M. de Juvigny. J'ai acquis ce second exemplaire pour M. Anisson du Perron, directeur de l'imprimerie royale. »

« 40258. *Le théâtre d'honneur et de chevalerie, ou l'histoire des ordres militaires des Rois et Princes de la chrétienté...* par André Favyn (parisien), Avocat au Parlement; Paris, 1620, in-4°. Cet ouvrage est divisé en X livres... Le IX° traite des ordres de la Terre-Sainte, du Levant, etc. » — « C'est là, poursuit l'abbé de Saint-Léger, qu'il parle de l'Ordre de la Terre-Sainte et du Saint-Sépulcre, dont il était bien fâché

de n'être pas chevalier; mais il se consola de cette privation en se
faisant recevoir de la confrérie du Saint-Sépulcre aux Cordeliers de
Paris, auxquels il donna le grand tableau de cette confrérie, peint par
Jérôme Frasse, représentant la Passion de J.-C., où, à côté du bon larron,
sont les portraits du bon Favyn et de sa femme. Dans ce tableau sur
coutil de Bruxelles, qui coûta soixante écus et quart, la femme du bon
confrère Favyn, donateur du tableau, est représentée par la Vierge
pâmée. C'est ce que portent les registres de ladite confrérie. Ce Favyn
pouvait être un excellent membre de confrérie ; mais c'était assurément un historien sans critique, qui débite les fables les plus absurdes,
sans avoir l'air seulement de se douter de leur fausseté. »

On a beaucoup parlé, dans ces dernières années surtout, du manuscrit de Guillaume Colletet contenant l'histoire générale des poètes
français anciens et modernes. « Qui nous racontera ses mystérieuses
aventures ? » disait M. Tamizey de Larroque en 1865, au moment où il
en extrayait les vies des poètes gascons (*Revue de Gascogne,* année
1865, p. 420). Et il répondait à sa question en citant le P. Lelong et ses
éditeurs, lesquels nous apprennent que, en 1772, le manuscrit était « en
la possession de Claude Martin, libraire de Paris » (nᵒ 47266). Ici, ajoute
le savant Gontaudais, « nous perdons encore une fois les traces des
vies des poètes français. » Le bibliothécaire de Sainte-Geneviève qui, lui
aussi, estimait à sa juste valeur le manuscrit de Colletet, nous fait
connaître une au moins des étapes qu'il parcourut avant d'arriver à
cette infortunée bibliothèque du Louvre, où il devait si malheureusement périr consumé par les flammes, dans la nuit du 23 au 24 mai 1871.
« Ce Claude Martin, doyen des libraires de Paris en 1786, était un homme
incommunicatif et infirme. J'ai inutilement essayé d'avoir en communication ce manuscrit qui pourra bien se perdre après la mort du pro-
priétaire. Ce Claude Martin est mort en janvier 1795, fort âgé. Musier,
libraire, l'un de ses héritiers, à qui j'ai fait demander, au mois de mai
suivant, si l'on avait trouvé chez le défunt le manuscrit de Colletet,
a répondu qu'oui, et que je pouvais être sans inquiétude, parce que ce
livre avait été mis en des *mains sûres* qui en feroient bon usage. *St-L***.
— J'ai su, depuis, que ces *mains sûres* étaient celles de Beaucousin,
avocat au Parlement de Paris, demeurant au cloître Notre-Dame. »

Les éditeurs de la *Bibliothèque* disent (t. V, p. 16, nᵒ 20079) « que les
originaux manuscrits des Journaux de Pierre de l'Etoile ont été découverts en 1777 par M. Jardel de Braine. » — « Découverts ! reprend
Mercier de Saint-Léger ; comme si les chanoines de Saint-Acheul igno-

raient ces manuscrits! Six ans avant la prétendue découverte de
M. Jardel, j'ai voulu traiter de ces manuscrits de l'Etoile pour la bibliothèque de Ste-Geneviève, où ils seraient mieux placés qu'à Amiens. »

A la fin du IIIe volume de la *Bibliothèque*, on a placé des *Mémoires
historiques sur plusieurs historiens* MODERNES *de France.* — « Modernes,
s'écrie encore Mercier de Saint-Léger, quoi! Joinville, Froissart,
Gaguin, etc., sont modernes en 1772! Et quels sont donc nos *anciens*
historiens ? »

Dans la notice sur le P. Charles Le Cointe (p. xxxvi), il est dit que
le P. Bourgoing, général de l'Oratoire, le regardait « comme un homme
inutile à la congrégation. » C'est, pour notre génovéfain, l'occasion
de décocher un trait à l'adresse des supérieurs. « Voilà bien, dit-il,
le discernement ordinaire aux Généraux d'ordres réguliers! J'en ai
connu d'aussi judicieux sur ce point que le P. Bourgoin. »

Savez-vous quel est «l'auteur de la prose pour la messe de la Tous-
saint, *Sponsa Christi quæ per Orbem*, insérée dans le Missel de Paris de
M. de Vintimille, publié en 1739? » Eh bien, c'est Jean-Baptiste « de
Contes, doyen de l'église de Paris, mort en 1679. »

Encore un collaborateur inédit à la liturgie parisienne : « Guillaume
du Plessis de Geslé de la Brunetière, né le 24 novembre 1630, d'abord
archidiacre de Brie dans l'église de Paris par la résignation de Guy
Lasnier, son oncle maternel, puis Grand-Vicaire sous Péréfixe et de
Harlay. Il travailla aux hymnes du nouveau bréviaire de Paris, jusqu'à
ce qu'étant nommé au siège de Saintes, il laissa ce travail au fameux
victorin Santeuil. Cet évêque, fort zélé pour la conversion des calvinistes, avait un frère militaire très pieux et très charitable, nommé Paul
du Plessis, etc., mort à Angers en 1703, laissant un fils mort sans enfants mâles en 1730. »

Terminons par les notes de l'abbé de Saint-Léger touchant quelques-
uns des portraits dont on trouve la liste dans la *Bibliothèque historique.* « Le superbe (portrait) original de Malebranche par Santerre
— avec sept vers français au bas, — admiré des connaisseurs car il est
très beau, est dans la bibliothèque de l'Oratoire, rue Saint-Honoré à
Paris, où je l'ai vu aussi bien que celui du P. Desmolets, aussi oratorien,
peint par Coypel, qui a représenté Desmolets dans l'attitude d'un
homme qui écoute avec attention, pour faire entendre que cet oratorien
était sourd. Dans la même bibliothèque, on voit deux tableaux d'opti-
que de la façon du P. Niceron, Minime, dans le même genre que les
deux du cabinet de Sainte-Geneviève. »

« Le portrait original du P. Thomassin, par Van Schuppen, était à la bibliothèque du séminaire de Saint-Magloire à Paris, de même que ceux des PP. Morin, Lejeune et Quesnel. Lors de la destruction de ce séminaire, en 1793, j'ai fait réserver ces quatre portraits, en qualité de membre de la commission pour la conservation des monuments, et les ai fait placer au dépôt des Petits-Augustins. »

À propos du portrait d'Anthime Denis Cohon, l'abbé de Saint-Léger nous apprend qu'il « était d'une taille très avantageuse et avait une belle voix, et que son éloquence naturelle jointe à ces avantages le portèrent à l'épiscopat. » Richelieu le nomma, en effet, évêque de Nîmes le 19 novembre 1633. Auparavant, Cohon avait été chanoine de l'église du Mans. Il devait prêcher à Bordeaux l'Avent de 1626 ; mais il s'en excusa par une lettre adressée au cardinal de Sourdis, dont voici le texte copié sur l'autographe conservé dans les archives de l'archevêché de Bordeaux :

« Monseigneur ; Dès le mois de juillet je prins la liberté de vous escrire, joignant ma supplication tres humble à la prière de Monseigneur du Mans qui me fist la faveur de vous demander dispense des advents que je devois prescher en vostre Eglise; pour l'obtenir sans peine, il vous mandoit comme la mort d'un mien cousin germain m'a ourdi un procès qui doit estre en sa crise vers le mois de decembre, et dont l'evenement m'est de telle importance qu'il me contraint de tout quicter pour en prendre le soing. J'ay bien creu, Monseigneur, qu'une excuse si legitime pouvoit me desgager de ma promesse sans me mettre au hasard de perdre l'honneur de vostre bienveillance, et sans me rendre coupable du vice de ceux qui manquent de parole, puisque la mienne en ce rencontre n'est pas en ma disposition. Mais parce que la semonce que j'ay receu de vostre part depuis quatre jours seulement, me faict conjecturer que les lettres de Mondict Seigneur du Mans et les miennes ont trop tardé en chemin, voires peut estre ne vous ont point esté rendues par la faute du Sr du Tertre, Maistre d'hostel de Monseigneur de Maillezais, qui se chargea de vous les presenter, je renvoye ce porteur en haste et tout exprès, pour sçavoir, Monseigneur, si vous me ferez grace, me permettant de donner pied à mes affaires et les règler en sorte que je puisse estre libre pour vous aller servir le caresme prochain, avant lequel je tacheray de partager si bien mon temps, que j'en auray une partie qui ne devra rien au Palais, affin que l'emploiant dessus mes livres, je vous prepare un entretien qui passe pour amende et pour satisfaction du deffaut où le malheur a faict tomber, Monseigneur, vostre tres humble et tres obligé serviteur. — COHON. — Au Mans, le 26e d'octobre 1626. »

La lettre de l'évêque du Mans, Charles de Beaumanoir de Lavardin, était ainsi conçue :

« Monseigneur ; Je joints mes tres humbles suplications avec celles de Monsieur Cohon, affin qu'uzant de vostre bonté ordinaire, il vous plaise le dispancer des sermons de cest Advant prochain. Son debvoir et l'inclination qu'il a à vostre service luy ont faict faire toutes sortes d'effort pour vaincre ces affaires et en destourner le cours jusques apres Pasques ; mais ces parties qui traversent non seulement son repos, mais qui le veulent divertir de vous randre ce service, le pressent de si près, qu'il ne peult quitter Paris sans perdre asseurement cinq mille livres de rante. Il vous demande cette grâce, que luy donnant cest hyver pour les mettre à bout, il tienne de vostre courtaisie (sic) le bonheur qu'il si promet, et le possedant, il le sacrifiera à vostre service, comme de ma part mes intantions n'auront jamais aultre but que celuy de vous tesmoigner que je suis plus veritablement qu'homme qui vive, Monseigneur, vostre tres humble serviteur. — Levesque du Mans. Du Mans, ce 28e octobre 1626. »

Le chanoine vint, en effet, prêcher le carême de 1627 dans l'église Saint-Pierre de Bordeaux. Il en donna avis au cardinal de Sourdis par le billet suivant, daté du Mans, le 10 janvier 1627 :

« Monseigneur; Bien que les eaux soient desbordées jusqu'à tel point en ce païs, qu'à peine nous voyons le haut de nos clochers, j'ay tant de feu et tant d'ardeur à vous servir que je desseicherray tout le Xaintonge et le Poictou pour me faire passage, et partiray dans quinze jours pour vous porter un fort bon cœur sur une langue fort mauvaise. Vous ferez de l'un et l'autre tout ce qu'il vous plaira, horsmis, Monseigneur, que vostre autorité ne s'estend pas jusqu'à leur faire taire l'obligation que j'ay d'estre toute ma vie, vostre tres humble et tres obeissant serviteur. — Cohon. »

Pour écrire d'un ton et d'un cœur aussi légers, Cohon devait avoir gagné son procès !

XXV

PIERRE MILHARD

ABBÉ DE SIMORRE ET PRIEUR DE SAINTE-DODE

———

Pierre Milhard, né à Simorre, au diocèse d'Auch, à 17 kilomètres de Lombez, était cousin de Jean Duplanté, docteur ès-droits, avocat en la Cour du Parlement de Toulouse, et natif aussi de Simorre (1). Il fut élevé dans le monastère bénédictin de cette petite ville, s'y appliqua quelque temps aux lettres, y fit profession, et obtint l'office claustral d'infirmier (2). Ayant entendu parler de la réforme que Jean de la Barrière, abbé de Feuillens, avait établie dans son monastère, il alla y passer quelques mois, afin de s'éprouver avant d'y entrer, sans quitter toutefois l'habit religieux qu'il avait pris à Simorre. Les austérités qu'il pratiqua dans ce nouveau genre de vie ruinèrent son tempérament faible et délicat. Il contracta, entre autres maladies, une douleur de tête continuelle et si violente que les médecins le firent sortir de Feuillens et ensuite trépaner (3). L'ouverture qu'on fut obligé de lui faire au crâne fut si grande qu'on ne put jamais la faire achever de fermer, et il y demeura toujours un trou de la grandeur d'un écu ou d'une grosse noix. Le P. Milhard guérit, mais il fut condamné à ne quitter presque plus sa cellule, et à éviter avec soin le froid, le chaud et toute émotion vive, ce qui ne l'empêcha pas de se livrer à

(1) Cette parenté nous est révélée par Duplanté lui-même dans une pièce de vers composée à la louange de Pierre Milhard, et imprimée en tête de *La vraye Guide des Curez*.

(2) Sur la ville et l'abbaye de Notre-Dame de Simorre, voir *Les Chroniques ecclésiastiques du diocèse d'Auch, suivies de celles des Comtés du même diocèse, par Dom Louis-Clément de Brugèles, P. R. Camérier et Doyen du chapitre abbatial de Simorre* ; Toulouse, 1746, in-4°, p. 180 et suiv.

(3) Opération chirurgicale qui consiste à percer les os, et spécialement ceux du crane, pour donner issue aux épanchements de sang ou de pus qui se sont accumulés à l'intérieur.

l'étude des canonistes et des casuistes, et de composer lui-même
plusieurs ouvrages qui se répandirent dans toute la France (1).

Dans le même temps, il fut nommé prieur titulaire de Sainte-Dode,
ordre de Saint-Benoît, au diocèse d'Auch (2). C'est le 4 juillet 1593
qu'il prit possession de ce prieuré. Le 13 octobre suivant, il fut élu
abbé de Notre-Dame de Simorre « par les religieux, qui résistoient
toujours aux nominations royales, sous prétexte d'un privilège d'élection accordé à ce monastère par le pape Urbain IV en 1262, quoique le
pape Clément VIII eût accordé au Roi, en 1531, un bref par lequel il lui
donnoit pouvoir de nommer aux abbayes, nonobstant les privilèges,
dérogeant en cet article au concordat de 1516 qui les avoit expressément réservés. L'élection de Milhard fut confirmée le 26 du même
mois par Pierre de Lancran, évêque de Lombez, en refus des vicaires
généraux d'Auch, le siège étant vacant, et l'élu prit aussitôt possession. Il conféra le prieuré claustral le 3 novembre suivant, et jouit
paisiblement de l'abbaye jusqu'à la fin de décembre 1595. En 1596, il
fut obligé de céder les revenus de l'abbaye à Jean Ducorn, bourgeois
de Simorre, nommé par le roi économe séquestre (3). » Ceux que le
roi pourvut ensuite de l'abbaye ne furent pas heureux : dans l'espace
de quelque temps, moururent presque subitement un jeune homme
que son père avait fait nommer, le fils d'un parent à qui le premier
l'avait cédée, et enfin l'abbé commendataire qui leur succéda (4).

Quant à Milhard, il se consolait de sa disgrâce par l'étude. Il résigna
même, en 1600, son prieuré de Sainte-Dode, se réservant néanmoins
le droit d'en percevoir les fruits durant sa vie, et il en fit don aux
jésuites de la ville d'Auch « pour être uni à leur collège, afin qu'il y
eût de quoi entretenir des professeurs pour y dicter les cas de
conscience.

« Milhard mourut en odeur de sainteté vers la fin de février 1627,
chez un de ses parents, à Montamat, diocèse de Lombez. Dès que son
corps fut exposé dans l'église, le peuple y accourut, et quantité de

(1) « Edidit varia volumina quæ totam Galliam pervagata sùnt, » dit le P.
Montgaillard dans son histoire inédite de la Gascogne (*Theodox. Vascon.*, l. III),
conservée au Grand Séminaire d'Auch. Je dois, à l'aimable obligeance de
M. Léonce Couture, cette citation et plusieurs autres indications qui ont beaucoup contribué à rendre cette notice moins imparfaite.

(2) Pour l'histoire de ce prieuré, voir encore D. Brugèles, p. 348, 349.

(3) D. Brugèles, p. 218.

(4) Montgaillard, *loc. cit.*

personnes lui alloient couper les cheveux et le poil de la barbe pour en avoir des reliques (1). »

Le prieur de Sainte-Dode a laissé plusieurs écrits considérables. Je vais donner la liste de ceux qui sont venus à ma connaissance et la description bibliographique des éditions que j'en ai vues :

1. *La vraye Guide des Curez, Vicaires et Confesseurs, composée par le R. P. Frere Pierre Millard* (sic), *prieur de Sainte-Dode, diocèze d'Aux; troisiesme edition, reveue, corrigée et annotée; plus est adjousté ung Traicté des sepultures outre les precedentes impressions;* A Tolose, pour I. Canut, R. Colomiez, H. Mareschal et A. Robert; 1604, frontispice gravé par Thomas de Leu; tome I, in-8° de 263 pages sans les liminaires. Parmi ceux-ci, on voit une «Elegie sur le sommaire de l'œuvre par maistre François Malbois, docteur en medecine; » une pièce de vers grecs par un *auscitain* qui signe des initiales I. D.; trois épigrammes, une en vers grecs, deux en vers latins; enfin deux sonnets français, dont un en vers acrostiches par *I. M. Bourdelois.* L'approbation, datée de Toulouse le 27 mars 1602, année où parut la seconde édition donnée par le P. Milhard (2), est signée *J. Puteanus, Ord. S. Aug.*, et *Petrus Arias Burdeaux,* ou, selon d'autres, *Burdeus. Puteanus* est le nom latinisé de Jean Dupuy, de l'ordre des ermites de S. Augustin, «natif d'un bourg appelé Corne-Barrieu près de Gimont, » autrefois « du diocèse de Lombez, » selon le P. Simplicien de Saint-Martin (3), et auteur d'un commentaire sur la Somme de saint Thomas.

(1) D. Brugèles, p. 218, 353.
(2) *La Vraye Guide des Curez, Vicaires et Confesseurs, augmentée de beaucoup et mise en deux tomes...;* Tolose (mêmes libraires que ceux de la troisième édition), 1602, in-8° de 549 pages, sans les liminaires, la table, etc., pour le premier volume (M. Léonce Couture, qui me fournit cette indication, ne possède pas le second). A la suite, est relié le *Directoire des Confesseurs* de Polanc, in-8° de 128 pages chiffrées, publié aussi à Toulouse, chez R. Colomiez, près l'église du Taur. Il est également à la suite du premier volume de la troisième édition, avec un frontispice qui ne diffère que par la date (1604 au lieu de 1602) et par le nom du libraire.
(3) *Mémoires qui peuvent servir à l'histoire du monastère de l'Ordre des hermites de S. Augustin, de la ville de Tolose;* Tolose, F. Boude, 1653, in-8°, pag. 89. Voir aussi, du même auteur, *Histoire de la vie du glorieux père S. Augustin..... et de plusieurs saints, bienheureux et autres hommes illustres de son ordre des hermites.....* Tolose, A. Colomiez, 1641, in-fol., p. 779-784. Le P. Simplicien de Saint-Martin, né à Cahors, et professeur à l'Université de Toulouse où il connut le P. Dupuy, édita, en 1627, ses commentaires sur la Somme de S. Thomas (2 vol. in-folio). Outre les deux ouvrages cités, le P. Simplicien de Saint-Martin a encore publié : 1. *Defense de l'estat monachal du glorieux Pere saint Augustin...... et institu-*

Inconnu dans l'histoire des lettres, l'autre approbateur de *La vraye Guide* ne l'est que trop, hélas! dans l'histoire des procès célèbres. Il fut en effet condamné par le Parlement de Toulouse et exécuté en 1608 comme complice d'un meurtre, accompli pour des fins qui ne valaient pas mieux que l'action elle-même (1). Dieu, qui sait tirer le bien du mal, fit que la condamnation de Burdeus devint l'occasion d'une salutaire réforme pour les Augustins de Toulouse, car, comme Jean Dupuy, Burdeus appartenait à cet ordre et faisait partie de ce couvent, et, comme lui, il était professeur de Théologie en l'Université de Toulouse. Tous deux, dans leur approbation, jugent la *Vraye Guide* du P. Milhard « tres digne de voir le jour et estre mise sur la presse, pour l'utilité et profit de tous les fideles chrestiens. » — Enfin le privilège du Roi, accordé pour dix ans et s'appliquant aussi à la *Pratique* (sic) *du divin service* (dont il sera parlé plus loin), est daté du 13 mars 1597, et nous apprend que la première édition avait été achevée d'imprimer le 30 août précédent.

Milhard dédie son livre « A Léonard de Trappes, archevesque d'Aux. » Parlant de son « livret, » il dit : « Je ne me promettois pas, quand il partit de moy, qu'il deust estre si bien accueilli, comme je l'ay veu du depuis par tout, non à ma contemplation ou suffisance,

---

tion de son ordre des *Hermites*, contre Dom *Gabriel Pennot*, chanoine régulier de la Congrégation de S. Jean de Latran, etc.; Tolose, A. Colomiez, 1657, in-4° de 480 pages. — 2. La Vie de S. Thomas de Vil-neuve, dit l'aumosnier, de l'Ordre des Hermites de S. Augustin, archevesque de Valence, etc.; Tolose, Jean Boude, 1659, in-8° de 320 pages, extrait de l'*Histoire* citée plus haut, augmenté des détails touchant les cérémonies de la canonisation du saint. L'exemplaire de la bibliothèque municipale de Bordeaux vient de la bibliothèque du couvent des Capucins de Cadillac, auquel il fut donné en 1683 par un chanoine de l'église collégiale de Saint-Blaise de Cadillac, qui le tenait de l'auteur lui-même. On lit, en effet, sur le premier feuillet, ces mots écrits de la main du P. Simplicien : « L'auteur du présent livre l'offre de fort bon cœur à Monsieur de Martin Dandives, aumosnier de Monseigneur d'Espernon, en qualité de son tres humble et affectionné serviteur. » — 3. *Tractatus varii morales de casibus conscientiæ*; Tolosæ, 1664, infol. Dans la préface, l'auteur se dit octogénaire et dans le gouvernement monastique depuis l'année 1609. Ce religieux, aussi saint que savant, mériterait bien une notice : ses ouvrages en fourniraient les principaux et les meilleurs éléments.

(1) On peut voir sur cette triste affaire : 1. *Histoire tragique et arrests de la Cour de Parlement de Tholose contre Pierre Arias Burdeus*, etc., avec CXXXI annotations sur ce subject, par Guill. de Ségla; 1618, in-8°. — 2. *Annales de la ville de Toulouse*, par G. De La Faille; Toulouse, 1701, in-fol., tom. II, p. 543-547. — 3. Enfin un travail de M. Duméril dans les *Mémoires de l'Académie des Sciences de Toulouse*; huitième série, tom. V, 1er semestre (de 1883).

ains pour l'authorité et credit que Monseigneur l'illustrissime cardinal
de Joyeuse luy a donné, quand soubs sa faveur, appuy et protection,
il se hazarda prendre le vol et se mettre au jour; si bien que n'en
ayant plus, quelqu'un à mon desceu et regret l'a faict remettre sur la
presse à Paris par deux ou trois fois (1), et ailleurs encor. Car je le
voulois faire sortir, comme il sort maintenant, soubs vos auspices,
augmenté et un peu mieux ajancé qu'il n'estoit auparavant. »

A la fin de sa préface, l'auteur s'exprime ainsi : « Voicy, lecteur,
notre *seconde* édition, corrigée de plusieurs fautes notables intervenues
en la première, tant à la lettre qu'au sens d'icelle : elle est en deux
volumes, augmentée de beaucoup, et de matières et d'autheurs bien
approuvez. »

Ce tome 1er traite du Baptême, de l'Eucharistie, du Mariage, de
l'Extrême-Onction et des Sépultures.

La seconde partie de ce même tome a 49-276 pages et un frontispice
spécial : *Les propres formes d'administrer les Sacremens, d'ensevelir les*

---

(1) J'ai vu une de ces éditions qui reproduit la première du P. Milhard, mais
avec une addition et un titre quelque peu différent : *La vraye Guide des Curez,
vicaires et confesseurs, divisée en trois parties; la première contient la practique d'administrer les Saincts Sacremens de Baptesme, Penitence, avec les examens sur les dix commandements de Dieu et pechez contre iceux, de l'Eucharistie, Mariage et la sacrée Onction; la seconde est la vraye methode d'assister et consoler les malades qui sont aux prises et brisees de la mort; dressee et recueillie par R. P. F. P. Milhard, de l'ordre de S. Benoist, et prieur de Saincte Dode, au diocese d'Aux; la troisiesme contient le Directoire des Confesseurs de M. I. Polanc, docteur en theologie, reveu et adjousté par M. François Celerin, prestre; seconde édition;* à Paris, chez Robert Foüet, rue Saint-
Jacques, à l'Occasion, en face des Mathurins; 1600, in-8° de 350 pages sans les
liminaires et la Table. Le livre est dédié au cardinal de Joyeuse, archevêque de
Toulouse. Voici les premiers mots de cette dédicace datée de « Tolose, le 21
avril 1597 : Monseigneur, ce livre, vous ayant esté presenté sur le point de
vostre depart pour aller en cour de Rome, en presence de plusieurs prelats de
vostre province, fut si humainement receu entre vos mains, qu'il ne pourroit
qu'estre le bienvenu entre les mains de tous. » Les approbations de H. Le Maire
et V. Marchant, « docteurs regens en la sacrée Faculté de Theologie, à Paris, »
sont du « troisiesme octobre mil six cens. » — C'est très probablement sur cette
édition de Paris, que fut faite, l'année suivante (1601), l'édition, alors la « dernière, » qui parut « A Rouen, chez Jean Osmont, dans la cour du Palais, » en
un volume in-12 bien imprimé, et dont la pagination est marquée au *recto* seulement de 1 à 380. Au *verso* de ce dernier feuillet commence la table qui tient
les 7 feuillets suivants non chiffrés. Le permis d'imprimer fut « donné à Rouen,
le 1er mars 1601, » sur l'approbation de Dardré, chanoine pénitencier. Ce qui
me porte à croire que l'édition de Paris a servi de type à celle de Rouen, c'est
que le titre est exactement le même dans toutes deux, et qu'on ne trouve dans
aucune des deux les *Formes d'administrer les sacremens,* qui sont dans les autres
éditions.

morts, visiter les malades et les assister à leur mort, avec plusieurs benedictions ecclesiastiques et la propre forme de faire les prosnes. composé par le R. P. F. Pierre Milhard, prieur de Sainte-Dode, au diocèse d'Aux.

Le tome II de *La Vraye Guide* est consacré tout entier au sacrement de Pénitence et aux matières du Décalogue qui s'y rapportent. Il comprend 1080 pages dans l'exemplaire de la bibliothèque municipale de Bordeaux que j'ai sous les yeux ; mais je ne puis en dire la date, parce qu'il est dépourvu de son frontispice, et que les caractères qui ont servi à l'imprimer ne sont pas les mêmes que ceux du tome 1er décrit ci-dessus. L'approbation pour ce second tome, signée aussi *Puteanus,* est du 6 juillet 1603, et nous apprend que Pierre Milhard était « bache lier aux saints canons » (Dom Brugèles lui donne le titre de docteur en théologie), probablement de l'Université de Toulouse. L'auteur reproduit sa préface du tome 1er, sauf quelques modifications à la fin, qui ont spécialement trait au second tome de cette « *seconde édition.* » Il répète aussi sa dédicace à Léonard de Trappes, ainsi que l' « Elegie sur le sommaire de l'œuvre, » attribuée ici à « maistre François de Malbris *(sic),* docteur en médecine. » On trouve pareillement, avant les approbations, un « sonnet en vers *acrostiques,* par Raymond Dumas, Montaubanois, prestre, chanoine et secrestain en l'église Sainte-Marie métropolitaine d'Aux. » Enfin, à la page 1080, Milhard finit son livre par ces mots : « Faict et finy dans Simorre, ce seiziesme de juin, le quarante troisiesme de mon aage. » A quelle année appartenait ce mois de *juin ?* Le P. Milhard ne le dit pas. Si c'était à l'année 1603, date de l'approbation du tome second de cette *seconde* édition (6 juillet 1603), Milhard serait né en 1560, et comme il est mort en 1627, il aurait vécu 67 ans.

L'édition donnée à Lyon, en 1610, ne fait que reproduire la seconde donnée par l'auteur, — sans en excepter même ces mots de la préface : « Voicy, lecteur, nostre seconde édition, » — bien que le titre soit un peu différent : *La Grande Guide des Cures, Vicaires et Confesseurs, divisée en deux tomes : au premier est contenu l'examen sur les dix commandemens de Dieu et pechez contre iceux ; avec la forme d'administrer les sacremens, d'ensevelir les morts, et de leurs obseques, tant pour les seculiers qu'ecclesiastiques, suyvant l'usage de l'Eglise Romaine ; au second est traicté particulierement du S. Sacrement de la Penitence : le tout tres utile et necessaire pour le soulagement des esprits et contentement des ames ; composé par le R. P. Frere Pierre Milhard, de l'ordre de S. Benoist, prieur de Sainte-Dode, au diocese d'Aux ; derniere edition;* A Lyon, chez Pierre Rigaud, rue Merciere, au coing de la rue Ferranr diere, à l'horloge ; 1610, t. I, in-8° de 19 feuillets non numérotés pour l'Epistre, la Préface, la Table des auteurs, etc., et de 242 pages numérotées, plus 7 feuillets non paginés de table. — Vient ensuite : *La forme d'administrer les sacremens, avec la maniere d'enseuelir les morts, et de leurs obseques, tant pour les seculiers qu'ecclesiastiques, suyvant l'usage de l'Eglise Romaine ; avec plusieurs benedictions, ensemble la propre forme de faire les prosnes ; composé par R. P. F. Pierre Milhard, Prieur de Sainte-Dode, au diocese d'Aux ;* p. 56. — Le tome II a 991 pages numérotées et 28 feuillets non numérotés. Sur le recto du 28° on lit ces mots : « A Lyon, de l'imprimerie d'Aug. de Polier, 1610 (1). »

Neuf ans plus tard (1619), un autre imprimeur de Lyon, « Claude Morillon, libraire et imprimeur de M^{mo} la duchesse de Montpensier, » publiait à son tour *La Grande Guide des Curez, Vicaires et Confesseurs, divisée en deux tomes, œuvre tres utile et necessaire pour toutes personnes ayant charge d'ames, composée par le R. P. Frere Pierre Milhard ; édition derniere, reveue et augmentée de deux tables, l'une des titres et chapitres, et l'autre des principales matieres ;* 2 vol. in-8° de 164 et 40 pages pour le tome I, et de 667 pour le tome II. C'est vraisemblablement cette édition que la Sorbonne avait sous les yeux quand elle condamna la *GRANDE Guide des Curez;* mais avant de parler de cette censure, qui eut lieu en 1619, il faut faire connaître les ouvrages que le P. Milhard publia avant cette dernière date.

II. *Le Manuel du divin service contenant toutes les rubriques du breviaire et ceremonies de la Saincte messe, composé par le R. Pere*

(1) L'édition qui porte la date de 1631, avec la rubrique « A Lyon, chez la vefve de Claude Rigaud et Claude Obert, rue Merciere, à l'enseigne de la Fortune, » est celle de 1610 dont le titre a été refait. Il y eut, vraisemblablement cette même année 1610, une autre édition imprimée à Toulouse, car l'approbation, identique d'ailleurs pour le texte avec celle de la troisième édition, est datée de « Tolose, le 7 mars *1610;* » mais au lieu de la signature de *Petrus Arias Burdeus,* on trouve celle de *G. Pelisserius,* qui est sans doute Gabriel de Pelissier, chanoine de Saint-Sernin et docteur régent en l'Université de Toulouse, suivant le P. Simplicien de Saint-Martin (*Mémoires* cités, pag. 279). L'exemplaire de M. Léonce Couture, qui n'en possède que le 1er volume, est malheureusement privé de son frontispice. Ce premier volume a 9 feuillets, plus 455 pages chiffrées, y compris la préface, et 5 feuillets pour la table alphabétique. *Les propres formes d'administrer les sacremens* — le reste du titre comme dans la *troisième* édition — forment 114 pages et 3 feuillets de table et d'errata.

F. Pierre Milhard, prieur de Saincte Dode, au dioceze d'Aux; Tolose, sans nom d'imprimeur, 1601, in-8° de 901 pages, avec frontispice gravé. L'ouvrage est dédié à « Messire Jean D'Affis, evesque de Lombez. » Dans l'*Avis au lecteur,* Milhard dit qu' « il y a plusieurs annotations sur la pratique des sacrées ceremonies et sur les defauts qui peuvent intervenir, en traictant cet auguste et divin sacrifice de la saincte messe; ayant faict couler dans icelles annotations diverses resolutions, poincts de doctrine et de practique, sans y apporter, *datâ operâ,* les preuves, authorités ou citations comme en nos livres precedens, reservant le faire en une autre œuvre ou livre, que nous avons desseigné, *Deo dante,* mettre en lumière. » Il est probable que ce livre n'a pas vu le jour. — A la page 561 de l'exemplaire du *Manuel* que j'ai entre les mains, commence, avec un frontispice spécial, le *Traicté sur les prières et heures canoniques, contenant la saincte institution et la maniere de bien reciter les offices du Breviaire;* Tolose, 1608. — La *Bibliothèque générale des écrivains de l'ordre de Saint Benoît* (Bouillon, 1777, t. II, p. 258) dit le *Manuel du divin service* « imprimé » aussi « à Lyon, en 1615, in-8°. »

III. *L'inventaire des cas de conscience contenus es deux tomes de nostre* Guide *et au* Manuel du divin service, *avec force cas nouveaux pour la practique des sacremens, par R. P. Fr. Pierre Milhard, prieur de Saincte Dode;* Toloze, par la vefve de Jacques Colomiez, et R. Colomiez; 1611, in-12 de 500 pages, dédié à « Messieurs les curés, vicaires et confesseurs de la France. » C'est une table alphabétique détaillée des matières traitées dans les deux ouvrages précédents, avec renvoi aux endroits de ces ouvrages où elles sont plus développées et plus approfondies.

Vers la fin de sa préface, le P. Milhard, exprimant en d'autres termes ce qu'il avait déjà dit dans *La vraye Guide des Curez,* déclare ne pas partager « l'humeur de ceux qui ne goustent point les remèdes lenitifs, doux et efficaces, et estiment que les incisions, les cauteres, les adustions, la rubarbe, l'agaric, le fiel et le vinaigre, seroient le plus propre à telles infirmités ou fragilités humaines. Quittant (donc), ajoute-il, et renonçant ces opinions si severes et rigides, je me suis rangé aux plus favorables et conformes à la douceur de la Loy où nous sommes, qui est toute d'amour, pleine de grace, tres legere et facile à supporter. » Voilà un sentiment vraiment évangélique, et qui ne demande qu'à être contenu dans de justes limites, pour ne pas aboutir au laxisme par peur du rigorisme.

C'est à quoi ne réussit pas tout à fait le P. Milhard. Au mois de novembre 1619, la Sorbonne censura *La Grande Guide des Curez* comme contenant plusieurs choses fausses, erronées, scandaleuses, offensives des oreilles pieuses et dangereuses dans la foi ; et en conséquence elle jugea que la lecture en devait être défendue au peuple chrétien jusqu'à ce que le livre fût corrigé (1). La Faculté qualifie séparément quatorze propositions extraites de la *Grande Guide;* quelques-unes d'entre elles ont été plus tard formellement réprouvées par les Souverains Pontifes. Celle-ci, par exemple, ne diffère pas, quant au fond, de la 18e condamnée en 1665 par Alexandre VII (2) : « On peut tuer un faux témoin qui est à l'après et assûré de déposer au préjudice de la vie de Pierre, de son honneur ou moyens notables temporels, choses qu'icelui Pierre ne peut éviter qu'en le tuant ou le faisant tuer (3). » Il en est de même des deux propositions suivantes, sur la simonie, toutes deux renfermées dans la 45e condamnée par Innocent XI en 1679 (4) : « Ce temporel se peut offrir comme cause *motive,* et un moyen de pouvoir obtenir un benefice ecclésiastique. L'on peut encore, sans encourir simonie ni peché aucun, donner quelque chose temporelle pour une spirituelle par voye de gratification ou reconnaissance pour un bénéfice ecclésiastique qu'on aura reçu de quelqu'un ou qu'on pense recevoir, de laquelle gratification on peut convenir devant que prendre le bénéfice. » Toutefois, il faut dire, à la décharge du P. Milhard, qu'il n'a pas inventé ces assertions relâchées, et que, notamment pour les deux dernières, il renvoie, en

---

(1) « In quo permulta falsa, erronea, scandalosa, piarum aurium offensiva et in fide periculosa continentur..... Praefatum librum tanquam scandalosum, castarum aurium offensivum, erroneum et in rebus fidei periculosum, censurâ notandum et populo christiano omnino prohibendum, *donec emendetur* judicavit. » (Duplessis D'Argentré, *Collectio judiciorum de novis erroribus;* Lutetiæ Parisiorum, 1755, t. II, p. 115-117). Ce jugement fut porté dans l'assemblée du mois de novembre 1619 : le 2 décembre suivant, la Faculté décida que sa censure serait imprimée et publiée.

(2) « 18. Licet interficere falsum accusatorem, falsos testes ac etiam judicem, à quo iniqua certo imminet sententia, si alià vià non potest innocens damnum evitare. »

(3) « Hæc propositio, dit la Sorbonne, est periculosa et viam aperit multis crudelitatibus ; quâ vero parte agit de famâ et bonis, falsa est, pugnans contra præceptum, *Non occides.* »

(4) « 45. Dare temporale pro spirituali non est simonia, quando temporale non datur tanquam pretium, sed dumtaxat tanquam motivum conferendi vel efficiendi spirituale, vel etiam quando temporale sit solum gratuita compensatio pro spirituali, aut e contrà. »

marge de son livre, aux théologiens auxquels il les a empruntées (1).

Le cardinal de Sourdis, archevêque de Bordeaux, semble avoir appartenu à cette classe d'hommes si spirituellement peints par le P. Milhard, qui « estiment que les incisions, les cauteres, les adustions », sont le remède « le plus propre » à guérir les « infirmités et fragilités humaines. » Cependant, au début de son épiscopat, probablement sur la renommée dont la *Vraye Guide des Curez* jouissait alors en France, il avait, au synode tenu à Bordeaux le 18 avril 1600, enjoint « à tous les Curez, Recteurs, Prestres et autres ecclésiastiques, d'avoir par devers eux..... *la Guyde des Curez de Milhard,* » et « en congrégation, le 12 janvier 1606, » il avait décrété que « tous les Curez et Vicaires auront désormais avant obtenir leurs lettres, la Bible, la Vie des Saints, *la Guide des Curez de Milhard,* le Catéchisme du Concile de Trente, le Concile provincial et les cas réservés : et ceux qui diront qu'ils les ont dans leurs maisons, seront tenus d'en jurer entre les mains de nostre secrétaire (2). »

Mais en 1624, tous ces décrets, — réimprimés pourtant en 1639 et donnés comme « reveus et confirmés » par le successeur du cardinal, — tous ces décrets, dis-je, furent virtuellement abrogés par une décision toute contraire. Instruit sans doute par la censure de la Sorbonne, l'archevêque de Bordeaux fit en quelque sorte brûler ce qu'il avait fait adorer. Dans son concile provincial tenu au mois d'octobre 1624, les livres du P. Milhard, qui avaient été en 1600 et 1606 jugés obligatoires pour les prêtres, furent alors regardés comme plus propres à scandaliser les faibles qu'à les édifier; comme ouvrant la porte, bien loin de la fermer, aux péchés de simonie et d'usure; comme favorisant

(1) Entre autres, et en première ligne, au jésuite Valentia, qui a écrit ces paroles : « Quando temporale est duntaxat *motivum* conferendi vel efficiendi spirituale, aut è contrario,... quando per temporale fit solùm compensatio gratuita pro spirituali, aut è contrario,... his modis... *vitatur simonia...* (quin) ut transactio aliqua sit simoniaca, oportet temporale esse *precium* spiritualis, vel è contrario » (*Commentar. Theologic.* t. III, Disp. vi, Q. 16, Punct. 3, Lutetiæ Parisiorum, 1609, col. 1796). Mais il faut voir aussi comment M. l'abbé Maynard explique et justifie ce passage de Valentia dans ses Notes sur la sixième Provinciale de Pascal (*Les Provinciales;* Paris, 1851, t. I, p. 278-280) Pascal), dans sa douzième lettre, fait mention du P. Milhard à propos de la doctrine des casuistes touchant la simonie (édition citée, t. II, p. 100).

(2) *Ordonnances et Constitutions synodales, Decrets et Reglemens donnez au dioceze de Bourdeaux par feu de bonne memoire Monseigneur le cardinal de Sourdis, reveus, confirmés et augmentés par tres illustre et tres Reverend Pere en Dieu Messire Henry Descoubleau de Sourdis, archevesque de Bourdeaux;* Bourdeaux, 1639, in-8°, p. 134.

les *libertins* sous prétexte d'une coutume mauvaise, *pravæ consuetu-* *dinis*, en leur donnant le moyen de violer impunément le grand précepte d'entendre la messe dans sa paroisse les jours où elle est d'obligation. Défense est donc faite par le concile à tous les fidèles de la province ecclésiastique de Bordeaux, de lire les livres du P. Milhard traitant des cas de conscience, quelle que soit la langue dans laquelle ils soient écrits; et les évêques suffragants sont chargés de veiller à ce que les erreurs contenues dans ces ouvrages ne se glissent pas dans l'esprit de leurs ouailles, dussent-ils, pour y réussir plus efficacement, employer les peines et les censures de l'Eglise (1).

Cette décision ne figure pas dans les *Décrets,* mais seulement dans les *Actes* du concile, et paraît n'avoir été promulguée ni en session, ni même en congrégation générale. Des trois griefs particuliers allégués contre le P. Milhard, le troisième ne figure pas parmi les quatorze propositions censurées par la Faculté de Paris, et c'est avec juste raison. Quoi de plus vrai, en effet, quoi de plus rigoureusement exact que ces paroles, si sévèrement notées par le concile provincial de Bordeaux ? « Touchant au lieu là où on est tenu d'assister à la saincte messe, le plus *convenable* et conforme au droict ancien est la propre paroisse d'un chacun. Aujourd'hui neantmoins la coustume (vraye interprete de la loy) absoult d'iceluy droict ancien, si qu'on satisfaict au precepte de l'Eglise en quel lieu que ce soit, tant ez eglises des seculiers que des reguliers, tellement que les evesques ne peuvent astraindre leur peuple d'assister aux messes parrochielles de leurs propres eglises, les dimanches et festes colibles, attendu que ce seroit abroger la coustume generale que dessus, receue par l'Eglise universellement, chose qu'ils ne peuvent. Voicy, continue le P. Milhard, ce que l'illustre congrégation des Cardinaux en a declaré en interpretant le 4ᵉ chapitre de la session XXIV du S. Concile de Trente : « *Non potest ordinarius mulctis aut pœnis cogere populum ad audiendam missam aut concionem in casu negligentiæ aut contumaciæ.* Il serait toutes fois fort recommandable d'obéir aux exhortations qu'ils en font d'y assister, à ce que là on puisse entendre les festes et jeusnes qui sont sur sepmaine (2). »

Telle est bien la doctrine aujourd'hui reçue et confirmée encore

---

(1) *Concilia provincialia Burdigalæ celebrata annis 1582 et 1624;* Lucione, 1850, in-12, p. 319.

(2) *La vraye Guide des Curez,* t. II, chap. XXXVIII, inst. 1, n. 3, p. 313, 314.

dans ces derniers temps par le Saint-Siège. Mais telle n'était pas, en 1624, la manière de voir des évêques de la province de Bordeaux, qui portèrent un décret tout à fait opposé. Aussi eut-il, à Rome, le sort de plusieurs autres décisions de la même assemblée, lesquelles furent ou supprimées ou amendées par la Congrégation du Concile de Trente chargée d'en réviser les décrets : et, chose intéressante à remarquer, celui dont nous parlons fut corrigé précisément dans le sens du livre du P. Milhard et pour les mêmes raisons (1).

IV. *L'appareil pour le Triomphe du S. Paradis; tome II, contenant la* SCIENCE DE BIEN MOURIR, *de l'invention du R. P. Frere Pierre Milhard, religieux de l'ordre de Saint-Benoît et prieur de Sainte-Dode au diocese d'Aux;* A Tolose, de l'imprimerie de la vefve de I. Colomiez... 1622, in-4º de 4 feuillets liminaires, 88 et 538 pages, plus 2 feuillets non chiffrés pour la *Table*. Voici, d'après M. Léonce Couture, qui en a vu quatre exemplaires, deux à Auch, deux à Toulouse, la description de ce volume.

Les 4 feuillets liminaires sont occupés par l'extrait du privilège du Roi, les Approbations de deux docteurs de Bordeaux et de Pierre de Peyrissac, vicaire-général du cardinal de Sourdis, et la Dédicace à « Messire Bernard D'Affis, evesque et seigneur de Lombès. »

Pages 2-17 : *Discours sur le sujet, pratique et utilité de ce livre.* A la fin, l'auteur annonce un autre ouvrage qu'il a déjà *esbauché et trassé,* et qu'il publiera, s'il plaît à Dieu, *De l'éternelle félicité.*

P. 18-48 : *Traité des certains signes de la mort.*

P. 48-88 : *Remontrance à ceux qui diffèrent leur conversion.*

Tout cela a très probablement été ajouté après coup au plan primitif, car, après cette page finale 88, la pagination recommence, ainsi que les réclames. Les pages 1-486 comprennent cinquante-neuf colloques. Le premier est intitulé : *Comme quoy il faut se resoudre à la mort et au mépris de la vie.* Plusieurs de ces colloques sont surtout des prières, des paraphrases de psaumes, litanies spéciales, exemples de patience, etc.

P. 487-531 : *Les adresses pour assister à ceux qui sont condamnés à mort. Le tout divisé en quatre sections.*

(1) *Decreta concilii provincialis Burdigalæ habiti... anno 1624, cum correctionibus S. Congregationis Concilii nondum editis;* Burdigalæ, 1877, in-4º, pag. 20, 21.

P. 532-538 : *Instruction pour l'administration du S. Sacrement de l'Extrême-Onction.*

P. 539-540 : *Ordo administrandi Extremam Unctionem,* plus les Psaumes de la pénitence et les Litanies des Saints en latin.

A la page 1, au commencement, on lit un *Avertissement* conçu en ces termes : « A bon droict pourrois tu, amy lecteur, t'estonner de voir ce second tome de nostre appareil, n'ayant veu encore le premier : en voicy la raison. C'est qu'au commencement et continuation d'estuy-cy, je ne m'étois desseigné faire rien plus sur iceluy appareil du triomphe du sainct Paradis ; mais estant sur la fin de ce second tome, je m'avisay que pour faire une œuvre accomplie, pour subvenir plus asseurément à ce somptueux et glorieux Triomphe, il faloit songer et estudier, non seulement en la Science de bien mourir (comme ce volume apprend), ains encore à la Science de bien vivre, considerant de pres comme tres difficilement meurt bien celuy qui n'aura bien vescu : non plus qu'en toutes les sciences et arts celuy qui n'a esté bon escolier ou apprentif, il ne faut esperer de le voir eminant en doctrine, ny bon maistre en l'art qu'il s'estoit proposé. Telles considerations donc me firent resoudre de dresser ou composer un autre tome intitulé la Science de bien vivre. Lequel ores qu'en ma conception et composition il ait esté le second : il tiendra neantmoins en l'ordre et disposition naturelle le premier rang en cest œuvre. Or il traitte de tous les moyens ou preparatifs qu'il faut apporter et pratiquer en ceste vie passagere, pour parvenir à la future et interminée : bref il apprendra d'asseurer sa particuliere predestination, tant à la grace qu'à la gloire : avec les marques et livrées des mesmes predestinés et quant et quant celles des réprouvés. . . . . Toujours faut il, devant que triompher ni posseder tous ces celestes et magnifiques biens, passer par le guichet de la mort : après, dis-je, avoir obtenues toutes les victoires precedentes à icelle, soit en la santé, ez maladies, ou au terme de la meme mort : fins où toutes mes pretentions visent en ces deux volumes. Attends donc avec patience le premier tome qui est deja sur la presse et bien advancé : lequel suivra, *Deo dante,* cestuy-cy à son tour. A Dieu, mon cher amy. »

Ce premier tome doit avoir été achevé. L'auteur, en effet, vécut plus de quatre ans encore après la publication du second tome, et les docteurs de Bordeaux disent, dans leur approbation, qu'ils ont vu les deux volumes à imprimer. De plus, la *Bibliothèque générale des écrivains de l'ordre de S. Benoît,* parlant de cet ouvrage, qu'elle intitule

Le grand appareil du saint Paradis, le donne comme formant *deux* volumes (1) in-4° et comme *dédié au Cardinal de Sourdis.* Or, ce dernier caractère ne convient pas au second volume, qui est dédié, comme on l'a vu, à Bernard D'Affis, évêque de Lombez. Tout ce que je puis affirmer avec certitude, c'est que ce premier volume, s'il a réellement vu le jour, est excessivement rare, et qu'il n'en existe aucun exemplaire dans aucune des grandes bibliothèques de nos grandes villes, Paris, Lyon, Bordeaux, Toulouse, Amiens, Auch, Montpellier, Nantes, La Rochelle, Dijon.

XXVI

M. LABBE DE CHAMPGRAND

NOTICE BIBLIOGRAPHIQUE

Édouard-Ferdinand-Marie Labbe de Champgrand naquit à Bourges, le 18 août 1813, d'Étienne Labbe de Champgrand et d'Adrienne de Montsaulnin.

Son père, digne rejeton d'une ancienne famille du Berry (2), était un vrai chevalier par sa fierté, par son courage et son dévouement aux nobles et saintes causes ; en même temps, son cœur était rempli d'une charité tendre et généreuse pour les pauvres et les malheureux.

(1) Le P. Montgaillard *(loc. cit.)* attribue également deux volumes à l'*Appareil du saint Paradis.*

(2) D'après Thaumas de la Thaumassière (*Histoire de Berry*, Paris, 1689, in-fol., p. 1086), « Philippon Labbe est le chef reconnu de cette famille qui porte d'argent à trois fasces de gueules, au lyon d'or, armé et lampassé de gueules, couronné d'or, brochant sur le tout. Il mourut le 8 janvier 1488. » Son arrière-petit-fils, Philippe Labbe, écuyer, seigneur de Champ-Grand, conseiller au bailliage et siége présidial de Bourges, fut échevin de la ville de Bourges, les années 1604 et 1605. En 1595, il avait acheté la terre et seigneurie de Champ-grand, laquelle est située dans la paroisse de Quantilly, canton de Saint-Martin-d'Auxigny, à 20 kilomètres de Bourges. Il eut plusieurs enfants, parmi lesquels Ni olas Labbe, qui fit la branche du Parc, aujourd'hui éteinte; Jean-

Un jour, l'administration d'un hospice de Bourges, qui avait le bonheur de le compter parmi ses membres, mit en délibération le dessein d'abandonner une œuvre charitable, au soutien de laquelle les ressources de l'établissement ne suffisaient plus. Les partisans de l'affirmative allaient l'emporter, lorsque Étienne de Champgrand représente avec force qu'il faut avoir confiance en Dieu ; que sa Providence ne délaisse jamais ceux qui espèrent en elle ; que des secours imprévus ne tarderont probablement pas à arriver. En un mot, il fit tant et si bien, que le projet fut rejeté ou tout au moins ajourné. Le soir, en ouvrant le tronc des aumônes, on fut bien surpris d'y trouver des sommes considérables en différentes monnaies d'or et d'argent, et tout le monde resta persuadé qu'elles avaient été versées par Étienne de Champgrand, qui, cachant sous le voile de l'humilité sa charité généreuse, avait lui-même réalisé sa prédiction du matin.

Adrienne de Montsaulnin, sa digne épouse, et d'une famille non moins illustre (1), était une femme forte, en qui revivaient l'âme et les sentiments de Blanche de Castille pour son fils : le trait suivant en est la preuve (2). On avait acheté un cheval pour le jeune Ferdinand qui, sous ce rapport, eût bien menti à sa race, s'il n'avait eu la passion naturelle et l'art de dompter les chevaux ; mais comme on redoutait quelque accident à cause de son inexpérience jointe à son ardeur, on lui fit attendre assez longtemps la permission d'essayer

Jacques Labbe, prieur de Saint-Ursin, puis doyen de Saint-Étienne de Bourges, et Philippe Labbe aîné, qui a fait la branche de Champgrand. Celui-ci fut également conseiller au présidial de Bourges, président en la souveraineté de Bois-Belle et Henrichemont, et maire de la ville de Bourges en 1629 et 1630. De lui naquirent Philippe Labbe, jésuite célèbre par son érudition, et Henri Labbe, maire de Bourges durant les années 1664 et 1665. Ce dernier fut père de Philippe-Nicolas, père à son tour de Joseph, né le 30 août 1677, mort en 1745, — celui-là même qui est l'objet de la notice décrite plus loin, — et de Philippe, né le 28 novembre 1674, mort le 27 juillet 1746. Philippe eut aussi plusieurs enfants, entre lesquels Philippe-Pierre Labbe, seigneur de Champgrand, qui épousa, en 1745, Marie-Magdeleine Agard de Morogues, dont il eut, en 1754, Étienne Labbe de Champgrand, père de notre auteur. (Le P. Labbe, S. J., par F. Labbe de Champgrand, in-8o, p. 1-4, 12.) Ainsi, entre la naissance du père (1754) et la mort du fils (1881), il s'est écoulé un espace d'environ cent vingt-six ans.

(1) Cette famille est originaire de Bourgogne et s'établit en Nivernois par Guillaume de Montsaulnin, écuyer, lequel épousa Philiberte de Vasso, dame de Coulons, en 1407. (Thaumas de la Thaumassière, ouvrage cité, p. 747.)

(2) Cette anecdote, de même que la précédente, nous est communiquée par un de nos vénérés confrères, qui la tenait de M. Galais, mort supérieur du Séminaire des Philosophes à Issy, lequel, avant d'être appelé à Paris, avait été directeur à Bourges où il l'avait entendu raconter.

sa monture. Un jour que l'impatient jeune homme insistait plus vivement que de coutume auprès de sa mère pour qu'elle lui permit enfin de monter ce cheval qu'on n'avait, disait-il, acheté que pour lui, la pieuse mère lui dit : — « Es-tu en état de grâce ? » — « Mais, répondit Ferdinand, je le pense ; car je suis allé à confesse il n'y a pas huit jours, et depuis ce temps-là je ne crois pas avoir offensé Dieu. » — « Eh bien, si tu es en état de grâce, monte à cheval. »

Après ses études littéraires chez les jésuites de Saint-Acheul, M. de Champgrand entra au séminaire de Saint-Sulpice le 12 octobre 1830, et fut ordonné prêtre dans l'église des Carmes, à Paris, le 20 mai 1837, par Mgr de Quélen. Le lendemain, il dit sa première messe, à Issy, dans la chapelle de Lorette, et il fut permis à la sœur du nouveau prêtre d'y assister.

Devenu membre de la compagnie de Saint-Sulpice, il fut envoyé au grand séminaire de Bordeaux, et il y resta jusqu'en 1859. Ensuite, il résida à Rome et à Bourges, où il mourut le 18 janvier 1881.

M. l'abbé Lacadée a fait, de M. Champgrand, un bel éloge dans la *Revue catholique de Bordeaux* (nos 6, 7, 9 et 11 de l'année 1881) : je me bornerai à donner la liste et à faire l'histoire de ses ouvrages :

I. *Lettre au Rédacteur du journal* l'Ami de la Religion (tom. 114, pag. 481, 482, numéro du 10 septembre 1842). — Elle est datée du « Château de Jussy (Cher), 22 août 1842, » et signée, « F. LABBE, *ancien professeur de théologie.* »

Les *Institutions Liturgiques* de D. Guéranger venaient de paraître, et avaient soulevé la polémique que tout le monde connaît. L'abbé Dassance les avait attaquées par une lettre insérée dans l'*Ami de la Religion* du 21 août 1842. C'est sur cette lettre que M. de Champgrand fit quelques « réflexions », et bien qu'il n'ait pas l'intention de se « constituer partie dans la controverse, » il soutient néanmoins visiblement la thèse de D. Guéranger. Les lignes suivantes donneront une idée de l'esprit et du plan de la lettre : « Si l'on veut que les lecteurs de l'*Ami de la Religion* suivent avec plaisir cette polémique, il faut : 1° qu'on y observe tous les égards dûs à des adversaires ; 2° qu'on précise bien l'état de la question, et qu'on marche droit au but armé de raisons solides. Or il me semble que l'auteur de l'article ne s'est pas tout à fait assez pénétré de ces deux maximes. »

II. Au mois de février 1874, M. de Champgrand nous écrivait : « En 1845, le R. P. D. Guéranger, rendant compte dans l'*Auxiliaire Catho-*

lique (1ʳᵉ année, tom. II, pag. 194) de l'ouvrage de M. Lequeux, intitulé *Manuale compendium Doctrinæ moralis de Virtutibus,* cite, sans que je l'en eusse chargé ni prié, un long fragment d'une lettre que je lui avais écrite au sujet de l'enseignement ecclésiastique. Je demandais, entre autres choses, qu'on enseignât le traité *De Deo et divinis Attributis* supprimé sous prétexte qu'on l'a vu dans la Théodicée, le Droit canonique, etc. C'est ce qu'on a fait depuis dans plusieurs séminaires. »

A propos de D. Guéranger et des Bénédictins, produisons ici quelques témoignages de l'affection que leur portait ce grand ami des religieux et de l'érudition. « La république des lettres, comme on disait dans le bon temps, a fait en la personne de D. Prosper Guéranger une très grande perte ; il a laissé des ouvrages inachevés et beaucoup de matériaux ; ses enfants publieront tout ce qui pourra l'être, et s'efforceront de compléter ce qui est commencé. Mais je profite de cette occasion pour vous dire que l'abbaye de Solesmes a de grands besoins financiers. Si vous connaissez quelques personnes riches et bienveillantes pour les Ordres religieux, veuillez les intéresser en faveur de cette maison où Dieu est honoré par la digne célébration du culte public et par les travaux scientifiques de quelques religieux » (30 mars 1875). Avec quelle force le vénéré et généreux défunt répéterait-il aujourd'hui ces paroles, et avec quel accent il prêcherait non seulement pour Solesmes, mais encore pour Ligugé, ou plutôt pour Silos, car, hélas ! Ligugé n'est plus en France, il est en Espagne, dans l'antique abbaye de Saint-Dominique-de-Silos.

Ce qui suit exprime une espérance malheureusement, — ou plutôt heureusement ! — non réalisée. « Il est question de rétablir les Bénédictins dans leur ancienne abbaye de Chézal-Benoît. Je désire beaucoup que cette affaire aboutisse. Nous tâcherions de les atteler à l'hagiographie du diocèse de Bourges, qui attend encore une main habile. De là, nous pourrions passer à une histoire des abbayes, couvents, et peut-être à une histoire générale de l'Eglise de Bourges, déjà esquissée par notre vénérable M. Renaudet, qui a laissé sur ce sujet trois volumes in-4° manuscrits entre les mains de nos confrères du Séminaire, mais avec défense de les livrer, même partiellement à l'impression » (10 novembre 1876).

III. *Lettres Morales propres à inspirer l'amour de la vertu, le zèle de la religion et l'horreur de l'hérésie, par le T. R. P. Fr. Joseph Aréso, missionnaire apostolique de l'Ordre de Saint-François, traduites de l'espagnol par un frère du Tiers-Ordre de la Pénitence ;* Bolbec, Valin, éditeur, 1864, in-18 de 201 pages sans compter la table. — M. de Champgrand traduisit cet ouvrage « sur la demande de l'auteur qui l'a fait imprimer. »

IV. *Comptes-Rendus des Conférences* d'Ecriture Sainte *du diocèse de Bourges,* des années 1864, 1866, 1867, 1868, 1869, 1870, 1871, 1872, 1873, 1874, 1875, 1876, 1877 et 1878. Son séjour à Rome empêcha M. de Champgrand de faire le compte-rendu de l'année 1865 : celui de 1878 a été imprimé après sa mort, avec ceux des autres rapporteurs.

Il a aussi rédigé la partie concernant l'Ecriture Sainte de l'*Elenchus Quaestionum ad usum juniorum Sacerdotum examinandorum ;* Bituricis, 1870, in-12.

V. Plusieurs articles insérés dans la *Semaine Religieuse du Berry,* et dont voici la liste complète par années et par ordre alphabétique (les chiffres indiquent la page où commence l'article.)

1. Traduction des légendes des saints propres au diocèse de Bourges, savoir :

Année 1867 : — S. Lusor ou Ludre, et S. Léocade, 538.

Année 1868 : — Commémoration de tous les saints Archevêques de Bourges, 121. « Cet article n'est pas traduit du propre, mais c'est un travail personnel ». — S. Amand, évêque, 61. — S. Ambroise ou Ambroix, évêque, 493. — S. Aventin et S. Chartier, 50. — S. Déodat, 194. — S. Doulchard, 506. — S. Eusice, 590. — Ste Eustadiole, veuve, 266. — S. Félix, archevêque de Bourges, 3. — S. Félix, évêque de Nantes, 315. - S. Genulfe ou Genon, évêque, 200. — S. Guillaume, archevêque de Bourges, 16. — S. Honoré, martyr, 99. — S. Just, 329. — S. Laurian, évêque et martyr, 314. — S. Lié, 543. — SS. Marcel et Anastase, martyrs, 304. — S. Ours, abbé, 352. — S. Phalier, 566. — S. Raoul, archevêque de Bourges et ses écrits, 291, 292. — S. Romble, 543. — Ste Sévère, 342. — S. Simplice, archevêque de Bourges, 280. — Ste Solange, vierge et martyre, 217. — S. Sulpice-le-Débonnaire, archevêque de Bourges, 25. — S. Sulpice-le-Sévère, *id.,* 38. — SS. Thalassius et Bains, 520. — S. Venant, 481.

Année 1869 : — S. Août, 280. — S. Bernard, abbé de Tiron, 172. — Ste Bertoare, 81. — S. Cyran, 39. — S. Désiré ou Didier, 49. — S. Jacques, ermite, 14. — S. Marien, 482. — S. Maurin, 430. — S. Patrocle, 2. — S. Remacle, 422. — S. Silvain, 469. — Ste Valérie, 64. — S. Viateur, 390.

Année 1871 : — S. Auguste, abbé, 470. — S. Austrégésile, archevêque de Bourges, 244. — S. Désiré, id., 231. — Fête des Miracles de Notre-Dame de Déols, 267. — SS. Génitoux, Messaire, Principin et leurs Compagnons, martyrs, 505. — S. Léopardin, martyr, 471. — Ste Montaine, 458. — S. Posen, 291. — S. Palais I et S. Palais II, archevêques de Bourges, 206. — S. Ursin, premier évêque de Bourges, 519.

« A plusieurs de ces légendes, j'ai ajouté des notes historiques, géographiques, etc., et si je les publie en volume, j'en ajouterai probablement beaucoup d'autres et l'indication des biographies auxquelles on pourra recourir : Labbe, Bollandus et autres. »

2. *Rapports de M. Olier avec Bourges et le Berry* : 12 février 1868, p. 78.

3. *Mort du P. Pierre-Marie* : — 8 avril 1868, p. 180. — Né à Rouen en 1589, et entré dans la Compagnie de Jésus en 1616, Pierre-Marie passa toute sa vie dans le ministère de la chaire, et mourut à Bourges en 1645, laissant deux ouvrages qui ont eu plusieurs éditions : *La Sainte Solitude ou les Entretiens solitaires de l'Ame* et *La Science du Crucifix en forme de méditations*. « J'ai, dit M. de Champgrand, fait connaître par manière d'éphéméride un petit recueil très rare intitulé : *Les larmes et regrets des habitants de la ville de Bourges sur la mort du R. P. Pierre-Marie, de la Compagnie de Jésus, arrivée pour avoir prêché trois heures durant, sans se reposer, le jour du Vendredi-Saint, dans l'Eglise Patriarcale de Bourges.* Ce recueil contient vingt-cinq petites pièces de vers latins et français, sous les formes diverses d'anagrammes, d'épigrammes, de sonnets, d'épitaphes, d'acrostiches, dont la mort du P. Marie fournit le sujet. » (Février 1874.) Ajoutons que la réimpression, aussi bien que l'édition originale de ce recueil, ont été également inconnues aux savants bibliographes de la Compagnie de Jésus, les PP. Carayon, de Backer et Sommervogel.

4. *Question d'Exégèse biblique : Demeure de sainte Elisabeth.* — Juillet 1868, p. 322; article composé à l'occasion de la fête de la Visitation.

5. *Sigaud de Lafond* : — 4 et 11 mai 1870, p. 214, 224.

6. *Le P. Bourdaloue* : — 18 mai et 1er juin 1875, p.235, 258.

Ces deux notices ont eu pour occasion l'érection de deux bustes en bronze, l'un de Bourdaloue, l'autre du physicien Sigaud de Lafond, placés tous deux dans le jardin de l'archevêché de Bourges.

7. Compte-rendu de l'ouvrage intitulé : *La Providence au XVe siècle dans l'Histoire de France : Jeanne d'Arc, Jacques Cœur, par E. Pigelet* : — 22 et 29 juin 1870, p. 299, 312.

8. Compte-rendu de l'ouvrage intitulé : *Bourdaloue, sa prédication et son temps, par Anatole Feugère* : — 10 avril 1875.

« Ma petite appréciation bibliographique est consciencieuse : j'ai trouvé ce livre très beau et très bien fait ; je l'ai dit simplement. Il fallait qu'un compatriote du grand orateur chrétien signalât cet ouvrage et cherchât à le faire connaître. L'article n'a que 25 ou 26 lignes. » (10 avril 1875).

VI. *L'Enfance Chrétienne, par M. J. Blanlo, sous-diacre, Bachelier en Théologie, professeur au Séminaire de Saint-Sulpice, avec diverses Considérations pratiques et Méditations pour honorer le Saint Enfant Jésus ; nouvelle édition, corrigée et augmentée ;* Paris, Lethielleux, 1870, in-32 de 252 pages.

M. de Champgrand s'est borné à faire réimprimer, sans aucun changement, l'édition donnée en 1838, avec une *Notice historique* sur l'auteur du livre, par M. Galais.

VII. *Mémoires du R. P. de Bengy, de la Cie de Jésus, Aumônier de la 8e ambulance pendant la guerre 1870-71, l'un des otages de la Commune, mis à mort le 26 mai 1871 ;* Paris, Adolphe Josse, éditeur, 1831, in-12 de VII-179 pages, avec portrait.

« Recueil de pièces que j'ai mises en ordre et publiées avec une courte introduction historique sous le titre d'*Avant-propos* » (28 janvier 1874). M. de Champgrand y fait la biographie de son neveu Anatole de Bengy, troisième des quatorze enfants de M. Philippe de Bengy, président de Chambre à la Cour royale de Bourges, démissionnaire en 1830. »

Les pièces éditées sont : 1. Une excursion dans les Ardennes, pendant la guerre de 1870, racontée jour par jour à M. le Comte Aymar de Foucauld ; 2. Petit recueil des Lettres d'un aumônier militaire, envoyées par ballons montés pendant le siège de Paris ; 3. Funérailles du commandant de Dampierre ; 4. Service pour les soldats des bataillons de l'Indre et du Puy-de-Dôme ; 5. Lettre à M. le Comte de Flavi-

gny, par le R. P. An. de Bengy ; 6. Choix de Lettres reçues pendant
la guerre de 1870.

« Livre excellent, dit la *Bibliographie Catholique* (tom. XLIV, p. 420,
421), livre à lire et à répandre », et que devra consulter « l'historien
appelé à retracer le tableau général de nos malheurs dans ces deux
funestes années. »

VIII. *La dévotion aux Saints Anges, par un prêtre de Saint-Sulpice ;*
Tours, Cattier, libraire-éditeur, 1873, in-32 de XII-184 pages.

« Je vois dans la notice sur M. de Vaugimois (1) qu'il a composé :
La Dévotion aux Saints Anges ; je ne me doutais pas que je lui volais
son titre, et si j'avais eu son ouvrage, je lui aurais bien volé autre
chose, sans craindre l'accusation de plagiat. » (16 mars 1879.)

Composé pour les associés d'une confrérie établie en 1872 à Bourges,
dans l'église de Saint-Pierre-le-Guillard, mais convenant « indistinc-
tement à toutes les âmes pieuses qui désirent connaître et honorer
les Saints Anges », ce petit livre est divisé en deux parties, l'une
d'instruction, contenant des notions sur les Esprits bienheureux,
l'autre de pratique, renfermant un certain nombre de prières vocales
et quelques sujets de méditation. « C'est une misère », écrivait le
modeste auteur. Cependant Mgr l'Archevêque de Bourges, dans son
Approbation, avait jugé l'opuscule « pieux, solide, substantiel », et il
parut « très recommandable » aux critiques du *Polybiblion* (tome XIII,
p. 99, 100).

IX. *Guide de l'Etranger dans la ville de Bourges ; troisième édition,
revue, corrigée et augmentée ;* Bourges, librairie de J. David, 1874,
in-12 de 148 pages.

« Le *Guide de l'Etranger* a paru pour la première fois en 1848 ; la
deuxième édition est de 1855, et n'avait que 90 pages. Je n'ai eu
aucune part, ni à l'une, ni à l'autre. Les auteurs étaient MM. le baron

(1) A la suite de l'ouvrage intitulé : *Vie, Ecrits et Correspondance littéraire de
Laurent-Josse Le Clerc ;* Paris, Jules Vic, 1878, in-8°, pag. 329 et suiv. A l'occasion
de ce livre, qu'il nous soit permis encore de citer le passage de cette même
lettre où M. de Champgrand exprime ses sentiments « sur le héros de l'ouvrage
et sur les personnages avec lesquels il a été en rapport. Quelques-uns de ces
derniers ont bien des petitesses, Bouhier, par exemple, Marais et autres ; mais
ce mauvais côté de l'homme est quelquefois bon à envisager ; on apprend par
là à se défier de soi et des mauvais instincts de la nature déchue. M. Le Clerc,
lui, n'a pas à se reprocher ces petitesses ; il est droit, franc, naïf ; il cherche la
vérité et pratique la charité : voilà comme il faut être. »

de Girardot, secrétaire de la Préfecture, et Hippolyte Boyer, sous-archiviste. M. Vermeil, libraire, qui avait fait composer ce livret, m'a prié de revoir une troisième édition qu'il en voulait donner. J'ai conservé la *Notice historique sur la ville de Bourges* (pag. 9-32), en la corrigeant au point de vue religieux et politique ; le reste a été *à peu près* entièrement refait » (20 novembre 1874).

X. *Notice sur la Chapelle de Notre-Dame de Liesse et Consolation à Maubranche, paroisse de Moulins-sur-Yèvre, près Bourges;* Bourges, typographie E. Pigelet, 1874, in-8° de 31 pages, avec quatre planches, — Bien que le titre soit anonyme, l'auteur signe cependant à la fin de l'ouvrage : F. LABBE DE CH....., *P. S. S.*

Maubranche était un lieu de pèlerinage, fréquenté dès le XVIIe siècle, mais tombé depuis la Révolution. La chapelle fut reconstruite en 1873.

XI. *Abrégé de l'histoire du Couvent des Frères-Prêcheurs de la ville de Bourges, en Berry, par F. Antoine Gevry, docteur en théologie, religieux du même couvent à Bourges, le* XXV *janvier* MDCLXXXXVI ; Bourges, imprimerie de A. Jollet, H. Sire, successeur, 1877, in-8° de XVI-316 pages. D'après la *Semaine religieuse* du Berry, qui l'annonça et le recommanda à ses lecteurs, cet attrayant volume « n'a été tiré qu'à trois cents exemplaires. »

« Ce petit trésor, dit M. de Champgrand dans l'*Avant-propos,* est tombé entre nos mains par un hasard tout providentiel. En recueillant quelques notes sur les Dominicains de Bourges, nous avions constaté l'existence d'un précieux manuscrit de l'un deux sur l'histoire de leur couvent dans cette ville. Malheureusement, malgré tous nos efforts, nous n'avions pu le découvrir, et nous avions perdu tout espoir, lorsqu'un ami éclairé des antiquités berruyères, chercheur infatigable, M. de Laugardière, conseiller à la Cour, nous apprit que ce trésor était enfermé à la Bibliothèque impériale de Saint-Pétersbourg... Grâce à une puissante intervention auprès de M. de Novossiltzoff, écuyer de Sa Majesté l'Empereur de Russie, nous avons pu nous procurer une copie exacte et fidèle de ce manuscrit (1). C'est

(1) « Le frère de ma nièce par alliance, M. de Novossiltzoff, a fait faire du manuscrit une copie servile, où tout est représenté, même les ratures, et où l'écriture est imitée presque comme elle le serait dans un calque. Je vais la faire transcrire pour l'impression, et je déposerai la copie venue de Russie à la bibliothèque de la ville. Dites si ce n'est pas là une bonne fortune bibliographique ? » (14 juin 1875.)

cette copie que nous publions. Il n'y a, en cela, de notre part, ni spéculation ni commerce : nous n'avons d'autre pensée que de faire connaître un travail qui intéresse l'histoire religieuse du Berry, et, en particulier, la ville de Bourges (p. V-VII). « Le modeste éditeur eût été dispensé d'écrire cette dernière phrase, s'il avait mis son nom à la première page du livre.

Quant à l'auteur de l'ouvrage, voici en quels termes il parle de lui-même et de son frère, né, comme lui, à Ménétréol-sous-Sancerre, à dix lieues de Bourges, le 8 février 1639 : « Les PP. Estienne et Antoine Gevry, frères gémeaux, ont pris tous deux l'habit de Saint-Dominique pour Bourges dans notre maison de Mâcon, où ils firent aussi leur noviciat et ensuite leur profession ensemble, le 7 du mois de mars 1656, sous le P. Gouilloux, docteur en théologie, prieur. Ils ont reçu tous les ordres ensemble et d'un même Évêque, et le bonnet de Docteur cinq mois l'un après l'autre, l'an 1676. Ils ont été presque toujours prieurs en même temps en différents couvents, à Bourges, à Vienne, à Angers. Ils se ressemblent si fort d'humeur, de taille, de visage, de parole et de voix, que souvent on y est trompé, les prenant l'un pour l'autre. Enfin, il ne leur reste plus que d'aller au ciel ensemble : *Faxit Deus* » (p. 187, 188).

XII. *Notice sur le P. Berthier, d'après son Éloge historique prononcé à Bourges par M. de Montjoye* (Imprimerie royale, 1817, in-8º de XVI-208 p.); Bourges, imprimerie Marguerith-Dupré, 1879, in-8º de 55 pages.

« En transformant en notice l'éloge que l'on a suivi pas à pas, on a fait certains retranchements et modifié en plusieurs endroits le style de l'auteur. » *(Note imprimée au verso du titre.)* « J'ai cru que mes compatriotes me sauraient gré de ne pas laisser l'*Éloge historique* devenir la pâture des rats et des vers, et qu'ils ne seraient pas fâchés qu'on le leur servît de nouveau, sous une autre forme, après plus de soixante ans. » (30 novembre 1879.)

XIII. *Pietas Seminarii Sancti Sulpitii, auctore Joanne Jacobo Olier, Seminarii ac Societatis Presbyterorum S^{ti} Sulpitii vulgo nuncupatorum, institutore; opusculum ad fidem autographi Oleriani restituit, explanatione perpetuâ et notis auxit Ferd. Labbe de Champgrand, Bituricus, Societatis S^{ti} Sulpitii presbyter; accedit elucidatio orationis* O Jesu vivens in Maria; Biturigibus, ex officina Hippoliti Sire, 1879, in-18 de XXIV-412 pages.

L'auteur n'avait d'abord entrepris ce travail que pour son édification personnelle, mais il fut engagé par M. le Supérieur de la Compagnie de S. Sulpice à le disposer de façon à en faire profiter tous les membres. A ce sujet, il écrivait au Supérieur général en ces termes : « J'ai toujours aimé le *Pietas Seminarii,* parce que j'y trouvais l'expression des pensées si hautes et si surnaturelles de notre vénéré fondateur, sur l'éminente sainteté à laquelle doivent aspirer les membres de la Compagnie qu'il a fondée. Il me semblait que rien n'était plus à souhaiter pour raviver l'esprit primitif parmi nous, que de lire et de méditer sans cesse un opuscule où M. Olier lui-même nous enseignait en quoi il fallait faire consister notre piété, et les moyens que nous devions prendre pour arriver, chacun selon la mesure de sa grâce, à ce but sublime : *Vivere summe Deo in Christo Jesu Domino Nostro.* — Ce petit livre me paraissait être pour nous, à peu près, ce que le livre des *Exercices Spirituels* de S. Ignace est pour les Jésuites; c'est-à-dire la source où ils viennent incessamment se retremper dans l'esprit de leur vocation. Le P. Roothaan ne crut pas pouvoir faire une œuvre plus utile à sa compagnie, que de donner des *Exercices* une édition nouvelle, traduite sur l'original espagnol, et annotée avec une connaissance profonde des voies intérieures. C'est quelque chose dans ce genre-là que j'aurais voulu faire, si j'avais pu. Jusqu'à quel point ai-je réussi à faire quelque chose d'utile, quoique beaucoup moins parfait, c'est ce que d'autres seuls peuvent juger. »

La lettre circulaire, d'où nous tirons ces paroles, continue ainsi : « Nous dûmes faire à l'auteur quelques observations sur son travail; il les reçut avec la plus édifiante simplicité, et fit sans hésiter les modifications qui lui avaient été indiquées (1). Il craignit un jour de n'avoir pas adhéré avec assez de docilité à ce que je lui avais proposé; il s'empressa de réparer ainsi cette faute, bien légère sans doute, si faute il y avait. « La lettre que j'ai eu l'honneur de vous écrire ce matin n'a pas été plus tôt partie, que j'ai eu quelque regret de l'avoir écrite,

---

(1) « C'est bien mon intention d'ajouter à mon commentaire des pièces justificatives, mais non de les insérer dans mon propre travail, si ce n'est par des chiffres ou des lettres qui renverront à la fin du volume; cette méthode me paraît plus convenable; par là j'éviterai l'insertion de citations françaises dans un texte écrit en latin et je rendrai la marche de ce dernier plus dégagée. » Voilà ce que M. de Champgrand nous écrivait le 7 février 1878 ; mais, par déférence aux observations qui lui avaient été faites, il ne renvoya pas à la fin du volume les citations désirées : elles furent mises à la suite de chaque chapitre du paragraphe, sous forme de notes, et imprimées en caractères différents.

dans la crainte d'y avoir dit des choses que je ne devais ni dire ni penser. Peut-être ai-je témoigné une attache à mon sens que le propre esprit dont nous devons faire litière et qu'il faut détester et poursuivre comme une peste, m'aura suggérée. Je serais bien malheureux s'il en était ainsi, puisque j'aurais travaillé pour le démon en pensant travailler pour la gloire de Notre-Seigneur. » Il s'en rapporta donc entièrement à ce que nous lui avions dit. Quand tout fut terminé, il m'écrivit : « Enfin, mon petit travail sur le *Pietas* et sur la prière *O Jesu* est terminé !... Il ne me reste qu'à vous l'offrir comme un témoignage de ma très vive affection pour notre vénéré Père, M. Olier, et pour la Compagnie de Saint-Sulpice à laquelle j'ai le bonheur d'appartenir, ce qui fait la consolation de ma vieillesse. J'ai voulu rendre service à mes confrères bien-aimés ; mais je crains d'avoir fait acte de présomption et même d'hypocrisie en écrivant sur la vie parfaite, moi qui n'en pratique pas même les premiers éléments. »

Le livre est dédié à la T. S. Vierge et à S. Joseph menant avec Jésus à Nazareth une vie cachée en Dieu. A cet acte de religion, M. de Champgrand, en fidèle imitateur de M. Olier, ajouta celui de faire offrir à la Sainte Vierge les prémices de son travail. Voici en quels termes il chargeait le directeur de la Solitude de cette agréable et sainte mission : « Je vous envoie le premier exemplaire de mon petit livre dont enfin l'impression est terminée, afin que vous soyez assez bon pour l'offrir à la Très Sainte Vierge dans sa chapelle de Lorette, en lui demandant que cet avorton puisse faire du bien tant à celui qui l'a conçu qu'à ceux qui en feront usage. » (17 juillet 1879).

Dans la pensée du pieux commentateur, ceux qui devaient en faire usage étaient à peu près exclusivement les membres et les novices de la Compagnie, auxquels furent envoyés gratuitement les 500 ou 600 exemplaires qui formèrent toute l'édition, sans qu'il en ait été mis dans le commerce. « Il me semble, nous disait gracieusement l'auteur, qu'en distribuant *gratis* mon papier noirci à tous mes confrères, j'ai pris le meilleur moyen d'écouler promptement l'édition. » (5 juillet 1879.) — « Hélas ! disait-il encore, quand vous verrez cette misère, vous rirez de moi ; mais enfin si j'ai pu contribuer à faire lire davantage l'opuscule de M. Olier, *abeat quò libuerit* la réputation du soi-disant commentateur » (16 mars 1879.)

XIV. *Le P. Joseph Labbe, S. J., missionnaire en Chine* (1677-1745), *par F. Labbe de Champgrand, prêtre de S. S., membre du comité d'His-*

toire et d'Archéologie du diocèse de Bourges; Bourges, imprimerie
Marguerith-Dupré, 1880, in-8° de XI-89 pages, dédié *A la mémoire de
Mgr de La Tour-d'Auvergne-Lauraguais, archevêque de Bourges, fondateur du Comité diocésain d'Histoire et d'Archéologie.* La préface est
adressée aux membres du même comité.

Excellente biographie, dont l'auteur parle néanmoins avec sa modestie ordinaire : « Je ne sais si mon P. Joseph Labbe vous aura offert
quelque petit intérêt; j'espère au moins que vous en aurez retiré de
l'édification, malgré la rareté des documents dont j'ai pu disposer.
Quoi qu'il en soit, ce saint homme est *exhumé,* car il était enterré
très profondément depuis sa mort qui remonte à plus d'un siècle. »
(4 juin 1880.)

XV. *Récit authentique d'une conversion mémorable;* Bourges, C. Tri-
pault, 1881, in-16 de 208 pages.

« Le présent opuscule n'est qu'une simple reproduction de différentes pièces relatives à la conversion de M. Alph. Ratisbonne. Cet
événement miraculeux eut, en 1842, un grand retentissement dans le
monde et y produisit de très heureux effets. Le désir d'en raviver et
d'en perpétuer la mémoire, nous a porté à réunir dans un même
volume la relation publiée à Rome par M. Bussierre, témoin de tout
ce qui se passa alors, la lettre où le converti lui-même raconte ce qui
lui est arrivé, et quelques autres documents demeurés épars jusqu'ici... Les âmes pieuses, nous n'en doutons pas, sentiront, à cette
lecture, se ranimer leur dévotion et leur confiance envers la Très
Sainte Vierge; et nous aimons à espérer que les cœurs éloignés de
Dieu, touchés eux-mêmes, en lisant ce récit, éprouveront le besoin
et le désir de se rapprocher de celui qui offre avec amour le pardon
et la grâce aux pécheurs repentants. C'est le plus ardent de nos
vœux. » *(Avertissement.)*

Ces lignes sont les dernières que M. de Champgrand ait livrées à la
publicité (il mourut le 18 janvier, et le *permis d'imprimer* est du 1er
du même mois). Son *Testament spirituel,* cité par M. de Quincerot
dans son *Éloge funèbre (Courrier de Berry,* du 26 janvier 1881), a été
reproduit par la *Revue Catholique de Bordeaux.*

XVI. M. de Champgrand avait encore commencé plusieurs autres
travaux que, pour diverses raisons, il n'a pu terminer.

I. Lorsqu'il était à Bordeaux, il avait réuni les matériaux d'une his-

toire des Capucins de cette ville, dont l'ancien couvent est aujour-
d'hui le Grand-Séminaire. « J'avais analysé, dit-il, et quelquefois
transcrit les pièces composant le fonds des Capucins aux archives de
Bordeaux ; il y avait des matériaux pour une petite histoire de ces
bons religieux depuis leur fondation jusqu'à leur suppression. J'ai
confié, il y a quelques années, ce cahier à un prêtre bordelais dont je
ne me rappelle plus le nom, afin qu'il le remît à M. C., lequel, après y
avoir puisé des renseignements, l'aurait remis au Séminaire ; et mon
cher cahier n'est jamais arrivé à sa destination, sans que je sache à
qui le réclamer ! Dites-moi si ce n'est pas cruel » (20 novembre 1874).

2. Pour son édification personnelle et un peu aussi avec l'espoir
d'être utile à d'autres, M. de Champgrand avait entrepris de mettre
sous forme de *Méditations* la *Vie intérieure de la T. S. Vierge, recueillie des écrits de M. Olier.* Presque tout le travail de M. Faillon y était
reproduit quant au *texte* de l'ouvrage.

3. En février 1872, M. de Champgrand travaillait, « depuis plusieurs
mois, à préparer pour M. Vivès une nouvelle édition de l'ouvrage du
P. Acosta, jésuite, *De Christo revelato libri IX.* La vérification, dans
les sources, de toutes les citations, ajoutait-il, m'absorbe beaucoup de
temps ; et puis je me laisse entraîner par les belles choses que je rencontre, chemin faisant, dans les ouvrages des Pères. » Noble et sédui-
sante tentation ! Heureux celui qui peut y succomber souvent !

4. M. de Champgrand préparait aussi une biographie de son grand-
oncle, le P. Philippe Labbe, de la Compagnie de Jésus. A cette fin, il
avait réuni, et nous savons qu'on lui avait fourni bien des matériaux.
Entre autres documents inédits, il possédait la copie d'une « lettre
très précieuse, écrite par le P. Agar de Champs, contenant les détails
les plus édifiants sur la mort du P. Labbe, décédé de la veille » (9 juin
1874). Comme il était aussi possesseur d'une lettre autographe et également inédite de D. Thierri Ruinart « sur la mort du saint Dom Jean
Mabillon, » M. de Champgrand eut d'abord l'idée de rapprocher, dans
un même ouvrage et sous forme de *parallèle,* les deux récits et les
deux savants qui en étaient l'objet. Cinq ans après, ce projet fut abandonné. « Décidément, écrit-il le 5 juillet 1879, l'idée que j'avais conçue
d'abord de faire un parallèle entre le P. Labbe et le P. Mabillon ne me
paraît plus heureuse ; cela romprait l'unité qui doit régner dans un
ouvrage bio-bibliographique. Si jamais *je mets au jour mon grand oncle,* il viendra au monde *seul;* tout au plus pourrai-je faire suivre sa

biographie d'une notice courte sur un de ses petits neveux, mort à Monaco en 1745, après avoir passé trente-cinq ans de sa vie dans l'exercice des missions ». On sait que le « petit-neveu » a vu le « jour seul », avant son grand-oncle... qui ne le verra peut-être jamais.

Comme compensation à cette perte, nous pouvons, grâce à une aimable bienveillance, donner ici le texte de la lettre du P. Agar des Champs. Elle est inédite et intéressante; elle parle du plus célèbre des parents de notre auteur; elle est d'un de ses compatriotes (1), membre d'une famille alliée à la sienne; à tous ces titres, elle ne paraîtra pas trop déplacée dans cette notice. L'original est conservé au collège des jésuites de Poitiers; en voici la copie fidèle :

« A Paris, ce 18 mars 1667,

« *Pax Christi,*

« C'est avec bien de la douleur que j'écris celle cy à V. R. pour luy donner avis de la grande perte que notre Compagnie et l'Eglise mesme a faite en la mort du R. P. Philippe Labbe, quy arriva hier sur les cinq heures du soir, dans la soixantiesme année de son âge, et la 44° de son entrée dans la Compagnie. Il nous a donné dans sa vie et dans sa mort un parfait modèle d'un excellent jésuite. Car, durant sa vie, il a su joindre une très-grande doctrine avec une très-profonde humilité, et une prodigieuse application à l'estude avec une rare piété, une exactitude très-parfaite dans tous les exercices de la religion et un zèle ardent et industrieux pour porter nos escholiers à la vertu. Pour sa mort, il a fait paroistre une généreuse résignation à la volonté de Dieu, une joye incroyable de mourir dans l'Eglise et dans la Compagnie, une patience invincible dans les ardeurs d'une fièvre continue de 58 jours, et une dévotion très-tendre, particulièrement au S. Sacrement, à Notre-Dame et à S. François Xavier; de laquelle il nous donnoit mesme des marques dans les délires que lui causoit (*sic*), de temps en temps, les plus fâcheux redoublements de son mal, parlant, en cet état, presque toujours de Dieu, et tâchant de faire des actes d'amour et d'autres vertus. La cause mesme de sa mort nous paroît saincte : car nous attribuons sa maladie aux travaux extraordinaires que son zèle luy a fait entreprendre pour une nouvelle et beau-

(1) Etienne de Champs naquit à Bourges, le 11 septembre 1613, et mourut à La Flèche, le 31 juillet 1701, âgé de 88 ans. Voir sa vie détaillée par le P. Souciet, en tête du *De hæresi Janseniana* de l'édition donnée à Paris, en 1728, in-folio.

coup plus ample édition des Conciles, à laquelle il travaillait depuis quatre ans, et dont il avoit déjà imprimé 12 volumes (1). Sa perte a été très sensible à tous ceux qui le connaissoient, parce qu'il n'avoit pas moins gagné leur amitié par son humeur douce et obligeante, que leur estime par sa doctrine et par sa vertu. Je supplie V. R. de luy procurer les suffrages ordinaires de la Compagnie, et de se souvenir en ses S. S. Sacrifices, de celuy qui est de tout son cœur,

« Mon Révérend Père,
de V. R. le très-humble et très-obéissant
serviteur en N. S.,

« E. DE CHAMPS.

(La suscription porte)

« *Au Révérend Père*
Le Révérend Père Benoist,
Recteur du collège de la
Compagnie de Jésus
A la Flèche. »

5. Un autre ouvrage plus important que la Vie du P. Philippe Labbe devait, lui aussi, rester inachevé, *opus imperfectum!* L'auteur nous écrivait le 20 novembre 1879 : « Après le *Pietas Seminarii S. Sulpitii*, viendrait assez naturellement le *Catéchisme chrétien pour la vie intérieure* de M. Olier, dont bien des gens voudraient une explication. Notre-Seigneur me donnera-t-il lumière et grâce, avec temps et santé, pour faire cette entreprise et la mener à chef? Lui seul le sait. Je tâcherai cependant de mordre à cette besogne qui, du moins, pourra m'être utile à moi-même. Dans ma pensée, chaque *leçon* serait d'abord expliquée d'une manière suivie, brièvement et clairement ; puis, dans une seconde partie, elle serait confirmée par des citations de passages analogues pris dans les autres œuvres de M. Olier et dans les écrivains ascétiques les plus autorisés. Je réclame vos prières à cette intention. » Le travail fut en effet commencé sur ce plan, et l'auteur en était à la XVI° leçon de la première partie du *Catéchisme,* lorsque la mort est venue le surprendre.

6. Depuis le mois de juillet 1880, M. de Champgrand préparait aussi, sur la prière et d'après les observations de M. le Supérieur de Saint-

(1) Lorsque le P. Labbe mourut, on avait imprimé les tomes 1-8, 12-15, et le commencement des tomes 9 et 10. Le P. Cossart termina l'ouvrage qui forme 19 volumes in-folio.

Sulpice, une seconde édition plus complète de son commentaire du *Pietas Seminarii.*

7. Enfin, pour achever l'énumération des services rendus par M. de Champgrand à la « république des lettres », nous dirons qu'il a provoqué une nouvelle édition des *Lettres* de M. Olier, plus complète que les précédentes, dans laquelle on fait, autant que possible, connaître leurs dates et les différents personnages auxquels elles sont adressées (1). Le 13 décembre 1880, un peu plus d'un mois avant sa mort, M. de Champgrand écrivait à un de ses anciens confrères de Solitude : « Je suis très reconnaissant à M. Tronson d'avoir publié le recueil que nous avons ; mais quel dommage qu'il ait supprimé les dates et les autres détails qui auraient pu mettre sur la voie pour découvrir le nom des correspondants ! Comment le découvrir maintenant sans aucun élément indicateur? Le bon Dieu vous ayant donné grâce pour continuer les travaux de M. Faillon, qui ont été si utiles à la Compagnie, ne négligez rien pour sauver du naufrage ce qui nous reste de notre vénéré Père et des premiers temps de notre institut. C'est ce dont je prends la liberté de vous prier avec instance. »

Nous ne saurions mieux terminer cette notice bibliographique que par les premières paroles de la correspondance littéraire qui nous a fourni tant de jolis traits : « Vous me touchez à un endroit sensible en me parlant de *bibliographie,* mais je ne suis qu'un pygmée. Quoi qu'il en soit, je ferai mon possible pour vous satisfaire..... Les grands Ordres religieux ont leur histoire littéraire, rien de mieux ; les auteurs de ces *Bibliothèques* ont pu faire des in-folios avec les noms et les titres des ouvrages composés par les membres de leur institut. Mais nous, pauvres petits Sulpiciens, nous n'avons fait que bien peu d'*impression* en ce monde. Puissions-nous avoir *imprimé* profondément Notre-Seigneur dans les âmes des prêtres que nous avons travaillé à former, après l'avoir *imprimé* d'abord en nous-mêmes ! Oh ! quels beaux livres nous aurions faits là ! »

Oh ! quel excellent et parfait *bibliographe,* nous écrierons-nous à notre tour ; quel humble et aimable saint !

---

(1) *Lettres de M. Olier, fondateur du Séminaire de Saint-Sulpice; nouvelle édition, revue sur les autographes, considérablement augmentée, accompagnée de notes biographiques et précédée d'un abrégé de la vie de M. Olier;* Paris, Lecoffre, 1885, 2 vol. in-8° de XV-609 et 686 pages.

XXVII

ADDITIONS

A L'OUVRAGE INTITULÉ :

Vie, écrits et correspondance de Laurent Josse Le Clerc.

Depuis la publication de ce volume en l'année 1878, on a découvert ou révélé quelques manuscrits de Laurent Josse Le Clerc et quelques lettres faisant partie de sa correspondance, qui, pour des raisons diverses, avaient échappé aux recherches consciencieuses de l'auteur.

Outre l'Abrégé de la vie et le Catalogue des ouvrages de Sébastien Le Clerc qui font l'objet de l'article suivant, le P. Ingold, de l'Oratoire, a encore trouvé, dans la bibliothèque du séminaire de Saint-Sulpice de Paris, cinq cahiers autographes, formant un total d'environ 1,400 pages in-folio. L'écrit a pour titre : *Lettre d'un estudiant en théologie au séminaire d'Orléans, à M. le Curé de... où il luy rend compte des cahiers dictés par M. Le Clerc, licencié de Sorbonne, contre le P. Quesnel.* Comme les questions qui y sont traitées offrent aujourd'hui fort peu d'intérêt, je me bornerai à citer le début de ce travail.

« Je vous envoie, Monsieur, les éclaircissements que vous me demandez sur le fait de M. Le Clerc, licencié de Sorbonne et professeur dans le séminaire de Mgr l'Évêque d'Orléans. On vous a écrit que ce professeur avoit réduit ses écoliers au *catéchisme*, et qu'il leur *en dictoit un sur la Constitution Unigenitus.* Bien des gens, vous dit-on, y trouvent à redire, et ne peuvent surtout approuver qu'il le dicte en françois. On ajoute même, à ce que vous me marquez, que la méthode de M. Le Clerc déplaît à beaucoup d'honnêtes gens qui avoient jusque-là eu de l'estime pour lui. Tout cela, me demandez-vous, est-il vrai ?

« Oui, Monsieur, il est vrai que M. Le Clerc, après s'être contenté pendant un temps d'expliquer de vive voix la Constitution, et de faire

27

voir tout le venin des cent une propositions du P. Quesnel, s'est cru
enfin obligé d'en donner quelque chose par écrit. Il a intitulé son
ouvrage : *Questions historiques sur le Nouveau Testament du P. Ques-*
nel. C'est, apparemment, ce qui a donné lieu de dire que c'étoit « un
catéchisme ». Je ne prétends point contester sur cette expression,
mais j'espère aussi que vous avouerez bientôt que c'est un *catéchisme*
renforcé. M. Le Clerc n'a pas mis ses questions en latin, pour les
mêmes raisons qui engagèrent, il y a cinquante ans, le P. Thomassin
à dicter, au séminaire de Saint-Magloire, ses *Mémoires sur la Grâce*
en françois. Du latin eût été moins lu, et le *Catéchisme* n'eût pu être
communiqué à beaucoup de personnes; et c'est apparemment ce
qu'eussent souhaité ces *honnêtes gens,* qui sont choqués de ce qu'on
dicte, dans une école publique de théologie, les matières du temps
en françois. Si ces Messieurs ont beaucoup rabattu, à cette occasion,
de l'estime qu'ils avoient pour le professeur, ce n'est pas une chose
fort surprenante. Le *Catéchisme* de M. Le Clerc est un peu vigoureux :
c'en est assez; on cesse bientôt d'être homme de probité et de savoir,
dans l'esprit de certaines gens, dès qu'on se déclare contre le jansénisme. Je n'en dis pas davantage, de peur que vous ne pensiez peut-
être, Monsieur, que je veux vous prévenir en faveur de l'ouvrage. Je
vais vous en abréger quelques questions : vous en porterez le jugement
qu'il vous plaira. »

La bibliothèque du Palais-des-Arts de la ville de Lyon, recélait également plusieurs fragments de la correspondance de M. Le Clerc, qui
avaient autrefois fait partie de la collection Bouhier. En 1882, ils ont
été rendus à la Bibliothèque Nationale (1). Nous y trouvons la première lettre du président Bouhier à M. Le Clerc. C'est la réponse à la
grande lettre (2) que celui-ci lui avait écrite, et qui contenait, en
quelque sorte, sa confession littéraire générale.

« Dijon, 17 mars 1725.

« S'il m'avoit été possible, Monsieur, de trouver à acheter quelque
part vos *Remarques sur Moréri,* je n'aurois pas pris la liberté de vous

---

(1) Manuscrits, *Fonds français,* Nouvelles acquisitions, n° 1211 et 4800. Pour
ce qui concerne l'origine et l'histoire de la translation de ces lettres à Paris, Cf.
Manuscrits de la Bibliothèque de Lyon provenant des collections de l'abbé Nicaise et du
président Bouhier; Rapport par M. E. Caillemer, Doyen de la Faculté de Droit, Président
du Comité; Lyon, Imprimerie Mougin-Rusand, 1881, in-8° de 27 pages.
(2) *Vie, écrits et correspondance de L. J. Le Clerc;* Paris, 1878, in-8°, p. 121.

en faire demander un exemplaire. J'aurois pourtant eu sujet de m'en repentir, puisque cela m'a fourni une occasion de lier commerce avec une personne de votre mérite. Il y a déjà plusieurs années que votre réputation m'étoit connue. Mais, l'été dernier, étant à Paris, deux de mes intimes amis, MM. de La Monnoye et Marais, me dirent tant de bien de votre ouvrage, que je résolus de l'avoir à quelque prix que ce fût. Je me trouve très heureux que vous ayez été en état de contenter ma curiosité. Quoique je n'aye pu encore que parcourir légèrement vos trois volumes, j'y trouve une si prodigieuse quantité de recherches et une si grande exactitude, que j'ai peine à comprendre comment, au milieu de tant de devoirs et d'occupations, vous avez pu trouver le temps pour cette besogne. Il faudroit même être dans une grande bibliothèque et au milieu de Paris pour pouvoir recourir aux sources, sans quoi on ne peut s'empêcher de faire une infinité de méprises en ces sortes de matières. Puisque vous avez donné tous vos mémoires à Coignard, il y a lieu d'espérer que sa nouvelle édition du Moréri sera infiniment meilleure que les précédentes. Cela me donne quelque regret de n'avoir pas souscrit pour l'avoir. Mais on m'en dégoûta, en me faisant entendre qu'on en retouchoit tous les articles des écrivains de Port-Royal et quelques autres. Il y a apparence que c'est faux. Mais il est désormais trop tard pour souscrire. Quoique je n'aie jamais songé à travailler sur cet auteur, je n'ai pas laissé de remarquer en marge de mon exemplaire bien des petites choses qui pourroient servir aux éditeurs, si j'avois le temps de les mettre au net. Mais après vous, on ne peut guère que glaner, quoique cet ouvrage est de nature à ne pouvoir atteindre de long temps à la perfection.

« Je n'ai jamais vu la *Discussion critique*, etc., qui a été imprimée contre votre ouvrage, et je doute que le bon bénédictin fût assez fort pour lutter contre vous. Mais D. Jean Liron fait-il quelque usage de vos observations sur la *Bibliothèque Chartraine* ? Peut-être veut-il fondre son ouvrage dans la grande Bibliothèque des auteurs françois, qu'on dit que promettent ses confrères, et qui pourroit bien ne paroître jamais. Ils feroient mieux de la faire imprimer par provinces. Quoiqu'il en soit, cette promesse pourroit bien nous faire perdre le travail du pauvre M. de La Monnoye sur les *Bibliothèques* de La Croix du Maine et Du Verdier, qu'il étoit prêt à mettre sous la presse dès l'été dernier. Mais les libraires craignent de s'engager à cette nouvelle édition par la raison que je viens de vous marquer.

« Il me semble avoir vu dans un *Mercure* la lettre du prétendu Melchior Duplex contre D. Jean Liron, et je me souviens d'y avoir vu des recherches curieuses sur Regnier le satyrique. Pouvons-nous espérer de voir bientôt la Bibliothèque des écrivains orléanais par cet auteur et celle de ceux du Berry par D. Merry ? Car je m'imagine que, quoique ce dernier soit mort, ses papiers n'auront pas été perdus.

« Puisqu'il ne vous faut que le catalogue des ouvrages du P. Labbe pour achever la dissertation que vous avez commencée sur son chapitre, je l'ai emprunté d'un de mes amis pour vous l'envoyer, charmé de trouver cette petite occasion d'aider vos recherches. Vous aurez la bonté de le remettre à M. l'abbé Tricaud pour me le faire tenir, quand vous n'en aurez plus besoin.

« J'y joins ce que le P. de Montfaucon et moi avons écrit sur les Thérapeutes, cet abbé m'ayant mandé que vous souhaitiez de l'avoir. C'est une foible reconnoissance de tout ce que je vous dois : mais j'espère qu'il se pourra trouver d'autres occasions plus considérables de vous marquer combien je suis sensible à votre politesse.

« J'oubliois de vous dire que si vous faites imprimer votre-dissertatation sur le P. Labbe, comme je vous y exhorte, vous feriez bien d'y joindre un catalogue complet de ses ouvrages.

« Le plan du *Plagiat littéraire* me paroît d'une furieuse étendue, mais personne ne seroit plus capable que vous d'en venir à bout. Ne vous rebutez point. Peut-être pourrai-je vous fournir quelques articles.

« La critique littéraire de Bayle faite par un homme aussi exact que vous l'êtes, seroit aussi très bien reçue du public. Vous pourriez la faire tenir à Fabry et Barillot de Genève, que cela pourroit engager à donner une nouvelle édition du Dictionnaire de cet auteur.

« M. de La Monnoye ne fera jamais usage de vos remarques sur son édition des *Jugemens* de Baillet, non plus que des miennes, que je lui ai communiquées. Il ne songe point à faire imprimer cet ouvrage, qui n'a pas eu tout le succès qu'il méritoit.

« Ne seriez-vous pas tenté de travailler à une Bibliothèque des Auteurs du Lyonnois ? Le séjour que vous faites à Lyon devroit vous y inviter. A la tête d'une édition de notre *Coutume*, qui parut en 1717, j'ai mis ce que je savois de la vie et des ouvrages de Claude Rabys, lyonnois, qui a travaillé sur cette Coutume. Mais je ne doute pas que je n'aye omis bien des choses, faute de bons mémoires. Si vous en

avez quelqu'un qui soit plus exact, je vous prie de m'en faire part
pour en enrichir une deuxième édition.

« Si M. l'abbé Papillon n'avoit pas été en campagne, je lui aurois
demandé des nouvelles de M. Guiton, directeur de Saint-Sulpice,
dont vous me parlez. A mon retour, je m'en instruirai et vous mar-
querai ce qu'il m'en aura dit.

« J'ai fort l'honneur d'être des amis de toute la famille de M. Fyot
de Vaugimois, votre supérieur (1); mais je n'ai pas celui de le connoître personnellement. Je sais seulement que c'est un homme de beaucoup de vertu et de mérite.

« S'il y a quelque chose ici pour votre service, disposez de moi et
de toute ma bibliothèque, et soyez persuadé qu'on ne peut être avec
une estime plus parfaite que je le suis, Monsieur, votre très humble
et très obéissant serviteur. — Le P. Bouhier.

« Ne me faites plus d'excuse, s'il vous plait, pour le cérémonial.
Vous pouvez m'écrire désormais comme il vous plaira.

« Au devant de la nouvelle édition du Moréri, ne seroit-il pas à propos de faire une petite histoire critique de cet ouvrage, de ses différentes éditions, et de tous ceux qui y ont travaillé ? Je vous y exhorte
si vous ne l'avez déjà fait ».

L'auteur de la *Vie de Laurent Josse Le Clerc* dit que c'est « plus
probablement à Trévoux » que fut imprimée la *Lettre critique sur le
Dictionnaire de Bayle* (p. 244). L'extrait suivant de la lettre de
M. Le Clerc au président Bouhier, datée du 7 mars 1732, confirme
pleinement cette conjecture.

« Je suis un peu honteux d'avoir été si long temps sans vous donner
de mes nouvelles, et sans vous prier de me faire la grâce de me donner des vôtres. J'ai été fort incommodé depuis la fin de novembre
jusqu'à la fin de janvier, et, qui plus est, *je deviens livre,* pour me servir d'une plaisante expression de Scudéry encore jeune et fanfaron.

(1) Sur M. Claude Fyot de Vaugimois, 4e supérieur du Grand Séminaire de
Lyon, outre la *Notice* qui est à la suite de la *Vie de Laurent Josse Le Clerc* (pag.
329-344), il faut voir les *Notes historiques sur le séminaire Saint-Irénée* (Lyon, 1882,
in-8º, pag. 129-195). Beaucoup plus étendu que le premier biographe sur la *vie*
de M. de Vaugimois parce qu'il a eu à sa disposition des mémoires particuliers,
l'auteur des *Notes* a révélé au public l'existence d'un opuscule de M. de Vaugimois
qui paraît avoir eu pour titre : *Catéchisme pour le jubilé de 1748,* accordé à toute
l'Italie et étendu ensuite à la France par N. S. P. le Pape Benoît XIV (pag.
195).

Ayant appris qu'on faisoit une nouvelle édition de Bayle à Trévoux, la tentation de faire imprimer ma lettre sur ce Dictionnaire m'a pris, et enfin j'y ai succombé. Je l'ai retouchée et presque toute rajustée à mesure que l'imprimeur travailloit dessus de son côté, et cela, avec mes occupations de séminaire que j'ai reprises à la fin de janvier, m'a occupé de telle sorte, que j'ai trop négligé mes meilleurs amis. Je corrigeai hier la treizième feuille qui finit par la 312e page. Je travaille pour les derniers cahiers de ma copie, afin de fournir encore pour cinq à six feuilles, mon dessein étant d'en faire un bon volume in-12 d'environ 450 pages. Quoiqu'il ne reste que cinq à six feuilles à imprimer, je ne crois pas que l'impression finisse avant le mois, parce que l'imprimeur va lentement. Comme cela s'imprime sans privilège, je n'en ai encore rien dit à l'abbé Tricaud, de peur que si le fait venoit à être divulgué, on ne me l'arrêtât en chemin. Pour ce qui est du fond de la lettre, il n'y a pas un mot des controverses du temps, ni quoi que ce soit qui puisse donner sujet de me faire querelle, comme l'abbé Guyot des Fontaines a fait dans son *Nouvelliste de Parnasse,* page 307, où il me savonne à son aise comme un *barbouilleur de papier.* L'heure me presse, et je ne veux pas manquer la poste. Je vous écrirai, Monsieur, plus amplement une autre fois.... Ne mandez point les nouvelles ci-dessus de mon impression. »

Le livre de M. Le Clerc donna à l'imprimeur Ganneau l'idée de s'adresser à lui pour en obtenir les *Remarques* qu'il se proposait d'ajouter à son édition du Dictionnaire de Bayle. « Comme j'allais fermer ma lettre, écrit M. Le Clerc au président Bouhier, le 9 août 1732, M. Chollier, ancien prévôt des marchands de Lyon, et intendant de la principauté de Dombes, est venu au séminaire rendre une visite à M. l'abbé de Vaugimois, et il m'a remis une lettre de M. Ganneau, qui a l'imprimerie de Trévoux. Il me prie de vouloir lui donner mes corrections sur Bayle, Monseigneur le duc du Maine souhaitant que dans le Dictionnaire de Bayle, qu'on imprime à Trévoux, en plus gros caractère que celui de Hollande et en cinq volumes in-folio, dont deux sont imprimés, on mette une douzaine de feuilles de corrections à la fin de chaque volume. Je suis naturellement porté à faire plaisir, tant qu'il est en mon pouvoir, à tout le monde, même à mes dépens. Ainsi, je ne pourrai guère refuser ce qu'il me propose. Je ferai pourtant en sorte qu'il me revienne pour mes pauvres quelque émolument de mon travail. »

Qu'il me soit permis de glaner encore quelques anecdotes biographiques et littéraires dans la partie retrouvée de la correspondance de M. Le Clerc.

« Ce que je sais de M. de Haitze est qu'il est vieux garçon, né, comme il me l'a dit lui-même, en 1656, et qu'il est fâché d'avoir fait les *Moines empruntés* et les *Moines travestis* (1).

» J'ai vu, autrefois, le *Voyage liturgique* du sieur de Moléon. Ce prétendu sieur *de Moléon* est M. Lebrun, fils d'un libraire de Rouen, connu par son édition de S. Paulin (Paris, 1685, 2 vol. in-4°) et par divers autres ouvrages. On l'appelle aussi M. Desmarettes, et c'est le nom sous lequel il étoit connu à Orléans. Le nom de *Mauléon* ou *Moléon* est celui d'un jardinet et d'une petite maison où il demeuroit à Orléans et qui lui appartient. En 1722, il alla demeurer à Nevers, où M. l'Évêque (2), son ancien ami, lui donna une pension de mille livres, dont il lui a assuré la continuation pour toute sa vie. Il a une fort jolie bibliothèque. Il a beaucoup travaillé au bréviaire d'Orléans, et il fait imprimer actuellement, dans la même ville, le nouveau bréviaire de Nevers qu'il a composé. Je l'ai connu à Orléans; il est âgé, au moins, de soixante-quinze ans, et il a travaillé plus de vingt ans sur Lactance, dont il avoit une édition toute prête à être imprimée, il y a plus de cinq ans (3).

» Si vous voulez écrire de Paris à M. de la Perrière, il n'y a simplement qu'à écrire à *M. Perdoulx de la Perrière, cloître Sainte-Croix, à Orléans*. Il a femme et nulle charge, vivant tranquillement de son bien. Il n'a jamais eu qu'un enfant, que sa nourrice étouffa à l'âge de cinq ou six mois, l'ayant mis coucher avec elle. Sa femme est telle qu'il la faut à un savant. Elle n'a pas beaucoup de génie, mais elle est de l'humeur du monde la plus douce, et il vit avec elle comme si elle étoit sa fille. Elle garde la maison et fait tout ce qu'il veut, sans

---

(1) Lettre à l'abbé Papillon du 21 novembre 1726.

(1) Charles Fontaine des Montées, évêque de Nevers du 12 novembre 1719 au 20 février 1740.

(3) Lettre à l'abbé Papillon, du 12 janvier 1727. Cette édition de Lactance fut revue par Lenglet Dufresnoy, qui la publia en 1748, à Paris, en 2 vol. in-4°. A propos de la liturgie d'Orléans, je signalerai ici une lettre sur ce sujet écrite par M. Le Clerc, le 10 septembre 1716, à M. de La Chauvinière qui l'avait consulté touchant les livres liturgiques de ce diocèse (cf. *Vie de Laurent Josse Le Clerc*, pag. 322, note). Cette lettre est à la Bibliothèque Nationale, Manuscrits, Fonds latin, n. 16804, fol. 24.

jamais le contredire, et il a pour elle, de son côté, tous les égards possibles (1).

» J'ai appris, il y a peu de jours, qu'enfin M. de La Monnoye avoit terminé sa carrière, mais je n'ai point su comment. Lorsque, à la mort de sa femme, je lui écrivis que j'avois dit la messe pour elle, il m'en remercia fort chrétiennement. Je n'ai pas manqué de lui rendre le même devoir de piété à lui-même (2). »

Quand M. Le Clerc eut fait paraître la *Bibliothèque du Richelet*, il en fit « relier un exemplaire avec deux feuillets de papier blanc entre chaque feuillet d'impression », pour y mettre ses corrections et additions (3). Qu'était devenu ce précieux exemplaire ? En 1878, tout le monde ignorait encore qu'il était parmi les manuscrits de la bibliothèque du Lycée de Lyon, le *Catalogue* dressé par Delandine n'en faisant aucune mention. Un jour il fut apporté, par hasard, avec les catalogues de l'ancienne bibliothèque, à M. Niepce qui les avait demandés, et c'est par hasard aussi, que le biographe de Laurent Josse Le Clerc apprit de sa bouche cette découverte inattendue. Quelque nombreuses que soient ces notes autographes, je me bornerai à citer celle qui a Varignon pour objet, parce qu'elle contient un fait qui se rapporte à la biographie de M. Le Clerc.

« Pierre Varignon, fils d'un architecte de Caen, y naquit en 1654, y fit ses études et y reçut l'ordre de prêtrise. En 1687, il se fit connaître par son *Projet d'une nouvelle méchanique*, imprimé à Paris, in-4°, et dédié à l'Académie des Sciences, laquelle l'agrégea, en 1688, en qualité de géomètre. La même année, il eut, à l'ouverture du collége Mazarin ou des Quatre-Nations, la place de professeur en mathématique dans ce collége, et, quelques temps après, celle du *Collége royal, où j'ai pris quelques-unes de ses leçons,* en 1694 (4). Après avoir fait la classe à l'ordinaire au collége Mazarin, le 22 décembre 1722, sans être plus incommodé que de coutume d'un rhumatisme placé dans les muscles de la poitrine, qui le tenoit depuis environ deux ans, il mourut subitement la nuit suivante. »

(1) Lettre de M. Le Clerc au président Bouhier, du 6 avril 1727.
(2) Lettre au président Bouhier, du 12 novembre 1628.
(3) *Vie de Laurent Josse Le Clerc*, p. 188, note 1.
(4) Le Collège royal de France, fondé par le roi François Iᵉʳ, était situé place de Cambray, et par conséquent non loin des Gobelins où résidait le père de M. Le Clerc.

A la suite du *Mercure* de février 1737 (p. 272), le biographe de
M. Le Clerc avait placé sa mort au 6 mai 1736 et non au 7, comme
fait la *Biographie universelle* de Michaud. Or, la date du 7 est bien
la vraie, ainsi que le prouve cette lettre écrite, le même jour, au président Bouhier, par « Bisouard, minoré indigne au séminaire de Saint-
Irénée » de Lyon :

« Monsieur, il auroit été de mon devoir de vous remercier plus tôt
de la bonté que vous avez eue de m'honorer de vos recommandations
auprès de M. Le Clerc, notre directeur; mais, considérant ma bassesse
avec votre grandeur, sans, à la vérité, faire attention à votre noble
humanité, que je sais écouter le petit comme le grand, j'ai laissé la
timidité se mêler de la partie, et elle a été victorieuse de ma volonté,
quelque grande qu'elle fût. Mais la nouvelle que la Providence m'offre
aujourd'hui, quoique très lugubre, me rendroit, à ce que je pense,
inexcusable, si je vous en laissois prévenir par d'autres; et c'est,
Monsieur, la mort de M. Le Clerc, qui est décédé ce matin, *sept* du
courant, à dix heures, comme il a vécu, c'est-à-dire comme un saint,
pour aller recevoir la couronne due à ses travaux apostoliques. »

Ce témoignage rendu à la piété de M. Le Clerc, par un témoin
oculaire de sa vie, était encore plus précieux à recueillir que celui
de la date précise de sa mort.

XXVIII

SÉBASTIEN LE CLERC

GRAVEUR DU ROI (1637-1714)

L'abbé de Vallemont publia, en 1715, l'*Éloge de M. Le Clerc, Chevalier romain, dessinateur et graveur ordinaire du cabinet du Roi, avec le catalogue de ses ouvrages et des réflexions sur quelques-uns des principaux* (1). L'ouvrage fut favorablement accueilli du public, tant à cause de l'intérêt du sujet traité, que pour son propre mérite (2).

Il n'était cependant pas sans imperfection. Afin d'y remédier, un des enfants de Sébastien, Laurent Josse Le Clerc, composa, de son côté, un travail semblable destiné à être envoyé ou au moins communiqué à l'abbé de Vallemont, ainsi que le témoigne la lettre suivante placée par l'auteur lui-même au commencement de son manuscrit :

« *A Monsieur l'abbé de Vallemont, prêtre et docteur en Théologie*, etc.

« Je vous envoye, Monsieur, un *Catalogue* des ouvrages de mon père, le plus exact qu'il m'a été possible. J'y ai mis en teste un petit abrégé de sa *Vie*. J'avois commencé l'un et l'autre lorsque vous vous chargeates avec tant de bonté de donner son éloge au public. Je me suis bien douté que l'amitié que vous aviez pour lui seroit cause que, disant dans le fond les mêmes choses, nous ne nous rencontrerions pas. Je n'ai pas eu dessein de faire un panégyrique, mais seulement de mettre bout à bout des faits, et des faits bien avérés, d'où un lecteur équitable puisse juger par lui-même de la probité, de l'habileté et de l'infatigable assiduité au travail de ce graveur, à la mémoire duquel vous avez consacré un éloge dans les formes, qui ne vous fait

(1) Paris, chez Nicolas Caillou et Jean Musier, in-12 de 228 pages.
(2) *Journal des savants*, année 1715, pag. 500 et suiv. de l'édition in-4°. — *Mémoires de Trévoux*, août 1718, p. 338-346.

pas moins d'honneur qu'à lui. Je vous fais de bon cœur et le juge et le maître absolu de ce que j'ai fait à son sujet, et je souhaite qu'il puisse vous être de quelque utilité pour la seconde édition de votre ouvrage (1).

Je suis avec une parfaite reconnaissance et un respect sincère, Monsieur, votre très humble et très obéissant serviteur.

LE CLERC, *prêtre*.

Jusqu'à ces derniers temps, on connaissait deux copies, mais du *catalogue* seulement : l'une est à la bibliothèque du Palais des Arts à Lyon ; l'autre est à la bibliothèque royale de Stockolm en Suède (2). Quant à l'original, soit du *Catalogue,* soit de la *Vie,* on ignorait ce qu'il était devenu.

Au mois de juin 1884, le R. P. Ingold, de la Congrégation de l'Oratoire, a trouvé les deux ouvrages parmi les manuscrits du Séminaire de Saint-Sulpice de Paris. Ils sont réunis en un cahier relié, de format petit in-folio d'environ 260 pages, et comprenant deux parties : *Abrégé de la vie de Sébastien Le Clerc* ; *Catalogue de tous les ouvrages de Sébastien Le Clerc.*

De ces deux parties, je ne publie intégralement que la première. Pour la seconde, comme sur le plus grand nombre des points, elle ne dit rien qui ne soit déjà, souvent avec plus de détails, dans le *Catalogue raisonné de l'Œuvre de Le Clerc* par Jombert, et dans les deux excellents ouvrages que M. Meaume a consacrés au célèbre graveur (3); je me contenterai d'en extraire et d'intercaler à leur date respective les passages qui complètent, ou confirment, ou éclairent ce qu'ont dit ces deux auteurs (4).

C'est toujours à eux, d'ailleurs, à M. Meaume surtout, que devront

---

(1) L'ouvrage de l'abbé de Vallemont n'a pas eu de seconde édition.

(2) *Vie, écrits et correspondance littéraire de Laurent Josse Le Clerc ;* Paris, 1878, in-8°, p. 299, 300.

(3) *Sébastien Le Clerc et son œuvre, par Edouard Meaume, auteur des Recherches sur Jacques Callot ; ouvrage couronné par l'Académie de Metz, orné d'une eau-forte rare reproduite par Amand Durand, et d'un fac-simile de l'écriture de Séb. Le Clerc ;* Paris, 1877, in-8° de 368 pages, tiré à 205 exemplaires sur papier de Hollande. — *Etude bibliographique sur les livres illustrés par Sébastien Le Clerc; par Edouard Meaume;* Paris, 1877, in-8° de 83 pages, extrait du *Bulletin du bibliophile, tiré à cent exemplaires.*

(4) J'indiquerai fidèlement en note les endroits des ouvrages de M. Meaume auxquels se réfèrent mes extraits de Laurent Josse Le Clerc; mais on comprend sans peine que j'ai dû, sauf quelques cas exceptionnels, me borner à ces indications.

recourir les amateurs des belles estampes de l'artiste messin, et ceux qui voudront avoir une idée exacte et complète de ses immenses travaux. Je n'offre ici qu'un supplément, digne toutefois de l'attention des lecteurs, et par le fond des choses, et par la juste célébrité de l'homme éminent qui en fait le sujet, et enfin par les qualités même du biographe : ce n'est pas seulement un témoin éclairé qui rapporte fidèlement ce qu'il a vu et entendu, c'est un fils qui parle de son père.

Abrégé de la vie de Sébastien Le Clerc.

Le célèbre graveur dont j'entreprends de marquer ici en détail tous les ouvrages, naquit à Metz (1) le 25 septembre de l'année 1637 (2).

Son grand-père, noble (3) lorrain et secrétaire de la princesse de Tarente (4), ayant embrassé les nouvelles opinions et s'étant fait calviniste (5), fut contraint de sortir des États du duc de Lorraine vers

---

(1) Dans un livre imprimé à Paris, chez Florentin Delaulne, 1718, intitulé, *Nouvelle description de Versailles,* il est dit (dans la table) que Sébastien Le Clerc, célèbre graveur, est de Nancy. C'est une méprise, dont je pense avoir découvert l'occasion. Dans les nouveaux *Moréri,* on cherche inutilement le nom de M. Le Clerc, quoique assurément il méritât mieux d'y avoir une place que bien d'autres qui y sont, et fort honorablement, et fort au long. Mais sous le nom de *graveur,* on lit dans la foule un *Jean Le Clerc de Nanci.* Comme on n'en connoit aucun de ce nom d'un mérite singulier, on s'est persuadé aisément qu'on s'étoit trompé au nom de baptême, et qu'on avoit voulu marquer Sébastien Le Clerc. (*Note de Laurent Josse Le Clerc*).

(2) J'ai vu des personnes qui croyoient M. Le Clerc bien plus vieux qu'il n'étoit, ne doutant pas que ce ne fût lui dont parle M. Félibien dans ses *Vies des Peintres,* lorsqu'il dit qu'un disciple de Callot, à Nancy, s'appeloit Jean Le Clerc. Plusieurs de ces personnes ont consulté exprès, là-dessus, M. Le Clerc, qui leur a fait remarquer que Callot étoit mort avant qu'il fût au monde. Aussi ce disciple de Callot dont parle M. Félibien, étoit-il peintre et non pas graveur. Nous avons l'extrait de baptême de M. Le Clerc qui suffit pour nous assurer absolument de son âge et du lieu de sa naissance, avec ce que nous en savions de lui-même. Il fut baptisé dans la paroisse de (Saint-Martin de Metz). (*Note de L. J. Le Clerc*). — Voici cet acte : « Ce 26 septembre 1657 fut baptisé un fils nommé Sébastien ; le père, Le Cler ; la mère, Catherine de Ronne ; le parrain, Sébastien Marchant ; la marraine, Elisabeth Le Cler. » Cf. *Sébastien Le Clerc,* page 14.

(8) « Le grand-père de Sébastien Le Clerc n'était pas noble. Un acte de 1610 atteste qu'il était *marchand,* ce qui exclut toute idée de noblesse. » *Sébastien Le Clerc et son œuvre,* par Edouard Meaume. pag. 8.

(4) « Il n'a pas été le secrétaire de la princesse de Tarente, personnage tout à fait inconnu des historiens de la Lorraine. » *Sébastien Le Clerc et son œuvre,* pag. 8, 9.

(5) « Tout porte à croire qu'il était catholique, et que l'abbé de Vallemont a

l'an 1580 et se retira à Metz. Il fit pendant longtemps son possible pour pervertir sa femme et ses enfants; mais ne pouvant y réussir, il en conçut un si grand chagrin qu'il les abandonna vers l'année 1600, sans qu'ils ayent jamais pu savoir depuis ce qu'il étoit devenu (2). Sa fuite obligea ses enfants, qui étoient au nombre de quatre, à se pourvoir comme ils purent. L'aîné se fit religieux dans l'ordre des RR. PP. Carmes. Des deux filles, l'une fut religieuse; l'autre épousa un maître de musique nommé Bataille, dont un petit-fils, cousin de M. Le Clerc, mourut, il y a quelques années, dans la Musique du Roi. Le plus jeune des quatre enfants (3), nommé Laurent, âgé de dix à douze ans, fut mis chez un orfèvre et commença son tour de France étant encore assez jeune. Il travailloit à Paris en 1610 (4) et à Lyon en 1630. Il revint à Metz en 1635, s'y établit en arrivant, et épousa une veuve nommée Catherine de Ronne, déjà avancée en âge et presque quinquagénaire (5). Il en eut deux enfants : une fille, morte en 1714, âgée de près de quatre-vingts ans, et un fils nommé Sébastien, qui est celui dont nous prétendons détailler ici les ouvrages. Laurent Le Clerc, après avoir longtemps travaillé, devint aveugle vers 1676, et mourut au mois d'octobre de l'année 1695, âgé d'environ cent cinq ans (6).

Sébastien (7) Le Clerc ayant été poussé dans le *dessin* dès sa plus

confondu l'aïeul de Sébastien avec des membres de la même famille, en tout cas avec des homonymes qui ont certainement appartenu à la religion réformée au seizième siècle et au dix-septième. » *Sébastien Le Clerc et son œuvre*, p. 10.

(2) Non, » puisqu'on le trouve établi et faisant le commerce à Metz en 1619. » *Sébastien Le Clerc et son œuvre*, pag. 8 et 9.

(3) Nicolas, — c'est le nom du grand-père de Sébastien Le Clerc, — n'ayant eu que deux garçons dont l'aîné se fit carme, il en résulte que Laurent n'était pas frère de Jacques Le Clerc, orfèvre, père de six enfants et protestant, ainsi que l'a conjecturé M. Meaume (*Sébastien Le Clerc et son œuvre*, pag. 13.)

(4) « Laurent n'a pu aller à Paris en 1610 pour se perfectionner dans son art, puisqu'il entrait en apprentissage à Metz en 1619 » *Sébastien Le Clerc*, pag. 13.

(5) Voir l'acte dans *Sébastien Le Clerc et son œuvre*, pag. 13.

(6) « L'acte mortuaire de Laurent Le Clerc indique qu'il était âgé de quatre-vingt-seize ans et non cent cinq » *Sébastien Le Clerc*, pag. 12.

(7) Dans les listes de la Tontine, M. Le Clerc est appelé en deux endroits Claude-Sébastien. Ce nom de Claude fut ajouté par celui qui s'étoit chargé de faire les deux contrats. Il le fit à l'insu de M. Le Clerc, pour lui faire plaisir, afin qu'il fût payé plus tôt et des premiers, son nom de Sébastien le reculant de beaucoup. M. Le Clerc, aussi bien que d'autres qui avoient fait ou à qui on avoit fait faire cette petite fraude, en a été quitté pour 20 livres d'amende et être remis en son rang pour le payement, à son vrai et unique nom de Sébastien.

(*Note de L. J. Le Clerc.*)

tendre jeunesse par son père, qui étoit habile orfèvre, se trouva en peu de temps en état d'en donner lui-même des leçons (1).

Le chef-d'œuvre de son bas âge est un petit dessin à la plume, qui représente un petit enfant tout nu, dormant et couché sur le dos, les deux mains négligemment posées sur la poitrine, vu en raccourci et un peu de côté, par les pieds. Ce petit morceau est d'une propreté et d'une correction admirable (2). Cette petite figure a un pouce et demi de proportion. Le père de M. Le Clerc a marqué sur ce dessin que son fils Sébastien l'avoit fait à huit ans, par conséquent vers 1646.

Vers ce même temps, M. Le Clerc commença à graver des cachets ; ce qu'il fit asez longtemps avant que de graver sur cuivre. Il m'a dit plusieurs fois qu'à peine avoit-il dix à douze ans qu'il gagnoit sa vie aisément en gravant des cachets. Il a continué jusques vers 1660, et il m'a assuré qu'il en avoit gravé, à ce qu'il pensoit, plus de deux mille.

Il fit ainsi son capital, depuis environ dix à douze ans, de la gravure, des cachets et du dessin, dont il continua toujours, depuis, de donner des leçons. Dieu lui ayant donné dans un âge si tendre, où le commun des enfants ne cherche qu'à s'amuser, un grand amour pour

(1) M. Le Clerc, peu après son mariage, dit à son épouse qu'il avoit montré à dessiner, à Metz, à différentes personnes de considération, n'ayant encore qu'environ 12 à 13 ans. Quoique Mlle Le Clerc n'eût jamais eu lieu de soupçonner que son mari fût capable de mentir, elle avoit pourtant quelque petite peine sur ce fait, sans toutefois, le révoquer positivement en doute. Au bout de plus de vingt ans, Mme la marquise de ....., née à Metz et mariée dans le diocèse de Meaux à M. le marquis de..., vint à Paris. Elle ne manqua pas d'aller aux Gobelins rendre visite à M. Le Clerc, son ancien maître de dessin. La première chose qu'elle lui demanda, en présence d'une partie de sa famille, ce fut s'il se ressouvenoit de lui avoir montré à dessiner. M. Le Clerc, à qui elle avoit dit son nom, lui dit qu'il s'en souvenoit. La marquise aussitôt dit à ceux qui étoient présents : « M. Le Clerc étoit si petit et si délicat pour lors, qu'un domestique de mon père alloit chez lui et l'apportoit entre ses bras. » M. Le Clerc avoit dit cette même circonstance à sa famille, où il y a plus de 30 ans que je l'ai apprise. (Note de L. J. Le Clerc.)

(2) Bien des gens auxquels j'ai fait voir ce petit morceau n'ont pu se persuader que M. Le Clerc l'ait donné à huit ans, et M. Le Clerc lui-même en étoit surpris : mais voici pourquoi il ne croyoit pas pouvoir raisonnablement en douter. Étant allé à Metz en 1693, son père, qui étoit aveugle depuis près de dix huit ans, lui dit qu'il trouveroit plusieurs dessins de sa jeunesse, et qu'il y en avoit un, entré autres, sur lequel il avoit marqué l'âge qu'il avoit lorsque Sébastien l'avoit dessiné. M. Le Clerc a cru n'avoir aucune raison de ne pas ajouter foi au témoignage de son père. Il l'a gardé depuis, et j'en suis maintenant le possesseur. (Note de L. J. Le Clerc.) — Aujourd'hui ce morceau précieux fait partie de l'œuvre de Sébastien Le Clerc que possède le séminaire de Saint-Sulpice de Paris.

le travail, il ménageoit si bien son temps qu'il en trouvoit encore assez pour étudier différents livres de mathématiques, de fortification, d'architecture, de perspective, etc. On voit, par les dessins, estampes et autres ouvrages de sa jeunesse, qu'il étoit déjà assez avancé dans plusieurs de ces sciences à l'âge de dix-huit ans, et cela par lui-même et sans le secours d'aucun maître, comme il nous l'a avoué lorsque nous avons eu la curiosité de nous en informer (1).

Nous ne savons pas en quelle année précisément M. Le Clerc commença à graver sur cuivre, et il ne le savoit pas lui-même. J'ai vu de lui quelques planches assez passables, dont une est datée de 1654. Ce qui est certain, c'est qu'il dessinoit en maître avant dix-huit ans, pendant qu'à peine gravoit-il pour lors en médiocre écolier.

Tout le monde sait que les dessins qu'un maître donne à copier tour à tour à un nombre d'élèves, se gâtent et se perdent même fort aisément, et que, par conséquent, il n'en demeure guère ordinairement dans leur entier et capables, dans des temps éloignés, de faire honneur à celui qui les a composés. La Providence en a ordonné autrement de plusieurs dessins de la jeunesse de M. Le Clerc, que quelque curieux a pris soin de ramasser et d'en faire un petit recueil. Peu de temps avant la mort de M. Le Clerc, un de ses amis vint le voir et lui apporta une petite suite d'environ deux cents morceaux, demandant simplement à M. Le Clerc ce qu'il en pensoit, s'ils étoient de lui, et si peut-être son nom qui se trouvoit sur quelques-uns n'auroit pas été ajouté. M. Le Clerc reconnut aussitôt son ouvrage, et assura cet ami que tout ce petit ramas étoit l'ouvrage de son jeune âge, et une partie des dessins qu'il donnoit à copier à ses écoliers. Je crois que le tout est maintenant dans le recueil de M. le prince Eugène, lequel a fait, pour avoir l'œuvre de M. Le Clerc beau et bien complet, une dépense de près de deux mille francs. Je n'ai pas vu ces petits dessins; mais le curieux qui les porta à M. Le Clerc et duquel je tiens ce fait, m'a dit qu'ils étoient bons; qu'il y avoit des draperies, des habillements, des figures, etc., à la plume, à la mine de plomb, à la sanguine; qu'il y en avoit de hachés, de lavés, etc., qu'il y en avoit qui étoient encadrés

(1) Je demandai un jour à M. Le Clerc qui lui avoit donné les premières leçons de mathématiques. Il me répondit qu'il ne les avoit apprises que par la lecture, à la réserve de la Perspective, dont un chanoine de Metz, ami de son père, lui donna, dans son jeune âge, deux ou trois leçons qui se terminèrent à lui apprendre à mettre un quarré en perspective.

(Note de L. J. Le Clerc.)

dans différentes petites bordures gravées, avec le nom de M. Le Clerc (1).

Plusieurs curieux ont, dans leurs recueils, un petit morceau où on voit un commandant d'armée tirant un coup de pistolet. On a mis le nom de M. Le Clerc au bas de la planche. M. Le Clerc a assuré plusieurs fois qu'il n'en étoit point l'auteur. Il est d'ailleurs visible que le nom de M. Le Clerc y a été ajouté et qu'il n'est nullement de sa main (2).

Nous avons de l'année 1657 le frontispice de la Coutume de Lorraine par M. Faber. C'est un grand cartouche en forme de portique, qui a douze pouces et demi de hauteur sur près de neuf de largeur. D'un côté est représentée la Justice et de l'autre la Force. Au-dessus, on voit sur le milieu une Renommée assise, accompagnée de deux petits Génies. La composition de ce morceau est assez bien entendue et la gravure passable. Au revers de ce frontispice, il y a un portrait de M. Faber, entouré d'une petite bordure assez jolie. La bordure est de M. Le Clerc, mais le portrait, qui est bon, n'en est pas (3).

Ce fut vers 1659 que M. Le Clerc fit, comme il me l'a dit lui-même, le plus grand morceau qu'il ait gravé à Metz. C'était une thèse pour Venise. M. Le Clerc m'a dit qu'elle étoit à peu près de la grandeur de nos thèses ordinaires ; mais il ne se souvenoit plus quel en étoit le sujet. Nous n'en savons aucune épreuve.

Ce fut aussi à peu près en cette année, ou la suivante, que M. Le Clerc fit quelques portraits assez bons, savoir : celui de M. de Furstemberg ; celui de M. de la Ferté, et celui d'un président de Metz, nommé M. Fremin.

Vers 1660, M. Le Clerc, qui avoit déjà beaucoup de réputation dans Metz, fut choisi par M. le Maréchal de la Ferté, pour être son ingénieur géographe. Il servit en cette qualité l'espace d'environ quatre ans, et leva pendant ce temps les plans des principales places qui étoient du ressort du gouvernement de ce maréchal. Il ne cessa pas pour cela de graver, comme il paroît par le nombre de morceaux qui nous restent des années 1660 et suivantes jusques à 1666, et qui sont bien meilleurs que ceux qu'il avoit fait jusques là.

---

(1) Ce sont probablement ces dessins-là que Mariette désigne sous le titre d'*Habillements de diverses nations*, et dont M. Meaume parle dans la note de la page 39 de *Sébastien Le Clerc et son œuvre*.

(2) Est-ce là l'eau-forte dont il est question à la page 51 de *Sébastien Le Clerc et son œuvre?*

(3) Tout cela confirme bien ce que dit M. Meaume, *Sébastien Le Clerc*, p. 29, 30.

Vers 1662, M. Le Clerc dessina et lava aux petites couleurs, en espèce de miniature, une vue de l'intérieur de la grande église de Metz. On y voit l'église depuis un bout jusques à l'autre, et au milieu de la nef la procession des chanoines et plusieurs spectateurs. Ce morceau n'est pas entièrement achevé, mais il est très bon. Il est sur du vélin.

En 1664, il prit fantaisie à M. Le Clerc, qui avoit pour lors environ 27 ans, d'apprendre le latin, ne pouvant voir sans peine qu'il y eût une infinité de livres de la lecture desquels il ne pouvoit profiter, faute d'avoir appris cette langue qui est d'un si grand usage dans toute sorte de professions savantes. Un prêtre de ses amis lui fit sur cela offre de service; il accepta volontiers, et s'engagea, de son côté, à lui montrer le dessin. Il ne fit pas grand progrès en ce genre d'étude, n'ayant jamais su qu'expliquer les auteurs les plus aisés, et encore, étant souvent obligé de recourir à son Dictionnaire. Il a pourtant cultivé ce peu jusques à la mort, se faisant lire et expliquer du latin par ses enfants, et en lisant de temps en temps quelque chose lorsqu'il en avoit la commodité.

Cette même année, M. Le Clerc commença à graver les planches de sa petite Géométrie. Elles sont, en y comprenant le frontispice, la vignette et la petite lettre, au nombre de 85. Elles ont 3 pouces 1/2 de hauteur et un peu moins de 2 1/2 de largeur. M. Le Clerc m'a assuré que cet ouvrage étoit presque entièrement achevé lorsqu'il vint à Paris, apparemment à la réserve de la vignette et du frontispice. C'est, en fait de gravure, le chef-d'œuvre du jeune âge de M. Le Clerc, et le commencement de son bon.

Voici ce qui détermina M. Le Clerc à aller à Paris, comme nous le savons de lui-même. Le Roi ayant pris la résolution de faire démolir les fortifications de Marsal, M. Le Clerc y fut envoyé pour en lever le plan. Il le fit avec une grande application; il le dessina avec toute la propreté et l'exactitude dont il était capable. Il espéroit par là avancer sa petite fortune, et se mettre en état de mériter la protection des Ministres; mais ce fut inutilement. Le plan fut envoyé en Cour sous le nom d'un autre ingénieur auquel il servit de second, mais qui n'y avait eu aucune part, et qui ne faisait plus rien depuis un temps assez considérable. M. Le Clerc le sut dans la suite et s'en plaignit à M. de La Ferté. Ce maréchal, qui aimoit M. Le Clerc, écouta sa plainte avec beaucoup de bonté et lui promit de le récompenser à la première occasion qui se présenteroit, lui marquant au reste la personne qui l'avoit ainsi desservi à cette fois. M. Le Clerc ne put s'empêcher de remontrer à cette personne l'injustice qu'elle lui avoit faite, mais, en ayant été fort mal reçu, il résolut de quitter son emploi et de tenter fortune à Paris.

Il y arriva au milieu de cette année (1665), et se mit en pension chez M. Bailly (1), célèbre peintre en miniature, qui avoit un logement aux galeries du Louvre. De là, M. Le Clerc alloit tous les jours à l'Académie, qui se tenoit pour lors au Palais-Brion (2). Il dessinoit en petit d'après le modèle, au crayon rouge, sur du papier blanc. Nous avons entre les mains un assez grand nombre de ces académies, qui sont pour la plupart assez médiocres, M. Le Clerc n'étant pas encore accoutumé à copier d'après nature, et faisant beaucoup mieux de génie, son talent étant d'ailleurs pour le petit. Il a gravé quelques-unes de ces figures, qui sont au nombre de trente-huit ou quarante. On les trouve aisément mal imprimées et toutes usées ; mais les bonnes épreuves en sont rares.

Je crois que le premier morceau que grava M. Le Clerc à son arrivée à Paris, fut une petite vignette qui n'a pas 1 pouce de hauteur sur 2 1/2 de largeur, et qui représente un petit David dansant devant l'Arche. Ce morceau se trouve dans les deux traductions des *Pseaumes* de M. Dumont sur la Vulgate et sur l'hébreu. Il ne vaut rien, et je doute même qu'il soit de M. Le Clerc.

M. Le Clerc toujours extrêmement laborieux, dessinoit, gravoit, et étudioit. Etant parti de Metz avec intention de s'avancer dans le Génie, il entreprit, dès qu'il se vit un peu de loisir, un petit traité de Fortification. Son dessein étoit de le présenter à M. de Seignelay et de s'introduire, par son moyen, auprès de M. Colbert, qui étoit regardé pour lors comme le *Mecenas*, non-seulement des habiles maîtres, mais aussi des élèves de quelque espérance.

Je suis maintenant le possesseur de ce petit traité, que je regarde comme un vrai chef-d'œuvre, surtout en fait de dessin. Il y a 28 vignettes, qui n'ont pas un demi-pouce de hauteur, sur plus de deux et demi de largeur, très délicates. Dans plusieurs on voit de simples

(1) « Jacques Bailly, de Gracey en Berry, peintre en miniature, membre de l'Académie de Peinture, mort le 2 septembre 1679, âgé de 50 ans. » *(Sébastien Le Clerc et son œuvre,* pag. 58.)

(2) Le Palais Brion était un hôtel attenant au Palais-Royal, que le duc de Danville, autrefois appelé Brion, avait fait bâtir dans la rue de Richelieu. L'Académie de Peinture et Sculpture y tint son école et ses assemblées pendant 31 ans, et n'en sortit que le 2 février 1692, pour être transférée au vieux Louvre où elle reprit ses exercices, le 15 avril suivant.

paysages, des petites vues de villes ; dans d'autres, de petites armées, de petits campements, ou autres sujets semblables, mais tous intéressants. Tous ces morceaux sont à la plume et hâchés, et d'un excellent goût. Il y a une vignette, entre autres, où est représentée une armée qui en fait comme le lointain, et sur le devant la disposition d'un sacrifice, c'est-à-dire un bûcher allumé et des prêtres qui conduisent deux taureaux. Il y a quatorze autres demi-vignettes faites seulement de petits ornements et sans figures ni paysages. Ce qui compose proprement le livre renferme — outre plusieurs cartouches dans lesquels sont écrits les titres des différentes parties du traité au nombre de quatre, et quinze figures de fortification, ou de différentes parties de plan, — trente-deux morceaux qui représentent des figures seules, des batailles, des ports de mer, ou autres sujets fort bien choisis. Ces morceaux ont quatre pouces de hauteur et deux et demi de largeur ; presque tous sont différemment exécutés. Il y en a de hâchés, de lavés, de hâchés et lavés ; il y en a de presque toutes les petites couleurs, bleu, vert, jaune, rouge, de mélangés, etc. Un des plus beaux, qui est tout lavé au carmin, représente Mutius Scévola mettant sa main droite dans le feu qui brûle sur un autel, autour duquel on voit un grand nombre de spectateurs qui marquent leur surprise. Une fort magnifique architecture, qui représente un portique du temple avec une partie du dehors de ce temple en perspective, fait le fond de cette petite pièce. L'écriture de ce petit ouvrage est fort propre et ornée de traits de plume fort jolis.

Pour ce qui est du traité en lui-même, en voici un petit précis. M. Le Clerc y donne d'abord la définition, les propriétés, progrès, changemens et avantages de la Fortification. Il marque ensuite la diversité des opinions dans l'art de fortifier, et puis la nécessité de savoir les différentes manières de fortifier. Voilà ce que contiennent les quatre chapitres qui composent la première partie de cet ouvrage. La deuxième contient une table des noms et termes principaux de l'architecture militaire, et marque en détail toutes les parties d'une fortification. La troisième traite de la fortification régulière, et donne, outre quelques maximes générales, les différentes espèces de fortification, la française de M. Errard, l'espagnole, l'italienne et l'hollandaise. M. Le Clerc pose d'abord les maximes spéciales à chacune de ces manières, ensuite la pratique ; enfin il en remarque les défauts et les avantages, en les comparant les unes avec les autres. Après quoi, il traite de la fortification composée, qu'il appelle française ; il en donne les maximes et la pratique, et remarque ses avantages, la regardant comme la meilleure, et composée de tout ce qu'il y a de bon dans toutes les autres. Dans la quatrième partie, M. Le Clerc passe à l'orthographie et marque toutes les dimensions du profil d'une bonne fortification. Dans la cinquième, M. Le Clerc montre en particulier la pratique pour fortifier (suivant cette manière qu'il appelle composée) différents polygones, depuis le triangle équilatéral, jusqu'à l'heptagone. Il y joint la manière de faire les orillons et de tracer sur le terrain le rempart, le fossé, la contr'escarpe, etc. Dans la sixième partie, il traite de la pratique des dehors ou pièces détachées, demi-lune dans la courtine ou à la pointe du bastion, tenaille simple et double, l'ouvrage à corne, la queue d'hirondelle, l'ouvrage à couronne devant la courtine ou à la pointe du bastion, ou devant l'ouvrage à corne. Il y a ici dix à douze pages en blanc; après quoi suit l'article de la fortification irrégulière, où M. Le Clerc montre de quelle manière on doit tracer différents polygones sur des terrains irréguliers, fortifier le passage d'une rivière dans une place, ou un angle sortant excessif.

Cet ouvrage est demeuré imparfait, parce que M. Le Clerc étant sur le point de le finir et de le présenter à M. le marquis de Seignelay, M. Le Brun le détermina à se fixer au dessin et à la gravure, et à quitter absolument le désir qu'il avoit de s'avancer dans le Génie. M. Le Clerc céda aisément à l'avis de cet illustre peintre, y étant d'ailleurs déjà très porté par les prières de ses parents, lesquels, le regardant comme l'unique appui et consolation de leur vieillesse, appréhendoient extrêmement de le perdre.

Pendant que M. Le Clerc travailloit à cet ouvrage, il grava plusieurs morceaux dont quelques-uns sont bons, d'autres fort médiocres; par où il est aisé d'apercevoir la grande différence qu'il y a entre une pièce faite à la hâte et pour gagner quelque chose, et une autre faite avec soin et par principe d'honneur.

M. Le Clerc, ayant abandonné son traité de fortification, travailla à terminer sa petite Géométrie pratique, qu'il avoit déjà fort avancée avant de quitter Metz. Elle est courte, et ne contient précisément que ce qu'il y a de plus nécessaire à un ingénieur pour travailler aisément sur le terrain. Elle parut à la fin de 1668, avec une Épitre dédicatoire à M. de Seignelay (1).

_____

(1) *Pratique de la Géométrie sur le papier et sur le terrain, avec un nouvel ordre et une*

Ce petit ouvrage, dans lequel il y a plus de 80 morceaux fort bien touchés, joint à ce que M. Le Clerc avoit déjà gravé de bon, et à tant de petits dessins par lesquels M. Le Brun avoit aisément reconnu ce que ce jeune homme pouvait devenir dans la suite, porta cet illustre peintre à le recommander plus particulièremet à M. Colbert. Ce ministre, qui aimoit les arts et qui savoit par expérience quelles étoient les lumières de M. Le Brun, et combien il étoit rare qu'il se trompât dans le jugement qu'il portoit de la capacité d'un élève, résolut d'arrêter entièrement M. Le Clerc. Ce fut donc vers la fin de cette année (1668), qu'il lui fit donner un logement aux Gobelins, avec une pension de 1800 livres, afin qu'il ne travaillât plus désormais que pour le cabinet de sa Majesté.

Cet établissement étoit un commencement fort honnête, qui tiroit M. Le Clerc de la fâcheuse nécessité, où d'habiles gens se trouvent assez souvent, de dépêcher leurs ouvrages et de les livrer, quoique fort imparfaits. Il s'efforça donc de ne rien faire que de son mieux, ne craignant rien tant que de ne pas s'avancer chaque jour, ou de ne pas travailler avec toute l'assiduité que ses illustres protecteurs avoient lieu d'espérer de sa reconnaissance. Sa mère étant morte vers la fin de cette année, âgée de plus de 80 ans (1), il fit un voyage à son pays, d'où étant bientôt revenu, il se livra tout entier au travail. Son assiduité et son progrès surprenant se voient évidemment dans les ouvrages qu'il fit en cette année 1669 et les suivantes.

En 1669, M. Le Clerc commença à graver pour le Roi les huit tapisseries de M. Le Brun, qui représentent les quatre saisons et les quatre éléments. Comme ces morceaux sont grands et de longue haleine, on comprend aisément que M. Le Clerc, qui fût souvent interrompu dans ce travail, ne les avança pas extrêmement.

M. Le Clerc fit aussi pour l'abbé de Brianville, qui en avoit demandé

---

méthode particulière; Paris, Thomas Jolly, 1669, in-12 de 189 pages. A ce que dit M. Meaume (*Sébastien Le Clerc et son œuvre*, p. 63-66) sur cette première édition, « la seule bonne, » j'ajouterai ces lignes de Laurent Josse Le Clerc : « Vers 1666, M. Le Clerc fit, pour l'augmentation de sa petite Géométrie, un nombre de planches qu'il a depuis abandonnées. Je les ai retirées du vieux cuivre où il les avoit jetées sans les rayer. J'en ai fait tirer quelques épreuves à son insu en 1695. Il y a 24 planches, dont quelques-unes sont partagées en deux morceaux, qui sont pour cela au nombre de 28. Il y a de fort jolis paysages et quelques figures. M. Le Clerc ne les ayant pas retouchées, elles sont imparfaites, et l'eau-forte a manqué en plusieurs endroits. »

(1) « Son acte de décès est daté du 3 février 1668. » (*Sébastien Le Clerc,* p. 66.)

pour lui la permission, la petite suite de l'*Histoire sacrée de l'Ancien Testament*. Sans compter la lettre et la vignette qui avoient déjà servi à l'*Histoire de France* du même abbé, il y a 67 morceaux. Ils ont près de 3 pouces de largeur et 2 de hauteur. Cet abbé, ami de M. Le Clerc, fit son éloge dans la préface en ces termes : « C'est (icy) seulement l'explication historique de quelques figures de la Bible, que M. Le Clerc a gravées à l'eau-forte avec cette habileté qui le rend si digne de cette réputation, et du choix qu'en a fait M. Le Brun pour graver, d'après lui, les plus rares de ses ouvrages à la gloire de notre grand Monarque ». Cependant, quelque réputation qu'eût déjà M. Le Clerc, il étoit encore très éloigné du bon goût et de la perfection à laquelle il est parvenu depuis. Au reste, ce petit ouvrage a beaucoup de bon, quoiqu'il soit en quelques endroits historié trop à la moderne. L'invention en est tout à fait vive et pleine de feu, et l'exécution libre et aisée. M. Le Clerc, ne voulant pas retarder l'ouvrage du Roi, quoiqu'il le pût sans scrupule, suivant la permission qui lui en avoit été accordée, ne donna à ce petit travail que ses après soupers. Il faisoit quelquefois une de ces petites planches en une seule soirée, sans en faire aucune esquisse, mais les dessinant du premier coup sur la planche, les gravant, coulant l'eau forte, les retouchant et les livrant sans en tirer aucune épreuve. C'est une preuve évidente de la force de son imagination et de la facilité avec laquelle il la suivoit dans l'exécution (1).

On imprima en 1671, à l'Imprimerie royale, un livre de Messieurs de l'Académie des Sciences, intitulé *Mémoires pour servir à l'histoire naturelle des animaux*. Les planches où sont représentés les animaux sont au nombre de quatorze, et ont de hauteur près de 15 pouces et de largeur 10 1/2. Chaque pièce est divisée en deux. La partie inférieure de la planche représente l'animal entier dans sa situation naturelle. La partie supérieure de la planche représente la dissection anatomique des parties les plus curieuses de l'animal et quelquefois un squelette. Ces morceaux sont aussi accompagnés de lointains fort jolis. Le frontispice, qui est fort beau et de la même grandeur, représente le roi au milieu d'une grande salle d'académie de Sciences, accompagné de M. Colbert et environné d'habiles gens qui lui font remarquer les raretés qui s'y conservent. Ce morceau est de l'invention de M. Le Clerc aussi bien que la première vignette (9 pouces de lar-

(1) *Sébastien Le Clerc*, p. 68-72.

geur, près de 4 de hauteur'), les deux lettres (plus de deux pouces en quarré) et les cinq grands fleurons, qui ont environ 6 pouces à 6 pouces 1/2 en quarré. La deuxième vignette est du dessin de M. Bailly et gravée par M. Leclerc. Il y a treize animaux, savoir : lion, lionne, caméléon, dromadaire, ours, gazelle, chat-pard, renard marin, loup-cervier, castor, loutre, civette, élant, coati-mondi.

Peu après, parut la continuation de cet ouvrage, dans laquelle il y a douze planches de la même grandeur. Les animaux sont : veau-marin, vache de Barbarie, cormoran, chamois, porc-épic avec un hérisson, pintade, aigle, coq-indien, demoiselle de Numidie, autruche, casuel, tortue. Les lointains et accompagnements de ces douze animaux sont incomparablement plus chargés et plus beaux que ceux des treize premiers. Je ne sais s'il y a des lettres ou des vignettes à cette deuxième partie (1).

M. Le Clerc fit, quelques années après, les petits animaux qui sont fort bien, et au nombre de sept ou huit. Ils n'ont de hauteur que près de 14 pouces et de largeur près de neuf.

En 1672, l'Académie des Peintres et Sculpteurs du Roi ayant pris la résolution de faire un service pour M. le chancelier Séguier qui en avoit été le protecteur, M. Le Brun qui en étoit le chef, conduisit l'ordonnance de la décoration magnifique que l'on fit pour cela dans l'église des RR. PP. de l'Oratoire de la rue Saint-Honoré. Ce catafalque ayant été parfaitement bien exécuté, M. Le Brun engagea M. Le Clerc, qui était entièrement à sa disposition, à le graver. M. Le Clerc le fit en fort peu de temps. Il copia sur le lieu toute la décoration et y ajouta du sien une multitude presque infinie de personnages ou de figures de toutes sortes d'états. M. Le Brun en fut parfaitement content. Dès que la planche fut terminée, il prit M. Leclerc dans son carrosse et le conduisit chez M. Colbert et ensuite chez tous les Académiciens, lesquels, à la première assemblée, l'agrégèrent à leur corps en qualité de graveur. Sa planche servit de chef-d'œuvre, et demeura, selon la coutume, à l'Académie (2).

La première fois que M. Le Clerc parla aux conférences de l'Académie, il fit un petit discours de réception, dans lequel après un compliment assez bien tourné, il s'étendit à réfuter fort modestement l'aca-

(1) *Étude bibliographique sur les livres illustrés par Sébastien Le Clerc*, p. 19, 20.
(2) Cf. *Sébastien Le Clerc et son œuvre*, p. 83-86. M. Le Clerc fut reçu le 6 août 1672.

démicien qui, dans la conférence précédente, avoit tâché de démontrer que la gravure au burin l'emporte sur la gravure que l'on appelle à l'eau-forte. J'ai ce petit discours entre les mains. M. Le Clerc y prouve fort bien les avantages de l'eau-forte, et combien elle est préférable au burin.

Il fit aussi, en 1672 (apparemment pour l'abbé de Brianville), une vignette, où est une devise sur les affaires de ce temps-là. Le soleil élève des nuages d'un lieu marécageux. L'âme est dans ces mots : *Evexi, sed discutiam,* On y voit des deux côtés, comme par manière d'accom-pagnement, les deux Anges, que l'on met pour supports aux armes de France, qui tiennent sous eux des lions Belgiques qu'ils terrassent. Hauteur, plus de 2 pouces, et près de 5 de largeur. Elle n'est pas fort bonne (1).

En 1673, M. Le Clerc, se voyant assez bien établi et en état d'aller encore plus loin dans la suite, pensa à se fixer entièrement en se mariant. Il épousa, vers la fin de cette année (2), une des filles de Van den Kerchove, teinturier ordinaire du Roi aux Gobelins. Il en a eu dix-huit enfants, 13 garçons (dont 7 sont morts avant lui), et 5 filles, dont une morte en bas âge. Comme les curieux sont bien aises de savoir toutes les particularités de la vie des gens habiles, nous ne croyons pas hors de propos de dire un mot de chacun des dix enfans de M. Le Clerc, qui lui ont *survécu.*

L'aîné des garçons est du mois de septembre 1676, nommé comme son père Sébastien Le Clerc. Il est peintre, reçu à l'Académie en 1704 (3).

Le second (est) du mois d'août de 1677. Il entra au Séminaire de Saint-Sulpice en 1696, fut bachelier de Sorbonne au commencement de 1700, licencié au commencement de 1704. Il n'a pas pris le bonnet. Il a été ordonné prêtre à la fin de 1702; a enseigné la théologie trois ans au Séminaire que Messieurs de Saint-Sulpice ont à Tulle, et huit dans celui qu'ils ont à Orléans, où il demeure actuellement et se dispose à commencer la neuvième année de profession. Il se nomme Laurent-Josse Le Clerc.

(1) Cette vignette se rapporte-t-elle à l'ouvrage indiqué par Jombert sous le titre de *Guerre de Louis XIV contre les Hollandais en 1672?* Cf. *Étude bibliographique sur les livres illustrés par Sébastien Le Clerc,* pag. 21.

(2) Ce fut le 21 novembre 1673, dans la paroisse Saint-Hippolyte. L'acte est rapporté par M. Jal, *Dictionnaire critique de biographie et d'histoire;* 2º édit. p. 755.

(3) Voy. *Sébastien Le Clerc et son œuvre,* pag. 309-313.

Le troisième, nommé Louis-Augustin, est sculpteur et espère être reçu à l'Académie. Il est de l'année 1688 ou 1689 (1).

Le quatrième s'appelle Benoît-Nicolas, et enseigne actuellement le dessin et les mathématiques. Il est de l'an 1690 ou 1691 (2).

Le cinquième, nommé Claude Le Clerc, est au Séminaire de Saint-Sulpice ; a fini ses premières études de théologie et est sur le point de se présenter pour être bachelier. Il est acolythe et né au mois de septembre 1693 (3).

Le sixième (4) est du commencement de 1695, a quitté ses études étant en seconde, et est maintenant chez son beau-frère, procureur au Châtelet, où il apprend les affaires. (Il est mort en 1721) (5).

Des quatre filles, la 1re n'a point jusqu'ici pris de parti (6). La 2e est mariée à M. Mauger, procureur au Châtelet (7). La 3e est religieuse chez les Dames de la Congrégation de Notre-Dame, à Corbeil, près Paris (8). La 4e est mariée à M. Jeaurat, graveur (9).

Fort peu après son mariage, M. Le Clerc quitta la pension du Roi, sentant bien qu'il gagneroit davantage en travaillant à son choix, et qu'elle étoit d'ailleurs trop modique pour le soutien de sa famille, pour peu qu'elle augmentât. En effet, au bout d'environ dix à douze ans, M. Le Clerc se vit dix enfans vivants à sa charge, dont le nombre n'a point diminué depuis. Il y en a eu onze vivants pendant près de dix ans. Ça été pour M. Leclerc, qui d'ailleurs étoit habitué dès sa jeunesse au travail, et qui l'avoit toujours aimé, un motif nouveau et assurément très urgent qui l'éloignoit de l'oisiveté, et qui l'animoit sans cesse à ne rien relâcher de son assiduité au travail. On lui laissa de sa pension seulement cent livres de pure gratification. Trois ans

---

(1) *Sébastien Le Clerc,* pag. 315.

(2) Ibid., p. 315, 316.

(3) Ibid., p. 316. Voy. aussi *Bibliothèque du Richelet,* art. *Clerc.*

(4) Nommé Charles Bénigne.

(5) Et par conséquent bien avant 1735. *Sébastien Le Clerc et son œuvre,* p. 316.

(6) Elle n'en prit probablement jamais, et comme elle mourut apparemment avant sa mère, c'est-à-dire avant le 1er novembre 1735, elle ne figura au partage, ni de son chef, ni par représentation. Telle est sans doute la raison pour laquelle des auteurs modernes ont dit que « les filles de Sébastien Le Clerc, vivant lors de son décès, étaient au nombre de *trois* » seulement. Cf. *Sébastien Le Clerc et son œuvre,* p. 316.

(7) Elle se nommait Marie-Charlotte, *Sébastien Le Clerc ,* p. 317.

(8) Anne-Charlotte, que M. J. J. Guiffrey a tort de donner comme étant « évidemment l'aînée » (*Nouvelles archives de l'art français;* Paris, 1872, p. 318.)

(9) Marie — c'était son nom — « fut mariée, le 25 mai 1722, au graveur Edme Jeaurat, frère d'Etienne (l'académicien). » (*Sébastien Le Clerc ,* p. 317, 318.)

environ après, M. Le Brun, pour l'animer, lui en fit donner encore une autre de trois cens livres.

En 1678, M. Le Clerc avança fort son petit livre de vingt planches de figures dediéés à M. de Boncœur, qui parut au commencement de 1679. Chaque morceau a de hauteur plus de 2 pouces, et près de 3 1/2 de largeur (1).

M. Le Clerc, qui a toujours été convaincu que, pour réussir dans le dessin, il falloit en tout s'approcher de la nature et l'imiter parfaitement, s'étoit fait, dès sa jeunesse, une habitude de copier, quand l'occasion s'en présentoit, les postures, les habillements, les actions, etc. qui lui paroissoient avoir quelque chose de singulier mais de simple en même temps et de naturel. Il les esquissoit en trois coups de crayon, et les mettoit au net dès qu'il en avoit la commodité. Aussi tous les petits livrets de figure qu'il a faits en faveur des jeunes gens qui commencent, ne contiennent aucune attitude forcée ou grotesque; en un mot, rien de tant soit peu contraire à ce que la nature a coutume de faire dans toutes sortes de sujets. Nous avons entre les mains un nombre de ces petites études de M. Le Clerc, qui sont fort correctes, quoiqu'il s'en soit perdu bien davantage.

En 1679, M. Colbert engagea M. Le Clerc à montrer le dessin et les mathématiques à M. d'Ormoy, le plus jeune de ses enfants, connu depuis sous le nom de M. de Blainville, mort lieutenant-général des armées du Roi. M. Le Clerc lui dédia un petit traité du point de vue (2). En voici l'occasion et le sujet.

M. Le Clerc s'étant trouvé, dans une assemblée d'habiles gens qui parloient de la perspective et du besoin qu'en ont ceux qui font profession de dessiner et de peindre; quelques-uns y soutinrent que ses règles n'étoient fondées que sur de faux principes, puisque l'on voit, disoient-ils, des deux yeux, et que la perspective n'admet qu'un seul point de vue. M. Le Clerc, prié de dire son avis, répondit que *si les auteurs qui avoient écrit de la perspective avaient fondé leurs règles sur un seul point de vue par pure nécessité et sans connoissance, ils auraient dû le faire par intelligence, et parce que la vérité les y obligeoit.* Ce sont les paroles de la préface de M. Le Clerc.

Ensuite il entre en matière. « Tout ce que je me propose, dit-il, est

(1) Cf. *Sébastien Le Clerc*, pag. 118-120.
(2) *Discours touchant le point de veue, dans lequel il est prouvé que les choses qu'on voit distinctement ne sont veues que d'un œil, par Sébastien Le clerc;* Paris, Thomas Jolly, 1679, in-12 de 86 pages.

principalement de démontrer que les peintres ne doivent considérer la vue que comme un point. Je croirai avoir réussi dans mon dessein si je prouve ces deux choses : la première, que tout ce que l'on voit distinctement, l'on ne le voit que d'un œil ; la deuxième, que tous les rayons visuels par lesquels on voit distinctement, se réunissent dans l'œil à un seul point. » J'ai vu beaucoup d'habiles gens qui étoient convaincus que M. Le Clerc avoit parfaitement bien démontré ces deux points. J'en ai vu qui, ne pouvant se rendre à ses preuves, avouoient pourtant qu'ils ne savoient comment y répondre. Ce petit ouvrage n'a que 86 pages in-12, et fut achevé d'imprimer le 12 août 1679. L'Épitre dédicatoire à M. D'Ormoy a 10 pages, et j'ai vu des connoisseurs qui la regardoient comme une fort bonne pièce, bien pensée et bien écrite (1).

Vers ce temps-là, M. Colbert, ayant dessein de récompenser M. Le Clerc, prit la résolution de le faire chef du Balancier Royal ; mais M. Le Clerc, qui ne savoit ce que c'étoit de faire sa cour, perdit ce poste, faute de l'avoir mérité par des moyens qui n'étoient point de son goût. Cependant, il eut toute la peine de cet emploi pendant un temps assez considérable, sans en avoir ni l'honneur ni le profit. Il a fait pendant plusieurs années tous les dessins des médailles pour l'histoire du Roi. Il conduisoit les graveurs, et nous l'avons vu souvent corriger leurs cires et leurs creux, et même graver à l'eau forte le trait sur leurs poinçons.

En 1688, M. Le Clerc fit pour les figures des Saints, ou comme on les appelle ordinairement pour les *Sentences* qui se sont distribuées longtemps dans les congrégations des Jésuites, plusieurs petits morceaux, savoir, les seize premiers des mois de janvier, mars, avril et mai. Ces sentences ont un peu plus d'un pouce de hauteur et un pouce et demi de largeur, sans y comprendre la petite bordure dans laquelle l'oraison de chaque saint se trouve renfermée (2).

Le dessin du martyre de S. Jean devant la Porte-latine, gravé par Audran pour la confrérie des imprimeurs en taille douce, peut être du même temps. Il faut avoir le premier et non le second, au haut duquel on a ajouté un petit saint Luc peignant (3).

(1) V. aussi *Bibliothèque du Richelet*, art. *Clerc*, et *Vie de Laurent Josse Le Clerc*; Paris, 1878, in-8°, p. 213, 214.
(2) Cf. *Sébastien Le Clerc et son œuvre*, pag. 180-183.
(3) Ibid., p. 168.

En 1689, M. Le Clerc fit plusieurs morceaux pour sa grande géométrie imprimée au commencement de 1689. Ils sont au nombre de quarante-cinq, tous dans le chapitre 10° ou dernier du traité. Il y en a trois sur chaque planche. Ils ont de hauteur environ un pouce et demi, et trois de largeur. Il y a aussi un fort beau fontispice, au milieu duquel sont les armes de M. de Louvois auquel le livre est dédié, sans pourtant qu'il y ait d'épitre dédicatoire. Il a 5 pouces et demi de hauteur et 3 et demi de largeur (1).

Cette même année 1690, M. Le Clerc eut le brevet de graveur du roi, qui porte 400 livres de gratification.

En 1691, M. Le Clerc finit deux fort grandes têtes de vieillards. Elles sont assez bonnes, néanmoins il n'en fut pas satisfait. Il les a mises depuis au vieux cuivre et les a effacées, ce qui fait qu'elles sont assez rares (2).

Ce fut à peu près vers ce temps que M. Le Clerc travailla pour M. Maillet, chanoine et théologal de Troyes. Il fit quatre grands morceaux d'architecture, où il y a un assez grand nombre de figures. Les bâtiments ne sont pas de M. Le Clerc, mais seulement les figures qui sont d'une légèreté et d'une correction admirables (3).

Le Roi ayant pris Mons le 9 avril 1691, M. Le Clerc grava cette action importante. Ce morceau est fort bon. M. Le Clerc conçut le dessein de faire une suite de l'histoire de Sa Majesté de la même sorte, mais il ne l'exécuta pas.

Il fit, en l'année 1692, la plus grande partie de ses douze grands paysages dédiés à M. le marquis de Beringhen (4). Ce seigneur a toujours fait à M. Le Clerc l'honneur de l'estimer et de le chérir. Il a été un des premiers qui ait ramassé l'œuvre de M. Le Clerc, et il l'a fort

---

(1) *Sébastien Le Clerc et son œuvre*, p. 186.

(2) Il est arrivé plusieurs fois que M. Le Clerc ayant fait des petites planches dont il n'étoit pas content, il les jetoit dans le fond d'une caisse pour les troquer contre du cuivre neuf et poli. Quelquefois il les rayoit d'un grand coup de burin, quelquefois il ne les rayoit pas. Je me souviens qu'étant encore fort jeune, je cherchai parmi ce vieux cuivre où il y avoit plus de vingt morceaux. Il y en avoit même quelqu'un sur cuivre jaune. Comme nous ne pensions pas que les ouvrages de M. Le Clerc dussent être recherchés avec tant de soin, nous ne nous mettions nullement en peine d'en faire tirer des épreuves. Nous nous contentions d'en choisir quelques-unes pour nous en divertir, selon qu'elles nous paraissoient moins gâtées. *(Note de L. J. Le Clerc.)*

(3) *Sébastien Le Clerc et son œuvre*, p. 231, note 1.

(4) Suivant M. Meaume, ces paysages sont de 1673 (*Sébastien Le Clerc*, p. 92-95).

complet (1). Les paysages de M. le marquis de Beringhen étant trop forts pour être copiés par des commençants, M. Le Clerc en fit une douzaine d'autres plus aisés. C'est ce qu'on appelle les petites vues de quelques environs des faubourgs de Paris. Ils ont de hauteur 2 pouces et 5 et demi de largueur (2).

En 1693, M. Le Clerc fit un petit voyage à Metz, où il vit son père, qui le reconnut à sa voix, car il étoit aveugle depuis près de 18 ans.

L'année suivante, M. Le Clerc fit une petite Vénus qui vogue sur les eaux dans une espèce de coquille. Cette pièce, qui est très rare, a été copiée fort bien par un autre graveur nommé aussi Le Clerc, mais qui n'est ni parent ni du même pays que Sébastien Le Clerc (3).

Un saint Claude priant dans la solitude. Ce morceau est à deux fins, et on le prend ordinairement pour N.-S. priant dans un désert. Cette pièce est aussi fort rare, et a de hauteur près de 3 pouces et 4 de largeur (4).

Le portrait de M. Potier d'Aubancourt. Il est en forme de médaille, et a un peu plus de 2 pouces 1/2 de diamètre. Ces trois morceaux ont été faits pour M. Potier, maintenant intendant de la duchesse de Duras. Il étoit pour lors en philosophie, et déjà fort curieux des ouvrages de M. Le Clerc dont il avoit commencé à faire un recueil, n'étant encore qu'en seconde, et âgé seulement de quatorze à quinze ans. Il l'a fort perfectionné depuis, et il y a peu de curieux qui en ayent un plus complet.

Pour les *Panégyriques* de M. Fléchier, in-4°, imprimés en 1695, M. Le Clerc fit une vignette qui représente une petite gloire, qui a plus de 2 pouces de hauteur, et près de 4 1/2 de largeur. Il y a dans ce même volume deux autres vignettes en bois. La première représente une Religion, l'autre un simple jeu de palmes. Il y a aussi deux fleurons en bois. Ces quatre morceaux sont de M. Le Sueur, habile graveur en bois, et d'après les dessins de M. Le Clerc (5).

Il commença en cette année les petites batailles d'Alexandre, d'après M. Le Brun, et il les finit l'année suivante 1696. Il y a six morceaux,

---

(1) « L'œuvre formé par le marquis de Beringhen est aujourd'hui au cabinet des estampes, dans une ancienne reliure aux armes royales. » (*Sébastien Le Clerc et son œuvre*, p. 213, note.)

(2) *Sébastien Le Clerc*, p. 219-220.

(3) Ibid., p. 203-205.

(4) Ibid., p. 213-218.

(5) Ibid., p. 231-232.

dont le premier qui représente la galerie des Gobelins, est de l'invention de M. Le Clerc. Ces six morceaux sont de trois grandeurs différentes. La défaite de Porus et la bataille d'Arbelles ont 10 pouces de largeur. La famille de Darius et le triomphe d'Alexandre ont 6 pouces de largeur. Les deux autres ont près de 9 pouces de largeur. Toutes les hauteurs sont presque égales, et d'environ un peu plus de 4 pouces (1).

Deux fleurons pour les *Hommes illustres* de M. Perrault, qui parurent en 1696. M. Perrault, ami de M. Le Clerc depuis plus de 25 ans, fit son éloge dans celui de Callot, en deux mots, mais fort bien et fort judicieusement (2).

M. Le Clerc, qui n'a jamais succombé sous le dégoût du travail, et qui ne se délassoit jamais autrement qu'en diversifiant et entremêlant ses ouvrages de plus longue haleine, reprit, vers ce temps-ci, la résolution de faire une petite suite de différents événements glorieux du règne de Louis le Grand. Il grava pour cela la prise de Montmeillan par M. de Catinat, le 21 décembre 1691. Cette pièce est d'un goût singulier et symbolique. On y voit un charriot plat, sur lequel est posé un rocher fort escarpé. Sur la cime du rocher est un fort. On voit, sur le devant du rocher, une femme triste, le front appuyé sur la main, qui est le symbole de la ville. Ce charriot est tiré par un assez grand nombre d'hommes, aidés par quelques-uns qui poussent le charriot par derrière. Ce morceau est double, parce que M. Le Clerc y a ajouté depuis un fort beau fond qui représente une espèce de galerie où il y a un très grand nombre de spectateurs. M. Le Clerc ne poursuivit pas son dessein suivant cette manière.

Vers le même temps, M. le duc de Bourgogne, qui dessinoit différents petits morceaux d'après M. Le Clerc, désira éprouver s'il exécuteroit bien quelque pièce où il y eût de tout, figures, animaux, arbres, lointains, etc. On proposa pour cela à M. Le Clerc les versets 6, 7 et 8 du chapitre onzième d'Isaïe (3). M. Le Clerc l'exécuta parfaitement.

(1) *Sébastien Le Clerc*, p. 232-237.

(2) « Il n'y a point eu avant lui (Callot) de graveur d'un semblable talent, et à la réserve de l'excellent M. Le Clerc qui le suit à ne pas demeurer derrière, il n'en est point venu depuis qui en ayt approché » (p. 96 de l'édition in-folio, Paris, 1696).

(3) « Habitabit lupus cum agno, et pardus cum hœdo accubabit : vitulus et leo, et ovis simul morabuntur, et puer parvulus minabit eos. Vitulus et ursus pascentur : simul requiescent catuli eorum, et leo quasi bos comedet paleas. Et delectabitur infans ab ubere super foramine aspidis ; et in cavernâ reguli, qui ablactatus fuerit manum suam mittet » (ISAI, XI, 6, 7, 8).

Il l'a depuis retouché, et au lieu du jeune berger qu'il avoit mis d'abord, et qui étoit joliment et lestement drapé, il a mis un petit enfant nu; il a aussi changé beaucoup de choses dans cette pièce, qui est par conséquent double (1).

Mgr le duc de Bourgogne ayant été très satisfait de ce morceau, M. Le Clerc en prit occasion de faire pour ce prince de nouveaux mélanges de figures, chevaux et paysages. Il fit donc son petit recueil de *figures, chevaux, paysages,* qu'il dédia à ce prince, qui les reçut fort bien. Il n'y avoit d'abord que trente planches. Depuis, M. Le Clerc en a ajouté six à six en différents temps. Ainsi, il y a maintenant 60 feuilles. Ces morceaux ont plus de 2 pouces 1/2 de hauteur et près de six de largeur (2).

On a un autre petit morceau qui a de hauteur 2 pouces 1/2 et 3 1/2 de largeur. Il y a au haut : *Ludovicus fecit : Philippus dono dedit : Carolus risit : 1698, 1 maii;* et au bas : *Aubouïn apportant des livres aux princes.* En voici l'explication : Mgr le duc de Bourgogne, assis, s'avançoit vers Aubouïn pour prendre les livres qu'il lui présentoit. Aubouïn, sans y faire attention, se retiroit en arrière, en sorte que le prince ne pouvoit atteindre ces livres. Ce prince en fit sur le champ un petit dessin, et c'est ce que marquent ces mots : *Ludovicus fecit.* Mgr le duc de Berri ne put s'empêcher de rire en voyant ce dessin et en apprenant le sujet : *Carolus risit.* Cette esquisse du prince fut don-

---

(1) Rien de plus innocent, on le voit, au moins de la part de Sébastien Le Clerc, que cette jolie gravure. Rien pourtant de moins orthodoxe, s'il faut en croire La Beaumelle (*Mémoires pour servir à l'histoire de Mme de Maintenon*) qui « paraît avoir puisé le fond de son historiette dans la *Relation du quiétisme* » de l'abbé Phelipeaux. D'après ces auteurs justement suspects, « le sujet de cette magnifique composition aurait été indiqué à Le Clerc par Fénelon, ami de Mme Guyon, et aurait eu pour objet la représentation d'un rêve de la célèbre visionnaire. Elle aurait prédit que l'oraison revivrait sous un enfant, c'est-à-dire sous le duc de Bourgogne. Ce serait donc lui qui serait représenté au milieu de l'estampe, une houlette à la main; l'enfant nu, à gauche, tirant un serpent d'un trou, serait le duc d'Anjou, et le duc de Berri, encore à la mamelle, serait représenté sur les genoux de sa nourrice, sous les traits de Mme Guyon elle-même. L'histoire, ajoute M. Meaume, semble protester contre cette ingénieuse explication. En effet, l'estampe est publiée en 1695. A cette époque, Mme Guyon était non seulement disgraciée mais persécutée » (*Sébastien Le Clerc et son œuvre*, p. 221-280). Le témoignage de Laurent Josse Le Clerc confirme pleinement celui de l'abbé de Vallemont (*Éloge de Sébastien Le Clerc*, p. 49). M. Guerrier (*Mme Guyon, sa vie, sa doctrine et son influence, d'après les écrits originaux et des documents inédits;* Paris, 1881, in-8° p. 188) rapporte, sans la discuter, l'interprétation quiétiste donnée à l'estampe.

(2) *Sébastien Le Clerc et son œuvre*, p. 237-242.

née à Aubouin par Mgr le duc d'Anjou : *Philippus dono dedit*. M. Aubouin pria M. Le Clerc de la graver.

M. Le Clerc donna au public, en 1698, son *Académie des Sciences et des Beaux-Arts*. Il n'est pas aisé d'en faire la description, n'y ayant ni art, ni science de quelque considération qui n'y soit très bien énoncée. L'ordonnance générale, la distribution des groupes, les attitudes, tout en un mot y est bien imaginé et également bien exécuté ; pour tout dire, c'est le chef-d'œuvre de M. Le Clerc (1). Toutefois nous n'en parlons ici que pour avoir occasion de dire un mot d'une autre espèce de travail qui étoit proprement l'unique récréation de M. Le Clerc.

Cet homme, vraiment infatigable dans le travail, ne prenoit jamais de récréation, tant qu'il avoit assez de jour pour travailler ; mais lorsque le jour commençoit à baisser, il travailloit à faire différentes machines de toutes espèces. Il y étoit extrêmement adroit. On en voit un grand nombre, très correctement dessinées, quoique en extrêmement petit volume, dans son *Académie ;* et M. l'abbé de Vallemont a remarqué, avec beaucoup de vérité, que M. Le Clerc n'avoit presque pas eu besoin de les chercher ailleurs que dans son cabinet. Il en a inventé quelques-unes pour démontrer son système du monde et son sentiment sur la vision. Quand il en avoit vu quelqu'une de singulière chez quelque curieux, il ne manquoit guère de l'imiter, dès qu'il en avoit le loisir, chez lui. Surtout il avoit un cours de statique, où l'on voit presque tout ce qui peut démontrer les règles de cette science. Il en avoit sur presque toutes sortes de sciences physiques ou mathématiques.

Quand on lui rendoit visite, il se faisoit un plaisir de faire voir ces machines et en donnoit l'intelligence avec une fort grande netteté. Ces petites curiosités, jointes à sa réputation, lui attirèrent une infinité de visites, et lui procurèrent beaucoup de connaissances durant les quinze dernières années de sa vie. Entre les personnes de considération dont il avoit l'honneur d'être connu et même estimé, je ne dois pas omettre Mgr l'Electeur de Cologne (2) qui, lui ayant entendu avec plaisir

(1) Je ne dois pas oublier ici une chose qui est pourtant connue de plusieurs curieux, c'est que M. Le Clerc a fait deux autres dessins ou projets d'Académies, qui ne cèdent en rien à celui qu'il a gravé. Ils sont entre les mains de ses enfants. (*Note de L. J. Le Clerc.*) — Sur l'estampe de l'*Académie*, cf. *Sébastien Le Clerc et son œuvre*, p. 243-252.

(2) Joseph-Clément de Bavière, né le 5 décembre 1671, élu archevêque et Electeur de Cologne le 10 juillet 1688, sacré par Fénelon, archevêque de Cam-

expliquer plusieurs de ces petites pièces curieuses, eut encore la bonté de recevoir un petit présent de sa main, qui étoit un tableau changeant où étoient son Elie enlevé et son Tobie. Ce prince, ayant appris dans la suite la mort de M. Le Clerc, en marqua sa peine et promit de dire la sainte messe pour le repos de son âme.

En 1700, M. Le Clerc s'apercevant que l'obligation dans laquelle il étoit d'aller une fois chaque semaine donner une leçon de Géométrie et de Perspective lui devenoit à charge, songea à se démettre de l'emploi de professeur, en faveur de son adjoint, M. Joblot, assez connu parmi les savans. Il le fit peu après 1700 (1). Il avoit un cours complet de perspective qui est entre les mains de ses enfans. Il a fait de sa main plus de 300 dessins, dans lesquels il a mis en perspective presque toutes sortes de choses, comme figures, maisons, arbres, escaliers, meubles, etc. Son fils, Benoît Nicolas Le Clerc, qui enseigne les mathématiques, a dessein de le faire imprimer, et d'y joindre un traité des ombres du Soleil, qu'il a composé (2).

M. Le Clerc grava, en 1701, 33 médailles pour le grand livre intitulé, *Histoire du roi par les médailles*, publié par l'Académie royale des Inscriptions en l'année 1702. Outre ces 33 médailles, qui sont toutes ombrées et dont le fond est rempli par des lignes ou hachures horizontales, et comme l'on exprime l'azur dans le blason, M. Le Clerc en fit sept au simple trait et sans aucun fond, et quelques autres qui sont aussi au simple trait mais avec un fond à hachures horizontales. Il y en a aussi une, faite d'une autre manière. Elle est ombrée comme les premières, mais le fond en est ponctué comme un fond d'or. C'est celle de la fuite de l'Electeur de Brandebourg. M. le Clerc en avoit encore gravé quelques autres qui étoient de la première façon et n'ont point été insérées dans le corps du livre, mais qui ont été supprimées, savoir : une entrée de la reine à Paris; un Icare tombant dans la mer; la prise de Namur; la prise de Condé et de Maubeuge. On y voit Pallas tenant un javelot prêt à être lancé, et à l'extrémité

brai, le 1er mai 1707, et mort le 12 novembre 1723. Cf. *Gallia Christiana*, t. III, col. 714, 715. — Moréri, articles *Bavière* (branche de Munich) et *Joseph-Clément*.

(1) Ou plutôt *avant* 1700. Louis Joblot devint en effet titulaire de la chaire de Géométrie le 4 juillet 1699. Cf. *Sébastien Le Clerc et son œuvre*, p. 325.

(2) L'autographe de ce précieux manuscrit est aujourd'hui la propriété de M. le baron de Salis, de Metz. Voir M. Meaume, qui en démontre l'authenticité, en donne la description ainsi qu'un fac-simile, et en fait l'analyse (*Sébastien Le Clerc et son œuvre*, p. 324-333).

une arrière-garde d'armée qui fuit. A l'autre extrémité est le fleuve
de l'Escaut effrayé, qui s'appuie sur son urne, 1649. Ce morceau est
exécuté autrement dans le livre imprimé : mais est-il mieux? C'est
aux connoisseurs à en juger (1).

Depuis près de vingt ans, M. Le Clerc travailloit à donner les dessins pour les médailles du roi, et au nombre de plus de deux cents,
tant esquisses que dessins finis, dont plusieurs avoient déjà été exécutés en creux. Cependant, lorsqu'on travailla à terminer le grand
livre des médailles, on changea la plus grande partie de ces dessins,
et on crut leur donner plus de grâce, de délicatesse et de correction.
On peut comparer, si l'on veut juger de la réussite, les médailles de
M. Le Clerc qui n'ont pas été mises dans le grand livre, avec celles
qui y ont été insérées, et qui représentent les mêmes sujets.

Pendant qu'on pensoit efficacement à exécuter ce grand ouvrage
et à le mettre en état de paraître, M. Le Clerc fit une médaille pour
Charles XII, roi de Suède. Il y est représenté debout, sur un champ
de bataille, appuyé sur son épée et couronné par la Victoire. L'inscription : *Duas uno meruit die* (supple, *coronas*). Dans l'exergue :
80,000 Moschorum fugatis aut cæsis. Narva obsid. liberata. M. Le
Clerc fit une bordure d'une magnificence et d'une délicatesse char-
mante, pour enfermer cette médaille avec son explication, et un
petit fleuron fort léger pour terminer l'explication. Le dessein de
M. Le Clerc étoit de donner par là un modèle de ce qu'on pouvoit
faire pour le livre auquel on travailloit à la gloire de notre grand
monarque. M. Le Clerc ne mit que cette médaille dans la bordure
parce qu'il croyoit que les deux médailles posées à côté l'une de l'autre
ne pouvoient avoir un si bel effet, et qu'elles avoient nécessairement
quelque chose de lourd. Il croyoit aussi qu'il suffisoit de mettre le
portrait de Sa Majesté d'espace en espace, suivant les changemens
de l'âge, sans le mettre à chaque page. Enfin il étoit persuadé que,
pour rendre l'ouvrage plus parfait, il falloit diversifier toutes les bordures et les faire toutes très riches, très dégagées pourtant et très
légères (2).

M. Le Clerc employa presque toute l'année 1705 à son *Entrée triom-
phante d'Alexandre dans Babylone*. Elle est parfaitement belle, et de
la même grandeur que l'Académie des Sciences. Monseigneur, à qui

(1) Cf. *Sébastien Le Clerc et son œuvre*, p. 259-262.
(2) Ibid., p. 254-255.

elle étoit dédiée, la reçut fort gracieusement. Sa Majesté avoit fait
mettre ces deux morceaux dans son cabinet en tableau changeant (1).

A la fin de 1705, Mgr le cardinal Gualterio (2), pour lors Nonce en
France, qui prenoit un singulier plaisir à voir travailler M. Le Clerc
et à lui entendre expliquer ce qu'il y a de plus curieux dans presque
toutes les parties de la physique et des mathématiques, et qui le visi-
toit souvent, le fit chevalier romain. Il lui en envoya la croix, avec
les provisions au bas desquelles étoit le grand Sceau, renfermées dans
une fort belle boëte d'argent, le 1er jour de l'année 1706. En voici la
teneur en faveur des curieux :

*Philippus Antonius Gualterius, Dei et Sanctæ Sedis Apostolicæ gra-
tiâ Archiepiscopus-Episcopus Imolensis et Comes, Sanctissimi Domini
Nostri Papæ Prælatus domesticus et Assistens, ejusdem et dictæ Sanctæ
Sedis apud regem christianissimam Nuntius Apostolicus, dilecto nobis
in Christo Domino Sebastiano Le Clerc, Regis delineatori præstan-
tissimo, salutem in Domino sempiternam. Vitæ ac morum honestas,
aliaque laudabilia probitatis ac virtutum merita quæ illarum largitor
Altissimus in persona tua cumulavit, merito nos inducunt ut personam
eamdem singularibus prærogativis et honoribus decoremus, necnon
dignioris nominis titulo extollamus. Hinc est quòd nos volentes te,
præmissorum meritorum tuorum intuitu, specialis excellentiæ digni-
tate sublimare et condignis prosequi favoribus, te Dominum Le Clerc
Sacri Palatii et aulæ Lateranensis comitem, militem et equitem aurea-
tum (3), authoritate Apostolica nobis uti præsuli Assistenti à Sancta
Sede Apostolicâ concessæ, quâ fungimur in hâc parte, tenore præsentium facimus, creamus, constituimus et deputamus, ac aliorum comi-
tum, militum et Equitum Aureatorum Sacri Palatii, eo aulæ Latera-*

(1) *Sébastien Le Clerc et son œuvre*, p. 265-268.
(2) Philippe-Antoine Gualterio, né le 24 mars 1660, nonce en France depuis
le 27 février 1700, cardinal en 1706, mort à Rome le 21 août 1728. Voir son
article dans le Moréri de 1759.
(3) J'ai vu plusieurs personnes qui étoient en peine de savoir pourquoi M. Le
Clerc avoit ajouté à ses armes, gravées au bas de son portrait, une couronne
de comte. On en voit la raison dans ces mots de sa provision : *Sacri Palatii et
aulæ Lateranensis* COMITEM. Nous avons beaucoup de gens qui ont pris ce titre
de *comes palatinus*, ou qui se sont qualifiés en françois *comtes palatins*. Voyez,
par exemple, le titre de la somme de Bonacina, où il est appelé *comes palatinus*,
et la dédicace de la collection des *Arrests* de Boniface, où M. d'Oppède, premier
président du Parlement de Provence, à qui cet ouvrage est dédié, est qualifié
comte palatin. (Note de S. J. Le Clerc.)

nensis hujusmodi numero, ordini et consortio favorabiliter aggregamus,
decernentes quòd tu ex nunc deinceps (1), *vestibus, cingulo, ense et cal-*
caribus aureatis, torque et aliis insigniis militaribus, necnon omnibus
et singulis privilegiis, immunitatibus, exemptionibus, honoribus, præ-
eminentiis et antelationibus, quibus alii Sacri Palatii et Aulæ Late-
ranensis comites, milites et equites Aureati ab eâdem Sanctâ Sede
Apostolicâ creati, de jure, usu, consuetudine, privilegio, aut aliàs quo-
modolibet utuntur, potiuntur et gaudent, uti, potiri et gaudere possis
et valeas. non obstantibus constitutionibus et ordinationibus Apostolicis,
cæterisque contrariis quibuscumque. In quorum omnium et singulorum
fidem et testimonium, hoc nostrum privilegium manu propriâ firmatum
et per infrà scriptum secretarium nostrum, subscribi, sigillique nostri,
quo in talibus utimur, jussimus impressione muniri. Datum Parisiis
in Palatio nostro, die decimâ sextâ mensis decembris, anno Domini
millesimo septingentesimo quinto. — Archiepus-Episcopus Imolensis et
Comes, Nuntius Apostolicus.

En 1706, M. Le Clerc fit imprimer son *Nouveau système du Monde* (2).
Il en avoit donné une idée dans les *Mémoires* de Trévoux en 1704 (3).
Comme le fond de ce système consiste à faire tourner le soleil aussi
bien que la terre autour du centre commun du monde, une personne,
qui avoit donné un projet à peu près semblable vingt-cinq ans auparavant, suscita une grande querelle à M. Le Clerc, écrivant quelques
libelles contre lui et le décriant partout de vive voix comme un pla-
giaire (4). M. Le Clerc, qui n'avoit jamais lu le projet de cet auteur,

---

(1) M. Le Clerc n'a jamais su quels étoient les privilèges énoncés dans ce
bref, et ne s'en est jamais mis en peine (*Note de L. J. Le Clerc*).

(2) *Nouveau système du Monde, conforme à l'Ecriture Sainte, où les phénomènes sont*
expliqués sans excentricité de mouvement, composé par Sébastien Le Clerc, chevalier
romain, dessinateur et graveur ordinaire du Roy; Paris, Pierre Giffart, 1706, in-8°
de 99 pages sans la préface, la table et le privilège qui est du 20 janvier 1706.
Sébastien Le Clerc donna en 1708 une seconde édition (in-8° de 200 pages) dans
laquelle il ajouta 16 articles aux 37 premiers dont le livre fut d'abord composé.
Cf. *Journal des Savans*, année 1709, p. 253-255 de l'édition in-4°.

(3) *Mémoires de Trévoux*, avril 1704, p. 644-647. Voir aussi dans le cahier
d'octobre 1704 (pag. 1804-1811), le *Projet d'un système de l'air, par M. Le Clerc,*
dessinateur et graveur ordinaire du Roy.

(4) Cette « personne » était Mallemant de Messanges, frère de l'auteur d'un
Traité physique du monde, imprimé à Paris en 1679. Il publia en 1705 son *Discours*
de M. de Messange sur trois articles des Journaux de Trévoux, pour la deffense de son
nouveau système du monde; Paris, in-12 de 24 pages. Cf. *Mémoires de Trévoux*, février 1706, p. 272-276, et décembre 1706, p. 2059-2065. *Vie de Laurent Josse Le*

crut que son serment sur ce fait le purgeroit aisément de cette espèce
de petite persécution et se résolut de supprimer son ouvrage s'il se
trouvoit semblable à celui qu'on l'accusoit d'avoir pillé. Ayant enfin
trouvé cet ouvrage qui étoit universellement ignoré, il vit que ce prétendu système qu'on l'accusoit d'avoir copié étoit très différent du
sien. Ainsi, il poursuivit son dessein, obtint un privilège et fit imprimer
son système. Comme l'auteur qui l'avoit attaqué ne cessoit de crier
contre lui, et de la manière du monde la plus indigne d'un habile
homme, M. Le Clerc fit une addition à son système, dans laquelle il
fait voir, avec la dernière évidence, que son système est entièrement
différent de celui de son adversaire, et qu'il suit une route toute différente de la sienne, même dans le point sur lequel seul il semble être
d'accord avec lui. Cela fait, M. Le Clerc ne se mit plus en peine de
tout ce que quelques personnes, qui ne vouloient ou ne pouvoient
pas examiner les preuves de sa juste défense, purent croire ou dire de
lui. On peut connaître, par la lecture de l'ouvrage de M. Le Clerc,
combien il étoit doux et modéré, n'ayant pas dit la moindre injure à
un homme qui le traitoit de la manière du monde la moins civile et la
moins supportable.

M. Le Clerc voyant la manière tout à fait honorable pour lui, dont
son *Entrée d'Alexandre* et son *Académie* avaient été reçues du public,
prit en 1707 la résolution de lui faire encore, avant sa mort, un présent
semblable. Il fit deux fort beaux dessins de la même grandeur que
son *Académie ;* l'un est un passage de la Mer Rouge, et l'autre une
descente de Jésus-Christ aux limbes. L'entreprise étoit un peu forte
pour un homme septuagénaire ; aussi ces deux dessins sont restés là,
et on aura de la peine à trouver un graveur en état de les exécuter.
Après tout, on ne peut que louer M. Le Clerc qui, quoique dans un
âge si avancé, n'avoit d'autre désir que de progresser encore et d'effacer tout ce qu'il avoit fait par quelque chose de meilleur.

Clerc, pag. 299, note. — Le *Journal des Savants* de 1707 (p. 46-54 de l'édition in-4°)
parlant de cette contestation dans l'analyse qu'il fait du livre de Sébastien Le
Clerc, conclut son article par ces paroles : « Il arrive ici, contre toute apparence, juste le contraire de ce que dit certaine épigramme d'un poète célèbre,
connue de tout le monde, qui commence par ce vers :

> « Entre Le Clerc et son ami Coras, » etc.,

et finit par ceux-ci :

> « Mais aussitôt que l'ouvrage eut paru,
> « Plus n'ont voulu l'avoir fait l'un ni l'autre. »

En 1710, sa vue s'affoiblit tout d'un coup fort notablement. Il accepta cette peine, qu'il regardoit comme la plus grande qui lui pouvoit arriver, avec un esprit de résignation exemplaire. Toute sa douleur étoit de ne pouvoir plus travailler, et de se voir obligé à passer les journées entières à ne rien faire. Sa vue étant revenue au bout de quelque temps, son esprit, que la mélancolie sembloit avoir un peu abaissé, revint aussi, et il recommença à travailler avec une satisfaction qu'il ne pouvoit exprimer.

Cette année-là même, il fit, pour la congrégation des écoliers des Jésuites, une Annonciation. Hauteur, près de 3 pouces 1/2, sans y comprendre l'espèce de base qui est au-dessous, dans laquelle est renfermée la prière ou profession des congréganistes : largeur, 2 pouces 1/2. M. Le Clerc, qui y avoit un fils, nommé Claude, lequel étoit pour lors en rhétorique sous le R. P. Lejay qui prenoit soin de cette assemblée de piété, en fit présent à la Congrégation. Par reconnaissance, le P. Lejay lui donna quelques livres de piété.

En l'année 1711, M. Le Clerc finit, pour l'histoire de l'Ordre du Saint-Esprit, un ouvrage assez considérable, qu'il n'a pas pu pousser plus loin, faute de santé. Il y a 1º les armes de quelques chevaliers avec les accompagnements qui conviennent à leurs qualités, savoir : celles de M. le maréchal d'Ussel; de M. le marquis de Béringhen et de M. de Torcy, secrétaire d'Etat : 6 pouces de hauteur et 5 1/2 de largeur ; 2º une procession magnifique des chevaliers de l'Ordre : elle est fort bien gravée, et le dessin en est fort beau; 3º neuf dessins fort beaux que M. Le Clerc n'a pu graver, mais qui sont très bien finis.

M. Le Clerc termina sa petite Psyché en quatre feuilles. Ces quatre morceaux sont bons et corrects. Les fins connaisseurs remarquent pourtant qu'ils n'ont pas toute la liberté ordinaire de M. Le Clerc, mais que cet habile homme, qui commençoit à se ressentir de l'âge, sembloit avoir appréhendé de ne pas assez limer son ouvrage, et l'avoit, comme l'on dit, manié plus que de coutume. Au reste, quoique les touches en soient moins hardies, cet ouvrage ne laisse pas d'être bon et de faire honneur à la vieillesse de M. Le Clerc.

Dans la petite description de la chapelle de Versailles, imprimée en 1711, il y a cinq morceaux au bas desquels on a mis *Le Clerc delineavit*. M. Le Clerc n'a eu aucune part à cela, sinon qu'il a touché de petits endroits et gravé quelques petites figures fort déliées.

En 1712, il fit imprimer son petit système de la Vision (1), où il s'étend plus au long à prouver ce qu'il avoit avancé dans son *Traité du point de vue*.

M. Le Clerc ne travailla pas beaucoup cette année-là, ayant été incommodé en différentes manières : cependant il ne fut pas tout-à-fait oisif.

Il fit son Saint-François recevant les stigmates pour le 16ᵉ volume de M. Fleury. Il est bien touché, mais il se sent de la pesanteur de main de M. Le Clerc et de la faiblesse de sa vue. M. Le Clerc s'en aperçut bien lui-même, et se condamna volontairement à ne plus graver, que sa main et sa vue ne se fussent raffermies.

M. Le Clerc travailla encore, en 1713, à une planche qu'il avoit commencée l'année précédente et qu'il a laissée imparfaite, la main et la vue, et enfin la vie lui ayant manqué avant qu'il ait pu l'achever. Elle représente toutes les machines de son cabinet.

Sentant sa mort approcher, M. Le Clerc se hâta de terminer les planches de son livre d'Architecture (2) et de mettre en état tous les dessins qu'il ne pouvoit pas graver lui-même. Il y a dans ce traité 186 planches, toutes du dessin de M. Le Clerc. Il les a aussi toutes gravées, à la réserve de cinq ou six. Il avoit commencé à graver cet ouvrage vers 1700, et il s'y occupoit tous les jours où il n'avoit point d'autre ouvrage pressé.

Depuis plus de quarante ans que M. Le Clerc donnoit des leçons d'architecture, il avoit dessiné fort proprement plus de deux cents morceaux qu'il donnoit à copier à ses disciples. Ils étoient tous de la même grandeur que ceux qu'il a gravés.

Enfin, au mois de septembre de cette année, ne pouvant plus ni graver ni dessiner, il travailla à corriger les épreuves de son livre. Il

(1) *Système de la vision fondé sur de nouveaux principes, par Sébastien Le Clerc, chevalier romain, dessinateur et graveur ordinaire du cabinet du Roi*; Paris, Florentin de Laulne; 1712, in-8° de 151 pages. Cf. *Mémoires de Trévoux*, mars 1713, p. 510-520. *Journal des Savants*, année 1712, p. 676-680 de l'édition in-4°. Dans les *Mémoires de Trévoux* de mai 1705 (p. 894-898) on trouve *Quelques observations sur la vue ou la vision, par M. Le Clerc, dessinateur du Roy; que ce qu'on voit distinctement, on ne le voit que d'un œil*.

(2) *Traité d'Architecture, avec des remarques et des observations très utiles pour les jeunes gens qui veulent s'appliquer à ce bel art; par Sébastien Le Clerc, chevalier romain, dessinateur et graveur ordinaire du cabinet du Roy*; Paris, Pierre Giffart, 1714, in-4° de 194 pages sans les liminaires et la table, plus un volume de planches. Cf. *Journal des Savants*, année 1714, p. 747-746 de l'édition in-4°. — *Mémoires de Trévoux*, septembre 1714, p. 1624 et suiv.

s'occupa à ce travail jusqu'à Pâques de l'année suivante, et dès que son livre fut achevé entièrement et en vente, il ne fit plus rien du tout.

Il tomba malade la Semaine-Sainte, et puis, étant un peu revenu, il prit du lait d'ânesse pendant les mois de mai et de juin, ce qu'il n'avoit point manqué de faire depuis plus de quarante ans. Sa santé parut se rétablir, et la vivacité de son esprit, qui avoit commencé à se ralentir l'année précédente, s'étant plus notablement diminuée, il passoit assez doucement la journée, s'amusant sans chagrin à ajuster les machines de son cabinet, ou à causer et se promener avec ses enfants. Enfin lorsque l'on espéroit de le posséder encore quelque temps, la nature défaillit tout d'un coup. Il reçut tous ses sacrements avec une fort grande présence d'esprit et dans des sentiments de piété qui édifièrent toute sa famille et ses voisins. Le septième jour de la maladie, qui fut celui de la mort, ayant perdu la vue et la parole, un de ses fils qui étoit au Séminaire étant venu pour le voir et recevoir sa bénédiction, on l'en avertit : mais il ne put faire autre chose que de pleurer un moment. Peu après, il mourut fort paisiblement, le 25 octobre 1714. Il fut enterré le lendemain au soir, dans l'église de Saint-Hippolyte, au pied de l'autel de la sainte Vierge, à laquelle il avoit toujours eu une dévotion singulière. Il n'avoit jamais manqué (en santé) à réciter tous les jours son petit Office, depuis qu'il avoit été reçu dans la Congrégation, chez les RR. PP. Jésuites de Metz.

Peut-être ferai-je plaisir à plusieurs personnes d'étude, de leur apprendre que M. Le Clerc est mort âgé de plus de 77 ans, après plus de 60 d'assiduité à son travail, toujours dans son cabinet et assis, sans pourtant avoir jamais ressenti aucun de ces maux que l'on regarde ordinairement comme la suite presque inévitable d'une vie sédentaire, tels que sont la gravelle, la pierre, la goutte, les maladies de poitrine, etc. Cependant, il étoit d'une complexion extrêmement délicate, petit, maigre, et le visage toujours fort rouge ; mais il sut se conserver, nonobstant la faiblesse de son tempérament, par un régime de vie extrêmement réglé et uniforme. Le voici :

M. Le Clerc ne s'est jamais levé fort matin, mais ordinairement entre sept et huit. Il faisoit sa prière et récitoit une partie de son Petit Office, ce qui duroit environ une demi-heure. Ensuite il se mettoit à son travail, prenoit un bouillon une demi-heure après, buvoit un coup et mangeoit environ deux onces de pain, sans sortir de sa place. Il dînoit environ à une heure, et d'abord après, sans jamais prendre aucun temps de récréation, il retournoit à son travail. Il goûtoit légèrement, mangeoit un fort petit morceau de pain et buvoit un coup vers quatre heures et demie, sans quitter son ouvrage, et continuoit son travail jusqu'à la fin du jour. Il soupoit entre sept et huit. Dans l'été, il alloit quelquefois (se) promener avec son épouse ou quelqu'un de ses enfants pendant une heure ou un peu plus. Ordinairement, après souper, il retournoit à son cabinet, où il étudioit (car il ne gravoit presque jamais à la chandelle) jusques après minuit. Pendant les dernières années de son mariage, il ne se couchoit ordinairement qu'à deux heures après minuit; mais depuis une grande maladie qu'il eut en 168..., il se coucha ordinairement à minuit, à l'exception des quatre ou cinq dernières années de sa vie, qu'il se couchoit environ une heure plus tôt.

Afin de se désennuyer en travaillant, et en même temps de mettre son temps doublement à profit, il avoit presque continuellement, pendant qu'il gravoit durant le jour, quelqu'un qui lisoit auprès de lui. Avant son mariage, il avoit un garçon qu'il gageoit presque uniquement pour lui rendre ce service.

En récompense, il lui montroit le dessin, la Géométrie, la Perspective, la Fortification, etc., lui faisant lire des ouvrages qui traitoient de ces matières, lui en donnant des leçons particulières, et lui laissant assez de temps pour les apprendre et les mettre en pratique. Dieu lui ayant dans la suite donné une nombreuse famille, il accoutuma de bonne heure ses enfants à cette occupation, qui leur a été à la vérité fort utile, mais qui leur étoit pour lors souvent fort à charge. Il faisoit ordinairement, le matin en commençant son travail et le soir en le finissant, une lecture de quelque livre de piété, et ensuite d'Histoire ou de Science, suivant la capacité de ses lecteurs. Chacun, dans sa famille, avoit son tour. Quand venoit celui de ses deux aînés, il ne manquoit pas de leur faire expliquer quelque historien latin, ou quelques endroits de la Bible. M. Le Clerc s'étoit ainsi fait lire les meilleures traductions des historiens grecs et romains, et cela plusieurs fois, en sorte qu'il n'y avoit guère de point d'histoire ancienne, sacrée ou profane, de fables, de métamorphoses, etc., qu'il ne pût historier assez juste et bien circonstancier sur le champ. Il ne sortoit presque jamais, et ne faisoit point de visite qui ne fût au moins d'une bienséance nécessaire. Il voyoit pourtant bien des gens qui le visitoient; mais ordinairement il entretenoit fort bien une compagnie tout en travaillant, et répondoit fort juste, même sur des points de science assez épineux. Il avoit une maxime qu'il inculquoit souvent à ses enfans : c'étoit de ne jamais passer, en lisant quelque livre que ce puisse être, par-dessus une chose que l'on n'entend pas d'abord, mais de l'approfondir et de ne point passer outre sans l'avoir comprise. Aussi, quand ils lisoient auprès de lui, et qu'il se rencontroit quelque terme qu'il croyoit leur devoir être inconnu, il les arrêtoit, leur en demandoit la signification, la leur faisoit chercher, leur indiquant les endroits nécessaires, afin qu'ils la trouvassent par eux-mêmes ; il la leur expliquoit avec beaucoup de patience jusqu'à ce qu'ils la comprissent.

M. Le Clerc mangeoit et buvoit fort peu, et étoit fort délicat là-dessus, s'abstenant d'une infinité de choses qui pouvoient l'incommoder. Aussi à peine mangeoit-il deux ou trois fois par an hors de chez lui. Son épouse, à qui il étoit cher, lui servoit en ce point plus que toute la médecine imaginable, et savoit ce qui lui étoit convenable.... (1).

Quand un ouvrage de longue haleine lui devenoit fastidieux......, il se délassoit en faisant autre chose. On. n'a peut-être guère vu d'homme plus patient dans le travail que M. Le Clerc, et plus éloigné d'un défaut que l'on reproche assez communément aux français, qui est de vouloir voir le bout d'un ouvrage dès qu'ils l'ont entrepris et à peine bien commencé. M. Le Clerc étoit tellement maître de lui-même en ce point, que nous l'avons vu travailler à plusieurs ouvrages qu'il a interrompus très souvent, à mesure qu'il s'en présentoit d'autres, et qu'il reprenoit à différentes fois, pendant plusieurs années de suite, quoique ce fussent des ouvrages qu'il auroit pu terminer en beaucoup moins de temps, s'il y eût travaillé sans interruption. Par exemple, M. Le Clerc a travaillé plus de trente ans à la composition de son

(1) Il y a ici, évidemment, une lacune dans le manuscrit. Un cahier, c'est-à-dire quatre pages au moins ont été égarées. La faute doit, apparemment, être imputée au relieur, car la numérotation des pages se suit parfaitement ; preuve certaine qu'elle a été faite après la reliure du manuscrit. Le mot *aussi* écrit en guise de réclame au-dessous du mot *convengble* qui termine la page 64, devrait être le premier de la page suivante cotée 65. Cependant la page 65 commence ainsi : « que M. Le Clerc a eu non seulement d'amis, mais aussi de personnes qui lui ont fait l'honneur de le voir sans le connoître particulièrement » : paroles qui n'ont aucune liaison avec la fin de la page 64. D'ailleurs le 6° qui suit, à la page 65, n'a pas de corrélatif. Dans les cinq alinéas qui le précèdent, comme dans ceux qu'on va lire, M. Le Clerc me paraît avoir entrepris de justifier la rigoureuse exactitude de quelques louanges décernées à Sébastien Le Clerc par l'abbé de Vallemont, dont Laurent Josse cite d'abord les propres paroles.

livre d'Architecture, n'y mettant que le temps auquel il n'avoit aucun
autre ouvrage pressé. Nous l'avons vu aussi travailler à plusieurs
machines de son cabinet qu'il désiroit de finir fort vite. Néanmoins
jamais il n'y travailloit que le soir, et dans le temps seulement qu'il
ne pouvoit employer à graver.

*Pour être convaincu de la vive attention qu'il avoit à employer le
temps, il n'y a qu'à considérer le nombre prodigieux d'ouvrages qui
sont sortis de son cabinet.* En voici un précis : 1º plus de 2,000 cachets
qu'il a gravés ; 2º plus de   dessins, tous de sa main et presque
tous son invention ; 3º plus de   planches gravées de génie ;
4º   planches gravées d'après les ouvrages ou dessins de différents maîtres ; 5º un grand nombre de machines de toutes sortes ;
6º deux traités de géométrie ; 7º Un beau traité d'architecture ; 8º un
de fortification ; 9º un de perspective ; 10º un système de la vision
et un traité du point de vue ; 11º un nouveau système du monde ;
12º il a, outre cela, donné pendant plus de 35 ans, des leçons de toutes
ces sortes de sciences, et surtout de dessin, à plusieurs écoliers.

*M. Le Clerc parle aussi juste, et raisonne aussi conséquemment
dans ses livres de physique, que s'il n'avoit fait toute sa vie autre
métier que de philosopher* (p. 190). Cela est très vrai, et on peut s'en
convaincre à l'ouverture de quelque livre que ce soit, de ceux qui
sont sortis de sa plume. M. Le Clerc possédoit parfaitement sa langue
et la parloit bien. Entendant aussi fort bien et fort à fond toutes les
matières dont il s'est mêlé d'écrire, il n'est pas surprenant qu'il l'ait
fait avec beaucoup de justesse et de netteté.

*L'amour du travail le préservoit de tomber dans les pièges que le
démon tend aux oisifs* (p. 184). Si l'oisiveté est la mère et la nourrice
de l'iniquité et de toute sorte de vices, le travail, au contraire, en est
la ruine et comme le contre poison. Aussi, quoique M. Le Clerc fût
homme et qu'il eût ses défauts, nous pouvons assurer, sans crainte
d'être accusé de flatterie, qu'il n'en avoit point de considérable.

*Il avoit d'ailleurs su se garder de cette secrète complaisance que les
hommes habiles ne ressentent que trop quand ils exécutent des choses
extraordinaires et dignes de l'estime et de l'admiration du public* (p. 184).
Pour être pleinement convaincu combien M. Le Clerc étoit éloigné de
l'entêtement que bien des auteurs, souvent même assez peu estimables, ont pour leurs productions, il suffit de faire attention à un
fait que tous les curieux savent, et dont il serait à souhaiter que la
vérité pût être démontrée évidemment fausse. Ce fait est que M. Le

Clerc étoit si peu rempli de la bonté et du mérite de ses ouvrages, que pendant près de 30 ans, il a été sur le pied de livrer ses planches sans en garder pour lui presque aucune épreuve. De là vient que tant de belles vignettes, comme par exemple, le *grand Concile, le Saint Augustin,* etc., sont si rares, qu'il ne s'en trouve pas six ou sept sans lettre. Ce ne fut qu'après 1690, que M. le marquis de Beringhen contraignit M. Le Clerc, à force de remontrances, à ne plus livrer aucune planche sans en avoir tiré pour lui, ou plutôt pour satisfaire les curieux, au moins une cinquantaine d'épreuves. C'est ce que l'épouse de M. Le Clerc a eu soin de faire exécuter de presque tout ce qu'il a fait depuis ce temps-là, à la réserve d'un petit nombre de morceaux dont M. Le Clerc n'a fait tirer pour lui aucune épreuve, parce que ceux pour lesquels il travailloit le désiroient ainsi et le lui faisoient promettre expressément.

XXIX

HENRI DE SOURDIS

ET LES RÉGULIERS DE BORDEAUX (1643-1645)

Le différend que je vais raconter eut, lorsqu'il éclata, un grand retentissement à Bordeaux et au dehors. La Cour de Rome, celle de France, l'Assemblée générale du clergé intervinrent successivement dans le débat, soit pour prononcer la sentence, soit pour en aider ou pour en contrarier l'exécution.

Les parties adverses étaient l'Archevêque Henri de Sourdis d'une part, et de l'autre, les religieux Mendiants de Bordeaux, tels que les Frères-Prêcheurs, les Récollets, les Augustins, les Carmes et les Jésuites. Ces derniers combattirent aux premiers rangs, et ce sont eux qui, dans la mêlée, reçurent et portèrent les plus rudes coups : voilà pourquoi ils seront presque seuls à figurer dans ce récit.

L'objet du démêlé était pareillement multiple : je m'attacherai au plus important, le pouvoir qu'ont les religieux, en vertu des privilèges apostoliques concédés à leur Ordre, d'administrer les sacrements de Pénitence et d'Eucharistie *durant la quinzaine de Pâques*.

Henri de Sourdis interdit aux réguliers l'exercice de ce pouvoir en 1643, conformément, disait-il, à l'ancien usage de l'Église gallicane, et suivant les décrets du concile provincial tenu à Bordeaux en l'année 1624, au chapitre *Des Sacrements*. Mais ces deux raisons étaient aussi peu solides l'une que l'autre. D'abord, le frère et successeur du cardinal de Sourdis savait ou devait savoir que le paragraphe du concile de 1624, visé par son Ordonnance, avait été purement et simplement biffé par la Congrégation romaine chargée d'en réviser les décrets (1). C'est à tort aussi que le prélat alléguait la pratique de l'église de France. Plusieurs conciles provinciaux, en effet, entre autres ceux de Rouen en 1581, d'Aix en 1585, de Cambrai en 1586; plusieurs synodes diocésains, tels que ceux de Toulouse en 1530, de Clermont en 1538, de Soissons en 1571, de Lyon en 1577, avaient tous déclaré que les réguliers approuvés par l'évêque pouvaient entendre les confessions des séculiers durant le temps pascal (2).

L'ordonnance de l'Archevêque souleva, on le pense bien, de la part des religieux, d'unanimes protestations. En public comme en particulier, ils soutinrent énergiquement les droits qu'ils tenaient immédiatement du Souverain Pontife. Le P. Le Guales, jésuite (3), prêchant dans l'église de la maison-professe de Bordeaux, le dimanche 25 octobre 1643, prit pour texte de son discours ces paroles de l'Évangile : *Reddite quæ sunt Cæsaris Cæsari, et quæ sunt Dei Deo.* D'après le rapport qui en fut envoyé à Henri de Sourdis, alors à Paris, l'orateur dit qu'il fallait « rendre à l'Archevêque un honneur et une obéis-

---

(1) *Archives historiques de la Gironde*, t. XVII, p. 404.

(2) Nat. Alexander, *Historia ecclesiastica Veteris Novique Testamenti... Dissert. IV ad seculum XIII et XIV;* ed. Roncaglia et Mansi ; Bingii ad Rhenum, 1789, in-4°, t. XVI, p. 63-99.

(3) Pierre Le Guales fit les trois premiers vœux le 20 septembre 1609, et fut admis à celui des profès, à Bordeaux, par le Père Coton, alors provincial, le 14 avril 1614, en même temps que le Père Debugis, auteur de plusieurs ouvrages théologiques. Le Guales fut supérieur de la maison professe de Bordeaux et membre de la Congrégation de l'Archevêque, au moins après la mort d'Henri de Sourdis, pendant la vacance du siège, et aussi sous l'administration d'Henri de Béthune. Il prêcha l'octave du Saint-Sacrement dans l'église cathédrale de Saint-André en 1630, et l'Avent dans l'église paroissiale de Saint-Projet de Bordeaux, en l'année 1632.

sance proportionnée à sa dignité; mais que, s'il ordonnoit une chose
et le Pape une autre (opposée), il faudroit obéir au Pape; que le Pape
avoit donné des privilèges qui étoient choqués et contredits; que
les Religieux étoient obligés de les maintenir, sans avoir égard aux
commandemens de l'Ordinaire; qu'ils avoient pouvoir de confesser et
de prêcher, etc. (1). »

Aujourd'hui on ne verrait rien de répréhensible dans cette doctrine, au moins si on y ajoute l'obligation d'obtenir l'approbation de
l'évêque, obligation imposée aux religieux eux-mêmes, et que ceux
de France avaient reconnue par une déclaration expresse, signée
d'eux à Paris, le 29 février 1633, en présence du cardinal de Richelieu (2). Ajoutons encore que les réguliers doivent se renfermer dans
les limites de leurs privilèges, et s'abstenir, à l'intérieur de leurs
chapelles, de donner la sainte Eucharistie aux laïcs le jour de la
solennité de Pâques.

Mais, au XVIIe siècle, les évêques de France en général et Henri de
Sourdis en particulier, n'entendaient pas la chose tout à fait de la
sorte. Aussi voyons-nous, le 1er novembre 1643, l'archevêque de Bordeaux inspirer ou dicter à son secrétaire la lettre suivante, qu'il signe
ensuite et envoie de Paris à son Vicaire-Général :

« Monsieur Caron ; je vous envoye l'extrait d'un sermon qu'on m'a
mandé que le Père Goales (*sic*) avoit faict. Si cela est (comme je n'en
doute pas), je desire que vous en fassiez informer secrettement sans
en communiquer à personne qu'à ceux qui vous seront absoluement
necessaires et que vous sçaurez estre secrets. Le P. Bonnet vous y
peut servir. Il faudra pour cet effet decerner monitoire *ad aures*, et
apres que vous aurez tiré toutes les lumieres que vous pourrez de
cette façon, je veux aussy que vous en decerniez un autre que vous
ferez fulminer publiquement dans toutes les paroisses, dans lequel
vous particulariserez ce qui est porté par ledit extrait de sermon,

---

(1) Ce document inédit est aux archives de l'Archevêché de Bordeaux, ainsi
que les lettres citées ou analysées plus loin.

(2) Voir cette déclaration avec les signatures dans la *Collection des procès-verbaux des Assemblées générales du Clergé*; Paris, 1769, t. III ; Pièces justificatives
de l'assemblée de 1645, no VIII, p. 29. Toutefois, l'impartialité m'oblige à dire
que, dans l'assemblée de 1645, l'évêque d'Aire se plaint que les religieux
eussent « désavoué ceux qui avoient signé ladite déclaration, prétendant que
leurs priviléges sont plus anciens que le Concile de Trente (*Ibid.*, p. 292). »

afin qu'un chacun rende sa declaration selon ce qu'il en sçaura. Après quoy vous ferés citter ledit Pere Goales en congregation pour l'interroger et sçavoir de luy s'il aprouve et advoue ce qui est porté par ledit sermon, et autres faicts que vous aurez appris de nouveau; ce qu'estant fait, vous m'enverrez, s'il vous plaist, les dites procedures en bonne forme. — SOURDIS, *arch. de Bord.*

« Apres avoir veu les imprimez que je vous envoie, vous les ferez voir aussi au P. Destrades en luy donnant sa lettre, »

Le 8 du même mois, l'Archevêque faisait encore écrire ce qui suit : « Monsieur Caron; Je viens presentement de recevoir vostre lettre du 2 de ce mois, par laquelle j'aprins la continuelle entreprise des Jesuistes. Je desire que vous en informiez en la forme et en la maniere que je vous ay cy devant mandée. Le P. Bonnet vous donnera des prebstres qui rendront leurs declarations sur le monitoire *ad aures;* apres quoy vous esclatterez et en ferez publier de publicqs, et observerez ponctuellement en cette procedure tout ce que je vous ay marqué par ma precedente, vous protestant que ce ne sera pas inutilement et que nous en aurons bonne raison..... »

Le P. Le Guales ayant eu connaissance de la lettre écrite au P. Destrades par l'Archevêque, fit à celui-ci une réponse qu'il faut également reproduire, car il est de toute justice d'entendre l'accusé dans sa défense :

« Monseigneur; J'estois dans les exercices spirituels lors que le Pere Destrades a reçu celle de laquelle il a pleu à Vostre Grandeur de l'honnorer, et les ayans finis, il m'a faict veoir les mauvaises impressions qu'on vous a voulu donner de quelque mienne predication, par laquelle j'aurois choqué vostre aucthorité, et manqué au respect que je dois à Messeigneurs les evesques. Monseigneur, je suis infiniment deplaisant que ma sincerité à vous honnorer et servir en toutes les bonnes occasions ayt sy peu acquis de creance dans vostre esprit, qu'il soit capable de recevoir une sy noire accusation contre ma fidelité. Je parlois de l'aucthorité des puissances souveraines sur les puissances subalternes, en cas qu'elles eussent des volontés contraires, poursuivant l'induction de S Augustin (Serm. 6, *de Verbis Domini,* C. 8) (1), et ne dis rien qui ne soit dans les Conciles et les SS. Docteurs, et tout predicateur catholique doibt perdre plustot la vie que de prescher

---

(1) *Sermo* LXII, ed. Bened., n° 13; *Oper.*, t. V, p. 361.

le contraire ou s'en desdire. L'aucthorité et l'honneur du S. Siege est
le cube qui affermit ce qu'on doibt rendre aux autres prelats ses infe-
rieurs. De la messe de paroisse, je ne presché que conformement au
S. Concile de Trente et à la declaration de nos seigneurs les Cardinaux; et de la communion, je dis en ces termes, que l'Église n'obligeant qu'une fois l'an à la faire, le jour qu'on faict ses Pasques, en tout
autre temps on la peut faire en quelle eglise que ce soit à sa dévotion, mais que le jour que l'on faict ses Pasques, il la fault faire en sa
paroisse. Je presché cecy mesme devant feu Monseigneur le Cardinal
vostre frere d'heureuse memoire, un jour de la Purification, dans
Saint-André, l'an 1627, en tres belle compagnie. Je l'ai presché en plus
de dix cheses cathedrales où Messeigneurs les evesques m'ont faict
l'honneur de m'appeler, et n'en ay jamais receu reproche, ains benediction et approbation.

« Ensuite je fis veoir que les privileges des religieux estoient des
rayons de l'aucthorité monarchique du S. Siege, et rapporté fidelle-
ment le grand honneur que ils receurent de nosseigneurs les Prelats
de France ès Estats generaux, l'an 1614, quand demandant au Roy la
reception du Concile de Trente, ils adjouterent, sauf les immunités
de l'eglise Gallicane et les privileges des chapitres, colleges et monasteres.

« Celuy qui fit le sermon le jour de la Toussaincts, en vostre chese de
S. André, entreprint de refuter ce discours par une saillie jugée schismatique par tout son auditoire, et à peu tint que le peuple ne cria à
haute voix, *au schisme, au schisme,* et disoit en sortant, *qu'il aille prescher cela à Rome,* tant il estoit indigné d'ouïr des erreurs dans une
telle chese. Il m'invita de bonne grace publiquement à une conference
particuliere où il me feroit veoir l'esgalité des evesques avec le Pape.
J'attans le retour de vostre Grandeur, et lors s'il luy plaist d'en avoir le
plaisir, vous verrez un homme qui se desarmera luy mesme, pour
n'entendre pas solidement ce qu'il veut ou doibt dire. Il dict avoir
d'autres pieces de reserve pour cet advent et caresme contre les privileges des religieux ; je ne croy pas que vostre Grandeur le souffre.
Voila au vray ce qui s'est passé. Dieu pardonne à ceux qui vous en
ont faict un rapport moins fidelle, et qui ont faict des proces verbaux
que je suis prest de contester de faux par trois mille temoingts qui
m'ouyrent. Mais je suis assez deffendu, vous ayant pour mon juge,
estant trop asseuré de vostre bonté en mon endroit, et quand j'aurois
manqué, vous auriez des graces pour celuy qui est selon Dieu, Mon-

seigneur, vostre tres humble et tres obeissant servitteur. — PIERRE LE GUALES, *de la Compagnie de Jesus.*

« De Bourdeaux, ce 12 novembre 1643.

« Tout cecy fust dict en thèse ; je ne nomme jamais archevesque et n'indique aucun prelat ny affaire particuliere. »

L'archevêque répondit, encore de Paris, le 18 novembre, que bien des raisons, qu'il énumère, auraient dû déterminer le P. Le Guales « à ne pas parler d'une matière qui ne pouvoit que rendre ses sermons suspects et son affection à la hiérarchie douteuse ; » qu'il ne voulait « point d'autre conviction » que la lettre même du P. Le Guales, « pour faire voir qu'un autre objet que la gloire de Dieu » l'avait « poussé à dire ce dont » il aurait dû « se passer ; » qu'il n'y a « aucun predicateur catholique qui puisse dire que les chrestiens fassent aussi bien de frequenter les chapelles des religieux et y recevoir les sacremens, que s'ils le faisoient dans leurs paroisses par la main de ceux qui sont commis de Dieu pour leur gouvernement ; et tout predicateur, ajoute le prélat, qui preschera autrement au peuple que Dieu m'a commis, je l'interdirai, et il ira faire ses predications scandaleuses au lieu où la hiérarchie ne sera point en vigueur et veneration comme (elle l'est) aux lieux où j'aurai quelque pouvoir. Ce n'est pas, dit encore l'archevêque au P. Le Guales, que je n'aye une affection tres tendre pour vostre compagnie et pour vostre personne en particulier, mais je ne puis estre deserteur du bien de l'Église, sans que vous mesme me reprochassiez que les affections (des) particuliers m'auroient fait abandonner mon devoir ; et tout le monde m'accuseroit doublement, voyant que l'affection et amitié que j'ai pour vous me feroit abandonner la cause de l'Église. Ne trouvez donc pas mauvais que je fasse les poursuites necessaires pour m'esclaircir de la verité, afin de la faire voir à Messieurs les Prelats qui sont icy, aux oreilles desquels la nouvelle est venue du scandale arrivé à Bordeaux, priant Dieu cependant de vous deppartir ses graces et me donner les moyens de vous tesmoigner que je suis, etc. »

Les « poursuites » commandées par l'Archevêque eurent lieu en effet ; et le 29 novembre, Pierre Caron, vicaire-général, et Pierre Montassier, secrétaire de l'Archevéché, procédèrent à une « information secrète contre Mᵉ Pierre Le Guales, de la Compagnie de Jésus. » Trois prêtres furent entendus, dont deux étaient bénéficiers de St-Projet. Leurs dépositions, que j'ai sous les yeux, n'apprirent certainement à

Henri de Sourdis rien qu'il ne sût déjà aussi bien et peut-être mieux par la lettre du P. Le Guales lui-même ; le prélat dut même être surpris de ne pas y trouver plus de griefs à la charge du prédicateur. Mais ses sentiments restèrent les mêmes ainsi que ses résolutions. Il écrivit de Paris, le 24 décembre, au P. Destrades, supérieur de la maison professe de Bordeaux, une lettre pleine de récriminations, prouvant peut-être que, sur quelques points, quelques jésuites purent avoir quelques torts, mais ne démontrant pas que, sur le point en litige, l'archevêque de Bordeaux eût raison. Du reste, le lecteur en jugera.

« A Paris, ce 24 décembre 1643.

« Mon cher pere ; j'ay un extresme desplaisir de vostre mal et voudrois en avoir partie pour vous en libérer.

« Si les diverses plaintes que le Clergé de France et l'Église universelle (?) font de quelques-uns de vos peres dependoient de moy, je tacherois, y mettant ordre, de vous soulager ; mais comme je ne fais que partie de ce grand corps, je me treuve impuissant. Vous sçavez avec quelle tendresse j'affectionne vostre personne et vos interests, et quels sentimens j'ay tousjours eu pour le Pere Guales ; mais vous ne sçavez pas, je m'asseure, quelles impiétés sont dans Rabardeau (1), quelles estravagances heresiarques il y a dans Cellot (2), et quels re-

---

(1) Le bruit s'étant répandu que Richelieu allait faire créer un patriarche en France, Claude Hersant publia contre le cardinal une satire qu'il intitula : *Optati Galli de cavendo schismate, liber parœneticus*. Le Père Michel Rabardeau lui opposa, en 1641, *Optatus Gallus, de cavendo schismate, benigná manu sectus, tardè sed aliquando* (Parisiis, in-4°) ; mais il « donna dans des erreurs aussi bien que son adversaire. Il avançait que la création d'un patriarchat en France n'avait rien de schismatique, et que le consentement de Rome n'était pas plus nécessaire pour cela, qu'il ne l'avait été pour établir les patriarches de Jérusalem et de Constantinople » (*Bibliothèque des écrivains de la Compagnie de Jésus*, par les PP. de Backer et Sommervogel, art. *Rabardeau*). Un décret de la Congrégation de l'Inquisition, en date du 18 mars 1643, condamna le livre du P. Rabardeau comme contenant des propositions *respectivè temerarias* — je cite les paroles mêmes du décret — *scandalosas, piarum aurium offensivas, seditiosas, impias, potestatis Pontificiæ penitus destructivas, Immunitati ac libertati Ecclesiasticæ contrarias, Novatorum hæresibus proximas, erroneas in fide, et manifestè hæreticas*. L'Assemblée du clergé de France reçut ce décret en 1645, et le fit insérer dans ses Procès-Verbaux (Cf. *Collection des Procès-Verbaux*... Paris, 1769, t. III, p. 39, 40, des *Pièces justificatives*.

(2) L'ouvrage du P. Cellot, *De Hierarchia et hierarchis libri novem* (Rothomagi, 1641, in fol.) était dirigé contre le *Petrus Aurelius* de l'abbé de Saint-Cyran. Il « fut mis à l'Index, à Rome, par un décret du 22 janvier 1642, *donec corrigatur*. La Faculté de Théologie de Paris avait aussi voulu le censurer, mais le P. Cellot

laschemens il y a dans Bauny. Je vois que vous n'avez pas leu les livrets d'Angleterre, et les éloges que celuy qui a fait vostre bibliothèque leur donne, après que vostre compagnie les a desadvoués (1).

donna une rétractation signée de sa main le 22 mai, qui fut imprimée. » Dans un autre ouvrage, intitulé *Horarum subcisivarum liber singularis*, le P. Cellot ayant fait « une histoire de sa rétractation qui déplut à la Sorbonne, celle-ci fit réimprimer sa rétraction en 1648 » (*Bibliothèque des écrivains de la Compagnie de Jésus*, art. Cellot). — Le 22 novembre 1643, Henri de Sourdis envoya de Paris, à ses vicaires-généraux, l'ordre de publier les décrets concernant les PP. Cellot et Rabardeau, ce qui fut exécuté le 3 décembre suivant. Cette censure de l'Archevêque de Bordeaux fut imprimée à Rome dans un volume intitulé : *Censura librorum qui superioribus annis prodierunt, auctoribus Mich. Rabardeau, Bauny et Celot, e Societate Jesu* (in-12 de 16 pages).

Les historiens jésuites qui rapportent à peu près tous ces détails, n'y ajoutent rien de plus, et je ne pense pas être obligé à en faire davantage. Néanmoins, pour que personne ne m'accuse de manquer « aux plus saints de tous les devoirs » en parlant « sans plus de jour de la condamnation des Pères Cellot et Rabardeau, » je citerai ici textuellement ce que m'écrivit là-dessus, le 29 novembre 1882, un religieux dont la lettre me parvint par les voies régulières. « Aux archives de Loyola, dit-il, entre autres trésors français, j'ai trouvé un mémoire autographe du P. Cellot au Nonce du Pape à Paris, sur son livre. Certes, ce n'est pas pour avoir dit du faux contre la hiérarchie (ainsi que disaient ces stupides et perfides jansénistes) qu'il a été mis à l'Index ; c'est pour n'avoir pas, au contraire, assez soutenu les droits du Pape. Je n'ai ni le temps, ni le papier suffisant pour tout dire ; qu'il suffise de dire que le pauvre P. Cellot ne pouvant pas défendre, pensait-il, tous les droits du Pape sans faire crier *vers le roi* et tuer son livre, — il dédie son livre au Pape ; il y établit la suprématie du Pape ; puis, pour qu'on ne le dénonce pas au roi, il fait un faisceau des privilèges des réguliers et des privilèges de l'Église gallicane, et il met le faisceau sous la protection du Pape. C'était habile, vu la situation ; mais les jansénistes furent toujours plus habiles que les jésuites, ayant de plus qu'eux, la mensonge et l'hypocrisie à leur service. Ils dénoncent le livre *au Pape : Mens* (jansenistarum sectæ) *ea est*, dit le P. Cellot, *ut librum de hierarchia, sibi* CONTRARIUM, *quia apud regem accusare non potest, apud summum Pontificem insinulet, eo potissimum nomine, quòd Ecclesiæ Gallicanæ privilegia sæpe commendet*. Ils le dénoncèrent ainsi, en effet ; et comme les Papes ne veulent pas même *sembler* approuver les libertés gallicanes, on mit à l'Index le P. Cellot, pour avoir *semblé* les leur faire approuver, et on le mit à l'Index sans faire taire les aboyeurs. Après quoi ces aboyeurs hurlèrent : « Le P. Cellot a été condamné pour avoir fait un livre contre *la Hiérarchie*. » Si le zélé religieux qui m'a envoyé cette apologie du P. Cellot condamné *donec corrigatur*, y avait joint une apologie semblable du P. Rabardeau condamné sans restriction, je la reproduirais avec le même plaisir et la même candeur.

(1) Les réguliers d'Angleterre ayant prétendu n'avoir pas besoin de l'approbation des évêques pour entendre les confessions des fidèles, le docteur Kellison, recteur du collège des Anglais, à Douai, composa un traité pour soutenir le droit des évêques. Deux jésuites écrivirent en sens contraire : le P. Jean Floyd, sous le nom de *Daniel de Jésus*, donna son *Apologia Sanctæ Sedis Apostolicæ quoad modum procedendi circa regimen catholicorum Angliæ tempore persecutionis* (Audomari,

Vous n'avez pas ouy les insolences d'un Père Nouet en la chaire de
vostre maison professe de Paris (1) et les predications contre la hiérarchie faictes par aucuns de vos Peres à Rouen et à Orléans, qu'ils ont
estés obligés de retracter. En un mot, vous n'avez pas cogneu l'esprit
qui s'élevoit parmy aucuns de vostre compagnie contre la hiérarchie
et la dignité particulière des Evesques ; car, en ce cas, vous me con-
seilleriez, non de considerer mes amis particuliers, mais de me sepa-
rer de mon propre sang, et d'arracher mes yeux et mes entrailles qui
causeroient un tel scandale à l'Eglise. Je ne vous parle point par ouy
dire de toutes ces choses, puisque depuis deux ans je travaille à les
veriffier, et que les ayant fait voir à vos propres confreres, ils ont esté
contraints d'en advouer l'enormité. Tous les Tribunaux de la chres-
tienté où ils ont esté condamnés, vous doivent suffire pour vous faire
croire que, forcé par mon caractère et la vérité, je suis contraint de
paroistre à la teste d'un nombre de prelats beaucoup plus gens de bien
que moy, pour remedier aux maux que cette dangereuse doctrine
pouvoit produire.

« Si vous avez veu dans l'Archevesché autre livre que le recueil des

1631, in-4°) ; et le P. Mathieu Wilson, que d'autres nomment Edouard Knott, publia sous le faux nom de Nicolas Smith, *Modesta et brevis discussio aliquarum asser-
tionum doctoris Kellisoni...* (Antuerpiæ, 1631, in-12). Ces deux livres furent censurés par l'Archevêque de Paris, le 30 janvier 1631 ; par la Sorbonne, le 15 février
suivant ; et en 1633, par 34 évêques assemblés à Paris, au nombre desquels était
l'Archevêque de Bordeaux. Alegambe (*Bibliotheca..... Antuerpiæ*, 1643, in fol.
p. 99, 242), et après lui les PP. De Backer et Sommervogel attribuent ces deux
ouvrages aux deux jésuites cités. Cependant les supérieurs des jésuites de
Paris donnèrent aux évêques, le 23 mars 1633, une déclaration où ils affir-
maient que ces livres n'avaient été composés « par aucun religieux » de leur
compagnie, ajoutant qu'ils voudraient que « les auteurs desdits livres n'eussent
jamais pensé à proposer telles questions ». On trouvera l'histoire détaillée de
cette contestation dans Ellies Dupin (*Histoire ecclésiastique du XVII° siècle*, t. I,
p. 469-573), la liste des ouvrages qu'elle provoqua dans la *Bibliothèque des Ecrivains
de la Compagnie de Jésus* (art. *Floyd*), et les censures indiquées plus haut, dans la
*Lettre circulaire de Messeigneurs les Prélats assemblés à Paris le dimanche 29 novem-
bre 1645, le procez verbal fait en ladite assemblée et la satisfaction du P. Nouet de la
Compagnie de Jésus* ; Paris, in-4°, pag. 17-67.

(1) « Le P. Nouet avoit été accusé d'avoir dit, dans ses sermons, que la doctrine contenue dans le livre de la *Fréquente communion* par Arnauld, étoit pire
que celle de Luther et de Calvin, et qu'il fallait fuir comme des lépreux les prélats
qui l'avaient approuvé » *(Bibliothèque des Ecrivains de la Compagnie de Jésus*, art.
Nouet.) Mais le 28 novembre 1643, il déclara « n'avoir jamais rien dit en » ses «
sermons de tout ce que dessus », et que s'il lui étoit échappé quelqu'une de ces
choses, il seroit prêt « de monter en chaire pour le désavouer et en demander
pardon ». Cf. *Lettre circulaire* citée dans la note précédente.

mauvaises propositions de divers livres et la response à un livre que quelques-uns de vostre compagnie avoyent fait contre l'Université de cette ville (1), où ils ne mesprisent pas seulement les prelats, mais se plaignent qu'on aie recours à Sa Sainteté pour reprimer la mauvaise doctrine, le *(sic)* qualifiant puissance estrangere, sachez que je les des-advoüe, et m'en donnant advis j'en feray telle justice que vous desire-rez. Mais après toutes ces choses, que vous puis-je dire de plus pres-sant, que de voir un de vos Pères, mon cher amy à qui je suis obligé, monter en chaire pour prescher contre l'autorité episcopale, remplir les esprits de mon peuple de mauvais sentimens, et leur faire accroire qu'ils ont d'autres bouches que la mienne ou celles qui vont de ma part, par lesquelles ils pensent et doivent entendre les volontés de celuy qui m'a commis pour les enseigner ; de voir mon amy particu-lier dans ma chaire pour seduire mon peuple, favoriser les religieux rebelles, confirmer la mauvaise doctrine qu'ils avoient semée, enfin bastir une seconde Babylone dans le lieu où le temple de Salomon estoit basti, et faire une confusion de langue et de doctrine, où il n'y en doit avoir qu'une, conforme à celle des apostres et de Jesus-Christ.

« Il ne me fault point de nouveaux passages pour prouver la pri-mauté de Saint-Pierre ; mais je sçay bien aussy ce que ce grand saint Gregoire a respondu quand des flatteurs l'ont appelé le seul et universel evesque (2) ; mais vous ne me trouverez guère de Peres qui appellent les religieux la crème du Sacerdoce et de la religion ; et je vous en trouveray quantité, commençant par saint Gregoire, qui ap-pelerent le cloistre la retraite des pecheurs. Vous ne m'en trouverez guère qui disent qu'un chrestien satisfait à son devoir quand il va seulement communier à Pasques à sa paroisse ; et moy, je vous en trouveray beaucoup, et quantité de conciles, qui les exhortent d'y aller toutes les semaines, et leur commandent de n'y pas manquer dans trois semaines, à peyne d'excommunication. En un mot, vous ne me ferez pas croire que le Pere Guales aie eu grand desir de bien

---

(1) *Apologie pour l'Université de Paris contre le discours d'un jesuite, par une per-sonne affectionnée au bien public* (Godefroy Hermant) ; 1643, in-8°.

(2) Ce « flatteur » était Euloge, évêque d'Alexandrie, auquel saint Grégoire répondit : « Ecce in præfatione epistolæ quam ad me ipsum direxistis, superbæ appellationis verbum *universalem*, me papam dicentes, imprimere curastis. Quod, peto, dulcissima mihi sanctitas vestra ultrà non faciat... Ego enim non verbis quæro prosperari, sed moribus.... Recedant verba quæ vanitatem inflant, caritatem vulnerant » (Lib. VIII, Epist. 30 ; *Oper.* ed. Maurin., Parisiis, 1705, t. II, col. 919.)

edifier mon peuple, quand il a tant exageré la grandeur des relligieux
soubz le gouvernement de Mgr le Cardinal. Il ne sçauroit dire tant de
bonnes qualités qu'il en avoit; mais il ne doit pas oublier sa justice
quand le Père Remond fut mis en prison, quand les autres qui vouloient entreprendre sur sa jurisdiction furent chastiés. Enfin, il estoit
bon, mais fort juste. Quand il ne s'agira que de mes interests, je
tascheray à l'imiter en sa bonté, et quand il ira de ceux de l'Église,
j'essaieray à imiter sa justice.

« Au nom de Dieu, mon cher Pere, faites un peu de reflexion sur
l'Église comme vous en faites sur votre compagnie; et si vous desirez
que je continue dans la satisfaction que j'ay eue jusques à cette heure
d'elle, que le Pere Gualès change ses propositions, monte en chaire
pour destromper les auditeurs qui peut estre n'ont pas bien compris
ses intentions, s'attachant trop à ses parolles; mais que ce soit avec
telle candeur que je puisse, à l'advenir, comme je le desire, temoigner
à vostre compagnie ma bonne volonté. Pour vous, vous serez toujours
mon cher Pere, et moy votre tres affectionné serviteur. »

Henri de Sourdis demandait trop : il n'obtint rien.

L'année 1644 vit encore se prolonger, mais ne vit pas finir le différend né en 1643. Au mois de mars 1644, le P. Gilbert Rousseau (1),
supérieur de la maison professe des Jésuites de Bordeaux, monta en
chaire dans l'église des Carmélites, le jour de saint Joseph, « et commença à établir ses maximes, que les fidèles, au temps de Pâques, ne
sont pas obligés de se confesser à leur propre curé ou à un autre de
leur licence, soutenant ladite licence n'être nécessaire, ni verbale ni
par écrit (2). Ce coup inopiné du P. Rousseau qui avoit l'honneur

(1) Le Père Gilbert Rousseau fit le quatrième vœu à Bordeaux, le 10 juillet 1622, entre les mains du Père Coton, avec six autres jésuites, au nombre
desquels étaient les PP. Jean-Jérôme Baiole, Guillaume Anginot et Michel
Camain.
(2) Ce détail et les suivants sont tirés d'un mémoire déposé aux archives
archiépiscopales de Bordeaux et intitulé : *Menu des entreprises des Jésuites au
diocèse de Bordeaux*. Ecrit pour soutenir la cause de l'archevêque, ce mémoire
est empreint d'une révoltante partialité. Cependant j'ai cru pouvoir extraire de
ce réquisitoire, avec discernement toutefois, la substance des principaux faits
qui y sont contenus, et même conserver quelques-unes des expressions relati-
vement modérées, dans lesquelles ils sont rapportés. Si « les gros mots blessent
le bon goût », comme dit Joubert (*Pensées*, t, I, p. 111), ils ne blessent pas celui
contre qui ils sont lancés : ce sont des traits qui touchent peut-être, mais qui
ne pénétrent pas.

d'être de la congrégation de l'archevêché, et partant qui n'ignoroit
pas les règlemens du diocèse, qui même avoit juré de les garder,
obligea les grands vicaires d'assembler la congrégation. Le P. Rousseau s'y trouva, et il lui fut remontré le mal et le scandale que causoit,
dans la ville, sa prédication du jour de S. Joseph. Il ne le nia pas,
mais pour excuse, il dit seulement qu'il n'avoit pas commencé le premier; que ç'avoit été le P. Bonnet, curé de Sainte-Eulalie (1); que,
d'ailleurs, la confession étoit libre en tout temps; que le décret du
Concile de Latran n'étoit pas bien entendu, et qu'il mourroit pour
(soutenir) cela. Les grands vicaires et toute la congrégation le prièrent de ne prêcher point de telles matières au peuple, et lui montrèrent que les Saints Canons lui ordonnoient le contraire; mais comme
on le vit tout en feu (!), il fut arrêté qu'on feroit publier le décret du
concile de Bordeaux, et le statut de feu M. le cardinal de Sourdis sur
ce sujet. » Tel fut l'objet de l'ordonnance donnée par les vicaires
généraux le 22 mars 1644.

Aussitôt « le P. Rousseau fit imprimer un *certain* bref de Clément VIII, faisant, *lui sembloit-il,* à son sujet. » Sur ce point, le Jésuite
ne se trompait pas; car, dans ce bref daté du 22 décembre 1592,
Clément VIII prononce que les fidèles peuvent toujours licitement,
même au temps de carême et de Pâques, se confesser aux religieux
Mendians, aux prêtres de la Compagnie de Jésus et autres réguliers
jouissant des privilèges apostoliques, à la seule condition, pour les
confesseurs, d'être approuvés par l'ordinaire, et pour les fidèles,
de recevoir le sacrement de l'Eucharistie de leurs curés, dans leur
propre paroisse, le jour de la fête de Pâques. En même temps, le
Pape ordonne aux évêques de Cambrai et d'Arras, de contenir dans
le devoir, les curés qui empêchaient les fidèles commis à leurs soins
de se confesser aux réguliers durant le temps pascal (2). Une fois

(1) Il est à remarquer que l'auteur du mémoire, peu disposé d'ailleurs à épargner le Père Rousseau, ne le taxe pas de « calomnie » en ce point.

(2) « Præsenti nostro Decreto sancimus, tàm dictis Fratribus Mendicanti-
bus, et Presbyteris dictæ Societatis Jesu, quàm aliis privilegiatis prædictis,
quibus id à Sede Apostolica indultum est, idoneis tamen et ab Ordinario approbatis, peccata sua, etiam quadragesimali et Paschali, et quovis alio tempore, confiteri licitè posse » (Benoît XIV, *De Synodo Diocesanâ,* lib. XI,
cap. XIV, n. IV). Ce Bref fut adressé à l'Évêque de Tricarie, Nonce du
Saint-Siège en Allemagne, à l'occasion d'une controverse élevée à Douai, et
tout à fait semblable à celle qui agitait le diocèse et la ville de Bordeaux
en 1644. « On nous a averti, à notre très grand regret, dit le Pape, que depuis

imprimé, le texte du bref fut distribué au peuple et aux religieux de
Bordeaux par le P. Rousseau « pour les attirer à ses opinions. »

« Et en effet, le P. Damase, récollet, prêchant la Passion, le Vendredi-Saint, en l'église de Saint-Seurin, fit une digression, et tira de
sa manche un exemplaire de ce bref, le lut au peuple, et lui fit
entendre qu'il n'étoit obligé de se confesser, à Pâques, à son curé ;
que ceux qui enseignoient cette doctrine étoient des téméraires ;
et dit mille autres paroles insolentes (?), lesquelles obligèrent le Chapitre Saint-Seurin présent, de lui imposer silence pour ce regard. Le
P. Bonnet, prêchant pour lors le carême en l'église de Saint-Pierre,
enseigna le contraire. »

A toutes ces protestations, les religieux en ajoutaient d'autres

peu, en la ville de Douai, au diocèse d'Arras, quelques curés auroient osé, au
très grand scandale du peuple chrétien, détourner les fidèles, tant enseignant
et prêchant qu'en épouvantant un chacun par reprehensions et menaces des
censures ecclésiastiques, de confesser leurs péchés, au temps de carême et de
Pâques, aux Frères des Ordres Mendiants et aux Prêtres de la Compagnie de
Jésus, ces curés soutenant que, *tant par le droit que par la coutume*, il étoit défendu aux fidèles chrétiens de confesser leurs péchés au temps de carême et de
Pâques à autres qu'à leurs propres curés ; de quoi nous avons entendu les
consciences du peuple chrétien avoir été fort troublées ; car les Frères des
Ordres Mendiants et les prêtres de la susdite Compagnie, fondés sur les privilèges du S. Siège Apostolique, se sont efforcés de défendre, tant en particulier
qu'en public, et en leurs prédications, l'usage et coutume contraire reçue et
permise en l'Eglise de Dieu, et approuvée des Saints-Pères et Conciles généraux. Or, nous avons entendu la chose être arrivée jusque-là que de grandes
dissensions se seroient élevées entre lesdits curés et les prêtres de la Compagnie de Jésus ; mais ce qui nous a principalement déplu a été que nos vénérables frères, l'archevêque de Cambrai et l'évêque d'Arras, *sans avoir préalablement recours au S. Siège Apostolique*, ont amené cette affaire en débat, même en
jugement, et peut-être par devant la Cour séculière. Nous donc, voulant obvier
paternellement à tous ces scandales, rappelons devant nous par ces présentes
la cause ou causes semblables, si aucunes s'en trouvent intentées, et imposons
là dessus un silence perpétuel, tant aux curés qu'aux autres susdits ». Cette
traduction est à peu près celle du P. Rousseau, dans le petit volume qu'il fit
imprimer (in-8° de 21 pages) sans date ni lieu d'impression, avec ce titre qui
remplit les deux premières pages : *Bref de Clément VIII qui confirme les privilèges
donnés aux Religieux d'ouïr les confessions en tout temps, et par exprès au temps de
Pasques : et qui déclare à tous les fidèles, qu'ils se peuvent librement et licitement confesser aux Religieux Privilegiez au dit temps de Pasques, et ouïr la Messe tout le long de
l'année en leur Eglise, es jours du Dimanche et autres Festes : avec charge et commandement de contenir les Curés en leur debvoir sur ce subject ; et d'empescher qu'ils ne dé-
tournent le peuple d'ouïr la Messe es Eglises desdits Privilegiez, es dits jours de Festes et
Dimanches, et de se confesser à Pasques aux dits Privilegiez : A quoy sont adjoutées quelques Declarations sur ce mesme subject, de la Sacrée Congrégation des Cardinaux, interprètes du Concile de Trente.*

plus énergiques, auxquelles les Grands-Vicaires répondaient non moins énergiquement. Dès le 24 mars, les réguliers avaient appelé au S. Siège de l'ordonnance donnée le 22 par les Vicaires-Généraux. Ceux-ci, le 26, en ayant porté une autre contenant citation à comparaître et sentence d'interdit contre le P. Damase, le Récollet en appela au S. Siège le même jour. Autre citation faite, le 30 mars, au même P. Damase, qui, le 2 avril, répond par un autre acte, demandant, sur son appel, ce que l'on appelait *apostres*, c'est-à-dire des lettres certifiant que la partie avait appelé et renvoyant l'affaire par devant le juge supérieur.

Durant ces discussions publiques et privées, Henri de Sourdis était malade dans son abbaye de Saint-Jouin, au diocèse de Poitiers. « Poussé d'un désir de paix, » il fit, le 28 avril 1644, une ordonnance par laquelle il défendait « ces chaleurs, ces disputes et contentions en chaire, » et commandait « une surséance jusques à ce que, étant descendu sur les lieux, il y eût mis l'ordre requis et nécessaire. » C'est tout ce qu'en dit le Mémoire que nous suivons ; mais nous savons par l'arrêt du Conseil privé du roi, en date du 14 octobre 1644, que l'archevêque de Bordeaux y défendait « à tous les religieux de confesser et donner la communion aux fidèles pendant la quinzaine de Pâques, sur peine d'interdit de leurs églises et d'excommunication » pour leurs personnes. Cette ordonnance ayant été signifiée aux curés et prédicateurs de la ville ainsi qu'au P. Rousseau, celui-ci en appela à Rome, de concert avec cinq autres couvents de Bordeaux (19 mai 1644), qui signèrent également avec lui une requête adressée au Conseil du Roi (1).

(1) L'Archevêque se défendit par un *Mémoire contenant la Responce a la Requeste presentée au Roy et a son Conseil par quelques Religieux de la ville de Bordeaux contre Monseigneur l'archevesque de Bourdeaux et ses vicaires generaux* (manuscrit in-folio de 16 pages ; Archives de l'Archevêché). Ce mémoire est de la même main que le *Menu des entreprises* : c'est dire qu'il est écrit du même style. — On composa encore dans le même sens un factum qui fut imprimé sous ce titre : *An liceat fidelibus parrochianis confiteri apud Privilegiatos sine licentia tempore Pascali, et an hujusmodi confessiones sint validæ disputatio* (in-4° de 23 pages). L'opuscule fut composé par une créature de l'archevêque, peu de temps après la réponse donnée par la Congrégation du Concile, le 9 juillet 1644, à laquelle l'auteur réplique qu'il n'a pas encore vu les privilèges apostoliques dont il est parlé commé dérogeant au décret du concile de Latran : *nondum vidimus illa privilegia apostolica ad hoc data, cum derogatione decreti Lateranensis de quo disputamus.* Cet écrit fut imprimé à Bordeaux, bien qu'il ne porte pas de lieu d'impression, ni de nom d'imprimer. Vers la fin de l'année 1644, il en parut une réfutation intitulée : *Examen d'un livre qui porte pour titre cette demande : S'il est permis aux fidelles paroissiens de*

Le 9 juillet 1644, la Congrégation du Concile de Trente, conformément à ce qu'avait déjà statué Clément VIII, décida que l'archevêque de Bordeaux ne pouvait empêcher les réguliers jouissant de privilèges apostoliques, de confesser les personnes séculières durant la quinzaine de Pâques, ni de leur distribuer la sainte Eucharistie en ce temps, le jour de Pâques excepté (1). Sur les instances des jésuites, le Parlement ordonna à la Chancellerie d'expédier des lettres à l'effet de faire exécuter ce décret, qui fut ensuite publié et signifié à qui de droit.

se confesser aux Religieux privilegiés à Pasques sans autre licence, et si ces confessions sont valides, par le Sieur de N. etc. *Docteur en Théologie*, etc. (c'est un volume in-12 de 67 pages, dont il existe un exemplaire dans le recueil factice non catalogué, inscrit sous le numéro 6365 du *Catalogue* (imprimé) *d'Histoire* de la bibliothèque municipale de Bordeaux). L'auteur, qui confesse n'être pas religieux, bien qu'il soit affectionné « à ces saints Ordres », dit dans son avis *Au Lecteur*, que, « estant ces jours passés à Bordeaux », il eut « par un heureux rencontre la commodité de voir un certain livre composé en latin, qu'on tient encore caché pour le produire quand on le jugera à propos, pour avoir quelques effets, contre la croyance que les fidèles ont de la vérité des privilèges des Religieux ». L'anonyme prévoit que ces réponses pourraient bien empêcher le livre d'être publié. Il se montre d'ailleurs aussi versé dans l'histoire des choses bordelaises que dans le droit canonique. Ainsi il sait que le concile provincial tenu en 1624 par le cardinal de Sourdis n'a pu être approuvé à Rome (p. 47). Il sait encore que les Dominicains de Bordeaux possèdent l'original, et les Récollets de la même ville une copie authentique de la sentence portée par le Pape Jean XXII contre l'official de Bordeaux qui avait infligé des censures aux religieux, « à raison de ce qu'en tout temps ils entendoient les confessions des fidèles » (*Ibid*). Enfin il nous apprend que dans la dispute de 1644, « un curé de Bordeaux » — était-ce le P. Bonnet ? — « eut la hardiesse de dire au supérieur d'un des couvents, que si le Pape ou Monseigneur l'archevesque alloient à son église à Pasques, pour entendre les confessions, il le leur permettroit une ou deux fois *par honneur*; mais que, passé cela, il leur feroit entendre qu'ils ne le pourroient faire sans son congé » (p. 7, 8) !

(1) En voici le texte, tel que le rapporte l'auteur de la *Défense des Privileges des Religieux et du legitime pouvoir qu'ils ont pour l'administration des sacrements et prédications, par Irénée Deschamps* (in-8°, sans lieu d'impression, imprimé en 1645, mais composé en 1644, ainsi qu'il résulte de la page 139), p. 188 : « *Decretum Congregationis Eminentiss. Card. Conc. Trident. interpr. instantibus regularibus Burdegal.* Die 19 Jul. 1644, Sacra Congregatio Emin. Card. Conc. Trid. interpretum, post maturam discussionem, censuit Archiepiscopum Burdegal. non posse prohibere regularibus habentibus privilegia Apostolica, ut à Dominicâ Palmarum usque ad Dominicam in Albis inclusivè administrare non valeant personis secularibus sacramentum confessionis; posse tamen eisdem prohibere ut personis secularibus in die Paschatis non administrent sanctissimum Eucharistiæ sacramentum, etiamsi dictæ personæ seculares in aliâ die satisfecerint præcepto Ecclesiæ hâc de re edito. » Signé : JOANNES BAPTISTA, *Card.* PAMPHILIUS; et plus bas : FRANC. PAULUTIUS, S. C. SECRETARIUS. Moins de deux mois après cette décision (15 septembre 1644), le cardinal Jean-Baptiste Pamphili était élu pape, et prenait le nom d'Innocent X.

« De quoy ayant eu advis, j'ay, écrivait l'archevêque de Bordeaux au chancelier Séguier, appelé comme d'abus, et envoie à Paris toutes les pièces nécessaires pour relever l'appel, et pour vous informer particulièrement de cette affaire, afin que vous ne puissiez estre surpris » (1). Cette lettre était datée du 18 août 1644.

Quelques jours après (28 août), le P. Rousseau prêcha le panégyrique de S. Augustin dans le couvent des Augustins à Bordeaux. Est-il vrai que, louant, à juste titre certes, la modestie et l'esprit de pauvreté du saint évêque d'Hippone, le prédicateur « invectiva contre les prélats, censurant leur ameublement et leur façon de vivre, avec des termes » qui parurent « scandaleux? » Toujours est-il que l'archevêque ayant cité le jésuite à comparaître devant lui pour rendre raison de ses paroles, et le P. Rousseau en ayant de nouveau appelé au Saint-Siège, ainsi que son confrère, le P. Babon, syndic, Henri de Sourdis leur interdit la prédication et la confession, et défendit au peuple d'assister à leurs sermons. Mais le Roi, par un arrêt de son Conseil privé, donné à Fontainebleau, le 14 octobre 1644, fit défense à l'archevêque de rien attenter contre les privilèges des réguliers au préjudice de leurs appellations, et ordonna que le P. Damase et autres religieux « pourront continuer le service de leurs fonctions ordinaires de prêcher et confesser conformément à leurs privilèges, ainsi qu'ils souloient faire auparavant lesdites ordonnances, jusqu'à ce qu'autrement par Sa Sainteté il en eût été ordonné (2). »

Sa Sainteté était le pape Innocent X, qui venait de monter sur le siège de S. Pierre (septembre 1644). Avant de rien décider sur l'affaire, le Pape voulut, comme l'exigeait d'ailleurs l'équité, entendre l'archevêque de Bordeaux. Il lui fit donc envoyer par la Congrégation du concile, l'exposé des plaintes formées contre lui par les Religieux, avec prière de faire parvenir à Rome au plus tôt, *quamprimùm,* tout ce qu'il jugerait à propos de dire pour sa défense (3). Par suite de je

---

(1) *Archives historiques de la Gironde,* t. III, p. 240.

(2) Archives départementales de la Gironde, Série H. n. 735, *Affaires des Carmes,* t. I, fol. 93.

(3) « Perillustrissime et Reverendissime Domine uti frater. Eminentissimi Patres S. R. E. Cardinales sacri Concilii Tridentini interpretes ut petitioni Regularium Mendicantium istius Diœcesis maturiùs consulere possint, Amplitudinem tuam audiendam duxerunt; undè conclusum libellum ea recipiet ut, perspecta Oratorum instantia, quidquid deducere volueris, quamprimùm rescribat. Amplitudo tua de cetero bene valebit in Domino. Amplitudinis tuæ uti frater studiosus, J. Card. *Episcopus Sabinensis.* — Romæ, 3 decembris 1644. »

ne sais quel contre-temps (1), la lettre du Cardinal, Préfet de la Congrégation, bien que datée du 3 décembre 1644, ne fut remise entre les mains d'Henri de Sourdis qu'au mois de février 1645.

Aussitôt qu'il l'eut reçue, l'archevêque se mit en devoir de réfuter le mémoire des Réguliers. Le sien, — manuscrit de 14 pages in-4°, — fut d'abord rédigé en français, puis mis en latin pour l'usage du Pape et des Cardinaux : tout cela d'ailleurs fut affaire aux Vicaires-Généraux de l'archevêque ou à ses secrétaires. Laissant de côté ce qui touche aux personnes, sur lesquelles il importe assez peu aujourd'hui d'avoir une opinion arrêtée (2), — et sur les torts desquelles le Prélat n'est pas moins vif en latin qu'en français, parlant au Pape que parlant au Roi, — laissant, dis-je, de côté toutes ces misères, je citerai seulement le passage de ce mémoire où l'archevêque parle de sa conduite personnelle par rapport au décret du 9 juillet 1644.

« Les plaignants, dit-il, allèguent un décret obtenu de la Congrégation des Cardinaux pour la confession et communion paschale ; mais jamais il n'est venu à la connaissance de l'archevêque ; et parce que les privilèges de l'Église Gallicane veulent qu'on n'exécute aucun bref de Rome, s'il n'est au préalable présenté aux Prélats, et Lettres du Grand Sceau sur ce obtenues, voilà pourquoi sur le bruit qui a couru d'un certain décret sur la confession paschale, lequel l'archevêque n'a jamais vu, il s'est opposé à l'exécution, jusques à ce qu'il l'ait vu, pour représenter ses raisons et ses griefs à Sa Sainteté. Et il ne se trouvera pas que l'archevêque ait appelé comme d'abus du décret, mais bien de la forme de son exécution.

En même temps qu'il envoyait à Rome ses réponses au Mémoire des Réguliers, Henri de Sourdis écrivait au cardinal Grimaldi la lettre suivante :

(1) Dans leur lettre au Pape sur ce sujet, les Évêques de France disent que la lettre adressée à Henri de Sourdis fut retardée par le fait de ses adversaires : *adversariorum arte et consilio*. (*Collection des Procès-verbaux des Assemblées du Clergé*; t. III, Pièces justificatives, n. X, p. 36). Les mêmes évêques disent aussi que la lettre de Rome est du *23* décembre, tandis que l'*original* porte qu'elle est du *3* : erreur en apparence bien minime, mais qui, on le verra bientôt, a ici son importance.

(2) Qu'importe, par exemple, de savoir si le Père *un tel* venu à Bordeaux pour prêcher dans l'église de son Ordre, se présenta en personne devant l'archevêque ou ses vicaires généraux ? S'il ne le fit pas, il eut tort : la bulle *Inscrutabili* de Grégoire XV, du 5 février 1602, est formelle sur ce point : *Regulares in ecclesiis suorum ordinum prædicare volentes*, SE *coràm episcopis* PRÆSENTARE *et ab eis benedictionem petere* TENEANTUR.

« Monseigneur ; Je nay point esté trompé en la pensée que jay eue, que les Religieux n'obeyroient pas à l'ordre que Votre Eminence donna de la part de Sa Sainteté pour l'exposition du S. Sacrement » (autre sujet de débat entre le Prélat et les Dominicains). « Au contraire, il semble que, depuis ce temps-là, ils ayent affecté et plus d'insolence (et plus d'indecence qu'auparavant. Sur ce fondement de rebellion, ils en ont basty plusieurs autres qui sont venus à tels excès, voyant qu'ils ne pouvoient esviter une punition exemplaire, qu'ils ont eu l'effronterie de donner des memoires remplis de plaintes à la Congrégation de Messeigneurs les Cardinaux interprètes du S. Concile de Trente, des choses dont nous n'avons jamais ouy parler. C'est pourquoy je supplie instamment Sa Sainteté d'ordonner que ceux qui ont donné ces memoires ayent à les signer, afin qu'en faysant voir la calomnie, ils puissent recevoir le chastiment qu'ils meritent. Je la supplie, pour cet effet, de donner quelques commissaires dont la justice et la piété soyent connues, afin qu'ils puissent exactement juger une affaire de telle conséquence, et restablir la discipline que ces discoles ont tenté pervertir en ce diocèse. J'auray une extreme obligation à vostre Eminence, si elle veut prendre la protection de cette affaire, et me tesmoigner en cela qu'elle me croit, comme je suis parfaitement, Monseigneur, vostre tres humble et tres obéissant serviteur ; Sourdis, *arch. de Bord.* — Bordeaux, ce 25 février 1645. »

Le même jour, l'Archevêque écrivait sur le même sujet et dans le même sens à M. de Tremonville, ambassadeur de France à Rome. Il débutait ainsi : « Monsieur ; Il semble que Dieu vous a mis à Rome en la posture où vous estes en ce temps-ci, pour y protéger l'Eglise. Vous avez veu les insolences des moynes de Normandie ; comme nous sommes en ce pays où le soleil est un peu plus chaud, ils les redoublent facilement, et au temps qu'ils font plus d'insolence en ce pays icy, en mesme temps ils font plus grand bruit à Rome, qu'on leur veut oster leur privileges, à quoy on ne songe pas. »

Enfin, dans une troisième lettre, datée du même jour et adressée au Père Procureur de l'Oratoire, à Rome, Henri de Sourdis, parlant des commissaires qu'il demande au Pape à la fin de son mémoire, pour juger l'affaire sur les lieux, dit qu'il a « jetté les yeux sur Messeigneurs de Xaintes, de Basas, d'Angoulesme, Luçon, Agen. Ce sont, ajoute-t-il, de dignes prelats, qui se porteront avec vigueur pour vuider tous ces differends. »

Ces pièces arrivèrent trop tard à Rome pour pouvoir y exercer quelque influence. Dix-huit jours au moins avant leur départ de Bordeaux, le Pape avait tranché souverainement la question si long-temps débattue. Le 7 du mois de février 1645, en effet, plus de deux mois s'étaient écoulés depuis le 3 décembre 1644, date de la lettre envoyée par la Congrégation du Concile à Henri de Sourdis, lequel, — chose à noter, — dans les trois lettres que nous avons citées, ne se plaint d'aucun retard. Voyant donc que l'archevêque ne répondait pas, malgré la prière qu'on lui avait adressée de le faire au plus tôt, *quam primùm rescribat;* considérant d'ailleurs que le carême et le temps pascal approchaient; qu'il était donc urgent de terminer la contestation de l'archevêque avec les Réguliers et de leur faire promptement parvenir la décision pour que toutes les dissensions nées ou à naître fussent prévenues ou étouffées; qu'enfin la question, la seule du moins que l'on voulait décider, portait sur un point de droit canonique déjà longuement examiné, souvent résolu et tou-jours dans le même sens; le Souverain Pontife donna et fit expédier à Henri de Sourdis son bref daté de Rome, près Saint-Pierre, le 7 février 1645, et commençant par les mots *Exponi nobis.* Innocent X y confirme absolument comme Pape, et dans les mêmes termes, le Décret qu'il avait signé l'année précédente, comme Cardinal Préfet de la Congrégation du Concile (1). Des lettres de commission pour

(1) Ce Bref, envoyé à Paris, y fut aussitôt traduit et publié en même temps que le texte original préalablement collationné par les Notaires Apostoliques. Il forme, avec les Lettres de commission de Louis XIV, une plaquette in-8° de 10 pages qui a pour titre : *Bref de Nostre Saint-Père le Pape Innocent dixiesme, en faveur des Réguliers, touchant les confessions de la quinzaine de Pasques;* à Paris, chez Guillaume Sassier, rue des Cordiers, proche la Sorbonne, aux deux Tour-terelles ; 1645. J'en donnerai seulement la substance, laissant de côté les clauses qui sont de style. « Exponi nobis nuper fecerunt dilecti Filii Regulares Civitatis Burdigalensis, quòd aliàs à venerabilibus fratribus nostris S. R. E. Cardinalibus, Concilii Tridentini interpretibus, manavit decretum tenoris sub-sequentis. » Suit le décret du 9 juillet 1644, que j'ai reproduit dans une note précédente. Le Pape continue : « Cùm autem (sicut eadem expositio subjunge-bat), iidem exponentes præmissa, quò firmiùs subsistant, Apostolicæ nostræ confirmationis patrocinio communiri summoperè desiderent, idcirco nos.... decretum præinsertum Apostolicâ auctoritate, tenore præsentium confirma-mus et approbamus, illique inviolabile Apostolicæ firmitatis robur adjicimus. Datum Romæ apud S. Petrum sub Annulo Piscatoris, die 7 februn. 1645, ponti-ficatus nostri anno primo. M. A. Maraldus. » On trouvera également ce bref dans *Le Bouclier des Reguliers, ou la Defense de la liberté octroyée par le S. Siège à tous les fidelès chrestiens de l'un et de l'autre sexe, de se confesser en tout temps aux Reguliers approuvés;* seconde édition corrigée et augmentée (sans date ni lieu d'impres-sion, in-8° de 130 pages).

l'exécution de ce même Bref furent données par le Roi le 11 mars 1645 (1).

Rome ayant parlé, la cause aurait dû, ce semble, être considérée comme finie. Néanmoins, l'archevêque de Bordeaux la porta à l'assemblée générale du clergé de France, qui commença le 26 mai suivant. Quoique absent des séances pour cause de maladie, Henri de Sourdis fut un des présidents ; mais il ne jouit pas longtemps de cet honneur, étant mort le 18 juin de cette même année 1645. Le clergé de France continua cependant à se croire « obligé de prendre grande part en cette affaire, » et s'appuyant sur de prétendus vices de procédure, il travailla, d'abord par des démarches faites auprès du Nonce de Pape (29 août), puis par une lettre adressée directement à Innocent X (16 décembre 1645), à obtenir de lui un bref révoquant ou interprétant le premier (2). J'ignore quelle fut la réponse du Pape, mais

(1) « Louis, par la grâce de Dieu, Roy de France et de Navarre, au premier nostre huissier ou sergent sur ce requis; Nos bien amés les supérieurs et religieux des couvents des Frères prêcheurs, Augustins, Recollets, Carmes, Jésuites, et de la Mercy, de notre bonne ville de Bordeaux, nous ont fait exposer que s'estant portés appellants au Saint-Siège des Ordonnances du sieur Archevesque de Bourdeaux et de ses Grands Vicaires, des 22 mars et 28 avril 1644, par lesquelles est fait deffence aux Exposans de confesser et donner la communion depuis le dimanche des Rameaux jusques à Quasimodo; et sur ledit appel, les parties estant venues à nostre Conseil, par l'arrest d'iceluy donné le 14 octobre audit an, auroit esté ordonné entr'autres choses, que les Exposans jouiront de leurs privileges, ainsi qu'ils souloient faire auparavant lesdites Ordonnances, jusques à ce que par Sa Sainteté en auroit été autrement ordonné; depuis lequel arrest les Exposans ont poursuivi et obtenu un bref de Sa Sainteté qui a jugé ladite appellation, en datte du 7 février dernier, lequel lesdits Exposans voudroient mettre à exécution, ce qu'ils ne peuvent faire sans avoir sur ce nos lettres qu'ils nous ont très humblement supplié leur accorder ; A ces causes, de l'advis de nostre Conseil, qui a veu ledit Bref cy attaché sous le contre-scel de notre Chancellerie, et qu'il ne s'est trouvé en iceluy aucune chose contraire aux privilèges de l'Église Gallicane, Nous te mandons et commandons que tu mettes à exécution ledit Bref selon sa forme et teneur,.. car tel est nostre plaisir. Donné à Paris ce onziesme jour de mars, l'an de grace 1645, et de nostre Regne le deuxiesme. Par le Roy en son conseil, signé, D'Audiguier » (Bref de N. S. P. le Pape Innocent dixiesme, édit. citée, p. 8-10). Ces lettres de commission sont aussi contenues dans un ouvrage anonyme attribué au P. Yves Prinsard, dominicain, réédité par son confrère, le P. Jean Tarpon, et qui a pour titre : La délégation des religieux, ou l'examen et rapport de la puissance qu'ont les religieux privilégiés d'entendre les confessions des séculiers en tout temps et en tout lieu... Paris, 1648, in-8°, pag. 225-227.
(2) Collection des procès-verbaux, t. III, pag. 301. 302. Voir aussi, dans le même volume (Pièces justificatives, p. 31, n. v.), le paragraphe où l'Assemblée de 1645, renouvelant la déclaration des Assemblées générales de 1625 et de 1635, défend « à tous religieux et autres, sous quelque prétexte d'exemption qu'ils puissent

elle dut être conforme à la décision précédemment donnée, car loin de l'infirmer en rien, les successeurs d'Innocent X confirmèrent son décret. Bien plus, certains auteurs ayant, pour éluder les décisions Pontificales, allégué que l'on pouvait bien se confesser aux religieux durant le temps pascal, mais non satisfaire par là au canon du Concile de Latran, — tout comme on peut validement et licitement dans la quinzaine de Pâques, recevoir la sainte Eucharistie hors de sa paroisse, sans satisfaire au précepte de la communion pascale, — Clément X, par sa Constitution *Superna*, donnée le 21 juin 1670, décida résolûment « *eos qui dictis Religiosis, simpliciter approbatis, Paschali tempore confessi fuerint, Constitutioni quæ incipit* OMNIS UTRIUSQUE SEXUS, *quoad confessionem duntaxat, satisfecisse censendos* (1). »

L'affaire d'ailleurs, en tant du moins qu'elle regardait le diocèse de Bordeaux, avait beaucoup perdu de son importance par la mort d'Henri de Sourdis. Avant le carême de l'année 1646, le 22 janvier, les vicaires capitulaires de Bordeaux, voulant éviter le retour des dissensions qui avaient affligé et scandalisé les fidèles, en 1644, assemblèrent dans le Palais Archiépiscopal les vicaires perpétuels de la ville et les supérieurs des monastères et couvents établis dans Bordeaux. Le P. Le Guales y parut à titre de supérieur de la maison-professe. Henri d'Arche, doyen du Chapitre Saint-André et premier Vicaire-Général, « représenta que cy devant on avait veu de grandes contestations en chaire par divers prédicateurs de l'ordre séculier et régulier concernant la confession pascale, ce qui avoit causé de grandes divisions parmi les esprits, et que le temps du caresme s'approchant, il étoit à craindre de nouvelles querelles, et partant qu'il seroit à propos de trouver des expédiens pour les empescher ; et sur ce, a demandé les advis particuliers d'un chacun. Après avoir ouy amplement lesdits sieurs curés et religieux, a esté ordonné et resolu que la susdite question ne sera traitée en public, et que si on la traite en particulier, on le fera avec charité ;

avoir, de recevoir aucunes personnes dans leurs églises à la confession,... depuis le dimanche des Rameaux jusqu'au dimanche de l'octave de Pâques inclusivement, ni d'enseigner au peuple aucune doctrine contraire. » L'année suivante, l'archevêque de Paris ayant publié la même ordonnance, au commencement de la quinzaine de Pâques, « on afficha aussitôt, pendant la nuit, aux portes de la plupart des églises de Paris, et notamment à celle du couvent des Augustins, » où le Clergé était encore assemblé, « un placard imprimé contenant le bref du Pape décerné sur l'avis des Cardinaux interprètes du Concile, » et adressé à l'archevêque de Bordeaux. (Cfr. *ibid*. p. 296).

(1) Benoît, XIV, *De Synodo*, Lib. XI, cap. XIV, n. v.

et pour le regard de la communion pascale, on est demeuré d'accord
que les religieux ne donneront pas la communion le jour de Pâques
aux laïcs (1) ».

C'était le calme après la tempête. Il devint plus profond encore et
rien ne le troubla plus dans le diocèse de Bordeaux, sous le gouvernement de l'archevêque Henri de Béthune, saint prélat, bien différent de son prédécesseur par l'aménité et la douceur du caractère, et
qui, à une affection sans bornes pour tous les ordres religieux, joignait une déférence sans réserve à tous les actes émanés du Saint-
Siège.

✠

XXX

L'ABBÉ MAUDOUX

CONFESSEUR DE LOUIS XV

Louis Nicolas Maudoux naquit à Paris le 13 juin 1724, et fut baptisé le surlendemain dans l'église Sainte-Marguerite du faubourg
Saint-Antoine, sa paroisse (2). Ses parents étaient plus riches des dons
de la grâce que des biens de la fortune. D'après le Journal de Hardy,
le père de Maudoux était un petit épicier du faubourg Saint-Antoine,
lequel, n'ayant pas réussi dans son commerce, avait été « aidé par
les Jésuites de la maison professe (3). » Selon le même témoin,
l'enfant fut « petit sacristain », c'est-à-dire apparemment employé à
servir la messe chez les Pères ou dans l'église Sainte-Marguerite.

Lorsqu'il eut atteint l'âge d'environ douze ans, à Pâques de l'année
1736, il commença à suivre, en qualité d'externe, les cours du collège

---

(1) Archives de l'Archevêché, *Registres de la congrégation, le siège vacant.*

(2) Les éléments de cette notice, tous inédits, ont été puisés dans la correspondance et les mémoires de l'abbé Maudoux, conservés au séminaire de Saint-
Sulpice de Paris.

(3) *Mes loisirs ; Journal d'évènements remarquables, tels qu'ils arrivent à ma connaissance ;* mercredi, 12 décembre 1764. (Bibliothèque Nationale, Manuscrits, Fonds
français, n° 6680.)

Louis-le-Grand, dirigé par les religieux de la Compagnie de Jésus. Il y fit toutes ses classes, depuis la sixième jusqu'à la rhétorique, à laquelle il consacra deux années entières. En cinquième et en quatrième, il eut pour professeur Fréron, le célèbre critique, qui, après avoir aussi étudié chez les jésuites, y enseignait avec succès (1), et durant sa première année de rhétorique le P. La Sante, qui fut dans cette chaire le successeur et le digne émule du P. Porée (2). Toujours, mais surtout dans les dernières années de ses études, le jeune Maudoux vit ses efforts couronnés de succès, et fut quelquefois appelé à faire preuve de son talent dans des exercices publics.

En même temps qu'il croissait en science, il croissait aussi en piété, et donnait des marques non équivoques de sa vocation à l'état ecclésiastique. Aussi, le 24 mai 1739, n'étant encore qu'en quatrième, il fut tonsuré par Mgr Hyacinthe Leblanc, évêque de Joppé (3), et admis à faire partie du clergé de Saint-Paul où, malgré sa jeunesse, il gagna rapidement l'estime et la confiance des prêtres de la paroisse.

Après avoir achevé sa seconde année de rhétorique, à la Saint-Remi (1er octobre) de 1743, il suivit pendant deux ans les cours de philosophie de M. Poirier, professeur au Collège de la Marche, ainsi appelé de Guillaume de la Marche, l'un de ses premiers fondateurs (4). Ensuite il étudia en Sorbonne (18 octobre 1745), où la théologie lui fut enseignée par MM. De la Haye (5) et De

(1) M. Charles Barthélemy a publié, en 1876, Les Confessions de Fréron (1719-1776); Sa vie, souvenirs intimes et anecdotiques, ses pensées, recueillis et annotés... Paris, Charpentier, in-12.

(2) La Biographie universelle de Michaud, et la Bibliothèque des écrivains de la Compagnie de Jésus donnent la liste des ouvrages imprimés et manuscrits du P. La Sante.

(3) D'abord religieux Augustin de la Place des Victoires à Paris, il devint ensuite suffragant auxiliaire de Reims. Peu sympathique, et pour cause, aux Nouvelles ecclésiastiques et au parti janséniste.

(4) Il était situé au bas de la place Maubert, dans la rue appelée Sans-bout, ou d'Amboise, du nom des seigneurs d'Amboise qui y habitaient. Pour l'histoire de sa fondation, voir D. Félibien, Histoire de la ville de Paris, Paris, 1785, t. II, p. 805, 806. — Philippe Poirier, qui y enseignait la philosophie depuis longtemps, devint recteur de l'Université en 1714; mais il fut dépouillé de son titre par la cabale janséniste après la mort de Louis XIV. Voyez Ch. Jourdain, Histoire de l'Université de Paris au XVIIe et au XVIIIe siècles; Paris, 1862-1866, pag. 805 et suiv., 377, 378.

(5) Vincent Lucas de La Haye, de la maison et société de Sorbonne, fut reçu docteur le 22 novembre 1734. Élu syndic de la faculté le 1er octobre 1741, il en conserva le titre jusqu'au 1er octobre 1743. Il eut aussi celui de professeur royal en la maison de Sorbonne jusqu'en 1755, qui fut probablement l'année de sa

Lorme (1), professeurs de cette célèbre faculté, et à la fin de l'année (1er septembre 1746), il fut reçu maître ès-arts.

M. Maudoux venait de conquérir ce premier grade théologique, lorsqu'il suspendit le cours de ses études en Sorbonne, et entra au séminaire de Saint-Nicolas-du-Chardonnet (1er octobre 1746). Son but était de se préparer aux ordres qu'il reçut en effet, savoir, les quatre moindres, des mains de Mgr Christophe de Beaumont, Archevêque de Paris, le 18 décembre 1746, et le sous-diaconat, le 23 septembre de l'année 1747. Ce fut pour lui servir de titre clérical que, quelques jours avant cette dernière ordination, le 6 septembre, le roi lui accorda une pension de 200 livres sur l'abbaye de Notre-Dame de Beaulieu, Ordre de Saint-Augustin, située dans le diocèse et tout près de la ville du Mans (2).

Le 1er octobre de cette même année 1747, M. Maudoux quitta le séminaire de Saint-Nicolas-du-Chardonnet et retourna en Sorbonne étudier les sciences sacrées; mais comme il ne voulait être ni licencié, ni même bachelier en théologie, il borna à deux ans le cours de ses études théologiques, et se consacra dès lors tout entier aux fonctions qui lui furent confiées dans la paroisse de Saint-Paul.

Une lettre adressée à un de ses parents, M. Robert, curé de Belleau et archiprêtre de Château-Thierry (3), montrera avec quel zèle le vertueux sous-diacre s'appliquait à tout ce que ses supérieurs demandaient de lui. S'excusant de ne pouvoir répondre à l'invitation du curé de Belleau qui le sollicitait d'aller prendre auprès de lui quelques jours de repos, l'abbé Maudoux lui écrivait, le 17 août 1748 : « Malgré moi, je suis fixé pour un peu de temps à Paris. J'ai fait un discours le jour de l'Assomption, une controverse le jour de saint Roch : je commence aujourd'hui à préparer cinq traités pour le diaconat, et l'examen se fait les premiers jours du mois prochain. J'ai toujours mon

mort. Le 5 août de cette même année, il fut décrété d'ajournement personnel par le Parlement de Paris, pour avoir signé la thèse anti-janséniste de Bachelay, chanoine du Sépulcre, et avoir accepté d'en être le modérateur.

(1) François de Lorme, de la maison et société de Sorbonne, docteur le 28 mars 1721, chanoine de Chartres le 5 juin 1732, syndic du 11 octobre 1747 au 2 octobre 1749, professeur en Sorbonne, mourut sénieur de Sorbonne en 1767.

(2) D'après le *Pouillé Royal contenant les bénéfices appartenant à la nomination ou collation du Roy*, publié à Paris en 1648 (in-4°), le revenu de l'abbaye de Beaulieu, à cette dernière époque, était de douze mille livres.

(3) Belleau, village du département de l'Aisne, à 10 kilomètres de Château-Thierry, à 80 kilomètres de Laon.

ancien écolier qui me prend du temps; je suis chargé d'un nouveau :
c'est le fils de Mme la Présidente de Leudeville. Je n'ai pu me refuser, quoique je l'eusse bien souhaité. Je suis chargé, au clergé (de
Saint-Paul), de la conférence du catéchisme du Concile de Trente,
toutes les fêtes et dimanches. On m'a nommé conférencier de théologie, et pour comble de malheur, je viens d'être choisi secrétaire
dans la dernière assemblée. Outre ces occupations continuelles,
Mgr l'Évêque de Nitrie m'interrompt souvent pour lui acheter des
livres (1). Les Messieurs du Séminaire Saint-Nicolas ne me laissent en
repos. Je viens heureusement de mettre la dernière main à leur
bibliothèque, où j'ai travaillé tous les jours depuis un an. »

L'abbé Maudoux fut promu au diaconat le 21 septembre 1748, et
ordonné prêtre le 20 septembre de l'année suivante. Aux fonctions
de maître de conférence qu'il conserva auprès des jeunes ecclésiastiques de Saint-Paul, il lui fallut bientôt joindre celle de préfet des
catéchismes, laquelle réclamait une partie considérable de son temps.
« On vient de me nommer préfet des catéchismes, écrivait-il, le
21 septembre 1751, à M. Robert, curé de Belleau; c'est une place universellement redoutée et, en effet, infiniment redoutable par la multitude des détails où il faut entrer. Ce n'est pas tout : Sa Sainteté
vient d'envoyer deux brefs à une congrégation établie sous nos
charniers. L'un accorde des indulgences à perpétuité; l'autre fait,
pour sept ans, de l'autel de la Congrégation l'autel privilégié. La
supériorité de cette congrégation étant un corollaire de la préfecture
des catéchismes, je me trouve tout à la fois et préfet *sub uno respectu*
et supérieur *sub altero,* mais, en même temps et en tous sens, fort
embarrassé; car, à l'occasion des grâces du Saint-Siège, je me vois
obligé de réveiller une congrégation endormie depuis plusieurs années, de ressusciter de vieux règlements parfaitement oubliés, de les
habiller à la moderne sans altérer ces traits précieux d'antiquité qui
les rend respectables, d'en faire un corps et d'y travailler promptement et sans relâche. »

Le ministère d'une prédication plus solennelle que celle du caté-

---

(1) François-Joseph Robusto, de la maison et société de Sorbonne, docteur le
3 avril 1710; sacré évêque de Nitrie, dans l'église de la Sorbonne, par l'évêque
de Soissons, le 21 août 1729, suffragant et vicaire-général d'Armand-Jules de
Rohan Soubise, mourut le 3 février 1758, âgé de 71 ans. Il montra un grand
zèle pour la bulle *Unigenitus.* Voir *Nouvelles ecclésiastiques,* tome II de la table,
pages 756, 757.

chisme ne tarda pas à être confié au catéchiste de Saint-Paul, dont le talent était chaque jour plus apprécié. En 1752, il écrit encore au curé de Belleau : « Je me suis vu forcé, par M. le Curé de Saint-Paul, d'accepter trois mois de *Prières*. Chaque mois, l'un portant l'autre, peut-être évalué à 17 discours. Il faut, comme vous le savez, les faire, les apprendre, et enfin les débiter, et cela dans son pays où personne n'est prophète. »

M. Maudoux n'était pas moins recherché comme confesseur que comme prédicateur. Sa grande piété, sa modestie, sa prudence et surtout son incomparable douceur attiraient à lui les âmes qui venaient avec empressement se mettre sous sa conduite. Les religieuses elles-mêmes désirèrent être dirigées par lui; et lorsque M. Liévin, vicaire de Saint-Paul, eut été, en 1757, nommé curé de Brie-Comte-Robert, la prieure des Filles de la Croix, au faubourg Saint-Antoine (1), obtint de M. Maudoux qu'il entendît en confession les religieuses de cette communauté.

Tant de liens semblaient attacher irrévocablement l'abbé Mandoux au clergé de Saint-Paul. Ils furent cependant rompus. En 1758, M. Guillaume, curé de Saint-Louis-en-l'Ile, jeta les yeux sur lui pour remplacer un de ses vicaires, et il en obtint la nomination de l'archevêque de Paris. Ce ne fut pas sans de vifs regrets que le curé de Saint-Paul et ses paroissiens se séparèrent de l'abbé Maudoux. Peu de semaines après son installation à Saint-Louis, le curé de Saint-Paul essaya de le ramener sur le premier théâtre de son zèle ; il lui offrit la place de vicaire laissée vacante par la mort de M. Davoust, lui représentant, avec autant de force que de vérité, qu'il n'y avait pas un paroissien qui ne désirât son retour. Toutes les tentatives furent inutiles, et M. Maudoux demeura fidèle au curé de Saint-Louis. Ce respectacle prêtre étant mort, au mois de décembre 1759, le soin de la paroisse retomba alors tout entier sur M. Maudoux; mais il pouvait porter ce fardeau, car l'archevêque de Paris lui écrivait, le

---

(1) « Ces religieuses dominicaines vinrent à Paris en 1627, et le 6 mars de cette année, elles s'établirent dans une maison de la rue d'Orléans, au Marais; puis elles habitèrent successivement, en 1636, un hôtel dans la rue de la Plâtrière, et une maison de la rue Matignon. Ce ne fut qu'au mois d'avril 1641 qu'elles entrèrent dans le vaste couvent que Mlle D'Effiat, fille du maréchal de ce nom, avait fait construire pour elles, dans la rue de Charonne... Supprimé par la Révolution, ce monastère ne fut point vendu : les religieuses y rentrèrent le 17 mars 1817, et il subsiste encore aujourd'hui sous son nom. » (Lebeuf, *Histoire de la ville et de tout le diocèse de Paris*, édit. Cocheris, t. III, p. 560.)

15 du même mois : « Je connais assez votre zèle pour n'avoir aucune inquiétude sur la desserte de la paroisse jusqu'à la nomination d'un nouveau curé. »

Les fonctions de vicaire de Saint-Louis absorbaient tellement l'abbé Maudoux, qu'au mois de mai de l'année 1763, il crut devoir résigner l'emploi de confesseur des Dames de la Croix. Ce ne fut pas, on le devine bien, sans avoir à résister aux instances des religieuses et des personnes puissantes qui leur portaient intérêt. Parmi ces dernières, il faut mettre au premier rang Françoise-Adélaïde, fille d'Adrien Maurice, duc de Noailles, pair et maréchal de France, née le 1er septembre 1704, mariée le 12 mai 1717 à Charles de Lorraine, comte d'Armagnac, appelé le prince Charles, chevalier des ordres du Roi, grand Écuyer de France, gouverneur de Picardie et d'Artois, lequel était mort sans enfants le 29 décembre 1751. La lettre que la princesse écrivit à l'abbé Maudoux dans cette circonstance, est en même temps un témoignage authentique du bien fait à la communauté des Filles de la Croix par leur sage directeur.

« En arrivant à la Croix, hier, j'appris, Monsieur, que vous aviez signifié à vos pénitentes que vous ne pouviez plus continuer à les confesser. Le motif que vous leur en donnez étant un devoir d'état, cela est fort respectable. Mais trouvez bon, Monsieur, que je vous représente que vous ne ferez pas tant de bien en toute une année dans la paroisse de Saint-Louis, que vous en faites dans un jour, par vos conseils, aux Dames de la Croix. Je connais et j'aime ces religieuses. Je désire que la paix y règne. Depuis que vous y confessez, il s'est fait sur cet article un changement qui tient du miracle. Le bien que vous y avez fait sera bientôt détruit par votre absence. Je vous conjure donc, Monsieur, au nom du Dieu que vous aimez, de ne pas laisser des âmes rachetées de son sang, et qui seront dans le plus grand danger si vous les abandonnez. Si je vous entretenais un quart d'heure, je vous dirais bien des choses qui vous feraient sentir l'obligation de conscience qui vous porterait à leur continuer vos soins. J'espère que le Saint-Esprit descendra sur vous en lisant cette lettre, et qu'il vous déterminera à m'accorder la grâce que je vous demande. Je l'en supplie de tout mon cœur. Personne n'est si parfaitement que moi, Monsieur, votre très humble et très obéissante servante. — NOAILLES, *princesse d'Armagnac*. Ce 22 mai, à la Croix. »

Cette lettre étant demeurée sans effet, la princesse en écrit, le 29 du

même mois, une seconde, où elle répond aux raisons alléguées par le
vicaire de Saint-Louis. Il ne va « à la Croix que tous les quinze jours :
cette visite est tout au plus de trois heures. Il serait bien malheureux
que, durant un court espace, une personne tombât malade assez
violemment pour être réduite à l'extrémité et mourir avant votre
retour. Cela, direz-vous, est arrivé une fois. Mais, Monsieur, c'est un
prodige ; et de plus, une âme qui attend à se procurer les secours de
l'Eglise au dernier moment, ne doit pas faire une loi pour toutes celles
qui sont confiées à vos soins dans votre paroisse. S'il y en a de dange-
reusement malades, vous remettrez votre visite à la Croix pour une
autre fois. »

Malgré cette concession, l'abbé Maudoux demeura inflexible. Il y
était d'autant plus obligé que, à cette même époque, il prenait une
résolution toute semblable à l'égard des Filles de Notre-Dame de Bon-
Secours (1) dont il avait également accepté la direction. Mme de Mon-
boissier, leur supérieure, crut pouvoir plus efficacement dissuader
l'abbé Maudoux en employant l'intervention du curé de Saint-Louis ;
mais la réponse qu'elle en reçut lui apprit qu'elle n'avait rien à
espérer.

« Madame ; Vous avez choisi, sans y penser, un mauvais avocat en
vous adressant à moi pour solliciter M. Maudoux. Je n'ai le courage
de plaider que quand je vois le succès possible, et ici il ne me le paraît
pas. Le zèle de M. Maudoux à vous obliger l'a fait balancer longtemps ; mais le surcroît d'occupations, dont je ne peux absolument le
décharger, l'a forcé à se décider et à remettre une fonction qui est
incompatible avec le ministère dont il est comme surchargé dans ma
paroisse. Se retirant des religieuses de la Croix, qu'il confessait anciennement, peut-il faire des exceptions en faveur de Bon-Secours qui
est vis-à-vis ? Je vous en fais juge, Madame. Leur confiance en lui est
tout aussi fondée que la vôtre ; mais il a de plus celle de toute ma
paroisse, à laquelle il se doit de préférence, permettez-moi de le dire,

(1) C'était un prieuré de Bénédictines mitigées, situé rue de Charonne et
fondé par Claude de Bouchavane, veuve de M. de Viguier, Directeur des Finances. Les premières religieuses entrèrent dans la maison le 1er septembre
1618, et l'établissement fut confirmé par lettres-patentes en 1637. Ce prieuré fut
vendu en 1800. C'est dans les bâtiments qui le composaient que Richard-Lenoir
établit sa célèbre filature de coton ; ils furent ensuite successivement transfor-
més en école, en hôpital et en cité ouvrière. (Lebeuf, *Histoire de la ville et de tout
le diocèse de Paris*, édit. Cocheris, t. III, p. 566.)

et à laquelle il ne peut suffire. Je ne reçois tous les jours que des complaintes très fondées sur les risques que fait courir à sa santé l'excès de fatigue auquel son zèle l'expose, et je vois avec douleur que chacun lui en fait courir. Son absence, d'ailleurs, a donné et pourrait donner encore lieu à des inconvénients que sa sagesse veut prévenir, et il ne peut le faire autrement. Si vous connaissiez comme moi, Madame, les fonctions d'un vicaire de paroisse et de supérieur de clercs et de jeunes ecclésiastiques, emploi que la mort d'un de ses confrères a fait refluer sur lui et dont il n'y a que lui que j'en puisse charger, vous seriez surprise qu'il ne se soit pas retiré plus tôt. Ne pouvant être utile en même temps à tout le monde, permettez, Madame, que je laisse subsister la résolution qu'il a prise de se renfermer dans son devoir de paroisse. En s'en tenant là, il ne pourra pas encore contenter les vœux de tous ceux de mes paroissiens qui requièrent ses conseils; mais au moins n'auront-ils pas sujet de se plaindre. Je sais qu'il est dur de transporter sa confiance, et que ce n'est pas, pour des religieuses surtout, un soin léger. Mais, Madame, la Providence qui ne vous a pas manqué jusqu'à présent et qui supplée à tout, vous ôtant ce moyen, vous en fournira infailliblement un autre. Je vous prie instamment, Madame, de croire que personne ne prend plus de part que moi à votre peine; que si je pouvais l'alléger, je m'y porterais avec tout le dévouement possible; que votre lettre ne m'est point importune; que M. Maudoux, à qui je l'ai communiquée, est aussi fâché que vous de ne pouvoir partager ses soins que par les prières qu'il fait à Dieu en votre faveur. Nous nous recommandons l'un et l'autre à vos prières, et suis avec respect..... — A Paris, le 25 mai 1763 (1). »

Ce vicaire — j'allais dire, ce pasteur zélé — était pourtant à la veille d'être enlevé à la paroisse de Saint-Louis. Le curé de Saint-Pierre de Bretigny (2), M. Gonnet, étant mort cette même année 1763, l'arche-

---

(1) Cette lettre, dont nous ne possédons qu'une copie, n'est pas signée, mais elle doit être d'Aubry, curé de Saint-Louis-en-l'Ile en 1775. En effet, dans une lettre adressée à l'abbé Maudoux, le 30 décembre de cette même année, il lui parle de leur « engagement d'amitié resserré pendant cinq ans, » c'est-à-dire apparemment, les cinq dernières années que Maudoux passa à Saint-Louis-en-l'Ile. Dans cette lettre, le curé de Saint-Louis dit à son ancien vicaire : « Je ne sais si vous vous trouvez bien à la Cour, mais je sais que la Cour se trouvera toujours très bien de vous; je n'ai donc pas de vœux à former de ce côté. »

(2) Bretigny, dans le département de Seine-et-Oise, est aujourd'hui une commune d'environ 1,000 habitants, de l'arrondissement de Corbeil, à 30 kilomètres de Versailles, à 32 kilomètres de Paris.

vêque de Paris le remplaça par l'abbé Maudoux. Celui-ci, sans considérer si le poste qu'on lui offrait n'était pas trop au-dessous de son mérite (1), accepta sans hésiter, et prit possession au mois d'octobre 1763.

Les brebis du nouveau pasteur n'étaient certainement pas alors meilleures que lorqu'il les quitta. Or, voici le portrait, peu flatteur assurément, que M. Tourbillon, son successeur dans la cure de Saint-Pierre, traçait de ses paroissiens, le 10 mai 1765, c'est-à-dire cinq mois environ après sa propre installation : « Je compare la paroisse de Saint-Pierre de Bretigny à une eau bourbeuse qui, à l'instant qu'elle est remuée, exhale une odeur de peste. Les habitants de cette paroisse n'ont ni vices ni vertus ; ils ne sont ni bons ni méchants. Vous les connaissez bien et mieux que moi. Ils sont accoutumés à vivre dans le désordre ; ils n'aiment ni à recevoir ni à donner de l'argent. La parole de Dieu les ennuye ; les sacrements les dégoûtent, la piété leur est inconnue. Une indolence affreuse et universelle est leur caractère à tous. »

Outre ces défauts, la plupart justiciables du for intérieur seulement, les habitants de Bretigny commettaient souvent des délits justiciables des tribunaux humains, ce qui parfois obligeait le pieux pasteur à quitter sa chère solitude pour aller à Paris aviser, d'accord avec le pouvoir civil, aux moyens de corriger les délinquants. M. de Chammeville, seigneur de Bretigny, fort attaché à l'abbé Maudoux, lui écrivait de Paris, le 30 octobre 1764 : « J'ai dîné aujourd'hui, Monsieur mon très-cher et très-aimable pasteur, chez M. de Sartine, qui est lieutenant-général de la police, et de plus mon neveu. Après le repas, il m'a emmené dans son cabinet, et après m'avoir fort entretenu de vous sur le ton que vous méritez, il m'a dit qu'il était nécessaire qu'il vous fît part de toutes les plaintes qu'on lui fait universellement de vos paroissiens, qu'on lui a déférés comme de très-mauvais sujets, et surtout comme des braconniers capables de se porter aux plus grands excès. Pour y remédier, avant d'employer les voies de la justice et de l'autorité contre eux, il voudrait conférer avec vous sur les

(1) Au temps de l'abbé Maudoux, le bourg de Bretigny ne comptait guère plus de 420 habitants; encore formait-il deux paroisses, dont les églises étaient toutes deux situées hors du village. La première, qu'on croit la plus ancienne, était dédiée à saint Pierre; la seconde, dédiée à saint Filbert, abbé de Jumiège, au VIIe siècle, possédait quelques reliques de ce saint, qui furent données, en 1756, par le curé et les marguilliers de S. Jean en Grève de Paris, à M. de Chammeville, seigneur de Bretigny.

moyens de les ramener par la douceur. Je l'ai fort assuré qu'il ne pouvait pas mieux s'adresser. » L'entrevue fut fixée au mardi 6 novembre. Elle fut suivie d'une seconde, qui eut lieu le mardi 27 du même mois et pour le même sujet.

Les difficultés de son ministère ne découragèrent cependant pas le saint pasteur, qui entreprit sans retard la réforme de sa paroisse. D'abord il fit tous ses « efforts pour mettre de l'ordre dans les affaires de la malheureuse fabrique de Saint-Pierre. » Celui qui vint après lui tâcha « de continuer » son « ouvrage ; mais la négligence de nos paroissiens, ajoutait-il, est un obstacle toujours nouveau pour moi. »

C'est par l'école surtout que l'on régénère une population. Aussi, dès son arrivée à Bretigny, l'abbé Maudoux s'occupa des écoles et intéressa à leur prospérité ses meilleurs paroissiens. Nous en avons une preuve authentique dans cette lettre de M. de Chammeville, datée de Paris, 24 janvier 1764 : « Si j'ai repris, Monsieur, le soin que je regarde comme un devoir pour moi, de soutenir l'école de Bretigny dont cette paroisse m'adresse le remerciment par votre canal, c'est à vous qu'elle en est redevable, et je compte qu'elle vous aura bien d'autres obligations tout le temps qu'il plaira à Dieu de permettre que vous soyez son pasteur. Je me ferai, Monsieur, un honneur de seconder, autant qu'il me sera possible, tout le bien que vous lui ferez par vos soins et par vos bons exemples, et de mériter la continuation de votre amitié qui m'est infiniment précieuse. »

Aux « soins » directs qu'il donnait à son troupeau, le curé de Saint-Pierre joignait en effet ses « bons exemples », et se montrait un modèle parfait de toutes les vertus chrétiennes et sacerdotales.

Modèle de vie retirée et de fidélité au grand devoir de la résidence, à ce point qu'on l'avait surnommé « l'ermite de Bretigny. » Mme Joly de Fleury Braye, dont nous parlerons bientôt, lui donne souvent ce nom dans ses lettres.

Modèle de patience dans les maladies et les infirmités dont il était affligé. Il eut un érésipèle au mois de juillet 1764. Dès lors aussi se formèrent dans ses yeux les « cataractes » dont il souffrit jusqu'à la fin de sa vie. Le 12 décembre 1767, Christophe de Beaumont, archevêque de Paris, en renouvelant ses pouvoirs, lui permettait « de dire, pendant un an, la messe du Saint-Esprit par cœur », l'engageant toutefois à s'adresser à Rome pour une permission plus ample. Au mois d'avril 1768, il perdit même « la vue pour la première fois (1). »

(1) Lettre de l'abbé Soldini à l'abbé Maudoux, en date du 21 avril 1768.

La résignation de l'abbé Maudoux dans toutes ses souffrances excitait l'admiration de son médecin, M. Demours, qui ne pouvait s'empêcher de la lui témoigner à lui-même. « Il est une Providence qui dirige tout, lui écrivait-il, et dont nous devons respecter les décrets. Votre résignation à cet égard a quelque chose d'héroïque qui m'étonne toujours; qui m'humilie quelquefois, et qui m'inspire pour vous la plus grande et la plus constante vénération (1). »

Malgré toutes ces infirmités, l'abbé Maudoux était encore un modèle de vie laborieuse et appliquée à l'étude. Ce même docteur Demours, qui connaissait la sobriété universelle de son malade, aimait à penser qu'il n'en manquait pas sur ce point, surtout après avoir subi une opération qui exigeait le repos. « Vous êtes trop prudent pour vous être excédé à la lecture, ce qui, dans un œil affaibli par une opération, pourrait être une cause suffisante pour y attirer les humeurs, et je vous reconnais pour le plus sobre de tous les hommes (2). » Mais le R. P. Noguès, supérieur général des Barnabites de Rome et qui avait connu Maudoux à Paris, avait moins bonne opinion de sa prudence en cette matière. « J'avoue, lui disait-il, que je me défie un peu de votre amour pour l'étude. Je crains que vous n'abusiez du droit que vous avez repris de vous y livrer tout entier (3). » Il s'y livrait donc tout entier quand il en avait le droit, c'est-à-dire le pouvoir. Aussi était-il en mesure de donner des conseils à ceux qui lui en demandaient pour leurs études, comme fit un nommé Moutier, curé de La Chapelle-Véronge, dans le département de Seine-et-Marne.

En même temps qu'il édifiait ses paroissiens par ses vertus, le curé de Bretigny continuait à sanctifier par ses bons avis quelques-unes de ses anciennes pénitentes de Paris. Une des plus distinguées et des plus spirituelles dans tous les sens du mot, était Marie-Louise Joly de Fleury, fille du célèbre procureur-général au Parlement, Guillaume-François Joly de Fleury, mort le 25 mars 1758, et mariée à Gaspard-Nicolas Braye, Conseiller au Parlement de Paris. Un fragment de sa lettre du 21 août 1764 suffira pour faire juger de la piété de la pénitente et du zèle de son directeur : « A vous dire le vrai, vos deux précédentes lettres m'ont déconcertée et m'ont ôté tout courage pour y répondre. Le degré de perfection que j'y entrevois m'abasourdit de telle façon, que je ne peux me persuader qu'on y puisse atteindre, et

___

(1) Lettre datée de Fontenai-aux-Roses, 18 avril 1775.
(2) Lettre du 19 octobre 1773.
(3) Lettre datée de Rome, le 15 octobre 1772.

ne me laisse aucune liberté d'esprit pour y répondre. Une autre partie de moi-même y répondrait peut-être, mais vous n'approuveriez pas ce langage. Ainsi, Monsieur, il me reste pour ressource de vous demander en grâce de prier le Seigneur de m'inspirer des sentiments tels qu'ils puissent cadrer avec les vôtres, et de me mettre au moins sur les voies de cette perfection d'où je suis si éloignée (1). »

Tout en estimant à leur juste valeur les conseils et la direction de « l'ermite de Bretigny », les personnes dévotes, quelques-unes au moins, avaient pourtant contre lui un grief considérable, qu'elles avaient bien de la peine à lui pardonner : c'était de mériter, en le vérifiant beaucoup trop, ce nom d'*ermite*, qui leur paraissait presque le synonyme de *sauvage*. Écoutons une autre paroissienne de Saint-Louis-en-l'Ile, Anne-Marguerite Dorat, fille de Charles-Léon Dorat, née à Paris au mois d'août 1704, et mariée à Jacques-Denis de la Mouche de Beauregard, Conseiller du roi et Auditeur ordinaire en la Chambre des Comptes. L'orthographe de la lettre laisse beaucoup à désirer et je ne la reproduis pas ; mais la lettre elle-même est d'un esprit tout à fait charmant. Elle est datée du 2 novembre 1764, et adressée à la sœur de l'abbé Maudoux. Madame Dorat de la Mouche, alors âgée de soixante ans, y parle ainsi :

« Vous êtes très-aimable, ma chère demoiselle, de m'avoir fait l'amitié de me donner de vos nouvelles et de celles du respectable petit pasteur. Je suis ravie que votre santé se soutienne, et que la

(1) Elle écrivait à l'abbé Maudoux, le dimanche 6 novembre 1763 : « Il y a dix jours que j'ai appris avec bien du chagrin votre nomination à la cure de Bretigny. » Leur correspondance ne roulait pas exclusivement sur la piété : la littérature y avait aussi sa place. « Je connais assez M. de Caraccioli pour être persuadée que les *Lettres* de Ganganelli ne sont pas de sa diction. Je l'ai vu bien des fois, et d'ailleurs ses ouvrages ne sont pas de ce style, il s'en faut beaucoup. Je trouve bien des personnes qui disent que peu leur importe qui les a écrites, qu'elles sont bonnes, et que cela suffit. Vous n'êtes donc pas seul à penser ainsi » (13 octobre 1776). Cependant les meilleurs auteurs attribuent généralement à Caraccioli les prétendues Lettres du Pape Ganganelli. Voir Picot, *Mémoires pour servir à l'histoire ecclésiastique pendant le dix-huitième siècle ;* 8e édition, Paris, 1855, t. IV, p. 420. Telle est aussi l'opinion de Mercier de S. Léger qui, dans ses notes inédites sur la *Bibliothèque historique de la France,* s'exprime ainsi touchant ce Carraccioli : « Caraccioli, né au Mans, d'un père italien, entra chez les Oratoriens, d'où il sortit pour faire son éducation ; il s'est qualifié marquis, comme Villette et tant d'autres petits bourgeois. Ce Caraccioli, gueux comme un peintre, vit encore fort âgé en 1797 à Paris, où il existe comme il peut. Il a assommé le public d'écrits de morale ; il a *fabriqué* les *Lettres* du Pape Ganganelli, etc. »

sienne soit bonne. Sa parfaite résignation fait son bonheur présent,
et lui en assure un durable. Je me livrerais volontiers à faire son
éloge : ma matière ne serait point stérile ; mais pour ne dire que du
bien de lui, il faudrait que je passasse sous silence la mauvaise idée
qu'il a du sexe féminin. Dieu veuille lui pardonner cette faute en
faveur du bien qu'il fait du reste ! Je vous détaillerai plus au long,
quand j'aurai le plaisir de vous embrasser, l'immensité de ses torts.
Les voilà en abrégé. Il prend en affection saint Jean d'Égypte, que
moi j'avais pris en grippe, parce qu'il ne recevait aucune femme
dans sa cellule, comme il fait de même. Voilà pourquoi il l'aime. En
outre, il me dit que saint Jérôme, que j'avais choisi pour mon avocat,
plaide contre moi ; d'où je dois conclure que ma cause n'est pas
bonne à soutenir. Mais réduire une femme au silence n'est pas chose
aisée. Aussi mon premier mouvement a-t-il été de répliquer. J'avais
amassé de bons matériaux, pris de saint Jérôme même. Son éloge de
sainte Fabiole m'en avait fourni. Enfin, j'avais presque fait une pièce
d'éloquence pour ma justification. Mais je l'ai jetée au feu, pensant
que, quand même elle aurait été bonne, venant d'une femme il
l'aurait trouvée mauvaise, et m'aurait toujours condamnée. Ce n'est
cependant pas là le motif qui a arrêté ma plume ; car j'aime encore
mieux que l'on me gronde que de ne me rien dire. Mais je sais qu'il
n'aime pas plus à dicter qu'il n'aimait à écrire. Ainsi, par un effort
généreux, je me suis tue, pour n'être point importune. Assurez-l'en,
je vous supplie, en lui présentant l'hommage de mes respects. »

« Généreux, » l'effort de Mme Dorat de la Mouche l'était sans aucun
doute : fut-il également constant ? Il est si difficile, même à un *homme*,
de se taire complètement quand il pense avoir raison ! La nouvelle
Fabiola, le fervent disciple de saint Jérôme, ne put renoncer totalement au plaisir d'opposer à son respectable directeur l'autorité non
moins respectable de son maître du IVe siècle. Les deux premières
pages de la lettre ont été déchirées par l'abbé Mandoux : — prévoyait-
il les indiscrétions de son futur biographe ? — mais il en reste assez
pour que l'on puisse saisir le sens de ce qui a été détruit et voir qu'il y
était parlé de saint Jérôme. « Sa bonté et son attachement pour sainte
Paule, sa fille, et plusieurs autres saintes femmes, ont bien été de
mon goût. Leur vertu, je l'avoue, était angélique ; mais, en tout cas,
il n'était point de ces saints qui se plaisent à humilier le sexe. La
façon dont il fait leur éloge et le regret qu'il a de leur mort m'a

décidé, joint à ses vertus et son érudition, à en faire mon saint favori. Le vôtre, monsieur, est saint François de Sales : vous nous l'avez dit au prône. »

Ce dernier mot fait assez entendre que l'abbé Maudoux savait allier à une sévère réserve la plus exquise bienveillance à l'égard d'une moitié du genre humain ; car tout le monde sait avec quelle affabilité, et surtout avec quelle patience aimable, l'évêque de Genève accueillait et écoutait cette classe de personnes qui a, généralement, la réputation de parler beaucoup, mais qui, quelquefois pourtant, parle très bien et écrit encore mieux.

C'est en suivant de près, ainsi qu'il se l'était proposé, les traces de saint François de Sales, que l'abbé Maudoux acquit en peu de temps la « très-belle réputation » (1) dont il jouissait à la fin de l'année 1764, et qui lui valut d'être appelé à un poste auquel rien jusque-là ne semblait l'avoir préparé. Il était entré dans son ermitage, selon qu'il l'écrivait dix ans plus tard, « avec la ferme résolution d'y mourir ; » et cependant il allait être ravi à l'affection de « tous les habitants de Bretigny, de tous les curés voisins et de tous les honnêtes gens du canton (2). »

Depuis longtemps, le confesseur du roi était pris parmi les Pères de la Compagnie de Jésus, laquelle était, au moins de fait, en possession de ce titre. Le Père Pérusseaut, célèbre prédicateur, avait reçu cet héritage, en mai 1748, des mains du Père de Linières (3), et il l'avait transmis, en 1753, au P. Desmarets qui en jouissait encore en l'année 1763. Mais, à cette dernière date, la Compagnie de Jésus avait été dissoute en France, grâce à la triste influence des Parlements et de Mme de Pompadour, d'une part, et, de l'autre, à la déplorable faiblesse du Roi. « Il est » cependant « incontestable, dit M. de Beaucourt, que Louis XV aimait personnellement les Jésuites », et qu'il « fit tout ce qu'il put en leur faveur » ; mais, « placé entre leur expulsion et la dissolution des Parlements, il n'eut pas le courage de son opinion », justifiant, « une fois de plus, cette maxime qu'un de ses historiens a inscrite en tête de sa vie : *Video meliora proboque, deteriora sequor*(4) ».

(1) Journal de Hardy, mercredi 12 décembre 1764.
(2) Lettre de Tourbillon, curé de Bretigny, datée du 11 février 1765.
(3) *Mémoires du duc de Luynes sur la cour de Louis XV*, publiés par MM. Dussieux et Soulié ; Paris, t. V, p. 11.
(4) *Le caractère de Louis XV*, dans la *Revue des questions historiques*, t. IV, p. 228-230. Il a été fait un tirage à part de cet excellent ouvrage, que devront lire tous .

Au mois de novembre 1764, il signa l'édit « perpétuel et irrévocable » de suppression, qui fut enregistré par le Parlement le 1ᵉʳ décembre suivant.

Après de tels actes, aucun Jésuite ne pouvait plus paraître à la Cour. Louis XV dut donc sacrifier et sacrifia effectivement son confesseur à la violence des Parlements, comme il leur avait sacrifié, quelques mois auparavant, le pieux et savant P. Berthier, qu'il avait pourtant lui-même placé auprès des enfants de France, fils du Dauphin. Comment le Roi eut-il l'idée de choisir, pour remplacer le P. Desmarets, un homme que rien ne désignait à l'attention royale? L'abbé Maudoux ne le savait pas; car neuf ans plus tard, le 24 août 1773, encore tout étonné de sa haute position qu'il ne s'expliquait pas plus que le premier jour, il écrivait à un de ses parents : « A quarante ans, je n'avais pas encore mis le pied à Versailles ; je n'y connaissais personne, et, depuis neuf ans que j'y suis, je ne sais pas encore par où ni comment je m'y trouve. »

Le *Journal Encyclopédique* du 15 décembre 1764 (p. 162) nous dit comment la chose arriva. «M. Maudoux, curé de Bretigny, a été déclaré confesseur du roi et présenté en cette qualité à Sa Majesté et à toute la famille royale. Cet ecclésiastique était, il y a treize mois, vicaire de l'Ile Saint-Louis. Né sans fortune, ses talents et son mérite personnel ont seuls contribué à lui faire une réputation respectable et unanime. Il est âgé d'environ quarante ans. Le roi étant à Choisi et demandant à des ouvriers de quelle paroisse ils étaient, et s'ils avaient un bon curé, ces bonnes gens répondirent naïvement qu'ils étaient sous la conduite du plus vertueux ecclésiastique qu'il y eût en France. Ce qui fut bientôt confirmé par le comte de Noailles, qui le connaissait à cause de la proximité de Bretigny à Arpajon, terre qui appartient à ce seigneur... Sa Majesté envoya chercher ce digne pasteur, à qui elle confia, dès ce moment, la direction de sa conscience. »

Tous ceux qui connaissaient l'abbé Maudoux applaudirent à ce choix, et les félicitations lui arrivèrent bientôt de toutes parts (1). Antoine-

ceux qui désirent se faire une idée juste de la personne et des actes de Louis XV. C'est l'œuvre d'un juge aussi impartial qu'éclairé, qui, avant de prononcer sa sentence, a interrogé et les « contemporains les plus dignes de confiance, » et le Roi lui-même, et n'a négligé «aucune source de renseignements, pour que le portrait soit aussi complet que fidèle. »

(1) Parmi ces compliments, deux sont en vers qui témoignent du bon cœur beaucoup plus que du talent poétique des auteurs : l'un s'appelait Jean Levasseur, et était curé de Saint-Remy en Leau, au diocèse de Beauvais; l'autre se

Gaspard Boucher d'Argis, d'abord avocat, puis conseiller au Châtelet de Paris, auteur et éditeur d'un grand nombre d'ouvrages sur le droit civil et le droit canonique, avait eu occasion de voir l'abbé Maudoux et de contracter avec lui une liaison plus intime, soit à Bretigny où, apparemment, il possédait quelques propriétés, soit à l'occasion d'un mémoire qu'il composa pour un procès intenté à la famille du nouveau confesseur du roi. Peu de jours après sa nomination, le 9 décembre 1764, Boucher d'Argis écrivit de Paris, au nouvel élu, la lettre suivante :

« Monsieur, lorsque vous vîntes à Bretigny où la renommée avoit d'avance publié votre mérite, j'ai craint dès ce moment que l'on ne vous enlevast bientost à un si petit lieu trop disproportionné pour l'étendue de vos talens, et que vous n'eussiez paru dans cette paroisse que pour exciter nos regrets. Nos inquiétudes n'étoient que trop bien fondées, et quoique la nouvelle dignité à laquelle vous estes élevé soit un de ces événements que l'on ne peut prévoir, je ne suis nullement étonné, Monsieur, que l'on ait jetté les yeux sur vous pour remplir cette place importante, et connoissant tout ce que vous valés, je ne puis qu'applaudir avec tout le public au choix que le roi a fait de vous. Je vous prie donc, Monsieur, d'en recevoir mon compliment et celui de ma femme ; je serois cependant inconsolable, Monsieur, si en quittant notre canton, vous ne me conserviés toujours quelque place dans votre souvenir. Vous ne pouvés, Monsieur, l'accorder à personne qui soit pénétré d'une estime et d'une vénération plus sincères pour vous. Ce sont des sentimens que je vous ai voués du moment que j'ai eu l'honneur de vous connoître, et qui ne peuvent s'effacer, ainsi que le respect avec lequel je suis, Monsieur, votre tres humble et tres obeissant serviteur. »

Mêmes félicitations le 31 décembre 1764, de la part d'Ameilhon que Maudoux a « toujours favorisé » de son « amitié », et qui n'a « pas

---

nommait Massé, et était curé de Beauzé, au diocèse de Verdun. De ce dernier, j'ai retenu ces trois vers :

« Élève de Guéret, doué de sa sagesse,
Tu sus gagner les cœurs, et d'esprits échauffés
Dans le trouble éviter la fanatique ivresse. »

Guéret, curé de Saint-Paul, à Paris, fut d'abord partisan, mais ensuite il devint adversaire du jansénisme. (Cf. *Nouvelles ecclésiastiques*, table, t. I, p. 581-88, v° *Guéret*.)

perdu de vue les grands principes; quoique, ajoute-t-il, je sois devenu un peu plus profane que lorsque je vivais avec vous et sous vous au milieu des exercices du clergé de S. Paul (1). »

Enfin M. de Chammeville se résigne, mais non sans peine, à se séparer de son cher curé. « J'aurai, lui écrit-il, le bonheur de voir dans votre personne et d'embrasser ce pasteur si aimable, si respectable, et de la séparation duquel je ne me serais jamais consolé, si mon auguste maître n'avait jeté les yeux sur lui comme sur le plus digne sujet de son royaume pour lui confier sa personne et sa conscience (2). »

Le séjour de Versailles était à la fois trop brillant et trop bruyant pour plaire beaucoup à l'ancien *ermite de Bretigny*. Néanmoins il y avait ses appartements ; il y résidait tout le temps nécessaire à l'exercice de ses fonctions, et suivait même la Cour à Compiègne et à Fontainebleau. Mais après avoir satisfait aux devoirs de sa charge, l'abbé Maudoux rentrait avec bonheur dans la solitude qu'il s'était choisie.

En ce temps-là, il existait à Issy-sur-Seine une communauté de prêtres dits *de Saint-François-de-Sales,* laquelle avait été fondée, au moyen des largesses d'un pieux laïque, par Charles Vuitasse, célèbre docteur et professeur de Sorbonne, en faveur de pauvres prêtres auxquels la vieillesse et les infirmités ne permettaient plus de remplir les devoirs du saint ministère. Autorisée par lettres patentes en 1700, elle s'établit en 1702 sur la paroisse de Saint-Médard, au lieu occupé auparavant par les Filles de la Crèche que le cardinal de Noailles venait de supprimer; mais les religieuses bénédictines d'Issy ayant été dispersées en 1751, et leurs biens réunis à l'abbaye de Gercy-en-Brie, l'Archevêque de Paris donna leur maison aux prêtres de Saint-François-de-Sales, qui en prirent possession au mois de juillet 1753. C'est chez eux que l'abbé Maudoux se mit en pension dès les premiers temps de son arrivée à Versailles; c'est là, dans ce séjour de la paix et de la piété, qu'il se consolait avec Dieu des tristesses d'un ministère

(1) Hubert-Pascal Ameilhon, né à Paris le 5 août 1730, avait en effet porté l'habit ecclésiastique dans sa jeunesse. Il écrivait encore à Maudoux, le 24 avril 1766 : « J'ai été reçu mardi à l'Académie (des Inscriptions) d'une voix presque unanime ». Et le 16 juillet 1770 : « Quant au Journal (de Verdun), tout ce que j'ai pu obtenir, a été d'y être associé. Mon sort est un peu meilleur qu'il n'était. Si j'y gagne peu du côté de la fortune, je gagne beaucoup du côté de la liberté. »

(2) Lettre datée du 4 janvier 1765.

trop souvent inefficace, et goûtait un calme qu'il ne trouvait pas à la Cour.

Lorsqu'il y arriva, au mois de décembre 1764, la trop célèbre Madame de Pompadour n'y était plus. Le 15 avril précédent, elle était allée rendre compte à Dieu de tout le mal qu'elle avait fait à la Religion et à la France. D'autres pertes plus regrettables et plus sensibles à Louis XV succédèrent à celle-là : la mort du dauphin, arrivée le 20 décembre 1765, qui jeta le roi dans une profonde mélancolie; celle de la dauphine qui suivit son époux dans la tombe, le 13 mars 1767; enfin celle de la pieuse reine Marie Leckzinska qui succomba, le 24 juin 1768, à une maladie de langueur. Tous ces événements si propres à faire réfléchir, et auxquels venaient sans doute s'ajouter les graves et touchantes exhortations de l'abbé Maudoux, contribuèrent à ramener Louis XV à des sentiments chrétiens, et lui inspirèrent la résolution d'y conformer sa conduite. « Mais la faiblesse incurable d'une nature lâche et molle, l'influence pernicieuse d'un vieux courtisan », le maréchal de Richelieu, qui, « sous prétexte de distraire sa douleur », l'avait ramené au péché, « replongea le roi dans la boue, et lui fit bientôt atteindre le dernier degré de l'ignominie », en le plaçant sous la puissance de la comtesse du Barry, qui ne le domina pas avec moins d'empire et ne fut pas moins tristement célèbre que la fameuse marquise de Pompadour. Cependant, même au milieu de ses désordres, Louis XV conservait dans le cœur et manifestait souvent dans sa conduite extérieure les sentiments de foi et de religion dont il était profondément pénétré, continuant ainsi jusqu'à la fin ce tissu de contradictions et de contrastes qui semble être la note dominante de sa vie et le dernier mot de son caractère (1).

L'abbé Maudoux se montra toujours prêtre à la cour. Il n'y perdit non plus rien de l'humilité et de l'aimable modestie qu'il y avait apportées, dérobant même à ses amis la connaissance des marques d'estime particulière qu'il recevait quelquefois des monarques. « J'ai, lui écrivait l'abbé Soldini le 21 novembre 1768, j'ai une très-forte querelle, Monsieur et très-cher ami, à vous faire sur votre discrétion vis-à-vis de la personne du monde qui a le moins de réserve pour vous et qui vous ouvre tout son cœur. Je ne sais comment vous vous justifierez d'un secret que vous m'avez caché et que j'ai appris aujourd'hui, dînant

_____

(1) De Beaucourt, *Le caractère de Louis XV*, passim et pages 284, 285 du t. IV de la *Revue des questions historiques*.

avec M. l'évêque de Limoges, par la voix publique. Je vous fais compliment de tout mon cœur de la faveur que vous avez reçue à Fontainebleau, quoique vous me l'ayez cachée. Ne vous en défendez pas, car la chose a été publiée par deux rois, le notre et celui de Danemark. Vous devez me connaître assez pour penser que j'en eusse partagé avec vous la satisfaction sans aucune jalousie. Je vous ai vu dimanche, vous ne m'en avez rien dit, et le lendemain je l'apprends! Je ne serai pas aussi caché que vous. Je vous félicite donc de ce que vous avez dîné avec le roi de Danemark la veille que je l'ai vu partir de Fontainebleau. Tout le monde le sait : vous en garderiez le *tacet* mal à propos, puisque lui-même l'a dit au roi en soupant le même jour avec lui. Il lui a dit avoir dîné avec le confesseur de Sa Majesté. Il est vrai que le roi en fut surpris au point de n'en vouloir rien croire ; mais il a bien fallu qu'il le crût quand le roi de Danemark le lui a nommé. J'ai dîné, a-t-il dit, avec l'évêque d'Orléans (1) qui a la feuille des bénéfices : n'est-ce pas votre confesseur? Cela a beaucoup diverti la Cour. S'il avait su votre nom de famille, il vous aurait sans doute mieux dénommé. Voilà l'énigme résolue ; je ne vous en dirai pas davantage. »

En 1770, le Dauphin épousa Marie-Antoinette, archiduchesse d'Autriche, fille de François de Lorraine et de l'impératrice Marie-Thérèse. Lorsque la Dauphine fut arrivée à Paris (mai 1770), il fallut former sa maison. « Quant à l'article du confesseur, dit Mercy-Argenteau, il en avait été parlé avant le départ du prince de Starhemberg, entre lui, le duc de Choiseul et l'évêque d'Orléans. Tous trois, ainsi que la comtesse de Noailles, s'étaient réunis à croire que le confesseur du roi, ecclésiastique d'une probité et piété reconnue, qui n'est d'aucun parti et ne se mêle d'aucune intrigue, serait le sujet le plus convenable à choisir pour Mme la Dauphine. J'en parlai à cette princesse qui se propose de saisir la première occasion à demander au roi le directeur en question et de prévenir par là tout autre choix suggéré par une cabale dangereuse (2).

(1) Louis-Sextius de Jarente de la Bruyère, évêque d'Orléans de 1756 à 1788. D'autre part, on lit dans la *Gazette de France* du vendredi 25 novembre 1768 : « De Versailles, le 23 novembre 1768. Le roi de Danemark arriva ici de Paris le 21 de ce mois, vers les cinq heures du soir... Sa Majesté Danoise soupa le même soir avec le roi, les Princes du sang, les Ministres et plusieurs Seigneurs et Dames de la Cour, et partit ensuite pour aller coucher à Paris. »

(2) *Correspondance secrète entre Marie-Thérèse et le comte de Mercy-Argenteau;* Paris, 1874, in-8°, t. I, p. 13, 14, Lettre du 15 juin 1770.

Le choix fut en effet agréé, et Marie-Antoinette pouvait écrire à sa mère le 9 juillet 1770 : « Je me confesserai à cinq heures à l'abbé Maudoux, Mercy et l'abbé de Vermond m'ayant conseillé de le prendre (1). »

Au commencement du mois de juillet, Alexandre Milon, évêque de Valence, le félicita en ces termes : « Quoique je n'aie pas l'honneur de vous connaître particulièrement que par la qualité de confesseur de Sa Majesté, *cet ami choisi entre mil autres*, avec autant de justice que de discernement dans un temps où cette place a répandu tant de nuages dans l'Église de France, qui ne sont pas encore peut-être entièrement calmés, recevez, je vous prie, mes compliments sur le choix que notre jeune et si aimable Dauphine vient de faire d'elle-même de vous pour le même emploi auprès d'elle. Rien n'est plus capable de lui concilier l'estime générale et l'amour de la France, et ne vous fait en même temps plus d'honneur. J'espère que vous voudrez bien là-dessus recevoir l'hommage des sentiments les plus respectueux avec lesquels j'ai l'honneur d'être, Monsieur, votre très-humble et très-obéissant serviteur. ALEXANDRE, *évêque de Valence.* A S. Benoist-sur-Loire, ce 3 juillet, 1770. »

De son côté le Général des Barnabites envoya aussi ses félicitations au confesseur de la Dauphine, ajoutant dans la lettre qu'il lui écrivait de Rome, le 13 juillet 1770 : « Je voudrais voir réunies sur votre tête, Monsieur, toutes les places qui demandent une supériorité de lumière, de prudence et de religion, parce que je serais assuré qu'elles seraient remplies éminemment. Et en vous parlant ainsi, j'ai la consolation de me dire à moi-même qu'il n'y a personne qui osât me désavouer. »

Veut-on savoir quelle était, au point de vue temporel, la condition d'un confesseur de la Dauphine à cette époque ? L'abbé Soldini nous l'apprendra, et en même temps qu'il satisfera notre curiosité, il nous fera mieux comprendre le désintéressement de l'abbé Maudoux.

« Voici quel étoit mon état de confesseur de feu madame la Dauphine : 1,200 livres de gages ; 6,000 livres pour nourriture, bois et bougies, et 3,000 livres de carrosses, logement au Grand commun (2),

_____

(1) Arneth, *Mariæ Theresia und Marie-Antoinette;* Leipsig, 1860, in-8°, p. 11.
(2) Lorsque Louis XIV eut résolu d'habiter Versailles, il fallut élever un bâtiment assez considérable pour pouvoir y placer les différents services de la maison du Roi et de la Reine. A cet effet, on construisit en 1678 l'énorme édifice qu'on appelait autrefois le Grand-commun, et qui est aujourd'hui l'Hôpital militaire de Versailles.

et chez les Mathurins à Fontainebleau. Je ne faisais point les grands voyages de Compiègne et de Fontainebleau avec mes chevaux; on venoit me prendre à Paris avec quatre chevaux, dont le premier relais étoit à Louvres, et le second à Villeneuve qui m'entroit dans Compiègne; pour Fontainebleau, avec le même nombre de chevaux et un seul relais à Essonnes, qui m'entroit dans ce lieu. Aux deuils, on habilloit en noir mon laquais avec l'habit de valet de pied, et mon cocher avec celui de palefrenier. Dans les commencements, mes chevaux et mon cocher étoient logés aux Écuries; on eut pour celui-ci et pour ceux-là de si mauvaises façons, que je pris le parti de louer : vous vous en souvenez. On donnoit à mon cocher un lit et deux paires de draps aux renouvellemens, c'est-à-dire tous les cinq ans, depuis qu'ils ont été retardés. On ne blanchissoit pas mon cocher, on ne nourrissoit pas mes chevaux. A Fontainebleau, mon carrosse, qui étoit aux armes de la Princesse, étoit remisé, mais point à Compiègne. Le traitement étoit le même en tout pour le confesseur de la Reine, excepté pour le carrosse qu'on entretenoit de tout aux Écuries : on lui fournissoit voitures, chevaux : on payoit, logeoit et habilloit son cocher et son laquais, celui-ci en valet de pied, celui-là en palefrenier ; et on leur donnoit en les habillant ce qu'on appelle petite oie (1), et tous les deux ans un manteau au laquais, et une redingote au cocher. Aux voyages, il étoit également conduit par relais, et tout étoit logé aux Écuries de la Reine, excepté le laquais. Il y avoit à Paris, pour le confesseur de la Reine, un fort spacieux logement aux Écuries qu'elle avoit alors près le Palais-Bourbon, que le garde-meuble de la Reine garnissoit. Voilà, mon très-respectable abbé, le détail le plus vrai et le plus circonstancié. »

Quel fut l'ascendant et l'heureuse influence de l'abbé Maudoux sur Marie-Antoinette, on peut le conjecturer par ces lignes de Mercy-Argenteau :

« La cour étant partie de Fontainebleau le 17 de novembre, Mᵐᵉ la Dauphine arriva ce même jour à Versailles. Elle eut, le surlendemain, une conversation avec son confesseur, lequel, d'après les avis que l'abbé de Vermond et moi lui avions donné, se mit en devoir de faire quelques représentations à Son Altesse Royale sur la nécessité dont

(1) « Rubans et garnitures qui servent d'ornements à un habit, à un chapeau, etc. » (Dict. de Trévoux). — « Les bas, le chapeau et les autres ajustements pour rendre un habillement complet. » (Littré).

il était qu'elle voulût bien songer à un emploi utile de son temps,
pendant la saison de l'hiver. Cet ecclésiastique, aussi sensé qu'il est
vertueux et honnête, tint à Mme l'Archiduchesse un langage qui inté-
ressait également sa conscience et ses avantages temporels. Il lui fit
voir que, dans l'état des choses telles qu'elles se trouvent, l'exemple
que donnerait Mme la Dauphine pouvait décider de la tournure que
prendrait M. le Dauphin, et, tirant toutes les conséquences qui déri-
vent d'une supposition aussi fondée, il eut à dire bien des vérités
qui ne pouvaient manquer de faire une impression très forte sur
Mme l'Archiduchesse. Nous ne tardâmes point à en voir les effets. Son
Altesse Royale dit, peu de jours après, à l'abbé de Vermond, qu'elle
voulait pendant cet hiver « récupérer le temps perdu dans la dissipa-
tion de l'été et des voyages », qu'il ne s'agissait que d'établir un plan
fixe et régulier d'occupations sérieuses et utiles, et qu'elle s'y livrerait
avec toute la suite et l'attention nécessaires. Depuis ce moment-là,
les lectures ont repris sans être interrompues, et pour peu qu'il plaise
à Votre Majesté d'insister sur cet objet, j'espère qu'il prendra maintenant une forme plus stable et qu'il en résultera tout le bien qui
est à désirer (1). »

L'année suivante (1771), les religieuses de la congrégation de
Notre-Dame du couvent de Compiègne, qui allait être transféré à
Versailles, perdirent leur supérieur, l'abbé Clément, célèbre prédicateur (2). Pour les consoler de cette perte, l'archevêque de Paris songea
à leur donner l'abbé Maudoux. Bergier écrit en effet à ce dernier,
le 27 août 1771 : « Lorsque j'ai présenté vos hommages à M. l'archevêque, voici une de ses réponses : — Eh ! bien, il consent à être
supérieur de la congrégation? — Monseigneur, j'ignore si cette supériorité lui a été proposée. — Quand j'ai vu que cette commission vous
faisait peur, j'ai jeté les yeux sur lui et il faut bien qu'il accepte. —
Monseigneur, j'ai eu l'honneur de vous exposer mes raisons, et peut-
être M. Maudoux en aura d'aussi fortes pour s'excuser. — Point du
tout, je l'y déterminerai : c'est pour le bien, et il acceptera sûrement.

_____

(1) *Correspondance secrète*, t. I, p. 383, 384 ; Lettre du 16 décembre 1772.

(2) « Nous apprenons que vous êtes nommé supérieur de notre maison.
Que ne pouvons-nous, Monsieur, vous témoigner la joie que nous cause une
nouvelle aussi agréable ! Il ne fallait pas moins qu'un pareil évènement pour
nous consoler de la perte de M. l'abbé Clément, ce père si respectable et si
digne de notre vénération. » (Lettre de Mme Mongenot, supérieure, datée de
Compiègne, 7 décembre 1771.)

— On ne répond rien à de pareils propos : c'est le parti que j'ai pris. Voilà donc une chose faite, du moins d'un côté. »

Le 19 novembre suivant, Bergier écrit encore : « L'archevêque a ajouté : « Eh bien, nous ferons M. Maudoux supérieur du couvent de Versailles. — Mais, Monseigneur, il vous a fait là dessus des représentations qui ont dû vous paraître solides. — Oh! cela ne fait rien : je ne me rebute pas aisément ; il faudra bien qu'il y vienne. »

Compiègne faisait partie du diocèse de Soissons. L'évêque (1) croyant que l'abbé Maudoux y était enfin *venu,* s'empressa de lui envoyer la feuille contenant les pouvoirs nécessaires pour gouverner le couvent de Notre-Dame, avec le billet suivant daté de Soissons, 21 novembre 1771 : « C'est uniquement, Monsieur, à la communauté qui sera transférée à Versailles que je fais mon compliment. Dès que M. l'archevêque m'a dit que c'était sur vous qu'il avait jeté les yeux pour la conduire, je l'ai prié de vouloir bien vous faire passer tous les pouvoirs dont vous pourriez avoir besoin pour la conduire pendant tout le temps qu'elle restera à Compiègne. »

La joie de l'évêque fut courte, car huit jours après (29 novembre 1771), il écrit à l'abbé Maudoux : « Je suis fort fâché que vous ayez refusé d'être supérieur de la communauté de la congrégation de Versailles. Vous y auriez fait beaucoup de bien, et j'aurais été en mon particulier bien aise de n'avoir à traiter qu'avec vous. Je crois que Madame aura lieu d'être surprise de votre refus, et qu'elle en sera très affligée. »

Au mois de février 1774, Bergier consentit enfin à devenir supérieur de la congrégation de Notre-Dame transportée à Versailles (2). Cepen-

(1) Henri-Joseph-Claude de Bourdeilles, de l'illustre famille de ce nom, né le 7 décembre 1720, dans le diocèse de Saintes. D'abord vicaire-général de Périgueux, il fut, le 12 décembre 1762, sacré évêque de Tulle, puis, en 1764, transféré sur le siège de Soissons. Un fragment de sa lettre à l'abbé Maudoux, en date du 6 décembre 1774, montre l'idée que ce digne évêque se faisait de l'épiscopat. « Si c'est un bonheur d'être évêque, je ne le trouve pas tel. Pourquoi faut-il que l'on imagine que cela ne puisse pas être autrement? Je profite dans tous mes moments de tout ce que vous m'avez dit. Mais mon diocèse m'occupe uniquement, et je suis content de la besogne que j'ai commencée, et à laquelle je mets beaucoup de suite. Mes deux grands-vicaires font des merveilles. Ils travaillent, sont fort retirés, et le dernier, que vous n'avez vu qu'une fois, est enchanté de vous et aurait désiré pouvoir passer souvent des journées aussi agréables. Il deviendra ce qu'il me fallait, et dans deux ans d'ici je serai tranquille sur la conduite de mon diocèse, parce que tout y aura pris une consistance qui y a manqué jusqu'à présent. »

(2) « Enfin mon doute est levé. La divine Providence a agi sur l'esprit de

dant l'abbé Maudoux ne laissa pas de rendre quelques services à ces religieuses, les aidant de ses conseils, et leur accordant même quelquefois pour cela « un moment de visite (1). »

Le triste état de sa santé était la meilleure cause, hélas! de son refus. Car ses infirmités habituelles ne le dispensaient pas d'éprouver de temps en temps de fortes maladies. Mercy-Argenteau écrit à Marie-Thérèse le 12 novembre 1773 : « Le 30 octobre, son Altesse royale a fait ses dévotions. Son confesseur vient d'essuyer une maladie assez grave, mais de laquelle il est rétabli. J'ai été en peine de cet ecclésiastique, qui est un excellent sujet pour la place qu'il remplit : il est confesseur du roi en titre; sa simplicité, sa modestie et son honnêteté, le rendent très remarquable et précieux à cette cour-ci, où les autres confesseurs n'imitent point, à beaucoup près, un si bon exemple (2). »

Les vertus d'un tel homme devaient déplaire aux courtisans adulateurs de la passion royale. Aussi cherchèrent-ils à l'éloigner de la cour; mais leur plan fut déjoué par l'ambassadeur de Vienne en France, le comte de Mercy, qui en fit son rapport à l'impératrice Marie-Thérèse.

« Dans la prévoyance que le roi, revenant à des sentiments de piété, pourrait se livrer à un confesseur, et celui qui remplit ce poste étant d'une vertu trop reconnue pour se prêter à l'intrigue, toutes les vues (des courtisans et des amis de Mme du Barry) se sont tournées vers les moyens de l'écarter et de lui substituer un personnage plus facile à manier.

« Comme ce confesseur du roi est en même temps celui de Mme la Dauphine, on a senti qu'il serait impossible de l'éloigner de la Cour, à moins qu'on ne commençât par le priver de sa place auprès de Son Altesse Royale. En conséquence, on insinua de loin au roi que l'abbé Maudoux (c'est le nom de ce confesseur) songeait à se retirer ; que sa vue, très affaiblie, n'admettait guère qu'il pût rester à la Cour, et que Mme la Dauphine n'était d'ailleurs pas trop favorablement disposée à avoir confiance en cet ecclésiastique. Aussitôt que je fus

M. l'abbé Bergier, qui a accepté la supériorité de notre maison, malgré toutes ses répugnances... Nous avons été pénétrées de la plus vive douleur en apprenant l'affliction que vous venez derechef d'éprouver. » (Lettre de la mère Mongenot, du 5 février 1774.)

(1) Lettre de la mère Collin, du 30 décembre 1775.
(2) *Correspondance secrète...*, t. 11, p. 72, 73.

instruit de cette particularité, je n'hésitai pas à aller rendre compte à Mᵐᵉ la Dauphine, à laquelle j'exposai tout le détail de cette intrigue. Son Altesse Royale en parut en peine et témoigna quelque crainte qu'on ne parvînt à la priver d'un confesseur duquel, à juste titre, elle fait le plus grand cas. Je proposai à Mᵐᵉ l'Archiduchesse un moyen sûr de parer à cet inconvénient : c'était de dire au roi, à la première 'occasion, qu'elle savait que l'on avait supposé à ce monarque que Mᵐᵉ la Dauphine n'était pas fort attachée à son confesseur ; qu'en conséquence, Son Altesse Royale croyait devoir désabuser le roi et ne pas lui laisser ignorer l'estime et la confiance qu'elle a pour son confesseur actuel, lequel est généralement reconnu pour un ecclésiastique des plus vertueux et des plus éclairés.

« Mᵐᵉ la Dauphine suivit cet avis, et il était grand temps d'en faire usage, parce que cette manœuvre était suivie avec grande chaleur, et que l'on avait même trouvé moyen d'y mêler Mᵐᵉ Louise la carmélite. Tout ce parti ayant formé en dernier lieu une nouvelle tentative, le roi déclara que jamais il n'ôterait à Mᵐᵉ la Dauphine un confesseur dont il savait qu'elle était satisfaite ; que, d'ailleurs, il était lui-même persuadé qu'on ne pourrait trouver personne plus apte que ne l'est l'abbé Maudoux à remplir les fonctions du confessionnal. Cette réponse décisive a dérouté toute l'intrigue, et il ne paraît pas même possible qu'on puisse y revenir (1). »

Sur ce dernier point, Mercy se faisait illusion, témoin sa lettre du 22 mars suivant :

« Un des plus essentiels de ces articles (de sa correspondance) est celui qui a pour objet l'intrigue tramée ici pour éloigner le confesseur actuel du roi, et lui substituer un sujet plus propre à se plier aux vues des cabales qui règnent à cette cour. J'ai des preuves certaines qu'on vient de reprendre des manœuvres tendantes à effectuer le projet en question, et je suis d'autant plus occupé et attentif sur cette matière, qu'il n'y a que Mᵐᵉ la Dauphine seule qui puisse mettre obstacle aux vues pernicieuses qu'on se propose.

« Dans une longue audience que j'ai eue de Son Altesse Royale, il a été décidé qu'elle déclarera à son confesseur que, sous aucun prétexte ni raison, elle ne consentira à sa retraite, et qu'elle exige de ce pieux et honnête ecclésiastique que, par devoir et par conscience, il ne se

---

(1) *Correspondance secrète*, t. II, p. 111. Lettre du 19 février 1774.

482   L'ABBÉ MAUDOUX

prête pas aux insinuations qu'on pourrait lui faire pour l'éloigner de
la cour. J'ai mis également là-dessus en action l'abbé de Vermond,
qui a de l'ascendant sur l'esprit de l'abbé Maudoux, et je tiens pour
presque infaillible que, aussi longtemps que ce dernier restera
confesseur de Mᵐᵉ l'Archiduchesse, le roi ne se déterminera jamais à
en prendre un autre, et que l'on sauvera par là l'excessif inconvénient
de voir occuper ce poste si important par quelque sujet suspect (1). »

Et le 19 avril 1774 : « Maintenant je dois revenir aux articles des
deux très gracieuses lettres de Votre Majesté, et je commence d'abord
par l'objet qui regarde le confesseur du roi. Cette intrigue en est
encore dans les mêmes termes indiqués par mon précédent et très
humble rapport; Mᵐᵉ l'Archiduchesse a signifié à ce confesseur
qu'elle ne consentirait point à son éloignement; mais celui-ci, qui ne
désire que sa retraite, n'a pas pris d'engagement de rester à la longue
ou d'agir d'une façon certaine au désir que l'on marque de le déplacer.

« Il y a cependant beaucoup de ressources à cet incident; cela dépen-
dra du degré de fermeté et de suite que voudra mettre Mᵐᵉ l'Archiduchesse à faire valoir ses intentions, et je tâcherai de la porter à ne
point s'en désister. Je n'ai pu encore éclaircir assez les vrais motifs de
cette intrigue qui paraît cacher des vues fort compliquées et étendues.
J'ose me flatter qu'il ne m'en échappera rien d'essentiel, et que je
serai dans le cas de pouvoir rendre compte à Mᵐᵉ l'Archiduchesse de
toutes les notions qui seront à cet égard utiles à la direction des
démarches qu'elle jugera à propos de faire (2). »

Cependant le moment approchait où Louis XV allait avoir besoin du
ministre de réconciliation que des amis perfides voulaient lui enlever.
Le 28 avril 1774, le roi se trouva mal au Petit Trianon, mais il revint
aussitôt à Versailles. « La Faculté ordonna une saignée du bras et
l'émétique. On réitéra la saignée le 29 au soir, qu'on fit très copieuse.
Dans la nuit, fort peu de temps après cette dernière saignée, la petite
vérole se déclara, et les médecins l'annoncèrent (3). »

Aussitôt, l'abbé Le Rat, vicaire général de Charles-Antoine de La
Roche-Aimon, archevêque de Reims, fit parvenir au confesseur du
Roi le billet suivant : — « Versailles, 30 avril 1774, à minuit et demi.

_____

(1) *Correspondance secrète*, t. II, p. 122.
(2) *Ibid.*, t. II, p. 132.
(3) *Mémoires du baron de Bezenval;* édit. Barrière; Paris, 1846, in-12, p. 143, 144.

Je ne sais, Monsieur et cher abbé, si vous avez été informé que le Roi s'était trouvé, avant-hier, incommodé; que hier, vendredi, il a été saigné deux fois, et qu'on vient de déclarer qu'il a la petite vérole. Je crois que vous ferez bien de partir, au reçu de ma lettre (qui vous sera rendue sur les cinq ou six heures) et de vous tenir ici en poste fixe dans votre appartement, sans dire à personne que vous ayez été mandé. M. le Cardinal dort, et nous n'avons pas cru devoir l'éveiller pour lui apprendre la nature de la maladie. S'il en était instruit, il n'aurait sûrement pas manqué de vous écrire lui-même. »

Maudoux fut plusieurs jours sans pouvoir pénétrer jusqu'à la chambre du roi, dont l'accès lui était interdit par les partisans de Mme du Barry. Enfin, dans la journée du 6 mai, Louis XV, sentant le danger où il était, demanda son confesseur. Il vit auparavant la comtesse du Barry, la congédia et l'envoya à Rueil, chez le duc d'Aiguillon.

« Le 7 mai, le malheureux Louis XV, qui avait demandé son confesseur à deux heures et demie du matin, en était encore, vers quatre heures, à dire avec anxiété au duc de Duras qui le veillait : « Mais voici la troisième fois que je demande à me confesser; est-ce que l'abbé Maudoux n'est pas ici? » Il fallut bien, enfin, se déterminer à mettre le prêtre en tête-à-tête avec son royal pénitent. Après une première séance de son ministère, l'abbé Maudoux ayant témoigné la crainte de retrouver les mêmes obstacles au retour, Louis XV lui dit à haute voix : « Je vous attends, Monsieur, pour l'heure convenue ; » et le confesseur, se tournant vers ceux qui lui avaient d'abord interdit l'entrée, répéta du même ton : « Vous l'avez entendu, Messieurs (1). »

Bezenval rapporte que le roi ayant dit qu'il recevrait les sacrements le lendemain, La Martinière, un de ses médecins, « lui représenta que, puisqu'il avait fait les frais de se confesser, il valait mieux achever tout de suite ce qu'il y avait encore à faire ; qu'il serait tranquille ensuite. Le roi, sans répondre, ordonna qu'on allât chercher M. d'Aiguillon. Fort peu de gens ont su que c'était pour lui confier que son confesseur avait déclaré qu'il ne lui donnerait point l'absolution tant que Mme du Barry serait si près de lui, et pour ordonner à ce ministre de dire de sa part à la comtesse de s'en aller à Chinon, terre appartenant à M. de Richelieu.

(1) *Christophe de Beaumont, archevêque de Paris, par le P. Émile Régnault*, Paris, 1882, t. II, p. 259, 260.

« M. d'Aiguillon sentant que tout était perdu si cet éloignement
avait lieu, répondit au roi qu'il y avait sûrement du malentendu; qu'il
allait parler au cardinal de La Roche-Aimon et à l'abbé Maudoux, et
qu'il se chargeait d'arranger cette affaire. En effet, il courut chez le cardinal qu'il détermina aisément. Il eut plus de peine vis-à-vis de l'abbé
Maudoux. Cependant, soutenu par le cardinal, il en vint à bout (?) sans
qu'on ait su par quel moyen. Ce qu'il y a de certain, c'est que le roi
fut communié à six heures du matin... Ce fut le cardinal de La Roche-
Aimon qui, en qualité de Grand-Aumônier, lui administra les sacrements. On remarqua que, la cérémonie achevée, comme le cardinal se
retournait pour s'en aller, l'abbé Maudoux le tira par son rochet et lui
dit quelque chose à l'oreille. Le cardinal élevant sur le champ la voix,
dit tout haut que le roi était dans les sentiments les plus purs du
christianisme, se repentant des sujets de scandale qu'il avait pu donner, et qu'il était dans l'intention de les éviter à l'avenir.

« L'action de l'abbé Maudoux a fait juger que peut-être cet abbé
n'avait consenti à donner l'absolution sans un plus grand éloignement
de Mme du Barry, que sous la condition d'un témoignage public qui
pût mettre une barrière entre elle et le roi, s'il en revenait; et que le
cardinal, chargé de ce témoignage, quoique étant convenu de la démarche avec le confesseur, avait promis de la soustraire aux partisans
de la comtesse; mais que, arrêté, pressé par le confesseur, il n'avait
pu s'y refuser (1). »

Enfin, le 10 mai, à deux heures après-midi, le roi expira « tenant son
crucifix à la main et récitant les prières, ainsi que l'écrivait Louis XVI
à Mme Louise. » « Mais qui saura jamais, dit le P. Régnault, quelle
part revient, dans ce retour à Dieu de Louis XV mourant, au dévoû-
ment modeste de l'honorable prêtre, son confesseur, qui n'hésita pas
à risquer sa vie pour sauver une âme dont il avait si ardemment
désiré et sollicité la conversion (2)? »

Après ces détails, empruntés pour la plupart à des témoins oculaires
attachés à la personne du roi, on lira encore avec intérêt le récit de
l'abbé Maudoux qui eut un rôle actif dans ce drame à la fois lugubre
et consolant. Ce mémoire paraît être la copie autographe d'une lettre
adressée par lui à un ami, probablement à l'abbé Bergier, avec lequel
il était en correspondance suivie et intime. En l'écrivant, l'auteur était

(1) *Mémoires du baron de Bezenval*, édition citée, p. 152, 153.
(2) *Christophe de Beaumont;* t. II. p. 265.

encore sous l'impression de ce qu'il avait vu. Son récit, véritable chef-d'œuvre de narration simple et émouvante en même temps, est comme le *Nunc dimittis* d'un homme qui a eu, peut-être au prix de sa vie, le bonheur de voir enfin revenir à Dieu une âme pour laquelle il avait tant prié. On ne nous pardonnerait pas si nous retranchions un seul trait à ce tableau où l'art n'est pour rien, et qui se trouve néanmoins être un morceau achevé.

« Il y a longtemps, Monsieur et cher ami, que je m'aperçois que je m'en va : *Tempus resolutionis meæ instat* (1). Je suis mort à la liberté en m'approchant du feu roi ; je suis mort à la vie du moment où il partit pour Saint-Denis. Voilà la vraie cause de l'altération d'un tempérament qui pouvait me faire inscrire sur la liste des centenaires.

« Au secret que Louis XV garda depuis qu'il se crut frappé à mort, et à la manière dont il s'y prit pour me faire arriver au pied de son lit, pendant qu'on n'était occupé qu'à en défendre les approches à tout ce qui s'appelait ecclésiastique qui pût lui parler de Dieu, j'ai bien distingué dans le moment la judiciaire de l'homme qui s'en allait, et j'ai dit : *digitus Dei est hîc*.

« Le monarque, plein de foi, attendant avec quelque impatience l'arrivée du saint viatique et s'y préparant, me dit : *J'ai toujours cru en Jésus-Christ : vous savez combien je l'adorais profondément à la messe et au salut.*

« Tout le monde sait avec quelle présence d'esprit le monarque chrétien donna ses ordres pour recevoir le Dieu qui voulait bien le visiter sur son lit de douleur. Il fit mettre ses troupes sous les armes, ordonna que Mesdames suivraient le Saint-Sacrement jusqu'à l'entrée de la chambre, parce qu'elles y entraient ; il défendit à Monsieur le Dauphin et à ses frères, qui pouvaient gagner la maladie, d'aller plus loin que la première marche de l'escalier, en suivant leur Maître et le sien. Il ordonna que les Princes de son sang et ses ministres se trouvassent dans sa chambre. Il se repentit publiquement, promit de n'employer le reste de ses jours qu'à réparer le passé et rendre son peuple heureux.

« Tous les matins, il renouvelait cette promesse à Dieu, en y joignant l'offrande du sacrifice de sa vie ; ce qu'il fit encore le 10 mai, pendant la messe qu'on célébrait devant lui, après s'être réconcilié et avoir reçu l'indulgence *in articulo mortis,* que Madame Louise lui avait envoyée à dix heures du matin.

(1) II Tim., iv, 6.

« J'avais passé plusieurs jours, plusieurs nuits entre ses rideaux. La confiance de ce monarque mourant avait pénétré mon âme, et le virus qui l'enleva à la France s'était insinué dans mes veines ; mais j'avais toutes les consolations qu'un bon sujet, un bon chrétien, un bon prêtre pouvait désirer, et je disais bien sincèrement : *Nunc dimittis servum tuum, Domine, secundùm verbum tuum in pace, quia viderunt oculi mei salutare tuum.*

« Le 10 mai 1774, Louis XV entra en agonie sur les onze heures, mais ne perdit point la tête pendant toute l'agonie. A une heure, dans le râle, il m'entendait encore. Les médecins le croyaient sans connaissance. Je me levai pour m'en assurer ; je lui dis : « Sire, Votre Majesté souffre beaucoup »? Il interrompit son râle pour me dire en râlant : *Ah ! ah ! ah ! beaucoup !* Tant que je vivrai, mon cher ami, ces trois *ah ! ah ! ah !* ne sortiront pas de ma mémoire. Je demande à Dieu de mourir comme il est mort, et il n'y a que vous qui saurez bien comment Louis XV a fini !

« Je dis à l'évêque de Senlis (1) qui lui avait administré l'extrême-onction la veille, et, pour lors, n'avait pas récité les prières des agonisants à cause du mieux marqué qui paraissait s'annoncer : « Monsei- « gneur, il est temps et très temps de réciter les prières de l'agonie. » M. le grand Aumônier se mit à genoux auprès du lit, et nous récitâmes les prières. Avant, M. l'évêque de Senlis dit : « Il ne parle plus, mais « il vous entend encore. » On venait de prononcer *Proficiscere, anima christiana,* et le roi expira.

« Je restai le dernier dans sa chambre et auprès de son lit. Je ne m'en repens pas. Les prêtres arrivèrent, commencèrent à psalmodier autour du lit, et je me retirai dans ma chambre, les dents et les lèvres noires, et passai la nuit dans mon lit comme on peut penser, jusqu'à ce que, le matin, je pusse m'envoler à Saint-François-de-Sales, où je suis actuellement.

« Louis XV fut porté à Saint-Denis *incognito,* et de cet instant je commençai mon voyage pour l'éternité! Voyez ce que je fais sur la terre ! J'ai bien encore l'esprit aussi présent, les idées aussi nettes que Louis XV les avait le 10 mai 1774.

(1) Jean-Armand Bessuéjouls de Roquelaure, né dans le Rouergue en 1720, sacré évêque de Senlis le 16 juin 1754, dix ans après, premier aumônier du roi, puis conseiller d'État et commandeur de l'Ordre du Saint-Esprit, membre de l'ancienne et de la nouvelle Académie française, incarcéré pendant la Terreur, nommé en 1802 archevêque de Malines, donna sa démission six ans après, et mourut à Paris, le 24 avril 1818, âgé de quatre-vingt-dix-sept ans.

« La veille de la Pentecôte, j'ai fait brûler vingt-deux cartons qui
contenaient mon journal depuis ma sortie de Bretigny et mon arrivée
à Versailles. J'y parlais trop vrai pour que bien des personnes ne s'en
fussent point offensées. Les vérités que j'eusse dites n'auraient corrigé
personne (1). Laissons aller le monde comme il va, puisque nous ne
pouvons l'empêcher d'aller comme il veut. Tâchons d'aller à Dieu, ce
sera bien assez pour nous.

« Quand on a été témoin de la mort d'un Roi, Monsieur et cher ami,
on est bien en état de dire : *Vanitas vanitatum et omnia vanitas,
præter amare Deum et illi soli servire* (2). Dieu me fasse la grâce de
m'en tenir là et d'y penser toujours, tant qu'il me laissera végéter
ici-bas ! »

Voilà comment sentait et écrivait, après la mort de son royal pénitent, le dernier confesseur de Louis XV ; voilà l'homme que, d'après
diverses autorités aussi mal informées les unes que les autres, on a
voulu faire passer pour un « pauvre prêtre qu'on lui avait donné
depuis quelques années, parce qu'il était vieux et aveugle (3) ». Ce que
nous avons dit de l'abbé Maudoux, dans cette notice, suffit à réfuter
ces assertions fausses et gratuites, et nous croyons inutile d'y insister
davantage.

On a vu que, le jour où il mourut, le roi reçut de sa fille, Mme Louise,
qui, entrée au Carmel de Saint-Denis en 1770, était prieure depuis
le 27 novembre 1773, un crucifix auquel le pape avait appliqué l'indulgence plénière *in articulo mortis*. La lettre qui accompagnait cet
envoi adressé à l'abbé Maudoux, est trop belle dans sa touchante
brièveté, et montre trop bien les pensées et les sentiments qui se pres-
saient dans l'esprit et dans le cœur de la sœur Thérèse de Saint-
Augustin, pour que nous ne la reproduisions pas exactement d'après
l'autographe.

                    J. M.
                                        « Ce 10 may.
« Voicy, Monsieur, une croix de cararac *(sic)* où il y a une indulgence *articulo mortis* que je vous envoye et une relique de Nôtre

(1) Quel dommage que l'abbé Maudoux ait jugé prudent de condamner au feu
tant d'intéressantes *vérités*, et quel plaisir il y aurait aujourd'hui à lire, et surtout à éditer le journal d'un observateur doué de tant de sagacité, les dépositions d'un témoin si véridique!
(2) *De Imitat. Christi,* Lib. I, cap. 1, n° 3.
(3) *Revue des documents historiques;* Paris, 1874, t. I, p. 163.

Venerable Mere Anne de Jésus, nôtre fondatrice en France. Si cette Mere nous guerit le Roi, il faut qu'il la fasse canoniser; elle a fait bien (des) miracles. On a déja commencé les procedures de la canonisation. Fût-il mort lorsque vous recevrez ma lettre, mettez la relique sur la teste.

          « Sœur THÉRÈSE de SAINT-AUGUSTIN, R. C. I. P. (1).

    « Voicy aussi un reliquaire de Saint-Valecy dont nous venons de recevoir le corps de Rome (2). »

La sœur Thérèse de Saint-Augustin, à qui on envoyait, jour et nuit, des courriers de deux heures en deux heures, eut bientôt la douleur d'apprendre que le roi, son père, venait d'être enlevé à son affection; mais ce qui lui importait par-dessus tout, c'était de connaître aussi complètement que possible les sentiments et les paroles de Louis XV mourant. Le lendemain de la mort, 11 mai, elle fit prier l'abbé Maudoux, par l'intermédiaire de son confesseur, l'abbé de Ternay (3), de la venir voir, afin de recueillir de sa bouche tout ce que le secret imposé à un confesseur permettrait de dire. Le pieux et discret abbé éprouva quelque peine à se rendre au désir de la sainte carmélite. L'abbé de Ternay lui adressa alors, au nom de l'humble fille du roi, une seconde lettre plus pressante que la première. « Mme Louise, disait-il, ne vous demande que ce qui n'a jamais été refusé à personne en pareille circonstance: elle sait les bornes des consolations que vous pouvez lui donner, et certainement elle les respectera. Elle a appris que vous avez été incommodé des fatigues que vous avez eu à essuyer et de l'air contagieux que vous avez respiré de si près. Elle en a été fort peinée, et elle désire que vous vous rétablissiez parfaitement avant que de la venir voir; mais quand vous aurez bien recouvré votre santé, elle persiste à vous prier de ne pas lui refuser la visite qu'elle vous a demandée. Vous ne sauriez vous imagi-

(1) C'est-à-dire, *Religieuse Carmélite, indigne Prieure.*

(2) Il y avait juste un an (9 mai 1773) que le corps de saint Valecy, martyr, envoyé de Rome par le Pape sur la demande de Mme Louise, avait été apporté à Saint-Denis. (*Vie de la Révérende Mère Thérèse de Saint-Augustin*; 1857, t. I, p. 411.)

(3) D'après la sœur Thérèse de Saint-Augustin écrivant à M. Amelot, ministre et secrétaire d'État, l'abbé Courbon de Ternay avait « la plus belle bibliothèque du monde. » (*Revue des Documents historiques*, t. V, p. 125.) Atteint d'une maladie d'yeux qui, en 1786, ne lui permettait « plus de dire la messe ni d'écrire à personne», il se proposait de «la vendre de son vivant» (Lettres de Mme Louise à l'abbé Proyart, des 5 et 18 juin; *Vie de Madame Louise de France*, par l'abbé Proyart; Paris, 1819, t. II, p. 187 et 188); mais elle ne fut vendue qu'après son décès, le 17 décembre 1787.

ner avec quel empressement cette princesse désire cette consolation ; il ne se passe pas de jour qu'elle ne m'en parle. Permettez-moi de vous le dire, je crois que si vous vous rendez inexorable, ce sera un excès de discrétion. » L'abbé Maudoux ne voulait pas plus pécher par excès que par défaut de discrétion : vers la fin du mois de mai ou dans les premiers jours de juin, il se rendit chez les Carmélites de Saint-Denis, et il eut la joie de raconter à la sainte prieure comment Dieu avait exaucé les prières et les mortifications qu'elle n'avait cessé de lui offrir pour la conversion et la mort chrétienne du roi.

La santé du confesseur de Louis XV ne se rétablit jamais complètement durant les quelques années qu'il vécut encore. Il les passa presque entièrement à Issy, dans la communauté des Prêtres de Saint-François-de-Sales ; mais il lui fallut encore plus d'une fois se transporter à Versailles. Quand Marie-Antoinette fut devenue reine de France, l'abbé Maudoux échangea pareillement son titre de confesseur de la Dauphine contre celui de confesseur de la Reine (1) ; et, d'après l'*Almanach royal,* il le conserva jusqu'en l'année 1778.

Il en fut de même pour l'abbé Soldini qui, déjà confesseur du Dauphin et des deux autres princes ainsi que de la princesse Sophie, devint aussi confesseur du roi. La lettre qu'il écrivit le 24 mai 1774, à celui qui possédait ce titre avant lui, semble être une réponse aux félicitations qu'il avait reçues de l'abbé Maudoux. « Quelque justice que je rendisse à votre façon de penser, je ne pouvais vous parler qu'avec répugnance de ce qui regarde la place de confesseur du roi, que tout le monde et la famille royale même m'assurent m'être conservée : 1° parce que si je l'ai, je la trouve bien chère ; 2° parce qu'elle ne sera point aussi bien occupée qu'elle l'était ; 3° parce que j'aimais à vous voir ce titre. »

Mais lorsque l'abbé Soldini mourut, à la fin de mars 1775 (2),

---

(1) « Par mon très humble rapport de même date (15 juin), Votre Majesté aura daigné voir que l'abbé Maudoux est resté dans sa place de confesseur de la reine. » (Lettre de Mercy-Argenteau à Marie-Thérèse, en date du 15 juillet 1774 ; *Correspondance secrète,* t. II, p. 201.)

(2) Selon le P. Régnault, ou plutôt suivant l'historien qu'il avait sous les yeux, Soldini mourut « des suites d'une fracture, en se jetant hors d'un carrosse dont les chevaux avaient pris le mors aux dents. » (*Christophe de Beaumont,* t. II, p. 287, note). La fracture eut une cause moins dramatique, d'après l'abbé Bergier écrivant, le dimanche 5 février (1775), à six heures du soir : « L'abbé Soldini, que j'ai vu ce matin à la sacristie, plein de vie et de santé, s'est avisé, au sortir de la messe du roi, d'aller voir ses chevaux. Probablement,

M. Maudoux fut appelé de nouveau, au moins provisoirement, à remplir les fonctions de confesseur du roi, comme le prouve ce petit billet autographe qu'il recevait de Louis XVI, le 8 avril suivant :

« Monsieur,

« Mon confesseur étant mort dernièrement, et n'ayant pas encore choisi son successeur, je compte me confesser à vous pour mes Pâques. Vous vous rendrez demain, dimanche, à deux heures et demie après midi, chez moi, par le petit degré.

                                                    « LOUIS.

« *A Monsieur l'abbé Maudoux.* »

C'est effectivement ce qui eut lieu, au rapport de Mercy-Argenteau. « L'abbé Soldini, confesseur du roi, étant décédé au commencement (?) du mois (d'avril), il y a beaucoup d'intrigues pour lui donner un successeur. L'archevêque de Paris et la comtesse de Marsan s'en sont fort occupés; le choix est d'une grande importance, vu le caractère du jeune monarque. L'abbé Soldini était un homme très médiocre, même d'une honnêteté suspecte; il avait été donné par le feu duc de la Vauguyon. Le roi a pris, en attendant, pour faire ses pâques, l'abbé Maudoux, confesseur de la reine et du feu roi. Cet ecclésiastique, qui a donné des preuves constantes d'une vertu, d'une sagesse et d'une prudence rares, serait le meilleur choix possible ; j'en ai parlé à la reine et j'ai quelque espoir que le roi gardera ce confesseur (1). »

Rien n'était encore arrêté à la fin de janvier 1775. L'*Almanach royal* de janvier 1776 ayant donné le titre de confesseur du roi à l'abbé Maudoux, celui-ci, contristé de se voir attribuer un honneur auquel il n'avait pas droit, se hâta d'en écrire à Malesherbes, qui lui répondit le 5 du même mois : « Ce n'est que par erreur, Monsieur, que vous

---

il s'en est approché trop près : une ruade de l'un des deux lui a cassé la jambe en deux endroits. Une seconde lui aurait fracassé la tête, s'il ne s'était pas détourné ». La gangrène se mit à la plaie, et le lundi 27 mars, Bergier écrivait encore de Versailles à l'abbé Maudoux : « Notre ami s'en va : il est à l'agonie. Je l'ai vu à trois heures : à peine m'a-t-il reconnu. J'ai vainement attendu quelques intervalles lucides ; il ne lui a pas été possible de me parler. Je ne croyais pas hier que sa fin fût si prochaine ; mais le second accès de fièvre de la nuit dernière lui a ôté ses forces : il est impossible qu'il tienne au troisième. Je doute même s'il n'expirera pas avant minuit ». Il expira au moins le 29, car il fut enterré le 30 mars, comme nous l'apprenons d'une lettre écrite, par son frère, au retour des obsèques, et adressée à l'abbé Maudoux.

(1) *Correspondance secrète*, t. II, p. 325. Lettre du 20 avril 1775.

avez été porté dans l'*Almanach royal* en qualité de confesseur du roi, et cela ne doit nullement vous affecter ; il y a beaucoup d'autres erreurs du même genre dans cet almanach, et l'on ne peut pas en faire un crime à l'auteur. »

La santé de l'abbé Maudoux était le seul obstacle au choix que Louis XVI désirait faire de sa personne. « L'abbé Maudoux, confesseur de la reine, et qui était presque désigné à remplir les mêmes fonctions auprès du roi, vient d'éprouver de nouveaux accidents aux yeux et se trouve au moment d'être entièrement aveugle ; ce fâcheux état le décide absolument à quitter sa place et occasionne l'embarras d'un nouveau choix, qui sera de la plus grande conséquence, particulièrement pour le roi, eu égard à la tournure de son esprit et de son caractère (1). »

Voilà ce que le comte de Mercy écrivait le 28 février 1776. Au mois d'avril suivant, l'état de l'abbé Maudoux avait encore empiré, et non seulement le roi, mais la reine elle-même, aux approches de Pâques, se confessèrent à l'abbé Bergier. « Ce jour (15 avril 1776), dit Hardy dans son *Journal*, on apprend que le roi s'était confessé pour les Pâques que Sa Majesté a faites à Notre-Dame de Versailles, le lundi précédent, 8 du même mois, non au sieur abbé Maudoux, son confesseur ordinaire, mais au sieur abbé Bergier, chanoine de l'église de Paris ». — « La reine, écrivait de son côté Mercy-Argenteau, la reine n'a point encore choisi de directeur de conscience. Elle s'est confessée, à Pâques, au prêtre Bergier, confesseur de Madame... Il n'y a plus à compter sur l'abbé Maudoux, qui est devenu sourd et a entièrement perdu la vue (2). » Cependant l'abbé Maudoux figure encore comme confesseur du roi dans l'*Almanach royal* de 1777 et dans celui de 1778 : était-ce la continuation de l'erreur de 1776 ?

Quoiqu'il en soit, en 1775, Charles Philippe de France, Comte d'Artois, avait également prié M. Maudoux d'être son confesseur. Il lui faisait écrire à cette fin, le 26 mars, par l'abbé de Gaston, son premier aumônier. M. Maudoux ayant opposé quelques difficultés, l'abbé de Gaston lui écrivait le lendemain une seconde lettre où il lui disait : « Je viens de recevoir de nouveaux ordres de Mgr le Comte d'Artois ; il m'a chargé de vous dire qu'il faisait choix de vous pour son confesseur ; qu'il vous dispensait de la cérémonie de la présentation ; qu'elle n'ajou-

(1) *Correspondance secrète*, t. II, p. 429.
(2) *Ibid.*, t. II, p. 439. Lettre du 13 avril 1776.

terait rien à la confiance qu'il a en vous, et qu'il suffirait que vous
vous rendissiez auprès de lui lorsqu'il vous ferait appeler. Il connaît
votre personne, vos lumières et votre piété : c'est tout ce qu'il lui
faut : il serait fâché de vous déranger. »

Avant d'obtempérer au désir du Comte d'Artois, M. Maudoux voulut
avoir l'agrément de la reine et l'avis de l'Archevêque de Paris. Le
prince, qui vit sa lettre, en parut « fort content », et chargea l'abbé de
Gaston de lui dire « que la reine consent très volontiers à ce que son
propre confesseur soit aussi celui du Comte d'Artois ; que le prince ne
peut qu'approuver le projet de consulter l'archevêque de Paris, et que,
ce préalable rempli, il le verra avec plaisir et ensuite s'adressera à lui
avec confiance ». De son côté, Christophe de Beaumont répondit le 31
mars : « J'apprends avec beaucoup de plaisir, Monsieur, que Mᵍʳ le
Comte d'Artois a jeté les yeux sur vous pour remplacer M. l'abbé
Soldini, son confesseur. Ce prince ne pouvait faire choix de personne
plus digne que vous de la confiance dont il veut bien vous honorer.
Recevez-en, je vous prie, mon sincère compliment. »

Une quatrième lettre de l'abbé de Gaston nous apprend que M. Maudoux fut encore invité à confesser le prince, le lundi de Pâques, 8 avril
de l'année 1776 ; mais l'abbé Maudoux fut obligé de se récuser, étant,
ainsi que nous l'avons vu, dans l'impossibilité de satisfaire à un désir
semblable du roi et de la reine. Le lendemain, Bergier écrivait à son
ami : « A ce moment, M. le Comte d'Artois est à la paroisse et fait ses
Pâques. Je ne sais pas qui a été son apôtre, mais je remercie Dieu de
tout mon cœur de cet événement ; je craignais beaucoup une éclipse
à cette occasion. Cela me fait présumer que le mal n'est pas aussi
grand que le public s'obstine à le publier (1). » Néanmoins, l'*Almanach
royal*, qui ne donne l'abbé Maudoux comme confesseur du Comte d'Artois qu'en 1777, lui continue ce titre jusqu'en l'année 1779 inclusivement, année à partir de laquelle il ne fait plus mention de lui.

Le même *Almanach,* en 1777 et 1778, indique encore l'abbé Maudoux
comme faisant partie, toujours en qualité de confesseur, de la maison
de Monsieur, Louis Stanislas Xavier de France, Comte de Provence,
qui fut plus tard Louis XVIII.

C'est probablement en qualité de confesseur de Marie-Antoinette que

_____

(1) « D'après le dire de certains chroniqueurs anonymes, le comte d'Artois fut
reçu *franc-maçon,* au mois de juin de l'année suivante, par le duc de Chartres. »
(*Christophe de Beaumont,* t. II, p. 322, note.)

l'abbé Maudoux suivit la Cour à Reims, lors du sacre de Louis XVI, au mois de juin 1775. Il logea chez les époux Magnan, dont la fortune, apparemment, n'était pas très considérable. Voulant reconnaître leurs services sans froisser leur délicatesse, Maudoux s'avisa d'un expédient que Magnan nous révèle dans une lettre datée du 26 juin 1775. « Nous sommes, dit-il à l'abbé Maudoux, on ne peut plus flattés de l'honneur que nous avons eu de vous posséder chez nous, et nous en conserverons à jamais la plus vive reconnaissance. Mais je ne vous dissimulerai pas que c'est avec une peine bien sensible que, quelques jours après votre départ, je m'aperçus d'un petit paquet contenant quatre louis..... Si je n'avais craint de perdre votre bienveillance, je vous aurais fait tenir votre argent en ne vous demandant qu'une seule chose, l'honneur de votre souvenir. Faites-moi donc la grâce de me connaître, et pour cela mettez-moi à l'épreuve.» Il serait intéressant de savoir ce que répondit M. Maudoux ; mais nous le connaissons assez maintenant pour croire qu'il réussit à persuader à son hôte de garder les quatre louis, et que, dans cette lutte toute de délicatesse, le prêtre généreux conserva jusqu'au bout son premier avantage.

Ce trait de générosité donnera une idée de son désintéressement. On peut d'ailleurs assurer qu'il sortit de la Cour aussi pauvre qu'il y était entré. Il ne sut même pas y conquérir ce titre d'*abbé* que nous lui avons donné pour nous conformer au langage aujourd'hui reçu, qui fait ce terme synonyme d'ecclésiastique en *général*, quoiqu'il ne convienne proprement qu'à l'ecclésiastique pourvu d'une abbaye, au moins en commende. Confesseur de rois, de reine, de princes du sang durant près de quinze ans, M. Maudoux ne sollicita jamais pour lui-même le plus petit bénéfice, alors qu'il lui était si facile d'en obtenir de considérables. Loin de chercher à s'enrichir, il employait en bonnes œuvres tous les émoluments que lui rapportait sa charge, s'inquiétant fort peu de la succession qu'il devait laisser à sa sœur dépourvue de fortune.

Fut-il pour ses proches plus ambitieux et plus solliciteur qu'il ne l'était pour lui-même ? On en jugera par un ou deux traits. Quelqu'un de ses parents l'ayant prié de solliciter pour lui un bénéfice ou au moins une pension, M. Maudoux lui répondit par ce beau mot : « L'Eglise a besoin de bons vicaires et de bons curés ; elle n'a besoin ni de bénéficiers ni de pensionnaires ! » Qu'y a-t-il à attendre d'un homme qui professe de pareils principes ?

A un autre parent dont le fils, venu à Paris pour s'y avancer dans l'état ecclésiastique, comptait apparemment sur le concours de M. Maudoux qui, alors, — c'était en 1773, — cumulait les titres de confesseur du roi et de la dauphine, il suggère finement cet *Art d'arriver*, qui dut paraître bien extraordinaire, mais qu'il assure lui avoir parfaitement réussi : « Je suis parti de la petite sacristie de Saint-Paul pour arriver où je suis. Il est vrai que je me suis levé matin, que j'ai passé quelques nuits à étudier, que je n'ai pas attendu qu'on m'offre une place pour me mettre en état de la remplir, et que je suis entré dans toutes celles que j'ai occupées avec la ferme résolution de la bien remplir et d'y mourir. C'est le moyen d'être supérieur à son état, et en quelque genre que ce soit, on recherche toujours celui qui excelle en sa profession. Que le cher abbé fasse de même ; il n'aura besoin de personne, et tout le monde cherchera à l'obliger. » A notre tour, nous croyons pouvoir, en sûreté de conscience, recommander aux ambitieux de toute espèce cet ingénieux moyen de parvenir. Mais le goûteront-ils? auront-ils surtout le courage de l'employer ? Nous en doutons fort; ils ont à leur disposition tant d'autres procédés à la fois plus commodes, plus prompts, et, malheureusement aussi, beaucoup plus efficaces!

Il nous reste à parler de la correspondance de l'abbé Maudoux. Des nombreuses lettres qu'il dut écrire ou dicter (1), aucune n'est parvenue jusqu'à nous. Perte regrettable, car ces écrits nous feraient mieux apprécier encore toutes les belles qualités d'esprit et de cœur qui ravissaient le général des Barnabites, lorsqu'il disait à l'abbé Maudoux, mais dans un style assez différent : « J'ai été, Monsieur, enchanté en lisant la lettre que vous m'avez fait l'honneur et l'amitié de m'écrire. Vous êtes toujours le même, toujours honnête et disant toujours les choses les plus agréables de la manière la plus flatteuse pour un cœur sensible, et la plus intéressante pour un esprit qui se plaît à voir des images agréables et parfaitement peintes (2). »

Mais les lettres que Maudoux a reçues et conservées avec un soin qui, heureusement, a eu des imitateurs, ces lettres, dis-je, sont un témoignage assez convainçant de l'estime et de l'affection qu'il savait inspirer. Dans cette collection considérable de pièces d'intérêt et d'objet fort divers, il y en a de Christophe de Beaumont, dictant pour l'abbé

---

(1) Sur chacune des lettres qui lui étaient adressées, Maudoux écrivait le jour où il l'avait reçue et le jour où il y avait répondu.

(2) Lettre du Père Noguès, datée de Rome, 14 juin 1769.

Maudoux les choses les plus aimables(1); — de l'archevêque de Reims, cardinal de La Roche-Aymon; — de M. De La Motte, évêque d'Amiens; — de l'évêque d'Autun, Yves-Alexandre de Marbeuf: — de l'évêque de Glandève, Henri-Hachette Desportes; — de l'évêque de Grenoble, Jean de Caulet; — de l'ancien évêque de Limoges, Jean Gilles de Coestlosquet; — de l'évêque de Verdun, Henri-Louis-René Desnos; — des évêques de Senlis et de Soissons dont nous avons eu déjà occasion de parler.

Ce dernier, qui avait été élevé au séminaire de S. Sulpice de Paris, eut besoin, en 1771, de prêtres pour diriger ses séminaires. Il pria M. Maudoux de lui en procurer, et lui adressa à cette fin deux lettres dont voici quelques fragments:

« 21 novembre 1771. — Si vous connaissiez particulièrement l'abbé Bergier, je vous prierais de vous informer comme de vous-même, s'il connaîtrait à Besançon quelque personne de mérite pour être à la tête d'un séminaire et pour le conduire. Je sais que rien n'est plus difficile, exigeant bien des qualités; mais l'on m'a assuré que l'on trouvait beaucoup d'ecclésiastiques dans cette ville capables de remplir parfaitement la place de supérieur et d'y faire beaucoup de bien.

« 29 novembre 1771. — Je serais fort fâché, monsieur, que l'on sût à présent que je cherche encore des prêtres pour conduire mon séminaire. MM. de Saint-Lazare auraient lieu de se plaindre et de me faire alors beaucoup de difficultés pour me donner des sujets. Je vois avec plaisir que, dans toute cette affaire, il est bon de ne point trop cabrer les têtes, et de leur donner le temps de revenir pour sentir la vérité, et que c'était à tort que l'on s'était récrié contre un arrangement et un projet dont on ne connaissait pas les avantages. Les personnes qui étaient ici les plus révoltées contre MM. de Saint-Lazare sont à présent les premières à dire qu'il me sera impossible d'en trouver de meilleurs, et qu'en ne leur livrant point le temporel, il n'y aura aucun inconvénient. La difficulté est de trouver des séculiers qui, sans aucun intérêt humain et uniquement pour former de bons ecclésiastiques, veulent, comme MM. de Saint-Sulpice, passer leur vie renfermés dans

(1) « Dès que j'eus appris que vous aviez pris la peine de passer à l'archevêché, je donnai ordre de vous laisser entrer toutes les fois que vous vous présenteriez. Je suis bien mortifié que mes ordres n'aient pas été mieux exécutés » (6 mars 1775.) Le 28 janvier 1776, l'archevêque de Paris permet à Maudoux « de porter la perruque. », suivant l'avis des oculistes qu'il a consultés.

une maison, pour n'y recevoir d'autres récompenses que l'Eternité. Car, dès que l'on promettra un canonicat ou autre avantage, le cœur alors et les actions seront partagés, et il faudra les changer tous les quatre ou cinq ans. Il y aurait alors la même difficulté pour un évêque d'en trouver d'autres, et de finir le plus souvent par avoir payé des ingrats. Au lieu qu'avec une communauté, s'il vous manque ou si vous êtes mécontent d'un sujet, une lettre au Général suffit, et les évêques de Soissons peuvent toujours se flatter qu'ils auront l'avantage de choisir et d'avoir ce que MM. de Saint-Lazare auront de mieux. Si cependant vous me trouviez deux ou trois sujets, à Besançon ou ailleurs, et tels que vous jugerez qu'il me les faut, vous me feriez un véritable plaisir de me les procurer. J'ai un grand et un petit séminaire. Dans le petit, il y a jusqu'à cinquante-cinq écoliers depuis la troisième jusqu'à la physique, et dans le grand vingt-cinq à trente. »

Les grands vicaires de Paris et de la province, les curés de la capitale et des environs, les religieux et religieuses de différents Ordres écrivaient pareillement à M. Maudoux, ordinairement dans le but d'obtenir la médiation du confesseur du roi, pour le succès de quelque affaire ou de quelque réforme utile au bien de l'Eglise et de l'état religieux.

Parmi les lettres des supérieures de communautés, j'en trouve qui sont signées Lantillac de Sedieres, abbesse de Beaumont, près Clermont-Ferrand; Marie du Saint-Esprit, abbesse de l'*Ave Maria* à Paris; Desanges, prieure des Récollettes de Paris; De Boufflers, abbesse d'Avenay, près Epernay; Eléonore de Jésus crucifié, De Mac Dermoff, prieure des Carmélites de Saint-Denys; Le Bacle, chanoinesse d'Epinal.

On voit même des princesses étrangères recourir à l'abbé Maudoux afin qu'il obtienne qu'on leur fasse justice. Telle l'Infante d'Espagne, Marie-Anne-Victoire, dans les deux lettres que je vais citer :

« Monsieur; Ayant apris qu'une dame remplie de charité qui connoit mes peines, vous avoit prié de vouloir bien vous intéresser en ma faveur auprès de Sa Majesté à l'effet de me faire rentrer dans mes biens, ou d'obliger ceux qui les retiennent à me faire un sort plus heureux que celui que j'éprouve, je ne doute pas, Monsieur, d'après ce que j'ai apris de la bonté de votre cœur, que vous ne l'ayez fait. Cependant je suis toujours malheureuse, et je crains que Dieu ne nous enlève ce Prince avant qu'il ne m'ait fait justice. Alors que deviendrai-je, puisque tout est contre moi? Comme, en votre qualité de confesseur, vous pour tous, du commerce le plus facile et le plus aimable. Pour ses confrères » en particulier, « il était d'une obligeance parfaite, toujours prêt à rendre service, et le faisant de la meilleure grâce du monde, sans jamais laisser paraître que cela pût le gêner (1). »

On pense bien qu'il était exact à remplir ses propres devoirs. A certains jours, à certaines fêtes de l'année surtout, ces devoirs étaient quelquefois bien multiples. Et cependant, « malgré sa chétive santé et les ménagements qu'elle aurait réclamés, il est inouï qu'il se soit dispensé des classes ou des cours divers dont il était chargé (2). »

Ces cours, bien *divers* en effet, étaient ceux d'Écriture-sainte, de liturgie, de prédication et d'hébreu, dans l'enseignement duquel il succédait au vénérable et savant M. Larrieu.

M. Largeteau fit, pour le tombeau de ce regretté supérieur, l'inscription que l'on connaît, et qu'un élève éminent de l'Ecole des Chartes admirait et louait un jour en ma présence. Il composa également l'inscription mise au-dessous du tableau représentant le martyre du pieux missionnaire Louis Beaulieu, tableau placé dans la salle de Théologie du Grand-Séminaire par une main aussi libérale qu'oublieuse des bienfaits qu'elle répand. De son côté, le Petit Séminaire de Bordeaux est redevable à M. Largeteau de l'inscription du tombeau de M. Lataste, ainsi que de l'inscription gravée sur la plaque de marbre placée sous le cloître, dans le but de perpétuer, parmi les élèves du sanctuaire, la mémoire et les pieux exemples du martyr Langonnais. Enfin, M. Largeteau a aussi composé les nombreuses inscriptions dont le zélé curé de Saint-Médard d'Eyrans a orné son église paroissiale (3).

Toutes dénotent chez leur auteur une grande connaissance du style épigraphique et de la bonne latinité. Le latin, d'ailleurs, pour M. Largeteau, était, avec le grec, une langue en quelque sorte vulgaire. C'est à son habileté dans la seconde de ces langues et à sa science exégétique, que nous devons l'*Epître aux Romains, traduite en forme de paraphrase d'après le sens littéral du texte grec,* et la traduction des dix premiers chapitres de l'*Epître aux Hébreux.*

Il nous a encore laissé, traduits de l'hébreu : 1° le *Testament de*

_____

(1) et (2) Circulaire nécrologique du Supérieur de Saint-Sulpice.

(3) M. Largeteau méditait pareillement une inscription pour le tombeau de M. Arnaudin dans la chapelle du collège de Saint-André-de-Cubzac ; mais la mort ne lui a pas laissé le temps d'exécuter son projet.

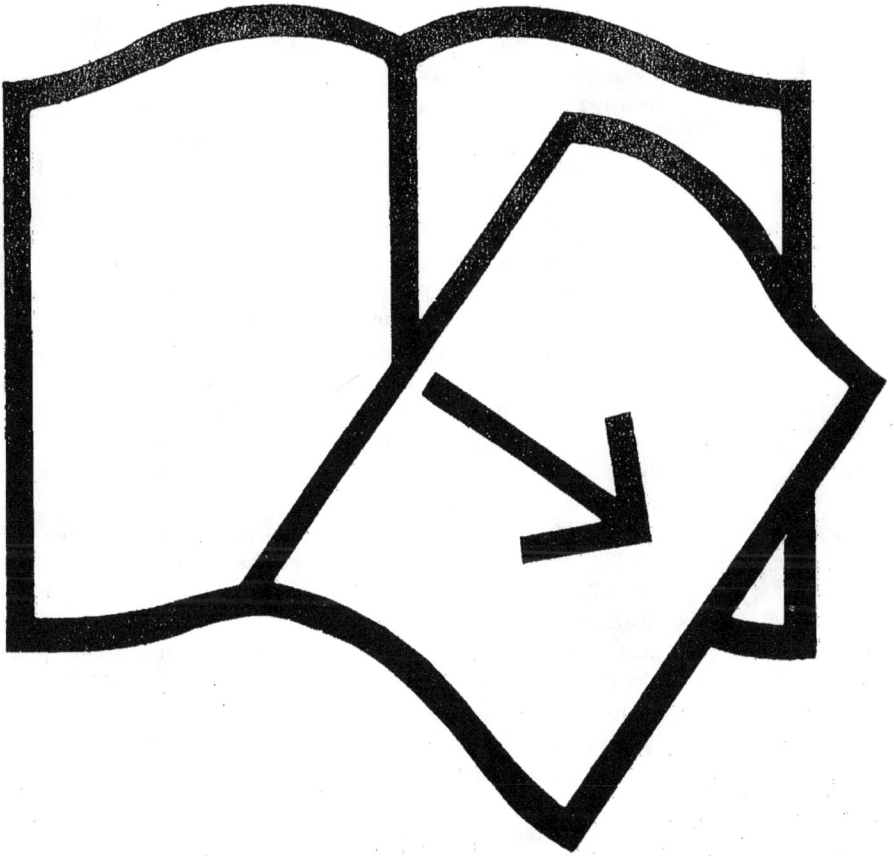

Documents manquants (pages, cahiers...)

une maison, pour n'y recevoir d'autres récompenses que l'Eternité. Car, dès que l'on promettra un canonicat ou autre avantage, le cœur alors et les actions seront partagés, et il faudra les changer tous les quatre ou cinq ans. Il y aurait alors la même difficulté pour un évêque d'en trouver d'autres, et de finir le plus souvent par avoir payé des ingrats. Au lieu qu'avec une communauté, s'il vous manque ou si vous êtes mécontent d'un sujet, une lettre au Général suffit, et les évêques de Soissons peuvent toujours se flatter qu'ils auront l'avantage de choisir et d'avoir ce que MM. de Saint-Lazare auront de mieux. Si cependant vous me trouviez deux ou trois sujets, à Besançon ou ailleurs, et tels que vous jugerez qu'il me les faut, vous me feriez un véritable plaisir de me les procurer. J'ai un grand et un petit séminaire. Dans le petit, il y a jusqu'à cinquante-cinq écoliers depuis la troisième jusqu'à la physique, et dans le grand vingt-cinq à trente. »

Les grands vicaires de Paris et de la province, les curés de la capitale et des environs, les religieux et religieuses de différents Ordres écrivaient pareillement à M. Maudoux, ordinairement dans le but d'obtenir la médiation du confesseur du roi, pour le succès de quelque affaire ou de quelque réforme utile au bien de l'Eglise et de l'état religieux.

Parmi les lettres des supérieures de communautés, j'en trouve qui sont signées Lautillac de Sedieres, abbesse de Beaumont, près Clermont-Ferrand ; Marie du Saint-Esprit, abbesse de l'*Ave Maria* à Paris ; Desanges, prieure des Récollettes de Paris ; De Boufflers, abbesse d'Avenay, près Epernay ; Eléonore de Jésus crucifié, De Mac Dermoff, prieure des Carmélites de Saint-Denys ; Le Bacle, chanoinesse d'Epinal.

On voit même des princesses étrangères recourir à l'abbé Maudoux afin qu'il obtienne qu'on leur fasse justice. Telle l'Infante d'Espagne, Marie-Anne-Victoire, dans les deux lettres que je vais citer :

« Monsieur ; Ayant apris qu'une dame remplie de charité qui connoit mes peines, vous avoit prié de vouloir bien vous intéresser en ma faveur auprès de Sa Majesté à l'effet de me faire rentrer dans mes biens, ou d'obliger ceux qui les retiennent à me faire un sort plus heureux que celui que j'éprouve, je ne doute pas, Monsieur, d'après ce que j'ai apris de la bonté de votre cœur, que vous ne l'ayez fait. Cependant je suis toujours malheureuse, et je crains que Dieu ne nous enlève ce Prince avant qu'il ne m'ait fait justice. Alors que deviendrai-je, puisque tout est contre moi ? Comme, en votre qualité de confesseur, vous

pour tous, du commerce le plus facile et le plus aimable. Pour ses
confrères » en particulier, « il était d'une obligeance parfaite, toujours
prêt à rendre service, et le faisant de la meilleure grâce du monde,
sans jamais laisser paraître que cela pût le gêner (1). »

On pense bien qu'il était exact à remplir ses propres devoirs.
A certains jours, à certaines fêtes de l'année surtout, ces devoirs
étaient quelquefois bien multiples. Et cependant, « malgré sa chétive santé et les ménagements qu'elle aurait réclamés, il est inouï
qu'il se soit dispensé des classes ou des cours divers dont il était
chargé (2). »

Ces cours, bien *divers* en effet, étaient ceux d'Écriture-sainte, de
liturgie, de prédication et d'hébreu, dans l'enseignement duquel il
succédait au vénérable et savant M. Larrieu.

M. Largeteau fit, pour le tombeau de ce regretté supérieur, l'inscription que l'on connaît, et qu'un élève éminent de l'École des Chartes admirait et louait un jour en ma présence. Il composa également
l'inscription mise au-dessous du tableau représentant le martyre du
pieux missionnaire Louis Beaulieu, tableau placé dans la salle de
Théologie du Grand-Séminaire par une main aussi libérale qu'oublieuse des bienfaits qu'elle répand. De son côté, le Petit Séminaire de
Bordeaux est redevable à M. Largeteau de l'inscription du tombeau de
M. Lataste, ainsi que de l'inscription gravée sur la plaque de marbre
placée sous le cloître, dans le but de perpétuer, parmi les élèves du
sanctuaire, la mémoire et les pieux exemples du martyr Langonnais.
Enfin, M. Largeteau a aussi composé les nombreuses inscriptions
dont le zélé curé de Saint-Médard d'Eyrans a orné son église paroissiale (3).

Toutes dénotent chez leur auteur une grande connaissance du style
épigraphique et de la bonne latinité. Le latin, d'ailleurs, pour M. Largeteau, était, avec le grec, une langue en quelque sorte vulgaire. C'est
à son habileté dans la seconde de ces langues et à sa science exégétique, que nous devons l'*Epître aux Romains, traduite en forme de
paraphrase d'après le sens littéral du texte grec,* et la traduction des
dix premiers chapitres de l'*Epître aux Hébreux.*

Il nous a encore laissé, traduits de l'hébreu : 1° le *Testament de*

(1) et (2) Circulaire nécrologique du Supérieur de Saint-Sulpice.
(3) M. Largeteau méditait pareillement une inscription pour le tombeau de
M. Arnaudin dans la chapelle du collège de Saint-André-de-Cubzac ; mais la
mort ne lui a pas laissé le temps d'exécuter son projet.

Jacob (*Genes.* XLIX); 2° la *Prophétie de Balaam* (*Numer.* XXIII, XXIV); 3° le *Cantique de Moïse* (*Deut.* XXXII); 4° les *Psaumes;* 5° les *Proverbes;* 6° les trente premiers chapitres du prophète *Isaïe.*

Et l'arabe ? M. Largeteau entretint pendant quelque temps, dans le *style* et les caractères de cette langue, une correspondance écrite avec un homme qu'il avait connu lors de son voyage en Palestine ; et Mᵍʳ Zouaïn, maronite, venu à Bordeaux il y a quelques années, disait, devant nous, n'avoir rencontré en France qu'un homme, — c'était un attaché au Ministère des affaires étrangères, — possédant l'arabe comme M. Largeteau, et n'en avoir trouvé aucun qui le parlât aussi facilement et aussi bien que lui.

Il en était de même du provençal, que M. Largeteau avait pu parler et entendre parler pendant les cinq années de son séjour en Provence et dans le Comtat d'Avignon. C'est en provençal que sont écrites la plupart des lettres adressées par un ancien séminariste d'Avignon à l' « *Ariste des Aristes,* » au « *maître ariste.* »

A ce propos, je soupçonne fort cet excellent, cet *ariste* disciple, dont plusieurs lettres sont datées de la patrie même de Frédéric Mistral, je soupçonne, dis-je, ce *cancellario* de la Société pour l'étude des langues romanes, d'avoir été pour beaucoup dans un honneur accordé à M. Largeteau sans qu'il l'eût sollicité. Le 31 décembre 1877, en effet, il fut élu membre libre de cette société, sur la présentation de MM. Frédéric Mistral et Roque-Ferrier.

Dix ans auparavant, un autre philologue éminent, M. Le Hir, voulant publier un compte rendu des *Etudes philologiques sur quelques langues sauvages de l'Amérique* (1), pria M. Largeteau de lui « communiquer quelques notes sur l'accord de ces langues avec le basque ; car, ajoutait modestement le professeur de Saint-Sulpice, j'ignore le basque, et je ne puis l'étudier en vue de cet article (2). » Le philologue d'Avignon envoya à celui de Paris quarante pages in-8°, qui ne lui furent « pas inutiles, » et qui fixèrent son « attention sur quelques aspects importants, notamment sur le petit nombre d'articulations de l'iroquois, et sur les lacunes laissées par M. Cuoq dans son livre (3). »

Je ne parle pas de l'italien. En 1859, étant à Luchon pour sa santé,

---

(1) L'auteur de cet ouvrage est M. Cuoq, prêtre de la compagnie de Saint-Sulpice, missionnaire chez les Algonquins et les Iroquois.
(2) Lettre du 2 mai 1867.
(3) Lettre du 18 septembre 1867.

M. Largeteau traduisit trois entretiens de la première des *Nuits romaines au tombeau de Scipion,* par Alexandre Verri. Travail « abandonné plus tard, » écrit-il : peut-être ce travail était-il trop facile.

On raconte que, pour arriver jusqu'au savant Ducrotay de Blainville travaillant « dans un sombre cabinet, » le « disciple studieux » admis à se présenter « devait traverser un triple rempart, mélange confus de livres, de dessins originaux, de préparations anatomiques, de microscopes mal assurés; et il n'était pas moins laborieux de se procurer un siège que difficile de le placer (1). »

La chambre de M. Largeteau, au moins vers la fin de sa vie, présentait un aspect semblable. La bonne grâce avec laquelle on y était accueilli ne diminuait rien des difficultés que l'on rencontrait quelquefois à s'y installer. Il n'en fallait pas moins déplacer ou côtoyer des montagnes de grammaires, de rudiments, de dictionnaires, de lexiques, de vocabulaires, de glossaires, ayant pour objet toutes sortes de langues, d'idiomes, de dialectes, de patois : — albanais, alfour, allemand, anglais, arménien, aunisien; — bambara, barmane, basque, béarnais, bourguignon, bressan, breton, brésilien; — castillan, catalan, celtique, cigain, cophte; — dajak, danois; — égyptien, — finnois, forézien, franco-normand; — galibi, gascon, genevois; — hollandais, hongrois, hottentot; — indoustan; — japonais; — kabyle, kurde; — lillois, lombard, lorrain; — malai, malgache, mantchou, mentonais, messin, mexicain; — néerlandais; — occitanien, océanien, othoni; — persan, picard, piémontais, poitevin, polonais, pongoué, portugais; — roumain, russe; — saintongeais, sanscrit, sarde, sechuana, sicilien, suédois, suisse, syriaque; — tahiti, thibétain, toscan, tupy, turc, tzaconien; — vendéen; — wallon, wolof; etc., etc. J'en passe, et des meilleurs; car cette énumération n'a absolument rien d'imaginaire, et elle n'est défectueuse qu'en ce qu'elle est incomplète.

Quoi, direz-vous tout effrayé, M. Largeteau savait-il donc toutes ces langues ? — Non, assurément; mais il savait un peu de toutes et beaucoup de quelques-unes. Voyez plutôt les marges de ces livres : voyez aussi celles de tous les ouvrages qu'il a lus traitant d'agriculture, d'archéologie, de botanique, d'ethnographie, de géologie, de géographie, d'histoire, de mythologie, d'ornithologie, de zoologie, etc., dans leurs rapports avec la philologie; et comptez, si vous le

(1) P. Flourens, *Éloges historiques lus dans les séances publiques de l'Académie des Sciences;* Paris, 1856, t. II, p. 304, 305.

pouvez, comptez tous les termes soulignés, annotés, comparés avec leurs semblables ou analogues dans d'autres langues.

Ce n'est pas tout. Regardez, au dedans et au dehors de ces volumes, ce nombre infini de morceaux de papiers de toutes dimensions, noircis en totalité ou en partie, au crayon ou à la plume, de mots, de consonnes, de voyelles, d'accents prosodiques, de références et de notes cueillies dans les bibliothèques publiques et les bibliothèques privées, de la province et de la capitale. Il y a là des dictionnaires entiers, à l'état où se trouvait le *Glossaire* latin de Du Cange avant qu'il fût imprimé.

Ajoutez à tout cela les renseignements demandés et reçus par l'infatigable chercheur, qui mettait à contribution les cinq parties du monde, les ignorants aussi bien que les savants, et des savants tels que Frédéric Mistral; Emmanuel Cosquin; comte Th. de Puymaigre; vicomte de la Villemarqué; D'Arbois de Jubainville; Régnier, de l'Institut; Foucaux et Julien Vinson, professeurs au Collège de France; Max Muller, professeur à l'Université d'Oxford; Spera, professeur à Cava de Tirreni; Pitré, de Palerme, lequel s'excuse gracieusement du retard d'une de ses lettres sur ce que, dans l'intervalle qui s'est écoulé entre le commencement et la fin, il est devenu *padre d'una bella bambina.*

Voilà, pour ceux qui ne les ont pas vus de près, voilà une idée approximative des matériaux philologiques amoncelés par M. Largeteau dans l'espace d'environ vingt-cinq ans (1).

Eh bien, quel a été, pour le public, le résultat de cet immense travail? Hélas! bien peu de chose. Nous avons, à l'état d'*imprimé,* 1° des fragments — pourquoi rien que des *fragments?* — d'une lettre sur la prononciation latine, insérée, avec observations de son destinataire, dans l'*Aquitaine* des 1er et 8 avril 1866 (pag. 556-560 et 569-571); sous le pseudonyme de L. Argentel, 2° trois notes philologiques dans la *Causerie littéraire sur les patois et sur le poème patois intitulé* LA RABAGASSADE (Bordeaux, 1879, p. 8, 12-15, 18-22); 3° quelques notes

(1) Une personne qui visitait un jour M. Largeteau, considérant la vie de reclus qu'il menait et la constance avec laquelle il demeurait confiné dans un coin obscur du vaste champ de la science, lui dit qu'il ressemblait au hanneton sous sa feuille. Prise de ce côté, la comparaison, quoique peu gracieuse, était néanmoins assez juste : car, pour rester dans le même ordre d'idées, M. Largeteau ne pouvait évidemment être assimilé à ce brillant enfant de l'air qui va errant et voltigeant de tous côtés, sans jamais se fixer nulle part.

plus étendues, et également philologiques, sur le texte réédité du *Discours veritable du premier exploit d'armes faict en Guienne, en l'abbaye de Saint-Ferme, le 12 octobre 1615, par quelques pretendus Reformateurs d'Estat* (Bordeaux, 1879, p. 32-52). Elles n'eurent pas auprès des critiques tout le succès qu'eussent désiré les amis de M. Largeteau. On doit l'attribuer, en partie du moins, au défaut d'espace qui ne permit pas à l'érudit philologue de mettre en évidence ses principes et sa méthode (2).

Il faut croire qu'il eût été plus heureux, parce qu'il eût été plus à son aise, dans l'ouvrage qu'il méditait depuis longtemps, et dont le but était la justification des doctrines de l'Église sur le terrain de la philologie. Car la foi si vive de M. Largeteau ne lui permettait pas de voir avec indifférence l'erreur, parée du faux nom de *science,* régner partout, dans les revues, dans les sociétés savantes, dans les chaires où, trop souvent, ce qu'il y a de plus *gratuit,* ce sont les assertions erronées du professeur. Quand M. Largeteau tombait sur ce sujet — et cela lui arrivait souvent — on sentait mieux encore combien profondément il aimait l'Église et les âmes (2).

Quelle était l'idée principale de cet ouvrage qui, par l'originalité, par la hardiesse peut-être de quelques-unes de ses vues, eût certainement attiré l'attention et très probablement les anathèmes des *savants?* Bien des fois on a prié M. Largeteau de mettre son plan par écrit, au moins pour soulager sa mémoire ; jamais il n'en trouva le loisir. Aussi, le côté positif de ses opinions en cette matière nous est-il moins connu que le côté négatif. Voici ce que je trouve là-dessus dans la lettre citée déjà plusieurs fois : « A peu près tout ce qui a été écrit, même par des chrétiens de bonne foi, sur la formation, l'altération du langage, de l'alphabet, des langues, est entaché de cette affreuse théorie du développement progressif de l'homme, contre laquelle tous mes prolégomènes avaient pour but de vous armer. Je ne vous ai donné, à cet égard, que des hypothèses ; mais comme elles sont aussi solides que celles de nos adversaires, elles suffisent pour les tenir en échec,

---

(1) M. Largeteau a aussi envoyé quelques *questions* et quelques *réponses,* toujours signées L. *Argentel,* à l'*Intermédiaire des chercheurs et des curieux* pendant les années 1883 et 1884.

(2) Il eut dans le temps une controverse épistolaire avec un de ses anciens amis d'enfance sur quelques points de dogme, et si l'ambition fut plus forte que ses arguments, elle ne put cependant éteindre sa charité. Dans ces dernières années, M. Largeteau rendit à cette personne, qui l'ignore encore, un service dont je fus l'occasion, et qui certainement n'a pas nui à sa fortune.

et pour vous autoriser à voir des *déformations* et des reculs partout où ces Messieurs enregistrent des créations et des progrès. » — « Non, disait-il, l'homme n'est pas parti de la connaissance purement sensitive de l'animal pour s'élever par degrés aux idées générales de la raison ; mais, au contraire, il a commencé par exprimer des idées générales dans son langage (1). »

Quant à l'exécution de son entreprise, M. Largeteau serait-il parvenu à rassembler et coordonner dans un tout harmonieux et bien lié les innombrables molécules qui devaient composer son édifice ? C'est fort douteux. A la fin de 1884, il pouvait malheureusement dire, avec plus de raison encore, ce qu'il écrivait à la fin de 1876 : « J'ai souvent rêvé de composer l'ouvrage qui répondrait à vos désirs. On m'a beaucoup pressé d'y mettre la main ; mais toujours quelques points noirs à éclaircir m'ont tenu en défiance de moi-même ; et puis, l'obsession de mille charges et affaires m'a ravi le temps dont j'aurais eu besoin pour courir après la lumière ou pour emmagasiner dans des notes présentables mes petites découvertes. Je n'ai que des embryons tachygraphiques entassés pêle-mêle dans tous les coins, au milieu desquels j'aurai bien du mal à me retrouver, si jamais le bon Dieu permet que je m'arme de la truelle pour échafauder tout cela en édifice. Cette permission me sera-t-elle accordée ? Je ne puis le prévoir, et je suis, pour le moment, moins pourvu de temps libre que jamais. Puis, je deviens vieux, de plus en plus souffreteux..... Ah ! beaux rêves ! Enfin, beaux rêves, si vous vous réalisiez jamais, mon petit..... serait le premier à vous voir paraître au jour, et vous iriez, où qu'il fût, sous une jolie couverture bleue, verte ou jaune, lui souhaiter le bonjour et lui demander le baptême d'une belle larme de joie et d'amitié.» — Hélas ! le digne objet de ces tendresses n'a eu, comme nous tous, d'autres larmes à verser que des larmes de tristesse et de regret.

Mais enfin, ne possède-t-on pas au moins quelque fragment de l'œuvre qui soit de nature à donner une idée de l'ouvrier, quelques pages capables d'intéresser les rares amateurs de philologie comparée ? Pour répondre à l'aimable invitation de M. Léonce Couture qui lui avait gracieusement offert l'hospitalité dans la *Revue de Gascogne*, M. Largeteau avait choisi comme matière de ses premières *causeries*, le sujet qu'il avait le plus étudié, *La pupille de l'œil*. Il se proposait d'exposer « ce qu'on peut dire de l'analogie métaphorique qui existe

(1) Note communiquée par un confrère de M. Largeteau.

entre des langues très éloignées les unes des autres en apparence, par rapport aux noms de la prunelle de l'œil, appelée *fille, fille d'œil, petit homme, enfant des yeux, etc.* » Le plan de cet article comprenait six questions : M. Largeteau n'a traité que la première, et peut-être incomplètement, dans les vingt pages de sa « rédaction » imparfaite.

Voilà tout ce qu'il a laissé (1). C'est bien le cas de répéter avec lui : « Vanité des vanités : vanité la science, excepté celle d'aimer Dieu de tout son cœur, en attendant le paradis. »

M. Largeteau le voit encore mieux aujourd'hui.

Depuis quelque temps, l'état de sa santé offrait des symptômes de maladie inquiétants pour l'avenir. Cependant il continuait à remplir toutes ses fonctions, à suivre tous les exercices de la communauté.

Le mardi 30 décembre 1884, après avoir soupé comme à l'ordinaire, il se rendit à la chapelle avec les séminaristes pour y réciter l'*Angelus*. C'est, quelques minutes après qu'ils furent sortis pour prendre la récréation, c'est aux pieds des saints Tabernacles et dans l'acte même de la prière, que M. Largeteau fut subitement frappé d'apoplexie.

Le médecin appelé et venu en toute hâte déclara le mal sans remède. A neuf heures du soir, l'Extrême-Onction fut administrée au malade qui, à partir de ce moment, ne parla plus durant les cinq jours qu'il vécut encore. Cependant il donnait, par intervalles, des preuves qu'il avait conscience de lui-même, et plusieurs fois on le vit prendre spontanément le crucifix et le baiser affectueusement.

Ce cher malade eût été infailliblement sauvé si, pour le guérir, il avait suffi des soins, des veilles, des larmes et des prières de ses confrères et des séminaristes. Mais Dieu voulait récompenser la tendre piété qui avait sanctifié toute sa vie. Il mourut vers midi et quart, le dimanche 4 janvier 1885, veille du jour anniversaire de sa naissance, et, par conséquent, le jour même où il achevait sa 54e année.

Son corps fut exposé dans l'ancienne chapelle du Grand-Séminaire, et les prières pour le repos de son âme s'y succédèrent jour et nuit sans interruption, jusqu'au moment des obsèques, mercredi matin, 7 janvier.

(1) M. Largeteau avait aussi fait de nombreuses recherches historiques et philologiques sur les jeux d'enfants. Enfin, pour ne rien omettre de ce qui concerne ses manuscrits, j'indiquerai encore un cahier de quarante pages, portant pour titre : *Humbles remarques sur l'étude intitulée : Du Nom de Dieu*, etc. Cette *étude* a paru dans les *Annales de philosophie chrétienne*, et a pour auteur M. le baron d'Anselme.

M. le Supérieur du Grand-Séminaire fit la levée du corps et célébra la messe, qui fut chantée avec une douce et imposante gravité. Le chant que l'on entendit après l'élévation, très touchant en soi, avait encore cela de particulièrement attendrissant, que le défunt lui-même en était l'auteur. C'était donc bien lui, de toute façon, qui par une voix empruntée, disait aux nombreux amis présents et priant autour de son cercueil : *Miseremini mei, miseremini mei, saltem vos amici mei, quia manus Domini tetigit me.*

M. Delmas, ancien Supérieur du Grand-Séminaire de Bordeaux, était spontanément accouru de Toulouse pour rendre les derniers devoirs à ce dévoué confrère qui l'avait tant aimé. Il voulut bien faire l'absoute et réciter les dernières prières.

Puis, un char funèbre, accompagné par un directeur du Grand-Séminaire, emporta le corps à Guîtres où il devait être enterré. Toute la ville fut présente aux cérémonies de la sépulture. L'éloge du défunt fut prononcé successivement par M. Lussac, son cousin germain, et par M. Hovyn de Tranchère, dont la voix fut bientôt étouffée par ses propres sanglots.

Enfin on déposa le corps de M. Largeteau dans le caveau de sa famille.

Il repose là, au milieu des siens, tout près de sa pieuse mère, loin, beaucoup trop loin de ses confrères et de ses chers séminaristes, privés de la consolation de prier, chaque mercredi, sur sa tombe. Mais il n'est pas besoin d'une inscription gravée sur une croix de bois ou de pierre pour le rappeler à leur mémoire : tous ceux qui ont aimé M. Largeteau, c'est-à-dire tous ceux qui l'ont connu, garderont de lui un souvenir impérissable. Combien lui devront une reconnaissance éternelle !

En terminant cette notice bien imparfaite, je crois inutile de déclarer que je n'ai pas prétendu faire ici un éloge : la modestie de M. Largeteau ne l'eût pas souffert, et d'ailleurs pour louer comme il le mérite un ami qui n'est plus, il ne suffit pas de l'avoir beaucoup pleuré.

XXXII

DEUX BORDELAIS

CURÉS DE PARIS AU XVII° SIÈCLE

Ils se nommaient tous deux *Chapelas*. Tous deux sont à peu près inconnus des Bordelais : tous deux cependant ont honoré leur nom et leur caractère par leurs vertus, comme on s'en convaincra par cette courte notice.

Pierre Chapelas, fils d'Étienne Chapelas et de Jeanne Fourré, naquit à Bordeaux vers 1582, sur la paroisse Sainte-Colombe (1). Entré tout jeune dans la Compagnie de Jésus, il fut contraint, comme Nicolas Cornet son ami, de sortir du noviciat pour cause de santé; mais, comme lui, il conserva toujours les principes qu'il y avait puisés. Pierre reçut la tonsure le 13 mars 1598, et pendant quelque temps il enseigna les belles-lettres à Bordeaux. En 1606, il partait pour Paris afin de suivre les cours de philosophie et de théologie dans l'Université. En 1613, il était bachelier. Trois ans après, il s'aggrégeait à la maison de Navarre, et le 3 juillet 1618, il recevait en Sorbonne le bonnet de docteur.

De retour à Bordeaux, il fut pourvu de la petite cure de Maransin près Coutras; mais dans la suite, il la permuta avec Raymond de Valentin, chanoine de l'église métropolitaine Saint-André, et il prit possession le jeudi 30 janvier 1620.

Il résida jusqu'au jeudi 18 novembre 1621. Alors, étant « sur le point de faire un voyage à Paris pour quelques siens affaires, » il demanda et obtint un congé de trois mois. Il fit une demande semblable le 3 octobre 1623, « étant sur le point de retourner à Paris, » après quel-

---

(1) Le texte de cet article est, pour la plus grande partie, du regretté P. Le Lasseur, de la Compagnie de Jésus. J'en dois la communication au révérend P. Colombier, son confrère et légataire de ses manuscrits, auquel j'offre de nouveau ici mes très humbles remerciements.

·ques mois passés à Bordeaux. Enfin, le 22 mai 1629, Pierre Chapelas demandait au Chapitre à être installé par procureur dans la dignité d'archidiacre de Blaye, résignée par Peyrissac entre les mains du Roi, le 3 mars précédent, pour cause de permutation. Chapelas avait obtenu des lettres de provision datées du 20 du même mois. Mais Peyrissac déclara s'opposer à la réception et installation du procureur de Chapelas, jusqu'à ce que celui-ci eût satisfait au concordat passé entre eux. De son côté, le Chapitre dit « n'y avoir lieu à la réception de Chapelas en ladite dignité, parce que l'archevêché et le diocèse de Bordeaux sont exempts du droit de régale, et que nul n'a encore été reçu en conséquence d'icelui en aucun office, bénéfice ni dignité en ladite église. » Le procès qui eut lieu à cette occasion était encore pendant au Conseil au mois de juillet 1631 (1).

Voici, d'après le P. Le Lasseur, quel était l'objet de ces *affaires* qui appelaient et retenaient Chapelas à Paris. Le chanoine de Saint-André était parti pour Rome, afin d'y accompagner son ami Jacques Viguier, prieur de Saint-Martin des Champs. A leur arrivée à Gênes, les deux pèlerins apprirent la mort de Charles de La Saussaye, curé de Saint-Jacques-de-la-Boucherie, à Paris, décédé le 21 septembre 1621. Cette cure importante était à la présentation du prieur de Saint-Martin : il n'hésita pas à y nommer le docteur Chapelas, dont la vertu et le mérite lui étaient connus. Les provisions sont datées du 30 novembre 1621. Le jeune prieur qui, malgré son âge, venait d'être désigné pour l'évêché de Troyes, mourut à Rome le 22 mars 1622.

Le nouveau curé alla, dès qu'il le put, prendre possession en personne de sa paroisse. Il la gouverna environ dix-neuf ans, avec autant de sagesse que de zèle. Il acquit même la réputation de grand prédicateur. Il n'était pas moins estimé en Sorbonne, où il fut élu, le 1ᵉʳ octobre 1637, syndic de la Faculté pour deux ans. En 1641, fatigué, dit-on, de procès qu'il avait eu à soutenir contre les Clunistes de Saint-Martin-des-Champs, il céda sa cure à un prêtre du diocèse de Riez, Antoine Dupin ; mais il y rentra, le 25 août 1647.

Cependant, le jansénisme commençait à lever la tête. Chapelas, à qui les nouveaux sectaires faisaient un grief d'avoir porté jadis, comme son collègue Cornet, l'habit de la Compagnie de Jésus, et d'en avoir gardé tout l'esprit, tint à honneur de mériter leur haine. Il s'unit étroitement aux quelques curés dévoués à l'Église que l'on comptait

(1) *Actes capitulaires de Saint-André de Bordeaux*, aux dates indiquées.

à cette époque parmi les curés de Paris : Jean-Jacques Olier, de Saint-Sulpice ; Louis Abelly, de Saint-Josse ; Pons de Lagrange, de Saint-Jacques-du-Haut-Pas, et Pierre Colombel, de Saint-Germain-l'Auxerrois. En 1651, après avoir tenté vainement de dissuader l'archevêque Jean-François de Gondi de publier un mandement pour condamner *Le Jansénisme confondu* par le P. Jean de Brisacier, le curé de Saint-Jacques eut bien soin, en lisant en chaire ce mandement, d'avertir les fidèles que la condamnation ne tombait pas sur les sentiments très orthodoxes de l'auteur, mais uniquement sur les accusations dont il semblait charger les religieuses de Port-Royal. La même année, le docteur de Navarre dénonçait à la Faculté le livre du docteur Noël de Lalanne, *De la Grâce victorieuse,* où le dogme jansénien était ouvertement affirmé.

Mais ce n'était là, pour ainsi dire, qu'une escarmouche ; en 1655, la grande bataille s'engagea par la publication de la seconde *Lettre* d'Antoine Arnauld *à un Duc et Pair.* Cette lettre ayant été déférée à la Sorbonne par le syndic Denys Guyart, le curé de Saint-Jacques-de-la-Boucherie fut élu commissaire, avec cinq autres docteurs, pour examiner le livre avec soin et en faire rapport à la Faculté. C'est alors que les partisans d'Arnauld prétendirent que Chapelas était récusable, parce qu'il avait été jésuite. On ne tint aucun compte de cette ridicule réclamation. La censure fut portée le 31 janvier 1656, après deux mois de débats très orageux.

Jean de Launoy, témoin non suspect, affirme que le docteur Chapelas était très versé dans l'histoire tant sacrée que profane. Ce digne pasteur, avant de rendre le dernier soupir, remit sa paroisse à son neveu Léonard, qui, pour son savoir et ses vertus, était digne de ce témoignage de confiance. Pierre Chapelas mourut dans son presbytère, le 1er février 1663.

Léonard Chapelas naquit vers 1630, à Bordeaux, où il commença ses études. Il avait déjà reçu les Ordres mineurs, lorsqu'il fut admis au grand séminaire de Saint-Sulpice, à Paris, le 8 juillet 1655. Le 8 janvier 1663, il fut pourvu de la cure de Saint-Jacques-de-la-Boucherie, et il la gouverna pendant trente et un ans avec beaucoup de zèle et de sagesse. Il avait étudié à Navarre, et il reçut le bonnet de docteur le 17 juillet 1664.

Pendant longtemps, il fut « l'un des administrateurs du séminaire des Trente-Trois pauvres Ecoliers, situé rue Montagne de Sainte-Geneviève du Mont, avec M. de Bretonvilliers, supérieur du séminaire de Saint-Sulpice, M. Chartron, pénitencier de Paris, et M de Morangis, conseiller d'Etat, lesquels ont entretenu cette maison de leurs libéralités pendant plusieurs années et donné par ce moyen à l'Église quantité de bons sujets (1). »

Au mois de janvier 1644, il permuta sa cure avec le docteur Louis de Marillac pour celle de Saint-Germain-l'Auxerrois, qu'il occupa près de quatre ans.

Chapelas aimait passionnément l'office divin et l'assistance au chœur; il réussit à s'attacher au Chapitre de Paris, et le 2 décembre 1697, il prit possession de la trente-quatrième prébende de Notre-Dame, par résignation du docteur Guillaume le Chanu.

Léonard Chapelas était un homme d'une haute piété, menant une vie très austère. « Il partageoit avec les pauvres non seulement sa nourriture, mais jusqu'à ses propres habits et ceux de sa mère et de sa nièce, auxquelles il disoit pour les consoler : *Vous avez le moyen d'en avoir d'autres, mais mes pauvres ne l'ont pas* (2). »

Entièrement dévoué à l'Église, il suivit les traces de son oncle, et se déclara comme lui contre le jansénisme. C'est ce dont rend témoignage Germain Vuillard lui-même, un des coryphées du parti, dans une feuille à la main, dont quelques débris ont été conservés. « M. Chapelas, dit-il, mourut dans une grande pauvreté. On ne lui « trouva point de lit lorsqu'il tomba malade. Il couchait sur deux ais. « On lui prêta un matelas pour sa maladie. Il n'avait qu'une chaise de « paille pour tout meuble. Il était fort charitable pour les pauvres et « fort dur à lui-même, mais si entêté contre les prétendus jansénistes « et pour la signature du Formulaire, que, faisant, il y a deux ou trois « ans, la cérémonie de marier une de ses pénitentes, il l'invita, avant « la messe, à entrer dans la sacristie pour y signer le Formulaire, afin, « lui dit-il, d'attirer la bénédiction du ciel sur votre mariage. » *(Arch. de France*, M. 208). Ce fut le mardi 19 septembre 1702, que le saint chanoine mourut. Il fut inhumé, le jour suivant, à Notre-Dame, devant la chapelle de Saint-Pierre le Martyr.

On a de lui : *Discours prononcé dans l'église de Saint-Jacques-de-la-Boucherie, à l'ouverture des prières publiques pour demander, à Dieu*

---

(1) *Abrégé de la vie de M. l'abbé de Marillac*, p. 159, 160. Le Grand-Séminaire de Bordeaux possède une copie manuscrite de cet ouvrage inédit.
(2) *Abrégé de la vie de M. l'abbé de Marillac*, p, 165.

l'heureux succès des armes du Roy, la conservation de sa personne
sacrée et de toute la famille Royalle, par M. Chapelas, docteur en Théo-
logie de la Faculté de Paris, et curé de la mesme Eglise, le 23 juin 1672;
Paris, in-4º de 36 pages.

XXXIII

LA RELIQUE DE SAINT ROMAIN

HONORÉE DANS L'ÉGLISE SAINT-ROMAIN-LA-VIRVÉE

Dom Racine, bénédictin de la Congrégation de Saint-Maur au siècle
dernier, et durant plusieurs années religieux du monastère de
Saint-Denis, a laissé en manuscrit un ouvrage dont la bibliothèque
de Solesmes possède une copie incomplète, et qui a pour titre :
« *Nécrologe de l'abbaye de Saint-Denis en France, ordre de Saint-*
Benoît, Congrégation de Saint-Maur, qui contient les éloges historiques
avec les épitaphes des fondateurs et bienfaiteurs de ce monastère, et des
autres personnes de distinction qui l'ont obligé par leur service, honoré
d'une affection particulière, illustré par la profession monastique,
édifié par leur pénitence et leur piété, sanctifié par leur mort et leur
sépulture (1).

Sous la date du 24 novembre, jour auquel on honore saint Romain,
D. Racine donne quelques détails sur les diverses translations et
élévations des reliques de ce saint, qui, en 1775, reposaient à Saint-
Denis, dans une châsse de bois doré élevée au-dessus de l'autel ; puis
il ajoute : « On en fit l'ouverture, ces années passées, à la demande
réitérée de M. de Lussan, archevêque de Bordeaux, et on en tira un
ossement qu'on lui remit bien autorisé pour la paroisse de Saint-
Romain de Blaye (2) de son diocèse. La cérémonie de sa réception est

(1) Cf. D. Tassin, *Histoire littéraire de la Congrégation de S. Maur*, pag. 795.
(2) D. Racine confond ici l'église Saint-Romain de Blaye, bien connue par
son abbaye de religieux Augustins, avec celle de Saint-Romain-la-Virvée, dans
le canton de Fronsac.

si élégamment écrite à D. Bedos de Celles, religieux de ce monastère, qui s'étoit fort intéressé à un présent extrêmement désiré de la noblesse du pays (1) et des paroissiens, que nous devons à la postérité de l'insérer ici tout entière ».

C'est cette lettre inédite, dont le révérend père Dubourg, bénédictin de Solesmes, m'a gracieusement offert et envoyé une copie, c'est ce document précieux, qui mériterait une publicité plus grande (2), que je reproduis ici. La lettre, écrite par M. Dupré (3), curé de Saint-Romain-la-Virvée, est datée du 9 octobre 1769. En voici le texte :

« MON RÉVÉREND PÈRE,

« Comme c'est à vos bontés que ma paroisse et moi sommes redevables en grande partie de l'avantage de posséder une relique de notre saint patron, il est bien juste que vous soïez instruit du tems et de la manière dont elle a été placée dans notre église.

« Ce fut le 22 du mois d'aoust, que j'en fis la cérémonie, et je n'aurois point manqué de vous en envoïer le détail immédiatement après, si j'avois été en état de le faire dans son tems ; mais la Providence qui dispose de tout pour le mieux, m'envoïa, deux jours après notre feste, une maladie sans doute nécessaire pour balancer la trop grande satisfaction que j'en avois ressentie ; m'en voici délivré pour le présent, et je profite avec plaisir des premiers momens de liberté et de convalescence, pour vous fournir, comme je crois y être obligé, mon Révérend Père, le détail de toute la solennité de la translation des reliques. Voici donc de quelle façon toutes choses se sont passées.

« Mgr l'Archevêque de Bordeaux aïant résolu, depuis son retour de Paris, qui fut le 29 du mois d'aoust de l'année dernière, de venir

---

(1) Par cette « noblesse du pays, » il faut entendre particulièrement M. de La-Tour-du-Pin, dont il sera parlé plus loin, et qui, d'après des traditions locales recueillies par M. Abadie, curé actuel de Saint-Romain-La-Virvée, aurait contribué pour sa part à obtenir la grâce demandée au monastère de Saint-Denis. Ce renseignement, et ceux que j'aurai encore occasion de produire en note ou dans le texte, m'ont été communiqués par un enfant de Saint-Romain, M. E. Gaussens, vicaire de la paroisse Saint-Martial de Bordeaux.

(2) Il a été présenté à l'*Aquitaine* par une personne à qui j'avais laissé le plaisir et le soin de l'éditer ; mais, pour des raisons qui n'ont rien de littéraire, ce journal ne l'a pas inséré dans ses colonnes.

(3) « Pierre Dupré, natif de la paroisse de Saint-Germain, ville du diocèse de Rennes, en Bretagne, nommé le 6 août 1754, à l'âge de 28 ans, » d'après une pièce conservée aux archives de la mairie de Saint-Romain-la-Virvée. Il resta curé de Saint-Romain jusqu'à la Révolution.

déposer lui-même, dans notre église, la relique de saint Romain, que
l'abbaye de Saint-Denys avoit eu la piété d'accorder à nos demandes
le 22 juillet précédent, se trouva tellement occupé d'affaires à son
retour dans son diocèse, qu'il n'a pu remplir son projet que le 22 du
mois d'aoust suivant. Le jour aïant été fixé environ un mois auparavant, je m'occupai sérieusement à mettre notre église dans l'état le
plus décent, et à faire les préparatifs nécessaires pour rendre la feste
aussi solennelle que mes facultés et la position du lieu pouvoient
me le permettre. Mgr l'Archevêque, qui ne paraissoit pas moins rempli de zèle que le reste du peuple, m'encouragea à soutenir le travail
qu'exigeoit une feste aussi célèbre et aussi intéressante pour nous,
bien résolu de la rendre, de son côté, la plus célèbre qu'il seroit possible.

« En effet, il se rendit, dès l'avant-veille, chez M. le comte de La Tour
du Pin, dans son château du Bouilh, où j'allai prendre ses derniers
ordres (1). Il partit de ce château de très grand matin, le mardi
22 aoust, dans le carrosse de M. le comte qui l'accompagnoit avec ses
deux enfants. Dans un autre carrosse, étoient M. Bourdin, vicaire général, le secrétaire, l'aumônier, et le porte-croix. Les voitures montèrent
jusques au bourg de Saint-Romain, les habitans aïant eu l'attention
d'applanir le chemin et de le rendre praticable. Il n'étoit que six heures du matin, lorsque cette compagnie arriva, et les prêtres qui
avoient été invités se trouvèrent tous réunis, la plupart étant arrivés
dès la veille. Dès que Monseigneur fut descendu de carrosse, il entra
dans la maison curiale où il trouva tous ses ornemens préparés. Là, il
se revestit du rochet et du camail, prit une étole et tira la bouëte dans
laquelle étoit renfermée la relique. Après avoir fait observer que le
sceau de l'abbaïe de Saint-Denys étoit entier, il le rompit en présence
du clergé et en sortit la côte qui étoit enveloppée dans du coton.
Aussitôt il assujetit cette côte sur un petit coussinet de soie par deux
lacets qu'il noua fortement en dessous, et sur chacun desquels il apposa
le sceau de ses armes. Il déposa aussitôt le coussinet et la relique dans
un très beau reliquaire de bronze doré, fait par le sieur Caffieri (2). Cela

(1) Le domaine du Bouilh est situé près de Saint-André-de-Cubzac. D'après
la tradition, c'est M. de La-Tour-du-Pin, ancien ministre plénipotentiaire de
France en Russie, qui fit bâtir, sur les plans de l'architecte Louis et pour recevoir la Cour de Louis XV, le splendide château que l'on voit encore aujour-
d'hui.

(2) Deux frères, du nom de Caffieri, vivaient en 1769 : 1° Philippe, né en 1714

fait, on revestit le prélat de sa chappe ; il prit ensuite le reliquaire entre ses bras et me le remit à la porte de la maison curiale en sortant. Lorsque j'eus ce dépôt entre les mains, j'adressai au prélat, en françois, les remercimens que je lui devois, soit en mon nom ou au nom de mes paroissiens. Au même instant, je plaçai le reliquaire sur un brancard très orné, que quatre jeunes prestres, vestus de dalmatiques et du même âge et de la même taille, chargèrent, avec bien de la joie, sur leurs épaules. Aussitôt on commença de faire défiler la procession, qui fit le tour de notre bourg auparavant de se rendre à l'église.

« Cette procession étoit ainsi rangée : les confrères du Saint-Sacrement, au nombre d'environ cent soixante, marchoient sur deux files avec un cierge à la main. La croix de la paroisse étoit à leur tête : la bannière et l'enseigne étoient au milieu. Je les avois fait faire à neuf tout exprès pour la solennité. La distance où les confrères se trouvoient du clergé, leur donnoit la liberté de chanter des cantiques. Ensuite venoient trente-six jeunes gens habillés en uniforme ; savoir, en casaques rouges et en bas blancs, qui portoient chacun une grande corbeille remplie de lauriers dont ils jonchoient le chemin. La croix de l'archevêque, portée par un clerc et accompagnée de deux autres clercs portant des chandeliers, suivoit immédiatement cette troupe de garçons et précédoit le clergé composé de trente-deux prêtres, au milieu desquels étoit le maître des cérémonies et deux thuriféraires, qui encensoient la relique dans des intervalles marqués. Le brancard paroissoit ensuite, et aux côtés, les deux diacres et les deux sous-diacres qui devoient officier à la messe de Mgr l'Archevêque. Je suivois le brancard, revestu d'une chappe, et le prélat, assisté de son vicaire général, fermoit la procession. On chanta, pendant le chemin, les psaumes prescrits dans le processionnal pour pareille cérémonie.

Quand on arriva aux approches de l'église, Mgr l'Archevêque entonna le *Te Deum*, que le clergé continua jusqu'à la fin. Arrivés dans l'église, on plaça le reliquaire au milieu, sur une crédence dressée à cet effet. Mgr l'Archevêque récita l'oraison de notre Saint, et s'habilla

---

et mort en 1774, qui fit la boîte en bronze destinée à renfermer la fameuse sphère de Passemant, qui avait sept pieds de hauteur ; 2° Jean-Jacques, né en 1723, reçu professeur à l'Académie en 1763, mort le 21 juin 1792, auteur des bustes de Corneille et de Piron qui ornent le foyer du Théâtre français, et des bustes de Quinault, de Lulli et de Rameau qu'on voit au foyer de l'Opéra. Cf. *Biographie universelle*, art : *Caffieri*.

tout de suite pour chanter la grand'messe suivant le rit pontifical.
Cette messe fut exécutée avec tout l'ordre possible par des chantres
venus exprès de Bordeaux. La messe finie, Mgr l'Archevêque donna la
confirmation, comme je l'en avois prié, à ceux de mes paroissiens qui
n'avoient pas reçu ce sacrement. Il s'en trouva beaucoup des paroisses
voisines, de façon qu'on compte environ huit cents personnes qui se
présentèrent.

« Après cette cérémonie, on reconduisit Monseigneur dans la maison
curiale ; mais comme elle étoit trop petite pour recevoir un si grand
nombre de convives, M. de La Tour-du-Pin avoit eu l'attention de faire
dresser une tente dans le jardin, sous laquelle on dressa une table de
vingt-quatre couverts, et une autre de trente-deux dans la salle, d'où
l'on avoit sorti tous les meubles. Malgré ce grand nombre, tout se
passa sans confusion. Pendant que M. l'Archevêque et le clergé dî-
noient, on servit une autre table de quatre-vingts couverts pour les
pauvres de la paroisse, à qui la cessation du travail pendant un jour
auroit pu porter préjudice, et qui, pour cette raison, n'auroient pas
pris leur part de la joie publique. En même temps, on distribua à
chaque chef de famille une estampe de saint Romain, gravée, à Paris,
uniquement pour cet objet.

« La chaleur étoit si grande que M. l'Archevêque n'osa se rendre
pour les vespres. Je remplis cette fonction par son ordre, et vers la
fin, le prélat se rendit à l'église pour donner la bénédiction du Saint-
Sacrement et annoncer les indulgences. On prit, après cela, le reliquaire, et on déposa sous le coussinet le titre ou procès-verbal fait
dans l'abbaye de Saint-Denys, avec celui de la translation dressé par
M. l'archevêque, et on plaça le reliquaire sur une très belle console
en fer doré que j'ai fait attacher au mur du sanctuaire, du côté de
l'Évangile. J'avois fait placer d'avance, au-dessous, une inscription en
marbre blanc, qui annonce la date de la translation, de même que la
piété de la très vénérable Congrégation de Saint-Maur, qui a enrichi
notre église de la relique de saint Romain (1). Aux deux côtés, sont

(1) Cette inscription, rapportée par M. Guinodie (Hist. de Libourne ; Bordeaux,
1845, t. II, p. 207), était ainsi conçue : « D. O. M. Sous le règne de Louis XV, par
les soins de M. L. J. De Lussan, archevêque de Bordeaux, par la protection de M. le
maréchal de Richelieu, et par la piété de la Congrégation de Saint-Maur, la relique de
saint Romain a été placée dans cette église le 22 aoust 1769. L'inscription qui se lit
aujourd'hui dans l'église de Saint-Romain est identique à celle-là, sauf les mots,
par la protection de M. le maréchal de Richelieu, qui ont été retranchés.

deux beaux tableaux exécutés à Paris, qui représentent les deux
principales circonstances de la vie de notre saint. Celui de l'autel, qui
est d'une très grande délicatesse, la mission du saint à Blaye; et un
autre très grand, dans le corps de l'église, qui exprime l'acte de la
remise de la relique faite dans l'abbaïe de Saint-Denys à M. l'archevêque; enfin, une très belle statue de notre saint, que j'ai placée au-
dessus du portail de notre cimetière. Ainsi saint Romain est partout,
et nous nous glorifions plus que jamais de l'avoir pour notre patron
et notre protecteur.

« Si nous vivions dans le siècle de saint Grégoire de Tours, je pourrois vous raconter déjà des miracles opérés par l'intercession de notre
saint; mais le plus essentiel de tous, et celui dont je souhaite plus
ardemment la continuation, c'est l'esprit de piété et de religion éclai-
rée qui règne parmi le plus grand nombre de mes paroissiens, et
qui s'est considérablement accru depuis la réception de la relique.
M. l'Archevêque a permis de faire chaque année mémoire de cette
feste, le dimanche le plus voisin du 22 aoust. Mais il m'a en même
temps sensiblement affligé, en refusant constamment d'approuver une
messe et un office que j'avois arrangé pour la feste, et qui étoit entièrement tiré de l'Écriture Sainte. Je le garde cependant, dans l'espoir
que des circonstances plus favorables le feront admettre. Comme le
verbal de M. l'Archevêque étoit fort court, j'en ai fabriqué un beaucoup plus étendu, en latin, écrit sur de très-beau vélin, que j'ai fait
signer à tous les prêtres qui avoient été témoins et à tous les paroissiens qui savent écrire.

« J'oubliois de vous dire que les habitans de Libourne vinrent, de
leur pur mouvement, tirer un feu d'artifice dans le cimetière en l'honneur de notre saint, la veille de la feste; et quoi qu'il y eût plus de dix
mille personnes réunies ce jour-là dans notre bourg, tout se passa
cependant sans bruit, sans confusion et sans scandale. J'aurois cru
manquer à mon devoir, mon R. P., si je ne vous avois instruit de
toutes ces particularités qui me fournissent le moïen de vous assurer
de nouveau de tous les sentimens de reconnoissance dont je suis capable. Faites parvenir, je vous prie, les mêmes assurances à M. votre
Prieur; je lui aurois écrit en particulier, si je n'avois craint que ma
lettre ne le fatiguât. Peut-être celle-ci aura-t-elle le même sort auprès
de vous. En tout cas, je vous demande excuse d'avance, et je vous
prie de regarder ce barbouillage comme l'effet d'une espèce d'ivresse
causée par l'excès de la joie et de la reconnaissance. J'ai l'honneur

d'être avec le plus profond respect, mon R. P., votre très humble et
très obéissant serviteur.

« DUPRÉ, curé de Saint-Romain (1). »

La relique de saint Romain demeura exposée dans son église jusqu'à
l'époque de la Révolution. Quand vinrent les jours de la Terreur,
M. Dupré émigra, et le reliquaire fut déposé, avec la côte de saint Romain qu'il contenait, dans un caveau sous le maître-autel. Elle s'y
conserva intacte durant plusieurs années, malgré l'humidité qui
détruisit ou endommagea considérablement les ornements et autres
objets que l'on avait enfouis avec elle. Cette portion du corps de
saint Romain est aujourd'hui la seule que l'on connaisse, et très probablement la seule qui existe, depuis les profanations et les dilapida-
tions dont l'église de Saint-Denis fut la victime.

Grâce à la religion et au zèle des successeurs de M. Dupré dans la
paroisse de Saint-Romain, l'œuvre de Caffieri et son trésor plus précieux encore, sont depuis longtemps placés au-dessus du maître-autel,
où saint Romain reçoit chaque jour les hommages et les invocations
des pieux fidèles qu'il couvre de sa puissante protection. Mais, jusqu'à
présent, l'inscription gravée sur une plaque de marbre enchâssée dans
le mur et que j'ai reproduite plus haut dans une note, était en quelque
sorte le seul <i>authentique</i> que l'on possédât de cette relique insigne et
unique. Ce que l'on en savait, ce que l'on en voit se trouve admirablement expliqué et confirmé par la lettre de M. Dupré; et, redisons-le
en finissant, cette lettre intéressante, la paroisse de Saint-Romain-
la-Virvée en devra la connaissance à « la piété » des Bénédictins de
la Congrégation de France, de même qu'elle a dû la relique qui en
fait le sujet, à « la piété » des Bénédictins de la Congrégation de Saint-
Maur, dont celle de France rappelle et continuera longtemps encore,
espérons-le, malgré les persécutions qui l'accablent, à rappeler et à
retracer parmi nous, avec une doctrine plus pure, les talents, les
travaux et les vertus.

(1) Après avoir cité cette lettre, D. Racine ajoute : « L'énergie, le naturel et
l'historique de cette relation, copiée sur l'original, dédommage de sa prolixité.
On aurait cru manquer à la mémoire du saint dont nous nous occupons en ce
jour, de ne la point rapporter en entier. La chapelle dans notre église, où
repose ce qui nous reste de ses précieuses reliques, est la première en entrant
dans le chevet, du côté de la sacristie. La fête de ce saint prêtre se solennise
tous les ans en ce jour, sous le rit de seconde classe et de troisième ordre, avec
station aux premières vêpres. »

XXXIV

LES BORDELAIS

SÉMINARISTES DE SAINT-SULPICE, DE 1651 A 1757

J'ai eu la curiosité de connaître les noms des bordelais qui, aux deux derniers siècles, ont passé un temps plus ou moins long au grand Séminaire de Saint-Sulpice de Paris (1). Puis, j'ai voulu savoir ce qu'ils étaient devenus après leur sortie. Mes désirs ont été en partie satisfaits : sur le premier point, par les registres d'entrée du Séminaire de Saint-Sulpice ; sur le second, par les registres d'ordinations et d'insinuations de l'archevêché de Bordeaux. Je consigne ici, simplement et sans phrases, le résultat de mes recherches.

1. — « Jean Sabourin, prêtre du diocèse de Bordeaux, grand archidiacre de la cathédrale Saint-Jean de Bazas, admis le 8 mai 1651. »

2. — «Léonard Chapelas, minoré de Bordeaux, admis le 8 juillet 1655.» Il en a été parlé dans un précédent article.

3. — « Jean Gombault, clerc de Bordeaux, admis le 19 octobre 1658. » C'est probablement le Jean Gombault, fils d'un Conseiller au Parlement de Bordeaux, qui entra en sixième au collège de la Madeleine, le 7 décembre 1648, étant alors âgé de onze ans.

4. — « Jean de Cantenac, clerc de Bordeaux, admis le 10 septembre 1661. »

---

(1) C'est ce qu'on appelait simplement le Séminaire de Saint-Sulpice. « Il se forma, par la suite, auprès du Séminaire, plusieurs communautés qui en dépendaient et communiquaient avec lui par le jardin. La première, qui fut appelée *Petite communauté*, était pour ceux qui, manquant de santé, ne pouvaient suivre le règlement du Séminaire dans tous ses points. Établie vers 1672, elle subsista jusqu'en 1690. La seconde communauté était destinée à ceux qui ne pouvaient pas payer la pension accoutumée. De là son nom de *Petit-Séminaire*. La *communauté des philosophes*, formée en 1687, était destinée à alimenter le grand et le petit Séminaire. » (*Vie de M. Olier;* 4ᵉ édit. ; Paris, 1873, t. III, pag. 100.)

5. — « Jacques de Secondat de Montesquieu, clerc de Bordeaux, admis le 25 octobre 1676, sorti le 7 novembre 1676. » Le 19 octobre 1669, Henri de Béthune, archevêque de Bordeaux, conféra la tonsure à « noble Jacques Secondat » ; malheureusement, l'auteur du registre où je puise ce renseignement a oublié, cette fois, d'indiquer le nom du père et de la mère du tonsuré. Mais celui-ci ne peut être autre que le *troisième* enfant mâle de Jean-Baptiste Gaston de Secondat, baron de Montesquieu, et d'Anne-Jeanne Du Bernet, son épouse depuis le 26 février 1634. Né à Bordeaux le 29 décembre 1654, Jacques de Secondat de Montesquieu avait 15 ans en 1669, et par conséquent l'âge requis par le Concile de Trente pour pouvoir être admis au nombre des clercs. Après douze ou treize jours passés au Séminaire de Saint-Sulpice, il reconnut apparemment qu'il n'était pas appelé à l'état ecclésiastique. Il embrassa alors la carrière militaire, et entra dans les Gardes du corps du roi, puis dans le régiment de Sylvestre, et enfin dans celui de Tilladet. Le 25 septembre 1686, il épousa Marie-Françoise de Pesnel. Il mourut le 15 novembre 1713, laissant six enfants, dont le second, Charles-Louis de Secondat, né le 18 janvier 1689, est le célèbre auteur de l'*Esprit des lois*.

Charles-Louis eut un frère nommé Joseph qui, comme leur père, fut destiné à l'état ecclésiastique, et persévéra dans cette vocation. Le 10 septembre 1720, il obtenait un dimissoire pour le sous-diaconat, et un autre pour le diaconat en janvier 1721. Joseph était alors à Paris.

Son frère aîné lui constitua le titre clérical dont il avait eu besoin pour recevoir le premier des ordres sacrés. Le 30 octobre 1719, pardevant Grégoire, notaire à Bordeaux, Charles-Louis de Secondat de Montesquieu, chevalier, seigneur et baron de La Brède, Martillac et autres lieux, « pour donner des marques de considération qu'il a pour Mre Joseph de Secondat, escuyer, clerc-tonsuré du diocèse de Bordeaux, son frère, et lui faciliter l'exécution du saint désir qu'il a de se faire promouvoir aux ordres sacrés, a volontairement donné et constitué audit Joseph de Secondat absent, mais Grégoire, l'un des notaires acceptant pour lui, 150 livres de pension viagère pour lui servir de titre sacerdotal, que ledit seigneur président Montesquieu a promis lui bailler et payer en un seul terme au 1er du mois de janvier de chaque année, qui commencera d'avoir cours du jour qu'il aura pris l'ordre de sous-diaconat en avant ; le fonds duquel titre, qui est trois mille livres, ainsi que la rente, sera imputé audit sieur de Secondat sur les droits légitimaires de ses défunts père et mère à lui acquis ; à

quoi faire ledit seigneur président oblige, affecte et hypothèque spécialement sa terre et baronnie de La Brède produisant annuellement
deux mille livres de rente. » Le titre clérical de Joseph de Secondat
fut publié au prône de la messe paroissiale, dans l'église de La Brède,
les 7, 14 et 21 janvier 1720, et personne n'y fit opposition. Un mandataire de Joseph notifia ce titre, le 24 janvier 1720, à Gabriel Bent-
zman, trésorier de l'église de Bordeaux et official de l'archevêque.
En même temps, quatre témoins certifièrent que la terre de La Brède
valait «de revenu, beaucoup au delà de 150 livres », chiffre de la rente
constituée (1).

Sur la nomination et présentation du baron de La Brède, Joseph de
Montesquieu fut pourvu, le 26 avril 1723, de la chapelle de Saint-Haon
à Blanquefort, ainsi que de la chapelle de Gaillard de Lalande dans
l'église paroissiale Saint-Michel de Beautiran.

Son oncle paternel, nommé Joseph comme lui, s'étant démis de
l'abbaye de Faise, il fut nommé à sa place en 1724, et il mourut à
Barèges au mois d'août 1754, après avoir été, en 1743, abbé commendataire de Notre-Dame de Nizors, ordre de Citeaux, au diocèse de
Comminges.

6. — « Pierre Brossard, prêtre, curé de Saint-Martin-de-Villenave,
diocèse de Bordeaux, entré le 21 juin 1680, sorti le 14 septembre. »
Il était de la ville et du diocèse de Tulle. Le 2 juillet 1663, Martin Darche, vicaire général de l'évêque de Tulle, lui donna des lettres dimissoires pour les ordres mineurs qu'il reçut de l'archevêque Henri de
Béthune, et pour le sous-diaconat. Les lettres d'Alexandre VII qui
le nomment à la cure de Saint-Martin-de-Villenave, sont datées du 8 septembre 1666, et furent visées le 27 octobre suivant. Le 26 septembre 1714, il résigna deux chapelles qu'il possédait dans l'église collégiale de Saint-Seurin-lès-Bordeaux. Il n'avait plus alors que le titre
d' «ancien curé de Villenave », et il était à l'hospice de la Manufacture:
c'est probablement là qu'il mourut.

7. — « René de Pontac, sous-diacre, chanoine de l'église de Bordeaux,
entré le 4 novembre 1680. Est allé à la petite communauté le 4 août
1682, d'où il est sorti en 1686. » C'est très probablement celui que le
Nobiliaire de Guyenne (tome II, pag. 359) dit né à Bordeaux le
24 septembre 1648, de Jean de Pontac, gentilhomme de Son Altesse

---

(1) Tous ces actes furent insinués en janvier 1720. Cfr. *Registres d'insinuations*
de cette date, fol. 181 et 182.

Mgr le duc d'Orléans et de Marthe de Fiany. Il fit son testament le 22 novembre 1694 et légua à François Nicolau, prêtre de la communauté de M. le curé de Saint-Sulpice de Paris, environ « trente pistoles de reste d'un billet que je lui fis, dit-il, avant de partir la dernière fois de cette ville. » (1) Sa mort arriva le 18 avril 1699, et il fut enseveli dans la chapelle Notre-Dame, derrière le chœur, « où Messieurs ont accoutumé d'être ensevelis », comme portent les *Actes capitulaires* (2).

8. — « Arnauld de La Vigerie, clerc du diocèse de Bordeaux, entré le 2 novembre 1682, est sorti le 18 octobre 1683. »

9. — « François Duverger, prêtre du diocèse de Bordeaux, entré le 4 juillet 1687, sorti trois mois après. » Fils de Mathieu Duverger et de Marguerite Durand, demeurant à Bordeaux, sur la paroisse Sainte-Eulalie. Il avait reçu la tonsure cléricale le 13 septembre 1675 des mains d'Henri de Béthune, archevêque de Bordeaux, et la prêtrise des mains de Guillaume de la Brunetière, évêque de Saintes, le 21 septembre 1680.

10. — « Joseph Sorlin, prêtre du diocèse de Bordeaux, entré le 11 juillet 1698, sorti le 3 mars 1699. » Fils de Léon Sorlin, bourgeois de Bordeaux. En 1682, il étudiait sous les PP. Jésuites dans le collège de la Madeleine. Après avoir pendant plusieurs années, et à plusieurs reprises, fait *insinuer* ses nom, surnom, titre de bachelier gradué nommé, afin d'obtenir une stalle dans les Chapitres de Saint-André et de Saint-Seurin, il fut enfin élu bénéficier de Saint-Michel par les prêtres de cette église, le 28 septembre 1713, et il prit possession le surlendemain. Cependant Sorlin se croyait appelé à une dignité plus élevée. Longtemps encore après cette élection, il continua à se faire *insinuer*, afin de devenir chanoine de Saint-André. C'est ce qu'il faisait, notamment,

____

(1) Note communiquée par M. A. De Brezetz.

(2) Voici encore quelques indications qui serviront à compléter la généalogie de Pontac dans le *Nobiliaire de Guyenne*. Jacques de Pontac, Procureur général au Parlement de Bordeaux, eut de Finette d'Alesmes, son épouse, deux enfants qui tous deux portèrent le nom de *Jean* et furent tonsurés ensemble, le dimanche 10 août 1664. L'un d'eux fut minoré le 7 avril 1675, et sous-diacre en décembre 1676, après avoir passé trois mois au Séminaire de Saint-Magloire, à Paris, condition exigée par Henri de Béthune dans le dimissoire qu'il accorda le 16 novembre 1676. — Le mari de Marguerite Pallot, dont parle le *Nobiliaire de Guyenne* (t. II, p. 360), s'appelait *Jean*, et il eut un fils nommé *François*, qui reçut la tonsure des mains de l'archevêque de Bordeaux, le 29 novembre 1711.

le 22 mars 1718. Mais ces dernières *insinuations* demeurèrent sans effet, et le 11 février 1723, il était encore bénéficier de Saint-Michel. Depuis près d'un siècle, il n'y a plus en France de registres d'*Insinuations* pour les aspirants au canonicat; il y a encore, dit-on, et il y aura toujours des *Sorlin.*

11. — « Paul Alain de La Vigerie, clerc de Bordeaux, admis le 19 octobre 1707. »

12. — « François-Honoré de Casaubon de Maniban, clerc du diocèse de Bordeaux, entré le 19 octobre 1707. » Cette date servira à corriger l'endroit où M. Fisquet, parlant de Mgr de Maniban, devenu plus tard archevêque de Bordeaux, dit que « *peu après son arrivée au Séminaire de Saint-Sulpice,* on lui confia, *en 1713,* le soin de faire les grands catéchismes de la paroisse, emploi où il développa une grande capacité (1). »

13. — « Etienne de Floissac, clerc de Bordeaux, né le 15 janvier 1698, admis le 1er février 1726. »

14. — « Pierre-François Du Val de Puyplat, clerc de Bordeaux, né en 1713, admis le 29 septembre 1730, (venant) de la communauté des Philosophes. » Il était fils de Joseph-Léonard Du Val, seigneur de Puyplat, qui fut pourvu, le 12 mai 1704, de l'office de conseiller lay au Parlement de Bordeaux. Pierre-François devint prêtre et bachelier en théologie de la Faculté de Paris (2).

15. — « Jean-Baptiste Becheau de Ferrachapt, sous-diacre de Bordeaux, chanoine de Saint-Seurin, né le 23 juin 1708, admis le 19 octobre 1730. »

16. — Jean-Baptiste-Jérôme de Baritault, clerc de Bordeaux, né le 8 juillet 1710, admis le 7 décembre 1730. »

---

(1) *La France Pontificale, province de Bordeaux,* pag. 857. Ni M. Fisquet, ni Du Tems, ni aucun des récents biographes de Mgr de Maniban n'a fait remarquer, au moins par une note, le zèle pourtant si remarquable que ce prélat déploya contre le jansénisme, soit dans son premier diocèse de Mirepoix, soit à l'Assemblée générale du Clergé de France en 1730 (V. *Procès-verbaux des Assemblées du Clergé,* tom. VII, p. 883, 1071 et suiv.), soit à Bordeaux où il fit son entrée solennelle le 21 novembre 1730. Les deux affaires qui firent le plus de bruit, celle de la thèse antijanséniste soutenue par un Minime, et celle du refus de sacrements au chanoine Morel, ont été racontées par l'auteur de l'*Histoire du Parlement de Bordeaux* (tom. II, p. 261, 270, 271). On trouvera dans les *Nouvelles ecclésiastiques* des années 1729-1738 (voir la table, au mot *Maniban, archevêque de Bordeaux*), des détails qui complèteront les récits de M. Boscheron Des Portes, et qui justifieront les assertions contenues dans cette note.

(2) *Nobiliaire de Guyenne,* t. 1, p. 350.

17. — « Jean-Baptiste Dumolin, né le 20 février 1708, admis le 17 février 1731, » étant encore laïc. Durant sept ou huit ans, il suivit les cours de la Sorbonne. Ayant été admis dans la Compagnie de Saint-Sulpice, il passa au petit Séminaire de Saint-Sulpice, le 10 octobre 1739, pour y faire les fonctions de directeur, en attendant qu'il eût terminé sa Licence. Il reçut le bonnet de docteur le 15 juin 1740, et quitta le petit Séminaire en octobre 1742, pour aller à Angers où, au bout d'environ deux ans, il fut chargé de la direction du petit Séminaire. C'est ce qui résulte de cette note écrite en 1744 par M. Couturier, supérieur de la Compagnie de Saint-Sulpice : « M. Dumolin est un très saint prêtre ; il gouverne bien son petit Séminaire ; il s'applique bien à tout ce qu'il fait ; il parle assez solidement et d'une manière juste ; son zèle est un peu vif. »

Dans la suite, M. Dumolin retourna au grand Séminaire d'Angers, et il ne le quitta plus. Le supérieur de cette maison, M. Percheron, étant mort en 1760, M. Dumolin fut nommé à sa place, et gouverna le Séminaire pendant quinze ans. Vers 1774, ses forces déclinèrent ; pendant les vacances de 1775, il se retira à Beaupreau, où il mourut le 29 décembre 1775. M. Emery lui succéda.

On conserve au Séminaire de Saint-Sulpice de Paris, plusieurs lettres adressées par M. Dumolin à M. Joubert, docteur de Sorbonne (1). Dans celle du 16 mars 1768, M. Dumolin s'exprime ainsi au sujet de l'évêque d'Angers, Jacques de Grasse : « Nous attendons le prélat ces jours-ci. Dieu veuille qu'il soit un peu mieux disposé en notre faveur qu'à son dernier voyage ! Au reste, *tela prævisa minus feriunt, et ab assuetis non fit passio* (2). »

(1) Barthélemy Joubert, né le 7 juin 1713, à Ambert, dans le diocèse de Clermont, entra au grand Séminaire de cette ville, le 31 octobre 1734. Après y avoir suivi le cours ordinaire des études théologiques et reçu le diaconat, il alla à Paris, et entra, le 17 septembre 1737, au grand Séminaire de Saint-Sulpice. Il parcourut le cercle des études sorboniques, et fut reçu docteur en 1746. Dès l'année 1741, il avait été admis dans la compagnie de Saint-Sulpice par M. Couturier, qui le retint au Séminaire de Paris, où M. Joubert remplit successivement les fonctions de professeur d'Écriture-Sainte, de bibliothécaire, d'économe et de procureur. Il était très versé dans l'étude de la langue hébraïque, et c'est à lui que l'on doit l'exposition des prophéties de l'Ancien Testament qui regardent le Messie, dans le traité *De Incarnatione* de M. Legrand (*Disserlat.* 2) La connaissance approfondie que M. Joubert avait du Droit canonique, engagea Christophe de Beaumont à l'admettre dans le conseil archiépiscopal. Il mourut à Issy, le 28 décembre 1784. M. Emery parlait avec admiration de sa haute vertu.

(2) Les éléments de cette notice m'ont été fournis par M. Gamon, Directeur de la Solitude, à Issy, près Paris.

M. Dumolin est le seul prêtre que le diocèse de Bordeaux ait donné à la Compagnie de Saint-Sulpice avant la Révolution.

18. — « Charles de Gascq, clerc de Bordeaux, né le 7 mai 1703, admis le 23 janvier 1736. » J'ignore ce qu'il est devenu. J'ai trouvé un Etienne de Gascq, chanoine et sacriste de la cathédrale de Bazas, qui fut nommé curé de la paroisse Sainte-Eulalie de Bordeaux, et prit possession par procureur le 18 juillet 1679.

Comme il n'existe pas, à ma connaissance du moins, de généalogie imprimée de la famille de Gascq, je transcris ici un passage des *Memorabilia*..... *Capuccinorum* (cités à la page 345 de ce volume) où il est parlé d'un membre de cette famille : « En 1646, mourut à Bayonne le P. Antoine de Bordeaux, personnage véritablement remarquable, tant pour sa naissance que pour un grand nombre de belles qualités qui le relevoient au delà du commun. Il étoit de la noble et très ancienne famille des Mrs de Gasc, barons de Portets. On a remarqué que, s'il eût été dans le monde, son bien fût allé jusques à quatre-cent mille livres valant. C'étoit un religieux très dévot, solitaire, silencieux, austère, très exact à tous les exercices de la communauté, quoique d'ailleurs ce fût un très bel esprit, délié et poli, et qui avoit le goût des bonnes choses. On l'a fait souvent gardien presque malgré lui, les RR. PP. qui gouvernoient alors la province ne croyant pas pouvoir en conscience laisser un si digne sujet sans emploi et sans exercice (1). »

(1) *Memorabilia*... fol. 156. J'emprunterai encore au même manuscrit une notice qui révélera un membre resté jusqu'à présent *inédit* de la famille Du Bernet. « Le 8 janvier 1656, mourut à Bordeaux le R.P. Clément de Bordeaux, Gardien en ce couvent, Définiteur en acte, comme il l'avoit été plusieurs fois auparavant. Sa vocation à l'ordre est remarquable en ce que, ayant pris notre saint habit, son père, qui étoit *conseiller au Parlement*, le fit séquestrer, et par arrêt de la Cour, il fut dépouillé en plein Parlement. Quelque temps après, il se déroba et s'en retourna pour prendre l'habit. Ce que son père voyant, le laissa en toute liberté. C'étoit un religieux, lequel, outre sa dévotion et sa retraite qui passoient le commun, avoit ce talent de bien régler une famille et la tenir dans l'union, donnant grande satisfaction à tous les religieux, au tempérament desquels il s'ajustoit autant que la régularité le pouvoit permettre. Son frère aîné fut premier Président au Parlement d'Aix en Provence, et depuis en celui de Bordeaux (fol. 160). » Joseph Du Bernet, fils de Jean Du Bernet, *conseiller au Parlement de Bordeaux*, fut effectivement nommé premier Président du Parlement d'Aix le 20 février 1736, et de celui de Bordeaux le 18 août 1643. C'est apparemment parce que le capucin était mort au monde, qu'il ne figure pas dans le testament de son père, daté du 23 juillet 1619 ; et cette omission est probablement la cause de l'ignorance où M. de Bourrousse de Laffore est resté par rapport à ce fils de Jean Du Bernet. (Cfr. *Nobiliaire de Guyenne*, t. III, p. 348, 349.) — Encore un petit extrait du manuscrit cité :

19. — « Antoine-François Duvigier, clerc de Bordeaux, né le 1er septembre 1718, admis dans le Séminaire de la communauté des Philosophes, le 4 octobre 1737. » Du Tems parle d'un Antoine-François Duvigier qui fut nommé, en 1741, abbé de Notre-Dame-de-Goudon, au diocèse d'Agen, et qui mourut le 17 octobre 1760, *âgé de 60 ans* (1). » Si ce dernier chiffre est exact, il ne peut s'appliquer à l'âge de notre Antoine-François qui, en 1760, n'avait que *42 ans*. Quoi qu'il en soit, d'après une note que m'a communiquée M. A. de Brezetz, l'abbé de Goudon était fils de Pierre-Armand-Claude Duvigier. Il est qualifié prêtre, licencié en l'un et l'autre droit, vicaire général de l'évêque de Bazas, dans l'acte par lequel il prit possession du doyenné de Saint-Seurin de Bordeaux, le 19 septembre 1754.

20. — « Godefroi Guyonnet de Monbalen, clerc de Bordeaux, né en 1719, admis le 10 février 1738. » Troisième enfant de Jean-Joseph de Guyonnet et de Marie de Ragueneau sa cousine germaine(2). L'archevêque de Bordeaux le nomma sous-doyen du Chapitre Saint-André le 4 août 1753, à la place de défunt Pierre Ferbos. En 1764, il fut élu doyen du même Chapitre, et je n'ai rien à ajouter à ce que j'en ai dit, page 30 de ce volume, sinon que ses bulles de nomination à l'abbaye de Calers sont datées du 19 juillet 1751.

21. — « Albert-Hyacinthe-Michel Carret, clerc de Bordeaux, *capellanus Trinæ Mariæ Loretanæ*, né le 29 septembre 1717, admis le 13 février 1738. »

22. — « François Basterot, clerc de Bordeaux, né le 11 février 1720, admis le 4 octobre 1738, venant de la communauté des Philosophes. »

23. — « François Durand de Blanzac, clerc de Bordeaux, né le 17 mai 1720, admis le 19 octobre 1739. »

24. — « Joseph-Bernard Jarrige de Lacoste, laïc de Bordeaux, né le 24 mai......, admis le 9 décembre 1739. »

25. — « François Dudon, clerc de Bordeaux, abbé de Notre-Dame de La Frenade » (au diocèse de Saintes), « né le 25 juin 1720, admis le 18 octobre 1740. » Il fut plus tard doyen et vicaire général de Saintes, abbé de Fontdouce, au diocèse de Saintes, en 1760, et mourut en 1772 (3).

« A Bazas, en 1666 ou 1667, meurt Raymond de Bordeaux, prédicateur, Gardien en ce couvent-là, comme il l'avoit été en d'autres, de l'honorable famille de MM. de Rémond. Il étoit l'arrière-fils de Florimond de Rémond qui a composé ce beau livre de *La naissance, progrès et décadence de l'hérésie* (fol. 163). »

(1) *Le Clergé de France*, t. II, p. 298.
(2) *Nobiliaire de Guyenne*, t. I, p. 407.
(3) Du Tems, *Le Clergé de France*, t. II, p. 373, 391.

26. — « Vincent D'Arche, acolythe de Bordeaux, chanoine de l'église de Bordeaux, né le 9 mars 1721, admis le 3 mars 1742. » Docteur en théologie. Le 17 novembre 1754, il permute son canonicat de Saint-André contre un canonicat de l'église collégiale Saint-Caprais d'Agen, possédé par Jean Broc, prêtre du diocèse de Coutances, docteur en théologie et professeur royal ès-arts dans l'Université de Bordeaux. Broc s'engageait en outre à payer, à Vincent D'Arche, quatre cents livres de pension annuelle : il prit possession du canonicat de Saint-André le 25 février 1755. Dans la suite, Pierre-Joseph de Crémeaux-d'Entragues ayant résigné purement et simplement la trésorerie du Chapitre Saint-André, Vincent D'Arche se la fit donner par le pape, dont les lettres apostoliques furent visées par l'archevêque le 23 décembre 1731. D'Arche fut reçu et installé par le Chapitre le jeudi 2 janvier 1772. Aussitôt après la cérémonie d'installation, il se retira, disent les *Actes capitulaires,* « comme n'ayant voix délibérative au Chapitre. »

27. — « Joseph de Pontac, prêtre de Bordeaux, né en mai 1718, admis le 29 juin 1742. »

28. — « Charles-Auguste Lequien de La Neufville, clerc de Bordeaux, né le 25 juillet 1726, admis le 18 octobre 1745. » Du Tems dit qu'il est né le 27 juillet 1728 (1), mais Mgr d'Aviau donne aussi la date de 1726, dans sa belle *Lettre sur la mort de Mgr Lequien de La Neufville* (2), lettre à laquelle je ferai quelques emprunts et quelques additions, tout en y renvoyant mes lecteurs. « Après avoir achevé son cours d'études à Paris, où, *dans un Séminaire célèbre,* il s'était formé à la piété en même temps qu'aux sciences ecclésiastiques, Charles-Auguste revint prêtre dans sa patrie. » Il était docteur en théologie de la Faculté de Paris, licencié en l'un et l'autre droit, prieur du prieuré commendataire de Mortaigne en Saintonge, lorsqu'il fut nommé sous-doyen du Chapitre Saint-André, le 17 mai 1759, sur la résignation pure et simple de Godefroi Guyonnet de Monbalen. Le Chapitre mit pour condition à la réception de La Neufville qu'il renoncerait à la clause *cum plenitudine juris canonici* insérée dans ses bulles de provision. Il y consentit et fut installé le jeudi 19 juillet 1759. Le 12 février 1772, il donna sa démission parce que, le 24 novembre de l'année 1771, il avait été nommé évêque du diocèse de Dax. Il le gouverna jusqu'à la Révolution.

(1) Du Tems, *Le Clergé de France*, t. I, p. 452.
(2) *Recueil des Ordonnances, Mandements et Lettres pastorales des archevêques de Bordeaux;* Bordeaux, 1848, t. II, pag. 121-126.

Vers la fin de juin 1791, il se retira en Espagne, où il séjourna près de onze ans. Rentré à Bordeaux, il fut nommé à l'évêché de Poitiers qu'il finit, après quelques hésitations, par refuser absolument. Il mourut à Bordeaux, dans son domaine de Queyries, le 28 octobre 1805, à une heure et demie après minuit. « La cérémonie des obsèques eut lieu le 29 octobre, dans l'église succursale de Cenon. Les restes du vénérable prélat furent ensevelis, comme il en avait témoigné le désir, dans le cimetière de cette église, qui était sa paroisse pendant son séjour à la campagne. Sa tombe était adossée au mur extérieur du sanctuaire, derrière le maître-autel. » Mais en 1819, son corps fut transporté dans le sanctuaire même de l'église, du côté de l'Évangile, et on appliqua contre le mur une plaque de marbre noir sur laquelle on lit l'inscription suivante :

D. O. M.

HIC
A. D. MDCCC. XIX.
COGNATORUM ET CIVIUM SOCIATIS CURIS
HONORIFICENTIUS CONDITÆ SUNT
VENERABILES EXUVIÆ
CAROLI-AUGUSTI
LE QUIEN DE LA NEUFVILLE
AQUARUM TARBELLICARUM OLIM EPISCOPI
OMNIGENÆ VIRTUTIS EXEMPLAR
IN PONTIFICATU TAMEN
EFFUSA CARITATE IN PAUPERES
QUORUM NECESSITATIBUS AMPLISSIMUM ET SALUBRE
PARAVIT HOSPITIUM
DILIGENTIA ASSIDUA AD INFORMANDUM CLERUM
AMORE ET OBSEQUIO IN SANCTAM
MATREM ECCLESIAM
QUIBUS NE DEESSET PERLUBENTER EXULAVIT
IMPRIMIS EFFULGERE VISUS EST

OBIIT
ANNO. R. S. MDCCC. V.
SEPT. KAL. NOV. ÆTATIS LXXIX

Qui primo optimi sibique conjunctissimi præsulis
Funeri interfuerat, ipse posteriori ac solemniori interfuit

CAROLUS — FRANCISCUS
ARCHIEPISCOPUS — BURDIGALENSIS

Ses parents en deuil lui ont élevé ce monument. 1819.

29. — « Simon-Jude de Rausan, clerc de Bordeaux, né le 23 septembre 1727, admis le 4 octobre 1746, de la communauté des Philosophes. »

30. — « Joseph Lemoine, clerc de Bordeaux, né le 1ᵉʳ mai 1723, admis le 19 décembre 1746. »

31. — « André-Jacques Plassan, clerc de Bordeaux, né le 2 novembre 1732, admis le 18 octobre 1750. »

32. — « Augustin Clarcke, clerc de Bordeaux, né le 14 août 1732, admis le 18 octobre 1750. »

33. — « Jean-Stanislas Perès Du Vivier, clerc de Bordeaux, né le 7 mai 1737, admis le 18 octobre 1753. » Par dimissoires datés du 25 avril 1757 et du 16 novembre 1758, il fut autorisé à recevoir les ordres mineurs et le sous-diaconat des mains de l'archevêque de Paris. Mgr D'Audibert de Lussan l'ordonna diacre, le 7 mars 1761, dans la chapelle de l'hôpital Saint-André de Bordeaux, et prêtre le 16 mai suivant, avec dispense d'interstice. Le 20 avril 1773, Clément XIV lui conféra le prieuré régulier de Notre-Dame de Mimizan, Ordre de Saint-Benoît, situé dans l'archiprêtré de Buch et Born, au diocèse de Bordeaux. L'année suivante, le 29 mars, Perès Du Vivier obtint du même Pape d'échanger son prieuré contre une prébende de Saint-André résignée par Guillaume Castres, et il fut installé le vendredi 13 mai 1774. Perès Du Vivier vivait encore au commencement de 1776.

34. — « Jean-Joseph de Chaperon, clerc de Bordeaux, né le 10 septembre 1735, admis le 4 octobre 1755, de la communauté des Philosophes. » Il était fils de Marc Chaperon de Terrefort, conseiller du roi, trésorier-général de France, grand-voyer de la généralité de Guyenne, et d'Anne de Cazenave de Tenac, que Marc épousa le mardi 7 août en l'église Sainte-Eulalie de Bordeaux (1). Il fut autorisé, le 27 novembre 1757 et le 16 mai 1759, à se faire ordonner minoré, puis sous-diacre par l'archevêque de Paris. Mgr de Lussan le fit prêtre, le 20 décembre 1760, après dispense d'interstice, dans la chapelle de l'Archevêché de Bordeaux. Le 18 juin de cette même année, il fut reçu maître ès-arts et bachelier en théologie par la Faculté de Paris. Il était chanoine de Saint-André depuis un temps que je ne puis préciser à cause d'une lacune dans les *Actes capitulaires,* lorsque, le 19 janvier 1768, il célébrait, dans l'église Sainte-Eulalie de Bordeaux, le mariage de son frère François-Joseph avec Marie-Adélaïde de Gaigneron de

(1) *Généalogie de la famille de Chaperon,* 2ᵉ *édition complétée;* Brest, 1873, in-8°, p. 40, 41.

Vallous (1). Il mourut en 1778. L'archevêque de Bordeaux donna son canonicat à Louis-Mathieu Desbiey, né à Saint-Julien-en-Born (Landes), membre de l'Académie de Bordeaux.

35. — « Marie-Jean-André-Nicolas Du Myrat, clerc de Bordeaux, né le 16 février 1736, admis le 12 octobre 1756. » Il vint au monde à neuf heures et demie du soir, et fut ondoyé le troisième jour après sa naissance, 19 février. Les cérémonies du baptême lui furent suppléées, le jeudi 1er mars suivant. Il était fils de Pierre Du Myrat, conseiller au Parlement, et de Marie-Françoise Barret, demeurant sur la paroisse Sainte-Eulalie de Bordeaux. L'évêque de Montauban, Michel de Verthamon de Chavagnac, lui conféra la tonsure cléricale dans la chapelle de son palais épiscopal, le 16 juin 1753. Cette même année, il étudiait dans l'Université de Bordeaux, où il fut reçu maître ès-arts le 17 août 1754. Il suivit ensuite, à Paris, les cours de philosophie au collège des Grassins, et les cours de théologie en Sorbonne. Il reçut, également à Paris, les Ordres moindres à la fin de 1757, le sous-diaconat à la fin de 1758, et le diaconat en 1760. Le 20 décembre de cette dernière année, l'archevêque de Bordeaux l'ordonna prêtre dans la chapelle de l'archevêché, en même temps que Jean-Joseph de Chaperon. Du Myrat fut curé de Saint-Vincent de Preignac. Le 30 mars 1774, il perdit son frère François-René-Joseph-Pierre Du Myrat, lequel, peu de temps avant de mourir, lui avait résigné le doyenné de Saint-André de Bordeaux. Comme il était possible que le décès eût précédé l'arrivée à Rome du courrier porteur de la résignation, le Chapitre de Saint-André, pour maintenir son droit de nomination, s'assembla le même jour 30 mars 1774, déclara le doyenné vacant, et, à l'unanimité, élut pour doyen le résignataire même, qui fut installé le lendemain, après avoir présenté ses lettres de bachelier et de docteur en théologie, ainsi que ses lettres de prêtrise. Il était encore doyen en 1766 (2).

(1) De ce mariage naquit, le 28 octobre 1771, Anne-Claudine-Renée-Julie Chaperon, dernière représentante du nom de Terrefort. Elle mourut le 12 avril 1834, léguant, par son testament du 10 mars 1827, une rente perpétuelle de 500 fr. pour l'entretien d'un élève pauvre au Grand Séminaire de Bordeaux. Les héritiers se libérèrent, le 15 mai 1834, en payant, une fois pour toutes, la somme de 10,000 fr., selon la faculté que leur avait donnée la testatrice. L'élève qui doit jouir de la bourse fondée est désigné, à tour de rôle, par les familles de Malet et de Vassal. Anne-Claudine avait aussi donné, de son vivant, sa maison de la rue des Ayres à la paroisse Saint-Paul de Bordeaux, qui en a fait le presbytère. Chaque année, le 11 avril, elle célèbre un service funèbre pour le repos de l'âme de la généreuse bienfaitrice. (*Généalogie de la famille de Chaperon*, p. 42, 43.)

(2) Cfr. page 81 de ce volume.

36. — « Mathias Delpy de La Roche, clerc de Bordeaux, né le 3 mai 1739 admis le 18 octobre 1756. »

37. — « Michel Majance de Camiran, clerc de Bordeaux, né le 26 septembre 1737, admis le 1er octobre 1756, de la communauté des Philosophes. » Son père, Pierre de Majance, était conseiller du roi en la Grand'Chambre de la Souveraine Cour de Parlement de Bordeaux, seigneur de Camiran, vicomte de Fontcaude et autres lieux ; sa mère, Catherine de Godière, était fille d'un avocat au même Parlement. Il reçut les ordres-mineurs et le sous-diaconat à Paris, en même temps que Marie-Jean-André-Nicolas Du Myrat. Le 13 février 1766, il fut nommé chanoine de Saint-André. Mgr Jérôme-Marie Champion de Cicé lui donna des lettres de vicaire général, le 12 juillet 1783, ainsi qu'à Jean-Simon Langoiran, dont on connaît la mort tragique. Comme je l'ai dit à la page 31 de ce volume, Michel de Camiran devint doyen de Saint-André, et après le concordat de 1801, quand le Chapitre métropolitain fut rétabli, Mgr D'Aviau le nomma premier chanoine, puis vicaire général honoraire. Il mourut en 1811.

38. — « Henri Basterot, clerc de Bordeaux, né le 16 mai 1739, admis le 12 novembre 1757, de la communauté des Philosophes. » Depuis le 3 juillet de cette même année, il était chanoine prébendé de la collégiale Saint-Seurin. Il obtint, le 14 mars 1759, un dimissoire à l'effet de recevoir les quatre ordres-mineurs des mains de l'archevêque de Paris.

Dans les années qui précédèrent la Révolution, il y eut probablement encore des bordelais au Séminaire de Saint-Sulpice ; mais le registre qui contient les noms des élèves de cette époque est malheureusement perdu.

M. Largeteau ayant été un *Bordelais séminariste de Saint-Sulpice,* au moins au XIXe siècle, je mettrai ici, pour compléter ce que j'en ai dit plus haut (pag. 516-586), une petite note dont les éléments me sont parvenus trop tard pour pouvoir être insérés à leur place. Si quelqu'un était tenté de s'en étonner ou de s'en plaindre, je le prierais de se souvenir que le premier mot écrit en tête de ce volume est celui de *Mélanges.*

L'*Armana prouvençau* de 1882 (p. 93, 94) contenait une romance intitulée *Lou saut de Marot,* composée par M. V. Lieutaud, membre de plusieurs sociétés savantes, chancelier du Félibrige, conservateur de la bibliothèque municipale de Marseille, dont il n'est plus aujourd'hui que bibliothécaire *émérite*. — les Marseillais me sauront gré, je l'espère, de cet euphémisme. — M. Largeteau ayant fait, sur ces paroles, une mélodie, elle fut envoyée par M. Lieutaud, à l'insu du compositeur et sous son pseudonyme L. Argentel, au concours musical de Digne, et le 20 mai 1883, elle y obtint une mention honorable. Le rapporteur, cependant, fut inexact en qualifiant la composition de M. Largeteau d'« air ancien et oublié que son auteur avait fait revivre par le charme de la musique » (1). « Cette mélodie, au contraire, dit M. Lieutaud, est aussi neuve que fraîche ».

En 1866, M. Largeteau fut prié de donner ses soins à la 3ᵉ édition de la grammaire hébraïque du P. Slaughter (2). D'après M. Lieutaud qui me communique ce renseignement confirmé en partie par des notes manuscrites de M. Largeteau, son travail consista d'abord dans la correction typographique du texte déjà publié, ce qui, en cette matière, n'est pas peu de chose. De plus, il fit une note sur la nature du *Kametz* (p. 3), et une autre sur la prononciation du *Aajin* (p. 2), prononciation qu'il avait apprise en Orient. Enfin, on doit au nouvel éditeur : 1° le n° 4 de l'*Appendix pro gutturalibus* (p. 47); 2° les paradigmes des verbes qui viennent après (p. 48-53); 3° les *Annotationes pro verbo tertiæ gutturalis* (p. 54), et 4° le verbe *quiescent* de la page 68.

Voilà ce qui me restait à dire sur M. Largeteau musicien et M. Largeteau hébraïsant.

(1) Cfr. *Annales des Basses-Alpes, extrait du Bulletin n° 9 de la Société scientifique et littéraire de Digne;* Digne, 1883, in-8°, pag. 19.
(2) *Grammatica hebraïca, auctore Edwardo Slaughter S. J., diligenter emendata, variis accessionibus locupletata à Vincentio F. Castellini linguæ arabicæ in romano archigymnasio professore, et curante J. J. L. Bargès in Academiâ Parisiensi linguæ hebraicæ professore; editio tertia, notis et tabellis aucta et in meliorem ordinem digesta;* Parisiis, 1867, in-8° de 128 pages. Quoiqu'elle porte la date de 1867, cette édition avait paru avant la fin de l'année 1866.

XXXV

LETTRE ET NOTES INÉDITES

DE MERCIER, ABBÉ DE SAINT-LÉGER

Un malheur, dit-on, ne va jamais seul. Quelquefois aussi, mais beaucoup plus rarement, il en est de même de certains bonheurs.

Lorsque j'eus publié dans la *Revue catholique de Bordeaux,* en décembre 1884 (1), quelques notes de Mercier de Saint-Léger, un érudit aussi modeste que savant, M. Wilhelm, juge de paix à Chartres et membre de la Société de l'histoire de France, m'en envoya spontanément d'autres également inédites, avec pleine liberté de mettre au jour celles que je jugerais capables d'intéresser mes lecteurs. Ce premier bienfait fut bientôt suivi d'un second, c'est-à-dire d'une lettre aussi inédite du célèbre bibliographe (2). En exprimant au généreux donateur de tant d'*anecdota* ma respectueuse et bien vive reconnais-

---

(1) Voir pag. 353 et suiv. de ce volume.

(2) Je n'apprendrai rien à mes lecteurs en leur disant que la Bibliothèque Nationale possède dans la *réserve* (Q. 121, 1) un exemplaire, avec notes considérables de Mercier, des *Bibliothèques françoises de Lacroix Du Maine et De Du Verdier* (nouvelle édition, par Rigoley de Juvigny; Paris, 1772, 6 vol. in-4°); mais je ne sais si tous connaissent les vers faits pour le portrait de Saint-Léger, par Théodore Van-Kooten, et qu'on a écrits en tête de ce recueil. Voici ces trois distiques avec leur titre :

HEXASTICON IN EFFIGIEM BARTHOL. MERCIER ABB. DE St. LEGER

> *Cui dedit ingenium Pallas, cui Gratia mores,*
> *Et niveâ finxit simplicitate lepor ;*
> *Notus et Hesperiis doctrinâ et notus Eois,*
> *Talem Mercerius vultum oculosque gerit.*
> *Effigiem hanc possit sæclorum ut spernere lapsum,*
> *Mnemosyne æterno consecrat ipsa tholo.*

THEODORUS VAN-KOOTEN, BATAVUS.

Parisiis, mense junio 1795.

Qualifier de *candide, niveâ,* la *simplicité* de l'abbé de Saint-Léger, cela pourra paraître une licence quelque peu poétique. Sur Théodore Van-Kooten, voir la *Biographie universelle* de Michaud.

sance, je ne puis néanmoins m'empêcher de regretter que, cette fois, il n'ait pas mieux choisi son *éditeur,* et que ce qu'il a résolu de donner par des mains étrangères au public, ne lui soit pas présenté par le savant qui, sous le titre de *Reliquiæ benedictinæ,* a commencé, dans la *Revue de Gascogne* (1), à publier et *annoter* — ce mot suffit à le désigner — les lettres de quelques bénédictins dont M. Wilhelm possède les autographes.

Ce n'est pas par un bénédictin, mais c'est à un bénédictin qu'a été écrite la lettre que je vais transcrire, après avoir exposé brièvement les faits qui y donnèrent occasion.

En 1703, Bossuet souffrant depuis quelques mois de la maladie qui devait l'emporter l'année suivante, et se voyant incapable de remplir toutes ses fonctions épiscopales, voulut se donner un coadjuteur dans la personne de son neveu. Il le demanda à Louis XIV dans un Placet qui, « malheureusement, dit le cardinal de Bausset, laisse trop apercevoir l'espèce de faiblesse que Bossuet avoit tou-'ours montrée pour un neveu que l'abbé \Ledieu lui-même nous représente comme bien peu digne de porter un si grand nom (2). »

Ce mémoire étant venu entre les mains de Mercier de Saint-Léger pendant qu'il rédigeait le *Journal de Trévoux* (1764-1766), il le publia dans le numéro de février 1765 (p. 534 et suiv.) en le faisant précéder de cette note : « Les lecteurs verront certainement avec plaisir ce morceau qui est tombé entre nos mains depuis quelque temps et que nous croyons n'avoir jamais été publié. Les moindres productions des grands hommes sont en possession d'intéresser ceux qui veulent connoître à fond leur âme : celle-ci attache singulièrement par les détails qu'elle renferme. Au reste, on sait que M. Bossuet n'obtint pas du Roi la coadjutorerie de Meaux pour son neveu, comme il le demandait par ce Placet. »

Dom Déforis, bénédictin de la Congrégation de Saint-Maur, reproduisit cette pièce dans le tome X des *Œuvres* de Bossuet (3), ajoutant, à son tour, une note conçue en ces termes : « Nous n'aurions pas jugé ce Placet fort digne d'être donné au public, si nous avions été maîtres d'en disposer selon nos vues. Mais, le Révérend Père Mercier, Chanoine régulier de Sainte-Geneviève et anciennement bibliothécaire de cette

(1) *Revue de Gascogne,* janvier 1884, p. 39 et suiv. art. de M. Tamizey de Larroque.
(2) *Histoire de Bossuet,* Versailles, 1814, t. IV, p. 364, 365.
(3) Paris, 1778, in-4°, pag. 559-562.

abbaye, nous a prévenus en insérant la pièce dans le *Journal des Beaux-Arts* du mois de février 1765, qu'il rédigeait alors. Nous ne croyons pas qu'il l'ait divulguée pour relever le mérite de l'illustre prélat ; mais il aura sans doute pensé qu'il était bon de couvrir de quelques ombres la gloire trop éblouissante de ce grand homme, dont les yeux malades ont peine à soutenir l'éclat. »

Cette note irrita l'abbé de Saint-Léger qui, lorsqu'il la connut, écrivit à Dom Déforis la lettre suivante :

« Paris, 12 décembre 1780.

« C'est à vous même, mon Révérend Père, que j'adresse d'abord entre vous et moi, selon le précepte de l'Évangile, mes justes plaintes contre une note que je viens seulement de lire à la page 559 de votre dixième tome des Œuvres de Bossuet.

« En 1765 je publiai un Placet de ce prélat à Louis XIV. Vous dites, dans cette note, que ce ne fut pas pour *relever le mérite* de l'évêque de Meaux ; et vous ajoutez que j'ai *sans doute pensé qu'il étoit bon de couvrir de quelques ombres la gloire de ce grand homme, dont les yeux malades ont peine à soutenir l'éclat.*

« Ainsi, mon Révérend Père, s'il faut vous en croire, je n'ai publié le Placet de Bossuet que pour obscurcir, autant qu'il étoit en moi, la gloire de l'illustre Prélat ; et cet acte de démence, vous me l'attribuez en vertu de la publication par moi donnée au Placet. Pensez-vous que je doive supporter sans réclamation un pareil outrage consigné dans un volume qui doit passer à la postérité? Encore si j'avois donné lieu à une inculpation si étrange! Mais en quoi et comment ai-je pu la provoquer de votre part? C'est ce que j'ignore entièrement.

« Vous *jugez* que ce Placet étoit *fort peu digne* de l'impression. A la bonne heure : mais, outre qu'en 1765 je ne pouvois prévoir le jugement que, douze ans après, vous porteriez de cette pièce; outre que, quand je l'aurois prévu, j'avois apparemment la liberté d'en porter un tout différent; n'ai-je pas accompagné la publication du Placet, d'une note qui ne laisse point de doute sur mon véritable motif (1)? Votre inculpation contre moi n'a donc aucun fondement

(1) Je dis expressément dans cette note que les *moindres productions des grands hommes sont en possession d'intéresser ceux qui veulent connaître leur âme à fond;* et j'ajoute que le Placet *attache singulièrement par les détails* qu'il renferme. En publiant, un an après moi, un billet de Bossuet, le journaliste de Verdun disoit qu'on *ne peut recueillir trop soigneusement les plus petites choses échappées de la plume*

solide, et elle est d'autant plus étrange que, soit avant, soit depuis 1765, je n'ai rien dit, rien écrit qui puisse la justifier.

« Je ne vous représenterai pas, mon Révérend Père, que probablement vous êtes le seul qui, d'après la publication du Placet, m'ayez imputé l'odieuse intention de porter atteinte à la gloire d'un de nos plus illustres évêques. Je ne vous observerai pas (1) que la publication de ce Placet fit, dans le temps, plaisir à différents lecteurs, et qu'elle porta même l'un d'eux à me faire présent de quatre lettres originales de Bossuet que je publiai dans mon premier volume d'avril (2), ce que vous avez sans doute ignoré. Enfin, je ne vous dirai pas que ces quatre lettres, vous auriez vraisemblablement été dans l'impuissance de les redonner vous-même dans votre neuvième volume, si je ne les avais pas placées dans le dépôt où vous les avez trouvées. Je me renferme dans l'objet précis de ma plainte. Vous m'avez outragé par une imputation qui n'a aucun fondement; cet outrage est consigné dans un livre dont vous êtes connu pour l'éditeur, vous, prêtre et membre d'une congrégation respectable. Pourriez-vous, sans injustice, me refuser la satisfaction que le soin de ma réputation me presse de vous demander? Me forceriez-vous à recourir à d'autres voyes pour obtenir justice? Elle m'est due; j'aime donc à penser que vous me la rendrez vous-même, en détruisant, par une déclaration précise, l'inculpation dont vous m'avez chargé. C'est dans ces sentiments que je suis, mon Révérend Père, votre très humble et très obéissant serviteur.

« L'abbé Mercier, abbé de Saint-Léger de Soissons, rue du Temple, vis-à-vis celle de Notre-Dame de Nazareth. »

« P. S. Je sais, mon Révérend Père, qu'il faut rendre le bien pour le mal. En conséquence, je crois pouvoir mettre sous vos yeux quelques méprises que j'ai aperçues dans votre dixième volume, quoique je ne l'aie encore parcouru que fort rapidement :

« Pag. 111, lettre 36, au R. P. Caffaro, *chanoine* régulier Théatin.

d'un aussi grand homme. Le motif du journaliste de Verdun est, comme vous le voyez, le même que le mien ; mes expressions ne diffèrent guère des siennes. Néanmoins vous ne l'improuvez pas à la page 85 de votre dixième volume, tandis qu'à la page 539, non seulement vous m'improuvez, mais vous intentez contre moi l'accusation la plus grave. Assurément, il y a poids et poids dans cette conduite. (*Note de Mercier.*)

(1) Pour *je ne vous ferai pas observer.*
(2) Page 913 et suiv. Deux de ces lettres sont adressées à l'abbé Nicaise, et deux à J. Spon.

Vous savez très bien que les Théatins sont qualifiés *clercs* et non pas *chanoines* réguliers.

« Pag. 143. L'archevêque de Reims est appelé *Michel* Le Tellier. Il se nommait *Charles-Maurice,* comme vous pouvez le voir aux pages 164, 165, 194, 195, etc., de votre propre volume.

« Pag. 176, note *a. Floren*TIUS *Conrius,* archevêque de Toam; lisez *Floren*TINUS, nom de ce prélat, auparavant cordelier observantin. Son traité *De statu parvulorum,* etc., est imprimé à la fin de l'*Augustin* de *Jansénius,* édition de Rouen, 1652 ; ce dont il était à propos d'avertir.

« Pag. 140, ligne pénultième : *Serva*TUS *Gallæus;* lisez, *Serva*TIUS.

« Pag. 640, Lettre de M. *Henri,* évêque de Toul; lisez de *M. de Thiard de Bissy.* C'est lui qui succéda sur le siège de Meaux à Bossuet en 1704 ; qui fut, depuis, cardinal, et qui se rendit si fameux par son attachement à la constitution *Unigenitus.* La lettre par laquelle Bossuet approuvait son Mandement sur l'usure, figurerait bien dans votre recueil. Un de mes amis m'assure en avoir une copie. Je vous l'offre très volontiers, dès qu'il me l'aura remise. »

Cette lettre de Bossuet est probablement encore inédite, car je ne la trouve ni dans l'édition de Versailles, ni dans celles qui l'ont suivie. Quant à la *déclaration* exigée de Dom Déforis, peut-être le bénédictin donna-t-il satisfaction au génovéfain dans un des volumes de Bossuet qu'il publia encore après 1780, mais aucun d'eux n'est à ma disposition.

Les *notes inédites* dont j'ai maintenant à parler, se rapportent à l'ouvrage que Nicolas-Thomas Le Prince publia en 1782 sous ce titre : *Essai historique sur la bibliothèque du roi et sur chacun des dépôts qui la composent, avec la description des bâtiments et des objets les plus curieux à voir dans ces différents dépôts* (1).

Mercier publia quelques-unes de ces notes dans une lettre, datée du 22 septembre 1782, que le *Journal des Savants,* à qui elle était adressée, inséra dans sa livraison de décembre suivant (2). Les autres, moins

---

(1) Paris, 1782, in-12.

(2) Pag. 815-819 de l'édition in-4°. M. L. Pâris paraît n'avoir connu ni cette lettre ni les autres notes de l'abbé de Saint-Léger; car il les eût certainement mises à profit dans l'édition qu'il a donnée, en 1856, de l'ouvrage de Le Prince, sous ce titre : *Essai historique sur la bibliothèque du roi, aujourd'hui bibliothèque impériale, avec des notices sur les dépôts qui la composent et le catalogue de ses principaux fonds, par Le Prince; nouvelle édition, revue et augmentée des Annales de la bibliothèque, présentant, à leur ordre chronologique, tous les faits qui se rattachent à l'histoire*

importantes ou plus piquantes, sont demeurées inédites; mais j'ignore où se trouve l'original.

Le recueil que possède M. Wilhelm et qu'il m'a si gracieusement communiqué, a été fait, dit-il, « par un M. Foisy, qui paraît avoir été un admirateur fanatique de l'abbé Mercier, et avoir recueilli les notes manuscrites de ce bibliographe partout où il a pu en trouver. J'ai vu, ajoute M. Wilhelm, dans plusieurs catalogues, entre autres dans celui de Claudin de décembre 1884, sous le n° 92,594, un exemplaire du volume de Le Prince avec une copie des notes de Mercier de Saint-Léger, et presque toujours on remarque que ces notes sont copiées d'après celles recueillies par Foisy. Mais il est certain que, pour les écrire en marge, on a dû souvent les abréger beaucoup et omettre notamment les passages où Mercier se laisse aller à sa malice. »

Ce sont précisément ces derniers que j'ai choisis et auxquels je bornerai presque exclusivement mes citations : d'abord, parce qu'ils sont les plus intéressants; ensuite parce que les autres ne vont guères qu'à rectifier le texte de Le Prince et auraient quelquefois besoin d'être eux-mêmes rectifiés par suite des révolutions dont Paris a été le théâtre; ou bien, ce sont des récits de faits aujourd'hui publics, et racontés dans le bel ouvrage de M. Léopold Delisle sur *Le Cabinet des manuscrits de la Bibliothèque Nationale,* ou dans celui de M. Francklin sur *Les anciennes bibliothèques de Paris.*

« L'année 1681, dit Le Prince, sera à jamais mémorable par la visite dont Louis XIV daigna honorer sa bibliothèque (1). » — « Louis XV, ajoute Mercier, n'en a jamais fait autant, et il est mort sans l'avoir vue; mais, à ma prière, il visita celle de Sainte-Geneviève, où je le reçus en 17.... » Ce fut en 1764, le 6 septembre. Le récit que Chardon de La Rochette fait de cette visite est trop intéressant et justifie trop bien, ce que nous verrons, Mercier dire de Bignon et de Choiseul, pour que je ne cite pas en entier cette curieuse narration.

« Le 6 septembre 1764, Louis XV vint poser la première pierre du

---

de cet *établissement depuis son origine jusqu'à nos jours, par Louis Paris, directeur du* CABINET HISTORIQUE; Paris, 1856, in-12. Il paraît aussi qu'il a ignoré les deux exemplaires manuscrits de la seconde édition de l'*Essai* que Le Prince projetait de donner au public, et qui sont à la Bibliothèque Nationale. M. Omont lui-même qui en parlait dernièrement, et citait plusieurs documents ayant trait à l'*Essai historique sur la bibliothèque du roi,* ne fait pas même allusion aux notes et corrections de Mercier de Saint-Léger. (Cfr. *Bulletin de la Société de l'histoire de Paris,* année 1884, n° de septembre-octobre, pag. 139-146.)

(1) *Essai,* p. 61, 62 ; p. 56 de l'édition Paris.

magnifique édifice dédié à sainte Geneviève....., Il voulut, après la cérémonie, voir la bibliothèque. Mercier avoit disposé sur un grand pupitre et sur des tables, les livres les plus curieux confiés à sa garde. Le roi, accompagné de ses ministres, des seigneurs de sa cour, de son bibliothécaire Bignon, les examina tous avec la plus grande attention, et se fit indiquer les signes caractéristiques des livres rares qui passoient sous ses yeux. De temps en temps, il tournoit la tête et disoit : *Bignon, ai-je ce livre-là dans ma bibliothèque?* Bignon, qui n'en savoit rien, caché derrière Choiseul, ne répondoit pas ; Mercier répondoit pour lui : *Non, Sire, ce livre n'est point dans votre bibliothèque.* Le roi passa cinq quarts d'heure à examiner les livres, à causer avec le bibliothécaire, à se faire expliquer tout ce qu'il n'entendoit pas.... L'un des livres précieux qu'il avoit remarqués étoit la fameuse Bible de Sixte-Quint (*Romæ*, 1590, in fol.). Il s'étoit fait expliquer fort au long tous les signes caractéristiques de ce livre infiniment rare. Quelque temps après, en traversant, au sortir de la messe, la grande galerie de Versailles, il aperçoit, parmi les spectateurs, le bibliothécaire de Sainte-Geneviève ; aussitôt il tourne la tête et dit à son premier ministre : *Choiseul, à quels signes reconnoît-on la Bible de Sixte-Quint ? — Sire, je ne l'ai jamais su.* Alors, adressant la parole à Mercier et s'arrêtant, Louis XV lui récita, sans rien omettre, la leçon qu'il avait apprise à la bibliothèque de Sainte-Geneviève (1). »

Dans cette bibliothèque, dit l'abbé de Saint-Léger, « on a les essais d'écriture faits par Louis XV enfant, quand il apprenoit à écrire. J'eus occasion de dire ce fait à Louis XV, qui me dit, en 1775 : *Si vous voulez de mon écriture actuelle, je vous en donnerai.* Je m'inclinai profondément, et le roi n'y pensa plus. »

Le fait suivant n'est mentionné ni par Le Prince ni par son nouvel éditeur dans les *Annales de la bibliothèque* qu'il a mises à la suite de l'*Essai*. « En 1685, conférence à la bibliothèque du roi, en présence de Thévenot et d'Auzout, entre l'abbé Joachim Le Grand et le docteur Burnet, depuis évêque de Salisbury, au sujet de l'*Histoire de la réformation d'Angleterre* par ce dernier. Voyez-en l'historique, à l'article de ce Le Grand (mort à Paris, le 1er mai 1733, à l'âge de quatre-vingts ans et trois mois) dans le tome XXVI des *Mémoires* du P. Niceron, p. 126 et suiv. C'est cet abbé Le Grand qui travailla pendant si longtemps

(1) Chardon de La Rochette, *Notice sur la vie et les écrits de l'abbé de Saint-Léger*, dans ses *Mélanges de critique et de philologie;* Paris, 1812, t. ii, p. 244, 245.

à une histoire de Louis XI restée manuscrite à la bibliothèque du roi,
dont Du Clos a profité dans la sienne. »

Après la dissolution des Jésuites en France, la bibliothèque royale
« s'accrut subitement, dit Le Prince, de plusieurs manuscrits assez
importants, faisant partie de ceux de la bibliothèque de ces religieux,
dont la totalité avoit été achetée par M. Meerman, savant hollandais,
qui depuis les a légués à la bibliothèque de Leyde (1). » — « Fausseté,
dit Mercier; je les ai vus encore en juin 1786, chez son fils le baron
Meerman, à La Háye. »

« Ces manuscrits, continue Le Prince, avoient été arrêtés à la sortie
du royaume; mais les sollicitations de l'ambassadeur de Hollande
ayant fait lever les défenses, ils furent tous rendus à M. Meerman qui,
par reconnaissance, se hâta d'en envoyer une trentaine à la bibliothèque du roi (2). » — « Ces manuscrits, reprend l'abbé de Saint-Léger,
avoient été déposés chez les bénédictins de Saint-Germain pour en
faire le catalogue. Ils restèrent là pendant dix-huit mois. Dom Patert,
bibliothécaire, m'a dit qu'il avoit souvent pressé Capperonnier de venir
les voir, plusieurs convenant au roi; mais que Capperonnier avoit toujours promis sans tenir parole. Enfin Meerman acheta la totalité, qui
lui fut expédiée. Les manuscrits partis, Capperonnier se réveilla du
long sommeil qui l'avoit tenu, courut tout essoufflé chez La Vrillière,
fit le bon valet, etc.; et on arrêta les manuscrits, qui appartenoient
bien légitimement à l'acquéreur. Celui-ci se plaignit, offrit de donner
et donna en effet plusieurs de ces volumes qui furent acceptés; et l'on
envoya à Meerman, qui étoit *protestant*, le cordon de Saint-Michel qu'il
n'a jamais porté. Voyez, je vous prie, si Meerman (que j'ai bien connu)
devoit de la *reconnaissance* au roi qui faisoit arrêter la marchandise
qu'il avoit achetée et payée? — Au surplus, comme le catalogue des
manuscrits du Collège de Louis-le-Grand a été imprimé en 1764,
in-8°, il auroit été bon d'indiquer les articles que Meerman voulut bien
céder au roi gratuitement. On sauroit au moins quels sont ces volumes.
Les jésuites avoient un ancien manuscrit de Grégoire de Tours : avant
leur destruction consommée, ils le vendirent au comte de Lauraguais,
qui en fit présent à la bibliothèque du roi. C'est ce qu'il falloit dire,
ce manuscrit de Grégoire de Tours étant célèbre (3). »

(1) *Essai*, p. 105; p. 92 de l'édition Pâris.
(2) *Essai*, p. 105, 106; p. 92 de l'édition Pâris.
(3) Comparez Léopold Delisle, *Le Cabinet des Manuscrits de la bibliothèque impériale;* t. I, p. 485-486.

On comprend l'indignation de Mercier de Saint-Léger devant une négligence qui laisse échapper à tout jamais des trésors de ce prix. Aussi, ne ménage-t-il guère le pauvre Capperonnier. Le Prince ayant écrit qu'il mourut de « douleurs que les gens de l'art prirent pour une attaque de goutte, emportant les regrets de tous ceux qui l'avaient connu (1), Mercier, au contraire, écrit sans phrase : « Mort d'indigestion. Bon compagnon, mais plein de forfanterie, fort au-dessous de sa place ».

Mort d'indigestion! Tel fut aussi, selon Mercier, le sort d'un autre conservateur de la bibliothèque du roi, de l'abbé Barthélemy, le célèbre auteur du *Voyage d'Anacharsis en Grèce.* Il mourut « en 1795, des suites d'une indigestion qu'il gagna pour avoir mangé trop de thon, chez la duchesse de Choiseul ». Ce détail ne contredit nullement le dire des biographes, savoir, que l'abbé Barthélemy mourut en lisant la quatrième épître du premier livre d'Horace. On peut même penser qu'il expira sur ce vers :

Omnem crede diem tibi diluxisse supremum.

Le nom du duc de Choiseul est, suivant Le Prince, un nom « précieux aux lettres », qui lui devront une éternelle « reconnaissance ». Tel n'est pas l'avis de Mercier de Saint-Léger. « Choiseul, dit-il, n'a jamais rien fait pour les lettres qu'il n'aimoit pas ».

Mais revenons aux gardiens de la bibliothèque du roi. Mercier, nous l'avons déjà vu, les exécute sans pitié et d'un coup de plume. « Peut-être, dit M. Wilhelm, ces jugements sur quelques-uns des conservateurs d'alors sont-ils trop sévères; mais les bibliographes ne sont pas toujours indulgents, et sans être caustiques jusqu'à la grossièreté comme le fameux abbé Rive, ils ne laissent pas néanmoins de relever les erreurs ou les négligences avec une vivacité dont l'abbé Saas, le bibliothécaire du Chapitre de Rouen, avait déjà donné, avant Mercier de Saint-Léger, d'amusants exemples dans ses polémiques bibliographiques, notamment contre D. Tassin, et surtout contre l'abbé Ladvocat, auteur d'un Dictionnaire historique. Sur ce point, Mercier est resté fidèle à la tradition des bibliographes de l'ancien régime, et comme eux, il ne néglige pas l'occasion de donner un coup de patte ou même de dent ».

L'abbé Boudot, commis en second à la garde des livres imprimés,

_____

(1) *Essai,* p. 109, 110 ; p. 95, 96 de l'édition Paris.

« avoit une grande connaissance des livres », selon Le Prince(1): selon l'abbé de Saint-Léger, « il n'avoit que des connoissances fort superficielles ».

En 1772, « M. Bignon, Conseiller d'État, digne héritier du nom des Bignons, et de leur amour pour les lettres, comme il l'est des autres qualités qui les ont rendus si célèbres, fut pourvu de (la) place (de bibliothécaire), qu'il exerça, dit Le Prince, avec la plus grande distinction et à la satisfaction de tous les gens de lettres (2) ». — « Pure flagornerie, écrit à son tour Mercier de Saint-Léger : il n'est pas prouvé que ce Bignon sût seulement lire. »

Un autre Bignon, probablement père du précédent et neveu de l'abbé Bignon, reçoit de Mercier cette mention peu honorable. « C'est lui, dit-il, qui fit offrir à Mme de Staal, détenue à la Bastille, l'offre très important d'un couvre-pied. Voyez comment Mme de Staal gouaille, sur cette ineptie, cet imbécile Bignon, qui étoit Conseiller d'État. C'est, je crois, celui qui avoit eu la survivance de la Bibliothèque en 1722; et par le seul trait que je viens de rapporter, on peut juger de l'étendue de la perte que fit la Bibliothèque du roi, à la mort de ce sot. »

Voici le passage des *Mémoires de Mme de Staal* auquel renvoie l'abbé de Saint-Léger. « J'eus, dit-elle, quelque incommodité pour laquelle on me fit venir M. Herment, médecin de la Bastille... Il me dit en me serrant la main et baissant la voix : « Vous avez des amis et de bons amis, capables de tout pour vous ; j'en ai vu un qui s'intéresse bien particulièrement à ce qui vous regarde... » Vous a-t-il chargé de quelque chose pour moi? lui dis-je en l'interrompant. Oui, reprit-il, il connaît ma discrétion, je sais la vôtre. Il m'a dit de vous demander ce qui pourrait vous faire plaisir, ce qui pourrait vous être utile; si vous n'auriez pas besoin d'un couvre-pied. Et qui est, dis-je, cet ami en peine de savoir si on a ici les pieds chauds? C'est, me répondit-il, M. Bignon, Conseiller d'État. Rendez-lui grâce de ma part, repris-je; et dites-lui que ce qui l'inquiète est assurément le moindre des inconvénients où je suis exposée (3). »

L'abbé Claude Sallier, dont on peut lire l'éloge dans l'*Histoire de l'Académie des Inscriptions et Belles-Lettres* (t. XXXI, p. 307-314), n'est pas mieux traité par le bibliothécaire de Sainte-Geneviève. Petite ran-

(1) *Essai*, p. 105 ; p. 92 de l'édition Paris.
(2) *Essai*, p. 108 ; p. 94 de l'édition Paris.
(3) *Mémoires de Mme de Staal Delaunay*, édit. Barrière; Paris, 1846, in-12, p. 173.

cune de travailleur contre un bibliothécaire peu obligeant, au moins dans la circonstance racontée par l'abbé de Saint-Léger. « Sallier étoit rude, dur, repoussant et très vain. J'allois, un jour, avec le Père Brotier, à la bibliothèque du roi pour voir un livre. Il répondit qu'il n'y étoit pas. J'insistai ; et comme il persista dans sa dénégation, je demandai le volume imprimé du *catalogue* où étoit indiqué notre livre. Alors je lui dis : *c'est tel numéro de telle lettre que je vous demande ; et vous voyez que vous l'avez.* Il fut donc obligé de l'envoyer chercher. Et pendant qu'on le cherchoit, je lui dis malignement que, s'il avoit besoin de livres, soit à Sainte-Geneviève, soit au Collège de Louis-Le-Grand, nous nous empresserions, le père Brotier et moi, de les lui communiquer. Il vit alors qui nous étions, fut très confus, et voulut réparer sa sottise. Nous fîmes notre vérification, et nous nous retirâmes. » Il y a loin de l'homme ici dépeint au « guide officieux, toujours prêt à seconder leurs vues, que, s'il falloit en croire Le Prince, trouvoient en l'abbé Sallier ceux que l'envie de s'instruire attiroient à la bibliothèque du roi (1). »

Parlant du *cabinet des antiques,* qui étoit une dépendance de la bibliothèque royale, Le Prince dit qu'on y « remarque un vase en forme de soucoupe, trouvé à Rennes en 1774, dans les fouilles que l'en faisoit pour la reconstruction d'une maison du Chapitre de la cathédrale. Il est d'or à double fond et orné d'une quarantaine de médailles impériales avec des revers très rares et à fleur de coin. Ce beau vase est aussi enrichi de deux bas-reliefs, dont l'un représente le repos d'Hercule, et l'autre une Bacchanale. Le travail, la matière, la conservation et l'antiquité de ce vase le mettent au rang des monuments les plus précieux. Lorsqu'on le découvrit, il renfermoit encore une centaine de médailles très curieuses et très bien conservées, parmi lesquelles il y en avoit quelques-unes d'uniques. Ces médailles ont été insérées dans la belle collection de ce cabinet. Le Chapitre de Rennes en fit hommage au roi, peu de temps après sa découverte (2).

Voici l'addition que Mercier de Saint-Léger fait à cet article. « Ce vase, trouvé à Rennes avec les autres médailles et antiques d'or, vaut plus de soixante mille livres, vu la rareté du vase et l'excellence de son travail. Quelque temps après avoir placé ce trésor dans le cabinet, l'abbé Barthélemy demanda au ministre (Saint-Florentin, depuis duc

(1) *Essai*, p. 102 ; p. 89 de l'édition Paris.
(2) *Essai*, p. 285.

de La Vrillière) si le Chapitre de Rennes avoit reçu une indemnité convenable pour ce beau présent. *Oui, oui*, répondit le ministre : *il doit être bien satisfait. Je lui ai écrit, de la part du roi, que Sa Majesté avoit reçu avec grand plaisir ce trésor !* L'abbé de Courçay, ajoute Mercier, m'a dit cette anecdote, au cabinet même d'antiques, en présence de l'abbé Testa et du prieur de Saint-Léger, le 23 juin 1790 ».

L'abbé de Saint-Léger a raison de tenir à citer ses garants et ses témoins ; car un tel degré d'ingratitude est extraordinaire, même chez les Grands. La *patère de Rennes*, en effet, après un siècle écoulé depuis le jour où elle a été découverte, n'a rien perdu de son inappréciable valeur. « On chercherait vainement, dit M. Chabouillet, dans les musées de l'Europe, parmi les monuments d'or, un pendant à cette merveilleuse coupe (1). » C'est un plat en or massif pesant 1,315 grammes 50 centigrammes. Aussitôt qu'il eut été trouvé, le procureur de la Monnaie de Rennes le réclama comme appartenant au roi, et dès le lendemain, il fit signifier cette prétention à l'abbé de La Croix, chanoine-syndic de l'église cathédrale de Rennes (2). Le Chapitre jugea que la réclamation n'était pas fondée ; néanmoins, pour couper court au différend, il fit remettre le trésor au duc de Penthièvre, gouverneur de Bretagne, avec prière de l'offrir au roi. Louis XV le donna au Cabinet des Médailles, le 7 avril 1774.

Ce trésor se composait des pièces suivantes :

1º La patère, ornée, dans le fond, d'une pièce rapportée, et également en or, représentant en relief, comme sujet central, une lutte entre Bacchus et Hercule, à qui boira davantage, et autour du sujet central, sur une frise circulaire, le triomphe de Bacchus menant Hercule ivre. C'est l'expression de l'allégorie connue : le vin triomphant de la force. Sur le pourtour de la patère, également à l'intérieur, on a formé une frise composée de seize belles monnaies impériales en or.

2º Quatre-vingt-dix-huit médailles en or.

3º Quatre pendants de colliers, formés de pièces d'or à l'effigie de l'empereur Posthume, garnies d'une belle monture, en or également.

4º Une chaîne d'or entière, avec agrafe et porte-agrafe.

(1) *Catalogue général et raisonné des camées et pierres gravées de la Bibliothèque Impériale ;* Paris, 1858, in-8º, p. 369.

(2) M. Lucien Decombe, dans la longue étude qu'il a consacrée à la patère (*Mémoires de la Société archéologique d'Ille-et-Vilaine*, année 1878), donne tout au long les pièces jusqu'alors inédites, relatives à la procédure entre les administrateurs de la Monnaie et le Chapitre de Rennes.

5° Une belle fibule en or massif.

La patère fut volée en 1831, dans la nuit du 6 au 7 novembre, ainsi que les quatre pendants ; elle fut retrouvée avec trois des pendants, le 29 juillet 1832.

Tous ces objets précieux, sauf le pendant perdu, sont conservés au Cabinet des Médailles qui forme un des départements de la Bibliothèque Nationale. Ils ont été décrits par M. Chabouillet dans son *Catalogue général* cité plus haut, savoir : la patère, sous le n° 2537 ; les trois pendants de collier, sous les n⁰ˢ 2561, 2562, 2563 ; la chaîne d'or, sous le n° 2564 ; la fibule, sous le n° 2687. On peut voir encore, sur la patère en particulier : 1° Millin, *Monuments inédits ou nouvellement expliqués ;* Paris, 1802, in-4°, t. I, p. 225-258 ; — 2° *Le Magasin pittoresque,* année 1851, p. 199, 200, où l'on trouve un dessin de la patère ; — 3° Enfin, M. Duruy l'a fait reproduire en *chromo* en regard de la p. 292 du t. VI de son *Histoire des Romains* (Paris, 1888, in-8°).

XXXVI

LETTRES INÉDITES DE DIVERS

I. — *Lettre de saint François de Sales au duc de Nemours* (1).

Monseigneur ; Sur la maladie du plus ancien chanoyne de Nostre-Dame de cette ville, V. G. sera suppliée de nommer Messire Jean-Bapt° Gard ; et sa vertu, sa pieté, sa suffisance, m'obligent a luy desirer cet honneur, qu'il a en quelque sorte merité par le service desia rendu en cette mesme eglise des quelques années en ça. En suite de quoy, ie contribue ma tres humble supplication aupres de V. G., affin qu'il luy playse de le gratifier, puisque mesme il est fils d'un de ses officiers domestiques, et tandis vous faysant tres humblement la reve-

---

(1) Henri de Savoie, duc de Nemours, de Genevois, de Chartres et d'Aumale, marquis de Saint-Sorlin et de Saint-Rambert, etc. Il descendoit de Philippe de Savoie, duc de Nemours, troisième fils de Philippe, duc de Savoie, surnommé *Sans terre*, et de Claudine de Brosse, sa seconde femme.

rence, Monseigneur, ie suis sans fin v^{re} tres humble et tres obeissant orateur et serviteur. — *Franç^s, e. de Geneve.* — Ce 4 mars 1621. Annessi.

Au duc de Nemours (1).

II. — *Lettre de saint Vincent de Paul à l'évêque d'Autun* (2).

Monseigneur; M. Ozenne (3), supérieur de la mission de Troyes, ma mandé plusieurs fois la souvenance que vostre bonté a eu de moy, qui suis tres indigne de cet honneur. Je ne laisse pas dans mon indignité, d'en avoir une sensible reconnoissance, laquelle, Monseigneur, me fait prendre la liberté de vous en remercier. Je vous supplie de l'avoir agreable, puisque c'est avec tout le respect et la soubmission qui me sont possibles, et certes avec un extreme desir de vous rendre mes obeissances, s'il plaisoit à Dieu m'en donner les occasions. Je luy en demanderoy la grace toute ma vie, avec celle de vostre conservation pour le bien de son Église et la sanctification de la vostre. Au nom de Dieu, Monseigneur, usez, s'il vous plaist, du pouvoir souverain qu'il vous a donné sur moy, qui suis en son amour, Monseigneur, vostre tres humble et tres obeissant serviteur. — Vincent de Paul.

Ce dernier octobre 1653 (4).

III. — *Lettre du P. Claude Texier, iesuite* (5).

Mon reverend Pere ;

Je viens tout presentement de recevoir la lettre de votre R.(everence). Je la remercie de cœur de toutes les bontés qu'elle nous temoigne. Elle est en possession de nous faire du bien depuis long temps. Tout

(1) Bibliothèque Nationale, Fonds français, n° 3,820, fol. 93. Autographe.

(2) Louis Doni d'Attichy, d'abord de l'Ordre des Minimes dont il a écrit l'histoire, puis évêque de Riez en 1628, sacré en 1630, fut transféré sur le siège épiscopal d'Autun en 1652, et mourut le 30 juin 1664.

(3) Charles Ozenne, né en 1613 au village de Nibas, près Saint-Valery en Picardie, au diocèse d'Amiens, mort en Pologne en 1658, un des premiers et des meilleurs membres de la Congrégation de la Mission. Parmi les *Lettres de saint Vincent de Paul* publiées en 1882 (Paris, Dumoulin, 2 in-8°), on trouvera plusieurs lettres du saint à M. Ozenne; mais on y chercherait vainement la lettre à l'évêque d'Autun citée ici.

(4) Bibliothèque Nationale, Fonds français, n° 8922, fol. 33. Copie.

(5) Claude Texier, né en Poitou l'année 1610, fut admis dans la Compagnie de Jésus en 1628. On a de lui plusieurs sermons imprimés. Il était supérieur

ce que je puis dire pour reponse à sa lettre, c'est que je ne sache point estre engagé que pour l'advent prochain à Saint-Gervais, et le caresme suivant on me demande à la Sainte Chapelle. Le caresme dapres, je suis engagé à Saint-Jean-en-Greve. C'est M. de Guise, marguiller, qui, ma demandé et a qui on ma accordé. Après cela, je suis en la disposition de nos superieurs; mais je crois que c'est ce quaresme de 1662, que je suis promis à Saint-Jean, pour lequel on me demande à Toloze. J'assure V. R. que je voudrois bien estre en liberté daler à Toloze. Il y a long temps que toutes mes inclinations s'y portent, et si on trouvoit quelque moïen de nous desgager de Saint-Jean-en-Greve, j'en serois ravi. Voilà tout ce que je luy puis dire, sinon que je suis de cœur dans la participation de ses SS. SS., de V. R. le tres humble et obeissant serviteur. — C. TEXIER.

A Poitiers, ce 2 juillet 1661.

Au Reverend Pere, le P. Jordain Forestier, de la Comp. de Jesus, à Bourdeaux (1).

IV. — *Lettre du cardinal de Sourdis à Villeroi* (2).

Monsieur; M'en allant en pelerinage à Nostre-Dame de Montserrat (3), plusieurs marchans et aultres notables personnes de Barcelonne m'ont prié vous faire ceste requeste en faveur et recommandation de Gabriel Trascal, marchant citadin de ceste dite ville, afin que par vostre auctorité, le Roy lui veuille accorder et faire expedier la provision de consul de la nation françoise en ce lieu, estant personne de l'experience requise pour ladite charge. Ils disent que Monsieur le duc de Mantoue (4), pour ce subjet, en a desja escrit à Sa Majesté; à quoy je joings encore cette supplication que je vous fais, pour laquelle, oultre l'obligation que ledit Trascal vous en aura, de ma part, pour revanche, disposez de moy en toutes les occasions ou j'auray le moyen de vous faire service. Et apres avoir bien humblement salué vostre bonne grace,

---

de la maison professe de Bordeaux, lorsqu'il y mourut le 24 avril 1687. L'année même où il écrivit la lettre qu'on va lire, le P. Texier avait prêché le carême à la Cour devant Louis XIV.

(1) Archives départementales de la Gironde, *Université*, cartons.

(2) Nicolas de Neufville, seigneur de Villeroi, né en 1542, mort en 1619, après avoir été ministre sous quatre rois.

(3) Ravenez parle de ce pélerinage de l'archevêque, aux pages 195 et 196 de son *Histoire du cardinal de Sourdis*.

(4) Ferdinand, né en 1587, cardinal en 1605, mort le 29 octobre 1626.

je prie Dieu, Monsieur, vous continuer les siennes. Vostre plus affectionné allié à vous faire service. — F. *cardinal de* SOURDIS.
De Barcelonne, ce 21 septembre 1609 (1).

V. — *Lettre du cardinal de Sourdis à Louis XIII.*

Sire ; Monsieur l'ambassadeur (2) et moy avons parlé ce matin au pere
general des Freres Prescheurs (3), conformement au commandement de
Vostre Majesté. Ce bon homme aprehande les apelz comme d'abuz
et les troubles que quelques fois les Parlemens donnent. Nous luy
avons dit qu'il ne debvoit rien aprehander, puis que cestoit Vostre
Majesté qui estoit auteur de si bon œuvre, laquelle ne laissoit jamais
les siennes imparfaittes. Il nous a faict aussy quelques aultres difficultés, auxquelles nous luy avons bien respondu. Enfin il nous a promis de nous donner la commission telle qu'il plaist à Vostre Majesté
la demander. Cependant nous faysons issy des prieres publiques et
particulieres pour l'heureux succes des genereux dessains de Vostre
Majesté, lesquels tout le monde admire (4). Je prie Dieu quapres en
avoir recueilly la louange en terre dissy à cent ans, Vostre Majesté
en ressoive la gloire immortelle au ciel, et je demeure, de Vostre
Majesté, tres humble, tres obeissant subjet et serviteur. — F. *cardinal
de* SOURDIS. A Rome, le 6 juing 1621 (5).

VI. — *Lettre du cardinal de Polignac au P. Bonin, jésuite (6).*

J'ay reçû, Mon Reverend Pere, la lettre obligeante que vous avés
pris la pene de m'écrire le 12 du mois passé. Je suis charmé de la justice que l'Academie a rendüe à vos talents en vous accordant une place
parmy ses membres. Elle doit s'applaudir de son acquisition, et on ne

(1) Bibliothèque Nationale, Fonds italien, n° 1184, fol. 220. Autographe.
(2) François Annibal d'Estrées, marquis de Cœuvres, frère de Gabrielle d'Estrées, né en 1573, maréchal de France en 1626, mort en 1670.
(3) Séraphin Secchi, né à Pavie en 1560, élu Général des Dominicains en 1612,
mort près d'Avignon le 24 septembre 1628. Cfr. Echard, *Scriptores ordinis Prædicatorum*, t. II, p. 379, 380. Mahuet, *Prædicatorium Avenionense*, Lib. V. cap. 8 ;
Avenione, 1678, in-8°.
(4) Louis XIII faisait alors en personne le siège de la ville de Saint-Jean
d'Angély défendue par Soubise. Le siège avait commencé le 1er juin, et la place
fut prise le 24.
(5) Bibliothèque Nationale, Fonds italien, n° 1,184, fol. 222. Autographe.
(6) Melchior de Polignac, né le 11 octobre 1661, au Puy-en-Velay, auteur du

doit pas moins vous feliciter d'être associé à une compagnie qui se rend tous les jours plus celebre. Pour moy, Mon Reverend Pere, je tâcheray de vous faire connoître en toute occasion la parfaite estime avec laquelle je suis plus absolument à vous que personne du monde. — *Le cardinal de* POLIGNAC.

A Paris, ce 2ᵉ octobre 1741.

Le R. P. Bonin, à Bordeaux (1)

VII. — *Lettre de Jean Besly à Dom Audebert* (2).

Monsieur, vous avez conceu une milleure (*sic*) opinion de ma suffisance qu'il n'y en ha de sujet. Je me fusse volontiers excusé de respondre à vos questions si je n'eusse mieux aymé courir le hazard d'estre estimé ignorant, que manquer au devoir de courtoisie, ayant esté provoqué de vostre part avecq tant de civilité et d'honnesteté

Donques je vous envoye une table genealogique des ducs de Gascongne contenant sept degrez, depuis Charles-le-Chauve jusques au tems que cette lignée faillit, et que la Gascongne vint es mains des Comtes de Poictiers, ducs de Guyenne. Je n'ay point adjouxté les Ducs de Guyenne, parce que la table genealogique d'iceux est imprimée des l'an 1617 (3). Si j'en eusse heu quelque exemplaire, j'eusse

poème latin intitulé *Anti-Lucretius* et membre de l'Académie française, fut nommé protecteur de l'Académie de Bordeaux, le 27 avril 1736. Il mourut le 20 novembre 1741. — Le P. Jean Bonin a publié dans les *Mémoires* de Trévoux quelques observations astronomiques qu'il fit à Bordeaux. Il lut une Dissertation sur l'année de l'exil d'Ovide dans une séance publique de l'Académie de cette ville, le 25 août 1748, Cette dissertation a aussi été insérée dans les *Mémoires* de Trévoux, cahier de mai 1749, pag. 981-995. Cfr. *Bibliothèque des écrivains de la Compagnie de Jésus*, art. *Bonin*.

(1) Archives départementales de la Gironde, série H, *Jésuites*, cartons.

(2) Jean Besly naquit à Coulonges-les-Réaux, au mois d'octobre 1572, et mourut le 24 mai 1644. J'ai parlé assez longuement de Dom Bernard Audebert dans mes *Prieurs claustraux de Sainte-Croix de Bordeaux et Saint-Pierre de la Réole* (Bordeaux, 1884, in-8º, p. 39-44). Il était prieur de l'abbaye de Sainte-Croix, quand il reçut de Besly cette lettre qui est évidemment une réponse à une demande de renseignements. La lettre de Besly et les pièces dont il y est parlé, sont à la Bibliothèque Nationale (Manuscrits, Fonds latin, nº 12667, fol. 183 et suiv.). Elle n'a pas été connue de l'éditeur des *Lettres de Jean Besly*, qui forment le tome IX des *Archives historiques du Poitou* (Poitiers, 1880, in-8º de LXXIX-408 pages).

(3) *Généalogie des Comtes de Poictou, Ducs de Guyenne*; Paris, 1617, une feuille in-fº. La Préface qui précédait ce tableau a été réimprimée dans l'*Histoire des Comtes de Poictou, Ducs de Guyenne* (2ᵉ partie, p. 1-17).

pris à honneur de satisffaire à vostre curiosité. Je crois qu'il y en ha encore chez l'imprimeur ; il faudroit s'adresser à la veufve l'Ange-lier, au premier pillier du Palais de Paris.

J'ay aussi mis un extrait des Comtes de Bordeaux, depuys le tems de Charlemagne jusques à Eudes de Poictiers, en nombre de sept ; non que je voulusse asseurer qu'il n'y. en ayt point eu d'autres que ceux-là ; mais c'est ce que j'en ay remarqué assez curieusement de divers endroits cachez, nul devant moy n'ayant essayé de devider cette fusée. Et pour plus grande lumiere, j'ay adjouxté un extrait des Archevesques de Bourdeaux depuys l'an 963 jusques en l'an 1158, par un ordre bien differend de celuy du sieur de Lurbe, lequel estant au milieu de l'eau, c'est-à-dire parmi les chartes et cartulaires de Bour-deaux et de la Gascongne, à négligence de les voir, ha préféré de nous donner une chronique fort imparfaite en ce regard et beaucoup d'autres endroits.

Je n'ay pas voulu obmettre ce que j'ay sceu de vos Abbez de Sainte-Croix et de vostre abbaye.

A tout cella j'ai aussi adjouxté une assez ample disquisition sur les chartes et autres points dont avez pris la peine de m'escrire ; par ou j'estime avoir amené et desduit si bon nombre de raisons, que vous aurez quelque occasion d'en estre satisffait ; pour le moins, je m'y suys estudié le mieux qu'il m'a esté possible. Possible que plusieurs autres que moy eussent esté plus chiches de telles raretez, qui n'ont pas peu cousté de labeur, de peine et de soin à recueillir : mesme-ment, ayant en main, comme j'ay, l'histoire des Ducs de Guyenne que j'espere publier bientôt, Dieu aidant, ou toutes ces particularitez ont leur lieu, tellement qu'on me pourroit imputer de les avoir des-robé d'autruy (1). Mais je me suys asseuré que si vous mettez au jour vos recherches, et que vous y insériez ces memoires là, vous me ferez l'honneur de les avouer estre venus de moy, comme ont fait nom-bre de signalez personnages qui ont donné au publiq divers ouvrages, comme M. du Chesne (2), MM. de Sainte-Marthe (3), M. Loisel (4),

(1) L'*Histoire des Comtes de Poictou et ducs de Guyenne, depuis l'an 811 jusqu'au Roy Louis-le-Jeune*, ne parut qu'en 1647, à Paris, in-f°, revue, complétée et publiée par Pierre du Puy.

(2) *Histoire des Rois, Ducs et Comtes de Bourgogne ;* Paris, 1619, in-4°.

(3) *Histoire généalogique de la Maison de France ;* Paris, 1619, in-f°, t. I, préface.

(4) Antoine Loisel, avocat au Parlement de Paris, né à Beauvais en 1536, auteur des *Mémoires des pays, villes, comtés, évêchés et évêques de Beauvais et Beauvoi-sis* (Paris, 1617, in-4°), et des *Institutes Coutumières*, ouvrage estimé, bien connu de tous ceux qui ont étudié le droit.

M. Bry, sieur de la Clergerie (1), M. l'advocat general Bignon (2),
M. Catel (3), etc. Si j'ay autre chose dont ayez besoin, je seray tousjours
prest de vous secourir et servir en ce que je pourray.

Vous avez une abbaye es landes (4) appelée *Sylva Major*, qui est de
la fondation de Guillaume VII, duc de Guyenne, celui qui est aussi
nommé Guy de Geofroy. Vous m'obligerez beaucoup s'il vous plaisoit
me faire avoir copie de la charte de fondation qui a esté faite sous le
roi Philippes I vers l'an 1080, si mes memoires ne me trompent. Je
vous conjure de cette courtoisie, priant Dieu qu'il vous conserve et
vous assure que je suys de toute affection, Monsieur, Vostre tres
humble et tres obeissant serviteur, BESLY, *honoraire Conseiller et
Avocat du Roy au siege de Fontenay le Comte en Poictou.*

A Fontenay, ce 25 avril 1636.

J'escris au pere Odo la Mothe (5), de la Daurade de Tolose, vous
priant de luy faire tenir ma lettre.

*A Monsieur, Monsieur Audebert, Reverend pere et prieur de Sainte-
Croix de Bourdeaux, à Bourdeaux.*

---

(1) Gille Bry de la Clergerie, avocat au Parlement de Paris, a publié, entre
autres ouvrages, l'*Histoire des pays et comtés du Perche et duché d'Alençon;* Paris,
1620, in-4°.

(2) Jérôme Bignon, né à Paris, le 24 août 1589 : éditeur des *Marculfi monachi
Formulæ;* 1613, in-8°.

(3) Guillaume Catel, né en 1560, conseiller au Parlement de Toulouse, auteur
de l'*Histoire des Comtes de Toulouse;* Toulouse, 1623, in-f°.

(4) Quand on écrit de Fontenay-le-Comte, et qu'on n'a pas sous les yeux une
carte géographique semblable à celles de Cassini ou de l'État-major, on est
sans doute excusable de mettre dans la partie *est* de la région bordelaise ce qui
est seulement dans la partie *ouest;* mais les habitants de l'Entre-deux-Mers, et
ceux de La Sauve en particulier, n'entendraient pas aujourd'hui sans étonne-
ment, ni peut être sans protestation, appeler leur pays un pays de *landes,* et il
en eût certainement été de même au temps de Besly. Son erreur me rappelle
Enguerrand de Monstrelet (*Chroniques,* Paris, 1573, in-f°, t. III, p. 34) donnant
le nom d'*Isle de Médoc* à cette langue de terre située au nord-ouest de Bordeaux,
si renommée pour ses excellents vins. C'est à peu près comme si on disait l'*île de
Lyon,* en parlant de cette dernière ville.

. (5) « Raymond-Odon de La Motte naquit à Saint-Clair, dans le diocèse de
Toulouse; il fit profession dans l'église de Saint-Louis de la même ville, le
29 juin de l'an 1624, et mourut en l'abbaye de Saint-André d'Avignon, le
24 février 1643, âgé de quarante-cinq ans. M. Sponde, évêque de Pamiers,
informé de son mérite et de son érudition ecclésiastique, le demanda aux supérieurs pour l'aider dans la composition de ses Annales. Dom de La Motte
dressa le catalogue des Abbés de Sainte-Croix de Bordeaux. » (D. Tassin,
Histoire littéraire de la Congrégation de Saint-Maur; Paris, 1770, in-4°, p. 18.)

VIII. — *Lettre du P. F. de La Vie* (1) *à Dom Audebert.*

Mon Reverend Pere; La paix et l'amour eternel de N.-S. J.-C.

Le long voyage de V. R. sans retourner à Bourdeaux, a esté la seule cause qu'elle n'a point receu les effets de tout ce que je luy avois promis. Et si sa bonne Mere, ou monsieur son aisné, ou bien le R. P. abbé de Saint-Augustin (2) m'eut sceu dire le lieu de son sejour, elle les auroit receus il y a longtemps, car il y a cinq mois entiers que tout est prest pour luy estre envoyé. Le bonheur qui m'a arresté à Limoges, en passant pour y prescher à Saint-Estienne, me fournit la commodité de luy faire tenir par l'entremise du mesme R. P., et avec celle cy elle recevra le texte espagnol, et quand aura fait coppier le françois que j'ay divisé en chapitres et illustré de quelques observations, il luy fera pareillement tenir. Apres quoy elle fera tout ce qu'il luy plaira, me contentant de luy avoir rendu le service et à tout l'ordre en faveur de ma patrie.

Depuis que je suis icy, M. Bandel, official et vicaire general (3), m'a faict voir un extrait de la genealogie des ducs de Guyenne, de Gasco-

(1) Sur le P. François de La Vie, voir la note 4, page 284 de ce volume.

(2) D. Martial des Forges, Poitevin, nommé au Chapitre général de 1686, en remplacement de D. Gérard des Alleux.

(3) Jean Bandel naquit à Saint-Sylvestre, près de la célèbre abbaye de Grandmont, d'une famille de paysans, selon quelques biographes du Limousin, ce que semble contredire un écusson placé sur sa tombe. « Dès sa plus tendre jeunesse, il se sentit beaucoup de goût et montra les plus heureuses dispositions pour les sciences. Après avoir embrassé l'état ecclésiastique, Bandel alla étudier dans l'Université de Paris, fit sa licence avec la plus grande distinction, et reçut le bonnet de docteur avec l'applaudissement de tous les hommes savants qui composaient alors la Sorbonne. Il revint dans le Limousin précédé d'une grande réputation de science et de vertu. Ses talents le firent admirer; l'aménité de son caractère, la douceur de ses mœurs et la bonté de son âme le firent chérir de tout le monde. Son oncle, chanoine de l'église cathédrale, lui résigna sa prébende. M. de Lafayette, évêque de Limoges, l'éleva à la dignité d'official et en fit un de ses vicaires généraux. Bandel s'appliqua à faire revivre la pureté des mœurs par la solidité de ses prédications, à éteindre les discordes et à ramener la paix dans les familles par la sagesse de ses conseils. Ce savant et vertueux ecclésiastique mourut à Limoges, universellement regretté, en 1689. Nous avons de lui un livre intitulé : *De la dévotion des anciens chrétiens à Saint Martial, apôtre de Guienne, premier évêque de Limoges*, ouvrage imprimé chez Barbou en 1638, in-16. » (*Biographie du Limousin*, t. I, p. 44, 45), réimprimé, dans ces dernières années, à Limoges, chez Ducourtieux. — Jean Bandel eut un parent, un frère peut-être ou un neveu, nommé Grégoire, qui se fit bénédictin dans la congrégation de Saint-Maur, et fut prieur de la Réole en 1657. V. *Les Prieurs claustraux de Sainte-Croix et de la Réole*, p. 163, 164.

gne et des comtes de Bourdeaux, de M. Besly, où les difficultés de V.
R. sont resolues; mais j'y trouve deux notables fautes. La première,
où il dit que Guillaume Teste-d'Estouppe, qui fust religieux de vostre Ordre en l'abbaye de Gerlon, selon vostre Martyrologe du R. P.
Menard, c'est à dire de Saint-Cyprien de Poictiers, fust mary de Gerlon
ou Adele, sœur de Rollo ou Raoul, premier duc chrestien de Normandie; et c'estoit la mere, selon Ademar en sa *Chronique de Saint-Cibard
d'Angoulesme,* et la verité (1). La deuxième est qu'il nomme Sance le
Grand, premier duc de Gascogne, qui n'estoit, selon le mesme Ademar,
que le second, ayant succedé à Bernard, son frere, selon le mesme
Ademar, qui fust ensorcellé et mourut sans enfant (2).

J'ay receu une lettre du R. P. Estienne (3). Il est toujours à Pau en
bonne santé, continuant sa theologie pour la troisième année. Il ne
cesse d'obliger mon frere et toute sa maison. Voicy des lettres de

(1) « Acceptamque in conjugium Adelam, filiam Rosi Rotomagensis genuit
ex eâ Willelmum Caput-Stuppæ » (*Ademari Historiarum libri tres;* Pertz, *Monumenta Germaniæ historica,* Scriptores, t. IV, ou Migne, *Patrolog. Latin.* t. CXLI,
col. 41). Mais le docteur G. Waitz corrige Adémar dans une note, en renvoyant
à deux chartes de Lothaire citées par Besly (*Hist. des Comtes de Poictou,*
2e partie, p. 252, 259). Mabillon paraît être du même avis : « Legatos ad sororem suam Herloch, cognomento Adelam, quæ Willelmo Pictavorum Comiti
nupserat, confestim dirigit. » (*Annales Ordinis Sancti Benedicti;* Parisiis, 1706,
t. III, p. 447).

(2) « Bernardo insidiis muliebribus, maleficis artibus corpore fatescente, vitæ
privato, Santius, frater ejus, dux Wasconum extitit. » (Adémar, *loc. cit.,*
col. 55).

(3) D. Bernard Audebert avait un frère nommé Etienne, qui entra dans la
Compagnie de Jésus en 1613, à l'âge de vingt-et-un ans. « Après avoir étudié
la philosophie et la théologie avec la plus grande application, il s'adonna tout
entier à l'étude des langues savantes; il apprit le syriaque, le chaldaïque,
l'hébreu, et consacra ses talents à la défense de l'Église romaine contre les
calvinistes. Par son zèle, Audebert affermit ceux qui chancelaient dans la foi,
et ramena à la vérité ceux qui s'étaient laissé séduire par l'erreur. Il fit des
courses apostoliques dans la Gascogne, le Béarn, la Saintonge et l'Aunis, et
devint la terreur des prédicants. » (*Biographie des hommes illustres du Limousin,*
p. 31, 32. — Collin, *Lemovici multiplici eruditione illustres;* Lemovicis, 1660, in-8°,
p. 3, 4). Il mourut à Pau, le 30 juillet 1647. En 1637 et 1638, il y enseignait la
théologie. Parmi ses ouvrages de controverse (dont le premier, intitulé *Confession de foi,* fut imprimé à Bordeaux, chez de La Court, en 1624, in-12), celui
qui a pour titre, *Le triomphe de la Vérité,* est daté « du Collège royal de Pau, ce
8 mars 1638. » Les biographes cités dans cette note disent que le cardinal de
Richelieu appela à Paris le P. Audebert, qui « mourut en 1647, tandis qu'il
formait des projets de concert avec le ministre pour arrêter les progrès de
l'hérésie. » Pour n'être pas inexacts, ces dèrniers mots ont besoin d'être entendus avec une certaine latitude, car Richelieu était mort le 4 décembre 1642,
quatre ans et demi avant le P. Audebert.

Belac que j'envoye à V. R. Le R. P. Adenet qui a presché l'Advent les a apportées. Puisque je scay que V. R. est à Bourges, je ne manqueray point de lui faire scavoir de nos nouvelles par l'entremise du R. P. Abbé. Je suis chargé à Limoges extraordinairement de sermons pour un homme qui a si peu de forces. Je supplie V. R. de me faire part de ses SS. sacrifices et des prieres de sa sainte famille. Elle augmentera les obligations de celuy qui est, de cœur et d'affection, mon Reverend Pere, de V. R. le tres humble et tres obeissant serviteur en N.-S. — FRANÇOIS DE LA VIE, de la Compagnie de Jesus.

Elle me permettra, s'il luy plaist, de saluer en cet endroit le R. P. Recteur du college auquel j'ay escrit depuis peu, avec mes affectueuses recommandations à ses prieres.

De Limoges, ce 14 janvier 1637.

A Reverend Pere, le P. Dom Bernard Audebert, Abbé de Saint-Sulpice, à Bourges.

IX. — *Lettre de Mgr de Lussan au Chapitre Saint-André* (1).

Cette lettre, pour être bien comprise, demande une préface.

« En 1762, au mois de janvier, le commerce de Bordeaux proposa une souscription afin d'offrir au roi un vaisseau de ligne pour les besoins de la marine. On voulait, à tout prix, en finir avec les Anglais qui infestaient les mers; les Jurats votèrent une somme de 150,000 li-

_____

(1) Jacques Louis d'Audibert de Massiliaux de Lussan naquit à Baix sur le Rhône, au diocèse de Viviers, le 28 avril (et non *au mois d'août*, comme le dit M. Fisquet, *France Pontificale, Bordeaux*, pag. 361) de l'année 1703. En 1719, il entra, à Paris, dans la partie du séminaire de Saint-Sulpice qu'on appelait la communauté des philosophes; puis il fut admis au *Grand*-Séminaire de Saint-Sulpice le 6 octobre 1721, reçu docteur de Sorbonne le 31 octobre 1730, et au mois de novembre suivant, nommé abbé d'Andres ou Andernès, au diocèse de Boulogne. Dès 1727, il avait été admis dans la compagnie de Saint-Sulpice, et il remplit probablement quelque fonction au séminaire de Paris tout en se préparant à la Licence. Il fut ensuite envoyé comme directeur au séminaire d'Angers. Mais pendant les vacances de 1733, il sollicita de M. Couturier, supérieur de Saint-Sulpice, la permission de se retirer. D'une part, il se sentait peu d'attrait pour les emplois et le genre de vie de la compagnie de Saint-Sulpice, et d'autre part, ses goûts le portaient à travailler auprès de quelque évêque. Les désirs de l'abbé de Lussan furent exaucés le 24 janvier 1734. Il devint aussitôt vicaire-général de Joseph-Alphonse De Valbelle, évêque de Saint-Omer, et en 1744, il fut nommé archevêque de Bordeaux sur le refus de l'évêque Macheco de Premeaux, que M. de Lussan devait d'abord remplacer sur le siège de Périgueux.

vres. Le navire qu'on devait offrir à Sa Majesté était un grand vaisseau
de ligne qui pût balayer les corsaires anglais, et servir partout les
intérêts de la marine et du commerce (1). »

Le vendredi, 15 du même mois de janvier, les chanoines de Saint-
André « étant assemblés en chapitre par invitation et convocation
particulière, lecture faite d'une délibération prise au Parlement le
huit de ce mois, M. le doyen dit :

« Messieurs; L'amour pour la personne sacrée du Souverain, le zèle
pour le bien de l'État, ont dicté la délibération dont vous venez d'entendre la lecture. Il n'y avoit que des motifs aussi nobles et aussi
intéressants qui, au milieu de l'accablement général où sont réduits
les différents ordres du royaume, pussent déterminer l'exemple dont
nous sommes redevables aux premiers magistrats de cette province.

« Que la voix de l'honneur a de force, lorsqu'elle parle pour un Roi
qui, touché des malheurs que la durée de la guerre fait éprouver à
ses peuples, a voulu sacrifier ses propres intérêts et ceux de sa couronne à leur bonheur et à leur repos!

« Si ces sentiments tendres et paternels du meilleur des Rois ont
fait une vive impression sur les cœurs de tous ses sujets, quels effets
ne doivent-ils pas produire dans cette compagnie, et à quoi ne doit-
elle pas se porter pour lui marquer sa reconnaissance et son entier
dévouement?

« C'est quelquefois, Messieurs, du sein même de l'impuissance
que naissent les plus généreux efforts. Nous l'éprouvons dans ce
moment où, malgré les obstacles que l'épuisement de nos ressources
et la plus triste situation opposent à nos désirs, il nous tarde de nous
livrer aux mouvements de nos cœurs, et de faire le sacrifice de ce qui
nous reste encore aux besoins extrêmes de l'État.

« Quelle satisfaction pour nous, Messieurs, de remplir à la fois les
devoirs de citoyens et ceux de ministres de la Religion, de contribuer
de nos biens au rétablissement de nos forces maritimes, si nécessaires
à la gloire et au bonheur de l'État, de seconder par là les vues sages
et profondes d'un Ministre que la supériorité de ses lumières, un zèle
vraiment patriotique et la confiance de son maître, rendent l'espoir
de la nation, tandis que, prosternés aux pieds de nos autels, nous y
offrons à Dieu, de qui dépendent les succès, des vœux et des sacrifices

(1) *Histoire complète de Bordeaux, par l'abbé O'reilly;* Ire partie, t. IV, p. 160.

pour la conservation d'un Roi bien aimé, pour la prospérité de ses armes et pour le retour d'une paix qu'il ne désire si ardemment que pour prouver à ses peuples les soulagements dont ils ont si grand besoin. »

« A quoi M. le Syndic a ajouté : Messieurs ; Si vous ne vous déterminiez aujourd'hui que par l'état de vos revenus, les charges considérables qui les absorbent ne vous y laisseroient voir aucune ressource pour imiter l'exemple qui fait l'objet de votre émulation. Mais vous avez souvent fait connoître que dans les besoins pressants de l'État, il n'étoit point de sacrifice capable de vous arrêter. Faut-il que le regret de ne pouvoir offrir des témoignages proportionnés à notre zèle, diminue en ce moment le plaisir que nous avons à les donner ?

« Sur quoi, M. le doyen ayant pris l'avis de tous Messieurs, il a été unanimement délibéré d'offrir au Roi, au nom des doyen, dignités, chanoines et chapitre de cette Église, la somme de DIX MILLE livres, qu'ils supplient très-humblement Sa Majesté de vouloir accepter, pour être employée à la construction d'un vaisseau de guerre, laquelle somme sera remise ès mains du Sr Raymond Dubergier, négociant de cette ville, choisi à cet effet par la Chambre de commerce.

« Au surplus, que copie de la présente délibération sera envoyée à Monsieur le duc de Choiseul, qui sera instamment prié de porter au pied du trône ce témoignage de leur amour, de leur zèle et de leur respect (1). »

Lorsque l'archevêque de Bordeaux eut été informé de la résolution prise par le Chapitre, il lui écrivit la lettre suivante :

                                        « A Paris, ce 16 février 1762.

« MESSIEURS ;

« J'ay reçu la lettre que Monsieur l'abbé Le Comte, votre doyen, m'a écrite de votre part, pour me communiquer un imprimé de la délibération que vous avez prise de donner une somme de dix mille livres pour concourir à la construction d'un vaisseau.

« Je ne peux que louer votre zèle, qui vous engage pour le bien de l'État à donner même au delà de vos forces ; mais il me paroit que l'union qui doit être toujours entre le chef et les membres, auroit dû vous porter à me faire part de votre dessein avant de le rendre public ; d'autant que, si vous vous trouvez obligé d'emprunter pour payer cette

_____

(1) *Actes capitulaires de Saint-André*, 15 janvier 1762.

                                                    40

somme, vous ne pourrez le faire sans mon consentement, de même que je ne pourrois pas emprunter en hypothéquant les biens de l'archevéché, sans le consentement de mon chapitre.

« Il y a toujours eu une très grande union entre les archevêques mes prédécesseurs et son Chapitre ; je n'ay rien fait pour la rompre ; je vois avec douleur qu'on cherche à y donner atteinte en engageant le Chapitre à bien de fausses démarches réitérées sans aucun fondement de droit, et qu'il n'auroit sûrement pas faites pour peu qu'il eût réfléchi sur ce qui étoit proposé.

« Je passerois aisément sur tous les manquemens qui ne me seroient que personnels, quoique, à vous dire vrai, j'en serois affligé ; mais je ne pourrois également passer sur ceux qui attaquent les droits de l'épiscopat.

« Soyez persuadés, Messieurs, de l'intérêt que j'ai toujours pris et que je prends à ce qui regarde votre corps ; je crois vous en avoir donné dans les occasions des preuves réitérées, ainsi que des sentimens avec lesquels j'ai l'honneur d'être, Messieurs, votre très humble et très obéissant serviteur. — *L'Archevêque de Bordeaux* (1). »

X. — *Lettre de Jean D'Estrades, évêque de Condom* (2), *à Doni d'Attichy, évêque d'Autun.*

Monseigneur ; J'ay receu celle dont il vous a plu m'honorer, et suis ravy que les occupations de votre diocese vous derobent les

---

(1) Archives départementales de la Gironde ; série G, *Recueil de lettres adressées au Chapitre*. Lettre autographe. Le Chapitre éprouva sans doute plus de plaisir à recevoir de son archevêque la lettre suivante, qui laissera pareillement au lecteur une impression plus agréable : « A Paris, ce 19 juillet 1768 ; Messieurs ; Je suis très sensible au compliment que vous me faites l'honneur de me faire, touchant le gain de mon procès. Je ne l'avois entrepris que pour soutenir les droits de mon siège et de mon église, qui a beaucoup de directes dans la ville de Bordeaux, et qu'après avoir consulté tout ce qu'il y avoit de plus habiles avocats. Je souhaite que cet arrêt finisse toute contestation, car rien n'est plus éloigné de mon caractère que les procès. Je souhaite aussi qu'il soit avantageux au Chapitre qui, je crois, est dans le même cas. Soyez persuadé qu'on ne peut rien ajouter à l'attachement et aux sentimens avec lesquels j'ay l'honneur d'être, Messieurs, votre très humble et très obéissant serviteur. — *L'Archevêque de Bordeaux*. »

(2) Jean D'Estrades, né dans le Bordelais, fut nommé à l'évêché de Condom au mois de septembre 1617, sacré en 1618, fit son entrée en 1619, permuta ensuite son évêché pour l'abbaye de Chaalis, au diocèse de Senlis, et mourut le 12 juin 1695. Cfr. Du Tems, *Le Clergé de France*, t. II, p. 306, 307.)

heures que vous prendriez pour entretenir vos amys. Des le moment que j'eus l'honneur de votre connoissance, je dis en moy mesme qu'il vous falloit plus d'occupation, et souhaittois que le bon Dieu vous donnast un diocese proportionné à l'activité de vostre esprit et au zele de vostre charité. Enfin, Mgr, Dieu nous a exaucé, et je le benis de vous avoir placé en un lieu ou vous trouvez une juste mesure pour employer les grands et riches talents de vostre ministere. Je prieray le s[r] le Gay de venir disner avec moy pour m'entretenir au long de touts les charmes que vous trouvez dans vostre nouvelle epouse. Mes vœux accompagneront vos employs, affin que le père et les enfants jouissent de toute sorte de bénédiction. Je vous conjure de me continuer l'honneur de vos bonnes graces, et de me croire, Mgr, V[re] tres humble et tres obeissant serviteur et confrere, — *Jean, evesque de Condom* (1).

Paris, ce 24 febvrier 1653.

(1) Bibliothèque Nationale, Fonds français, n. 3,922, fol. 41, Copie.

TABLE

PRINCIPAUX NOMS DE PERSONNES

Adam (Jean), jésuite, 25, 26.
Adélaïde de France (Marie), 498, 502.
Ader (Menauld), carme, 318.
Aguesseau (Henry-François d'), chancelier, 358.
Alamay (Léonard), jésuite, 3.
Albret (d'), maréchal, 22, 24.
Alexandre III, pape, 13.
Alexandre VII, pape, 18, 22, 57, 58, 63, 71, 89, 93, 109, 371.
Alexandre VIII, pape, 81.
Alexandrin, cardinal, 25.
Allaire (Jacques d'), archidiacre de Cernès, 19, 37, 44, 46, 65, 189.
Ameilhon (Hubert-Pascal), 472, 473.
Amelin (Jean), curé de Saint-André, 42, 64-74.
Anastase de la Trinité, carme, 338.
Andilly (Arnauld d'), 88, 103.
Andrault (d'), conseiller à la Cour, 79, 84, 343.
André, jésuite, 354.
André, oratorien, 354.
André de Saint-Pierre, carme, 334-339.
Anglure de Bourlemont (L. d'), archevêque de Bordeaux, 44.
Annat (François), jésuite, 120.
Anne d'Autriche, reine de France, 45.
Antoine de Bordeaux, capucin, 554.
Arbouze (Gilbert de Vény d'), évêque de Clermont, 149.
Arbouze (Marguerite Vény d'), 76.
Archange de Lyon, capucin, 345-349.
Arche (Etienne d'), avocat au Parlement, 212, 213.

Arche (famille d'), 213.
Arche (François d'), 29.
Arche (Guillaume d'), évêque de Bayonne, 29, 30.
Arche (Henri d'), doyen du Chapitre Saint-André, 29, 37, 65, 189, 212-241, 456.
Arche (Jean-Luc d'), doyen de Saint-André, 27, 29.
Arche (Vincent d'), chanoine de Saint-André, 556.
Aréso (Joseph), franciscain, 379, 380.
Argenson (De Paulmy d'), archevêque de Bordeaux, 29.
Argentré (Charles Duplessis d'), 50, 169, 170.
Arger (Léon d'), chanoine de La Rochelle, 147, 174, 179, 181.
Ari (Jérôme), général des Carmes, 341, 342.
Armagnac. Voir Noailles.
Arnal (François), religieux augustin, 50, 55, 56, 90, 92, 104.
Arnaud (Constantin), récollet, 190.
Arnauld (Antoine), docteur de Sorbonne, 53, 80, 81, 91, 93-103, 107, 118, 356.
Arnauld d'Andilly, 88, 103.
Arnoux (Jean), jésuite, 295.
Arröy (Bésian), docteur de Sorbonne, 38, 248.
Asimont, ministre protestant, 73.
Attichy (Louis Doni d'). Voir Doni.
Aubry, curé de Saint-Louis-en-l'Ile, 463, 464.

Aubusson de la Feuillade (Georges d'), archevêque d'Embrun, 119, 120.
Audebert (Bernard), bénédictin, 578 et suivantes.
Audebert (Etienne), jésuite, 582, 583.
Audibert (d') de Lussan. *Voir* Lussan.
Auger, critique, 76.
Aviau (d'), archevêque de Bordeaux, 31, 556, 557.

Bachaumont, 498.
Bailly (Jacques), peintre, 410.
Bailly (Louis), théologien, 508.
Baiole (Jérôme), jésuite, 52.
Baltazar (Christophe), jésuite, 281.
Balzac (Guez de), 109.
Bandel (Jean), official de Limoges, 581, 582.
Barberini (Antoine), cardinal, 271-273, 275.
Bardon, sulpicien, 152.
Barry (comtesse du), 474, 483.
Barthélemy (l'abbé), 570, 572.
Basterot (Gabriel), doyen de Saint-André, 30.
Basterot (Henri), chanoine de Saint-Seurin, 560.
Baston (l'abbé), chanoine de Rouen, 510.
Batterel, oratorien, 81, 165-167.
Baulon (de), conseiller au Parlement, 26.
Baurein (l'abbé), 5, 29, 112, 117.
Bavière (Joseph-Clément de), électeur de Cologne, 424, 425.
Bayle (Guillaume), jésuite, 294.
Beaucousin, avocat, 359.
Beaumanoir de Lavardin, évêque du Mans, 362.
Beaumont (Christophe de), archevêque de Paris, 459, 461, 462, 466, 492, 494, 495, 553.
Beaumont (Léon de), évêque de Saintes, 181.
Beauvais (Robert de), prieur de Castillon, 208.
Béhourt (Pierre), carme, 319.
Bellarmin (Robert), cardinal, 288.
Bengy (Anatole de), jésuite, 382, 383.
Benin (François), jésuite, 298.
Benoît XIV, pape, 30, 89.

Benoît (Didier), abbé de L'Isle, 112.
Beraudière, évêque de Périgueux, 244.
Bergier (l'abbé), apologiste de la religion, 478, 479, 491, 492, 497-515.
Bernada (Charles), doyen de Saint-Émilion, 22, 23.
Bernada (Dominique), chanoine de Saint-André, 22, 23.
Bernardin de Saint-Pierre, 509.
Bertheau (Jean), archidiacre de Fronsac, 242, 250, 257.
Berthelot (Robert), évêque auxiliaire, 31.
Berthier, jésuite, 353-355, 385.
Besly (Jean), conseiller à Fontenay-le-Comte, 578-580.
Béthune (Armand de), évêque du Puy, 22.
Béthune (Henri de), archevêque de Bordeaux, 15, 22, 26, 43-47, 71-73, 87, 101, 109, 117, 122, 225, 229, 233-239, 332, 333, 457, 551.
Biarot (Jean), dominicain, 33.
Bignon, bibliothécaires, 567, 568, 571.
Billibier (André), conventuel, 190-193.
Blainville (Ducrotay de), 531.
Bochart. *Voir* Champigny.
Bois-Boissel, abbé de Verteuil, 122.
Bonaventure de Saint-Amable, carme, 149.
Bonin (Jean), jésuite, 577, 578.
Bonnet (Louis), avocat, 76.
Bonnet (Louis), curé de Ste-Eulalie, 15, 16, 75-85, 438, 439, 447, 448, 450.
Bordes (Jean de), jésuite, 291.
Bordes, oratorien, 165, 166.
Borgia (s. François de), 23-25.
Bossuet, évêque de Meaux, 32, 170, 183, 193, 563-566.
Boucher d'Argis, conseiller au Châtelet, 472.
Boucherat, Intendant de Guyenne, 63.
Boudot, bibliothécaire, 570, 571.
Bouhier (le Président), 394.
Bourbon (Charles de), 284.
Bourbon, sulpicien, 145.
Bourdeilles, évêque de Soissons, 479, 495, 496.
Bourdon (Rolland), religieux augustin, 262.
Bourgeois (Nicolas), chanoine de St-André, 27.

Bourgoing, supérieur de l'Oratoire, 81, 360.

Bourlemont (D'Anglure de), archevêque de Bordeaux, 44.

Boutaud (Gilles), évêque d'Aire, 43.

Boyer, chanoine de St-André, 126, 128, 130, 133.

Bragelongne, évêque de Luçon, 251, 257, 267, 270.

Brancas, évêque de la Rochelle, 181.

Brassier, professeur, 55, 56, 59.

Braud, curé, 139-141, 143, 144, 159, 169, 178, 179-181.

Brenot, chanoine de St-André, 27.

Brethous, professeur de droit, 58.

Brossard, curé de Villenave, 550.

Brousse (De La), chanoine de Sarlat, 256.

Brunetière, évêque de Saintes, 360.

Bry de la Clergerie, avocat, 580.

Buatié (Anselme), récollet, 73.

Buatié (François), récollet, 73.

Buatié (Marie-Angélique), visitandine, 74.

Bullet (l'abbé), 511.

Burdeus, religieux augustin, 366.

Caflleri (Philippe et Jean-Jacques), 543, 544.

Callen (l'abbé), 40, 45, 46, 524, 532, note.

Camain, jésuite, 52, 53, 55, 58, 71, 88, 90-92.

Camiran (Michel Majance de), doyen de St-André, 31, 560.

Camps (Antoine), chanoine, 205, 206.

Canillac (François de), jésuite, 292, 304.

Capperonnier (Jean), bibliothécaire, 353, 570.

Caraccioli, auteur des Lettres de Ganganelli, 468.

Caron (Pierre), vicaire général de Bordeaux, 13, 14, 438, 439.

Caveirac (Jean Novi de), 505.

Cellot (Louis), jésuite, 442, 443.

Chabannes, curé de Saint-André, 36.

Chalmette, archidiacre de La Rochelle, 173, 178.

Chamier, ministre protestant, 296.

Chammeville, seigneur de Bretigny, 465, 466, 473.

Champflour (Etienne de), évêque de La Rochelle, 139-181.

Champflour (famille de), 140-144.

Champflour (Jean-Baptiste de), évêque de Mirepoix, 144, 159.

Champgrand (Edouard - Ferdinand Labbe de), sulpicien, 376-392, 518.

Champgrand (famille de), 376, 377.

Champigny (Fr. Bochart de Sarron de), évêque de Clermont, 150, 151.

Champigny (Guillaume Bochart de), évêque de Valence, 151.

Champigny (Honoré Bochart de), capucin, 151.

Champs (Etienne de), jésuite, 390, 391.

Chapelas (Léonard), curé de Paris, 539-541.

Chapelas (Pierre), curé de Paris, 32, 537-539.

Chaperon (Anne-Claudine de), 559.

Chaperon (Jean-Joseph de), chanoine de Saint-André, 558.

Chardon de La Rochette, 567, 568.

Chassaigne (La), abbé de Vertenil, 122.

Châteauneuf, doyen de St-André, 29.

Chazottes, chanoine de St-André, 217.

Chenevoux (de), frère du P. Coton, 32, 38, 292.

Cheron (Jean), carme, 315-344.

Chevrier (Pierre), prêtre, 234.

Chiron (Jean), prêtre, 73.

Choiseul, ministre, 568.

Cicéron, orateur romain, 302.

Clair (saint), 339, 340.

Clémenceau (Marie de), ursuline, 211.-

Clément VIII, pape, 12.

Clément X, pape, 24, 456.

Clément XIII, 507.

Clément de Bordeaux, capucin, 551.

Clugnac, jésuite, 42.

Cluzeau, sulpicien, 152 et suiv.

Cobelluzzi, cardinal de Ste-Suzanne, 274, 275.

Cocheris (Hippolyte), 111, 120.

Cohon, évêque de Nîmes, 361, 362.

Colletet (Guillaume), 359.

Colombier, jésuite, 137.

Combabessouze, chanoine de Saint-André, 27.

Combes (François de), abbé de Saint-Genès, 173.

Condé, gouverneur de Guyenne, 75.

Contes, doyen de Notre-Dame de Paris, 360.
Conti (prince de), 508.
Corsini (saint André), 318, 319.
Cosme de Villiers, carme, 62, 315 et suiv.
Cospéan, évêque de Nantes, 255.
Cosso (François), jésuite, 71.
Coton (Jacques). *Voir* Chenevoux.
Coton (Pierre), jésuite, 32, 38, 52, 280. 281, 285, 287 et suiv.
Court, grand-vicaire de Clermont, 166,
Courtavel, abbé de Verteuil, 118.
Courtilz (Gatien de), 357.
Cous (A. de), évêque de Condom, 252-253.
Coustière, chanoine de Poitiers, 258, 263, 268.
Couture (Léonce), 361, 365, 369, 374.
Cruzeau, curé de St-Rémi, 34, 46.

Daguilhon (Charl.), avocat général, 3.
Damase, récollet, 448, 449, 451.
Daniel, jésuite, 172.
Darbo (Pierre), docteur, 32, 33.
Darrict (Anne), religieuse annonciade, 41, 42.
Daspe (Pierre), curé de Marmande, 318.
David, supérieur de l'Oratoire de Riom, 166.
Déforis (Dom), bénédictin, 563.
Delmas, supérieur du Grand-Séminaire de Toulouse, 536.
Delpech, professeur de Droit, 55, 56.
Delpit (Jules), 12, 75, 77, 213, 330.
Demoncq (Jacques), jésuite, 52.
Demours, médecin, 467.
Desaigues (Henri), trésorier du Chapitre Saint-André, 213, 215.
Desaigues (Jacques), abbé de Sainte-Croix de Bordeaux, 4, 215.
Desaigues (Jacques), doyen du Chapitre Saint-André, 4, 29, 34, 128, 132, 213, 215-222, 248, 256, 264.
Desbiey, chanoine de Saint-André, 16, 559.
Desmolets, de l'Oratoire, 360.
Despalus, chanoine d'Agen, 200.
Despruets (Bernard), évêque de Saint-Papoul, 109.
Destrictis (Raymond), jésuite, 248, 249, 289, 304.

Devienne (Dom), bénédictin, 2, 51, 59, 75, 76, 276.
Dionis *et* Dionis du Séjour, 356, 357.
Doni d'Attichy, évêque d'Autun, 575, 587.
Donnet (Ferdinand), cardinal, 524.
Dorat de La Mouche (Anne), 468-470.
Drouyn (Leo), 46, 72, 108.
Drouyn (Philippe), 34, 38.
Du Bernet (Jean), président, 15, 554.
Dubié (Jean), prêtre, 214.
Dubois (Barthélemy), sulpicien, 145.
Duboscq, prieur de Verteuil, 13.
Dubourg (Moïse), jésuite, 94.
Dubourgdieu (Gilles), prêtre, 37.
Duchemin, évêque de Condom, 218.
Du Chesne (Raymond), prêtre, 112.
Ducreux, chanoine d'Auxerre, 514.
Dudon (Blaise), jésuite, 26.
Dudon (François), abbé de La Frenade, 555.
Dudon (Pierre-Jules), avocat général, 26.
Duduc (Fronton), jésuite, 282-287.
Dufraisse, chanoine de Clermont, 149.
Dumas (Félix), récollet, 34.
Dumas (Hilaire), docteur de Sorbonne, 50, 162, 170, 172.
Dumas (Raymond), chanoine d'Auch, 368.
Dumolin (Jean-Baptiste), sulpicien, 553, 554.
Dupin (Antoine), jésuite, 52.
Duplanté (Jean), avocat, 363.
Dupré, curé de S. Romain-la-Virvée, 542-547.
Dupuy (Jean), religieux augustin, 365.
Du Saussay (Pierre), chanoine de St-Émilion, 233.
Du Sault, avocat général, 82.
Du Tems (Hugues), chanoine de St-André, 4, 12, 16, 19, 29, 30, 45, 57, 112, 122, 244, 556, 586,
Duverger (François), prêtre, 551.
Duvigier, abbé de Gondon, 555.
Du Vivier (Jean-Stanislas Perès), chanoine de Saint-André, 558.

Echard (Jacques), dominicain, 56.
Elisabeth (Madame), 504.

Epernon (J. L. de Nogaret duc d'), gouverneur de Guyenne, 36, 108, 109, 279, 322, 323.

Epernon (Bernard de Foix, duc d'), fils du précédent, 82, 114, 115, 118, 286.

Escoubleau (d'). Voir Sourdis.

Escoubleau de Sourdis (Henriette d'), religieuse, 33.

Essenault (Martial Joseph d'), 42.

Estiot (Jean), jésuite, 297-302.

Estrades (d'), évêque de Condom, 586.

Etienne d'Agen, capucin, 349, 350, 352.

Eugène IV, pape, 62, 63.

Eustace, confesseur de Port-Royal, 168, 169.

Fabas (Jean de), 3-5, 7, 8-11.

Fagnani (Prosper), canoniste, 274, 331.

Favyn (André), avocat, 358, 359.

Félicien de la Magdeleine, carme, 337.

Fénelon, archevêque de Cambrai, 177, 178, 181.

Ferrachapt (Jean-Baptiste Becheau de), chanoine de St-Seurin, 552.

Ferrand, ministre protestant, 249.

Ferron (François de), doyen de Saint-André, 29.

Ferron, président au Parlement, 25.

Filleau (Jean), avocat, 259, 265, 268-270.

Filleau (Jean), vic.-gén. de Poitiers, 259.

Fonteneil (Jean de), vicaire-général de Bordeaux, 46, 56, 71.

Fouquet, évêque de Bayonne, 42.

Françoise de Cazères, dite de la Croix, ursuline, 208-211.

Frapereau, chanoine de St-André, 27, 37, 77, 205, 206.

Fréhel, curé de N.-D. du Port, 168, 170.

Fréron, critique, 458.

Frezeau de la Frezelière, évêque de La Rochelle, 175.

Gabriel de Saint-Joseph, carme, 331, 332.

Galigaï (Léonora), 284.

Galigaï (Sébastien), 284.

Galipaud (Jean), oratorien, 164-168.

Garasse (François), jésuite, 214.

Garat, abbé de Chancelade, 117.

Garnier (Jacques), abbé de Bonnevaux, 243, 244.

Garreau (Antoine), 353, 354.

Gascq (Antoine de), capucin, 554.

Gascq (Etienne de), curé de Ste-Eulalie, 554.

Gaufreteau, chroniqueur, 4, 266, 276.

Gault (Eustache), 37, 77.

Gault (Jean-Baptiste), 77, 81, 83.

Gay (Pierre), sulpicien, 160-162, 168-170, 173.

Geay, chan. de St-André, 23, 317, 346.

Gelas (Claude), évêque d'Agen, 42, 214, 252, 317, 346.

George (Jacques), jésuite, 300.

Gerberon (Dom), bénédictin, 86.

Gérin (Charles), 44, 49.

Gevry (Antoine et Etienne), dominicains, 384, 385.

Gilly (Alfred), 277.

Girard (Claude), official d'Angoulême, 109, 110.

Girard (Famille), 108-110.

Girard (Guillaume), secrétaire du duc d'Épernon, 3, 108-110.

Girard (Michel), abbé de Verteuil, 16, 97, 100-103, 108-122.

Giry, minime, 83.

Godet des Marais, év. de Chartres, 170.

Gordon, jésuite. Voir Lesmoore.

Gonet (Jean-Baptiste), dominicain, 50, 55, 56, 90, 92, 103.

Gontery (Jean), jésuite, 281.

Gourgues (J.-J. de), év. de Bazas, 27.

Gourgues (Marc-Antoine de), président, 2, 3, 285.

Gras (Nicolas-Clément), prêtre, 234.

Grégoire XV, pape, 12.

Grignion de Montfort, miss., 180.

Grimauld, curé de St-Michel, 85.

Grymaud (Gilbert), théologal de St-André, 31-39, 43, 44, 223, 248, 260.

Gualterio, Nonce du Pape, 427, 428.

Gudin de la Brenellerie, 513.

Guénée (l'abbé), 513.

Guéranger, abbé de Solesmes, 39, 378.

Guérin, religieuse de Notre-Dame, 242.

Gueymus (P.), chanoine de St-André, 23, 27.

Guise (duc de), 279, 291.

Guyon (Etienne), jésuite, 293.

Guyonnie (Léon de la), doyen de Saint-André, 26, 215, 217.

Haitze, auteur des *Moines empruntés*, 399.

Hardouin de Péréfixe, archevêque de Paris, 119.

Harlay (François de), archevêque de Rouen, 274.

Hauréau (Barthélemy), 329, 330.

Henri III, roi de France, 32, 62, 283.

Henri IV, roi de France, 32, 111, 136, 137, 278-284, 351.

Hermant (Godefroi), 86-90, 95, 103, 104, 119.

Honoré de Sainte-Marie, carme, 341.

Hurter (H.), jésuite, 38, 39.

Ingold, prêtre de l'Oratoire, 76, 82, 164, 165, 167.

Innocent X, pape, 16, 57, 58, 63, 80, 93, 322, 450, 451, 454.

Jacquinot (Barthélemy), jésuite, 278-282.

Jacquinot (Jean), jésuite, 279,

Jal (A.), biographe, 63, 284.

Jansénius, évêque d'Ypres, 50, 57, 58, 93, 94, 100, 162, 167.

Jardel de Braine, 359, 360.

Jentilleau (Marie *et* Marguerite), ursulines, 210.

Joly de Fleury (Marie-Louise), 466-468.

Joseph de l'Ascension, carme, 326, 331, 332-334.

Jossé (Nicolas), carme, 317, 328-332, 334, 335.

Joubert (Barthélemy), sulpicien, 553.

Joubert (Joseph), moraliste, 149, 327.

Jouneau (Alexis), augustin, 122.

Jourdain, historien, 60.

Jourdan (Adrien), jésuite, 355.

Joyeuse (François de), cardinal, 312-315.

Kooten (Théodore Van), 562.

Labbe (Joseph), jésuite, 387, 388.

Labbe (Philippe), jésuite, 377, 389-391.

Labbe. *Voir* Champgrand.

Laborie (J. de), chan. de St-André, 27.

La Chaise, jésuite, 162-164, 170, 172, 174-176.

La Chassaigne, abbé de Verteuil, 122.

La Chiesse, curé de Saint-Éloi, 66.

La Couture, chanoine de Saint-André, 126, 128, 130.

La Guyonnie (François de), doyen de Saint-André, 217.

La Guyonnie (Léon de). *Voir* Guyonnie.

La Haye (Vincent-Lucas de), 458, 459.

Lalanne (Léon de), abbé de Saint-Ferme, 219-221.

La Marthonie, évêque de Limoges, 68.

La Monnoye (Bernard de), 395, 396, 600.

La Motte (Raymond-Odon), bénédictin, 580.

Lancelot de Mullet, abbé de Verteuil, 8, 12-17, 75, 122.

Lancran, évêque de Lombez, 364.

Lancre (Pierre de), conseiller au Parlement, 290.

Lange (de), conseiller au Parlement, 25.

Lantillac (Ignace), jésuite, 52.

La Peyrère (Isaac de), 10.

La Pierre, régent de la Faculté, 42.

Laporte (Gabriel), jésuite, 214.

Largeteau (Antoine), sulpicien, 344, 524-536, 560, 561.

La Roche, pror. de l'Université, 42.

Larroque. *Voir* Tamizey.

Lartigue (Jean de), prêtre, 136, 137.

Lascaris d'Urfé, évêque de Limoges, 144, 145.

La Tour-du-Pin, ministre, 542, 543, 545.

Launoi (Jean de), docteur de Sorbonne, 32, 33, 38, 39, 121, 122, 327, 539.

La Valette. *Voir* Épernon.

La Vie, avocat-général, 88, 89.

La Vie (François de), jésuite, 284, 581, 582, 583.

Le Berthon (Marc-Antoine), 28.

Leblanc (Hyacinthe), év. de Joppé, 458.

Le Boux, évêque de Dax, 27.

Lebrun (Charles), peintre, 412-415, 418.

Lebrun Desmarettes, 399.

Le Clerc (famille), 404-405, 416, 417.

Le Clerc (Laurent-Josse), prêtre de Saint-Sulpice, 81, 93, 393-401.

Le Clerc (Sébastien), graveur du roi, 402 et suiv.

Lecointe (Charles), de l'Oratoire, 360.

Lecomte, doyen de Saint-André, 30, 584, 585.

Leczinsky, reine de France, 30.
Ledoux (Gabriel), prêtre, 84, 85.
Le Fèvre (Nicolas), sieur de Lezeau, 356.
Legras, prêtre, 37.
Le Guales (Pierre), jésuite, 437-441.
Le Bir, sulpicien, 530.
Le Prince (Nic.-Th.), 566 et suiv.
Lequien de la Neufville, évêque de Dax, 556, 557.
Le Rat, vic. gén. de Reims, 482, 483.
Leschassier, sup. de St-Sulpice, 177.
Lescure, évêque de Luçon, 178, 179.
Lesmoore (Gordon), jésuite, 262.
Lestocq, docteur de Sorbonne, 163.
L'Estoile (Pierre de), chroniqueur, 281.
Lestonnac (Jérôme), jésuite, 309.
Lestonnac (Olive de), 2.
Lévesque de la Ravalière, 356.
Liotard, de l'Académie de Nîmes, 291.
Lissac, curé de Saint-André, 68-70.
Loisel (Antoine), avocat, 579.
Lopès (famille), 41.
Lopès (François), médecin, 40, 41, 211.
Lopès (François), fils du précédent, 41, 55.
Lopès (Hiérôme), théologal de Saint-André, 20, 28, 29, 35, 40-48, 50, 55, 56, 66, 72, 74, 90 et suiv., 118, 189.
Lopès (Pierre), médecin, 44, 42, 55, 57.
Loret, auteur de la *Muze historique*, 115.
Lorme (François de), docteur de Sorbonne, 459.
Lorraine (Charles de), jésuite, 319.
Lorraine (François-Arnaud de), 57.
Loryot (François), jésuite, 308.
Louis XI, roi de France, 62, 63.
Louis XIII, *id.*, 111, 577.
Louis XIV, *id.*, 35, 49-51, 59, 60, 63. 64, 159, 175, 182, 183, 184, 455, 567.
Louis XV, *id.*, 470, 471, 474, 482-489, 567, 568.
Louis XVI, *id.*, 490.
Lurbe (Jeanne de), ursuline, 208.
Lurbe (Pierre de), vicaire-général de Bordeaux, 126, 128, 135, 207-212.
Lussan (L.-J. d'Audibert de), archevêque de Bordeaux, 191, 541-546. 583, 585, 586.

Mabillon (Jean), bénédictin, 389, 582.
Macaire (saint), 36.

Macanan, doyen de Saint-André, 29.
Macheret (Étienne), jésuite, 355.
Maderan (J.-B.), dominicain, 56.
Magdeleine de Saint-Joseph, carmélite, 356.
Maillé (comte de), 113.
Malebranche, de l'Oratoire, 354, 360.
Maleret (de), 34.
Malesherbes (de), 357, 490 491.
Mallemant de Messanges, 428, 429.
Mallevaux, suffr. de Clermont, 149.
Malvin. *Voir* Montazet.
Mangot, garde des sceaux, 285.
Manibau (François-Honoré de), archevêque de Bordeaux, 552.
Maniban (Guy de), président à la Cour des Aydes, 45.
Maniban (Lancelot Joseph de), 44, 45.
Marca, archev. de Toulouse, 118, 119.
Mariana (Jean), jésuite, 282, 283.
Marie Anne-Victoire, Infante d'Espagne, 496, 497.
Marie-Antoinette, reine de France, 475-478, 480-482, 489.
Marie de Valence, 293.
Marie (Pierre), jésuite, 381.
Marie-Thérèse d'Autriche, reine de France, 47, 182-193.
Marie-Thérèse de Savoie, 503.
Marmontel, auteur des *Incas*, 513, 514.
Marolles (Michel de), abbé de Villeloin, 354.
Martin (Claude), libraire, 359.
Martin (Daniel), théologal de Saint-André, 32, 131-133, 195.
Martineau de Turé, év. de Bazas, 115, 116.
Martini, chanoine de St-André, 79.
Martinon (Jean), jésuite, 214.
Masson (Pierre), sulpicien, 145, 147.
Mathias de Saint-Jean, carme, 338, 389.
Maudoux (l'abbé), confesseur de Louis XV, 457 et suiv.
Maupel (dom), bénédictin, 57.
Maur de l'Enfant-Jésus, carme, 329, 330, 334, 335, 339.
Maurès (Jean), 53-55, 57.
Maury (J. Siffrein), cardinal, 507, 508.
Mazarin (Jules), cardinal, 93, 114, 115.
Mazenod (de), évêque de Marseille, 83.
Meaume (Édouard), 403 et suiv.
Mercier (abbé de St-Léger), 353-361, 468, 562-573.

Mercy-Argenteau, ambassadeur d'Autriche, 475 et suiv.

Meerman, savant hollandais, 569.

Mériadeck de Rohan, archevêque de Bordeaux, 30.

Miard, chanoine de St-André, 18, 43, 124, 218-222.

Michaëlis (Sébastien), dominicain, 290.

Milhard (P.), abbé de Simorre, 363-376.

Milon, évêque de Valence, 476.

Miron, évêque d'Angers, 266-268.

Monbalen (Godefroi Guyonnet de), doyen de St-André, 30, 555.

Montassier (Pierre), secrétaire de l'archevêché de Bordeaux, 82, 236.

Montazet (Malvin de), archevêque de Lyon, 511, 512.

Montbazon (Louis de Rohan, duc de), 279, 282.

Montesquieu. Voir Secondat.

Montmorency (Henri, duc de), connétable, 345-352.

Montsaulnin (Adrienne de), 376, 377.

Morant, maître des requêtes, 116.

Morengis, conseiller du roi, 60, 63.

Morin, curé de Ste-Eulalie, 77.

Mosnier (François), jésuite, 303, 304.

Mosnier (Jean), chanoine de St-André, 36, 130-132, 135, 138, 222.

Moyria de Maillac, jésuite, 509.

Moysset, chanoine de St-André, 31.

Mullet (Denis de), sieur de La Tour, 341.

Mullet de Volusan (Etienne de), doyen de St-André, 17-31, 241.

Mullet (famille de), 14, 15, 17, 18, 28, 75.

Mullet (Lancelot de), abbé de Verteuil. Voir Lancelot.

Mullet de Volusan, conseiller, 1, 8-11.

Myrat (François-René-Joseph-Pierre du), doyen de St-André, 30, 559.

Myrat (Jean-André-Nicolas-Marie du), doyen de St-André, 31, 559, 560.

Naugas, lieutenant, 36, 322-325.

Navarre (Jeanne de), 32.

Nemours (duc de), 574, 575.

Nesmond, président du Parlement, 3.

Neufville (Camille de), archevêque de Lyon, 38.

Neufville (de La). Voir Lequien.

Nicaise (Saint), évêque de Die, 286, 287.

Nicole (Pierre), 50, 59, 86, 87 et suiv.

Nicquet (Honoré), jésuite, 300.

Noailles (Françoise-Adélaïde de), princesse d'Armagnac, 462.

Nogaret (famille de), 113. Voir Epernon.

Noguès, général des Barnabites, 467, 476, 494.

Nostradamus (César), historien, 300.

Nouet, jésuite, 444.

Orlandi, général des Carmes, 59.

Orléans (Gaston Jean-Baptiste duc d'), 293, 308.

Ornano (Alphonse d'), maréchal, 3.

Ornano (Charles-Joseph d'), abbé de Montmajour, 298.

Ornano (Jean-Baptiste d'), maréchal, 3.

Ornano (Pierre d'), 3, 4.

Ornano (Sainte-Croix d'), 1-5, 8-11.

Ozenne, prêtre de la Mission, 575.

Paignon (Paschal), curé de Saint-Pierre, 44, 228, 229, 233, 231.

Pâris (Louis), 566 et suiv.

Pascal (Blaise), 50, 59, 86 et suiv., 372.

Peiresc (Fabri de), 1, 2, 287.

Pelissier (Gabriel de), 369.

Pellechet (M.), 140.

Pelletier (Claude), controversiste, 288-290.

Perdoulx de la Perrière, 396, 399, 400.

Périer, conseiller à Clermont, 103.

Périer (Louis), neveu de Pascal, 168.

Pétau (Denis), jésuite, 81.

Peyrissac (Pierre), archidiacre de Blaye, 34, 125-127, 130-132, 257, 588.

Philippini, général des Carmes, 328, 329, 335.

Piers (Jacques), prof. à Bordeaux, 34.

Pincemaille, chanoine d'Agen, 201.

Pirot, jésuite, 89.

Pitard, théologal de Saintes, 258, 263, 264, 268, 269.

Poirier (Philippe), professeur, 458.

Polanc (Jean), jésuite, 367.

Polignac (Melchior de), cardinal, 577, 578.

Poltrot de Méré (Jean), 285.

Pomiers, doyen du parlement de Bordeaux, 88.

Pompadour (marquise de), 474.
Pontac (Jacques de), procureur-géné-
   ral, 531.
Pontac, premier président au Parle-
   ment, 88-90.
Pontac (René de), chanoine de Saint-
   André, 74, 550, 551.
pont de Courlay, 297.
Prat (J. M.), jésuite, 212, 280, 281, 283,
   287, 288, 291-295.
Primerose (Gilbert), ministre protes-
   tant, 211, 212, 281.
Puyplat (Pierre-François du Val de),
   prêtre, 552.

Querbeuf, jésuite, 354, 355.
Quesnel, de l'Oratoire, 178, 179.

Rabardeau (Michel), jésuite, 442.
Racine (dom), bénédictin, 541, 547.
Raoul (Jacques), évêque de Saintes, 64.
Raoul (Michel), id., 247, 253, 254, 269.
Rapin (René), jésuite, 80, 120, 121.
Rategui, prieur des Carmes, 312.
Ratisbonne (Alphonse), 388.
Ravenez, historien du cardinal de
   Sourdis, 123, 124, 133, 135, 136, 138,
   242, 243, 276.
Raymond de Bordeaux, capucin, 555.
Rémond (Florimond de), 555.
Renneville (Constantin de), 357.
Rest, curé de Saint-André, 68, 74.
Richard de St-Basile, carme, 319, 320.
Richelieu (Armand de), cardinal, 32,
   111, 112, 225, 246, 297, 361.
Richelieu (Henri, marquis de), 297.
Richeome (Louis), jésuite, 278 et suiv.
Riqueti (Pierre et Thomas de), 201.
Rivault de Flurance (David), 284.
Rivet, évêque de Dijon, 525-527.
Rivière (Jeanne de), ursuline, 210.
Robé (Jean), dominicain, 38, 39.
Robuste, évêque de Nitrie, 460.
Rochefoucauld (Antoine de La), évê-
   que d'Angoulême, 254, 255.
Rochefoucauld (François de La), car-
   dinal, 312.
Rocheposay (de La), évêque de Poi-
   tiers, 246, 247.
Romain (saint), 541-547.
Rondet (Laurent-Étienne), 510.

Roquelaure, évêque de Senlis, 486.
Rousseau (Gilbert), jésuite, 34, 304,
   446, 447, 451.

Sainte-Beuve, critique, 92, 118, 120,
   168, 169, 170.
Sainte-Croix d'Ornano. Voir Ornano.
Saint-Laurent, conseiller au Parle-
   ment de Toulouse, 356.
Saint-Martin, philosophe, 512.
Saint Simon (duc de), 140, 155, 175.
Sales (François de), évêque de Genève,
   234, 574, 575.
Salignac (Louis de), évêque de Sarlat,
   13, 248.
Sallier, bibliothécaire, 571, 572.
Saron (de), président et présidente, 358.
Sarron. Voir Champigny.
Sartines, ministre de la marine, 356.
Sauvebœuf (marquis de), 81.
Sauvestre, chanoine de Saint-André,
   23, 283, 241.
Savignac (baron de), 6, 7.
Savoie (Christine de), 296.
Savoie (Maurice de), cardinal, 296.
Say (Jean), carme, 62.
Scaliger (Joseph), 246.
Scribani (Charles), jésuite, 283.
Secchi, général des Dominicains, 577.
Secondat Charles-Louis de), 549, 550.,
Secondat (Jacques de), 549.
Secondat (Jean-Baptiste-Gaston de),
   56, 549.
Secondat (Joseph de), abbé de Faise,
   56, 57, 550.
Secondat (Joseph de), neveu du précé-
   dent, 549, 550.
Séguier (Marie), 2.
Servin (Louis), conseiller du roi, 292.
Sillery (de), chancelier, 313, 351.
Simplicien de Saint-Martin, augustin,
   365, 366.
Sirmond (Jacques), jésuite, 280, 286, 287.
Soccaro (Jean), jésuite, 290.
Soldadié, chanoine d'Agen, 197.
Soldini (l'abbé), 474-477, 489, 490.
Sophie (princesse), 498, 499, 501, 502.
Sorlin (Arnaud), prébendier de Saint-
   André, 203, 204.
Sorlin (Joseph), bénéficier de Saint-
   Michel, 551, 552.

Sourdis (François de), cardinal, 34, 35, 75, 123-138, 207, 242-276, 286, 305-315, 361, 362, 372-374, 576, 577.

Sourdis (François d'Escoubleau, marquis de, et d'Alluyes, 311.

Sourdis (Henri de), archevêque de Bordeaux, 32, 34, 36, 37, 42, 76, 77, 80, 214, 223-233, 322, 323, 436-457.

Sourdis (marquise de), 32.

Souvré (Gilles, marquis de), 284.

Sponde, chanoine de Saint-André, 215.

Staal Delaunay (Mme de), 571.

Stock (Simon), carme, 320, 327, 341-343.

Suffren (Jean), jésuite, 296.

Tallemant des Réaux, 81.

Tamizey de Larroque, 2, 6, 10, 92, 109, 110, 113, 115, 116, 284, 287, 300, 359, 563.

Tanesse, recteur de l'Université de Bordeaux, 55-57.

Taranque (Emmanuel de), conseiller au Parlement, 15, 89, 101.

Ternay (Courbon de), 488.

Tertullien, 58.

Tessé (Froullay de), 242.

Tessonnière (Marie de), 293.

Texier (Claude), jésuite, 575, 576.

Thérèse de Saint-Augustin, carmélite, 487, 488.

Thibaut (Philippe), carme, 319.

Thomas d'Aquin (saint), 167.

Thomassin, de l'Oratoire, 167, 361.

Tourbillon, curé de Bretigny, 465.

Touton, carme, 55, 56, 59, 90, 101.

Trappes (Léonard de), archevêque d'Auch, 255, 256, 366, 367.

Travesse (Hyacinthe), récollet, 209.

Tronson (Louis), supérieur de Saint-Sulpice, 145-152, 156, 161.

Ubaldini, Nonce en France, 288.

Urbain VIII, pape, 4, 29, 112, 215, 271, 273.

Vair (G. du), garde des sceaux, 287.

Valentia, jésuite, 372.

Vallemont (l'abbé de), 402, 403, 434.

Vanière, jésuite, 355, 356.

Varenne (de la), gouverneur d'Angers, 280, 282.

Varignon (Pierre), 400.

Vatel (Adrien), prêtre, 180.

Vaubourg, intendant d'Auvergne, 155.

Vauginois (Fyot de), sulpicien, 383, 397.

Vazeilles (de), conseiller à Clermont, 160.

Venturini, général des Carmes, 338.

Verdier (Mercure), jésuite, 24, 26.

Vermond (l'abbé de), 511.

Vert (dom Claude de), bénédictin, 39.

Victoire (Madame), 500, 502.

Vielbans, avocat au Parlement, 15.

Vieuville (Ch. Fr. de la), évêque de Rennes, 151.

Vigneroô (René de), 297.

Villepreux (Louis de), 3, 37.

Villeroi (Neufville de), 207, 304, 576.

Villette (Claude), 39.

Vitry (Louis, marquis de), 280.

Vincent de Paul (saint), 575.

Volusan. (Voir Mullet).

Waitz (G.), 582.

Wilhelm, juge de paix, 562, 567, 570.

Yvon (l'abbé), 513.

Zaccaria (François-Antoine), jésuite, 39.

TABLE

DES ARTICLES

CONTENUS DANS CE VOLUME

		Pages
I.......	— Les combats de Soulac et de Saint-Vivien racontés par des témoins oculaires (1622)	1
II......	— Lancelot de Mullet, abbé de Verteuil	12
III....	— Etienne de Mullet de Volusan, doyen du Chapitre Saint-André de Bordeaux....................................	17
IV.....	— Gilbert Grymaud, Chanoine théologal de Saint-André de Bordeaux..	31
V......	— Hiérome Lopès, Chanoine théologal de Saint-André de Bordeaux..	40
VI.....	— Le Gallicanisme à l'Université de Bordeaux (1663)...........	46
VII....	— Rétablissement des cours dans la Faculté de Théologie de Bordeaux (1669)...	59
VIII...	— Jean Amelin : Un curé de la Majestat St-André au XVIIe siècle	64
IX....'	— Louis Bonnet, curé de Sainte-Eulalie de Bordeaux (1604-1650)	75
X......	— Les Lettres provinciales devant le Parlement et l'Université de Bordeaux (1660 — et non 1860)	86
XI.....	— Michel Girard, abbé de Verteuil...........................	108
XII....	— L'affaire du surplis (1609)	123
XIV (')..	— Etienne de Champflour avant son épiscopat (1646-1703)......	139
XV.....	— La Pompe funèbre de la Reine de France, Marie-Thérèse d'Autriche, dans l'église métropolitaine Saint-André de Bordeaux, le 2 septembre 1683	182
XVI...	— La dignité de Chantre dans l'ancien Chapitre Saint-André...	194
XVII..	— Pierre De Lurbe, Vicaire-général de Bordeaux..............	207
XVIII.	— Henri D'Arche, doyen du Chapitre Saint-André de Bordeaux .	212
XIX...	— Notes et documents pour servir à l'histoire du concile provincial tenu à Bordeaux en 1624........................	242
	I. Avant le concile...................................	243
	II. Pendant le concile	257
	III. Après le concile	268

(') Par une inadvertance de l'imprimeur, il n'y a pas de nº XIII.

Pages

XX..... — Lettres inédites de quelques jésuites au P. L. Richeome, de la
Compagnie de Jésus 278
  I. Lettre du P. Jacquinot....................... 278
  II. Lettres du P. Fronton Duduc..................... 282
  III. Lettres du P. Coton........................ 287
  IV. Lettres du P. Estiot........................ 297
  V. Lettre du P. Mosnier...................... 303
XXI.... — Journal du voyage que fit à Paris le cardinal de Sourdis en
1608.. 305
XXII... — Le P. Jean Cheron, de l'Ordre des Carmes.................... 315
XXIII.. — Les derniers jours d'un Connétable..................... 345
XXIV.. — Notes inédites de Mercier, abbé de Saint-Léger 353
XXV... — Pierre Milhard, abbé de Simorre et Prieur de Sainte-Dode ... 363
XXVI.. — M. Labbe de Champgrand : notice bibliographique 376
XXVII. — Additions à l'ouvrage intitulé : *Vie, écrits et correspondance de
Laurent-Josse Le Clerc*........................ 393
XXVIII — Sébastien Le Clerc, graveur du roi (1637-1714)............... 402
XXIX.. — Henri de Sourdis et les réguliers de Bordeaux (1643-1645)...... 436
XXX... — L'abbé Maudoux, confesseur de Louis XV.................... 457
XXXI.. — M. Largeteau, prêtre de Saint-Sulpice, directeur au Grand-
Séminaire de Bordeaux.................................. 516
XXXII. — Deux Bordelais curés de Paris au XVIIe siècle 537
XXXIII.— La relique de saint Romain honorée dans l'église de Saint-
Romain-La-Virvée.. 541
XXXIV. — Les Bordelais séminaristes de Saint-Sulpice, de 1651 à 1757 .. 548
XXXV. — Lettre et notes inédites de Mercier, abbé de Saint-Léger...... 562
XXXVI. — Lettres inédites de divers................................ 573
  I. Lettre de saint François de Sales au duc de Nemours 574
  II. Lettre de saint Vincent de Paul à l'évêque d'Autun.. 575
  III. Lettre du P. Texier, jésuite.......................... 575
  IV. Lettre du cardinal de Sourdis à Villeroi............. 576
  V. Lettre du cardinal de Sourdis à Louis XIII......... 577
  VI. Lettre du cardinal de Polignac au P. Bonin, jésuite. 577
  VII. Lettre de Jean Besly à Dom Audebert.............. 578
  VIII. Lettre du P. François de La Vie, jésuite, à Dom Au-
debert...................................... 581
  IX. Lettre de Mgr de Lussan au Chapitre Saint-André.. 583
  X. Lettre de Jean d'Estrades, évêque de Condom, à Doni
d'Attichy, évêque d'Autun....................... 587
Table des principaux noms de personnes............................. 589
Table des articles contenus dans ce volume......................... 599

DU MÊME AUTEUR

Une Lettre inédite de Peiresc, abbé de Guîtres, au cardinal de Sourdis, *avec Introduction et Notes;* Bordeaux, 1878, in-8° de 28 pages, avec Eau-forte de Grenier-Dubreuilh. *(Tiré à cent exemplaires.)* Épuisé.

Discours veritable du premier exploit d'armes faict en Guienne, *en l'Abbaye de Sainct Ferme, le 12 octobre 1615, par quelques pretendus Reformateurs d'Estat, contenant leur horoscope, et la merveille de Dieu qui a paru sur ce sujet;* imprimé pour la première fois à Bourdeaus par S. Millanges, imprimeur ordinaire du Roy; publié avec Préface et Annotations, par Ant. de Lantenay, et enrichi de Notes philologiques par L. Argentel, membre de la Société des langues romanes: Bordeaux, 1879, in-8° de 52 pages. *(Tiré à cent exemplaires.)* Épuisé.

Les Prieurs claustraux de Sainte-Croix de Bordeaux et Saint-Pierre de La Réole, *depuis l'introduction de la réforme de Saint-Maur;* Bordeaux, 1884, in-8° de 196 pages. *(Tiré à cinquante exemplaires.)*

POUR PARAITRE PROCHAINEMENT

L'Oratoire à Bordeaux.

Peiresc abbé de Guîtres.

Labadie et le carmel de La Graville, près de Bazas.

L'Affaire du duc d'Epernon avec Henri de Sourdis, *d'après de nouveaux documents inédits.*

Bordeaux. — Imp. O.-L. FAVRAUD Frères, rue Porte-Dijeaux, 91.